洪汉鼎 主编
伽达默尔著作集
第 4 卷

新近哲学 II
问题 人物

洪汉鼎 金志谦 刘康 等译

Gadamer, Hans-Georg
Gesammelte Werke
Bd. 4 Neuere Philosophie II
Problem · Gestalten
ⓒ 1987 J. C. B. Mohr(Paul Siebeck), Tübingen.
本书根据德国蒂宾根莫尔·西贝克出版社1987年版译出

国家社会科学基金重大项目成果
（项目编号：15ZDB026）

目　　录

前言 ·· 1

Ⅰ　历史概念

1. 20 世纪的哲学基础 ·· 5
2. 时代变迁中的合理性 ··· 30
3. 对理论的颂歌 ··· 49
3a. 近代的合法性（汉斯·布鲁门伯格）······················· 69
3b. 近代和启蒙（J. 米特尔施特拉斯）························ 81
4. 哲学与犹太人宗教 ·· 93
5. 概念史与哲学语言 ··· 106
5a. 游戏与世界（欧根·芬克）································· 129
5b. 爱
　　——一个概念的历史（赫尔穆特·库恩）············· 142
6. 历史中的因果性？·· 149

Ⅱ　时间之谜

7. 西方的时间观 ··· 165
8. 论空虚的和充实的时间 ·· 190
9. 老的东西和新的东西 ··· 214

10. 死亡作为问题 …………………………………………… 224

Ⅲ 伦理学诸问题

11. 论一种哲学伦理学的可能性 …………………………… 243
12. 价值的本体论问题 ………………………………………… 262
13. 价值伦理学与实践哲学 …………………………………… 280
14. 何谓实践？社会理性的诸条件 …………………………… 298
14a. 与存在照面（赫尔穆特·库恩） ………………………… 315
14b. 我与你（卡尔·洛维特） ………………………………… 322

Ⅳ 人类学问题

15. 理论、技术、实践 ………………………………………… 333
16. 为医术申辩 ………………………………………………… 366
17. 智力问题的哲学评注 ……………………………………… 379
18. 死亡的经验 ………………………………………………… 396

Ⅴ 人物评论

19. 库萨的尼古拉与当代 ……………………………………… 409
20. 作为哲学家的厄廷格尔 …………………………………… 423
21. 赫尔德及历史世界 ………………………………………… 441
22. 康德《纯粹理性批判》之后 200 年
    ——"世界历史的一个新纪元从此时此地开始" ……… 465
23. 康德和上帝问题 …………………………………………… 483
24. 施莱尔马赫的语言问题 …………………………………… 499

25. 作为柏拉图主义者的施莱尔马赫 …………………… 517
26. 黑格尔与历史精神 …………………………………… 532
27. 黑格尔与海德堡浪漫派 ……………………………… 547
28. 狄尔泰的问题
    ——在浪漫主义和实证主义之间 ………………… 562
28a. 威廉·狄尔泰诞辰 100 周年 ………………………… 589
28b. 未完成任务之人与不可完成之事业
    ——威廉·狄尔泰诞辰 150 周年 ………………… 594
29. 狄尔泰与奥尔特加生命哲学 ………………………… 604
30. 尼采-对立点
    ——查拉图斯特拉的戏剧 ………………………… 621
31. 黑格尔的遗产 ………………………………………… 646

本书论文版源 …………………………………………… 676
概念索引 ………………………………………………… 685
人名索引 ………………………………………………… 694

译者后记 ………………………………………………… 701

前　言

本卷作为新近哲学第 2 部,收集了我在诠释学研究过程中所撰写的诸短篇论文,因此它们几乎就是我自己探究问题整个过程的见证。一般来说,新康德主义指向的哲学史——或者那种追随休谟并受制于圣托马斯的研究——的众所周知的重点,并不构成我的问题架构。毋宁说这里反映的,一部分是我关于哲学诠释学的思想的形成过程,一部分是这种思想的应用范围。所以以下这一点非常有意义,即构成本卷最后一部分的人物和问题序列,是从库萨人的柏拉图主义直到威廉·狄尔泰和弗里德里希·尼采,而且以这种方式所遇到的既不是笛卡尔或莱布尼茨,也不是休谟或认识理论家康德,而是厄廷格尔、赫尔德和施莱尔马赫,以及形而上学家康德。

本卷也可能让人们想到,今日轻视黑格尔遗产的思想之所以可能,是由于未返回到希腊人。历史中的概念和概念思维的希腊起源不仅是我们今天思考的主题,而且也是黑格尔思想的基本主题——同样也是海德格尔的基本主题。我们如何在这里找到我们自己的道路,避免一种科学理论特殊旨趣的狭窄化并在我们的历史起源中以今日的眼光重新审视伟大的哲学问题,这与其说是这里进行的研究的题目,毋宁说是这种研究所承载的根据。

汉斯-格奥尔格·伽达默尔

Ⅰ

历史概念

1

1. 20世纪的哲学基础

（1965年）

如果我们今天提出一个类似于以前19世纪末（张伯伦*）对他那个世纪提出的问题的话，那么很显然，我们有理由回顾某种东西。20世纪——从历史的眼光来看——确实并非是一个按时间计算来认定的伟大世纪。正如19世纪事实上是从歌德和黑格尔的逝世一直延续到第一次世界大战的爆发一样，20世纪同样也是在这时开始的，更确切地说，是作为世界大战的时代和世界战争的时代而开始的。如果我们今天提出一个回顾我们世纪这一时代的问题，那么这就意味着，某种像时代意识这类东西将我们与世界战争时代分隔开来。看起来，年轻一代人的生活感情好像不再被那种恐惧所严重支配，这种恐惧等待着那种作为当今的历史复杂性的不可避免之结果的可怕灾难。这是现在支配所有人的期望，即人们可以学会去适应那些以相互毁灭来威胁他们的强大统治工具，并且一种对现实的清醒估价和合理妥协的准备将打开通向未来之路。在这种期望的照耀下出现了这样一个问题，即什么是我

---

* 伽达默尔这里是指张伯伦（Chamberlain H. St.）那本著名的著作《19世纪的基础》（慕尼黑，1899年）。——译者

们生活于其中并且对其延续充满信心的这个世纪的基础呢？

追问一个时代、世纪或时期的基础问题，其所追问的，虽然是某种并非显而易见的东西，但却标示出在我们周围作为直接在场的东西的统一特征。也许说20世纪的基础存在于19世纪，听起来是一种肤浅的回答。然而，这确实具有某种我们可以以之出发的真理，即以西欧迅速工业化为形式的工业革命时代开始于19世纪，并且20世纪只是继续那个时代所建立的东西。19世纪自然科学的伟大发展在本质上就包含有我们技术和经济的发展，因为我们只是更彻底地和更合理地利用那些由19世纪的科学发现所导致的实践的可能性。然而，伴随着第一次世界大战，也出现了一种真正的划时代意识，它把19世纪牢牢地归入过去的范围之中。这不仅在于资产阶级时代——它把对技术进步的信仰和对稳定自由和完美文明的满怀信心的期待结合起来——已经走到了尽头，它不仅是一个脱离时代的意识，而且首先是有意识地退出这个时代，并且是对这个时代最尖锐的拒斥。"19世纪"这一术语在20世纪最初10年的文化意识中获得了一种特有的意味。它听起来好像是一种耻辱性的语词，有如无真实性、无风格、无趣味诸概念——它是一种粗鄙的唯物主义和一种空洞的文化激情的结合。新时代的先驱们在对19世纪精神的反叛中团结在一起。我们只需想一想现代绘画，它在我们的世纪的前10年通过立体派对形式的摧毁找到其革命性的突破；我们也可以想一想建筑，它告别了过去世纪那种具有历史性特色的外墙装饰艺术，并将一种全新的生活情感以不断增加的明确性来加以表现，因为它没有房间留给密友和宠物，取而代之的是所有空间的透明性和概观性。我们也可以想一想小说，它不再叙述情节，或者想一想诗歌，它使自己的陈述神秘化，即使在对过去的文化世界具有极大的依赖性，我们也必须承认，在我们生活的实际形式中，所有这些改变——它的精神性的衰落和社会存在在一个匿名责任性的时代中的作用——都是"正确的"。这是很有征兆性的，即卡尔·雅斯贝斯早在1931年就用"匿名的责任性"这一概念描述这个时代的精神状况。在这一概念的特征中，对现实状况的无幻觉的认识和生存决断的文化批判的激情结合在一起。哲学通过依然保持科学世界定向在意识中的界限而与当代事件相伴随而存在。

如果我们在这里要谈论20世纪的哲学基础，那么我们并不是说哲学代表着这个世纪的真正基础，而是相反，因为哲学以前所是的东西是否在当代的生活整体中具有一席之地，这还是一个未决的问题。近代历史中哲学与科学之间旧有的对峙在我们这个世纪达到了顶点。问题还可以追溯得更远。因为近代科学并不是19世纪的发明，而是17世纪的发现。当时已经提出了为自然知识提供一个合理基础的任务，而且还提出了这样一个问题，即科学作为我们人类与世界关系的新基础怎样能与这种关系的传统形式，即与希腊哲学的传统（这是人们对上帝、世界、人生的所有认识的体现）以及与基督教会的启示统一起来。正是当时开始的启蒙运动赋予了近几个世纪整体以哲学的特征。因为，尽管近代科学的进军是如此高奏凯歌，以及对于今天每一个人来说，他的生存意识渗透了我们文化的科学先决条件是如此明显，但是，如此经常地支配着人类思想的问题仍然是科学所不能给予回答的。

在这种情况下，哲学找到了它的任务，这个任务直到今天依然未变。哲学在近三个世纪中所发现的对此问题的答案虽说听起来不一样,但它们却是对同一个问题的回答,而且没有以前的回答,就不可能有后来的回答,并且后来的回答必须经受以前的回答的检验。所以,20世纪基础这一问题,如果作为一个哲学问题提出来,那么它必然要同前几个世纪所给出的回答相联系。在18世纪,正是莱布尼茨首先发现了这个任务。他曾以其全部的天才把新的科学思想据为己有,但也正是他把古代的和经院哲学的实体形式的学说认为是不可或缺的,并成为第一个试图调解传统形而上学与近代科学的思想家。一个世纪之后,我们称之为德国观念论的哲学运动也试图完成这同一个任务。由于康德对独断论形而上学的批判,18世纪学院派形而上学以迅雷不及掩耳之势被摧毁,从而形成一种真正的革命。实际上,正是康德批判同卢梭对启蒙时代道德傲慢的批判,以及同法国革命的巨大社会变动的巧合,才保证了康德哲学的胜利。自此以后,对老问题做出一个新回答的要求就变得必不可少,而这个新回答是由黑格尔以一种最终的系统的尖锐形式所给出的。

在19世纪初,既有康德派批判的革命成就,又有黑格尔派哲学的全面综合,而19世纪的科学精神正是针对这种综合而贯彻执行的。黑格尔哲学表现了那种想把科学与哲学作为一个统一体来把握的最后的有力尝试,今天显然可以感觉到,这个尝试是无希望的,而且黑格尔的尝试事实上是这类尝试的最后一次。如果说,通过嘲弄德国观念论的自然哲学以证明自身的经验性的研究意义,是属于19世纪,至少是属于19世纪自然知识领域内的自我情感,那么我们还是有理由从我们自己世纪的观点出发提出这样一个问题,即19世纪的科学进步思想究竟在何种程度上具有与它本身所意识到的那些预设不同的预设。这个问题就是:与无情嘲弄黑格尔的科学相比,黑格尔是否更清楚地意识到这些不同的预设?

我们无法回避这一问题。因为当我们回顾19世纪时,这一世纪似乎只是以很有限的方式受到科学进步的影响。如果我们对比一下本世纪科学对生活所起的作用,那么这种区别就很明显。19世纪天真的特性也许就在于,它把对知识的巨大热情和对未来文明的信仰都建立在社会确认的道德秩序这个稳固地基之上。尽管基督教会的传统形式、现代国家的民族意识以及私人的道德良知,无疑都是19世纪资产阶级文化的基础,但这个世纪的科学成就却是如此富有成果,甚至可以说是革命性的。然而在今天,对这些社会现实的稳定事物的意识却完全退到幕后了。我们生活在这样一种意识中,即这个世界以不可预见的方式发生改变,我们面对冲突和对峙而期望科学能从自身出发形成真正的决定性因素。只要科学能避免疾病和改善福利,我们便把希望寄托在科学之上。社会本身令人迷惑地顺从和依赖科学专门知识,并且自觉地制订计划和完美地进行管理的理想统治着生活的每一个领域,甚至达到塑造公众意见的程度。与此相应,内在精神性的文化、人类生活的个性冲突的强化、人类艺术作品的尖锐心理化及其拥有的表现力却渐渐变得陌生。社会秩序展现出如此强有力的形式,以致个人几乎根本意识不到可以按照自己的决定去生活,甚至在他自己个人生活的私人空间也是如此。所以,今天我们必须更尖锐化我们的问题,即在一个完全由科学支配的社会现实中我们如何能够理解自身。为了充分地准备我们自己的回答,我们有必要考察一下黑格尔的答复。因为黑格尔哲学通过对主观意识观点进行清晰的批判，为人类社会现实开辟了一条自我理解的道路，而我们今天还处于这条道路之中。

因此，当我介绍黑格尔对主观精神所作的批判时，同时也要提出这一问题，即本世纪以同一目的在哲学上被思考的东西如何同对这种主观精神的批判——我们是从德国观念论，首先从黑格尔那里继承了这种批判——的首次伟大运用相区别。

众所周知，黑格尔的思辨唯心论最有特色之处是他对反思哲学所作的最尖锐的批判，他把反思哲学理解为一种浪漫主义精神及其虚弱内在性的病态表现。我们一般所使用的反思概念，例如当我们说某人正在进行反思或某人是一个反思型的人时，其所意味的是黑格尔称为"外在反思"的东西，门外汉根本不知道其他的反思概念。对于门外汉来说，正如黑格尔所说的，反思就是那种忽此忽彼的推理能力（das hin-und hergehende Raisonnement），它不会停留在某个特定的内容之上，只知道如何把一般的观点运用于任何内容之上。黑格尔把这种外在反思行为认定为诡辩派的现代形式，因为它任意地把给定的事物纳入一般的观点中。黑格尔对这种过于轻易和过于灵活地使给定事物一般化的做法的批判具有积极的一面，这在于他要求思想应该使自己完全进入事物的客观内容并抛弃自己所有的幻想。但正是这个要求首先在道德哲学方面获得其根本意义。从黑格尔对康德道德哲学所作的批判，以及对康德在道德反思现象中赋予伦理原则的最高根据所作的批判出发，黑格尔发展了他对主观的"外在的"反思的批判和他的"精神"概念。

康德的道德哲学是建立在所谓的"绝对命令"基础之上的。很显然,这种绝对命令的"公设"——例如康德说,我们的行为准则在任何时候都应被视为某种普遍立法规律或自然的规律——并不表现为一种能够取代十诫那样实质性要求的道德诫律。相反,这种公设符合于黑格尔所称之为检验规律的理性(die gesetzesprüfende Vernunft)的东西,它并不是说,实际现实中伦理生活在于遵从这一诫律。毋宁说,这是对每一种应当的约束力作检验的最高当局,它应当对于道德反思给予那种旨在确证其伦理意愿纯粹性的指导。

很显然,这种批判是由黑格尔尖锐地进行的,伦理行为的情境通常并不是这样给予我们的,以致我们具有进行这样一种反思的内在自由。例如,当康德在其《道德哲学基础》中论证说,一个想自杀的人只要保持足够的反思意识去问自己,如果生命转向反对自身,这样一种行为是否符合生命的规则,那么我们就可以简单看到,只要这个人想自杀,这就表明他不再具有如此足够的反思意识。能使一般道德反思出现的情境,已经是一种例外的情境,是义务与爱好冲突的情境,是伦理严肃性和远距离自我检验的情境。我们不可能再用此方法去重新认识道德现象整体。伦理上某物必须被看作另外不同的东西,正如黑格尔曾经以一种令人恼火的简单公式所表达的:伦理性就是按照其国家的习俗生活。

这句话含蓄地包含着客观精神概念。一个国家的习俗、法律制度、政治宪法所表现的,是一种特定的精神,这种精神在任何个别的主观意识中没有正确的反映。就此而言,它确实是客观精神;

这是一种围绕着我们所有人，但我们中谁对它都不具有一种反思自由的精神。这个概念的含义对黑格尔具有根本的意义：伦理性精神、民族精神概念——黑格尔的整个法哲学都依赖于这种对存在于人类社会秩序中的主观精神的超越。

客观精神概念在基督教传统的精神概念中有其根源，那就是《新约》中的普纽玛概念(Pneumabegriff)、圣灵概念。青年黑格尔用以解释耶稣的普纽玛爱的精神、和解的天才，正好表明了这种超越特殊个体的共同性。黑格尔引用了一句阿拉伯人的话"一个来自远古(Ur)的人"，这个东方短语表明，对讲这话的人来说，特定的人绝不是个体，而是其部落的一员。

这个客观精神概念其根源可以追溯到远古时代，它在黑格尔那里通过如下事实找到其真正的哲学证明，即客观精神本身被黑格尔称为绝对精神的东西所超越。所谓绝对精神，黑格尔指的是一种精神形式，在这种精神形式中根本不包含异己的、其他的、处于对立面的内容，例如，可以作为限制我们的东西而与我们对立的习俗，或者通过发布禁令限制我们意志的国家法律，等等。即使我们一般地承认法律制度是我们日常社会存在的表现，这种制度也仍然以一种禁令的形式阻碍我们。黑格尔看到了艺术、宗教和哲学的与众不同的出色之处，就在于在它们之中我们经验不到任何这样的对立。在这些形式中我们具有一种最终的正确的方式，使精神认识自己是精神，使主观意识和负担我们的客观实在相互渗透，以致我们不再遭遇任何陌生的东西，因为我们把所遭遇的一切东西都认识和承认为我们自己的东西。众所周知，这正是黑格尔自己的世界史哲学的要求——他的精神哲学正是在这个世界史哲学里完成——即在事件的内在必然性中去认识和承认那种似乎作为陌生命运发生在个人身上的东西。

然而,这样一种要求本身又引起这样一个批判的问题,即我们应如何构想出个人的主观精神和经常把自身展现在世界历史中的客观精神之间复杂而有疑问的关系。

这个问题就是:个人如何同世界精神发生关系(黑格尔),个人如何同作为历史生活实在真正支柱的道德力量发生关系(德罗伊森),或者个人怎样面对作为人类社会基本结构的生产关系(马克思)。这三个问题可以统一于一个问题,即主观精神同客观精神的和解将于何处产生,在黑格尔哲学里是否产生于绝对知识,在德罗伊森那里是否产生于新教伦理个体无休止的劳作,在马克思那里是否产生于社会制度的改变。

谁这样追问,谁实际上就放弃了黑格尔的概念立场,在此立场中,和解作为实在中的理性就早已发生了。在19世纪末,黑格尔对主观精神的批判中仍然具有生命力的东西,并不是他的那种认识和把握一切异己东西、客观东西的和解信念,而相反是异己性、客观性,其意思指与主观精神相对物的对象性和他在性。在19世纪的科学思想中,黑格尔称作客观精神的东西被设想为精神的他者,并且按照自然知识的模式创造一种统一的方法论意识。所以,正如自然在黑格尔那里早已表现为精神的他者,对于19世纪的积极的动力来说,全部的历史和社会实在不再表现为精神,而是处于它的顽固的事实性中,或者如果我用一个日常的词汇说,是处于它的不可理解性中。我们可以想一下货币、资本这些不可理解的现象,以及由马克思提出的人的自我异化概念。社会-历史生活的不可理解性、异己性和不透明性不再被主观精神作为不同于自然的东西（自然对于主观精神来说是对立的）来经验。因此，自然与历史被认为是同样意义的科学研究的对象。它们构成认识的对象。

　　这里产生了马堡学派新康德主义那种发展，即把认识对象变成一种无限的任务。这关键在于对无规定物的规定（die Bestimmung des Unbestimmten），在于它在思想中的创造（seine Erzeugung im Gedanken）；新康德主义先验论思想的模式是用无穷小方法去规定一个运动的轨迹和进程。它的格言是：一切知识均完成于对象的科学的"创造"（Erzeugung）。但是，正如在18世纪莱布尼茨就力图用他的新单子论体系克服新科学的片面性，在19世纪初黑格尔把他的绝对精神哲学的伟大综合与反思哲学相对立一样，我们20世纪同样也感觉到这种科学方法论主义的片面性。我们当然可以提出这样一个怀疑论问题：以"生命"和"生存"概念所导向的对新康德主义统治哲学的批判本质上不就是浪漫主义的批判吗？不管这种批判是通过狄尔泰、柏格森或齐美尔，或者通过克尔凯郭尔以及存在主义哲学所表现，还是像斯特凡·格奥尔格那样以文化批判主义激情所承担的。在此我只是提出少数几位代表性的作者，其实所有作者的哲学或作品都包含对20世纪的批判。他们的努力除了重复浪漫主义时代对启蒙运动所作的批判外还有什么呢？所以这些批判尝试不正包含着文化批判主义那种不可解决的辩证法吗？它高度评价他们所谴责的东西，以致我们可以把同样的批判运用于他们自身。要是在本世纪这个哲学运动的后面没有出现尼采，我们实际上就可作这样的判断，尼采作为伟大的命运宠儿，他使我们世纪对主观精神的批判成为一项本质上发生改变的任务。

我不想回答这一问题,即哲学自身在多大程度上永远只是一种新的社会和人类的生活情境的表达,或者哲学作为意识在多大程度上能改变这种情境。如果我们考虑尼采对这些问题的整个关系所具有的真正划时代的意义,那么我们就不必决定哲学究竟是对一个事件的表达还是一种引导的表达。因为尼采的批判针对的是从我们自身降临到我们身上的最终最彻底的异化,即意识本身。意识和自我意识并不给出确切的证明说,它们所意指的东西是对真正处于其中的东西的伪装或歪曲,这种观点被尼采装进现代思想之中,以致我们现在到处都可以再认识它,不仅是认识到它过度的、自我破坏的幻觉方式,尼采用这种方式从自我身上剥去一张又一张的面具,直到最后再也没有任何面具,但因而也就不再有自我。我们不仅思考由伪装之神狄奥尼修斯神秘地表现的伪装多元性,而且也同样思考意识形态批判,有如它自马克思以来越来越频繁地运用到宗教、哲学和世界观等被人无条件地接受的信念之上。我也主要想到了弗洛伊德的无意识心理学,他的心理现象解释完全由这样一种观点支配,即在人类的精神生活中可能存在着有意识的意向和无意识的欲望与存在之间的巨大矛盾,并且在任何情况下,我们相信要做的事与事实上发生在我们人类的存在中的事,根本不是同一回事。这里有一个词可以给我们以正确的暗示,使我们认识到这种对主观意识的有效性范围的研究到底深入到何种程度。这就是解释(Interpretation)概念,一个哲学-人文科学概念,它在近代开端曾以一种完全天真的方式作为对自然的解释(*interpretatio naturae*)被运用于自然科学,如今它却获得了一种极高反思(很难驾驭)的意义。自尼采以来,与此概念相联系的是这样一种主张,即解释以合法的认知目的和阐释目的把握了超越一切主观意见的真实的东西(das Eigentliche)。当尼采写道"根本没有道德现象,只有对现象的道德解释"之时,我们可以想一下按照他的解释概念在心理学领域和道德领域所起的作用。①

这个思想是在我们这个世纪才开始完全被感觉到。如果说解释在以前无非只是想阐释(Auslegung)作者的真实意图(我有自己的理由相信这总是某种过于狭窄的自我主张),那么现在这是完全明确的,即解释应当把握意见主观性真正后面的东西。我们必须学会返回到所指东西表面的后面。无意识(弗洛伊德)、生产关系及其对真正的社会现实的决定性意义(马克思)、生命概念及其"思想构造的工作"(狄尔泰和历史主义),以及由克尔凯郭尔用来反对黑格尔的生存概念——所有这些都是本世纪提出的解释观点,即走到主观意识所意指的东西的后面的诸种方式。

在本世纪德国哲学中,这一点特别明显,即在新康德主义时期还作为基础学科,而且每一个想进入哲学的人都必须首先要研究的知识论,正在消失。知识论探究依据于康德哲学并且问:我们有什么权利可以真正使用我们为认识事物和描述经验而创造的那些概念?这个合法性的问题,这个源自笛卡尔传统的 die quaestio iuris(法权问题),在我们世纪通过现象学而获得一种新面貌,或者说它已名誉扫地。

胡塞尔在其于1907年以及随后年代中写成的《现象学的观念》初稿中,越来越有意识地把现象概念和对现象纯粹描述的概念

―――――――
① 弗里德里希·尼采:《善恶的彼岸》,第四部分,第108节。

追溯到相关关系(Korrelation)概念,也就是说,他总是提出这一问题,即被意指的东西是如何为什么样的意识如此这般展示的。胡塞尔从一开始就不再从这样一个主体出发思考,这个主体作为自为存在把自身选择为它所意指的对象,相反,他不研究所意指东西的现象性对象,而是研究相关意识态度,或如他所称的——研究意向性行为。意向性并不指在一种主观注意活动意义上的"意指"(Meinen),而是在有意识的活动意义上的引向(Hinzielen)。如胡塞尔所称呼的,存在有诸视域意向性(Horizontintentionalitäten)。如果我把我的注意力指向一个确定的对象,譬如指向后面墙上的这两个正方形,那么一切在场的东西和整个大厅就像一种意向性的王宫同时呈现在我的眼前。事后我甚至可以记得,当时我所意指的只是两个正方形,但所有这一切都出现并被一起意指了。这种意向性视域,这种经常一起被意指的东西,本身并不是一种主观意指行为的对象。因此,胡塞尔把这种意向性称之为匿名的意向性。

同样,舍勒以他那种几乎是煽动性的激情描述了意识的入迷状态,因为他指明意识并不是一种自我封闭的盒子。这种意象的怪诞性显然应是以漫画的方式勾勒出自我反思运动的错误实体化。舍勒强调说:我们不认识我们的观念,我们只认识事物。在我们的意识中根本不存在我们"真正地"思维着并以任何一种方式同"外在世界"事物相联系的事物意象。所有这一切都是神话。我们总是在我们意指的存在者那里。海德格尔曾经把这种对实体化了的"意识"的批判彻底化为一种对相应于这种"意识"的存在理解的本体论批判。这种对意识的本体论批判在下面的表述中找到了它的口号:此在是"在-世界-中-存在"。自那时以后,许多人都开始认为追问主体如何达到对所谓外在世界的认识乃是一种荒谬的、完全陈腐的提问,海德格尔把坚持这种提问的做法称之为真正的哲学"丑闻"。

现在我们必须追问:本世纪哲学状况——这最终可以追溯到对意识概念的批判,有如尼采所进行的——如何有别于黑格尔所作的对主观精神的批判?此问题并不是一个容易回答的问题。我们可以尝试在这里作以下论述:没有人比德国观念论更好地知道意识和它的对象并不是两个互相分离的世界。德国观念论甚至还杜撰了"同一哲学"(Identitätsphilosophie)这个术语来说明这种情况。它表明,意识和对象实际上只是同一整体的两个方面,任何把它们区分为纯主体和纯客体的做法都是一种思想的独断论。构成黑格尔《精神现象学》之内容的饶有兴趣的发展系列直接依赖于对如下事实的意识,即每一个认识对象的意识都改变了自身并因而也必然地又同时改变它的对象,以致只有在"绝对"知识里,在完全删去了所思对象的对象性的绝对知识里真理才被认识。我们世纪试图进行的对主体概念的批判不正是重复德国观念论所成就的东西吗?实际上,我们不是应该承认这种重复只有非常狭窄的抽象力并缺少这个概念本来具有的直观力吗?情况并不是如此。我们世纪对主观精神的批判在许多决定性的方面具有完全不同的特性,因为它根本不再能否认尼采的问题。因此,在以下三点上当代思想揭露了德国观念论的天真假设,这些假设不再能被认为是正确的:第一,断言(Setzen)的天真性;第二,反思的天真性;第三,概念的天真性。

首先是断言的天真性。自亚里士多德以来,整个逻辑学都以命题概念,即直谓逻辑(Apophansis)概念,亦即以判断陈述概念为基础。亚里士多德在一段经典的话中②强调说,他只讨论"直谓"逻各斯,即只讨论那种以真或假断言为主的话语模式,而撇开了那些像请求、命令甚或疑问的现象。当然这些现象也是话语模式,但它们显然不只是存在物的揭示,亦即不只是涉及存在物的真。因此亚里士多德建立了"判断"在逻辑学中的优先地位。以这种方式为特征的陈述概念在近代哲学中是与知觉判断相联系的。纯粹的陈述对应于纯粹的知觉,但这两者在我们这个被尼采导致怀疑的世纪里却被证明是不可容许的抽象,它们经受不起现象学的批判;既不存在纯粹的知觉,也不存在纯粹的陈述。

正是许多研究的相互作用,最先摧毁了"纯粹知觉"概念。在德国,这首先是通过马克斯·舍勒以其现象学直观力运用这些研究的成果而发生的。舍勒在其《知识形式与社会》一书中指出③,一个对应刺激的知觉乃是一种纯粹的人为的抽象产物。我所感知的东西绝不对应于实际发生的感性的心理学的刺激。毋宁说,知觉的相对适合——我们看到,这里不再是实际存在于那里的东西——乃是一种强有力的清醒过程的最终产物,是控制我们所有观看的过剩想象力的最终构造。纯粹知觉乃是一种抽象。这也同样适合于纯粹陈述,正如汉斯·利普斯④特别指出的。也许我们

---

② [《解释篇》,4,17a6。]

③ [马克斯·舍勒:《知识形式与社会》,慕尼黑,1925年;也见其著作集,第8卷,慕尼黑,1960年,第315页以下。]

④ 汉斯·利普斯:《对一种诠释学逻辑的研究》,法兰克福,1938年;也见其著作集,第2卷,法兰克福,1976年,第121页以下。

可以引用法律的陈述作为这方面一种特别的讲话现象。在那里表明,要使一个陈述人在法庭关于他的证词的记录中认识它所意指的全部真理,哪怕只有一点也是非常困难的。如果通过省略、概括等把陈述从当时直接问答关系中分离出来,这种重新组织的陈述就好像一个人在不知道这个问题为什么被提出的情况下必须做出的一个回答一样。这种情况绝非偶然。而公认的证词的理想,而且无疑的,一切证据的本质因素,正在于不知道自己陈述究竟"意指"什么。这情况也存在于考试中,当一位教授向应试者提出一个任何有理性的人都不能回答的编造的问题,情形也必须如此——正如人们必须承认的。海因里希·冯·克莱斯特是一位通过普鲁士国家考试的学者,他曾在他的卓越的论文"论话语中思想的逐渐形成过程"中讨论了这个题目。海德格尔的先验本体论探究使对陈述的抽象和纯粹知觉的抽象的批判达到了极端。我首先回想到,那种与纯粹知觉概念和纯粹陈述概念相对应的事实概念,曾被海德格尔揭示为是一种本体论的偏见,这种偏见也使价值概念受到损害。所以海德格尔曾经指出,事实判断和价值判断之间的区别是有问题的,就好像可能存在一种纯粹的事实规定。我想把这里所揭露的度向刻划为诠释学的向度。

这里是一个海德格尔曾经以诠释学循环为名分析过的著名问题,即那种主观意识的令人吃惊的天真性,这种主观意识在理解一个文本时说:这不是就在这里吗!海德格尔曾经指出,这种反应是很自然的——而且这种反应经常具有最高自我批判的价值——但事实上并不存在简单就在那里的事物,而是一切被说的东西和一切写在文本里的东西都处于预期支配之下。从积极方面看,这就意味着,只有处于预期支配下的事物才能一般被理解,而当我们目瞪口呆简单凝神某些不可理解之物时,我们就不能理解它们。从预期中也会产生出错误的解释,那种使理解可能的前见同样也开启误解的可能性,这些事实也许正是有限的人类本性进行活动的方式。这是一种必然的循环运动,即我们试图阅读和想理解的东西是存在于那里的东西,但我们却是用我们自己的眼睛(和自己的思想)来注视存在于那里的东西。

在我看来,以上考察还必须进一步彻底化,在我自己的探究中,这种彻底化直达到以下论点:我们必须理解作者"在他的意思中"意指的东西,这虽然是正确的,但是"在他的意思中"并不是指他自己所意指的,它毋宁是指,理解还可以超越作者主观的意指活动,而且也许根本就必然地和永远地超越作者的主观意指活动。在我们称之为历史主义的心理学转向出现之前的早期诠释学阶段,人们一直意识到这种情况,只要我们考虑到一种合适的模式,如对历史活动、历史事件的理解,我们就都会同意以上说法。没有人敢认为,活动者的主观意识和事件参与者的主观意识是与他的活动和事件的历史意义相当的。对我们来说,这是不言而喻的,即要理解某个活动的历史意义,就预先假设,我们并不把自己局限于活动者的主观计划、主观意图和主观思考。至少自黑格尔以来我们就很清楚,所谓历史就在于,它总是以这种方式超出个体的自我认识而走自己的路。这一点同样也适用于艺术经验。我认为,这种观点甚至也必须运用于文本解释,对文本的信息含义显然不能像艺术作品那样作不确定的阐释。正如胡塞尔对心理主义的批判所指明的,在那里"所意指的"不是主观内在性的一个成分。

其次，我想说明的第二点，我称之为反思的天真性。在这里20世纪有意识地使自己同思辨唯心主义对主观精神的批判相区别，现象学运动对此做出了决定性的贡献。

这里的问题在于：反思的精神好像是绝对自由的精神，精神在返回到自身过程中完全是自由自在的。事实上，德国观念论——例如在费希特的行动概念，甚或在黑格尔绝对知识概念——把精神的这种自由自在的过程看作是此在的最高方式、在场的最高方式。但是正如我们所看到的，如果设立（Setzen）概念被现象学批判所驳倒，那么反思所具有的核心地位也就从根被挖掉了。这里所涉及的认识论表明，并非所有反思都行使客体化功能，也就是说，并非所有反思都使其所指向的东西成为对象。我们毋宁说，存在有一种反思活动，它在执行一种"意图"时似乎又返回到反思这个过程本身。让我们举一个大家熟悉的例子：当我们听到一个声音时，我所听到的最初对象显然就是这个声音，但我对这个声音的倾听本身显然绝不是随后反思的对象。在听的时候总是有一种相伴随的反思，声音总是被听到的声音，我对声音的倾听总是内在于其中。我们在亚里士多德那里[5]读到过这种观点，亚里士多德早就对这种现象作过完全正确的描述：一切 aisthesis 都是 aisthesis aistheseos，一切知觉都是对知觉活动和被知觉东西合一的知觉，它根本不包含现代意义下的反思。亚里士多德认为，现象是作为统一体向他显现的。亚里士多德的注释者首先系统化，并把知觉的知觉活动同亚里士多德在另一个地方使用的 koine

---

[5] 《论灵魂》，第2卷，第5章，417b19—23；第3卷，第2章，426b7以下。

aithesis（常识）概念联系起来进行概括⑥。

胡塞尔的老师弗朗茨·布伦塔诺曾把他的经验心理学特别建立在亚里士多德所描述的现象之上。他曾经强调,我们对自己的心灵活动具有一种非对象化的意识⑦。我还记得,当我们在海德格尔那里第一次听到这个方面的一种学院派区别时,这对我们这一代——要知道我们这些在新康德主义重镇马堡的年轻一代人对学院哲学是毫无所知的——具有何等重大的意义,这就是 *actus signatus*（指称行为,话语所指称的意义）与 *actus exercitus*（履行行为,话语从听者那里取得的意义）的区别。在说"我看到某物",或说"我说,我看到某物"之间就存在这种区别。但是"我说……"的意义并不是对行为的意识。自我完成的行为早已是这样一种行为,但也就是说,它早已就是我自己生动意识到的履行行为（Vollziehen）——向"意义"（Signierung）的转变就建立了一种新的意向性对象。

从这些早已被人遗忘的现象学研究的观点出发,也许我能忆起这个问题在今天我们这一世纪的哲学中所起的作用。在阐述这一点时,我把自己限制于雅斯贝斯和海德格尔。

雅斯贝斯在其哲学中曾把存在阐明（Existenzerhellung）——这种存在阐明是在知识的界限情况,即科学的和所有人的知识能力的界限情况中产生的——与那种他称为"世界定向"（Weltorientierung）的令

---

⑥ 《论记忆》,450a10—12。

⑦ 弗朗茨·布伦塔诺:《经验观点的心理学》,两卷本,莱比锡,1874年(1924年第2版)。

人信服的知识概念加以对比。按照雅斯贝斯的观点[8]，界限情况是当人被匿名的科学力量引导的可能性突然丧失因而人只能依靠自身时的人类存在状况，在此状态中，从人本身产生出某些东西，这些东西在科学为了统治世界而纯粹功能性的应用中原本是被掩盖着的。存在有许多这样的界限情况。雅斯贝斯早已指出了死亡状态，以及有罪状态。当某人有过错时，他就出现这种有罪状态，在这里他被设立在其过错中，由那里产生了——exsistit（存在）。他的行为方式是这样，以致他陷入这种状态中。这就是雅斯贝斯用以接受克尔凯郭尔的存在概念的模式。存在就是当某种匿名的本质的引导力量突然丧失而在某人身上有某种东西的出现（Heraustreten）。这里具有决定性意义的是，这种产生（Herauskommen）绝不是一种模糊的情绪性的事件，而是一种敞亮（Hellwerden）。雅斯贝斯称之为存在阐明，也就是说，以前隐藏在人之中的东西被提升到一种生存的责任性（Verbindlichkeit）的光照之下，这种责任性使他对自己决定做的事情承担起责任。这绝不是一种对象化的反思。情况——即使界限情况——所要求的知识无疑不是一种对象化的知识，因此就不可能被科学的匿名的认识可能性所取消。

然后海德格尔又把这一主题吸收在他关于存在意义的基本思考里：此在的向来我属性（Jemeinigkeit des Daseins）、有罪感（das Schuldigsein）、趋向死亡（das Vorlaufen zum Tode）等诸如此类，就是《存在与时间》一书讨论的主要现象。遗憾的是，在对海德格尔最初十年工作的接受中乃是这些概念的道德化做法，仿佛它们

---

[8] 卡尔·雅斯贝斯:《哲学》，柏林，1932年，第201页以下。

与雅斯贝斯的存在概念相对应,但这些概念当时在海德格尔的《存在与时间》里已经扩大到本真性(Eigentlichkeit)概念上了。"此在"在界限情况、在趋向死亡状态中的本真性,同琐碎的无思想生活的非本真性、同公众性、同"常人"、同闲聊、同猎奇等,以及同一切沦为社会及其均衡力的牺牲品的种种形式相区别,简言之,"此在"的本真性是作为人的有限性出现的。我们必须承认,所有这些都是由某种克尔凯郭尔的继承人的激情,以及克尔凯郭尔对我们这代人所产生的巨大影响所造成的。但这种影响与其说是对海德格尔思想意向的真正理解,毋宁说是掩盖了他的真实目的。

对于海德格尔来说,重要的是不再把有限性的本质设想成一种令我们想成为无限的愿望落空的界限,而是把有限性积极地认识为此在的本真的基本状况。有限性就是时间性,因此此在的"本质"就是它的历史性:这就是海德格尔那些服务于他提出存在问题的众所周知的论题。被海德格尔描述为此在的基本运动性的"理解",决不是主体性的"活动",而是一种存在的方式。从对传统进行理解的特殊情况出发,我本人已经指出过,理解总是一个事件(Geschehen)⑨。其中关键并非仅在于,随着理解过程总伴随有一种非对象化的意识,而是在于,理解根本就不宜于被认为是对某物的意识,因为理解的整个过程自身就包括在事件内,它是由事件造成,并被事件所渗透。反思的自由,这种被认为自在的存在(Bei-sich-selbst-sein)在理解中根本不出现,因此理解在任何时候都受

---

⑨ 《真理与方法》,第250页以下。[我的著作集,第1卷,第270页以下。]

我们存在的历史性所制约。

最后,第三个因素,即对概念的天真性的洞见,它也许是对我们今天的哲学最深邃的规定。

我认为,在这里,当前的问题状况一方面受德国现象学发展的制约,但是有趣的不仅在此,它还同样受到虽然起源于德国但却流行于盎格鲁-撒克逊的哲学发展的制约。如果某个外行想问哲学究竟为何物,那么他会想到,搞哲学就是下定义,考虑所有人得以进行思维的那种对概念下定义的需要。因为我们通常看不到这种情况,所以我们就借用一种隐含的定义学说来帮助自己。但这样一种"学说"真正来说只是咬文嚼字。因为称一个定义为隐含的显然就表明,我们根据语句的关联最终注意到,那个说语句的人是在某个他使用的确切概念下思考某种明确东西。就这点而言,哲学家与其他人没有什么根本区别,因为这些人也都同样习惯于思考确定的东西并避免矛盾的东西。上面提到的外行意见其实是由最近几个世纪的唯名论传统所支配的,这种传统把语言的复制现象看成一种符号的运用。很清楚,人工符号需要一种排除一切含糊性的安排和组织。从这里就产生一种要求,即通过建立单义的人工的语言去揭露"形而上学"的假问题,这个要求特别自维也纳学派以来在盎格鲁-撒克逊各个国家引起了一个广泛发展的研究方向。我们可以在维特根斯坦的《逻辑哲学论》中找到这种方向的最为彻底和最为成功的表述之一。但是今天维特根斯坦却在其后期著作中指出,人工语言的理想本身是自我矛盾的——虽然这不只是人们经常引用的那种理由,即任何人工语言都需要另一种早已在使用的语言对它进行指导,因而最终又在需要某种自然语言。

其实,对于维特根斯坦的后期思想具有决定性的认识是:语言总是正确的(in Ordnung),也就是说,语言是在相互理解的过程中才具有其真正的作用。因此,哲学的虚假问题其实并非产生于语言的缺陷,而是产生于一种错误的形而上学的独断论思想,即把起作用的语词实体化。语言就像一种游戏。维特根斯坦谈论语言游戏,以便坚持语词的纯功能意义。只有当语言是纯粹的履·行·行·为·(*actus exercitus*)时,语言才是语言,也就是说,只有当语言使所说的话成为可视的,而自己本身却似乎消失时,语言才是语言。

语言是一种世界解释(Weltauslegung)方式,这种方式先行于一切反思行为,但正是这一点被海德格尔及海德格尔所启发的哲学家的现象学思想的发展引导到一个新的洞见,这新的洞见尤其从历史主义那里引出哲学结论。一切思维都被录制在语言的规轨上,它既是一种限制,又是一种可能性。这也是一切本身具有语言特性的解释的经验。凡在我们不理解一个文本的地方,某个个别语词的含糊性以及对其进行解释的可能性无疑地都意味着是语言相互理解过程中的一种干扰。当最初出现的含糊性最后因为阐明(有如读文本)不再是可兑现的时,我们就确切知道已经理解了。在我看来,一切对于语言文本的真正解释,而非仅仅语法解释,似乎都规定要以此种方式消失[11]。解释必须是玩游戏,这就是说,它必须进入游戏,以便在它进行的过程中抛弃自身。以下的表述可能是不完善的,但它至少是清楚的,即维特根斯坦对盎格鲁-撒克

---

[11] [我在后来论诗学的研究中(我的著作集,第 2 卷,第 276 页以下,以及第 8 卷)已经说明,这一点不能完全适用于"文学文本"。]

逊语义学的批判与语言的自我批判（由诠释学意识给出的）对现象学的非历史描述艺术的批判两者之间正发生着某种汇合现象。我们今天对概念的使用追溯到它们的语词史以便唤醒它们真正的、生动的语言意义，这种做法在我看来同维特根斯坦对生动的语言游戏的研究，以及同一切向着这一方向发展的人似乎都在进行汇合。

这里也包含了一种对本世纪的主观意识的批判。语言和概念显然是如此紧密地相互结合在一起，以致认为我们可以"应用"概念，例如当我们说"我如此这般地称呼它"，就总是已经在破坏哲学思维的制约性。当个人的意识想进行哲学思维时，它是根本没有这种自由的。它被语言所束缚——不仅是说话者的语言，而且还有事物同我们进行的对话的语言：今天，科学与人生存的世界经验在语言的哲学主题里照面。

在我看来，这些考察可以得出如下结论，在当代哲学中有三个经过许多世纪流传下来的伟大对话者处于我们意识的突出地位：一是当代思想中有希腊人在场。希腊人首先认为，语词与概念处于直接的生动的交往之中。柏拉图在《斐多篇》用以开创西方形而上学真正转向的"遁入逻各斯"（Flucht in die *logoi*），同时也是把思维与语言的整个世界经验靠拢的过程。希腊人对于我们是如此卓绝的，因为他们抵制了概念的独断论和"体系的强制"。正是由于这种抵制，他们才能去思考那种支配着我们同自己传统争辩的现象，例如自我和自我意识的争论以及道德-政治存在整个巨大领域，而不陷入近代主观主义的窘境。这场经历数世纪对话的第二个对话者，我认为始终就是康德，因为他一劳永逸地把思维自身与认识区分开来,并像我认为的那样,又使它们互有联系。尽管知识所包括的内容很可能比康德所想到的那种数学自然科学认识方式及其对经验的处理要丰富得多,然而知识仍然不同于关于自我的一切思考,经验对自我的思考不再能提供一种论证基础。我认为康德已经指出了这一点。

我认为,第三个对话者是黑格尔,尽管黑格尔以思辨-辩证的方式提升了康德派的有限性及其对我们依赖于经验的强调。因为黑格尔从基督教唯灵论传统接受的并赋予了新生命的精神概念仍然是对主观主义精神的所有批判的基础,这种批判被后黑格尔主义时代的经验作为任务提供给我们。这种超越自我主观性的精神概念在语言现象中——语言现象今天正日益占据当代哲学的中心地位——具有它真正的对应部分,并且其原因是,同黑格尔从基督教传统中汲取的精神概念相比,语言现象具有更适合我们的有限性的优点,它既像精神一样是无限的,但又像一切事件一样是有限的。

如果说在现代科学信仰时代我们不再需要这些老师,这可能是一种错误。他们为我们这个已完全科学化的世界所标明的界限,根本不是我们必须首先设立的——这个界限在这里就像总是先于科学而发生的东西。在我看来,我们这一世纪最为隐秘的但同时也最为强大的基础就是它对一切独断论,也包括对科学独断论所持的怀疑主义。

(洪汉鼎 译,谢晓川 校)

2. 时代变迁中的合理性

(1979年)

如果说能有某种逃脱历史变迁并能被所有人承认确实不可变易的东西的话,那么这无疑就是合理性的东西(Rationale)。只要理性(Ratio)运动在其自身领域内,那么所有它的思想步伐在历史变易中都分享着相同的不可通达性(Unerreichbarkeit)。现代历史主义的一种行为越轨,就是让数学按照其发展和维护的历史条件性去被区分并试图使它听任历史相对主义的摆布。数学乃是一门纯粹的理性科学,这门理性科学最多让逻辑学支持自己,只要逻辑学并不完全化归为数学。的确,这门科学在整个人类文化的各种不同文化圈或历史时期中可能曾经起着一种不同的作用,达到一种不同的发展阶段,具有一种不同的效用。但是,这是一种次要的历史旨趣方面,它不是哲学事情。

或者不是这样吗?"哲学"本身难道不是一种理性科学吗?它只在西方世界作为科学并像"科学"那样发展,通过它在现代世界的技术应用,它具有一种统治世界的作用。这难道不是说,关于合理性(Rationalität)、ratio、理性为何物的思想,以及这些概念本身的标记、标志它们的语词的表达,就已经构成了哲学事业吗?其他高度发展的文化,例如中国的文化,显然完全走在另一条道路上,它们试图思维性地取得那种在宗教里出现的人类的原始提问,而不是走科学的道路和概念构成的道路。古希腊思想中合理性观念怎样被发展,"合理性"在与自行发展的科学,特别是与伽利略开创的新发展相联系的"合理性"怎样一再在整个哲学概念中重新规定它的位置——这所要问的完全不是一个次要的历史任务。人们在这里跨越了我们称为哲学的整个理性科学的空间、理性本身的空间。

所以,作为第一任务提交给我们的,乃是考察合理性概念首次得以表述的那些语词,那些一般规定我们的西方思想的基本语词。毫无疑问,我们所遇见的这些语词首先不是概念语词,而是日常用法中那样一些语词,即我们在公元前8世纪和前7世纪史诗(首先在荷马和赫西俄德那里)中所接触的那些语词。因此对于未来思想的概念行为(从而对于西方合理性的历史和命运本身)来说,许多可能是先行决定了的。因为语言及其使用确实先行于思想者的思想——作为语言是不可规定的。希腊语所隶属的语族,即印欧语系的语言家族,具有一种结构特征,这种特征使它整个接近走向"合理性的"世界把握的道路,尤其是希腊的语言通过一些如中性词的丰富展开和借助冠词让一切词类的名词化诸特征特别推动了概念思维。我们想一想如"存在"(τὸ ὄν)(在巴门尼德那里)或"共相"(το καδόλον)(在亚里士多德那里)这样一些语词的形成,它们正是通过这一点才有可能。古希腊文学传统的开端,荷马和赫西俄德的史诗都证明,要把理性的光亮带入希腊人的本质之中,并非必须首先是思想家、哲学家的到来。像诡计多端的奥德赛这样的英雄形象证明了这一点,同样,奥林匹克诸神世界的阿波罗轻松感亦然,这种轻松感嘲笑地注视着为特洛伊之战而死亡的人。但是,这并不是问题所在——开端总是处于昏暗之中,所以"合理性"的开端也是这样。在希腊出现的并为我们指出科学和合理性道路的思想家,跟随着通过希腊语言构造的结构被给予的预先规定(Vorzeichnungen),但是相比他们在已经知道言说神圣东西的第一代人那里(οἱ πρῶτοι θεολογήσαντες),即在诸神故事的形式和史诗语言中所发现和接受的东西而言,他们有意识地发展了它们。这无疑也是哲学思想身处其中的历史条件。

但是,哲学思想怎样表述自身以及怎样表述合理性概念呢?我想从供我们支配的丰富语词领域中找出两个已成为古希腊思想主导词的语词,即 Logos(逻各斯)和 Nous(努斯),并试图去弄清那样一些思想经验,这些思想经验使这两个语词所表达的合理性的重要性得以被理解。逻各斯——毫无疑问,毕达哥拉斯发现合理的数字关系,而音乐的和音以及这些和音的各种天文学应用都基于这些关系,而这些关系的发现给(逻各斯)这个概念首次烙上了合理性这一含义。"逻各斯"这一词具有一种数学的音调并可能从毕达哥拉斯的发现出发上升为存在的基本语词。被计算的和被其数字规定和允许说明弦声关系(这证明和谐音调)的东西,同时被认识和被把握,我们称此把握(Griff)为"概念"。所以在纯粹数字领域无理数的发现,如 2 的根无理性,对这个世界筹划来说确实必是一个真实灾难。可是它的内在说服力却足够克服这种挑战,甚至发展逻各斯概念,让它完全脱离有理数值和它们的计算。逻各斯一词不仅意指计算,而且也意指数的关系。在计算、计数、总算中确认和可数的东西乃是"逻各斯",同时它又意指命题、说明、话语(言说),但也指数关系。构成毕达哥拉斯音乐-天文学系统的许多逻各斯呈现了知识整体和智慧整体,即那个是太一的"*Sophon*"(智慧),正是从"*Sophon*"这里哲学被给予其名称。所以,逻各斯首要不是一种人类形成语词并对存在物做出报道的能力。正相反,这种能力正如任何动力一样,乃是从它们可能做的东西那里规定自身。"有"逻各斯,就是说,认识规定某物的数。这也就是说,能够产生话语,能够说明存在的某物为何存在的根据。当赫拉克利特说他自己的话语——这种话语与同时代人的那些包括一切的知识渴望的期待毫不相符——时,这种关于太一、关于真的话语并不意指他自己的优越本质,而是说了存在的东西和一切得以产生的东西。① 苏格拉底会说:无论我说了什么,那都并非是我的话语。② 在语词和话语里与在说明和要求说明中先来到面前的东西,以及我们自那时以来称为辩证法的东西,对于思想着的人们来说乃是唯一的大遭遇(πάδος),而存在之物就在其中呈报自身。

这一点也完全适用于另外一个与"逻各斯"紧密相联的基本语词,即 Nous(努斯)这一词。的确,这是人类的一个相当重要的标志,即"具有"Nous——理性。谁没有"Nous",谁就不能感觉,不能理解,不能占有其健全的理性。但是什么是这样一种"占有"呢?它恰好不是一个可支配的武器、工具、科学和语词的仓库,而是存在之物被保存和内存在的守卫,是存在本身的守卫,有如它先于一切武器、工具、科学和语词的使用。所以巴门尼德曾把 *noein*(思想)和 *einai*(存在)的不可分离性与一种无思想性(Gedankenlosigkeit)对

---

① 《赫拉克利特著作残篇》,残篇 1 和残篇 50。
② 柏拉图:《斐多篇》,90c。

立起来,这种无思想性未注意到那种在生成与消逝的话语中,即在这样的话语中(它并不存在于此,但又好像它存在于此),简言之,在无的话语中存在的深渊。所以思想完全处于存在中,但不作为存在旁边的存在者,而是这样,即存在通过它而"出现",并且在一切游走于一来一往的讲话中构成,存在的"此"、存在的"真理"(Aletheia)。正是在存在本身中显现的光亮,我们感觉它就好像在黑暗中显现的光,在此光中事物赢得一种明显性。不管在数和数的关系中、在天体秩序和在人类中,还是在我们的每一个人中,它就是"合理性",正如我们想说的一样。

  我们现在自问:在一切中这样存在的和一切都是的并且同时也在我们自身"之内"的这种东西究竟是什么?希腊人根本没有"意识"一词,即使睡和死亡、陶醉、梦幻和昏厥的神秘般的经验,自赫拉克利特以来,一直纠缠着他们的思想。他们这样经验的东西以及人类此在的根本经验所是的东西,即处于这种被黑暗所包围的光亮中的谜——他们认为是合理性东西的透明性,合理性东西的光好像从外面(thyrathen)被带来,几乎就像"要有光"。毫不奇怪,Nous 几乎常常成为神性的东西或神的同义词:散发光亮的强大的当下在场在神性的经验中可能具有其范例——也或者是:除了处于这种光亮的不断在场中之外,神性不可能被设想为别的东西——我们的任务并不是得出后期基督教上帝经验由古希腊思想,特别是由 Nous 概念引出的神学结论,并因而赞扬后期古典时代的柏拉图派哲学家,即所谓新柏拉图主义者作为传介者所起的作用。古希腊的合理性,这种在"所有语言中最可说的语言"(正如尼采对希腊语所称呼的)中的思想,曾遗赠给我们逻辑和辩证法并最终使近代科学的整体觉醒成为可能,它远远超过对存在的合理性的获悉和接受,就像一种神的恩宠(Gabe〔赠品〕)——第二个普罗米修斯之火,曾最为深刻地影响了西方世界的历史。当然,这不可能不发生同化,这种同化是这种思想特别是柏拉图派思想通过基督教哲学所经验的。存在的理智性(Intelligibilität)被建基于上帝的无限"理智"(Intellectus)之上,而人的"理智"只分享了它的有限的被创造物的部分。

我们可以承认,在犹太教–基督教的上帝经验中对古希腊合理性的这种接受并没有穷尽这一点——也许那种完全充分符合古希腊合理性的上帝经验是不可以设想的。基督教神学的希腊化可能遮蔽了这种希腊合理性的不适当性,但并没有持续下去。希腊人的合理性本身并不像他们哲学家的合理性那样和谐适度(甚至哲学家尤其是柏拉图知道了某种逻各斯界限)。在旧约的上帝和新约的信仰命令中早就有一种相反的论证,这种相反论证最终赋予合理性概念一种不同于希腊人赋予 Nous 的重要价值,希腊人赋予 Nous 的价值是天和地的"国王"(《斐莱布篇》,28c2:πάντες γὰρ συμφωνοῦσιν οἱ σοφοί...,ὡς νοῦς ἐστι βασιλεὺς ἡμῖν οὐρανοῦ τε καὶ γῆς〔"刚才我问你 Nous 和知识属于哪一类……我们拥有的 Nous 是天地之王"〕)。正是不可探究的上帝意志才呈现了一个超强的相反论证。考虑上帝和上帝的全能,就其后果而言,显然反过来拒绝人类分享上帝智慧的要求,因而乃是把我们认识的"合理性"限制于一个狭窄领域的行为——最终是对我们自己的创造、度量和建构的限制。库萨的尼古拉主教曾赋予那种关于建立在度量和权衡之上的相对知识以这样的标志,即 *ars conjecturalis*(推测的技艺),也许没有更好的标志来说明这种可能出现在经院哲学唯名论后果中合理性词义的偏移。这是一个真正柏拉图派哲学家的词。像我们可经验的现象世界的那种本身不精确的东西只可能以不精确的方式被认识,真正的合理性永不适宜世界知识。数学这种自身完美的合理性最早与其说服务于世界知识,毋宁说服务于神的知识。由于人类认识的"合理性的"可能性受到柏拉图派的"精确本身"理想这样一种限制,15 世纪早期的大思想家还一直停留在近代的门槛之上,所以他和他同时代人对"合理性的"传统世界观的批判很有成果③。

当伽利略把数学的合理性的可能性用于经验知识并在"偶然性东西"、可观察东西的领域,以及在通过量的规定而可合理化的东西的领域建立一种新兴的"科学"时,这乃是人类认识史上的一种真正的革命事件和合理性的一种新规定。自那时以来,科学主要而且首先是一门经验科学,并且"理性科学",即数学,或多或少服务于经验科学。但这同时也意味着:以前称为第一科学即形而上学的理性科学,从此以后在其地位和权利方面有了争论。从现在开始,"合理性"占据了什么位置?近代的思想将越来越多——尤其在所谓的"理性主义"时代——给出如此回答:在"方法"上。这是一个新的魔咒词,笛卡尔曾用此词向哲学世界介绍了自己,并且如果我们看一下伽利略的先驱工作,那么这就是说,新经验科学之路就是数学筹划之路:它的经验考察所遵循的 mente concipio(心灵的构想)。因而,数学的纯粹理性科学从那时开始就运动于

---

③ 参见我关于库萨的一篇论文"库萨的尼古拉与当代",本书第 297 页以下。

其中的合理性，闯入了经验世界。正是在"合理性的"这些诸多领域，新的可预测性的诸多领域和被自然规律无例外性统治的诸多领域，合理性庆祝它的新胜利。亚里士多德曾建立的"旧"物理学并不认识人们可能称之为自然规律的东西。它建立在世界的变易性中的单纯合规则性（Regelhaftigkeit）之基础上：自然本身的受限制的合理性和自然的概念科学所建立之基础，不是必然性，而是合规则性（Regelmässige, τὸ ὡς ἐπὶ τὸ πολύ）。它就是针对这种"科学"和这种合理性空想，由于这种空想，亚里士多德派哲学家拒绝用望远镜去看东西，而新科学却知道借助望远镜实现自身。但是，伽利略却针对所有表面现象表述了力学基本原则，特别是自由落体原则，并证明力学是科学，从而以无比的勇敢精神完成了他的事业（das Seine）。

毫不奇怪，数学所呈现的科学形象现在也使哲学屈服于它自己的标准。所以出现了 mos geometricus（几何学方法），这种方法应当保证古老的伟大理性科学即形而上学具有一种新的科学性。因此，正在成长的自然科学时代同时也成了理性主义哲学的时代，也就是说，一种新的方法合理性无批判地扩张到形而上学。康德的"粉碎一切"的《纯粹理性批判》怎样结束了经院形而上学的胡作非为，是太需要我们回忆的，同样清楚的是，这种康德批判虽然抽去了理性主义的"独断论形而上学"的地基，但也同样以纯粹的经验概念抵制了经验主义对"知性概念"（即形而上学范畴）的消解。如果合理性意指——正如我们在数学的范例中所认识的——理性以完全的自主性运动在自身之内并从自身得以发展，那么康德认识批判的至高点，即"先验统觉的综合"就表现为那种作为意识的自我关联性的纯粹合理性。经验科学的要求同时如此广泛地被承认,以致由纯粹理性推导事实乃被揭露为幻觉,只要知性给自然规定它的法则,知性的一种立法本身仍然给予经验科学的行为以一种合理性的因素。但是,实践理性的自我立法正是说,理性"在实践的目的里"才真正具有完全的自主性。的确,理性甚至能够把堕落为批判理论的形而上学"理性科学"重新建立在自由的理性事实之上。当然,康德真正世俗的世界成果与其说基于这种实践地重新建立的形而上学之上,毋宁说基于第一个成就:在经验认识领域内对知性概念(Verstandesbegriffe)的合理的辩护,也就是说,基于对他批判性限制理性认识(Vernunfterkennntnis)作认识论上的阐明。由康德引导的相对"理性"(Vernunft)贬低"知性"(Verstand)一词的做法乃是对此的证明。他在经验科学最内在的领域为理性的权利进行了辩护。因此哲学的理性科学和现代经验科学之间的冲突原则上被消除了。

当然也有牺牲。传统的形而上学、物理学、道德哲学和神学以之为基础的理性世界观必须放弃理论有效性并只能作为实践的理性要求——在所谓的实践理性假设学说内——而继续有效;并且更令人恼怒的,在哲学和神学之间要解决的知识与信仰的冲突因此被转移到了理论哲学自身中。理论哲学证明自身在构成性理性用法与范导性的理性用法之间是被分裂的:合理性确实适合于两方面,但也可以说是碎片性的,它不再让自身在科学的统一性中得以完成。我们似乎不应当考虑去反对康德的这种批判:伽利略和牛顿所代表的科学概念——康德证明了其理性方面——可能在今天微观物理学和普遍系统理论的这种缩减到统计学的合理性的时代,对我们来说太狭窄,并且物质和生命、必然性和自由之间的界限可能丧失了它们固有的规定性,理性的统一似乎也在理性的使用中对我们在理论客观化和实践自我规定之间进行分裂——直到进入我们肉体的深不可测的经验,这种经验对我们来说是两方面:一方面像一个机制在起"功能作用",另一方面我们自身存在。

可是,理性统一需要不允许我们在这里安宁。康德的那种表现片面承认科学性和理性需要之间分裂的"解决",虽然在任何地方不是过时的,但它在空间上总像是一种挑战。在我们生活的这个科学时代,占统治地位的倾向就是要把这种挑战排除出去,除了在科学的批判方法内的合理性——无论如何在实践-技术的问题克服中还一直生效的合理性外,不承认其他任何合理性。所以康德对纯粹理性的批判要作为认识论被解读,形而上学残余如自在之物和感觉情感必须被这种认识论加以统一——而且甚至把直观诸形式列入知性概念,这个知性概念使感觉材料成为经验对象:这样合理性唯有在科学范围内才出现并被限制于其界限之上。

通过上述方法所达到的、将这种"合理性"功能局限于科学的狭窄化做法,最终应当在下述这个极端上推动人类劳动世界和社会的合理化过程,这个极端确定了工业时代和技术的无限制的扩张。这样,合理性其实被简化为工具合理性,服务于被给予的理所当然的目的。这是一个强有力过程,既是一种简化,同时也是膨胀。自那时以来,科学的合理化不能达到的东西就作为一种非理性的剩余领域来标志,这就使得伦理的和宗教的信仰决断陷入此领域并必然丧失所有理性的合法性。

现在我们确实可以说,"非理性物"(Irrationale)必然是与合理性观念一起被给出的——自毕达哥拉斯在数学本身领域内发现"无理数"以来。对于理性主义时代来说,其特征就是,一种积极的非理性物概念立刻限制了合理性范围。早在 18 世纪,虔敬派的情感发现和美学的建立就把那种枯萎的知性神学的 *esprit geometrique*(几何精神)推倒一边,而在 19 世纪,认识论的独断地位却把世界观的非理性暴力征召到战场。现在到了我们的世纪,在非理性狂热的最后泛滥之后,似乎想建立这样一个理性的世界管理体系,这个体系产生它需要的那种与技术的世界形态完全相适应的人类。随着这样一种生命完全理性化的胜利,是否达到那种让限制于计算和合理计划的理性消耗自身内的理性精力的目的呢?

情况可能怎样呢——做出预测,这不是我的职责。可是,传承给我们的哲学遗产必然使我们深入探究这样一种合理性理想,从再生产自身的人类的自我创造系统及其理性的自我操纵突围并更新那种随着古希腊思想的开始就首先提出的问题:追问逻各斯、追问存在本身的合理性的问题。就我所见,在现代思想里对此问题曾给出三种回答。所有这三种回答都试图在古希腊遗产与现代"方法"的合理性之间进行中介并想赢得一种"合理性"——一种存在理性观,在此理性观内,现代科学的渗透保留了其合法的、但也受限制的范围:莱布尼茨用古老形而上学改造新科学,黑格尔对希腊逻各斯的更新和扩大及他要求把自然和历史中的理性建立在"逻辑"之上,以及 20 世纪想获得一种优越于所有主观意识的存在理性观的尝试。

虽然初看起来,好像莱布尼茨通过他的普遍数学的发展绝对化了数学的合理性,并因此也绝对化了近代科学的方法论思想,以及通过 *mathesis universalis*(普遍数学)把"理性主义"(Rationalismus)

推到其极端。但是,就这种存在的数学观在自身方面是建立在单子概念——单子不是运算器,而是作为能思想的和计算着的统一体才是真实的统一体——之上而言,*mathesis universalis*(普遍数学)的过度合理性同时也赢得形而上学价值。"*Dum Deus calculat, fit mundus*"(当上帝开始计算,便生成世界)。科学就是复算(Nachrechnen)。现代物理学最终走上同一条道路。现代物理学愈是深深地进入最微小的微观世界,古希腊实体概念余音的最终残余也就愈多消解在数值系统之中。理性似乎完全存在于自身之内并只与自身照面——可是正是这种作为存在真实实体的古老柏拉图和谐和对称的梦幻才实现了这样的理性。所以,现代物理学在某种意义上是追随莱布尼茨的想象丰富的预期。凡在合理性达到完全实现的地方,一种表面上任意的能够自我证明的数学建构就被接受在一种较高的合理性中,这种合理性正如古希腊的世界-逻各斯那样是不能被计算的,而是像赫拉克利特的逻各斯那样必须被倾听。"当然,他们不认识那种他每天用来做事的东西。"④在神的无限理智里,每一个事实真理都被证明为有理性的(vernünftig)。这就是莱布尼茨。因此,有限本质(事物)在伟大的世界工程师方面没有位置,社会工程师似乎是一幅神的讽刺画。

在我看来,德国观念论运动中产生的要求更加一致和更包罗万象。这种要求致力于把"科学",即万有存在这一总念建立在自我意识的完全的自我展开之上。费希特曾经首次把"科学"(Wissenschaft)由理性的自主和自发的自我产生提升为一个纲领

---

④ 《赫拉克利特著作残篇》,残篇72。

并直到他死都一直在其"知识学"(Wissenschaftslehre)的几个方案中与这一任务进行搏斗,即阐明如何通过实践理性的方法论的优先让自我意识最终承认存在相对于意识的优先权。这个作为 consciousness(意识)的翻译和无非只指"Mitwissenschaft"(cinscius-sein,共科学),并且是在康德和赖因霍尔德意义上使用的德文词"Bewusstsein",在这里首先得到一种新的形而上学的弦外之音:意指一种存在方式,不是指认识着的存在(Wissendsein)和自我认识(Sichwissen),而是指存在的被意识(Gewusstsein des Seins)。

　　黑格尔是否成功地解决了这一任务?这任务是可解决的吗?古希腊关于逻各斯和努斯的世界-思想能够与近代的自我意识原则达成一致吗?黑格尔曾尝试这样做。一方面他把远远超出自我意识同一性这一形式概念的近代的主体性原则展开到"精神"的具体实体性。他的《精神现象学》的成就就在于指出这条由确定性的点状状态直到已成为完全透明的精神的"真理"的道路是必然的。这不只是说,所有意识都必然是自我意识。而且自我意识也只是在其他自我意识的承认中才是它所是的东西——因此"精神概念已经'为我们'而存在在那里了:我就是我们,而我们就是我"。⑤*

---

　　⑤　黑格尔:《精神现象学》,霍夫迈斯特版,第140页。参见我的《黑格尔辩证法》,第3章[我的著作集,第3卷,第47—64页]。

　　*　黑格尔这段话是:"精神这一概念已经出现在我们前面了。意识必须进一步掌握的,关于精神究竟是什么的经验——精神是这样的绝对的实体,它在它的对立面之充分的自由和独立中,亦即在互相差异、各种独立存在的自我意识中,作为它们的统一而存在;我就是我们,而我们就是我。意识在自我意识里,亦即在精神的概念里,才第一次找到它的转折点,到了这个阶段,它才从感性的此岸世界之五色缤纷的假象里并且从超感官的彼岸世界之空洞的黑夜里走出来,进入到现在世界的精神的光天化日日。"(中译本参考商务印书馆1997年版《精神现象学》,上卷,第122页)——译者

实现这种同一性乃是一条引导理性实现的广阔道路。这里指明，自然的外在的直接的实在性被预设为理性的：人们称之为"做出观察"(Beobachtungen machen)——每一个自我意识相对于其他任何自我意识也做出了同样的假设，即它"自在"(an sich)地被承认。所以，理性是一切实在的确定性在两个领域实现自身：在作为生成为精神的自然里，以及在作为精神的教化(Bildung)的历史中。

但是，什么样的必然性应当对此做出合法证明，即把这种在巨大预期中所体现的在自然和历史方面不可终止的经验过程提升到概念？因此一种与所有存在或发生东西的先行和解被设定了。但这样一种和解其实只能作为预言在信仰的末世论中被建立。所以宗教必须证明哲学这种自身领会着的精神，同时也必须在哲学那里找到它自身的辩护。因此自身领会着的精神的哲学总同时处于不可扬弃的歧义之中，即预期(Antizipation)和实现(Erfüllung)，因为它让经验过程的坏的无限性听命于事实的无关紧要。这样一来，理性科学和经验科学的对立应当被克服了吗？

黑格尔还走了另外一条达到"在概念中扬弃一切经验"同一目的的道路。承担着对实在的抵抗进行科学攻击的近代主体性思想应当通过一种新的普遍的"逻辑"来面对，这种逻辑存在于一切真实存在的东西里面。这种重新更新的古希腊逻各斯思想应在思想中把握所有实在形态，即它将存在概念——黑格尔用一个意味深长的名词"范畴"来称呼这一概念——展入所有那些仅仅是思想性的规定之内。康德对范畴应用的辩护，即对先天的知性概念的辩护，被限制在经验领域内的批判性界限中，应当是普遍有效的。黑格尔《逻辑学》完成了整个穿越"存在"的同一性并在"绝对理念"中达到实现,并且以"被放弃了的"实在性让它处于过渡的界限上。

绝非偶然的是,这种过渡,这一关于理念"释放"于空间和时间的外在性中的学说,一直是特别有争论的。虽然辩证法的证明是清楚的:理念完成了的规定性必然地知道自身只是作为否定性、只是作为记忆存在,并因而知道自身作为不是它规定之物的界限。所以思想必须使自身成为这样的显现规定,并认为时间和空间、自然、主观意识和"客观"精神是理性的以及在理性概念中加以把握——同时以此听凭经验的无概念的无限泛滥。

至此我们可以再一次自问,这一点是否可以表示古老的理性立场与新的经验观点得到真正的和解。对,现在我们完全可以自问,这样一种"同一性"是否只能在不揭露它内在的矛盾的情况下被思考。在空间和时间中被给予的或被发生的东西被预期为理性的,这就必然意味着:否认实际的经验过程、科学的进步和世界史的倒退具有任何意义。理性难道根本不能匆忙地与这样一种通过"辩证法"的和解行为一道?像理性、合理性这样的概念难道不能被规定为其他东西,以致它能正确地思考人的真实情况和人类的可能性以及存在的事物?

以下这一点的反对是不够的,即在实证物的事实性中,在"生存"中、在物质的实在中存在有对合理性的诸多界限,正如谢林、克尔凯郭尔、马克思所有效地做出的。这确实是众多的提醒。合理性不可能总是被限制于科学之上。当谢林试图相对于上帝和从上帝出发理解人类自由本质时,他是深刻地开始提出了问题。克尔凯郭尔在黑格尔曾遗忘的"生存"中并在"选择"中考察人类得以一般被理解的条件。马克思的意识形态概念以及随着尼采而来的对自我意识幻觉的决定性批判——尼采正好讲到"小理性",他把这种"小理性"与肉体的"大理性"相对立——所有这些都指明了一种比科学合理性层次更高的合理性。但是,所有这些提升、扩大、转向最终都不是重新把自身引导到意识,即在一种错误的意识位置上引导到一种"更正确"的意识和自我意识。

但是问题是,从意识和自我意识出发,理性——具有理性乃是人类的危险的和有危害的特征——究竟是否被合适地思考了。古希腊人对我们呈现的一个永恒的回忆是,他们由之启程的思想是把理性、逻各斯设想为某种共同的东西(ein Gemeinsames),相对于这种共同东西,任何个别化东西都是某种非真实东西。人们可以提出反对说,我们西方世界的精神史是不可避免地打上了经历过苏格拉底问题、基督教的内在性和个人的自由热情的通道的烙印的,并且想相反行之,想不具有对其自身的意识,则是无意义的,也许是背理的。但是这根本不是这里的问题。它是关于什么存在和我们是什么的正确思想的问题。我们是否能比现代意识所成功做的更好地思维呢?当现代意识试图在求知、愿望和能力的激情及其被生活之流(生活之流将一切与自身一起引领并与自身相交换)所承载的存在之间加以比较时,它就不可救药地失去了作用。

情况并不是好像我们缺乏这样的经验,即"理性"正是在放弃对自身权利和自身在真理方面的确实性的固执考虑而表明自身。黑格尔关于爱之经验与和解秘密的出路——这远不止是一种分裂的单纯结束——相对比呈现了一种优越的明证。这条出路让他相对于自我意识的个别性能够认识"精神"中的更高真理。黑格尔哲学的深深的吸引力就依据于此。所以他在所有的所谓异议和经验中总是先发制人。在他的哲学中,不管是个人的权利还是国家的权利,不管是意外还是激情,不管是物质关系或我们此在肉体的意义还是宗教绝对性的承认,都没有丧失——可是我们世纪的青年黑格尔派的那种批判却经验了它的重新恢复。存在哲学心里所想的东西,在你-问题的纲领下对观念论的批判心里所想的东西,新马克思主义以及针对黑格尔观念论在绝对知识里完成的辩证神学心里所想的东西,一定是某种不同的东西:一种把握一切此岸的优越的事实性机制,此机制正应限制概念要求———一种(对于自由、信仰、实践和政治的)事实-具体的决断。这不是非理性主义,不是没有根据的决断,不是在一切合理性终结上的盲目的决断主义(Dezisionismus),而是一种寄居于实践之上的合理性,这种合理性并不把那种它为之"决定"自身的东西与自身区别开来。所有这些最终都好像反对那种中介一切的"哲学"而起作用,虽然这种哲学自己知道理性是实践的,并且自康德以来让这种实践的理性相对"单纯的"纯粹的理论理性占有优越性。但现在它涉及"哲学"本身以及它自己的——"理论性的"或"实践性的"或超越两种"理性物"的——自我规定:哲学可能是一切科学中的第一科学吗?难道不是有人性的地方就有理性,而哲学又追踪着理性的踪迹吗?

事实上古希腊的例子似乎教导我们,以后称之为哲学的理性事业乃是一种思想,这种思想我们既不能称之为实践的,也不能在我们的意义上称之为单纯理论的:追问"开端"的思想。这就是说:不追问这个或那个,而是追问一切,追问比"一切"还多的"存在整体"(Sein im Ganzen, τὰ πάντα)。此处有一种与向理性世界统治启程——这应当引导到"科学"——的紧密联系。科学的大胆合理性并不依据于自身。我们可以从古希腊人那里科学的产生学习到这一点。他们的问题摧毁了一种在神话和传说中靠诸神强力统治的生活世界的想象——但是他们的精神必须把这种宗教传统的整个遗产吸收到思想里并探究神性的东西,有如他们追问存在一样。古希腊人就是这样开始做的。他们追问唯一的存在,那是"智慧的"太一。但是,这好像是一个总是在一切地方和任何传统中一再提出的任务,即使有些传统并不曾引导到(用"导致"似乎更好)科学。在我们被科学所规定的文明中,这一任务可能并不被逐渐地引导自己到一种方法论的操纵有如经验科学和研究的道路——一种同样少封闭的过程——所想要求的那样。相反,哲学的任务毋宁说处于理性的世界掌控的变易和进步之中,这种进步规定了我们西方的历史总是一再更新,但又总是同一的。在科学的合理性和思想的任务——我们称之为哲学或形而上学——之间存在有一种不可终止的相互作用。来源于形而上学预期的概念在研究中发挥它们的作用,直到它们也许遭受到批判性的考验和解体——有如在量子物理学中,不仅因果性概念,甚至实体概念最终也丧失了它们的经验科学意义。反之,逻辑的精确性及服从逻辑的概念陈述最终却闪耀出辩证的真理。

  但是,这种哲学和科学的相互关系并不能引导哲学只从科学出发去理解自身。这里不再关乎科学发展至一种纯粹理性科学。自卢梭和康德以来,启蒙运动的偶像就在这里。人类的理性是在多种形态和形式中与我们照面并给我们提出思考任务。人类在世界各处用语言表述他们的世界经验,他们在语言上相互交际,到处开启进入整体的视域。海德格尔和维特根斯坦重新提醒我们牢记这一点。个人自我中心以及社会自我中心所开启的每一个经验进入我们思考着并思考着要辩护的东西的光亮空间。艺术作品,凡在它们维护自身并与我们照面的地方,都像进入我们耳朵的话语,我们从所有围绕我们吵闹的东西听出和想对我们说些什么的可理解的声音。所有这些以及我们所处的,或者像处于另一个传统的东西与我们照面的宗教传统,产生了人类唯一一个特征,即拥有理性。这就是超越时间变易的合理性。科学可能把它的研究能量倾注到自然世界,同样也可能倾注到我们所遭遇的历史传统的诸世界——哲学思想将思考着地参与到所有人类理性训练的形态,但不是以一种把所有东西都放入自身的概念体系的专制优越性,而是以一种该思想从未最终认识其所知道东西的深刻反思性(Nachdenklichkeit)。

(洪汉鼎 译,窦绪凯 校)

3. 对理论的颂歌

（1980年）

存在有一种古老的使用壮美颂词（Lobrede）的习惯，通过这种颂词，一件公认为值得称赞的事情经验到其公开的赞赏。诸神和英雄、爱情或祖国、战争与和平、正义和智慧都是过去赞颂的对象，甚至老龄人也是古人赞颂的对象，而不像今天几乎成了让我们脸红的可耻东西、一种损害、一种缺陷。在一个认识并确信其理想的世界中，一种美好的习惯滋养了一种类型的说话艺术，这种类型的说话艺术乃是一种公认的财产，它致力于这种赞颂。爱好理论的生活乃是这种赞赏的对象之一，自苏格拉底和柏拉图时代以来，就存在有一种说话的种类，即文学类，人们把它称之为"劝勉的"（protreptische），即一种宣传理论的话语和著作。理论的古老名字，即在我这篇文章标题里出现的，当然是另外不同的名字："哲学"，即对 sophon（智慧）的爱、对真知识的爱、对真东西的知识的爱。柏拉图首先把这样一种哲学，即献身于纯粹知识的生活称之为和赞赏为"理论的"生活理想，并以此向他家乡雅典及其社会的规范意识进行挑战。因为雅典的公民作为"自由民"，规定——与从事体力劳动的外籍人和奴隶相区别——要参与政治、参与社会公共生活。与正在成长的男孩——没有讲到女孩——相伴随的，是要有几年时间学习理论和音乐。这就是当时唯一的教育途径——通行的成熟之路——孩童自己成长的阶段,这阶段以教育(Bildung)的希腊文 *paideia*——教育学——为名,确定了与孩童的(des *pais*)生活阶段同他的 *paidia*(游戏)的关联。

介入生活就是介入政治实践。所以"理论"这个词已经告诉我们某种事情、概念:理论愈近于纯游戏、纯直观和纯惊叹,那么就愈远于所有使用、利益的严肃事务。就此而言,"实践"这个词可用来反向定义理论概念,并同时使理论这一概念与最古老的生活经验之间的问题(对立)关系联系起来,这种问题(对立)关系——有一次被康德自己处理为——以这个谚语宣布它的到来:"这在理论上可能正确,但不适于实践"。对理论的赞美成了对实践这一对立词的反驳。这种情况在古希腊早期就已经存在。我们是否还有机会能经常听到这个说法呢?我承认,出于我自己学术工作的理由,我是比较容易对此问题持肯定回答的。这种赞美在那里是怎样看待的呢?

在人类文化发展和谋生的早期阶段,单纯的求知欲只是一个罕见的例外情况,而且它常需要通过宗教的或实践的利益来加以辩护,无论在埃及、巴比伦,还是在那些产生了几何学、算术和天文学的国度,这一点都是很清楚的。如果我们把赫拉克利特作为一个例外把他排除在外,那么,即使是第一批古希腊哲学家,他们实际上也更完全是自己城邦的积极公民,并且常常由于经济或政治的远见特别忠于他们的职务。所以柏拉图的政治节制——这将"理论"一词推至台前——确实是一种挑战,同样,柏拉图建立的学园似乎也是那种不过问政治并要求理论生活理想的终生的学校,并且还为"哲学家"设置了一种为实践政治所不需要的职务。苏格拉底对善之问题的执着追问以及此问题通过柏拉图——他把数学的抽象和辩证法结合起来——得以完善的继续,在政治实践家及其诡辩的辩护人那里必定显得荒谬。

柏拉图通过他那把一切都颠倒过来的理想国,尤其是通过那著名的洞穴比喻,给出了一个划时代的回答。按照那个比喻,经验主义者和实用主义者都生活在一个阴影世界之中,在他们背后则有一堆火在燃烧,而他们把这个世界认为是真实世界,必须通过强力——思想的强力——才能把他们从枷锁中解救出来,并且还必须让他们转身出来,走到上面面对白日阳光和真实的太阳。当然在那里,他们首先要经历一段较长时间的眩晕,直到他们后来能适应亮光并且看到真实的世界——这是永恒的思想世界。但是,当他们必须再回到洞穴中去时——可能是由于他们的公民义务——他们重又发生眩晕——其实只是很短时间——因而不能像那些习惯于洞穴黑暗的人那样预见到事情的后果。因此洞穴中的人们认为追求知识是无用的和有害的。所以柏拉图是用政治的眼光来解释理论的坏名声的。当然,这是希腊自由城邦和共同体不幸解体的前夜,所有公民都曾为此共同体生活——也许共同体那时几乎名存实亡了。

也许柏拉图在他的理论教育中看到了某些对所有时代都是真的东西。"理论的"教育充塞着以后世界的学校文化——学校文化是欧洲的古典时代遗产。在现代国家中,这种学校文化扩展成普遍的学校义务乃属于公民权利的前提条件,在一直延伸到成人教育要求的教育观念中,还存在着一种期待,即希望那种与"无物"有关的，并同所有使用和利用计算"无关"的对事物的理论研究，都归属于所有的职业教育及其要求的实际能力。特别是它要适合于管理国家事务。柏拉图用哲学王这一背理说法说出了一个永恒的真理。只有因职务的要求而知道更好的东西并知道怎样做的人，才能统治他人。理论生活的理想同时也具有政治的意义。

柏拉图的友好的暗示可能并未诱惑我们——我们必须进行为理论生活理想所作的斗争，这种斗争自希腊时期以来一直伴随着我们的文化生活，它的最近状况则以这样的方式反映在哲学概念中，即实践以及为实践服务的、靠实践证明的思维要求具有合法性的优先权。从那以来，对理论的赞美简直就是某种不得体的事情。

当柏拉图盛赞理论生活理想时，他仍然是自己国家的公民。理论与政治的统一对他来说，仍是不可解决的，即使他是一位受挫的或失败的政治家。当希腊城邦文化生活发展到大希腊时期和罗马帝国时代，情况发生了变化。亚里士多德想通过正确的权衡给予实践的-政治的生活理想和理论生活的优先地位这两者以同样的合法性。人们把亚里士多德给予理论生活的优先地位当作他思想中的柏拉图遗产而加以轻视，这确实是错误的做法。毋宁说，正是亚里士多德才第一次建立了与古老的、起源于宇宙论的理论相独立的实践-政治上对善的追问。亚里士多德以一句简明的话，即"一切追求知识、能力和选择的努力都趋向于善"，开始了他关于人的实践、"伦理学"的研究。但他同样认为，理论的旨趣根本不需合法性的证明，它会使所有人得以鼓舞，富有生气。他的《形而上学》的第一句话是说"所有人出于本性求知"——出于本性，不只是为了完成此在(Daseinsbewältigung)和生命保持，不，它也是为了幸福,满足自己的本性。即使只看实际后果的地方——例如在知识应用中完全就是这种情况,医学就是古典的例子,亚里士多德作为医生的儿子曾看到过——也要承认知识的优先地位。知识在数学中得到实现,因数学的对象是不可改变的东西,但只有在哲学中才得以正确,因为哲学是由事物的本原,即我们称之为"原则"的东西,去思考事物的不变本质。人类的最高幸福在于"纯理论"。这表现在我们的生长存在(Wachsein)上,表现在我们这种奇妙的生长节奏,它对我们就意指观看和思考,并因此是那个"此"(Da)——即使神性的东西也能在虚无中使其他东西运动并在这个此的享受中得到实现,它也是某种自为的东西。

可是亚里士多德却很好地认识到,人类的自我理解并不只满足于对事物和人,以及对尺度和数目、对世界和神性的认识的欢乐、洞见的欢乐、理解的欢乐——人的兴趣同样也关注于人的生活实践这种特殊性,这种特殊性使人从与其他生物的自然的联系中提升出来,并使人作为社会动物而创造人自身的关系、伦理和秩序制度。人在两方面,即既能在其社会实践的建构方面,又能在其投身于纯知识、观看和思考方面,表现出他们的卓越性。人是具有逻各斯的生物:人具有语言,并同直接的逼近物保持距离;人可自由地选择善和自由地认识真理,甚至人可以笑。出于最深的理由,人是一种"理论的生物"。

这种生物在其社会生活的过程中经验到其不同的侧重点。当私有制的火光开始在古代生活中出现时,像斯多葛派那样的人可能从公众生活中退出来,或者在那里满足于他的一个位置,他还可以作为世界的统治者把进入自己的内心世界确定为他生活的真正任务。或者他可能像伊壁鸠鲁派那样反对知识和研究的引诱力并维护对花园宁静的观看,或者他也可能受同时代人宗教热诚的感动而沉浸于神性的世界根据和起源之中。无论怎样,总是观看——从内在自由的观看到直观整个伟大世界秩序再到对神性的观照。*theoria*(理论)的拉丁文同义词——沉思(Kontemplation),越来越满足于这种整体的理论生活理想。

comtemplatio(沉思)——*die vita contemplativa*(沉思的生活)——相对于 *vita activa*(实践的生活)而重新规定自身,随着基督教的扩张,诸世界之神消逝在超世界的神面前,并因此世界本身就不再参与神的崇拜,出于纯粹的疑问之乐和纯粹的求知欲而对世界的研究和探究就不再是最终目的。自此之后,世界就作为上帝的神圣创造被思考——作为上帝的全能、智慧和善的表达——就此而言,世界就被完全包括在沉思之内,由于沉思,灵魂转向上帝,灵魂不再是一面镜子、上帝的镜子:*contemplatio*(沉思)同时是 *speculatio*(思辨,冥思)。

但这样所实现的,不仅仅是人的理论激情从世界到上帝的转向,而且也同时是对基本求知欲的重新评价,对此亚里士多德可以完全无害地引证说,对知识的要求变成了新奇(*curiositas*)。

确实,die miralbilia,可惊奇的东西,伟大的世界之谜,从古时,从《奥德赛》的水手(Schifferlatein)直到普利纽斯的《自然史》,都是世界知识的源泉,它邀请我们对陌生事物进行探究。但是新奇并不一样,它并不是那种让我们逗留于虚无、深入虚无的无思想的呆看,而是被最近出现的新事物所吸引。没有任何东西像新的东西这样过时得快。把人的求知欲怀疑成新奇,这是对人类本性的巨大挑战。立于挑战背后的是一种对可见世界的彻底贬低。它在奥古斯丁反对新奇的争论中表达出来。

又是语词为我们解释了整个历史。不言而喻,新的东西总是会引起矛盾的,而且会找到相反的兴趣。然而值得注意的是,在富有求知欲的希腊民族那里,几乎没有出现过对新东西贬低的意义。"新奇"这个词的拉丁文 *curiositas* 首先强调的不是消极的意义,它是从 *cura*,即关怀和值得称赞的细致引申出来的。即使 *curiosus* 在这个基本上属于农民的语言里可能具有猎奇的贬义,并且带有很好预见性的细致只是指对那种可能在将来发生但未曾被期望的东西保持距离,但无论如何,这个词的重心仍在关怀和照料上,而不是在对新东西的"追求"(Gier)上。只有安波罗修(Ambrosius)的反诺斯替阵线和奥古斯丁才片面地确认了 *curiositas* 的消极意义。

如果人们背后说教会有一种普遍的唾弃理论的兴趣,这确实是错误的。最终正是以修道院的设立作为基础的关于沉思生活的决定,才担负起了继承希腊教育和科学传统的任务。如果没有教士们勤奋的写作,我们又能对古代人知道点什么!但是,这种虔诚的工作与其说是由扩展自身的理论和研究的动力所致,毋宁说是 *literae*(文字,文学)的照料,这是很显然的。上帝过去是并始终是沉思的真正对象。

这是一场真正的突破,当近代科学开始走上充满艰辛的方法论道路时,这场突破不仅冲破了中世纪地心说世界图像,而且也冲破了中世纪的神灵说世界图像。在 17 世纪——自伽利略以来——理想化运动关系的数学构造就被提升为认识实在的方法。[42]

这种方法成功创立了古典力学,最终又由牛顿把它与天体力学结合而导致一种新的世界观,这种世界观同时也改变了理论的生活理想,从而科学也成为研究。

这意味着两方面新的因素:第一点,"科学"成为一个巨大的共有名词。个别的研究者不是那种具有"科学的"形态和实在的人——他只是许多人中的一个,这许多人的研究成果都对科学有贡献,但同时又超越以前的"真"知识。"科学"消融在不断的自我超越中。科学不再是人们从中认识、教导和学习真东西的学说(doctrina)。

但这里也有第二点:科学成为一种进入一个既不对之提供人的"依靠"也不提供神的"依靠"的未知领域的行动。科学的方法论研究道路意味着理性的自我确信(Selbstvergewisserung)。因为唯有邪恶的上帝才能让"科学"完全陷入歧途——假如上帝想迷惑我们的数学理性的话。因此,问题不再是对充满感性形式的上帝的造物进行思维的考察——在这里上帝的智慧还受到尊敬——感官隐藏着的规律性本身就揭示在数学的抽象中。只有通过把经验知识数学化这一道路,研究者才能接近那永远不可能最终达到的目标,即理解上帝用他的手所书写的自然这本大书。

由于理论认识的兴趣让位于研究的逻辑,并同时表现为一种自我确信的方式,所以它将自身理解为一种人类通过知识扩展自己的权力的行为。这样就必然出现如下情况,即在科学的时代,这种不仅随着科学的尊崇而一起出现而且也促进了实践的标准化的抽象的普遍性理论,与通过长期的习惯而深深扎根的实践发生了对峙。这种对峙成为明天的科学与受到管理实践所保护的昨日的科学之间的斗争。难道实践本身对此一点都不知道吗？

我们必须提出这一双重性问题：理论除了通过现代科学机制加以表现外，是否也许还有其他更多的含义？以及实践是否也许比科学的单纯应用还有更多的含义？如果仅仅从理论和实践彼此对立方面来看待它们的话，理论和实践真是正确地被区分的吗？

虽然启蒙时代的进步乐观主义在18世纪已经并非是没有争议的，卢梭、赫尔德和康德却已经把这种"理性骄傲"的界限提高到普遍的意识。当康德在我们前面引用的他那本著作中以反对实践家的误用而成为理论的捍卫者时，他意指的并不是科学及其在实践中的应用，而是理论本身在实践内部的优先地位。对于行动着的人来说，相对于对自己优点犹豫不决和不确切的计算，那种他作为自己的义务加以认识并纯粹由理性而认识的无条件性，才是实践的正确性。实践理性的优先地位事实上能够限制漫无边际的实用主义——正如纯粹理性批判驳斥了理性主义的独断论对理性无限制的使用一样——由于康德的推动而发展起来的德国唯心主义仍然基本上试图还给"科学"概念以其完美的王国，并在实践理性的优先性上建立理论科学学说和实践科学学说的统一。科学在这里仍然具有知识和学问的含义，犹如古代的说话方式中常提到"对某事有点科学"。科学学说并不意指科学理论，而是指一般人类知识的哲学推导。这可以说人类最重要的工作得以满足，这就是近代哲学所从事的工作，即把现代科学重新置于哲学这位古代人类知识遗产的看护女神中。完成这一任务的最后尝试当时是由浪漫主义承担的。所以黑格尔曾经想把所有精神现象形式都思辨地综合为艺术、宗教和哲学，即通过直观、想象和概念把全部真理集合起来。这种浪漫主义的迷梦不久就被唤醒了。唯心主义的思辨综合很快就败于当时已开始胜利进军的经验科学的进攻之下。唯心主义的自然哲学成为一种耻辱,而对政治现实所作的唯心主义解释也遭到同样的命运。那个时代新的咒语叫作"进步"。这个咒语必须把理论理想挤到哲学一边去。科学应该带来普遍的福利。当马克思在劳动分工的扬弃中看到了未来的真正人道主义时,沉思理想的生命力却证明自己只是一种末世论的梦幻。

从哲学上看,19 世纪的市民社会愈来愈成为叔本华思考的对象。这是人类思想最值得注意的命运安排:叔本华,这位歌德时代和启蒙运动极端的唯心主义-浪漫主义反动时代的孩子,曾经作为柏林的私人讲师于 1819 年出版了他的主要著作《作为意志和表象的世界》。这本书原先一直无人问津,50 年后却成了市民社会的时髦哲学,它引起了理查德·瓦格纳崇拜,最终在《布登勃洛克一家》中发现了它的文学纪念碑。叔本华在自然界和人的生命中都看到一种同样盲目而粗野的意志力在起作用,并在纯粹的考虑中、在无利害的愉悦感——所有意志于其中趋于平静——中找到与这种可怕实在的和解。这是康德思想的一种自由进展。在叔本华看来,盲目意志的解脱乃实现于对美的无利害的愉悦中。印度智慧教导人们把所有个体性都消融于大全统一中以作为解救之路,这种智慧也参与并完成了把沉思从一种总是乏味的现世压力中解脱出来的理想。这对于 19 世纪的艺术概念和文化生活来说应当是富有标志性的。

对于我们所提出的问题来说,这根本上只是意味着,建立在科学和技术之上的自由时期的进步意识乃是为这种沉思留出的单纯避难所。这种沉思可能在个别研究者的意识上有影响，这些研究者往往由于官方的科学促进而在经济上被支配。作为个人，他当然可以跟从认识论的热情，这种热情构成他的职业。但是，科学的技术应用愈来愈多地控制了文明进程和社会生活，所以自由研究的特权以及与之相适应的理论的自我感觉，必须在实用主义的政治压力之下越来越多进入公众意识。自我们这个世纪以来，一种高度工业化的经济已越来越多地在与目标相联系的大规模的研究中建立起来。科学研究的纯理论兴趣已陷入一种要保卫自己的处境。人们在基础研究的区别和特征中发现这种保卫，而这种基础研究对于所有科学的和技术的进步都是不可缺少的。因此，在20世纪这个充斥着新的社会功利主义的时代，出于纯理论的兴趣而保留了一个小小的自由王国。实用主义的总体观点并未因此而经历一种限制，甚至对理论的伤害还成就了对实践的赞美。理论必须在实践的法庭面前为自己辩护。

打上了科学标记的近代文化意识当然与总是愈来愈活跃的文化批判携手共进，这种文化批判在本世纪初仍在增长。现代教育生活和劳动生活的异化愈演愈烈，导致各种抗议纷纷出现，例如那场大规模的浪漫主义青年运动，这场运动在第一次世界大战之前就已经标志了技术统治时代的高涨。在第一次世界大战的技术装备战中，这种技术统治完全崩溃。欧洲的进步乐观主义和市民的教育唯心主义都不能克服这种灾难。斯宾格勒关于西方没落的观点完全讲出了这种心有余悸的生活调子，所以精神的自我实现这一唯心主义概念必然地丧失了它的约束力，尤其是学院式的哲学形式不可能超出歌德时代的唯心主义综合的变形。于是，自我意识，这个新康德主义-笛卡尔主义的不可动摇的基础以及在这个基础上建立的认识论都深深地陷入怀疑运动中，这场怀疑运动一部分是由这个时代的伟大小说家，一部分是由尼采的极端激进主义、意识形态批判和精神分析所肇始的。

我们可能通观的本世纪充斥着世界大战和世界危机的这80年，都罕见地反映了这个普遍的方面，而且也很好地说明了自第一次世界大战的危机以来，哲学意识已经取得了某种稳固性。它所反映的时代意识最终以一种令人惊奇的方式围绕这一点而来回摆动。第一次世界大战摧毁了欧洲人的自我意识。第二次世界大战及其后果应当使美国和俄国这两个上升着的大国在所有它们不同的经验中感觉到自己的界限。这两个政权之间的关系以及它们之间经济和社会制度的基本差别，与其说是靠强权政治的推动，毋宁说是无情的、对这两个国家同样有效的工业化的进步法则，这条法则规定了我们时代的受到危及的自我意识。

20世纪后半叶，这个工业化进程开始扩张到整个地球。在这个地球上各个国家不平衡的发展可能达到一种平衡之前，我们不知道这个全球性的扩张过程还要通过怎样的对峙而进行。我们同样不知道，那种标识出人类文化特征的、在我们武器的尖锐和我们智慧的软弱之间的致命的错误关系，是否会将人类推入灾难和自我毁灭。无论如何，损害进步信仰的并非仅仅是浪漫主义的文化批判或盲目反驳的那种无能。增长人类福利、增进生活舒适和普遍平等的这些论题从它们各自的条件就可证明，它们如同最早启蒙时代的道德信念，只不过是当今的乌托邦罢了。启蒙时代的道德信念当时已被卢梭对第戎学院悬赏征答问题的著名答复反驳了。看来，今天已不再需要这种反驳，因为人类的未来之路，除了靠技术发明力和命运之外，还要靠其他事物，以应付全球工业化的诸关隘。

所有这一切一定会反映到我们世纪的哲学努力中。作为最近哲学标志的自我意识的优先性处于一种与近代的科学和方法概念的紧密联系中。因为近代的方法概念正是通过它呈现了一种自我确信的道路而与古老的认识世界和解释世界的方式相区别。自我意识的优先性是方法的特权。这可以从词义上得到理解：只有那种可满足方法研究的条件的东西才是科学的对象。这就导致在现代科学的周围存在着半科学或伪科学的灰色边缘地带，它们不能完全满足科学性的条件，但尽管如此，它们也许不会是没有科学价值的。但由此出发，就存在着一种更为基本的现代科学可能性的界限。在一切客观化和方法论对象化显得行不通的地方，就出现这种界限。具有这种界限的东西，有许多是我们在生活中所遇到的，其中有一些还具有其独特的意义。

首先，这里存在有像我一样的别人，这些人同样也是"自我"。在哲学上我们把这个问题认识为先验的主体间性问题。这种必须在自我意识中找到其最后证明并因此规定自身为我们意识对象的东西，怎么样才可能是某种对我们的认识不仅是被给予的对象而且也是自为的存在和自我意识呢？这不仅仅是要求先验哲学家进行证明的问题。随着自为存在的被给定，一种任何观察者的活动都不能打破的最后的封闭性，似乎是最后的拒绝和不可达到的彼岸。可是我们的经验却正好相反。恰恰在人与人之间存在着一种自我开放和一种熟悉，这种熟悉使我们不把他人经验为他人、经验为自我存在（Bei-mir-Sein）的界限，而是经验为我的自我存在（Eigensein）的一种提升、扩展和补充，也就是经验为我的自我意义（Eigensinn）的折射（Brechung），通过这种折射我学会了认识实在。那么这种熟悉究竟是什么呢？

或者我们举另一个例子，这个例子另外还直接引导到一个现代科学性的难题。我指的是自己的躯体。虽然在躯体里发生的诸过程——我们的健康或疾病都依赖于这些过程——乃是科学研究的对象，并且科学的医学的骄傲也在于它并不从事一种不可解释的巫医术，而是从科学的知识出发寻求有根据的施加影响和允诺治疗处置的道路。但这又远远超出医生通常所能感觉到的他的认识可能性的界限，这种界限一方面使得医生能够把他人的躯体作为一个对象来对待，另一方面他又不能完全进入这个对象的内部。这个独特的谜的意义是说，由于每一个人对于自己那个对任何观察者都是深深隐匿的躯体过于熟悉，以致当他们的注意力都引到自己的躯体上时，这个躯体就像一种干扰那样被感觉。人们可能仍想问：这种熟悉究竟是什么？确实不是高低形式的自我意识。所以，正如我所熟悉的或正在熟悉我的他人很少是我的对象一样，我的躯体也很少是我的对象。

我所选取的熟悉的例子并不是偶然挑出的，而是通过自身显露的。相对所有那种对深不可测的深层背景而言不可事先思考的熟悉，我们这种深层背景是从最平常的习惯直到家乡、母语、孩提经验诸如此类的魔力。这个例子就我们提问的关系而言有其卓绝性质。任何人对自己躯体所具有的熟悉不仅仅在于抛弃或不注意他人的他在性——这种他在性对我们有意识的此在呈现出我们自己躯体规定性的自然性。由于躯体作为熟悉的东西并不像把矛盾东西引向自身,所以它就让我们有自由并让我们对存在的东西开放。同样,我们总是较多地认识到个体被嵌入于具有如此不同规定的对我们人类和社会关系的熟悉之中,而较少地认识到我们还原为客观观察者的界限。它教导我们要在认识他人中去认识实在,而不管这种实在属于遥远的时代还是陌生的民族。

所以在这里我们触及到我们可称之为"理论"的东西的根:观看存在的东西。这并非指日常琐碎小事。在科学中,"事实"不能定义为我们用刀子、车辆或数目来确定的单纯现存在手的东西,毋宁说,"事实"是一个诠释学概念,也就是说,它总是与猜测或期待相联系,与一种复杂方式研究着的理解相联系。这根本不复杂,但困难的是要在每个人的生活实践中去观看存在的东西,而不是去愿望它可能的存在。科学方法要求研究者根本排除先入之见,这可能是一个艰难的过程,但当他克服了由个人的自己的自我感觉或由他所依属和听从的团体、民族、文化的自我感觉而经常产生的幻觉并观看到存在的东西时,这种困难就减轻了。一切统治术的秘密,权力及其对极的魔力以及政治宪政的智慧都隐藏在这里。

我认为,如果我们现在回忆一下 *theoria*,即理论这词的原初的希腊的意义,也许是有帮助的。这个词原指观察人,如观察星座位置的人,或指观看者,如观看一场戏剧的人,或参加一场节日庆典的人。它并非指一种单纯的"观看",而是确认现存的东西或贮存信息。*contemplatio*(沉思)并非逗留在某个存在物里,而是关注一个领域。*theoria*(理论)与其说是一种个别的瞬间的行动,毋宁说是一种停住、站立或人们坚持看的状况。这就是在好的双重意义上的"Dabei-sein"(同在),这不仅指在场(Anwesenheit),而且也意味着在场者"完全在那"。所以,当一个人参与一个日常仪式或参加一个活动时,当他出现在这些参与活动的行列时,这总是包含着这层意思:他同时必须和他人或可能的他人一起参与。因此,"理论"首先不是人们借此可以统治一个对象或通过解释使对象成为可支配的行动。理论是同另一种财富打交道。

存在有两种本质上不同的财富。一种财富是,我们试图得到它是为了使用它或在占有它时把它带入可能的使用中。属于这种财富的本质的是,一个人占有和使用的东西,另一个人就不能有。这种财富是可分配的,而且现代国家管理的努力就指向公平的分配。但还有另一种财富,这种财富并不具有如下性质,即当它属于某一个人时,它就不能属于其他人。它甚至是不可能属于任何个人的,正因为如此,每一个参与其中的人就都能得到它。奥古斯丁对"具有"一种财富的这种区别运用了使用(uti)和享用($frui$)的对立,前者是需要(Brauchen)和消费(Verbrauchen),后者是交往(Umgang),交往自身就具有交往的结果。对于奥古斯丁来说,交往就是指向上帝的沉思——他把指向世界的知识要求误认作好奇。但是,即使所有其他方式都是人们为了眼前的利益并"纯理论地"关涉所有我们称之为艺术和科学的领域,但确实不只是这些。凡在我们能够找到"美"的地方,我们都不问怎么会美和为什么会美——我们要问的:怎样一种人的生活才是不参与这种"理论"的人的生活?

把理论说成一种似乎人人都能参与其中的生活权利,这岂不是很浪漫吗?为了认识到理论并不是直接为实践服务,我们就不应是理论的专职赞颂者。这确实是一个很长的学习过程,它经历了无数个世纪,人类在这个漫长的学习过程中,通过不断地发明新东西、不断地训练新能力,先是学会用火取暖并将之作为抵御野兽袭击之武器,然后开始使用技术,从而慢慢地改善了自己的生存机遇。但最终在具有好奇理智的希腊初民中唤醒理论意识和创立科学,却并不是这个发展的自然而然的结果。高度发达而成熟的文化,尽管在水平上未有丝毫的退后,但对于理论科学的进步却没有做出什么贡献。

当我们在实事求是的亚里士多德那里阅读到他是怎样想象理论知识的最初出现,这难道不是很有喜剧性吗?按照当时希腊人的证明,理论知识的出现应归功于埃及人,因为在埃及,祭司们从日常必需的工作中解放出来,从而有清闲从事理论的闲荡。实用主义的那一教条,即必须先创造出生活必需品,然后才能照顾到奢侈品和美的东西,这难道是充分的吗?

柏拉图在其《理想国》中非常清楚地指出,我们在自己现代文明中以强烈的方式体验到,需求和欲望的立场开启了一个自身无止境的远景。人类的国家根本不可能成为达成需求和满足之间幸福和谐的国家,因为需求自身会不断增长。Die hedone(愉悦)属于无限(apeiron)一类(永无止境的内心要求)。

不只是我们的自我认识阻止我们在人类需求的完全满足中看到那种理论可能得以出现的先行条件。我们的历史研究也同样足够清晰地告诉我们,在我们的世界里我们最深切的体验的东西,就是需求和欲望的立场乃是一种本身无止境的立场。而且以后的研究越是展现了人类早期数世纪的史前史,我们就越清楚地看到,即使早期的古人也不仅只是关心死后的生活。种种葬礼仪式一直伴随着人类之路,它们可能表明其中存在有哪些反对死的抵抗或哪些对于死的承认和接纳——不管怎样,从这些墓葬里发掘出的圣礼泄露出一种不断加重修饰的奢侈王国之存在,而不只是限制在必需品之上。当亚里士多德把美和纯粹的理论解释为后期教士们闲暇的产物时,他所证明的后期文化史和文化发生理论的筹划显然带有一种受限制的启蒙性思想特征。

但是,亚里士多德打算用这种附加的历史结构建立的东西却更多。人类的生活将是"善"。正如所有有生命的东西一样,人类也是考虑其自身的生计。这在人那里是从自身思考的,但人自身也是一个思维者。每一个人都要自问他应当怎样生活。他在一种幸福的生活中找到他的满足——这种幸福生活不是仅限于获得物和日常成果,而是献身于存在的东西、要看到的东西和要视为美的东西。这位无所不知的大师于两千年前建立了他那在许多方面是错误的,但在许多方面又是如此人性的"物理学",虽说他首先发展了实践哲学——这种实践哲学在人的活动中发现秩序思想,并且也首先研究了政治-社会生活的结构形式。他同时也给予理论生活以优先性,但不是出于疏忽或缺乏一贯性。他并不是想以此说明,似乎每一个人都能过一种沉思的生活——好像他并非总是同自己的肉体紧紧相连并总是逃遁到实践-政治的事务中,并从这些事务中得以实践地完成对真理和本质的收集。我们并没有选择做神或做人的权利——作为人,我们不可能像永远警醒的神,我们只是肉体的自然物。作为人,我们也总是生活在人群中的人,一种社会的生物,只是由于这种人之存在的实践,这个人或那个人才能——不时地于片刻之内——转向纯粹的知识。

难道亚里士多德的古老神学问题也应该这样解决吗？这问题在于：上帝的"思维"无非只是能自我思维——虽说思维总是对某物的思维，并且只同"那物在一起"，才能有自身的内存在。如果 *noein*（思维，意识）是 *theorein*（理论的），那么这种沉思的对象是什么就根本不是一个有意义的问题。问题在于如何投身于存在的东西，投身于"对我们来说"是我们"此"最高满足的东西——但不是一种"自我意识"，而是希腊人称之为理论的那样一种上升的生活，对他们来说，神性的东西就存在于它的持续的在场中。

也许不难指出，为何现代科学仍然把这种理论概念作为自己的生存条件。可是，我们究竟去到了哪里呢？我们是否还必须在这种对人类基本本质的返回中与理论打交道，而不是只与实践，与人与人和人与物的经验——这种经验我们确实不想称之为理论的——打交道？情况究竟是怎样？理论是否最终仍是像亚里士多德所强调的那样仍是一种实践，或者说当实践只是真正的人的实践时，实践根本也同样总是理论呢？当实践是人的实践时，那它不就是将目光由自身转向他人，忽略自身而倾听他人？所以，生活就是理论和实践的统一，就是每一个人的可能性和任务。忽略自身，凝看存在；这就是一种受教育的方式，我甚至几乎可以说，一种神性的意识。它必须不是经由科学或被朝向科学而塑造的意识——它必须只是人性受教育的意识，这个意识才学会了一起思考他人的观点并试图对于共同的与被意指的东西达到相互理解。

但由我们对理论的颂歌能得到什么呢？是对实践的颂歌吗？正如个人必须不断地把一种理论知识组合进他的实践生活知识

中,因为他需要实际知识,这一点对于一种建立在科学之上的文化的生命也同样有效。这种文化自己的生命条件在于,它的各种文明工具的合理性组织并不是其自身的目的,文化的目的是使如下生活成为可能,即人们可以对这种生活说"是"。一切实践最终都意味着,那超越实践的东西。

(洪汉鼎 译,余玥、高语含 校)

3a. 近代的合法性(汉斯·布鲁门伯格)
（1968年）

　　汉斯·布鲁门伯格这部作品的标题①,就已让人联想到一个未明言的前提,即从精神历史方面使用世俗化(Säkularisation)概念包含着非法性的怀疑。我不能赞同这种怀疑。对我来说更多的是,这个概念在它那方面发挥了一种合法的诠释功能。它对已生成物和当前物的自我理解带来了一种被遮蔽的意义的整体维度,并以这种方式指明,当前物所意味的比它对自身所知的还要多。这同样并恰恰适合近代。在我看来,布鲁门伯格在此过高评价了他对"新奇"(curiositas)概念的研究结果,尽管该概念在基督教的符号中也包含了消极的价值强调(Wertakzent)。

　　可是,该书的历史与哲学成就在大的篇幅内(基本上)独立于其首章中有争议的灵感。由于作者通过一系列高度原创学识丰富和渊博的著作,对新的世界情感和新的科学信念在其窘境中的神学前提作了分析,所以很长时期以来就对近代起源的研究做出了重要贡献。人们可以说,现在呈现的这部作品不仅仅是这些单个

---

　　① 汉斯·布鲁门伯格(Hans Blumenberg):《近代的合法性》(*Die Legitimität der Neuzeit*),法兰克福,1966年。

研究的一个简单的总结。它不仅扩充了这些单个研究的多样性，而且在主导思想的统一性中有效地使这些研究连成一体，同时它能使已被广泛讨论的，并且通过渊博的研究而形成的问题，如近代哲学的开端，重新在一种多样的棱角闪动中发出光芒。就此而言，布鲁门伯格研究所激起的期待在此不仅能够被满足，而且还远胜于此。这是真正的博学，它与独立和敏锐的提问相关联，并且它在随导论性第一部分——卡尔·洛维特曾对此部分表达过看法——之后的三个内容丰富的探究中得到发展。②

该书第二部分处理的问题，自杜恒（Duhem）以来就被移到研究的视角中，并且再次通过安内利泽·迈尔（Anneliese Maier）的全部著作——布鲁门伯格曾在《哲学评论》中报道过这些著作——得到大量的论述、检查和推进。这个问题是：中世纪晚期唯名论的神学立场对宇宙中人的自我捍卫（Selbstbehauptung）的意义。近代科学赋予了自我捍卫以广阔的范围。这样，"神学的绝对主义"的标题就可理解为深不可测的上帝全能的学说，它拒绝人们任何尝试认识上帝智慧和适应上帝的教导，并且对人提出了用他们自身的手段去自我捍卫的任务。

第三部分的标题是"理论好奇的过程"，是关于"新奇"概念的特殊专著，它在希腊地区一开始的无罪，到经

---

② 卡尔·洛维特（Karl Löwith），载《哲学评论》，第 15 卷（1968 年），第 190—201 页。

由基督教布道的反转和对世界的否定从而造成对它的抛弃，以及最终它在新的求知欲的实证性中获得解放，就像它最终在近代被打上了独立的印记。

第四部分在一种特殊的方面讨论了时代门槛（Epochenschwelle）的问题。常被讨论的近代开端问题——在先验哲学批判主义的教条偏见中它被追溯至笛卡尔在我思中对新哲学的奠基，在新的研究视角中获得了越来越多的流向不确定的过渡特征。它的明显证据是新康德主义对库萨人（即库萨的尼古拉）的哲学的借鉴。布鲁门伯格提出了二者间的不适配性，但同时也通过与乔尔丹诺·布鲁诺对比指出了这种借鉴的相对正确。

这种对凝练的目录内容的简单评论,可能使人无法认识到作者所处理的主题在视角方面的真实丰富性。作者是否在新版中修正过扼要的目录内容,是否会把他的错综复杂的思想过程用有秩序的图表表达出来？结尾处的极好的人名索引无法满足这个需求。③

如果我被允许简要论述有关该书的方法的话：人们这样做是有好处的,即回忆下在德国哲学-历史研究中关于该论题领域研究最近的伟大成就,换言之,回忆下恩斯特·卡西尔的著作。他的《认识论问题史》第1卷,以及他后来成熟时期的充满着历史洞见

---

③ 比较布鲁门伯格的增补版《近代的合法性》（法兰克福,1973年）和我发表在《哲学评论》(1973年)上的评论。

的《文艺复兴时期的个体和宇宙》，已经远远被布鲁门伯格的勇气和他所处理问题的多面性超过了。很明显，他的方法在整体上不是简单的历史学家的方法，或者更确切地说：由于他禁止把那些肤浅的文献汇编资料当作历史的素材并且从中构建历史的发展，他深化了历史主义的方法。他的原则毋宁说是，不是把发展当作一种连续上升的新意识去寻找和描述，而是更偏爱极端的形象，就它们作为对未来的预期而言，尚没有对它们的先兆性（Vorläuferschaft）拥有任何合适的自我意识。

这种方法的合理性在于，那些准备不是精神的新阶段，但仍然使得精神的新阶段的可能性被意识到，并且以这种方式能够促进事物的真实发展。这种方法很显然包含了决断的勇气，以使思想方法的因素各自从它们的历史处境中摆脱出来，并且安置在新的关联中，也就是说，在新的关联中去重新认识它们。因此，布鲁门伯格方法的一个操作性术语是"转移"（Umbesetzung）概念。它的方法论前提是：一个能够相互交换位置并相互关联的，在形式方面有诸多相似的整体，可以在全部过程的不同阶段上在内容方面再次被认识，因此能够提供不仅是外在比较的可能性。这种方法论前提与新康德主义者卡西尔的方法论前提——他的前提在于问题概念——相距不甚远，也许不够远。前者的"位值"（Stellenwerte）的稳定性在我看来是成问题的。不过我认为仍然要承认，消融于功能性之物的问题史观察方法形成了不同的历史性命题。

作为该作品第二部分的第一篇论文，它的真正关键之处在于如下要求，即从晚期中世纪神学绝对主义中去解读笛卡尔"我思"所开启的新哲学，或者换言之，用事实去纠正该绝对新开端的幻象,即笛卡尔彻底的怀疑观察和它的克服所引起的和试图引起的幻象。

> 无法在细节方面详述,"邪恶的精灵"(genius malignus)学说——这种笛卡尔式的思维创造,如何从中世纪唯意志论神学中产生出来,并且这种史前史如何在古代晚期获得一种史前史类别。它的出发点是,借助创世神学克服诺斯替教对宇宙的否定化,创世神学现在把世界的不完善性归咎于人的罪恶。布鲁门伯格写道:"奥古斯丁从诺斯替派成功转向人的自由,由此为中世纪拯救了秩序,并且为亚里士多德重返经院哲学的高峰铺垫了道路。这种拯救宇宙的代价,不仅在于当人们遭遇世界时,应当把罪恶归于自身,而且同时也包括放弃(Resignation),它责成人们要对世界现状负责任,即放弃为了自己的利益而去改变现实,对不利于自己的要归咎于自身。自我捍卫的无意义是未被克服、而仅被转译的诺斯替派的遗产。"(第89页)

人们在此想必会有所觉察地问:当《创世记》教导人从天堂被赶出时,不是已经向人允诺了辛劳和劳动,并同时引入了对劳动的新评价了吗?难道它不也是一种基督教的结论,就如修士会,特别是本笃会在他们的理论和实践中所引出的结论那样吗?

在第二个过程中,作为近代理解世界的基础的自我保存原则,派生于意识的再次改变,通过权力意志成了对自我保存的替代。

布鲁门伯格认为，尼采的这种极端立场也仍预设了它所扭转的观点，即现实不是目的论式的以人为导向。正因此人作为意志或生命必须无所顾虑地反对现实。但是，是否旧的目的论仍继续震颤在意志的自我神化中？

在第三个过程中，上帝不受限制的任意自由，就如它在晚期中世纪唯名论中被教导的那样，被拿来与伊壁鸠鲁的学说相比较。

借鉴青年马克思的博士论文，布鲁门伯格把伊壁鸠鲁的自然认识关系解释为中立的，并且把关于原子偏斜的特别学说，解释为人的任意自由在宇宙论方面的预先成形。根据格德克迈尔（Goedeckemeyer）的论证，我认为它不再具有说服力，并且当奥瑞斯莫的尼古拉（他的论题在1246年是被谴责的）把怀疑论的极端化上帝全能与人类无能的关系拉回到理论的立场——这个立场是他从古代的原子论那里吸收的——上时，这已经是一个完全不同的问题了。

权力与无权的冲突在此变得尖锐，如果它不能够通过基督教被弥合的话，就如它自在地似乎是可能的那样，并且如后来的库萨人（库萨的尼古拉）所进行的那样，那么近代的开始，特别是笛卡尔，就能够把人的无能的解放视为自我授权的出发点。笛卡尔实际上是有这样的面貌，并且彻底地规定了近代思维的要求，但不是通过激进断裂的暴力方式和新的筹划反对传统，而是通过重要的一步继续阐述神学绝对主义的内涵,并且把它发展至具有这样的威胁性,即相反的内容只能在绝对的内在性中才能被找到(第163页)。在神学绝对主义的限制条件下,人的生活中必定少有真理,就像古代和经院哲学所想和所推测的那样,这个判断被证明是科学的新构想的前提(第173页)。这在我看来是有说服力的。④

第五节描述了神学思考方式在理性崭新的自我捍卫之情况下的逐渐消失,也描述了积极解决地球人口问题和在工业化形式中技术化的突破,它革命性地扩张了人的生活的可能性。布鲁门伯格如此描述了这节的主题:

"真理观念和理论效力之间的分解过程,可以被描述为人类中心主义意识消失的对应物,它从人与世界向心的并且是最终的参照结构的图标中,转移成了人向世界施加离心和创造性活动的图标。"(第174页)

他的描述最引起我注意的是,牛顿的名字被去掉了,并且因此他的完备的地球和天体力学及动力学对18世纪所具有的意义也未被提及。在我看来,人类思维的主体性和主体化过程恰恰是通过牛顿的力的概念,即主体的力感和对自然与力的作用规律之科学认识的新统一,迈出了重要一步,就如我常常以赫尔德的例子所表明的

---

④ 参见上文"时代变迁中的合理性",本书第27页。

那样，也如布鲁门伯格所引用的早年康德所证明的那样。⑤

从整体上人们可以说，当布鲁门伯格由基督教的普遍认识要求所造成的问题泛滥（Frageüberschuß）出发时，他在该书第二部分中事实上接近于对世俗化的诠释学成果的承认。

布鲁门伯格作品的第三部分是新奇（Curiositas）的历史。丰富的概念史材料在此以一种对古老典籍的分析而被整理加工。通过布鲁门伯格称之为宗教的东西，希腊思维面向世界开放的状态可能被不合理地限制了。然而认识上目的论真的被宗教的思考限制了吗？我同样怀疑的是，布鲁门伯格是否从整体上正确对待了好奇与真理期待之间的内在交叠，也就是在所有人类关于知识的理论化活动中的认知性目的论所在处境之最终结局的内在交叠。人们在他那获得了这样的假象，就好像对新奇的长期抛弃和重新启用过程的最终结果是认识机制自我赶超的自主过程，对它来说它的真正内涵和对立面，即认识真理的内容消失了。在我看来，如果没有发现的诱惑，找寻的诱惑是不可理解的，同样，找寻的坚持不懈也不可理解，如果没有在发现中的不断重复的验证。这适应于所有时代。我认为，布鲁门伯格对理性在近代自我授权的强调是歪曲的，即通过目的论表象方式中的形而上学倒退与理性无历史的自我确证之间的对立。就如这迄今未得到充分注意：库萨的尼古拉对智慧的"猎取"也是建立在亚里士多德的目的论基础上。

此外，恰恰是这个概念史的描述极具丰富性和成果性。

---

⑤ 参见本书第 21 篇文章"赫尔德及历史世界"。关于该点也可参见布鲁门伯格新的增补版《近代的合法性》，第 23 页以下，以及本书第 20 篇文章"作为哲学家的厄廷格尔"。

3a. 近代的合法性(汉斯·布鲁门伯格) 77

好奇概念如何改变了它的价值,即便形式结构看似始终保留着,布鲁门伯格在对比苏格拉底对理论的抛弃和奥古斯丁对好奇所导致的世界堕落的警告时,将此阐述得很清楚,即这里看似有与如"关心灵魂"完全相同的那些宣言,但其实是对一种极端不同的立场的表达。

布鲁门伯格在辩证的张力中看到了评价新奇的真正转折点,即在被交付给上帝之全能的人的无能放弃与在理论和技术意义上此在的操心的自由解放的辩证张力中。恰恰是放弃对绝对的认识,就如怀疑论观念所展示的这种放弃一样,是这种转向的前提。

"神学上升到反对理性的最大要求时,造成了这样意外的结果,即神学参与对世界的解释降到了最低,并且因此为理性能力,作为从传统中解放出来的一种新的科学工具,铺平了道路。"(第343页)

晚期中世纪的历史和近代的开端当然也是延缓的历史。布鲁门伯格正确地说出了14世纪和它量化的理想:

"它还需要自我解释人类精神和它的理论要求的合法性,它们早已打开了这种可能性,即独立于世界的创世知识的超验性,并独立于对自然中既定自然尺度的洞见,去实现对自然的认识,它不追求与上帝精神的理论竞争,而是把人对他的对象的统治设定为目标。"

可是，在库萨的尼古拉那里，关于这种统治的知识没有任何痕迹，他对人类求知欲在合法性方面的不充分性之强调，可能被布鲁门伯格夸大了。

接下来非常吸引人的一章，密切注视了天文学知识的进步，尤其是新的望远镜工具针对时代的认识意识所占据的地位。这也许与他对新奇的主题的看法相关，即在关于培根的部分中，培根对缺乏认识勇气的批判被突出强调了。当人们考虑他在方法论方面对近代精神的全部贡献时，人们会强调不同的东西，并且在人陷入幻象中看到了根本恶，以致通过借助有目标的经验的帮助，仔细地检查和克服所有的偏见就成为新的规划。该规划意欲制止我们偏见的冒进性。值得注意的是，布鲁门伯格对相应的"逐渐"（gradatim）概念，即逐步的发生过程，没有给予重视，同样他也很少重视世界变化的方面，而这个方面是培根在改造炼金术的形态学时所打开的。我无法同意，培根那里的魔力的问题首先是一种行为特征和风格化。它是这样一种关于化学的观念，即材料的转化以及使它运动的自然之掌握。这与亚当斯（Adams）的话是相关的，这不可否认。同样，这是在建立新的进步思想中目的论继续影响的例子。

然而我必须停下了。理论的欲求过程被布鲁门伯格一直描述到近代，在我看来，即便在此也并非毫无夸张，当他使得近代科学的特殊方法论恰恰转向反对真理的观念的时候。他关于伽利略一章的论述非常博学，却很遗憾地未能于此关联中对美学加以详尽的阐述。

第四部分处理库萨人和诺拉人之间的对质，后者是15世纪早期思想家乔尔丹诺·布鲁诺——伽利略和开普勒的同时代人，这是一个时代门槛问题。

> 这是正确的,即对这个问题来说,尼古拉是个很好的例子。因为在过去 50 年中,他在科学中的地位颇具争议,直到今天诸多立场仍然截然对立,如强调他思想中新意的立场,与捍卫尼古拉和官方(托马斯主义)教义相一致的立场之间的对立。⑥

关于库萨的尼古拉一章包含了很多正确的东西,特别是布鲁门伯格根据文克(Wenk)的攻击说明了一些同时代的观点。尽管如此,我对他的描述并不完全赞同。在我看来,布鲁门伯格一定程度上误解了出众、卓越的轻松感(Leichtigkeit),库萨人用它重新掌握和改造经院哲学和古代思维的全部遗产。如果从这个繁忙的教会人士的闲暇中诞生的作品有什么动人心魄的东西的话,那么它肯定不是紧张,而是轻松,他带着这种轻松投入到一切当中,用一种几乎是略带玩乐的论证艺术,投射出伟大的内在可靠性和优越性。当布鲁门伯格有力地指出库萨人第一部作品在基督教方面的意义时,他是正确的。叠合(*complicatio*)和展开(*explicatio*)概念是如此普遍地被思考成一对概念,以致布鲁门伯格很难在宇宙学和人类学的领域中分别强调它们不同的方面,就如他所做的那样。库萨人的伟大功绩在我看来恰恰在于,他把传统的摹本-原型的关系——它显示在上帝精神的内容和人的精神内容之间的关

---

⑥ 参见本书第19篇文章及第298页的注释。

系中——集中到叠合那里,即把所有可能认识都凝聚(Einfaltung)在基督和精神的一种创造性的存在实在中。

当人们阅读对当时的"异端"人物乔尔丹诺·布鲁诺的描述时,并非感受不到张力。人们可能会相信他的思维所展示的代表性意义。但是很明显,即使人们惊叹于布鲁诺的精力和在宗教法庭前的不屈不挠,也不能遮掩他并不属于伟人之列的事实。布鲁门伯格在布鲁诺和莱布尼茨之间进行的比较,包含了一些错误的印象,但毫无争议,莱布尼茨采众家之长,也从布鲁诺著作中汲取了灵感。

以上这些旁注对这部教益良多并颇具新意和原创性的著作,已经足够。我在这本书中所看到的主要收获,不在于人的好奇和自我捍卫的合法性被神学的非法怀疑所清除掉,而在于人们认识到目的论的观点——它框定了近代的解放过程,在它的神学前提变得无效的地方仍然是有意义和有效的。

(周爱民 译,洪汉鼎、高语含 校)

3b. 近代和启蒙(J. 米特尔施特拉斯)

(1971年)

　　J. 米特尔施特拉斯曾被证明是一位古代和近代科学史学识渊博的学者[1]，并且现在又以两部新著崭露头角[2]。这两部著作让人认识到那种朝向保尔·洛伦岑(Paul Lorenzen)的操作理论的哲学指向，而这种操作理论曾以其关于哲学史的深入研究给人印象深刻。《新时代和启蒙——近代科学和哲学的产生的研究》(以下简称《新时代和启蒙》)是一部由他向爱尔兰根大学申请教授资格的著作扩充而产生的巨著，而现在与此一起出版的新著《科学的实践基础》则是他在康斯坦茨大学就职后的首次讲座。作者是在一种目向"理性的独立性"视域下处理西方哲学，并试图证明这一启蒙运动的基本口号是在一种结构上确立包括科学在内的"全部实践"这一观念下才得以完成。如果科学史被规范地理解，那么它就实现了自身，这在目的论上说，就是被指向实践。

---

[1] 参见 J. 米特尔施特拉斯(J. Mittelstrass)：《现象的拯救——古代研究原则的起源和历史》，柏林，1962年；《几何学证明的本体论》，以及"对 K. 盖泽的评论"，载《哲学评论》，第14卷(1967年)，第27—40页。

[2] J. 米特尔施特拉斯：《新时代和启蒙——近代科学和哲学的产生的研究》，柏林，1970年；《科学的实践基础和哲学的任务》，康斯坦茨大学讲演，1972年。

在这种观点下,他区分了第一次启蒙和第二次启蒙,即从泰勒斯到柏拉图和亚里士多德的希腊启蒙以及伽利略开始的近代启蒙。在这里,也就是在自觉地把一切历史都屈从于理性的客观标准之下,他的观点就类似于新康德主义的问题史:柏拉图和伽利略彼此相近移动,近代哲学趋向康德,而康德则既是启蒙的瞄准点,又是科学哲学的最终标准。但是在这个特别奉献于理论哲学的研究中,他也比新康德主义以前所做的更有力地把实践哲学的优先性置于显著的地位。

他捍卫这样的论点,即曾经存在有一种不好的启蒙,它把忽略实践的理论和内在的技巧合理性绝对地置于近代思想里。

"好的"启蒙追求普遍的理性的独立性,这就是指:有论证作辩护的实践。它的目的是,通过理性去辩护它的每一个命题。论证观念在这种观点里使每一种理论自身成为一种行为关系,这种关系需要一种"实践行动的直接继续"。显然,这是我们已经提到的理性交谈的操作证明,有如保尔·洛伦岑所要求的,他以实践的优先性这一关键词为这种证明代言——充满激情地反对纯粹理论的自主要求。

实践理性的优先性在我看来也是对康德-费希特的道德哲学的一种真正认识。但是否因此理论理性可以被理解为实践,并且甚至是以这样的方式,即必须将理论认为是实践的固定化,以及洛伦岑称为实际的和规范性的生成的东西,是否在这里被正确地对待了,在我看来,似乎是另外一个问题。

为了解释这一点,我们现在可以求助于米特尔施特拉斯由他在康斯坦茨大学就职后的首次讲座课而产生的新论著。这本著作是为这样一种结构性论证过程进行辩护,这种结构性证明过程既要求以一种"正统语言"(Orthosprache)形式进行的实践-结构的逻辑证明,又同样要求通过为实践理性的正规规定力辩护而进行的伦理证明。在这部新著里,最后才表露出来,并在整个论文里最清楚的观点是:关键在于一种规范的科学理论,这种科学理论应当在法兰克福式的批判理论和波普尔形式的批判理性主义之间把握正当的方法。它将把唯科学主义作为一种将理性简化为技术合理性的错误学说以及它的对立面即思辨传统都抛弃在后。

这一切都产生在那个有着有趣名字"康斯坦茨哲学家"的团体内(第27页),这些哲学家嘲讽贬低哲学,因为哲学乃在"科学后院"(第25页)内踏步,用术语来说,"在哲学里所表述的问题,除了提出它的人自己提出的外,都是一些没有人感兴趣的问题,哲学所给出的回答,除了它自己给出的外,都是没有人理解的回答"(第27页),哲学是"毫无希望的过时的东西",笛卡尔已死!(第61页)"一种科学概念,其富有特征的性质就是误解"(第77页)。诸如此类。

我们必须带着幽默感来听取如下说法,即此处说的那种"垂头丧气的哲学样貌"简直太应该被修正了。我们可能完全与作者一样认为,有关哲学与科学的关系的无结果的讨论就不要再继续了。并且如果对关于这个主题的那些传统说法的认识者有一种历史的思考的话，特别是如果在此诸多哲学见解以导引性的方式存在着的话，那将是值得庆贺的。这里确实是这种情况。证明科学的目的是，它们必须学会不只是方法论的理解自身，而且也要学会在神学上的辩护。因为"科学无非只是一种为其目的进行辩护的实践的理论"（第59页）——而且哲学确立这一主张。这也是问题的核心。

一种基于技术合理性而提出的科学正在逼迫着以一种超科学棘手角色出现的"哲学"，以及新科学曾使古老的整体知识（所谓哲学）降低或增强为"残余哲学"（Restphilosophie），这两点是完全正确的。这是否涉及恢复柏拉图-亚里士多德那种由实践理性的旨趣推导理论（这叫作最终辩护和证明）的事业，有如苏格拉底在《斐多篇》(99c)所要求的那样？既是又不是。这位很早就已经证明自己在科学史特别是在希腊科学史上有能力的作者在这里，有如他在那本大部头著作中那样，做出了令人惊异的强调。《斐多篇》是根本不必要的。毋宁说，泰勒斯的理论成就，他的几何学公理化倾向，实际上已经是强调实践的理论。在同样的意义上，柏拉图和亚里士多德的理论被思考为"经验规定的指向的固定化"。

在亚里士多德那里，理论最终被理解为最高的实践。这为何应当是亚里士多德方面的一种夸大，我当然不知道。显然，作者的想法是，理论虽然是实践，但不是"最高的"。在他那里，这听起来像倾向于科学自律、自由主义

3b. 近代和启蒙(J.米特尔施特拉斯) 85

公设等(第53页)。

柏拉图-亚里士多德的思想努力,如果我们这样把它理解为一种"独立的实践",在古代历史进入私人和学院的过程就衰败了。《新时代和启蒙》就像作者在其新的小书里所给予的概述一样,同意如下观点,即它把泰勒斯数学的操作构造——一种基于新建筑者范·德·瓦尔登(van der Waerden)、萨博(Szabo)工作的理想典型结构——与柏拉图的数学,甚至与亚里士多德的证明理论最片面地加以联系,好像柏拉图的辩证法是一种证明知识,而不是完全不同的另一种风格的辩护,好像亚里士多德的本原研究(Arche-Forschung)在确然论证(Apodeiktik)中达到顶峰。亚里士多德区别理论哲学的实践哲学完全不能与操作的结构理想相联系。正相反,目的论的、指向逻各斯的柏拉图-亚里士多德的哲学完全接近于这一问题,正是这种人们在某种意义上可以称之为实践理论的哲学——即这样一种作为实用(Pragmata)被理解和要求的世界的理论,因为它要求目的论上确立那种关于也可能是不同的事物的科学——最终,在其作为物理学和物理学之后(形而上学)的展开中,是否并没有为单纯的经验释放偶然性。

无论如何,这是由古希腊专门科学——与哲学学院相区别——所提供的图画。关于这种专门科学,这里不再继续讲到,也不再讲罗马和法学的发现,而是只讲后期神学里的合理性的沉没,但在那里并不是讲实践哲学(希腊的"残余合理性")的强有力篇章,而基督教中世纪接受了这种实践哲学并在哲学与科学的统一中发展这种实践哲学。

只是随着近代科学的开始，作者的眼光才再度敏锐起来。如果他把伽利略转变置于首位，那么他确实正确。他非常卓绝地把伽利略这一转变刻画为从一种现象到一种工具性的经验概念，到作为构造的经验的过渡。值得注意的，是他对掌握这种新理论的技术实践进行指点。这里尤其值得赞赏的是他对伽利略在建立力学过程中的"原物理学"（Protophysik）精致的分析。而为了对此进行预备说明：在我看来，在此书第二部分中的莱布尼茨解释——但他诚然只是为了某种历史的兴趣而做的吗？——展现了此一事实大发现的最高成就。令人信服的是他在莱布尼茨思辨形而上学中突出数学-理论构造的动机的方式，以及他在逻辑上使例如"知觉"概念得到合理证明的方式——但是，如下论点是何种引人注意的论点啊，即笛卡尔对于这种在伽利略那里本强调实践的理论却陷入理论的"学术上的"优先是负有责任的，因此他对于缺乏技术学证明的技术合理性的滥觞也负有责任。所以，如果他愿意承认罗马的合理性，他就愿意承认希腊合理性的实践强调在中世纪的作用，同样他也愈少承认，根本上摆脱所有理论的古老的实践关联的，并不是笛卡尔，而是新科学。因为伽利略提出力学的构造性方案（这种方案很大程度上满足了证明要求）这一事实，并不改变以下事实，即"实践的"世界经验和"科学"的统一不再存在。由于新科学要求抛弃实体的本质并使它与方法论的构造相对立，新科学也使一种新的技术合理性成为可能，这种技术的合理性的方法论

3b. 近代和启蒙(J.米特尔施特拉斯) 87

理想就是把社会实践理论直接推到荒谬。我们可以想想启蒙运动的"灵魂物理学"和笛卡尔在其"临时道德"(provisorische Moral)学说前所保持的克制态度。作者竟然以难以置信的夸张态度宣称:"将一种新科学,即近代的物理学,与一种较古老的思维习惯相连接,这被叫作一种窘境,一种暂时性的窘境"(第41页)。暂时?事实上,正是在此处,在18世纪如同在20世纪,莫非那"糟糕的"启蒙运动没有一再发生,而这一"暂时时刻"已经延续了足够久了吗?他终究要以何种未来为目标,以至于对他来说,那些较近的过去的世纪居然显得就像昨天才过去的日子一样?

在这里我们完全肯定这一基本确认:从科学理论上说,在价值自由论题上达至顶峰的技术的合理性,事实上一定与实践的真正意义相对立。很显然,这里关系到实践(*Praxis*)和能力(*Poiesis*)的亚里士多德式的对立,而且他也是这样做的。

当然,比较好的做法似乎是,与当时的知识——这一知识相应于两个领域——联系起来谈,并讲到实践智慧(*Phronesis*)和技术(*Techne*)。然后似乎变得明显起来的是:理论知识,有如亚里士多德所认识的,特别是科学的建筑学(这符合确然性的知识[*Episteme*]概念),与刻画近代科学特征的构造概念毫无关联。知识(*Episteme*)的范例是数学——这是一种自明的"理论"。数学在经验上的应用——这构成新科学——在同一意义上并不是"理论",也确实不是"实践",而只能算作制造活动的目的合理性(poietische Zweckrationalität)。但按照米特尔施特拉斯的观点,这并不遵守真正的新科学概念及履行其崭新的理论要求。

我理解作者以此所想的东西。亚里士多德的"知识"概念,包括逻辑的推理理论,虽然是"理论",但实际上与制作性的技术一起意指"免于辩护的东西"(rechtfertigungsent-lastet)。与亚里士多德的关联在这里完全是一目了然的。古代的数学在新物理学中所起的作用,与其说是辩护证明,毋宁说是"技术"。现在我们跟随如下问题,新的物理学科学本身在多大程度上满足在理性的法庭面前找到结构性的辩护这一要求,以及在多大程度上这种新科学在唯科学主义里引导出单纯的"经验主义"。

在这些观点下,这些分析是针对伽利略、牛顿、洛克和休谟提出的。这些观点理解科学史和哲学史有其新重点——直到令人吃惊地把洛克靠近笛卡尔,把休谟靠近康德(第 325 页以下)。

65　我们也可以用亚里士多德的概念来解释这一点。这样的"知识"对于原则的辩护总是欠缺的。但是,如果这种知识借助"努斯"(Nous)来认识自身,那么它就绝不再是单纯的基于证明的可传授的科学。柏拉图把它称之为辩证法,亚里士多德称之为"智慧"(*Sophia*)。作为这样的东西,它是真正的理论的"德行"(Bestheit,按照沙德瓦尔特的翻译,*Arete* 就是 Bestheit),即使它有实践负载,并且通过实践才可行。无论如何,下面这一点对于亚里士多德是非常明确的,即不是理论具有"实践强调"的作用,而是说理论自身乃是通过实践和实践理性才这样被强调去追问最高的辩护性的理由。我强调这一点,不是作为一种单纯的历史回忆,而是指明它本身就有批判的意义。只要我们未认识到理论的释放乃是一种实践的和社会的成就,那么按照我的看法,我们既不能理解为何"科学"能被误解为制作的-技术的(poietisch-technisch),又不能理解为何实践理性能成为理论的技术使用——至少是它在实践的非理性的形式下无争议所做出的东西。

但是,一方面我想完全肯定下述特定视角:只有通过卢梭而被理顺的康德才曾重新产生实践哲学的真正意义,并且把实践哲学从被技术合理性(《灵魂物理学》,第358页以下)所造成的形变中解放出来。而且乌托邦的实践意义也因此而被正确地强调。然而,我感觉丢失了对这些实践筹划的辩证结构的重视,而作为乌托邦的这些实践筹划在任何地方都不想成为行动指示。因此我未看到柏拉图有体系的作为"有根据的"的乌托邦应具有什么优点,因为事实是,我们最早在《国家篇》中就发现,妇女和儿童共同体的荒谬性需要被证明(457d以下),以及我们在这里是否能把马克思列入柏拉图和奥威尔(Orwell)之间(第374页)?但首先,我们真能让康德自由理性事实的观点屈从于构造证明观念之下,以致实践理性的可传授性最终突显出来吗——并且是以康德名义?还是说通过卢梭其实也没有理顺康德?

在我看来,这里似乎有不清楚的地方,整个实践的辩护确实也包括理论科学练习的实践,这就叫作——研究。从古老时代开始,这同样适合于"能力"的活动以及技术与实践智慧的关系。但是,什么叫"辩护"？正是康德的例子教导说，"共同的伦理的理性"努力为它的决定作辩护。

不可动摇的责任意识乃是实践理性的证明形式，而且不是通过道德哲学反思才被带往承认道德律令的无条件性。只是对于反思本身来说，也就是鉴于实践理性的辩证法，我们才必须对道德哲学反思制作一种本有的反思规则。康德曾以无上命令形式主义做到这一点，并提出他的作为一种反思规则的"判断力类型"（Typik der Urteilkraft）。在这里辩护具有"法则检验的理性"（gesetzesprüfenden Vernunft）的特质，如果用黑格尔的术语来说。但这难以适用于简单心灵的坚定不移的责任感。反之，康德自己求助于苏格拉底（《道德形而上学奠基》，学术版，第404页），以便确认共同的人类理性自身可能达到其原则，以及为了知道人们必须做什么，我们不需要任何科学和哲学。

可是我们必须承认，即使康德也相信人性的道德完美乃是一种理想。这一点在他反对摩西·门德尔松的历史怀疑论的论述（在他1793年的"这可以对于理论是正确的"一文）中可以明确地看到。道德的公设是无条件地为人性的道德完美性做一切，在这里完全相应于他的道德哲学。这里——正如在许多别的地方，特别是在"大学学科之争论"一文中——他鉴于种种现象由这一公设推导出一种乐观主义预先论断并相信人性的客观道德完美性。但是这在道德哲学的证明中完全没有它的辩护——正如作者所认为的——而是在经验中,即在纯粹的实践理性强力的经验中,有如这种辩护(对于康德)在美国政治领域里的《独立宣言》,在儿童教育领域的经验所证明的。

另外,"实践哲学"在《新时代和启蒙》这本大部头书里只是一个附录(第10节)。但在我看来,这里却似乎表现出整个批判性的历史审问所先有的基本弱点。基本的前提是历史与理性的对立这一前提。在构造性证明——唯有通过这一种证明"理性的独立性"才可达到——这一主导概念下,历史才呈现为可怜的替罪羊。只有错误的命题才属于一种批判的科学史——在我看来,这种区分影响的后果是严重的。情况可能是,我是一个"被太多历史所扭曲了情绪"(durch zu viel Geschichte verzogenes Gemüt)的人。但是,在那里某种关于笛卡尔形而上学、关于笛卡尔(此人的沉思毕竟是深思)独白式的权威,对于每一个思想所是的东西,或者被认为是笛卡尔的荒谬的东西,在我看来,都意味着那种曾对历史合理提问的东西的一种有力的变形,即认识到在这些错误命题中都渗透了合法的提问,甚至是以与传统相联系的方式。并且认识到只有古代的形而上学的和道德哲学的传统——而不是构造证明的理想——才可能平衡一种对理性的"可能的"误解。当作者以显著的自以为是的方式嘲笑所有这些荒谬时,下面这一点完全被掩盖了,即错误的命题也表现了理性的禀赋。

在他于康斯坦茨大学就职后的首次讲座课中,他明确以历史为例,为他的证明要求进行辩护(第65页以下)。按照这次讲课的说法,历史"无非就是通过对其自身(不完美的)实践进行批判性的重构来对一个系统而规范理解着的反思的补充",也就是"借助一种规范的起源对一个事实的起源的描述"(为了在这里可以用洛伦岑的概念来讲)。如果我们追问在这个关于历史的定义中所蕴含的实践辩护,那么回答就是这样:客观的依赖性(如这种依赖性在不完善的实践中——alias:鉴于人的有限性——所给予的),"以概念依赖性的形式成为可支配的"。我们可以很好地复述,这种客观依赖性通过社会科学的认识而从其非理性的历史性中解放出来。历史认识就是历史本身的扬弃(Aufhebung)。作者将怎样辩护他自己的历史研究,我可能很难去说。在我看来,他对理解伽利略和莱布尼茨的"原物理学"做出了一个不可忽视的贡献,并继续从魏茨泽克(Weizsäcker)学派出发对康德进行相应的研究。我可能理解,他在这里借助规范性的起源描述了一种实际的起源。在洛伦岑那里,这种关系是具有"辩证法的"性质。反之,这里却服务于完成这一目的,即使"客观依赖性"成为可支配的。这是一种怎样的依赖性?是占统治地位的唯科学主义的依赖性?或者是被自然的淤泥中无所矫饰的谈话所充塞的哲学?

上述的描述对他可能不恰当。因为他自己学术贡献的语言的和思想的原则还遗憾的是未成熟的。在这里我不想措辞失当,也不想对他进行不恰当的指责,并且避免所有对年轻研究者的创造性贡献可能诽谤和遮蔽的不良影响。但是我们应当怎样把这种包含有上千个"的确"(wohl)、"也许"(vielleicht)、"某物"和"没有别的选择"的含糊话语与"(严格学科性的)讲话实践"(第 61 页)或"正统语言"(Ortosprache)的观念相协调呢?

(洪汉鼎 译,余玥 校)

4. 哲学与犹太人宗教[①]

（1961年）

在我们这个人类在地球的生活趋向一体化的时代，我们欧洲人对于自己生活在其中的传统的有限性特别自觉。的确，正是西方的哲学与科学的传统塑造了人类文明的这个现代统一的面貌。虽然我们知道伟大的亚洲文化所带来的高度的哲学智慧形式，他们将其本土的宗教卓识洞见转换为思想的媒介。但西方的哲学与科学却是独特而唯一地来自希腊的根源。就像希波战争因为击败了东方而决定了西方的命运那样，希腊人的精神创造——哲学，也引导人类走向一条明确的道路直到我们这个工业与技术的年代。这一希腊人所走上的科学之路，当然在许多世纪以来与希腊宗教思想有着很密切的关系。奥林匹亚的宗教精神光芒相对于那可怕的前期的黑暗背景，显得非常光彩夺目，同时它也预先塑造了哲学与科学思想的透明理性。正是希腊人那种伟大的表面性（Überflächlichkeit），他们指向事物轮廓、一切自然事物的不变的本质形式的目光，以及他们在变异中所保持的恒定与秩序，已经成

[①] 本文第一次出版于《犹太人与文化》一书，该书系巴伐利亚广播公司的一个演讲系列，由 Leonhard Reinisch 编辑，W. Kohlhammer 出版社出版，斯图加特，1991年，第78—90页。

为近代日耳曼-罗马诸年轻民族的宝贵遗产,现代科学最终也由之而成长。

但西方文化的统一性却也是为另一个虽非由希腊精神中诞生,但却也是与希腊遗产融合成一种统一的影响形式的因素所决定。那就是基督教,旧约和新约的宗教,西方伟大的世界宗教,它向世界性宗教的转向要归功于基督的使命戒律以及由使徒圣保罗所完成的主体精神传播。如果有人自问,犹太教对于欧洲文化的整体影响有何贡献,那么基督教的犹太教根源是对这个看起来太过狭隘的问题的普遍回答。事实上,要说犹太教对欧洲文化的贡献,就好像说希腊文化的贡献一样,都是不适当的。它们都是最先在此或彼被思考的西方的原始思想。表述事物本质的希腊原始词汇是 Logos,而在此一 Logos 的光照之下被看见的世界,称为宇宙。控制自然运行的伟大的宇宙秩序也掌控了看起来混乱的人类命运,并让同样的整体秩序重新回到并生成于这种命运的沉浮之中。另一个首先由犹太教所说的并且在西方人的感情中得到同样深刻反响的原始词汇则是:人格神的话语,那是上帝对于他的信徒们(Seinen)所说的话语,那话语既是报复的与惩罚的,但也是预言的。虽然被选定的民族的要求是愤怒地并且悲剧性隔绝地处于万能之神的特别庇护之下,但是犹太教的这种上帝选民说对于希腊的世界思想而言,仍是开拓了一个完全新的领域,是将历史视为通往神圣之路的领域。Logos 和上帝的话语,哲学家和先知作为这些原始话语的解读者和中介者,宇宙和神圣历史作为这个学说的内涵,这就是我们时代的世界之树所从之生长出的两个伟大且分离的根。从基督教的教父时代以来,希腊-西方的哲学史就是由我们存在的这另一根源共同养育了自身,而此一根源可回溯到犹太教的原始时代的基础。

我们身处于其中的以及最多重历史力量相互融合于其中的西方哲学精神传统的纯粹一体却仍有其诸优点,对此犹太教对西方哲学的贡献这一问题就有特别意义。在希腊化的古典时代,来自亚历山大港的斐洛(Philo)扮演了一个重要的中介角色,有如教会的教父们常提到他可为证。在中世纪的高峰期,摩西·迈蒙尼德也扮演了同样重要的中介角色,他在犹太教的传统中将阿拉伯的亚里士多德主义介绍给了中世纪高峰期的经院哲学的精神创造者。尤其是在现代启蒙运动世纪即18世纪,那是一个介于犹太宗教思想与近代精神之间的最强大的影响和反影响的时代。斯宾诺莎和摩西·门德尔松就站在这些导致自由主义时代的精神交锋的最前线。此外,当进步乐观主义与普遍的文化虔敬的时代在我们这个世纪冲击下而没落时,犹太思想家如弗朗茨·罗森茨威格(Franz Rosenzweig)与马丁·布伯领导了对19世纪自由主义的批评,而他们的力量是来自于犹太教团中的宗教生活。现在我想表明,从上述这些伟大的犹太思想家在数个世纪的对话中掌握了话语权的这四个富有特征的方面,在思考着的意识中得到所有其回响的哲学思想是如何从犹太教的源泉中升华至顶峰的。

如果基督教教父们是如此热切地引证来自亚历山大港的斐洛的话,那么这要从他们精神任务的特别性加以理解。当然,他们并不认为犹太人或犹太宗教的哲学解释者就是这样。他们针对这种人所意指的,是他们自己的基督教真理,并赞美他们是伟大的对话伙伴,知道要在充满希腊化世界的希腊传统中,用希腊的方式使那些深植于他们心中的思想发挥作用。基督教的福音传播,超世间的神作为救世主来到世间并建立教会的学说,很难用古典希腊哲学的工具来表达。荷马所说的长生不老的诸神:宙斯与雅典娜、阿瑞斯、阿芙洛狄忒、珀耳塞福涅,被希腊哲学家认为是世界在其中显示其自身的基本形态,亦即在统治与智慧、战争、爱与死等方面,而非在彼岸的力量。在崇拜的宗教实在中,诸神的这种世间本质的多样性完全被证实,而当希腊哲学家开始思考世界的思想与存在的思想时,他们将其宗教的这种坚定的世间性转换为概念的语言,以使他们思考存在者的秩序。

的确,在希腊文化本身开展的路径中,就已经有这样的想法,即古老的宇宙开始朝向一个开显的且自然的,又真的是神秘且充满秘密的秩序变动。对于公元前1世纪伟大的斯多葛学者波塞多尼奥斯(Poseidonios),卡尔·赖因哈特可以说:"古老的宇宙仍在,但进了一步,它仍连结于其自身之中的诸神力量,将会主宰他;这些力量不再于宇宙之中消解他们的秘密,宇宙本身则在这些秘密中被消解。他是暗示的,他将成为现象,成为象征,而由这些力量将生成精神、能量、连环、起源、原始时代以及不可言说者与存在的原始-秘密之出口。"② 犹太教超世间神的学说可以在这种转变中与希腊思想的方向引起丰富的交互影响。正是耶和华的超越性——他的非形象性,他的不可见性——早在犹太早期就已经标志了他与异教的偶像崇拜的不同。如果追随柏拉图玄思飞跃的哲学思想,最终毁掉了希腊宇宙观,并思考那并非来自此世间的太

---

② [卡尔·赖因哈特:《波塞多尼奥斯》(*Poseidonios*),慕尼黑,1921年。]

一，则犹太教神学及其哲学诠释者斐洛就是柏拉图的证人。一直以来这里所被思考的都是造物者的外在世界的超越性。所以，是创世思想本身，是犹太教伟大的宗教思想，预告了要在一种积极的意义下超越希腊精神的世界桎梏（Weltbefangheit）。虽然犹太人斐洛用希腊哲学的语言解读旧约时，使用了一种富于比喻的方法，这也是斯多葛派哲学适应民族信仰所已使用的方法。但是他用此方法所说的，还是与希腊哲学有些不同：个人的神的观念、创世观念以及用天使的命令作为彼岸的神与人之间的中介的学说——这些犹太教学说在很大范围内为天主教的基督教所吸收，基督教必然也会想到斐洛关于上帝的下凡、道成肉身的神秘思想。

人们曾将中世纪哲学诞生的过程解释为基督教伟大的希腊化的过程，而这是真的：直到带有奥古斯丁印记的基督教柏拉图主义经历了经由接受真正的亚里士多德主义所导致的融合，才带来了高级经院哲学繁荣的完全开展。中世纪的犹太教哲学就是如此地在阿拉伯统治下的西班牙达到了其最大的圆满成就，融入了时代的伟大对话中。

犹太教哲学也有着与基督教哲学同样要面对的课题。它也必须将在其《圣经》中所证明的启示与自然理性加以协调。它的出发点是摩西在西奈山从神接过的十诫。这个律法必须证明其合于理性。对犹太思想家们而言，作为自然理性的原型是从阿拉伯人传来的亚里士多德哲学。因此他们的思想既游移于他们犹太传统的坚实基础上，同时也完全是在自然的希腊理性的空间里。因此为希腊所限定的犹太教哲学是从犹太预言中接受其恒常的规范。但它知道，预言的等级和优先地位本身要用它们的希腊方式来证明，特别是它因此将柏拉图思想引入这方面。虽然由自然理性自身出发去认识世界是可能的,但先知的任务就是宣布来自"上天"(oberen Welt)的天启。所以,先知超越了希腊智者的传统形态,他在其理论生活的普遍性中实现了与神性的融合。先知的形态就是与神本身交谈并传达神的意志。他的话语,犹太宗教真正的天启来源,同时是洞见与作为,是对有负于神的民族的警告与拯救,是对其作为神的民族与政治统一的实在之重建。

现在,这种统一——作为思想——最先是在柏拉图的思想中被思考,并带有那些哲人王的要求。根据柏拉图的看法,只有他们有能力将拯救带到希腊生活的政治腐败之中。犹太的先知论被摩西·迈蒙尼德及其先行者们理解为柏拉图关于统治与哲学王国的乌托邦的真正实现。在其坚实的基础上自然理性的思想可以用律法的真理实现其自身。这是一种伟大的思想:将不存在的柏拉图的模范国家纳入不存在的介于一切不义与所有痛苦之间的天上的耶路撒冷,而历史为以色列子孙们所准备的这些苦难,标志了通向神权之路、上帝选民的幸福之路。

构成西方哲学与犹太思想相互丰富的批判高潮者,乃是既非古代的、也非中世纪的,而是近代的、真正激进的启蒙运动。那时,在17世纪与18世纪,随着数学诸自然科学与其方法-理想的开展,出现了对一切现存有效者的一种激进的质疑。如同这种质疑指向基督教哲学的形而上学传统那样,它也指向犹太教的宗教思想。对两者同样有效的是,或是用旧的去调和新的,或是用新的埋葬旧的。斯宾诺莎在新自然认知的理性精神中,作为第一人用纲领性的意识所提出的《圣经》批判,对于旧约与新约宗教都同样的致命。

诸民族的宗教传统在激进的理性信仰的法庭面前是否还能撑得住？斯宾诺莎的脱离犹太教团难道不是有着象征意义吗？他那来自自然知识与神的直观的体系是一种可能的媒介与解答吗？那是否能阻止他的名字成为无神论的关键词？德国在那个时代最自由的英才——更不用说18世纪的法国和英国——如莱辛和歌德难道不正是在这种意义下拥护斯宾诺莎的吗？

另一方面，在基督教和犹太教那边一直从事新的尝试，沟通宗教传统与启蒙运动的激进理性信仰。这是一场在近代启蒙运动的基础上持续了数世纪的介于天启信仰与理性信仰之间的对话。而在我看来，对于犹太教在新世纪中的意义的一个强有力的证据是，在此对话中犹太的声音始终被倾听。当莱辛——根据雅可比的报导——拥护斯宾诺莎主义时，对他那位作为绸布庄的职员而生活在柏林并与当代最著名的精英们交往的博学的犹太朋友摩西·门德尔松而言，他所代表的"理性的宗教"是奠基于坚持他所属的宗教的不可动摇的基础之上的。很明显，这并非无须对宗教传统重新解读和简化就能成功的。但与基督教徒比起来，犹太教徒更容易被启蒙，但仍然虔诚，其原因本身则在其宗教。智者拉丹并非偶然地被莱辛推举为相对于伊斯兰教徒和基督徒作为宗教宽容与实践博爱的代言人。旧约预言对于上帝选民的从属者所限定的民族框架，同时且一开始就包含一种宗教宽容的要求。此处并不像另外那两个与犹太教争吵的世界宗教那般，有一种使命戒律。就算创世神的思想是如此地高深莫测——但在这方面要与那应该能够思考三位一体的神秘性的基督教神学家的情况相比较，还是没有希望的。毫不意外，路德宣称，要沟通自然理性与信仰是不可能的，并以对于哲学的激烈否定斩断此问题。对理性而言，犹太宗教天启真理的实现不是一种类似的无理要求，而这正是因为理性的基础是一种能缓解所有教派对立的媒介，犹太人似乎就是生于其中。

所以摩西·门德尔松对于拉瓦特尔（Lavater）想强迫他改信基督教的不得体的压力，能够以平静的尊严提出对于父祖之辈的信仰的表白并回答："从成文法与口述法中所产生的我们的天启宗教，只与我们的民族有关。我们认为世上其他的民族是为神所指示，去遵守自然法与祖先的宗教……他们根据他们的生活变化而制定这些法律，被我们称为'其他各国的有道德的人们'，而他们是永恒的幸福之子。我的父祖之辈的宗教并不想扩张。我们不应该将传教士送往西印度或格陵兰岛，向这些远方的民族传播我们的宗教……他们遵守自然法，可惜！比我们更好。"③当真理在旧约——及其预言——之中特别被启示给犹太人之后，自然宗教的与自然法的真理也只被犹太宗教赋予一切期待。

听到摩西·门德尔松以这种方式论证的人将会察觉，近代启蒙运动与犹太教的宗教传统比起与基督教的宗教传统更容易能调和，而基督教包含着一种无法解决且难以掩饰的理性与天启的对立。因此"理性宗教"，启蒙运动的积极成果，能够为一系列从摩西·门德尔松到赫尔曼·柯亨的伟大犹太哲学家们所代表，就如同为那些从所有宗教联系中生长出来的自由派们所代表一样，是可以理解的。赫尔曼·柯亨甚至知道，在康德哲学中，在其"诸观

---

③ 1769年12月12日摩西·门德尔松致J.C.拉瓦特尔之信。

念的一神论"及其"实践理性的优先性"之中,重新发现"来自犹太教根源的理性宗教"。

的确,犹太宗教与近代启蒙的渗透也无法带来一种真正的平衡。就这方面而言,斯宾诺莎从犹太教团的退出就具有象征性。犹太信仰传统的一种理性渗透的目标,其本身就是充满矛盾的。如果天启让自己完全被纳入思考的理性的话,它就因此而失去了其宗教关联性。只要那作为全能上帝在西奈山召唤以色列民族成为"他的"民族的不可思议的善行之犹太律法仍被信仰的话,那么这个律法就是选民们一种无法超越的特权。如果它作为自然理性的自然法而被承认的话,那么它就处于和理性的其他诸真理的一种竞争状态。所以,德国唯心论,特别是黑格尔的学说主张,律法立场可以正确地为基督教爱的福音所克服。因为在律法中,实然(Sein)与应然(Sollen)的分裂总是被思考。真正的一致与和解发生在爱的精神之中,在其中一切的分裂将被抛弃。基督福音的这种真正的且最高的真理是永远与犹太教精神分离的,而此一真理是在绝对精神的哲学中得以完成的。

但是,既然基督的这种福音宣告会消解于哲学思想的真理之中,基督福音的意义也必然消融于其自身之中,基督教也因而分享了与犹太启蒙运动的相同命运。19世纪的宗教史因而是一种急待改进的妥协。没有持续的平衡能够成功地介于犹太教堂与教化宗教、基督教会与自由进步乐观主义之间。

所以,从两方面都有反对自由的文化哲学与神学的反击,就不奇怪了。在第一次世界大战后,当教育理想主义的文化意识在一战的物质杀戮中走向灭亡时,19世纪的自由传统就被"辩证的"神学以及所谓的存在哲学以迅猛的冲刺所超越——而类似之事也发生在犹太思想身上，当时从基督教-神学方面以及哲学方面来的、要求放弃亚里士多德的路德式的挑战，主要是经由卡尔·巴特与马丁·海德格尔执行，而希腊的原始逻各斯思想也由此进入一种激进的批判的阐明。所以，语词的旧约原始思想必须赢得一种新的生命力。因此，当时弗朗茨·罗森茨威格（与海德格尔一起）开始重译旧约，如同一位现代烈士以其丰沛且不可抑制的激情，深入其父祖之辈的信仰。

在他的伟大的系统性代表作《拯救之星》中，弗朗茨·罗森茨威格作为赫尔曼·柯亨与自由派历史学家弗里德里希·迈内克（Friedrich Meinecke）的学生，发展出一种相对于启蒙运动是思辨唯心论而对于犹太天启信仰是新颖的哲学论据。后来弗朗茨·罗森茨威格自己认识到并且表示他的作品的出发点和基本思想与"新思想"是调和的，他认为这种新思想主要是由马丁·海德格尔的主要著作《存在与时间》所代表。弗朗茨·罗森茨威格的著作在第一次世界大战期间就已构思并于1921年出版。那是一部这样一位哲学家的作品，这位哲学家认为自己同时也是神学家，并且确信，在当前的情况下，人们若非同时也是神学家的话，就无法作哲学思考。因为介于希腊人所思考的宇宙秩序与那自觉到其自由的人之规定——首先是自觉到他虽然从属于单纯的自然秩序，却同时有自外于此一秩序的自由——之间的对立，此一对立既不能为自然，也不能为人的自我意识所解决。希腊思想不愿其自身被革新，而即使是德国唯心论的伟大尝试，从自我意识之中引导出自然与精神并以此方式让对立得以和解，也仍然在某一绝对的界限处失败了；也就是在人——那"仍然在此"（der noch da ist）并作哲学思考的人——的实际性现实处直截了当地失败了。唯心思想只能思考本质的普遍性，也就是说，根据其本质，自从希腊人开始，无时间地思考（zeitlos zu denken），就是被追求的。人类的此在的时间性与历史性，因为这种思考时间的"新思想"首次被认真对待，而非"在永恒的观照之下"（sub specie aeternitatis）被历史哲学纳入如黑格尔的绝对知识的体系之中，而是作为一种不容否认的现状被承认。

弗朗茨·罗森茨威格认为海德格尔对于作为近代哲学基础的意识概念的存有论批判与他自己被犹太教的宗教传统所启发的关切，有类似之处：人的已经存在（Schon-Sein）——被海德格尔描述为被抛状态（Geworfenheit）的"非人性的"（un-menschlich）存在特性。此一特性划分了先验哲学建立自身的边界——在他看来是对于旧约创世说的逻辑证据。那是你（Du）的根据性。犹太教的这种原始思想，证明自己能够承担创世思想的理解，并且保证了事实性的哲学困境之神学的解答。当上帝召唤亚当："你在哪里？"时，人的真正的自我及其真正的"此处"将被探讨。当然，神的存在，在一种原则的意义上是先于自身的我在（Ich-Sein）的。

这就是弗朗茨·罗森茨威格所发现的、对人的被创造性学说的哲学辩护。是这种个人的原因，调和了世界与人的对立。但无解的却仍然是，个人的遭遇与犹太民族在旧约信仰中所经验的永恒不变之间的调解。此一调解立足于耶和华上帝与其选民结合成的特殊联盟，并在永恒的预言中达到其高峰。它在世代绵延的自然血缘群体中实现其自身。当世上其他民族，尤其是西方的"基督教"诸民族并非在经由——位于其自身历史开端处的——预言所建立的血缘群体,而其实是将其自身理解为来自其国家的主权、来自与领土连结的文化群体,并且为历史的冲击所震撼而终有没落之日时,上帝的选民们却正因为他们并非建立在政治上的,而是自然的基础之上,也可以无须国家和政治权力而确信其永恒。他们立足于他们自己的、他们的神的自身的本质之上而自外于世界史。"拯救之星"就在他们的头顶上。

选民的这种特征,也就是确信其永恒性,从哲学的角度来看,其自身也是一种历史的规定。所以,怀疑唯心论的犹太人的哲学-神学的自我理解与"新思想"一起承认了人类的此在的基本的历史性以及海德格尔对超越唯心论的批判。

之后,马丁·布伯将犹太人对唯心论批判的贡献系统地继续发展,他提出"对话原则"的基本意义以及人与上帝的对话,如其在旧约中所描述的沉思与理智那般,反对希腊的逻各斯哲学与近代的唯心论。如果他将犹太民族在不同的诸民族-文化之中的无祖国的特性——即使在以色列建国之后——包括一切已经承受过的苦难与追杀,从上帝选民的被选择性的神圣历史的角度来理解的话,他因此又一次向犹太思想提出了一个具代表性的任务,而此一任务又是因为他在海德格尔的身边及其关于存在遗忘的学说而对其提出的:要让改过自新的思想充满我们这个时代普遍的无家可归之感与"上帝的黑暗"(Gottesfinsternis)之世界史的关键时刻。

我们眼下提出的西方思想史的这四个批判时刻,如其所示,是那些与犹太教宗教思想之丰富对话的时刻。的确无须强调,只从这个意义——而不是从自然的种族观念——就可以谈论犹太教思想对欧洲哲学的贡献。当然，人性的精神文化是一种源自多重根源和力量的建筑，并且在其身上到处都留有其来源的记号。对所有会思考的生物都有一种难以理解的、由其出生到死亡都控制着他们的天赋——除此之外，它也在其自身之中掌控了个体与诸民族的种族特点。对于所有会思考的生物而言，有一种先于今日的一切自由与选择的历史决定——如我们所见，它对于犹太民族的印记，或许要比其他任何历史民族都更深刻。在个别生命中，特别的是经由童年与教育而来的印记，它们预先型塑了每一个会思考的生物，因此人们也可以从童年的以及生活的学校中引导出哲学家的思考方式与思考方向，例如犹太教的"理性主义"或犹太教的"神话"——例如康德学派的萨洛蒙·迈蒙（Salomon Maimon）在其自传中，将他自己感受到的，他的思想缺少体系这件事，回溯到在犹太教堂中的宗教课程的形式。但是，所有这些心理学的、社会的与历史的解释和特征描述，都只得到一半的真相；而若是他们隐蔽了人类理性的共通点，则他们就成了全然的错误，因为人类理性是超越自然与历史的一切禀赋而突出地成为我们称之为哲学的关于人的使命的永恒对话。

（刘康 译，洪汉鼎 校）

5. 概念史与哲学语言
（1971年）

在哲学领域内，语词史和概念史的研究所起的作用，一般被看作是附属的，但鲁道夫·奥伊肯（Rudolf Eucker）大约于1879年出版的《关于哲学术语历史的研究》所具有的启发力却令人惊讶，并且也从那时起，在同样的方向上又有了一些新的有益之举，其成果我们正以迫切的心情在约阿希姆·里特尔（Joachim Ritter）的哲学概念词典①的伟大工程中期待着见到。但是，作为一种历史研究或哲学事实思考的辅助工具，它虽说是如此不可估价的，但却还不是哲学。的确，这样一种概念史的旨趣还不曾表现出一种能够赋予哲学史以哲学重要性的方法思想。

这样一种方法思想曾经是所谓的问题史（Problemgeschichte），在新康德主义中，这种问题史可以被规定为哲学对其历史的兴趣的合理性证明，并且它把文德尔班那本著名的、被海姆塞特（Heimsoeth）认为迄今仍有生命力的《哲学史教程》视为方法论的基础。当然，还有那些马堡学者：首先是尼古拉·哈特曼（Nicolai

---

① 《哲学概念历史词典》，约阿希姆·里特尔主编，巴塞尔-斯图加特，自1971年开始。

Hartmann),他在马堡学派较年轻的体系哲学家中最为敏锐;其次是伟大的博学多识的哲学史家恩斯特·卡西尔(Ernst Cassirer),他们都是从问题史角度确定方向的。此外,还有理查德·赫尼希斯瓦尔德(Richard Hönigswald),他特别喜欢从问题史角度来称呼他对于哲学史的机敏透彻的研究。问题史的方法论要求具有某种显而易见的东西。如果那些贯穿整个哲学史作为人类思想不断更新的基本问题的诸问题的同一性得到保障的话,那么这种问题史研究就会相对于历史相对主义的失落而赢得一种坚固的基础。

在19世纪后半叶曾有过对这种问题史立场所进行的尖刻的批判,这种批判与其说受到狄尔泰对新康德主义的抽象先验主义的反叛的启发,毋宁说是由海德格尔对狄尔泰反叛的吸收和转化所引起的。当海德格尔在他认为是由李凯尔特和胡塞尔所代表的新康德主义意识概念中发现其中具有存在论的关联时,他教导我们说,在哲学思维的技术中,对思维在其中得以表现自身的概念性要进行批判地思考。哲学概念不是通过一种任意的记号选择,而是从哲学思维在其中得以运动的概念本身的历史起源和意义形成过程中获得其意义规定性的,因为哲学思维总是业已在语言的形态中产生。

表面看来,这种新的批判立场能够表现为一种彻底的和完美的历史主义。因为新康德主义认为在诸问题的同一性中所具有的坚固基础,现在也还是被证明为不稳定的和不可靠的。此外,这种立场也未能避免人们对问题史的批判性异议。在问题概念中不是存在有一种秘而不宣的独断论吗?一个例子可以说明这种怀疑:当谈到自由问题的同一性时,不是有一种看法认为,这个问题对思想而言,似乎无非总是在不断更新的现实的动机里被理解,而这种不断更新的现实的动机使得自由的可能性或现实性总是在一种不断更新的和不同的意义上提升为问题吗？柏拉图著名的格言：αἰτία ἑλομένου(责任在于选择)，②虽然柏拉图并不是以这句话让人看见行动自由，但他在完全神秘的意义上证明了自己生活的可归责性(Zurechnenbarkeit)，并把握到一种不同于斯多葛派退回到我们内心生活中(τὸ ἐφ' ἡμῖν)的自由的意义。③——显然，无论是柏拉图派的、斯多葛派的自由问题，还是基督徒们的自由问题，都与现代自然科学的决定论问题无关。这里要结算不同的思想家对于同一个自由问题所产生的"成效"(Errungenschaft)，这明显地超出了所有的历史动机。在这里，神秘的独断论者所起的作用，将是可特别感觉到的，如果我们想到哲学文本的翻译实践的话。例如，我们可以想想叔本华后继者在翻译印度文本时系统地运用了康德概念，也正是鉴于自由问题，实际上这正是："自由是自己精神的主宰，而时代正是映现在此精神之中。"只有当在概念史的研究那里涉及历史主义的彻底化时，这种现象才可出现，因为人们试图批判地克服这种朴素的自我映现，有如在"问题"的实体化过程中所出现的。④

此外，还涉及别的方面。"问题史"的合理动机是在历史中重新认识自己的问题，这一直是被承认的。同一性问题的瓦解并不导致哲学史上展现的任何观点和学说的完全动摇。概念史的反思常常意味着对于其历史传承物的一种强化的批判意识以及赢得它

---

② 《理想国》,617e。
③ SVF Ⅱ,272,4;295,1;尤其在 Epiktet, Diatr. Ⅰ,1,23;Ⅲ,6,6。
④ 参见本文补充说明(2)。

们的实际内容。通过这种批判反思并不抛弃认识总是重新认识（Wiedererkennen），认识并不是同一种陌生意见的单纯游戏。尼古拉·哈特曼对柏拉图回忆说思想所给出的令人信服的解释,⑤对于一切哲学思想都是有效的,但只有在诠释学意识中才能获得其真正的彻底性。重新回忆（Wiedererinnerung）这种神秘的思想,正如柏拉图所召唤的,赋予那构成一切哲学认识之本质的重新认识以其独一无二的特征。当然,重新认识在这里指的不是对某个已经认识的事情的再认识,这种事情在人们通过哲学文本与它照面之前就已经熟悉它了。我们毋宁说,哲学认识只有在这种意义上才是重新认识,即它被理解为是对一个由文本的陈述所唤起的问题的回答。

问题于其中产生的问题域不断更新自身,也就是说,这里产生的东西是在每一问题（提问）中所产生的,即自明性的东西被显露出来了。但是这种自明性东西的显露也破坏了人们所知的诸问题的先给予性（Vorgegebenheit）。因为事实上,主宰所有问题之提出的概念性本身也因此被批判地意识到了。提出一个问题就是对问题进行概念的加工,并且是这样广泛,以致它使回答得以可能。但这也包括使问题得到一明确的方向意义,在此方向上才能确定一个答案。就此而言,古代的科学理论智慧是安全健康的,以致科学中重要的东西不是成果,而是提问（探究）——并且这里天才并不在于去学会,而只在于去发现。正因为这是正确的,所以问题史

---

⑤ 尼古拉·哈特曼:"柏拉图哲学中的先验主义问题",载其短篇著作集,第2卷,第48—84页,尤其第62页以下。

就丧失了它误认为如此安全的坚固基础。因为可以表述为自身同一的坚持到底的思想基本问题的哲学问题，一般来说都不是那种每次所提出的并使得一种回答得以可能并富有意义的问题。毋宁说，哲学问题是这样一些有如亚里士多德所认识到的问题，它们是作为敌人被抛掷到路上并且作为不可逾越的障碍而不可解决的问题。⑥我们在哲学上所说的那些问题明显地具有这样的性质，即它们并不可能构成合适的提问，因为它们缺乏合适的概念系统来把握并提出问题。

然而这完全不意味着，关于哲学问题是无意义的那种怀疑是合适的，有如维特根斯坦或波普尔在所有这样的场合里所说的那样。相反，在我看来，这位思想家关于哲学问题的意义标准是不适用的，因为我们得以提问的那些显而易见表现出来的概念，由于我们的哲学反思已提升为一种可通用的疑问性。我们概念的显而易见性需要这样一种批判，以及这种显而易见性表现了我们似曾相识的偏见的最大力量，这乃是一个我们要归功于培根偶像崇拜的古老的见解。正是培根在其他偏见之外揭露了语言的偏见在此所起的决定性作用。因为所有的问题意识（Fragestellung）都与语言的各种可能性并因而与我们所讲的语言的图式化强制力联系在一起。凡经验在有关成效的现代科学的意义上，也在某种问题设置的意义上可以被断定，而就是在这里，也为通过语言产生的引诱设定了一条确定的界限。没有物理学家会把精神丰富的隐喻认为是某种不同于单纯隐喻的东西，即使核物理的理论家可能用这些

---

⑥ 参见本文补充说明（4）。

隐喻使自己和我们这些门外汉理解其研究成果。他们认识的精确内容是在一种不同的明确的语言中表达的,这种语言的意义元素包含了实验测量的确认。在这里,那种隐喻的权力和界限得到了证明。反之,在哲学中却没有求助于这样一种与语言相对抗的情况,因为思维是在语言中运作的。我们只能在语言之内才可控制语言所从事的诱导。

那么,这就意味着哲学无非只是语言批判(Sprachkritik)吗?当然,它也是语言批判,这是肯定的。但是,哲学还是别的东西。它也是语言发现(Sprachfindung)。这一点应当确立。

这里我们必须讲一下术语(Terminologie)在哲学中所起的作用。鉴于哲学的问题域相对于一切所谓的实证科学所表现出来的特性,我们称之为术语的含义也在其中发生了改变。在科学中,如果一个术语同一种精确被描述的事态联系起来,其明确的规定性我们通过表达式的使用而明确地指称出来,其合理性不断地在随后的经验脉络得到检验,但当所有的检验只能在随后的语言形式中才能获得成功时,则事情的状况就发生了改变,如同哲学中的情况就是如此,它所涉及的"事情",无非只有作为语言的,才能被给予。约翰内斯·洛曼(Johannes Lohmann)[7]有次曾指出,数学的概念形成之所以具有那种先驱意义,是由于它把语言的词语,例如古希腊文膝盖(Knie)这个词,从其感性的范围转换到一种以前一般并不存在的事情领域,因为这个事情领域只有通过理性的构造

---

[7] 《音乐科学档案》,第14卷(1957年),第147—155页;第16卷(1959年),第148—173页。

才获得它的数学的理想性。像"角"(Winkel)这样一个概念的形成,由于脱离了其起源上的一切隐喻性而获得一种明确的含义。虽然数学上角的理想性是"完全在头脑中",就像哲学家所谈论的那些东西,但是构造的规定性却使这个术语有可能具有完全的单义性。

与此相比,哲学术语不仅是对语言的感性使用的超越,而且它也不断地坚持其起源的意义。对于现代哲学的诸概念——这些概念存在于一种固定的哲学概念性传统之中,并且多方面按照数学符号化模式来理解自己——来说,可能很少听出自相矛盾。我们将难以承认,"主体"(Subjekt)这个术语的含义事实上也参照了它的本源之意,即古希腊文的主体(υποκειμενον),这个主体回指工场(Werkstatt),即手工工场或作判断的理智的工场,这个工场把现存之物(Vorliegende)标志为偶然遇到之物(Vorfindliche)。但是,正是在这种情况下,概念史的哲学合理性就被展示出来了,因为哲学教导我们通过历史的意义生成去批判地理解和使用这些概念自身的意义。掩盖和未意识到近代哲学这些概念所涉及的联系,绝不是对哲学概念史起源规定的创造性的反抗。相反,正是从这种掩盖中产生了下述例子中所存在的那种假问题:"主体"——这里被处理为一类实质性存在——如何走出其自我意识范围而跃进到客观世界之中?我认为,通过唯心主义同一性哲学的杰出的预设和胡塞尔与舍勒的现象学分析的精细描述这样一些准备工作,海德格尔才在这些情况下达到清晰性,因为他对形而上学传统的意识概念作了本体论批判。意识(以及自我意识)不是存在物,不属于一种实体的存在方式,不是"在自身中的存在"(in-sich-Sein)那种存在类型,虽然"意识"概念的先验要求包含有这种理解,并且胡塞尔在证明意识的意向性结构时以清晰的自明性表示这一点,但正如总是在思想中出现的那样,尽管它是错误的理解,但却是使完全的自由的洞见有可能的反抗的消除。在这种意义上出现这种诱导,即把意识思考为一种与"外部"相关的"范围",若不是海德格尔对主体进行概念史解构,把这种意识概念在本体论上的不恰当性彻底弄清楚的话,对意识的这种误解是不可消除的。

概念史的启发性成就,在那些并不涉及那类掩盖着语词与概念之关系的根深蒂固的遮蔽的地方,自然很少会显露出来,而在通过术语上的固定化而经验的关于语词与概念、语词范围与它的界限之关系的地方,则是显而易见的。这首先归于德谟克利特、柏拉图和亚里士多德的希腊哲学语言,对此库尔特·冯·弗里茨(Kurt von Fritz)[8]早先曾做了重要的研究,此书对卡尔·赖因哈特[9]和布鲁诺·斯内尔[10](Bruno Snell)的继续发展观点以一种富有价值的方式做了补充。在古希腊的哲学语言中,日常语言用法仍居主导地位。但之所以如此,是因为在那时还可不受干扰地继续保持与活生生的语言的关系,从而能够使概念史的分析展现其自身的启发力。因此,现在概念史的启发性成就正在于,通过重建在概念语词与自然的语言习惯之间持续存在的那些联系,使概念的陈述性含义具体化,甚至从歪曲的教条化中解放出来。在这方

---

[8] 库尔特·冯·弗里茨:《哲学与德谟克利特、柏拉图和亚里士多德那里的实际表达》,柏林,1934年(达姆施塔特,1963年)。

[9] 卡尔·赖因哈特:《巴门尼德与希腊哲学史》,波恩,1916年(法兰克福,1959年)。

[10] 布鲁诺·斯内尔:《前柏拉图哲学中知识概念的表述》,柏林,1924年,以及《精神的发现》,哥廷根,1947年(第5版,1980年)。

面,前苏格拉底研究处于完全的运动之中。⑪

但是,正如艺术话语同自然的语言习惯之间总是可能有很大的距离一样,对于概念的意义来说,与活生生的语言的关系却是经常带有根本性的。因此,我们具有一切理由要从根本上探究这种关系。在修辞学的语言中,我们把这种概念话语的意义特性称之为"隐喻性的"。在这里我们自己意识到,我们是在一种较大的关系里整理哲学概念形成的特殊现象。自从赫尔德以来,语言的一般隐喻性越来越多地得到根本的承认。隐喻的认识功绩,对原初话语用法的特殊语境(这种语境在所有语言建设中都有作用)所进行的抽离,都在另一方面与原初意义域的继续聆听相符合。这实现了话语的诱发成就。现在,我的看法是:正是话语的这种双重功能以特殊的方式进入了哲学概念语词的意义构成中。

当然,因此并不已经证明,我们需要批判地意识到这种转换关系,不管这种意识是否仅与一种深渊性的自我遗忘——它的状况是语言造成的,它是此种语言的自我遗忘——相容。概念史提问的任务很难存在于这样一种历史的整体阐明中,这种整体阐明以完全的自我意识抛弃了语言的自我遗忘。相反,正是通过这种自我遗忘才为这种阐明的界限找到了合法性。我们以具体示例来检验这一点。

---

⑪ 对此可参见 W. 耶格尔(W. Jaeger):《早期希腊思想家的神学》,斯图加特,1953年;J. 克申施泰纳(J. Kerschensteiner):《宇宙论》,慕尼黑,1962年;C. 卡恩(C. Kahn):《古代希腊文中的动词"be"》,多德雷赫特,1963年;H. 弗伦克尔(Fraenkel):《早期希腊人的诗与哲学》,慕尼黑,第2版,1962年;尤利乌斯·霍尔舍(U. Hölscher):《初始的问题》,哥廷根,1968年;W. 沙德瓦尔特(W. Schadewaldt):《希腊哲学开端》,法兰克福,1978年;D. 布雷默(D. Bremer):《早期希腊诗中的光明与黑暗》,波恩,1976年;C. J. 克拉森(Classen):《开端——早期哲学理解文集》,沃兹堡,1986年。

5. 概念史与哲学语言

这里并非自在地存在有概念史提问的特殊性。在讲话和话语习惯用法自我遗忘性中明显表现出的一切意识性的界限，事实上一般表现了一切提问的动机基础，而不仅只是概念史情况。成问题（Fraglichwerden），奇特性，突然生疑和自我惊奇的反叛性，都是一切主题化之基础，这种主题化不仅是针对哲学概念的提问，而且也是针对所有认识的提问。这就是一切知识欲望（Wissenwollen）的起源，柏拉图曾正确地把"$\varphi\iota\lambda o\sigma o\varphi\iota\alpha$"（哲学）引回到"$\theta\alpha\upsilon\mu\alpha\xi\epsilon\iota\nu$"（惊异）。但是，这在哲学问题的情况里有其特殊的语言后果。在我们称之为"哲学的"的知识欲望中的错乱，必然逃脱惯常的经验图式化——这种图式化由语言所提供并同语言相联系。哲学的思维总是出自于这一根基并必然地是一种在最明显的语言困境中的思想。因为自然的"生活世界"的习惯语言认为，在哲学思想突然生疑的地方，语言总是不复存在。

当希腊的思想不再满足于神话的世界并着手于思考物理的世界，也就是把那世界看作是源于自身并由自身出发而运动着的东西时，这虽然给予了 Physis（自然）这一词以其完整的意义域，但仍然需要一种漫长的、由柏拉图和亚里士多德所完成的抽象化过程，直到 Physis 这个词被逐渐成长为关于一般世界-存在的哲学概念词。[12] 普遍的看法是：正如赖因哈特和斯内尔教导我们的那

---

[12] $\varphi\acute{\upsilon}\sigma\iota\varsigma$没有起决定作用的第二格的绝对用法是何时开始的？依据于有名的《赫拉克利特著作残篇》（残篇123）——其原文我们并不知道——对于我来说似乎是有疑问的。面对智者派的解释，也有困难。参见 D. H. 霍尔维达（D. H. Hollwerda）：Commentatio de vocis quae est $\varphi\acute{\upsilon}\sigma\iota\varsigma$，第78页以下。[现在可参见我的论文"希腊哲学的自然概念"，载 A. 维尔纳（A. Werner）编：*Filosoficirkelen*，第3卷（1986年），第39—70页＝我的著作集，第7卷。]

样,只要希腊语言对于概念构成是特别有用的,特别是由于其第三冠词的命名力量——但这里什么是原因？什么是结果？——那么这种语言也正是通过其特殊简易的抽象而把可指示的和可思维的东西、中性名词中感性在场者和普遍特性,综合在意义功能的统一体中。谁都想处于巴门尼德的立场,即他完成了从复数的存在(*Onta*)到单数存在(*On*)的巨大转变,但谁能说,这个单一的 *On* 意指什么:是一个充满了其感性在场的世界,或者是在同非存在的不可思想的和无思想的东西相对立中的一切存在者的"存在"？正如里茨勒(Riezler)⑬在其《巴门尼德》一书中所指出,芝诺误解了巴门尼德,因为他把存在理解为存在者的宇宙并提出这个折磨人的问题:这个存在是在"什么东西之内"(worin)？或许当巴门尼德把存在比作一个圆满的球体时,他误解了自己吗？要回答这些问题是不可能的,然而去思考所有这些不可回答的问题,又是不可避免的。因为这不仅是为了正确理解巴门尼德哲学,而且也是为了正确理解我们自己,如果我们想要说或思考"存在"的话。多亏了那些流行的概念,哲学的问题才能在其中表述出来,这些概念总是具有一种既引起怀疑又富有成果的多样性。

我们可能继续以这种方式把概念史展示为哲学。我在此只能作几点简短的提示。如果柏拉图在《智者篇》中把静止即 *Statis* 与运动即 *Kinesis*,以及把同一即 *Tauton* 与多样性即 *Thateron* 紧密交织起来去描述 *On* 的逻各斯,那么,难道他没有认识到,他是

---

⑬ K.里茨勒:《巴门尼德——翻译,导论与解释》,法兰克福,1934 年(第 2 版,1970 年),以及我的论文,参见我的著作集,第 6 卷,第 3 篇。

在把不可统一的东西、宇宙论的东西与反思概念相互并列和相互混淆吗？或者，如果他在《蒂迈欧篇》的神话中把同样的反思概念以宇宙论功能加以应用，既谈论自我的轮回，又谈论多样性的轮回，并把它们配列于人类意见和思想世界的轮回，那么这难道不是随意虚构的玩意儿吗？或者说，这难道不是反过来表达出这样一种困境吗？即为真正的意见和思想的东西找到一个"位置"，使之接近于被意指之物和被思想之物，这就是接近于运动着的世界的显而易见性？要在思想中去掉语言的预知，正如门外汉设想自己有思想一样，并非易事。

当亚里士多德——其最终目的是为了解释和阐明柏拉图的思想洞见——创造 $Morphe$（形状）和 $Hyle$（质料）概念以便思考存在者的存在时，他因此应对"形式"（forma）和"质料"（materia）概念负责，以及对整个经院哲学关于存在秩序的图式以及直到在基督教的和古希腊后期的亚里士多德主义中占统治地位的"第一质料"（materia prima）图式负责。无疑，他其实是把 $Hyle$（质料）理解为"种"（Gattung），并通过种与特殊（即构成 $Eidos$ 的东西）的差别来定义存在者的本质！[14] 有人可能提出异议：不正是他本人在那个特有的方向上把再思考（Weiterdenken）这样合法化，以致在他自己的学园中就已经完成了第一步？在这里，概念史的分析不可能给我们预示一个明确的答案，但却可以使这样一个疑问公开

---

[14] 参见本文补充说明（4）以及我最近的论文"存在有物质吗？"，载《宇宙论坛》（*Convivium Cosmologicum*，FS H. Hönl），巴塞尔，1973 年［＝我的著作集，第 3 卷，第 293 页以下］。另外，黑格尔关于思辨命题的理论也能说明这种关系。［参见我的著作集，第 3 卷，第 65 页以下，论文"黑格尔逻辑学的理念"。］

可见,这个疑问不仅一般地主宰着对于亚里士多德文本的解释,而且也主宰着整个古希腊思想中 Physis 和 Logos 的关系。

Hyle(质料)从建筑木料到种的这种转变之路,最终不多不少,正好就是那条从产生自身的"自然"到把一切自然物朝向人的目的而加以改造的技术的转变之路。或者来自亚里士多德的第三个例子:解释者都乐于想知道的与那个思考自身的思想一同出现的东西究竟是什么? 这种思想的被思想之物本来应当是什么——是它自身所拥有的一切思想,还是一切被思想的东西?

为此我们在这里提出最后一个后希腊时期的例子:人们在普罗提诺那里没有发现的东西是什么? 从普罗提诺那里得到的又是什么? 那个在由太一流溢出来的宇宙戏剧中所形成的并如一个天使合唱队的等级秩序是为失去自身而又追寻自身的灵魂而形成的实在世界(Hypostasen)的等级秩序——它是一个神灵事件或是一个关于存在的新概念的展开过程,这个"存在"不是在它的在场中出现,而是挣脱了古希腊的存在视域,作为太一而存在,这难道不是并非从自身中突现出来吗?

例子是够多了。在这方面原则性的东西是非常清楚的:谁不去考虑哲学思想的语言表达是否合适,谁就不会同情思想的语言困境或不会超出所说出的东西之外去思想,代替享受自身出现的矛盾或把这些矛盾通过历史的发生学的假定而从世界中创造出来,他不会跟随哲学思维的明显问题,而总是停留在封锁了的、封闭了的学术观点前,这种学术观点没有它自己的问题,也就无话可说。概念史分析却遵从了思想的实际运动,这种运动虽然是一种历史的运动,但正好不是他人的冒险,而且永远不是他人的思想意见。古代哲人的论述汇编和现代的历史主义都把哲学离间成了学术意见和系统构造。

更为困难之处在于从古希腊概念向拉丁语言的转化。古希腊概念向一种如此不同的语言的转化，似乎是一种完全走了样的映现过程，在此过程中，那存在于语词和概念之中间领域的思想的原初运动荡然无存了。然而还是出现了一个奥古斯丁，在他那里，由于他思想的那种唯有他才具有的修辞炽热，拉丁语的概念结构就像被熔铸在了一起，并且基于这种新的流畅性质，新的思想形式成为可塑的和可说的。然后当然这种语言日益成型，被中世纪最伟大的思想家如托马斯或司各脱发展来丈量其自身的极限边界，变成了思想的确定的世界秩序，并变成了作为哲学的概念工具的经院哲学拉丁语。但是，正如由这种人造的语言工具可以重新产生语言一样，这种语言在库萨的尼古拉的思想里也达到了那种人文主义运动和运动性，即从"non aliud"（神不是别的，只是创造性的世界）经过"possest"（神是有能力的存在）到"posse ipsum"（神就是能力本身）。

在近代诸民族语言时代中的哲学语言情况还更为复杂。除了一切概念构成的生命脉络、母语的生动表达力外，迎面而来的总是有学识的拉丁语的艺术语言，其词语作为外来语在近代语言的生命中开始成长起来。关于这种情况，我们可以在黑格尔那里引出许多例子，其中之一就是实体概念，这个概念在黑格尔那里完全立足于其希腊-拉丁语语源，但却在一个全新的关系里运动，因为黑格尔授予此概念是对支撑东西的存在方式的原始描述，而不只是对主观精神的存在方式的原始描述。这种用意就与黑格尔首先描

120　Ⅰ　历史概念

88 述的逻辑学的概念语言中的德语构成相接近了。构成如:存在和此在,某物与他物,直到存在在本质中的扬弃和本质在概念中的扬弃,都从其生动的德语语言用法中获得其概念意义的规定性。

这些概念从其历史中生长出来的创造性的语义双关性,其最好的例子也许就是黑格尔的合理性的东西(Vernünftigen)概念,黑格尔曾说过,合理性的东西仅仅是现实的东西。如果偶然性的东西乃是逻辑学的一个必然的思想规定,同时又是不值得从自身去加以观察的诸如存在的碎片之类的东西,那么合理性的东西在这种偶然性东西的问题上就找不到明确的界限。

最后,还有一个例子来自我们这一世纪。海德格尔那种令人难以置信的语言困境、语言暴力、语言强制性特别出现在那些涉及到他最根本事情的地方,即讲到不是存在者的存在的"存在"时,总是一而再地陷入同语反复和矛盾之中,根本没有讲到那个元始基 εἰς ἄλλο γένος。当海德格尔最后求助于诸如涂改过的存在或"Seyn"这样一些文字描述形式时,众所周知,他是在忍受着他的语言困境。

这样就出现了在《什么是形而上学?》第4版和第5版之间后记中被多次讨论的改变,这种转变被那些下决心不一起去思考的批评者们评论为是海德格尔的思想缺乏根基并稀奇古怪的标志。在第4版那里,他说存在也是不包括存在者的,但在第5版同一地方,他又说,存在不"是"不包括存在者的[15]。哲学史的行家懂得为

---

[15] 对此参见我的著作集,第3卷,第210页("海德格尔之路",第4篇"什么是形而上学",第42页)。

何对于相同的思想任务得出了这种动摇不定的表达,这种表达甚至转向它的反面,这有很多类似例子,从古代文本的争论不休的解读到否定性神学的内在概念域以及诸如埃克哈特大师那里出现的哲学神秘主义的语言困境,一直到康德或黑格尔的文本批评的公开问题。我认为下面这点是重要的,即在哲学的概念语言中这样一些矛盾性和"不精确性",只要不背离其思想内容,它们既不会损害逻辑清晰性理想,也不会被带到矛盾辩证法的独断论之路,有如黑格尔所做的。黑格尔的笛卡尔主义以及他与普罗克洛(Proklos)的否定性功能的联系——这种功能外在地统治了他的辩证法的方法论前后一贯的构造——遮盖着他自己的思想正如一切哲学思想努力和一切辩证方法的思想一样早已在一种隐藏的方式也就是辩证法的,也即它接近于语言的那种拒斥单义性的生命并把自己交付于语言的隐喻性张力和召唤力。

最近,有人通过区别主题概念与功能概念而描述了语词与概念之间所表现出来的混淆,并且突出了那种对所谓功能概念本来就有的根本性遮蔽。所以欧根·芬克(Eugen Fink)曾指出,[16]那个作为胡塞尔作为严格科学的现象学之构造之基础的支撑一切的构成性概念,在胡塞尔本人那里,从未被现象学地阐明过,而是纯粹起着功能性的作用。这是哲学的语言永远要对之加以思考的一个基本事实。主题化总是遮蔽着那些尚未成为主题的东西。因此概念史的意识也不愿自以为有权进行整体的阐明,而是把自己限制于去揭示那些隐蔽的含义并消除那些歪曲的作用。主题概念与

---

[16] 参见欧根·芬克:《意向性分析——关于现象学现实问题》,1952年。

功能概念的区分,在我看来,是一个正确的结论,因为它接近于让哲学的概念语言保留生动的言语(讲话),或者更恰当地说,这个结论来自于一切言语(讲话)本有的基本的和不可抛弃的语言遗忘性。亚里士多德可以证明这种区分。他,作为第一个这样做的人,在著名的《形而上学》第 5 卷中系统地追踪了哲学概念的印记(特征),并通过对生动的语言用法的分析而推导出这些印记,他感觉到,他在那里所处理的概念以及他所遇见的那些概念的区分,都未曾妨碍他在他的思想中完全自由地听任语言表达的生动运动性。甚至康德关于超验的(transzendent)与先验的(transzendental)所作的著名区分——这种区分扼要地概括了他的哲学探索的一个重要特征——既没有为他本人,也没有为生动的语言用法所遵循和坚持,当然,新康德主义的学术大师除外。

如果我们要从上述关于语词与概念之间的混淆的概观引出一个结果,那么我们就可以更贴近地规定什么是概念史解释的有效范围和要求。无论如何,这是显然的,即这种概念史解释的要求并不包含,也即它不从事于由概念语词的历史——这种历史把概念的精确内容范围由其历史的起源带到完全的规定——对概念进行推导。在哲学概念的使用中由概念史提问所要求的批判意向,确实走的是哲学研究之路,但并不是在这种研究的成果中完成的。因为它必须深入到哲学概念随时的实际使用中,并且不是作为一种独立的认识机制反思地与这种批判意向发生联系。因此这种意向是处于向自我遗忘状态的持续过渡中,在这种自我遗忘状态中,语言的实现才提升到其真正的完善。

概念史所要做的工作,正是在于来回往返地走在从语词到概念的这条路上并保持其畅通。因此,它对概念的意义做了共同构造的工作。因为一个概念的概念史来源从属于概念,正如某个泛音从属于一种声音一样。正如音乐在一种声音系统里(这种声音系统是以人为的方式在无泛音的情况中制造出来的)是不可思议的一样,哲学的概念语言也只有通过各种泛音的共振才能够说出来,这种泛音反过来把一个概念所限定的和突出的意义域与存在于语言生命中的一切概念构成的自然能力联系起来。因此,概念史的提问本身融入到了诠释学提问的更宽泛的方法联系中。在这新的批判意向中,我们学会了转向哲学的语言性,但我们并非徒劳地使用了"概念性"这一集合表述。因为并不是单个的概念以及在各种不同的语言中与此概念相对应的语词构成了概念史意识的对象,它的对象乃是一个相互依托和相互支撑的概念性整体,这种概念性,从其自身方面来看,就像从我们语言的世界定向中所突现出来的语言整体一样。但是,我们的语言的世界定向是作为一种交往沟通过程而产生的,这种交往沟通过程使得那些由它所形成的孤立的语言单元,即语词及其意义,反过来融入达成相互理解的运动之中。正如语言在谈话中有着其本来的存在过程一样,哲学的概念性在思想中也总是以这种方式展示自身,即它在对语言的习惯的和流行的意义的追问中,破坏一切术语的固定化,这种固定化是在语言使用的自相形成的约定俗成中建立起来的。因而体现出哲学思想的这一过程的无与伦比的榜样就是柏拉图的对话艺术,这种对话艺术在意见(Doxa)的窘迫的自我破坏中发掘并保留哲学的问题视域。

如果这些观点是正确的,那么在哲学的领域内,逻辑学和哲在思想的学科分化中相互占有的份额便以一种特有的方式确定了。任何概念的使用都是语词的使用。每一语词的使用也总接近于在它之内所认为的概念关系的逻辑分析。但是思想就是共思(Mit-denken)，所要探究的不只是通过逻辑上无法反驳的证据来做出主体间性的证明——它早已是一种共同的东西，因为它不是在纯粹的记号中，而是在多方言说的话语中产生的。

补充说明

（1）确定无疑的是，即使在"实证的"科学中，概念史也会是一种令人感兴趣的提问，正像它在哲学史中早已起作用那样。这篇讲演的题目，我还想多说几句。概念史应当从哲学语言的特性中获得其合法性。应当指出的是，对于自己的一些概念同时给予历史的辩护，这属于合理的批判性哲学思维。

（2）在讨论中，尤其要指出马堡学派问题史所显示出的那些不可否认的巨大成就，我们可以想到这些人的名字，如恩斯特·卡西尔、理查德·赫尼希斯瓦尔特、尼古拉·哈特曼、海因茨·海姆塞特。在此，有人或有理由问，概念史是相对于什么方面而被确立的？或者可以这样问：概念史一般来说终究是某种新的东西吗？它最终难道不就是一种解独断论的，即从新康德主义哲学的系统框架中解放出来的问题史，即所谓其真正的真理吗？事实上，问题史乃是我们历史地自我理解的任务，正如一个人从他自己的问题出发去理解一位活着的对手和历史的对手，并大概还期望他那里有某种他根本未如此说的东西。因为要从自己的立场出发弄清楚,这完全取决于所涉及到的共同事情。这是从问题的诠释学中得出的一个合理的结论。认为问题史没有意识到这个结论,这大概不是公正的。

在讨论中,有权强调的是,我们可以把"问题"理解为某种总是起决定性作用的思想模式或结构,并且这与完全承认语言表达的可变性是一致的。所以我们确实不应否认例如卡西尔所承认的哲学成就的历史性的细微性。但这涉及别的事情。我们称之为哲学史的多变的思想事件,通过对"核心"问题的重新认识而成为可支配的,或者说——用否定的评价——在结构上被破坏,乃是争论的焦点。这里是历史细微性的最宽阔的空间。在作为哲学的概念史中并不涉及哲学的历史。概念史不想成为一种历史描述的新方法或是对系统提问的一种单纯的历史导论,而是想成为哲学思想运动的一种综合要素,一条出示自身概念性的道路。

我认为,在科学中似乎并不需要这一点,尽管在科学中也不言而喻地存在着一种合法的历史兴趣,即追踪被使用的概念的来源。它们历史来源的踪迹当然在一切语言的概念表达中是可识别的。但是,科学的概念内容完全可以由其经验关系来加以规定,而且一个概念所引起的那种历史的赞同也正是避开这种经验关系的。我们可以想到例如物理学的力的概念,关于作用力和反作用力的人类经验根本没有使力概念获得科学的规定,甚至也使精确的科学含义成为模糊不清。

(3)与之相反,哲学的概念构成却把它与语言中所具有的意义普遍性的关系一直维持到一种确定的程度。这甚至能具有完全自由的形式,因为人们不得不自问,如果没有一种服务于方法上的抽象过程的真正的概念构成,哲学的陈述是否就不可能呢?不仅仅是诗歌可以以它的方式说出一切,而且哲学的概念努力也在说的途中。反之,我们必须看到远东和近东的某些利用譬喻性讲话的言说形式,事实上与我们称之为哲学的东西特别接近。他们的思维方式好像与亚里士多德传统的确然性逻辑(apophantische Logik)的推论性构成了极端对立。但是,即使黑格尔的思辨新方法在本质上也依赖于:概念中的结合完全是由那种在思想自身内进行的思想的运动接受其实际的规定性。⑰

(4) 亚里士多德的 *Hyle*(质料)的例子可以解释这一点。在这里,这个概念语词的来源——完全像类似的 *Morphe*(形状)的概念——可以从技术(*Techne*)的领域来把握。然而真正来说,这个概念在亚里士多德的哲学中还不是对于制作和被制作物的语言表达,而是对 *Ousia*(本体),也就是对柏拉图理型论(*Eidos-Lehre*)的解释。当然它是以一种批判意图这样来规定存在者的存在,它没有把自己淡化为数学本质类型的一种意向性的存在。无论如何,这里并不涉及技术,而是涉及本体的逻各斯(*Logos Ousias*)。所以我认为可以正确地说,*Hyle*(质料)这一概念,对于解释存在者来说,意味着它的逻辑的未规定性和可规定性,因而亚里士多德在《形而上学》第 8 卷中把 *Hyle*(实体)描述为种(*Gattung*),即在定义中通过理型-构成的差别而较近被规定的东西。因此,种不是 *Hyle*(实体)的一个类型,不被作为 *Hyle*(质料)来理解,而是相反:*Hyle*(实体)的本体论意义乃是唯一和单一地是种。

----

⑰ 对此参见我的著作集,第 3 卷,第 7 篇论文"生活世界的科学"。

来源于其制作材料的这个 $Hyle$（质料）概念所一同带进哲学表述中的东西，本质上是这样的，即存在者的存在不只是它的理型规定性（Eidosbestimmtheit）。只要我们从逻各斯出发来解释 $Hyle$（质料），并把它作为种来思考，即纯粹作为要规定着的东西，而不是作为已被规定的材料性东西（这种东西通过一种新的形式而被制作成某种东西），那么我们就能明白为什么会存在着一种不是 $Hyle$（质料）的实际的存在者：因为它的规定性丝毫未更多涉及到未规定性，有如在经院哲学关于纯粹理智的学说中所主张的那样。

（5）概念与其历史的关系——这种关系作为哲学加以讨论，我认为似乎是批判哲学思维的需要——在此并不表示，它可能成为概念史的新的研究方向。我们所期待于约阿希姆·里特尔的哲学的历史词典也不是作为这里所指的方向而实现的——即使它具有那种对词典经常是不可企及的完美性。我的意思是，在这里所积累的或进一步通过研究而获得的概念史的知识，在哲学本身工作中是存在的和起作用的。因此我使用了没有泛音就没有音乐的这一音乐的比喻。如果没有听到一个概念表达从其历史中产生的内蕴，如果没有那种共听这种声音的懂音乐的耳朵，哲学陈述就总被缩小在它自己的领域内。因此在我看来，哲学命题的逻辑分析以及那种把这种缩小提升为方法论基础的论证关系，只能起一种次要的作用。例如在对柏拉图笔下的苏格拉底的对话运动的结论性审查中所能作的逻辑分析，就是这方面的一个特别明显的例子。那里还补充了柏拉图对话的模仿特征，这种特征所追求的，不仅是在其逻辑关系中模仿思想推论，而是指出在生动的对话中的人并通过参与到这种对话而获得实际见识。但是，这不只是对柏拉图

94 的文学艺术作品有效——即使不存在模仿目的的地方,而是思想追求其直接表达之处,也是有效的——一切哲学的陈述只是从未被说出的东西中获得其完满的内容。

(6) 此外,在哲学概念的概念史证明的要求中决不存在一种新的概念理论。它只是要主张,引向概念构成和确定概念内容的这种抽象过程,在两个方面都是不可终止的:一方面,它并不把一个概念引向终点,以致其内容能被精确定义并把由其起源的语言的意义域而获得的一切共同规定都去掉;另一方面,这个抽象过程并不开始于一个所谓的经验直接性,而是早已并总是立足于对世界的语言阐释性中,并因而总是已经在通向概念的路途中。概念构成抽象化所目向的东西,总是早已在语言的先行成就中在先规定了。

(邓安庆 译,洪汉鼎 校)

5a. 游戏与世界（欧根·芬克）

（1961年）

眼下这篇文章①的作者在最近几年出版了一整个系列的书籍，它们大部分是坚持用本来的（弗莱堡）讲座的形式，并且是以一种相当具风格的、五花八门的、色彩缤纷的、生动活泼且具说服力的语言来进行的。这些劳动成果的议题具有很大的统一性，它们在这份杂志上大致都是被称赞不已的。② 这总是[关涉]多方的思维路径试图要去达到的世界，即存在者整体的问题。人们想起芬克的开端，想起他和胡塞尔紧密的师生关系，他得到了胡塞尔无限的信任。他从胡塞尔出发伴随着新康德主义所导致③的分裂（1933年就已经如此），在其自立的、作为重要意义的先声

---

① 欧根·芬克（Eugen Fink）:《游戏作为世界象征》（*Spiel als Weltsymbol*），斯图加特，1960年。

② O.贝克尔（O. Becker）:"关于空间、空间与运动的存在论的早期历史"，载《哲学评论》，第6卷（1958年），第26页以下；H.-G.伽达默尔:"幸福的绿洲"，载《哲学评论》，第6卷（1958年），第141页；赫尔穆特·库恩（H. Kuhn）:"存在、真理、世界"，载《哲学评论》，第7卷（1959年），第9页以下；W.布吕克尔（W. Brücker）:"万有与无"，载《哲学评论》，第8卷（1960年），第60—61页；赫尔穆特·库恩:"尼采"，载《哲学评论》，第9卷（1961年），第80页。

③ "对埃德蒙德·胡塞尔的现象学哲学进行当下的批判"，载《康德研究》，第38卷（1933年），第319—383页。

(Vorklang)的思想企图中而得以显现。可是胡塞尔在其后期的研究中也总是已经把世界问题重新地处理成为对象。尤其在胡塞尔最终的伟大工作成果《欧洲科学的危机》(以下简称《危机》)中,包含所有个别经验的普遍的世界视域,以"生活世界"(Lebenswelt)这一名称扮演着重要的角色。今天整个胡塞尔的解释是由以下问题所主宰:胡塞尔现象学在多大程度上以"生活世界"这一概念开始经验到一个彻底的改变,以致当胡塞尔伴随着他的《危机》一文说出他最终话语之时,就像他自己乐意于这样自称,他作为一个真正的肇始者,站在了一个新的开端之上。

芬克重复地对这个问题摆出了立场。看起来像是,芬克连同A.古尔维奇(Gurwitsch)和L.兰德格雷贝(Landgrebe)④,他们坚持从笛卡尔式的基础为胡塞尔式的现象学实事上的继续前进提供解决,并且发现了为此目的,即在"生活世界"的议题中发现了开端。在此时他毫无犹疑地,好像比胡塞尔自身所赞成的还更强烈地追随了由海德格尔所发起的思想冲动。从海德格尔重新激起的"存在问题"和胡塞尔现象学开放的问题视域之间的交互作用出发,系统的核心立场得以被理解,这种立场在芬克的思想中被发现是作为"全然新风格的宇宙论"(Kosmologie ganz neuen Stiles)的世界问题。此外,当他在早期希腊思想的古老问题中,重新地认识世界问题时,他就随着向诸多开端的转向完全追随了海德格尔。

眼下的这本书(《游戏作为世界象征》)令人愉快地并没有坚持

----

④ 参见《哲学评论》,第8卷(1960年),第289页以下;另见我的著作集,第3卷,第6—8篇论文。

讲座的风格。在其中世界概念又再度地成为中心点。即使标题的主要概念不是世界,而是游戏,如此一来它也还是游戏的世界关联(Weltbezug),这世界关联不只必须去澄清诸世界游戏(Weltenspiel)的宇宙论的隐喻,还必须去澄清人和世界的一般关系。在其中明显地关联到海德格尔的形而上学的"克服"。

芬克在存在-神学的形而上学之中看到世界关联的伪装,并且像海德格尔一样,在形而上学的背后回归到诸开端,尤其是回到赫拉克利特关于智慧之火的学说(Lehre vom weisen Feuer)。在这个学说中,借由诸神和人类,没错,不只是人类,还有诸神都是被这个世界的统治(dieses Walten der Welt)所跨越而搭接在一起,因此他就认识到还有一个思想的本源的世界敞开性[此外他把火完全从创造性之物的概念来加以理解(第27页)]。同样他也把自己关联到"转向"后的海德格尔(第53页),对海德格尔来说,"世界"不再是纯粹是此在先验的限定,因为伴随着转向,所谓诸实存范畴的意义也已经反转了。尤其他把自己奠基在海德格尔关于存在论差异(ontologische Differenz)、存在与存在者"绝对的不同"的学说上。但是他以带有特色的方式超越了海德格尔,因为他根据海德格尔对阿那克西曼德的在场(Anwesen)和不在场(Abwesen)之间以及白天与夜晚之间"时刻"(Weile)的解释,把存在者理解为有限的事物,并且试图以"世界范围内的以及万有般的方式"(weltweit und allheitlich)去思考存在(第235页)——这不应是存在者的存在。

显然,世界相对于存在来说应该被理解为更加本源的东西,是事物的有和无在其自身包含的东西。按照海德格尔的说法,"存在"乃是作为真理的向度自行居有,并且所有习惯的思想规定都被"存在"所拒绝,以上述方式,芬克试图把关于"存在"的说法转向具体之物,并且把早期思想的宇宙论为他的"世界智慧"(Weltweisheit)而变成是成果丰硕的。人类的此在与其说是通过存在理解,毋宁说是通过世界关联来被标志的。在人类此在的世界关联中,芬克除了区分劳动、统治和爱之外,还把游戏区分为第四个要素。而游戏应构成探究的线索。

芬克的基本想法是,游戏的心醉状态(Ekstatik)预设了神迷的(ekstatisch)世界敞开性。因此人类游戏的深化能够同时地开启人类的世界关联。按照他的看法,游戏的本质是被其显像特质(Scheincharakter)*所规定的。我们必须有效地澄清,属于游戏的这种非实在的显像世界(Scheinwelt)的实在性为何。这首先可以通过对形而上学的游戏解释(Spieldeutung)进行批判的分析而得到结果,该游戏解释在柏拉图的艺术解释中作为模仿(Mimesis),作为摹本的摹本,来到其高峰。芬克通过分析在柏拉图那里镜像(Spiegelung)所扮演的角色,而指出了在这个解释中有哪些先行被把握的东西。

---

* 这里采用"显得像是……"的意义,因此把 Schein 翻译成"显像",而不把它翻译成"假象"。——译者

在这里,他极有成效地延续了他在十几年前已经展开的[5]关于图像-意识(Bild-bewußtsein)的探究。他指出:镜像世界的显像和游戏世界的显像都具有同样的实在的非实在性(wirkliche Unwirklichkeit)本身,并且在柏拉图那里经历了同样的存在论上的贬低。芬克从显像的揭露出发解释了这同样的东西。"把作诗指明为模仿是从祛魅的观点上来说的"(第108页)。这个句子当然已经预设了一个对模仿的祛魅的概念。他说道,在祛魅的观点下,不管是图像还是游戏,摹本的特征都是特别明显的。

他把这个确立的想法关联到他的游戏的世界关联(Weltbezug des Spiels)的学说。它(显像)是世界关联的障碍物,是内在于世界中的东西的僵固化,这是一个完全贬低的视角。

与此相对,他提出了征象概念(Symbolbegriff),就像它是借由新近的美学史而添加进来的。他是从内在于世界中的存在者和宇宙的小征象(symballein)来理解征象的,并且理解为事物的"世界深化"(Welttiefwerden),理解为在有限物之中一个万有的再现(Repräsentanz)。在其中好像有另外一面位在图像的本质之中,取代模仿而能被理解为征象,取代减低到非实在性的实在性而能被理解为提升到实在的非实在性。在图像的这另一面产生出游戏

---

[5] 参见欧根·芬克:"使当前化和图像"(Vergegenwärtigung und Bild),载《哲学和现象学研究年鉴》,第11卷(1930年),第239—309页。

的魔法特性,就像它伴随宗教崇拜的面具魔力相应于人类文化早期的肇始。"非实在在这里有一个相当积极的特征"(第 121 页)。"所有统治力量的整体对于在这个整体中受限的小空间涌现出所谓的舞台的再现"(第 123 页)。

然后接下来的是一个关于神话的游戏解说(Spieldeutung)的长篇章(第 125—206 页)。其中充满了人种学的和宗教史的材料的加工,不过它们是从一个基本的观点出发,按照此观点,狂热崇拜是纯粹地回忆起神话的原始时代的未伪装的世界敞开性。

在面具魔力、魔法技术以及真正的狂热崇拜游戏的这三个阶段中建立起了和神圣力量的交往。芬克对于那个还是先于所有神圣者显现的世界-救赎(Welthaft-Heilen)的黄金时代的陈述,确切来说,还不可以被理解为历史的论题。正相反,它们只能奠基于下列积极的可能上:在我们所处的崇拜宗教的和形而上学的,即存在-神学的世界解说的终点上才能是"在时间上的"(an der Zeit)。在时间上的东西既不是"完全他者"(ganz Anderen)的承认,也不是从人类的自我异化而来的对完全他者的启蒙的解说,即人类崇拜自己的创造物,而是一个一般而言不能透过超越秩序的存在者加以伪装的"世界敞开性"(Weltoffenheit)。伴随着它,一个不可摧毁的人的世界关联再度获得它真正的权力。

正是这个人类的世界关联对人类-游戏(Menschen-Spiel)给出它的意义,也即作为不关心所有人类计划和愿望的世界存在的统治的相反现象而进入游戏的无基础性、无计划性和无价值性。"因为我们是对世界敞开的,并且因为在人类此在的这个世界敞开性中,有一个对支配整体的无基础性的知识,所以我们一般而言是在游戏"(第239页)。当然对世界的统治是一个没有游戏者的游戏。就在世界的统治中"现象"(Erscheinung)——在现象中每个存在者自行个别化,从现象中每个存在者再度消逝在夜晚中——乃是一个在其后没有任何人和没有任何东西存在的面具而言,世界的统治也是一个没有"显像"(Schein)的游戏。就此而言,在人类游戏和世界游戏之间的相应性在这里找到它们的界线。与对世界游戏的本质的思辨掌握一道,现在也提交了一个为了人类存在本身的新任务:"人类自行变化,并且他不再寻找他对星辰的尺度,并且不会在诸神的光辉中错看自己"(第242页)。

如同人们所看见的,关于游戏作为世界征象的探究是一门整体的哲学,是一个看穿丰富的系统的整体的概观,这个整体是在其自身安坐着的,并且游戏的特殊论题确实是在系统的意图中从属于这个整体的(第62页)。人们似乎也可以从另外一些世界关联出发——按照芬克的观点,人类的此在是通过这些世界关联而被标举出来的:劳动、统治和爱——来详尽思考相似的概观(Durchblicke),并且指出这些概观事实上是在眼下的探究中进行的。这个似乎是抒情的沉思的贴切风格——抒情的(lyrisch)这个形容词并不是要说,这个沉思缺乏现象学描述的深刻的概念区分和丰富分析,而是要说,整个探究具有和抒情的本质同类相似的诗作的特性,也具有好像思辨的单调特性——同样像广泛的思想路径的秉性,使得它变得很困难。去探讨部分的问题时,人们无法相当确信地看见自己。就实事来看,必须更加有所帮助地梳理出某些点的共同性,但在这些点上人们却无法克服怀疑或者反对,并且以这种方式必须要对共同的问题有所贡献才行。

因为一个共同的、即将来临的问题毫无疑问地是伴随着游戏概念所提出的问题。海德格尔对先验的思想运动的批判,尤其是对近代的主观主义和自然科学的客观性概念的批判(这与胡塞尔对科学的客观主义的批判有某些相符之处),让游戏概念好像从其自身获得了被提升的兴趣。在海德格尔那里,也可以找到对游戏隐喻以及一般对于被动见主动的表达方式(比如"在其自身让……发生作用"*)有其偏爱。赫拉克利特对世界游戏的孩子这个伟大的用法不只是显现在芬克的眼睛里,在他的视角下不只是一个指明真实之物的暗示。我可以这么批注,在我哲学诠释学的企图⑥里,我已经尝试在我的方面解说了游戏概念的思辨意涵,当然是另一条路径,并且伴随不同的目的。在芬克整体的解说里让我感到耀眼的,同时也引发我一种矛盾情绪的是,彻底地坚持游戏和严肃、显像世界及实际世界的互相对立。从这个视角来看,我认为游戏的现象不只是被限缩了,并且一般而言没有在其引起的思辨的意涵中被遇见。因而他的解释是在内在性的主体之物,在游戏出

---

* 被动见主动意味着被动式包含有主动的意味,此句的德文为 in sich wirksamkwerden lassen。——译者

⑥ 《真理与方法——哲学诠释学的基本特征》,1960 年第 1 版,第 97 页以下。[参见我的著作集,第 1 卷,第 107 页以下。]

神的体验的内在性中被迷住了。

人们可以彻底地承认道,在形而上学的世界解释中,尤其是在柏拉图的世界解释中,游戏的问题是从显像的问题来被思考的,因为后者对形而上学是有中心地位的。但去证明形而上学的游戏解释的片面性和不适当性也是芬克的意图。这些以镜像概念、摹本图标、清醒的光学为对象的批判的分析属于这本书里面最佳的部分。但是当他后来把神话的游戏解释对立于形而上学的游戏解释时,他在此就真的能够越出贯彻形而上学的开端了吗?当他谈论不是游戏的降低的实在性而是游戏的提升的实在性,并且以此意指游戏的非实在性的实在性时,他藉此就比他只是改变先兆来说,做得更多了吗?游戏的本质藉此就令人信服地被思考了吗?

容许我表述一些想法:神话的经验是否就那么确定地是以害怕邪灵而开始的(并且是以相信诸神结束的)?面具的可怕是否真的是基于人类单纯性的消解?邪灵避开的东西真的就是人类的魔力吗?人类的魔力是在面具中,在其单纯性的扬弃,并且在他过渡到一种此在的多样性中被赢得的吗?假如人们把面具从不戴面具以及去除面具来想的话,事实上这不也同样是清醒的光学吗?再者,魔术的魔法实践一般而言是一个适当的概念吗?其中启蒙了的统治知识的可疑的回射不也是在于早期的状态吗?

救赎(Heilen)和神圣者(der Heilige)的情况是如何呢?相较海德格尔为了给存在的思想敞开视域直接把这些概念划除,这些概念在这里却正式改变成唯灵论的宗教哲学。按照这种宗教哲学,神性的东西在其崇拜的型态和崇拜的显现中是世界神性的直接的纯粹反响。崇拜的实践几乎变成是失落的救赎复辟的保存的倾向，这种保存反对日常的"误用"（Vernutzung）和"肤浅"（Verflachung）而自行撤回到神圣的领域和神圣节日的庄严之中。但这是一种有承载力的基础吗？在其中我看见同样成疑的预设，这些预设为了最终自然来到其边界而在整体的探究中被把执：把游戏思为人类的行动（为什么居然本来优先地是人类的行动？），这样的行动在严肃的指向目标的行动之中产生一个假象世界（Scheinwelt）。将神庙地盘（Temenos）的排除在外，这当真要被理解为预留优先于日常生活的地盘吗？它难道不更是一种整体的先行标记吗？对我而言好像是说，人们不准把规定生命秩序的教仪的圣历局限在神圣的日子中，相反地必须更多地从神圣的事物和宗教礼仪来思考贯通整个生命的秩序。（宗教礼仪〔Ritual〕和风俗〔Sitte〕的边界在哪里呢？风俗的边界又在哪里呢？）宗教礼仪真的带有游戏关系本身的特色：免于目的世界，它拥有的它的自由只是源自于那种对立吗？我认为，由于它是游戏，同时也就被从属于在它自己的那些有其严格性的规则和法条之下。

　　于我而言，对赫拉克利特残篇 30 的解说也是陌生的。虽然宇宙的发生秩序在这里是通过"过去总是存在，并且未来总是存在"（war immer und wird immer sein）来标划其特征的，芬克把它理解为一种生产（Produktion）。显然他的关注在整体上是要捍卫一个平淡的经济学的澄清以对抗崇拜经验的和崇拜实践的本源性（第 172 页以下）。但是他没有把诸多范畴都归到了生产底下吗？所以他就来到了这样的论题，像是在《蒂迈欧篇》中柏拉图的创造主（Demiurg）也要"在某个意义下提供劳动"（可是对柏拉图来说确定没有任何焦点置于其上）。或者，可塑的游戏动力的生产是比人类的劳动更自由、更不受限的。这可以是相当正确的,那么因此从这里来思考玩具,以及把玩具原初地视作为委弃给任意的偏爱的东西,这是正确的吗? 可是这只是对于人类的此在而言才在近旁,即人类把自己想成是在诸神手中的玩具,因为人类真正来说想要按自己的目的来行动,但却经验到了所有他的智慧的无力感。比如下列的句子听起来就特别的颠覆:"玩游戏的人类不需要像是看顾他的劳动产品那样地也去看顾他的玩具"(第178页)。芬克区分了两类的游戏:堕落的游戏(Verfallenheitsspiele)和距离的游戏(Distanzspiele)。在前者中,人类被连累而进到了游戏的显像世界;在后者中,人类是从优越的对某物的主权来推动他的游戏(第180页)。即使如此,我依然没有察觉任何可以信服的东西。好像孩子,虽然他是在自由的任意中选取或者抛弃他的玩具,但藉此他并没有出神地堕落到他的游戏魔力之中。另一个例子,好像魔术师或者任何人所施展的魔术面具的使用并不会通过该面具传达其着魔的状态。假如这样的说法挑起了矛盾,那么这可能源自于对"严肃-世界"(Ernst-Welt)的尺度的坚持,而这等同于拒绝了游戏主权自身。

清醒的严肃-世界这一先行概念怎样强烈地规定了芬克的思想,这可以由下述的主张来说明,该主张出现在对镜像现象的其他切中的分析的脉络中:"在自然的镜像中,事物的镜像确实是人的这样一种动机,借由人为地制作图像而把持了人和实事的摹本。在镜像中,人们可以观察到自然自身绘画的方法,可以学习到自然如何在真实的线条和真实的颜色之中去呈现某个非真实的、图像世界的事物的轮廓线条和颜色"(第106页)。在这样的澄清企图中,不只是画画的显像被预设为本源的显像——既不是绘图(洞穴绘图),也不是可塑造的偶像。可是我们却错误地认为:这些呈现根本不是作为摹本,而是作为被呈现者的真正当下,不论它是魔法的还是崇拜的。

总地来说,人们必须这样问自己:是否在这里人类的自我理解的概念是被预设了的,这个概念根本不会处于开端的。假如人类的此在的明确性被视为是自明的,以至于人类"逃入了面具的多样性",这是一个正确的规定吗?对我而言情况似乎是这样,即从这样的开端出发,游戏真正的本质通通太清醒地被观察了。在我看来,比起从对于严肃-世界的真正界定的人类游戏作为出发点来说的话,世界游戏似乎更显得本真地符应于游戏的存在论意涵。最终为了思想上能够变得合理,就不需要提出要求说"人类自行变化"(第242页)。或许这就已经满足无先行判断地去看待人类,把人类作为自古以来总是在所有他的游戏中的人。

102　这可以和芬克的基本命题有所关联,即使是服务于他自己先天的建构,他进一步地、毫无批判地接受了人种学的文献,这意味着接受其范畴,像是魔力、魔术、禁忌等等。其中包括驳斥一种有意识地由瓦尔特·F.奥托(Walter F. Otto)对宗教历史所做的批判吗?哪些文献曾被改动,我们并不知道。最后的文献目录似乎是由于一种错误而被附加到书本中的。不只是说书上标记着

"1960年4月11日,斯图加特"——可实际上作者教书和生活都在弗莱堡——还有少数的标题所附加的文献和书本身完全没有关联。缺乏实际的可以在沟通式的氛围中取代思辨独白的文献指示,在一本书中是特别能感觉到的,尤其它形式上透过作者思辨的热情,想邀请人们深刻地突进到所处理的问题之中。

(金志谦 译,洪汉鼎 校)

5b. 爱——一个概念的历史
（赫尔穆特·库恩）[*]
（1977年）

赫尔穆特·库恩为我们带来的一本几乎不是他的风格的书籍。[①] 此书是从为里特尔《历史（哲学）辞典》而准备的一篇论文中产生的,他挣脱了所有历史报告模式的框架——虽然他自己把此书理解为这样的历史报告的模式。

事实上,一个概念的这种历史正是一个可以去量度概念史的诸方法可能性和界线的范例。我们在这个领域中能够掌握的,最初的确总只是字词的历史,正确地来说,只是语言所与物的变化。可是在其中却包含着,诸多字词的意图想要把同一个概念表达出来。只有如此,整体才是和历史的统一性连结在一起——并且是依这种情况来发生的,即这个统一和整体,也即这个"概念"（Begriff）并不是明确地被掌握的（in den Griff genommen）。

这一点也适用于库恩的研究。他的报告始于一些属于高度范

---

[*] 赫尔穆特·库恩（Helmut Kuhn,1899—1991）,德国哲学家。1953年他和伽达默尔一起创建了《哲学评论》（Philosophische Rundschau）,该杂志直到1974年都由两人出版发行。——译者

[①] 赫尔穆特·库恩:《爱——一个概念的历史》,慕尼黑,1975年。

围的概念确立。他把每一种"爱"的界限都指回到人类的世界,或者甚至指回到只是性方面的东西,并且把爱在这样的广度——此广度把爱证明为既是宇宙的也是神圣的原则——中加以看待。可是这些概念上先行的理解真正来说有先行把握的特性,它只能在由文件证实过的历史变迁中证成自己。

如此一来,方法的循环就是全然成立了,它位在某一概念的历史的本质之中,并且为效果历史的诠释学优先性做了奠基工作。对于爱这个概念的历史而言,就像它在这里被给予的那样,实际发生的历史(为它)提供了基础,并且标定了框架。我的意思是说,希腊文化的诗意的和哲学的动机被纳入了基督教的灵魂历史和基督教的教义传统之中。陈述某一概念的历史只有这样才是可能的,并且以它在这里发生的方式去界定概念。源自人文主义的-基督教的印记的传统是所有东西的基础,也使得下列的事实成为自明的:库恩让他的历史始于希腊人,并且不是始于较古老神话的或者诗意的-哲学的流传方式,有如伟大的母亲亚细亚所准备的那种流传方式。如果我们想正确地阅读导论性这一章——在此章中荷马和赫西俄德、阿西洛夏斯和萨普奥、但也包括恩培多克勒和柏拉图得到赞扬——那么我们必须意识到这种先行的决定及其效果,这就是说,把它看作是有意识地为基督教做准备。

这并非毫无困难。我们很快就意识到,人们首先伴随着拉丁的-基督教的字词领域,包括 *Amor*(爱)、*Amicitia*(友谊)、*Caritas*(慈爱)、*Cor*(心爱)就达到了坚实的基础,从这个基础出发,我们就让自己充实了对"爱"的理解。通过拉丁的字词本身无疑地也经常吹响希腊文,*Eros*(性爱)、*Philia*(爱好)、*Agape*(恩爱)这些希腊字词,以及那些进到这些字词的希腊思想。但是值得思考的是,伴随这些字词领域所意指的那些概念要转换成德语,会产生出如何不可能的、人为的以及独断的字词,比如像"友爱"(Freundschaftsliebe)这样的字词。作为一个真正语言困境的表达,这一情形已经是为人熟知的,并且必须引入这个人造的字词(Kunstwort)。库恩细致的语感缓和了"友爱"这样的不恰当的字词,但由此他却将一种轻浅的语词色彩渲染引入了主观性。

假如人们是在这种拉丁文的-基督教的流传史的光照中来描述这段记录自身的话,那么这个张力还要更强烈地被感受到,这一点通过库恩也就更显然和更细致地发生了。把特洛伊战争的史诗叫作爱情故事,这是人们最终期望的东西。此外,库恩是这样来说明其理据的:巴黎的"风流做派"是通过阿弗洛狄特(Aphrodite)的力量(以及关于女神之间的美的竞赛的整个前史)而变得高贵起来的,并且在其中诚然就有诸如情欲性激情的笼罩性强力般的东西被映现出来。但这是在《伊利亚特》中要被称颂和庆祝的东西吗?阿喀琉斯与阿伽门农争抢他的布里塞伊丝,这一点在荷马的观点中全然是和爱无关的事情,而仅仅和荣誉有关。在阿喀琉斯和帕特罗克洛斯(Patroklos)几乎是兄弟般的关系中,它共同限定了整个史诗悲剧的深度,也指向整个别的领域。或许在此处征引赫克托耳(Hektor)、安德洛玛克(Andromache)和他们的孩子之间动人心弦的场景反倒是更确切的,是对爱与荣誉的光辉的灵魂记录。但是当库恩不止一次提及此一场景的时候，他最终是做得很正确的，因为这一场景同时指明了：爱的世界力量如何被史诗英雄般的法则投下了阴影。

像是在《奥德赛》的情况一样，在诚挚的爱与忠贞统握着史诗性行动之整体之处，人们就不能感受到同样的东西吗？珀涅罗珀（Penelope）的忠诚，受难的，那任何水泽仙女都可能完全无法拴住的奥德赛持久的耐心，在这个史诗的诗性与宗教性的世界之中，何处有过爱的动机？

对任何一个人来说，以下地点都不是惬意的所在，在那里，我们跟随库恩进入一个已被改变的世界之中，这个深入内心的自行变动着的世界就是属于苏格拉底的情欲世界，也是在那里，我们阴差阳错地发现了柏拉图关于 *Eros*（情欲）和 *Philia*（友爱）的深奥神秘的指示（或亚里士多德对此的明白区分）。我并不因此就想去对某种离题的历史主义说些什么，我觉得相当确定的是：一个如库恩一样的对希腊哲学有深入了解者，不会对我所叙述的那些反馈意见感到吃惊。触动我的倒是一个实事的问题。一个如"爱"这样的概念，显然是就其每每所在的处境才被确定内容的，其结果则是：单义性几近消失，而正是基于它，一个概念的历史才让自身得以奠基。库恩关于 *Eros*，*Philia*，*Agape* 的语词领域所做的细致注解，以及它们的拉丁文对应词，似乎终归还要通过相应的语词历史的确证工作来被补充，这一确证工作需要找出它们在诸近代语言中的等价词。当然，库恩自己的表述已经足够明白地说明了以下关键点，即随着作为上帝表象模式的充满爱的父亲形象的产生，决定性的变化就已经发生了；并且他也说明了，基督教思想是如何将真正的中心化进程带入爱的概念之中的，而正是这一进程才给予了这个概念其突出的地位。

但是，恰恰是这一点却让人以几近震惊的方式驻足。突然之间，人们感觉自己就处在相对确定的基础上，跟随着库恩了解到了，在基督教时代中，这一中心概念的广泛衍化分节是如何被设置的，而这种衍化分节直到当今的去上帝化时代还与"爱"一词有着其独特的谐振。爱这个概念以神为中心的转向提出了一个如此新的、从未听闻过的思想要求，以至于后期的古希腊的性爱文学（比如赫里奥多〔Heliodor〕），同样像普鲁塔赫（Plutarch）理论的反思显得都不像是对基督教的爱的概念的准备者。唯一的是旧约预先进行了基督教进入到以神为中心的转向。希腊的 *Eros* 和 *Agape* 概念必须自行调节而符合这个以神为中心的转向。虽然在古希腊的文献中、在亚历山大式的诗句、在牧歌、在中篇小说之中都出现过爱的主题，但在那里，除了古典主义的核心概念 *Philia* 或者 *Amicita* 之外，"爱"从来没有赢得任何以指向人类自身理解的或者甚至是上帝理解为中心的意义。柏拉图把对情爱的热情深刻地指明为 *philosophia*（哲学），并未找到真正的后继者，直到奥古斯丁把他自己的盼望和知识授予一种向着上帝的爱的提升。

但是，就算是在奥古斯丁那里，这种时间间隔也都足够引起经常的注意了。我只是想起了，雅斯贝斯（在他的《大思想家》第1卷"奥古斯丁"那一章的结尾）是怎样对奥古斯丁所感受到的对真正的爱之思考的理解有那种时序混乱的反感。

与此相反，爱这个思想的以神为中心的转向把一股新的张力带进了人类的爱的经验,这在随后时间中主导了爱的经验。就像库恩美好地说道,这个经验显示了"宫廷的和浪漫主义的爱所具有的灿烂的酬答"(第78页)。"当我们说道,整个欧洲诗意的文学归功于这种浪漫主义的爱的理念所具备的精神的实体,这一点也不夸大。"库恩考察了浪漫主义对爱的美化具有丰富差异的历史,因为他同时把目光看向反例——朝着"纯粹上帝的爱的超越的光芒",并且在两者的比较中看见真正的任务。"一般而言在这个超出自身之外、指向一个还未被揭示的未来的历史中允许最好的东西。"

在这个观点的光照下,游吟诗人的爱之诗就凸显了出来。以德尼·德·鲁热蒙(Denis de Rougemont)和C. S. 刘易斯(C. S. Lewis)为支撑,并在小心回绝了 E. 吉尔松(E. Gilson)的条件下,库恩将他们对爱的赋灵活动追溯到了卡塔尔人的摩尼教式动机。就连但丁也从这一来源出发被解释。在下一个章节"中世纪的爱的神秘和辩证法"中,库恩把伯尔纳德(Bernhard von Clairvaux)神秘的上帝的爱以及凸显阿伯拉尔(Abälard)辩证法的"纯粹的爱"两者并列,并且显示出在何种方式下阿奎那(Thomas)、波拿文都拉(Bonaventura)以及卢留斯(Lullus)属于这一条路线。

整个近代越来越像是一展开进程,也经常显得像是中世纪基本立场的变形,并且以比较的方式被相当简短地处理了——这一点属于在这里所讨论的爱的概念史所具备的构型的观念。对此我们在这里不能够再深入了。

库恩看见这段历史的高峰,并且同时看见其在歌德和观念论形而上学之中的终结。或许作者在这个脉络中低估了进一步限定近代灵魂史的虔信派的意义:没有虔信派,就不可能完全去掌握歌德和黑格尔(只有亲岑多夫〔Zinzendorf〕在第 184 页里被提及)。而讲述结局的章节则对尼采、托马斯·曼、克劳岱尔(Claudel)和马克斯·舍勒做了讽刺的评注——总是一语中的地,就像一般而言,库恩总是隽永而轻描淡写的风格艺术从不会堆砌概念史的材料,而是让所挑选的东西——它们作为由他选中的基本论题的变体,挑动人心地鸣响着。

最终一切都汇入了此鸣响之中,西方自己的灵魂史就这样被提高到了意识之中,以至于人们恰恰开始环顾四周,不只是向后观看,看它在古典的古代中是如何关涉我的那样,而是环绕着看。人们并非任意地自问:它难道到处都是如此吗?(莫非此事并非处处如此吗?)但是它在别处——比如在远东——不是别的样子吗?历史的自我认识是获取同时又是疑问。

人们希望这本书有很多的读者,并且在新的版本中有一个可以展开丰富内容的索引。

(金志谦 译,余玥 校)

6. 历史中的因果性？

（1964年）

　　近代因果概念在那最初为自然科学打下烙印的概念圈中有其真正的居住权。因为自然的存在方式如其在我们的经验中所显示的那样，只有作为原因与结果的推导关系才是可想象的。因此康德把因果性（Kausalität）归于我们知性的初始概念，只有它们才使得先天经验成为可能。这的确是真的：经验以及立足于经验之上的自然科学，包含了关于自然存在的这样一种假定，即无因者、偶然、奇迹，在其中是没有地位的。用康德的话来说：自然无非只是作为"被规律所支配的物质"。我们很容易觉察，在此意义上，因果原则属于这样的自然关联。因为，一个被来自于另一个不同秩序的无法预见的干预所打断的自然关联有可能会抵消经验的统一，也因此使得对事情结果的任何预知成为不可能，而且也摧毁了自然力对抗人类目的的掌控，亦即我们称技术的东西所立足的前提。

　　人们可能说，经验的确这样教导，人们难以衡量的野心持续干预自然运行，以及虽然如此，在一定范围内预知事物的结果还是可能的。例如，与经济和社会发展有关的预测，它们毫无疑问地都与人们自由决定的影响有关。人们的社会行为尽管是违反其内在的自由意识，但至少在很大的平均范围内是允许预测的。这一点似乎证明了,人类本性本身还是自然关联中的一个环节,其中一切都与对的东西搭配。

然而,历史的经验却完全不是这样。在这里运用因果性概念,其实就是提出一个疑问。因为历史是许多事物的过程,许多事件的一种关联,此关联首先不是以计划的和期待的方式,以及还如此更不确定的预知方式而被经验,而是基本上总是作为一种已发生的关联。因此这种关联属于另外一种完全不同的面向。个人的自由决定在此是不被列入那可预见其结果的算计之中的。这种决定在此其实是作为一种不可预见的东西而被经验,并且是因为事情是正如其所发生那样而发生,从而产生了历史。这就是"自由的诸场景"。按照兰克(Ranke),世界史就是由"自由的诸场景"而产生出来的。这种表述让历史像一场戏剧那样出现。其中的演出给身处其中的观众透露了一个为事物的进程所经验的新规定。尽管这同样的进程一般而言,是为特定的情况所决定,因此许多事物是不可能的,而只有少数是可能的——但世界史所服从的整体关联的必然性则是难以认识,甚至难以预见的。它并没有那种原因和结果的关联特点,如我们对于自然运行的知识和算计以其为基础那样。如果对于自然知识而言,原因与结果必须相同,是一个古老定律的话,那么对于历史中所存在的经验而言,情况却是相反。微不足道的原因却可能有巨大的结果。很明显,就身处历史中的人们的经验而言,历史是令他们惊讶的。对于发生之事,人们从来无法有适当的意识。对于他们所身处其中的每一情况来说,事实上有无限多的他们所无从知晓的东西先行决定。虽然一个人在无法重复的当下其行为表现并非是一种一无所知或完全的盲目,他试图认清他所处的状况,并做出正确的事,也就是做出适应状况并因势利导的事。但是,"人作为短暂过客(der vergängliche)在短暂的基础上所建立的,又会是什么希望、什么蓝图?"人没有任何坚实的基础。无人能正确地认识事实上是什么。许多不可见的开端却会产生主宰未来的东西。这些人也不明白这点。是的,那些作为在政治和经济生活中据有"领导"地位的伟人或许对此了解最少:他们知道什么被计划,他们知道什么正在进行,他们知道人们期待什么;但他们必然忘记的东西则是,人们必定期待什么,即不可算计的东西、不可被计划的东西、不可预见的东西。的确,一个政治生活中的人对于机会和可能性需要一种特别的感觉,对于未来的事物要有一种嗅觉。商人就已经有了,而经济领航者和政治家就更必须有。然而,关于这一切的知识是多么地少,确定性又是多么地少,而对于这些不断变化的情况的快速适应又是何其多,以及从每一种结果都总是能赢得积极面的能力又是何其多。对于历史实在一个机会主义者总是比理论家更加贴近。

这对"历史中的因果性"这件事的状况有何意义?显然,这是一个关于未知者的问题,而此一未知者以其独特的方式瘫痪了人们的自由意识和责任感。人们只要从其具体状况就能找到这种东西,如欠债的重担,谁以及什么对事物的错误发展负有责任,这不仅是一个无法逃避的急迫问题——它也是,而且至少是使我们茫然的问题。是的,它甚至会唤起一种内在的抗拒:仿佛某人对于某事可能有错,这完全不是他所愿意,而的确也不这样愿意。什么叫历史的责任?难道不是那让不幸的人们负责的命运的黑暗不可捉摸性吗?历史的经验除了是迟来的洞见和后悔的混合外,又是什么呢？

这在个人生活中又是如何呢？历史的经验其实也总是个人的经验。在大局中所发生的东西也会使每一个个人受到损害，这种经验对于个人来说，可能是无辜受难的经验，我们把它称之为命运。这是否就是说，只有那些有意为恶的"恶"行才会降临到我们身上，并且在见识和后悔、罪责与惩罚中具有其不可否认的存在？难道在个人生命中不也是这样吗？即他也会对他无法预见之事感到后悔，因为他无法预见其行为的后果。道德问题的状况，就不那么简单地只与善和恶的思想有关，而无法预见的后果也就不再是负担。伟大的社会学家马克斯·韦伯的功劳就在于，他指出了信念伦理（Gesinnungsethik）和责任伦理（Verantwortungsethik）的对立，并藉此而尖锐地剖析了这里所提出的问题。他指出，当人们能知却不求知时，这本身就是错的。这是一个无可争辩的真理。但此一真理也只有在当人们能知或可以能知事物的边缘赋予灵魂一个敏感的良知时，才达到其最高峰。

所以，历史中的因果性问题是二分的。一方面，对于人类的自由和责任感而言，它是一种限制和威胁——直至一种在历史和导致"非政治"的一种社会-政治宿命论态度面前的无力经验。另一方面，它是为希望与意愿所支配，用理解的启发和知识的认真去透视那导致历史的无法透视的事件并决定其运行——直至政治乌托邦主义的放肆的希望，一种已然成熟的人性总有一天能自己把握其幸福，并且以科学般的准确性去走它未来之路。这是历史中的因果性这一问题向我们展示的两个极端。这里是否有一个既非此也非彼的正确的中道？或者，这种二者择一的选项根本就是错的？

是的，也许整个问题是从其诸前提开始的，这些前提对于condition humaine（人的条件）、人性的基本结构、它的伟大和贫乏，乃是不适合的。

我们必须面对此一问题。近代的因果观念在17世纪的机械观中经历了其经典性的型塑，并且在18世纪经由休谟和康德在哲学上赋予其合法性。情况很可能是，近代这种因果观念相对于自然事件虽然是一种真实的建构范畴，但是对于我们称之为历史的人类事件、它只触及其边缘、而非其本质。如果我们要面对此一问题，那么我们首先要考察因果性概念本身。

因为概念并不是人类知性（理解）中可用来安排和掌控经验的随意工具，概念其实总是已经由经验中而生长。它们表述了我们的世界理解并因此指明了经验之路。因此我们用以思考的每一个概念，其实总是伴随着一种其合法性已无从验证的预设立场（Vorentscheidung）。意识到有此预设立场，意味着赢得一种新的精神自由，看到新的问题以及步上解决旧问题的新道路。如果我们在此意义下追问因果概念的来源并寻找它所从属的以及它由此赢得更精确规定的概念关系的话，那么这就意味着：发现那些历史中因果性这一问题所处的诸前见（Vorurteile）。的确如此，这使得哲学事业在一个绝对的科学信仰的年代中——这种科学信仰不允许哲学有任何从其自身的根源而来的真正的知识——对于人们及其自身的理解有真正的贡献：即使对于提出的问题的答案，一直只是从属于科学的方法论；即使哲学完全无法与科学相竞争，但哲学早就注意到那些未被质疑之处、那些我们所思考的概念，以及那些对我们而言一般是毫无疑问的不证自明的事物。

哲学反思所发现的乃是，在这些事物中有预设立场。只不过这种预设立场是彻底地被遮盖，以致人们好像已被关在它的解释视域内。情况可能是，只有当人们意识到像因果性这样一些概念对我们思想所发生的那种理所当然的统治时，历史的经验才能达到其真理。

我们用因果性来连接事件的规律性的问题，并且所有科学似乎都毫无疑问地为此一问题所占据。古典时代就已经知道的一位古代思想家，他多次被现代科学作为主要证人而引用，那就是创建希腊原子论的德谟克利特。他是到处研究诸原因的 *Aitiologikos*（起源学者）。有一个美丽的故事，它是那种来自于可靠的报导、真实性很高的传奇故事，说他有一次在市场上买了一个南瓜，当他在家里开始吃它时，他完全为其不寻常的蜂蜜般的甜味所着迷。他非常兴奋地跳起来，并跑回市场要问那农妇，这个甜南瓜是在哪一片土地以及在何种条件下生长的。但他成为众人的笑柄，因为他在那里得知，南瓜是放在蜂蜜里被带到市场的。当众人嘲笑他时，他生气又坚定地回答说：我是不会停止研究其原因的。

历史中的事件也是那种人们不该停止去研究其原因的事件吗？这里也有规律吗？历史知识也可以称为统治历史的规律的知识吗？就像在那些已经知道自然规律并因此对之存在有新的自由，将其导向他们自己的目的的地方——人们称之为技术——那样，对于历史规律的知识也是这样，人们可以从中对于历史赢得一种将其导向自己的目的的自由吗？或者相反？历史中的因果性意指抛弃人的自由、揭露人的自由意识只是一种幻想吗？因果性是以自由为前提，还是它正好排除了自由？所有这一切都是我们不可避免要返回到一种关于我们所谓因果性意指什么这一原初理解的诸问题。

因果性概念回溯到一个为亚里士多德所发展的学说。亚里士多德曾区分原因为四种意义。我们所称为因果性的东西,乃是接受亚里士多德的经院哲学所称为的动力因(*causa efficiens*)。它只是亚里士多德试图用以思考存在问题的四种原因之一。质料、形式、动能、目的,所有这四种原因总是在与存在有关的讨论中起作用,而且主要是在自然,也就是由其自身而来的存在者的所在之处。人类行为和活动的世界也许从根本上是可以用这四种原因的观点来思考。但是,亚里士多德所分析的这四种原因基本概念,虽然可能从人类及其经验和可能性出发来思考,把某种东西呼唤到存在,就是去知道,人们是怎样做某事的,但是它们也应当直接去把握那从自身而来的存在者。因为这种出发点已经明确表明,原因不只是引起变化的东西。要能够引起变化,必须一开始就要有比只是这种变化的原因更多的东西。必须要有应该被改变者,而这很明显有一种双重意义:必须有一种从其中能形成另一种事物者,而同时也必须有一种其自身在所有的变化中仍能坚持为其自身者。这就是引导我们所有作为的直观,即使我们从某物做出另一物。

做出某物,这意指,一个以前不存在的某物,经由我们的作为,经由我们的工作而来到存在。有用的东西,一般而言,是指一种工具、一种使用对象,而这意指某种使自然的可利用性适合于人们目的的东西。这就是人类发明精神的人造产品。它们是为其目的所决定,而这意指:是为使用所决定。它们的形式、状态、外观必须适合于使用。目的和形式决定了人们做些什么。但人们始终是由某物而做出某物的。必须要有某物已经存在,人们才能由它以上述方式做出合目的的和可用的东西。我们把那种已经存在的东西称之为我们工作的质料。在人们能开始工作之前,这种东西就必须存在于那里。事物是由这种东西而存在,它们是从这种东西而形成,它是木头或金属或任何东西。但它也可以是一座雕像,或一个盘子。目的、形式和质料因而是被制造者的存在的原始条件。作为动力因的发起者(Urheber),也就是最终赋予作为以开始和继续的动力的东西,并非是唯一必须已存在的东西。

从这个人类的经验模式出发,亚里士多德开始思考自然的存在。他的这一成就奠定了我们藉以表述自然知识的所有概念的基础。亚里士多德将自然视为某种从自身出发、把自身带到存在的东西(das sich von sich aus ins Sein bringt)。在这里,没有任何发起者、技术家和工匠面对已经给予的材料,遵循从其精神而出的目的,把此材料塑造成他们所发明的形式。亚里士多德所看到的是,自然在其自身之中蕴涵一切:在其中有一种他者生成(Anderswerden),甚至是一种持续地他者生成。当然,这并非是一种随意的现象之流,而是有一种恒常的秩序不断地导引并维持其平衡。因此,自然发生的过程看起来仿佛像是制造过程一样,为一种预定的目的所导引,想要发展成一种预定的形状——例如像是成长的生物的形状——而这一切就好像是一个已存在者从其自身开始向其最终的形式运行。物质,这个我们更愿称为质料的东西,看起来像是由其自身推动生成与改变的过程。

这一切在现代人听来可能会觉得很不科学。的确,我们在此基本上只是如实地叙述在人们的经验中所呈现的自然运行，并使其由人们的经验出发来思考。如果人们将自然视为一种工作的目的，并相信可以用目的思想来解释自然事件，这看起来就像是一种危险的人神同形论的架构。事实上，正是对于此种目的论-独断论的自然知识的反抗，才使得近代科学自17世纪以来只从动力因的观念来思考自然的关联。将此一动力因从那四种原因的关联中，尤其是从由目的思想所决定的四种原因的整体结构的框架中抽离出来，可以说是因果概念在近代思想中的诞生。

但是，同时自由也随之而成为一个真正的问题。只要自然事件与人们的有目的的行为是在相同的概念性之中被思考的话，那么人们的行为和作为就像是对于自然事件的生产性的一种继续、模仿或补充。当然，还是有自由爱好的空间是属于这种人们的行为和作为的。一个有创意的工匠比起自然有更高的自由程度，他能够在一定限度内出于喜好而制造喜好之物。但创造的自然也有其自由，它以其自由的形成（Bildung）来填补一处可能的空间。但无论如何，这种"自由"同时是被保留在我们称为事物的运行者之中的。我们可以像斯多葛派伦理学所做的那样，直接将其提升为人类的道德原则，与自然和谐共生，不抵触自然生成的秩序中的不可改变者，意愿只导向那有可能者，不在人生的变幻莫测中寻找幸福，而是将其建立在人们可自行做主之处。这之中有着非常精确的自由观念，人们甚至可以说：这是第一个普遍的自由概念。因为，这种自由并不符合古希腊时代的自由。那是指自己可以作主的行为自由与选择自由，有别于必须服从于主人的喜好而非自己的喜好的奴隶。在此意义上的自由是一种政治地位的，也就是自由人的特征。现在在斯多葛派伦理学中,自由是一种独立于所有外在条件的内在决定,因为它是奠基于人类自我占有的内在性之上的。根据斯多葛派学说,奴隶也可以是自由的,而堕落的主人也可以因其罪恶而不自由。

可是,自由显然还可以是完全不一样的东西。如果我们不再把自然运行思考为一种被给予的和不可改变的秩序,其中只能发现其自身并限制人类的喜好,而是把它思考为一种可解释的整体关联,一种许多过程的组成物,其中所有过程都有其原因,并允许其单独作用,直到人们能追踪个别的线索,并因而认识这些被分离出来的过程之发生的原因。这种自然认识允许人类行为本身成为一种因素,一种引发后果的环节。这里所蕴含的自由不只是一种自我决定的自由、一种自然的自由,而且也正是一种反对自然的自由、一种自行改变自然事件进程,将之导向自己的目的并统治自然的能力。

在运动原因孤立化,也就是因果思想和人类对自然的统治之间,存在有一种内在关联。不过那是一种辩证的关联。我们藉以思考自然的那种关于事件发生的无缺陷的因果性,与因为人类能预先知道、预先计划并将事件发生的后果置于其目的之下,从而人类能掌控这一因果性的自由,此两者并非立于同一层次上。介于自由与自然的必然性之间的真正辩证法是这样产生的,根据其内在的必然性去掌控自然事件发生的自由,却也同时被自然的必然性本身的思想所排除。最终人类也是一种自然生物。虽然人类涉入自然运行,看起来的确像是一种真正的因果性,有如康德所称的,一种"来自自由的因果性"。但其特点很明显,行为预见的结果

6. 历史中的因果性？　　159

同时也是其原因。正如叔本华所说,这是一种"内在所见的因果性",是"运动因"(Beweggrund)这一词最真实的意义,是动机。但如果自然是经由因果联系的完美无缺性所建构的,那么一种因果性是如何可能？根据康德的看法,这对理论理性是一个不可解决的难题。当然,不可能是因为在因果链中的某些漏洞使得自由成为可能,仿佛那是人类意志可以涉入的偶然的深渊。与之矛盾的主要是人类自由意识毫不含糊的主张。

　　因为所谓自由意识并不是指,人们有时能感觉偶然的机遇,使得改变事物的运行成为可能。正相反,它所要求的是,人们在行动中所追求的真正目的,是由人们自由选择的,并且也是出于自由而被追求的。人类的自由意识归根结底同样也是其责任意识。他感觉对其行为负有责任,而这只有当他相信他自己是自由的,才有可能。因此自由意识所依据的,也正是这样的一个道德法庭。如果我们认为自己具有道德负有责任的本质,那么我们就无法思考一个与我们的行为,即与其自由决定无关的世界。康德哲学的伟大贡献,与其说在于它建立了一种关于自由的可能性的理论,毋宁说在于,它相反地建立了这样一种理论,这种理论令人满意地解释了为何人的意志、人的自由不可能改变自然生成。我们在我们的责任意识中所做出的行为可以完全为了一种来自自然的决定因素的理论解释需求而产生——人们只要想到介于我们有意识的意愿和我们无意识的决心(这也许来自于基因遗传)之间所产生的无法掌握的区别。同一个生命的命运线似乎展现了两种面貌,这取决人们是从内在将其视为我们的行为和决定的结果,还是从外在将其视为只是由被给予的因素(也许是由一个起支配作用的天意)所产

115

生的结果。这两者都是"因果性"。

但此一双重面貌在应用于历史关联上却以一种令人惊讶的方式改变其路径。因为历史的关联与一种有计划的行为的关联,或与一种反映在其自身命运意识上的生命整体的关联,是有些不一样的——它们也并非单纯地是事物的自然运行。在此谈论一种(双重的)"因果性"是否有意义？虽然历史看起来是由诸原因所掌控,所以的确会出现一些历史规律,就像极端民主习于推翻专制政体就是一种规律。柏拉图的国家政体循环的学说就是建立在这一观念之上。人们尝试据此主张,这些规律如同自然法则一样应得到承认,无论它们是否认识个别行为。但这是否也意指,我们能在其中认识因果性并且能使用这种认识于正确行为之上吗？或者,这种历史的合规律性只有在它的高度形式化的普遍性阻碍了它们实践上的可用性时,才是明白可见的吗？而最重要的是：历史的自身经验难道不是,其进程是无法预见的吗？决定历史关联的东西,是"原因"的而非因果性的另一种意义。

我们是从历史研究中认识所有此处所讨论的问题的。自从修昔底德以来,我们已习惯,对于一个后果严重的事件,例如战争爆发,去追问其起因,而我们也明白,那直接导致一场灾难的动机,并非也呈现其真正的起因。正如个人对其行为后来的历史影响不会真的觉得应该负责,所以导致一场灾难的个别动机也不能当作真正的原因。对于事物的历史进程的许多深刻原因的提问,绝对不是一种只问其动力因的"因果"解释的尝试。如果我们明白历史的诸关联,我们所发现的就不是一组原因因素的交织——自然的和自由的——我们能隔绝其线索并为了将来而掌控它——历史永不会重复的。正是在这里产生了它的实在,能够存在并且决定我们,它自身却从来不曾被因果分析所掌握。但这却意指:在它之中起作用的"诸起因"的方式,属于一种目的论的关联。疏忽清楚地呈现在那种有意愿并向后回顾的人身上。历史对他而言,像是一连串疏忽事件的后果,而已发生的事就像(好的或坏的)命运。可能性与任务清楚地呈现在那种有意愿并向前看的人身上。历史对他而言,就像那划分自身可能性的活动空间,而正在发生的事就像是他的(好的或坏的)行为。

(刘 康 译,洪汉鼎 校)

II

时间之谜

Ⅱ

7. 西方的时间观

（1977年）

当人类在试图对自己的存在达到一种理解时，他们面临一个最深奥的谜，就是时间究竟是什么这一问题。生命与之俱来的死亡意识，青春与衰老的经验，过去的不可返回性，未来的不可预测性，每天的时间划分和我们工作的计划——所有这一切都包含着时间。当人们学会测定时间时，这确实是一个革命性的发现，而且反证了一个远古的史前时代。人类大概不是通过一位唯一的天才发明，而是在千差万别的生活条件下，在各种不同的地方以及以不同的方式学会认识东西的。追问时间是什么这一问题的情况也差不多。正如时间的测定一样，追问时间本身的问题，也是每一个人以某种方式必然面对的，假如每个人一开始反思他自己的生活和他的经验的话。因为我们精神的力量和我们的表象能力虽然正好在于我们能从中思考无限的东西，但思想却因此碰到两个必被设立的不可思议的界限：终点和起点。时间之谜就在于，一切在现实中所遭遇的东西都是有限的，而我们的想象力却认识不到它不能超越的界限。

宗教和神秘主义传统对于时间是什么这一问题有着无限多样的回答，要研究这些答案乃是一件异常有吸引力的事情。但是，尽管在神秘主义传统中反映出那么多的关于终点与起点、生与死、虚无与存有之谜,我们却在其中找不到一个对于时间问题的真正回答。在那里,时间的存在并不是以概念的媒介而成为主题。即使宗教的或神秘主义的文本的解释也不能看作是一种宗教的或神秘主义的回答。因为解释者用以接近文本的概念性对于他所理解的东西是规定性的。但这最终意味着,在所有承认宗教历史传承物的深层意义时,我们提问的道路是唯一预先被规定的。我们西方的历史曾为自己决定了走概念之路,也就是走哲学之路。

这一点在哲学这一词的词义中就已经表达出来了。最初,这个词所揭示的意义域远比我们今天应用这个词所具有的那种被限制的特殊意义宽泛得多。这个词的较一般的原本的希腊意义是"沉醉于纯粹理论的兴趣"(Hingabe an rein theoretische Interessen)。因此,哲学包括了科学知识的整个领域,只要作为这种知识之应用的一切实践-技术的观点都不在考虑之列。甚至在柏拉图通过赋予哲学这个词以人类爱智——当然,人类这一爱智永不能在仅为诸神保留的完满智慧中实现——这一充满新义的强调,从而使该词的词义有所狭窄之后,它那种除此之外的宽泛意义也仍保存了其生命力。众所周知,亚里士多德的《形而上学》叫作"第一哲学",这也就是说,它是最高的科学。① 只是在近代,当一门新的物理学赋予科学的意义以一种新的特殊性质,也就是自伽利略以来,首先在近代科学的新方法理想赋予科学以特殊的特征之后,哲学这个词才从它这一方面开始在我们所相信的较狭窄的词义方向上发展起

---

① 《形而上学》,第6卷,第1章,1026a23以下;第11卷,第4章,1061b30以下。

来。今天，哲学不再是与其他科学并列存在的科学了，更不是它们中最高的科学，而是一门这样的"科学"，它虽然为一切具体科学奠定基础，但它乃是与它们完全不同的东西，因为它以整体的存在作为主题。对于这些科学而言，整体永远只是以碎片的方式逐渐增多地进入专业研究之途。只有哲学才追问整体。当然，除此之外，哲学还保留了一个别的意义，即自苏格拉底和亚里士多德的实践哲学以来的实践智慧这一世俗意义。

这种语词史的说明告诉我们：希腊思想由于摒弃了五彩缤纷的神话财富以及那种由史诗中浮现出来的世界见解的戏剧性的把握方式，从而为科学奠定了基础。科学，首先是数学、天文学、音乐，以及在某种程度上还包括作为人体科学的医学，这些科学以理性的思考和概念式的说明代替了神话的想象——因此在理性思考中仍是一个要求理性回答的追问整体的问题。只是随着在概念形式中得以完成自身的这种理性求知欲的觉醒，一个如同我们所问的"什么是时间？"的问题通常才有可能。但是，我们也可能反过来说：这类问题之所以有意识提出，乃是为了迈向科学，并最终迈向现代的、建立在科学之上的并扩展至全球的文明。

这确实不是单纯的观察。我们可以观看到人类对于时间的相当多样的关系，关于昼夜交替、岁月消逝、植物荣枯的经验，关于在世代过程中类的保存、关于个体生命短暂的经验，我们可能意识到自己被陷入在生与死边缘的夹缝中并追问那个黑暗的深渊——虽然所有这一切都包含着什么是时间的问题，但是人们既没有提出这一问题，也没有提供这一问题的答案。的确，追问时间的问题看起来比起所有别的我们认作哲学的问题显得更加难以解释和混乱,例如,关于什么是实体或因果性的问题,什么是质料和形式,甚至什么是空间的问题。显然,如果放弃对于那些令人不安的紧迫感的怀疑和异议,而去争论是否有个像时间一样的东西,时间是否与我们称其存在的某物有相同的存在,这乃是无意义的。我们回想一下奥古斯丁在《忏悔录》第 11 卷中著名的一段话,在那里他这样回答了关于时间的问题:"如果没有人问我,我尚且知道。但如果我要向另一个问我的人解释它,我就反而不知道了。"②

我们自问一下,奥古斯丁这一著名说法是否真的涉及时间的特殊之谜,或者它是否最终切合了哲学问题的每一经验?在对我们概念的前反思的治疗性运用和我们对之做出恰当定义的能力之间总是存在着一个裂缝。哲学的概念工作,黑格尔曾称之为概念的努力,不可挽救地卷入语词的永恒遭遇之中($\tau\grave{o}\ \dot{\alpha}\gamma\acute{\eta}\rho\alpha\tau o\nu\ \pi\acute{\alpha}\delta o\varsigma\ \tau\tilde{\omega}\nu\ \lambda\acute{o}\gamma\omega\nu$)③,卷入到所有那些对于每一种哲学论证方式简直是不可分离的模棱两可、误解和矛盾之中。自苏格拉底时代直到今日,这些模棱两可、误解和矛盾赋予哲学以其真正特有的紧张关系。与诗歌的、史诗的和神话的说明——人们在这些说明中并不追问真理,不过,人们同样也不追问其意义——不同,哲学的抽象则总是遭到一种彻底的怀疑。哲学所探究的那些问题一般地都有一种事实根据、一种实在基础,或者它们无非只是一种纯粹的语词游戏?在我们这一个世纪,这种批判尤其指向了传统的形而上学。批判的制造者是逻辑经验主义和牛津学派的分析哲学。有些人把

---

② 《忏悔录》,第 11 卷,第 17 章。
③ 柏拉图:《斐莱布篇》,15d。

那称之为哲学的一场正式革命,因为他们认为著名的形而上学问题在语言分析的基础上已经全部遭到了批判。时间问题也未能幸免于这种批判。约翰·芬德莱(John Findlay)于1941年跟随维特根斯坦通过禁止谈论"无意义的"东西而避免去揭示时间问题。但是在1951年,当他的论文重新出版的时候,他又回过头正面评价了时间的哲学问题。④

然而,不管如何,时间问题总显得具有一种特别的哲学特征。人类文化和历史时代的差异以一种特别的方式显示在时间的各个不同的位置上。甚至在我们自己的文化圈内,这也似乎是适合的。例如我们想想这一已为我们知道的观点,即只有基督教及随之而来的思想才引出了线性的历史时间并因此脱离了希腊人关于轮回时间的观念。与倾向于自然的周期节奏的古希腊时间观念相对立,关于时间终点的观念、关于永恒极乐和永恒友情的终极状态的观念为直线迎上遥远未来的时间这一时间概念奠定了基础。在此论点上涉及末世论-神学动机,这一动机以一种世俗的形式第一次导向了希腊人从根本上尚对之蒙昧无知的那种与时间之流的一维性和一义性相联系的历史概念。这样一种历史概念和历史时间概念,尽管为现代思想奠定了基础,但在古典主义的古代简直还不存在。

如果我们顺着这种论证线索,那么我们可能直接要问,关于西方文明开端于希腊这一论点一般是正确的吗?难道我们不应该不是像希腊人那样按照概念的努力去思考和探问时间的存在,而是

---

④ 参见约翰·芬德莱:《逻辑与语言》,第1卷,弗卢(Flew)编,1951年,第37页以下。

坚持基督教的末世论及其乌有之乡式的世俗王国？似乎只有在《世界历史和救世事件》⑤的观点中才出现"历史",因而时间实在性的问题才进入哲学的光照之下。

一个语词还可以再次告诉我们一些东西。即使"现代"这一词也陈述了整个历史。众所周知,古人对新的东西完全没有偏爱,至多只能直接说,历史对他们来说就是沉沦。沉沦即是事物的自我保存的秩序。沉落于变化着的事件的变形中,那么这就是说希腊人缺乏历史感吗？甚至说,我们可以把线性时间思想这一近代思想同古希腊的时间观——按照这种时间观,如同我们的钟表一样,时间是根据周期运动的无限重复来推算和测定的——对立起来吗？

在埃及人中传说的关于梭伦的故事可以说明希腊人所谓对历史感的缺乏。柏拉图说过,梭伦怎样把他得以出名的古老埃及传统同他自己的神话学传说的洪水说法加以统一,正如那位埃及法老嘲笑这种希腊人的天真："你们希腊人也许永远都是个孩子。"⑥事实上,这个故事所泄露的东西与缺乏历史感完全是两码事。正相反,它宣告了希腊历史意识的精粹,即把神话和流传下来可信的过去融合到自己历史的连续统一中去。它完全不证明无历史性或消失于当下生活的此地和现在。

如果我们要说明希腊的时间思想,那么我们宁可想一想另一位希腊人,即阿尔克迈翁·冯·克罗通(Alkmaion von Kroton),

---

⑤ 卡尔·洛维特：《世界历史和救世事件》,斯图加特,1953年。
⑥ 《蒂迈欧篇》,22b。

他是医生,他说过:"人类之所以必死,是因为他们不能够把其终点与起点重又联结起来。"⑦这句话显然涉及人类的特殊本性。对于任何有生命的东西来说——除了神灵——没有谁能逃脱一死,并能使终点和起点重又联结在一起。生命总是终止于死亡。显然,我们在这里不应过多想到不死的诸神在本体论上的特殊状态(如果说它们能使起点和终点联结起来),而宁可更多去思考自然的循环,太阳和月亮、春季和秋季的有规律的周而复始,这些是一切有生命的属类生命都要遵循的。当然,这句话也说明,人类是与一切其他的生灵有区别的,这些别的生灵虽然也像人类一样臣服于死亡和生成的自然法则,但正是因此而被赋予这种生命以绵延。但只有人类才具有如此个别的本质,其结果是,他只想着他自己,而不消失于类的生命延续中。人"必须"死;这就是说,他知道他的死、害怕死并试图逃避他即将面临的死。人不接受永恒自我更新的生与死交替是他自己的存在形式,并因而成为他的无能为力;人与自然是分裂的,人与他自身也是分裂的。阿尔克迈翁医生的思想带来的似乎是这一概念:"所有人的事情都是两面的"。⑧ 我们知道他曾经把各种对立概括到一张完整的列表中。显然他已认识到,人类的特征正好存在于这种两面性和分裂性中,由于这种两面性和分裂性,人类被引向危险的思想冒险之中。

一个明确地追问时间是什么的问题,当然还不处于一个具有深刻含义的语词中。这样一个语词只是后来才开始的,虽然是在

---

⑦ 《前苏格拉底残篇》,24B2。
⑧ 《前苏格拉底残篇》,24A1,3。

希腊思想得到完整证明的证据中,在柏拉图的著作中。在那里,特别是在《蒂迈欧篇》⑨出现了"时间"这一论题,它是通过神秘的魔法师而与宇宙的凝固相联系的,这位魔法师在许多方面与造物者相像,然而尽管它拥有所有的威严和所有的权势,它却以一种令人惊异的方式不同于旧约和新约中的上帝。

虽然在这里碰到了时间之谜,但并不是作为那种苏格拉底的对手们未能成功回答的问题的明确对象。我们宁可说,正是在神话叙述的无拘无束的谈话语境中,蒂迈欧谈到了时间。尽管这样,在这种叙述中所遇到的时间"定义"则构成了后来对时间进行哲学分析的出发点。在亚里士多德的《物理学》中,我们首次得到的关于时间的论述,也还是回溯到《蒂迈欧篇》里的时间"定义"并从它那方面导向一个漫长的传统。

无论如何,这一传统现在总是与是否存在有像时间这样的东西的问题相联系。当奥古斯丁在其《忏悔录》里深入到探究时间之谜时,他是想表达对于时间的内心矛盾和窘境,而没有对时间实在性加以怀疑。尽管如此,在那里也并非完全缺乏这样的怀疑。那里的叙述大概是这样,时间摆脱一切具体性东西,以致我们不能真实地说时间存在着,因为它处于趋向虚无的方式,也就是说,趋向消逝。真的存在有时间吗?或者如康德说的,时间只是一种实在得以向我们显现的主观的直观形式?在中世纪鼎盛时期,当希腊哲学的遗产通过经院哲学而达到一个新的繁荣时,关于时间一般是否具有实在性这一在古希腊一直潜在的怀疑重新又出现了。在著名

---

⑨ 《蒂迈欧篇》,37e 以下。

的 1277 年的教皇敕令中受到批判的错误学说中也包括了这一观点,即时间只存在于理解中,而不存在于实在中(in apprehensione, non in re)。

对时间实在性的这样一种怀疑,显然已深入到我们对时间的一切反思中,并使我们想去援引印度的或中国的类似思想。但它也正好来到这样一点,在这一点上,希腊的、因而也是欧洲的思想以这样一种富有意义的方式表现出卓越的优势,因为希腊人把时间的存在问题经常作为问题来把握,尽管具有一切思想之混乱并且本身还朝向永恒的超凡的启示。西方的思想并不停留在把时间存在看作一个不可证明的问题,因而从不只把时间解释为一种纯粹错误的假象或一种纯粹的现象而了事。我们立足于涉及时间问题的本体论困境。的确,我们能直截了当地说,希腊本体论在这个问题上的受挫,有助于迫使思想在基督教时代更加精致化和深刻化,因为它曾经继承了希腊遗产。

正是在这个视域里,《蒂迈欧篇》的神话叙述获得了一个令人惊异的度向。⑩乍一看,对时间创造的叙述看起来就像我们的时间经验,尤其是我们对时间的测量的神话化处理。因为基本的思想就是,宇宙本身,尽管或者由于天体周期运动的合规律性,就为人类提供了眼前的时间,出现了天体相互更替的状况,并对人的精神提出了任务,即在一切偏离中发觉合规律性。但是,这却引导人的精神去发明数字和时间的测量——如果我们想一想那种永远围绕其轴心(也就是围绕我们)聚集并呈现摆动的球体景象的东西的

---

⑩ [参见《蒂迈欧篇》,也见我的著作集,第 6 卷,第 242 页以下。]

话,那么,这里的意思就清楚了。当然,在最早的洪荒时代,即在柏拉图关于时间究竟是什么的问题被问之前许多世纪,就确实迈出了星象观察的第一步。但是,使人感兴趣的从来就不只是天体的合规律的秩序,而是那种异常情况,首先是行星轨道的异常情况对人的思想意味着的挑战。在希腊天文学产生之前,有关星辰的信息大多只是观察的汇集,这些观察应当是要发现隐藏在那些无规律性背后的规律性。所以,例如日食表(Saroi)就被编制出来了。对于希腊思想来说,它自己的卓越之处正与此相反,那种观察、计算和时间量度的实践艺术及其整个成果并不使它满足,它感兴趣的乃是人们提出了"理论的"问题,怎样去思考在世界表面图像后面的真实的世界构造,以及时间在此起了什么作用。

126　　蒂迈欧通过造物主(Demiurg)把时间产生描述为宇宙创造中的一个继续步骤。在造物主创造了世界之"灵魂"之后,这就是说,宇宙的自我运动,天体的运动秩序围绕着地球转动,在此之后,他希望他的工作还要进一步完善。可见的世界应当是理想宇宙的完美摹本,这个摹本从它这方面说是完美的,即有生命的有机体的结构坚持自身在有规律的平衡中。所以摹本必须同样的具有最高数学完美性的合规律运动。这就是人们在天上所看到的。

现在讲述者又以令人惊讶的方式继续说,为了使这个可见的旋转着的星体与其理想的原型更加相称,造物主创造了时间。[11]

可见的世界和时间得以塑形的理想范本,也与某种像永恒的"生命时间"的东西相应。因为它是一种生命体。正如任何生物一

---

[11]《蒂迈欧篇》,37c 以下。

样,理想的宇宙也都有"它的"时间。但是这种生命时间,即希腊文称作 Aion 的东西,在此乃是不可限定的存在。范本也是一种合规则的数学秩序,在这个秩序里,任何交替或运动不可能没有终点。它永远在那。这个"那"在运动的形式中为时间所模仿,也就是说,这种模仿具有以数轴所计算的现时结构。所以时间存在,时间是围绕我们旋转的可见的一切东西(大全)的基础并与其不可停息的进展过程不可分离地联结在一起。

显然,时间不是单纯的大全的运动本身,而只是伴随着这个大全的运动。它是一种运动,在此运动中事实上无物在动,它的"存在"只是如同数轴的无限进展。数轴"是"无限的,但并非实际完成在这种逐个逐个地点数或一直数下去的某个点上。所以,大全的运动也在"时间中",这个时间本身不依赖任何实际上自己运动着的东西。没有与天体的运动相联结,时间预先体现了这种运动的划分。所以时间是世界本身的结构要素,这种要素表现了这样一种可能性,即可能量度特定的时间以及时间中运动的东西。

柏拉图对时间构造的神话描述,被亚里士多德在其对物理学基本概念的分析中重新深入地加以思考。[12] 他自己关于时间的分析本质上并未偏离《蒂迈欧篇》的隐喻所意指的东西。但相对于隐喻讲话的多义性,他的分析成就赢得了新的更明确的轮廓。一方面,他使在时间问题中蕴藏的本体论困境上升到顶点,成为持续消逝的现在的现时性的悖论;另一方面,他又首次暗示了在时间的存在与心灵的存在之间存在的关系。在这个方向上,《蒂迈欧篇》

---

[12] 《物理学》,第 4 卷,第 10—14 章。

已经指明,时间结构要素达到了数的规定。那么什么是从本体论看的数的状态呢?这里不是已经有着一种与心灵也就是与人的精神的特殊关系吗?除了通过人的精神的抽象力,纯粹数字还能在何处达到其存在?数产生于抽象的度,在这里与时间本身的结构是相同的。时间同一切"在时间中"所遇到的东西也是有区别的。所以亚里士多德在暗示与灵魂的关系时,揭示了一个决定性的关键点。当然,这只是个小小插曲,它还不像在奥古斯丁那里那样,暗示了一个把时间问题引向到的意识内在性的基本维度。

对时间"实在性"的怀疑,既不在《蒂迈欧篇》的神话描述中,也不在亚里士多德那里提出。尽管如此,把时间视为实在的这一本体论确实性,在我们想起时间概念里显出的希腊背景时,无论如何还是感到它是有缺陷的。我们究竟应当怎样思考蒂迈欧的神话叙述呢?这里从一开始就显露出可把握一个明显的矛盾。时间的创造在造物主的整个创造活动中仅只表现为一种活动,而且完全不是首要的特别成就。它在时间创造"之前"还做了许多别的事。这不就是说,人们必须把整个历史从属于一种更为宽泛的隐喻解释?柏拉图本人在这个方面通过蒂迈欧之口给了我们一个暗示和警告。"他的解释决不是偶然的和随便的"。[13] 同他自己的表述方式相反,蒂迈欧着重强调了心灵在身体面前的先天性。关于时间被明确说:它是同宇宙"同时"被创造的。[14] 所以毫不奇怪,在柏拉图学园里关于下面这一问题产生了激烈的争论:一般来说,究竟什么

---

[13] 《蒂迈欧篇》,34c。
[14] 《蒂迈欧篇》,38b6。

才是严肃地对待宇宙产生的整个历史,或者这种历史只是一种说教的方法,为的是能更直观地表现宇宙的构造。

但是,不仅是关于上帝创世活动的年代学是模糊不清和矛盾的。宇宙灵魂的创造——这种创造甚至直接以时间的创造为前提——本身也包含着许多十分可疑的特征。的确,人们一定意识到,"灵魂"在古希腊关于 Psyche(心理)的原本意义上,首先并不指意识,或者说只是预设给感觉的一种装备(Ausstattung)。灵魂的功能首先是在活生生的意义上"赋予灵气"。这就是说,把自我运动赋予生命有机体——最直观的意义是赋予动物。作为人的卓越特征并且表现为知性或精神的意识,与灵魂相反,似乎是出自完全不同的本源,好像它是从外面加进来的(按照亚里士多德,*Thyrathen*〔意为:从外面被放入的〕)⑮。因此,宇宙,如果它有"灵魂",按照希腊思想,它就是一个唯一巨大的生物。由此就形成这个巨大的世界动物的形象。因为它把一切都包含在自身之内,所以它必须具有球形。因为它是一个内在有生命的整体,所以它必须具有"内在的"生命。因为没有任何东西在它之外,所以一切添加物,如感觉器官添加物,都是不必要的和无意义的。如果我们在他关于生物直观的描写中从事正确的还原,那么这个整体就具有一种系统结构。但是,在柏拉图对这个大全系统——在此系统中灵魂和物体已达到了统一——的描述中,还讲到了自性和他性的"循环",这是令人惊讶的。无论如何,这还是(从黄道的倾斜度出发)*

---

⑮ 亚里士多德:《论动物的生成》,736b28,744b22。

* 此处应指柏拉图在《蒂迈欧篇》说,黄道与赤道的夹角为23.5度,并论证这与灵魂的构造有关。——译者可以理解的。但是,这种统一随后被归为真正的洞识或正确的观点,柏拉图甚至还在这里让感性的知觉也来照面起效!但是,这样一种灵魂形式——其中人们所熟知的认识方式得以出现——是从何处得到的呢?这意味着什么?是模糊不清的神话的说法吗?

让我们试图来探究一下那种存在于如同一与差异这样一些构成一个运动系统的概念和思考、讲话、把握的结构之间的实际关系吧。显而易见,如果没有同一与差异的参与,这样一种认识方式是不可思考的。柏拉图为此问题曾写出了《智者篇》对话。他在《蒂迈欧篇》中所追随的那种灵感,现在仍然是那种反映世界秩序和思想的普遍结构的东西。世界大全的合规律的秩序是以同一和差异,例如白天与黑夜的更替为前提的。一个明确表现的秩序总是包含两面,即交替中的自性(Selbigkeit im Wechsel),而在另一面则是去思考这种秩序的人类精神的能力,这就是说,既分清有差别的东西和同一的东西,又把两者等量齐观。一个围绕唯一的中心向心地旋转的宇宙(大全)的反面镜像,正如我们上面提及的,把事情表现得很清楚。在差别(Unterschied)和区分(Unterscheidung)之间存在着紧密关系。大凡有差别的东西,一定是能区别的。所有的区别和区分(Abhebung)都使差别显露出来,这种显露必然地使人注意到一个所谓的无限观察者,差别就是为他这样显露的。的确,我们还可以更进一步。甚至为了把宇宙系统作为整体单纯地描写出来,需要以一种想象的方式要求一个理想的观察点,整体就是对于这个点而说的。如果人们这样看待事物,那么同一化和区分化无非只是同一和差异本身的"另一面"。我们称之为"意识"的东西,就是存在的另一面。

7. 西方的时间观　179

　　从这种考虑出发,我认为,我们就能够理解蒂迈欧解释所强调的重点:"如果某人主张,意见(doxa)和洞识(episteme〔知识〕)这两者唯一能出现的东西,只能是别的东西,而不是'灵魂',那么他所说的一切就不是真理。"⑯"存在"和"心灵"彼此是不可分离的。

　　但是,我们仍可继续追问,与大全运动秩序相联系的那种时间附加物又处于怎样一种关系呢?它的数字结构指示了自性与他性、统一性与二重性的相同的原则。当普罗提诺(Plotin)反对亚里士多德由运动推导时间,并从他这方面承认时间与运动两者的本源均是"灵魂"时,看来他最终并非毫无道理。在这方面,《蒂迈欧篇》使他获得正确的看法。

　　从表面上看,普罗提诺的那个出自自我同化的要求而融身于时间中的"戏剧性人物",更多的乃是一种对数列和无穷继续的数字——这种数字不断地、现时地交织在一起——的无限性的巨大隐喻。⑰ 当然,普罗提诺也避免走向人类心灵点数式地和停顿地测量时间之流的想法。正是奥古斯丁充满激情的自我审查才首次保留了时间的本体论悖论,现时永不"存在",但除了这个自我消逝的现时之流外,它也不是别的东西,它指向于内在的经验,这个经验是自己的灵魂所有,因为它把自己伸向其将来。⑱ 所以奥古斯丁逃避本体论隘口的道路是把如下问题引向这个隘口,即真正的"时间"何时是"当下的":他揭示了内在性度向,不是真正把"时间",而是把时间意识作为主题,从而使"时间"的存在空间返回到

---

⑯ 《蒂迈欧篇》,37c。
⑰ 普罗提诺:《九章集》,第3集,第7篇文章,第11章。
⑱ 奥古斯丁:《忏悔录》,第11卷,第28章。

毁灭与聚集,畏惧、希望和懊悔之间的生命张力(distentio und intentio)。⑲ 但是在真正的形而上学方面,并没有任何东西因此而发生变化。尤其是时间概念作为物理学的一个基本概念一直就完全卷入本体论的矛盾中,这种矛盾是围绕着现时的存在而积累起来的——一直到最终,时间的存在或者一般地不再成为主题,时间仅起着度量和运动的变数的作用,这正是牛顿的做法;或者将"被点数的现时"完全置入意识,也即置入内感官的内在空间中,这是康德的做法。正是在表象结果得以形成的内感官的一维性中,古代本体论和亚里士多德作为被度量的运动和推论秩序的时间定义才得以坚持——直到胡塞尔,在胡塞尔对时间意识的娴熟分析中,概念的那种把消逝着的时间思考为"存在着"的并敞明在其存在结构中的努力达到了登峰造极。

把时间视为时间度量,这肯定不单纯是希腊本体论的结果,而是人类的一种原始态度。时间作为人们可以利用、计算和量度的某物而存在那里。时间的这种运用总是包含这样的可能,即可以抽象地思考时间,也就是说,将时间思考为"空虚的"时间。这就是亚里士多德所看到的时间,他通过人的"时间感"来刻画人的本质特征。正是人的这一特征使人为了有利于一种以后达到的利益而放弃眼前的快适。我们必须搞清楚:这里一种"实践的"时间经验和"本体论"是联系在一起的。时间被经验为某种人们可支配的东西,作为"空虚的"时间,它均匀地延伸自己,犹如一马平川。马克斯·舍勒清楚地论证过,人类本能幻想的能量过剩导致"空虚的"

---

⑲ 可参见 E. A. 施密特:《奥古斯丁关于时间与历史》,海德堡,1985 年。

7. 西方的时间观　181

时间的表象。因此，希腊形而上学最终也具有一种人类学基础（*fundamentum in re*）。

但是，也有另一些时间经验，在这些经验中，时间的实在性并不是在某种因为我们用以计算因而只有我们才相遇到的某物中的变换形式，而是作为人类生存的某种结构要素而在其中自己发生作用。自从海德格尔把人的此在的时间性和历史性的存在论意义提升为新的主题，并把这种"本真的"时间同那种被量度的"世界-时间"明确加以区分以来，我们一直在重新维护时间作为我们生命的"存在论的"结构要素所起的构成性作用。海德格尔曾把时间性刻划为人的此在的"生存性"（Existenzial），这与"存在问题"的重新改造有着方法论的联系。但是，时间的"实在性"还直接地出现在许多别的现象中，这些现象是我们与其他生物共同具有的。因为童年、青年、中年、老年和死亡将每一个体的生活轨迹分割开来，而且这些个体生命的阶段划分在人类社会中通过制度和风俗找到它们的社会规范。人类在各种不同的年龄阶段的总进程中所形成的人的经验，乃是时间本身经验的一种真正形式。这种时间经验形式与时间的计算和使用有区别并与上述提到的形而上学时间理论完全不相干，这些理论在康德的现象秩序原则（das kantische Prinzip der Ordnung der Erscheinungen）中，依据推论（Folge）和同时存在（Zugleichsein）已找到了其概念的完成。同样的情况也适合于历史经验，历史经验在最真正的意义上也是阶段经验（Epochenerfahrung，也译时期经验、时代经验）。自己时代的经验，更原始的还是对一个时代之消逝的经验；阶段经验乃是对持续不断的时间之流的捕捉，并且完成了同时性或同时代性的"时空间"的建构。

　　这些不同的时间经验形式并不是主要与持续不断的时间之流相关,而是建基于有生命物的有机统一之中。㉑ 它们本质上表现了"时间"的不同类型。甚至对于自己生命终点的个体行为的经验也似乎是被时间体验这样一种结构规律所支配,这种结构规律呈现了一种对于所有人的本质来说是共同的时间和生命的经验。我们生活于其中的将来开放视域日益变得狭窄了。反之,在同样程度上,正如黑格尔令人信服地所描述的,那种在我们背后不断地消逝于黑暗中的过去的深层度向也日益增长了。我们的生命感觉就是由这些极其不同类型的异质的视域所主宰,在其中,将来和过去都在"此":从根源到希望,一方面从有疗效力的遗忘,另一方面从怀念和回顾。这种生命感觉与死的确信是完全统一的——即使死的确信被掩盖和被抑止,情况也仍然如此。海德格尔曾经把这一点与存在于"先行到死"(Vorlaufen zum Tode)里的此在的"本真性"一起看待。此外,死深深扎根于我们的此在意识和我们的生命确信中(正如马克斯·舍勒在其《遗著》中所指出的,因为他跟随许多大思想家和诗人的见解)。这两者都是死;对于人而言,当他明白了自己的一切时,他的特征就是死——同时,死与一切生命力的自然器官同在。

　　现在人类对于这种死的觉悟具有多种不同的回答。宗教发展出一种无限创造的力量,以便阐明所有人类事务的有限性之暗谜。

　　㉑ 参见我的论文"论空虚的和充实的时间",本书第137页以下,以及海德格尔《存在与时间》中关于"Epoche"的分析。

在此要描述基督教会对西方国家历史所起的作用,这超出了我的权限。但显然,我们作为思想者不只是希腊人的继承人,不只是他们对于世界的好奇心及其哲学感觉的继承人。基督教的预言只出现在它被信教者所接受的地方,哲学的观察则最终是对死亡之谜的最深刻的解答。这就是它的实际上的克服,即承认上帝本身有死。这也就是存在于道成肉身神秘中和他代人受难以及被置于十字架上的死之中的天才的思想:上帝之死并不刺激人的死,它和解了有限和无限之不可克服的对立。当黑格尔把圣灵的复活和降临综合于能思的精神的自我理解中时,他从哲学上接受了这一思想。希腊的理性概念和基督教的圣灵学说的融合——这是基督教的"唯灵论"和黑格尔的哲学所从事的工作——经过思辨的无数努力,最终融入到西方思想从奥古斯丁直到黑格尔所贯彻的三位一体神秘中。因而希腊的遗产和基督教的遗产的统一在我们的文化中形成了。对于哲学家来说,就出现了下述的问题:西方时间经验的特殊特征是不是也是这样一种希腊-基督教的效果统一(Wirkungseinheit)?在希腊的世界性与现时性同基督教的精神性和未来性之间,在希腊的形而上学同基督教的信仰学说之间存在着的对立,是否真的不具有最终有效性?

当西方的历史本身使犹太-基督教的宗教传统这样地同人文主义的教化宗教融合起来时,黑格尔在其绝对知识的哲学中所完成的一种哲学综合的大胆尝试,也许就并非如此大胆,而是具有深厚历史基础的。

无论如何,这是必然的,即有机体时间观点在所有历史哲学的筹划中起了决定性的作用这一点不断地引起注意。在某种意义上甚至可以说,赫西俄德及其对时间的著名描写也属于这种情况。如果人类生活的劳累和不幸是由于与之相距十分遥远的黄金时代的丧失的话,这不只是一种一切衰败都在其中的悲剧世界观,而且在其中也暗示着一种最终起着稳定化作用的因素。赫西俄德似乎看到了那个为防止衰败而提供的人类生活的平衡杆,此平衡杆是自宙斯的秩序占统治地位以来具有最终效力的平衡杆。

现在,年代学在基督教中也起着同样的作用,并在重新重视将来的历史哲学末世论中具有世俗的形式。在历史的最近时间或有限的目标之前发生的,不是均匀消逝着的时间之流和对当下的无意义强调,而是通过其内容对历史时间的明确表达。时间的完成乃是时间本身的收成。这就是像维柯、赫尔德、费希特、黑格尔这些大人物及其后继者们所遵循的视野。浪漫主义诗人如诺瓦利斯和荷尔德林以及通神论思想家如巴德尔(Baader)和谢林也都相应地反对牛顿物理学和康德哲学的时间概念以维护有机体时间概念,特别是自柏格森以来,这种观点在我们这个世纪里重新产生了效应。它把真正的时间经验从自然科学的时间概念中区分出来,这是一种在现在通过海德格尔在时间视域中对存在的解释而获得最高形而上学现实性的动机。

尽管如此,希腊时间概念的优先地位仍贯彻在我们的思想里。特别是时间量度对于时间概念的思想的自然的主导功能。因为时间问题的这些方面同西方的此在经验整体深深地联结在一起,这种此在经验在近代自然科学及其技术应用中得到有效的表达,尽管越来越使人感到可怕。当我们计划、工作和构造时,时间就是那种可被支配的东西,这一点表现了一种经验,这种经验与希腊人所思考的东西以及他们的那种作为当下（Augenblicken）的空洞进程的时间概念完全相符合。

总之，我们可以概括地说，宗教的时间观与哲学的时间观之间的关系，就如同希腊的时间观与基督教的时间观之间的关系一样，都是多层次的。西方的自我理解及其富有特征的性格最终可以用一种本身有多层次象征的效用和变迁来加以阐明，普罗米修斯的神话形象，如同一面镜子，把我们向往科学和技术进步的文明之路一下子呈现在我们眼前。很长时间以来，普罗米修斯形象使我全神贯注。㉑ 这个人物经历几个世纪仍然活在我们的记忆中，这是意味深长的。在我看来，支持这个传说故事的巨大苍穹的两个角柱，一个是埃斯库罗斯的戏剧，另一个就是歌德在对此传说的诗歌-戏剧筹划中所给予的诗性再现。在埃斯库罗斯那里，半人半神的英雄普罗米修斯是技术的引导，而在歌德那里，普罗米修斯则代表了——在《颂歌》《普罗米修斯残篇》《潘多拉归来》（同样是未完成的）——积极创造的精神。歌德的诗歌想象在这些诗句里似乎同时已经猜中了在埃斯库罗斯戏剧中还只是隐含着的那种深刻意图。

无疑，埃斯库罗斯的《被缚的普罗米修斯》是三部曲的一部并指明其继续发展。宙斯这个诸神和人类之父在此是一位残忍的暴君，他仇恨无度、行为极端。在这个三部曲中，诗人必须使故事导向一个现实的结尾，使普罗米修斯与宙斯重新和解，接受撒旦留居

㉑ 对此参见我的论文"普罗米修斯与文化悲剧"，载《R. 布尔特曼纪念文集》，蒂宾根，1954 年。[也可参见我的《短篇著作集》，第 2 卷，第 64—74 页；现收入我的著作集，第 9 卷。]

于奥林匹亚山中,对崇拜普罗米修斯这个火神作了一个公开的引导,把规律和秩序从属于业已明智的宙斯领导权之下,对其在雅典和在整体上的稳固统治进行赞美。我认为,这似乎是由给定的狂热崇拜所决定的,后来也一再是如此理解,歌德也是这样。

在这一联系中令我们感兴趣的,是时间问题在埃斯库罗斯和歌德那里所起的作用。在埃斯库罗斯那里,普罗米修斯对他的行为作了如下描述:起初是人类原始状态的时间,此时每个人对他生命的终点都是茫然无视,"在看,却未看到,在听,却未听到"。由于普罗米修斯的馈赠,现在时间成了计划、活动、进步的自由空间。由于他对每一个人掩盖他们自己的死亡的时刻,他似乎给我们开启了通向自己的未来之路。但是,这也可以反过来说:当人们通过他们的想象力和才能置身于开放的未来时,在那活跃的遗忘中,死亡的命运对他遮蔽起来了。

此外,在普罗米修斯和宙斯之间演出的神剧,对于人类的更宽泛的命运来说,似乎也完全没有意义,因为在那里没有反映由于战争和暴力所造成的人类自我毁灭,没有通过权力和虔诚的礼物或者通过教育来预防人类这种自我毁灭,做到这一点的乃是修辞学(普罗塔哥拉斯),乃是哲学(柏拉图)。但是,假如我们必须承认在这两位神即宙斯和普罗米修斯那里还有某些东西值得学习的话,那么在他们身上以神话形式所映现出的人文主义过程才真正是人的过程。这出神剧的诗人并没有说出这一点。人类必须要学习这一点。但是人类要像普罗米修斯和宙斯他们那样学习他们的课程吗?

我们不能说,普罗米修斯象征的历史在这个方向得到了深入的探究。因为一方面它曾是人类行善者的形象,对于人类他必须永远地受难。这可能被理解为钉在十字架上的救世主的先期预料。所以,一出后期拜占廷戏剧事实上与埃斯库罗斯两千行诗共同设置了一个"基督形象"。

另一方面,在古代晚期,出现了火神和创造神普罗米修斯的主导形象,自文艺复兴以来,这个形象使艺术家的自我意识得到了表现。歌德也处于这个传统中。

但在歌德那里,我们发现了一种对埃斯库罗斯的较深的再现。歌德当时是一位24岁的年轻律师,当他在一首诗和一出戏剧的片断中重新再现普罗米修斯形象时,他使时间经验又具有一种悲剧因素。他使他自己的独立的自信与奥林匹亚诸神相对立,同他们中所有人都"相互离别",不承认有个在自己之上的主宰——例外的是"日常的时间和永恒的命运",奥林匹亚诸神和他自己一样也屈从于这两样东西。他把下面这一点描述为他自己的纷涌而来的见识,即奥林匹亚诸神没有能力成为时间之上的主宰。这显然一定意味着:谁能把未来和过去压缩在瞬间和现时之中,谁就是未来和过去之上的主宰。"我相信,他们能在现时性的东西中看出过去和将来的东西。"其实,时间自己的永恒性无非就是延续。这种自身永恒的延续在歌德的普罗米修斯眼中并没有表现奥林匹亚诸神的实际特征。他的创造性的自我意识正如每一个人的自我意识一样,包含了对于永恒性的这样一种时间感觉:"我们大家都是永恒的。"正是在这种自我意识上,每一个人还有如此大的能力去发现他的局限性。对于歌德不再是上帝的普罗米修斯说出了这样的话:"你们能够把我同我自己区分开来吗?"这种创造性的自我感觉完全立足于自我本身:"我之所以是永恒的,因为我存在"。普罗米修斯成为能思的自我意识的象征形象,对于这种自我意识,如果它不存在,这是不可思议的。

但是,这里存在一种戏剧性的纠葛。普罗米修斯的主宰性受到了考验。"他自己的孩子",他那生命力日盛的造物,使他同激情力、妒忌、食欲,最终同爱情相对照。这是一个奇特的戏剧性场景,潘多拉来推翻了他的父亲,这完全是外在于自我的。她看到了在她的女友和一个年轻小伙子之间的爱情场面,但没有真正理解她所看到的。现在,当她向她的父亲询问那个奇怪的感觉——这个感觉一定是她在她的女友那里发觉而在她自己身上感受到的——时,普罗米修斯给予的回答是:"这是死亡",这就算是答案了!然后,潘多拉又问:"这是什么?"普罗米修斯又以其心醉神迷的巅峰体验和美丽的描述作了回答,在这种巅峰体验中,所有确定的东西和已知的东西都融化了,自我意识提升到了他的自我浓缩的最高点。毫无疑问,每一个人都理解其中对爱情和牺牲的描述达到怎样的极致。但是普罗米修斯不再称爱情,而是称死亡。我们应当如何理解这一点呢?应如何把爱情和死亡一视同仁呢?在创造性的自我感觉的烟雾中这是可以如此出现的。但这难道不是一种纯粹的烟雾吗?死亡在此还是死亡吗?爱情在此还是爱情吗?

事实上,这出立足于自我的撒旦的戏剧是未完成的,歌德在其晚年也以一种批判的眼光来看待他的潘多拉戏剧中的普罗米修斯形象。他让强烈的生命经验压倒了普罗米修斯并克服了他精明强干的极端片面性,这种生命经验就是爱情、死亡和狄奥尼索斯式的复活奇迹。我们能够理解歌德的发现。创造性的撒旦气概的悲剧性界限是在自我意识的窄道里被经验的。对于他者的经验和死亡完全陌生性的经验挣脱了这种界限。普罗米修斯徒劳地试图诅咒那种遗留给人的激情,那种激情让人突然产生一种与自我本身分离的感觉,一种丧失了权威和自主的感觉。潘多拉戏剧的戏剧性行为使普罗米修斯遭到了失败。这里我们面对了一个较高原则,一种公共生活和公共情绪的新的团结和秩序。它优越于撒旦的努力,并体现了真正的神的允诺。文化的悲剧终止于自然的节庆游戏以及自然与文化的和解节日中。但这并不是在普罗米修斯的时间经验中所照面的东西。"你关于节日告诉我这些东西,可我不喜欢它们。"节日的时间总是不断地到来或重复,如果它无非就是"喜庆的日子",那么它就是与活动意识的那种向着将来和过去延伸的时间不同的时间。这里所表现出的方式,就如同歌德把人类撒旦式的自我意识的局限收集在诗中一样;不允许死亡,"绝对的主宰"进入。

(邓安庆 译,洪汉鼎 校)

8. 论空虚的和充实的时间

(1969年)

奥古斯丁在《忏悔录》第11卷所描述的经验是相当有名的，他说，当他不去深思时间是什么的时候，他完全清楚时间是什么。然而，一旦他把注意力朝向那个问题，并想要说清楚究竟时间是什么，那么他就自知非常无助了。在奥古斯丁分析时间问题的导言中，这个著名的描述在我看来似乎是所有真正哲学窘境的原型。在对自明性不假思考时，隐蔽自身就像是一种伟大的、不被无抵抗战胜的抵抗一样，此乃是哲学思考和概念把握欲所经常必须面对的。要思考自明的东西乃是一个具有特殊困难的任务。这里涉及必须把那种经常隐身于后而试图自行抽离的东西摆到前面来。对我来说，从这种抽离的、隐身于后的经验来获取哲学本己的不安，是哲学认识的基本规定。相对于习惯物所具备的可靠的存在，抽离和缺席总是更纠结的和更刺目的。对于哲学家来说，这样的抽离有某种特别的形态。它是在自明的东西中的一种抽离、一种持续更新的窘境，人们可以用从辩证的争执处境得来的一个词，即难题(Problem)来称呼它。哲学伟大的基本问题都有这个结构，它们不能用可明确的回答方式来自行提问。它们似乎是让自身抽离我们概念的把握，并且以此方式继续向前，在这种抽离之中吸引人们。被一种自行抽离的东西所吸引，构成了哲学兴趣的基本运动。它把提问所用的概念性本身提交为问题。人们可以说：哲学问题正是人们不知道如何去"提问"的一种问题。

时间的问题亦是如此。要去说时间是什么就已经给思考造成一个最大的窘境。因为，由于某种关于是什么东西的自明的先行概念，时间这种东西总是被理解为在场者（Gegenwärtige），并且希腊的概念传统已经在概念上使这个预设得以固定。思考所陷入的这个窘境是：时间似乎只在在场性（Gegenwärtigkeit）的现在中才有其唯一的存在，可是同样清楚的是，正是在在场性的现在中，作为这种在场者的时间却不是在场的。现在所是的东西，总已经是过去了的东西。人们应当怎样从现在的存在，即唯一的存在出发，把过去之物把握为不再存在的东西，把未来之物把握为尚未存在的东西，以致整体"就是"时间，这一点似乎是令人费解的。时间的维度似乎并不能成功解释那种规定希腊存在思想的在场性这一存在概念。奥古斯丁的伟大功绩就在于，把思考的这种窘境尖锐化，并且以他自己心灵经验的深度，指出人类心灵的一种经验方式是在时间的维度中映照自己。当然，他是遵行希腊罗马化时期对柏拉图思想的重新唤醒和重新解释。但是当他把 distentio animi（灵魂的扩展）想成心灵向未来的延伸，并最终通过上帝的恩赐实现从时间性中超脱而出的拯救，他就把普罗提诺思想中所发展出来的存在等级——按此等级，智性世界在高过"灵魂"之处有其真实的场所——翻转地用于他自己的经验中。灵魂的自行延伸意味着：它从被 curiositas（好奇）诱惑而促成的分散杂多中收拢而专一，这是真理的焦点，在此焦点上奥古斯丁即使不能在概念方面证明这种优势,但他依然战胜了希腊思想的困难。

事实上,一般而言,"时间是否有实在性?"这一个在整个西方哲学传统中与思维寸步不离的问题,不只是希腊概念思维(Begrifflichkeit〔概念性〕)所遗留下来的,而且也一直是由事物本身一再提出的难题。真存在有时间吗？当亚里士多德注意到,他给出的时间定义——作为运动的计数存在(Gezähltsein),作为运动得以展开的诸多当下计数的顺序——隐含了一个计数的(zählend)心灵的存在,亚里士多德就已经触及了这个问题。对他来说,这肯定不意味着,时间比(诸如)"场所"(topos〔地点〕)更少实在,好像时间只在人类的掌控能力中才是持存的,才是实在的。但是这样的结论却逼显出:正如计数的数字只有通过人类精神的计数才成为现实的,时间也似乎并非简简单单就是真实的,而是只有在人类的经验中才显现为时间。1277年巴黎著名的且被天主教禁止的论题中,其中一个应被摒弃的错误学说就是:时间不是真实的东西(in re),而只是持存于"理解之中"(in apprehensione)。想要给"究竟有时间吗?"这个问题一个空间,这本身似乎就是一个不可反驳的思辨上的诱惑。或者,把真实存在的东西思考为在时间中的这种方式,必须与意识的特殊有限性相联系,时间(以及空间)因此像康德教导我们的那样,乃是主体的一种先天的直观形式,或者时间其实一如往常,就是真实的东西？相对于实在的东西,把时间思考为我们能自行扬弃的东西(das man sich aufgehoben denken kann),这样的做法突然地侵袭每个从事思考的心灵,并且比起空间会更加具有诱惑力,因为在目向在场物时,空间显得是在场的,并具有不容争辩的实在性。希腊的概念性总是表述那些符合所有人类存在经验的东西。

这样思辨的念头当然和现代自然科学的时间概念完全无关。因为现代自然科学根本没有关于时间实在性或者虚幻性的表述。时间只作为那种使时间测量和运动过程的量化观察有可能的东西起作用。当牛顿使用了绝对时间——即总是均匀流动的时间——这个著名的表述的时候,他只不过以外推法的方式,补入了时间测量的内在条件所要求的东西。毫无疑问,时间的难题自古以来总是以最紧密的方式关联着时间测量,因其如此的紧密,以至于时间测量的难题似乎正好构成了撤销时间存在或者替代时间存在的形式。无论如何,所有的时间测量都必然要求:时间不依于在时间中要被测量的东西。假定时间是独立的东西这个物理学的时间概念仍具意义,且假定新近物理学的新发展连同其同时性的分析,并不相关到时间测量的难题,那么就这两个方面来说,时间是空虚的。不只是现代自然科学没有提出时间"存在"的问题,而且所有从时间测量和时间计算出发的想法,由于总是注意人们借以测量时间的东西,因而就掩盖了此一问题。所以希腊人最古老的回答"时间是天空"是非常自然的。但是这把一切都预先设定好了!相对于所有"在时间中"的东西,要被测量的时间总是已经被想成"空虚的"时间,但是无论如何,空虚的时间经验不是本源的经验,反倒是促成了下述问题的清楚可见,即究竟哪些经验条件,让我们把时间作为我们要填满的空虚的时间?

在亚里士多德关于人类存在所做的许多陈述中,我们可以发现这样一个陈述:人类是拥有时间感(*Aisthesis Chronou*)①的生物。亚里士多德提及此点的实际脉络明确教导了我们他的真知灼见:人类拥有先行识见。拥有先行识见意味着:预先看见尚未发生之物,并藉由测量预见之物到当前之间距,而把预见之物认为是当前(在场)的。时间感本源地说就是对未来之物的感知。非当前(在场)之物(Nicht-Gegenwärtiges)在预先提取中是当前的,以致当前之物关联到那个非当前(在场)之物。时间感首先意味着:我们是能够为自己设定目的,并且为此可以寻求合乎目的的手段的生物。因为这要预先设定眼下占有之物和当下占有之物的距离。能够预先提取某物,这一点包含了能够事先偏向那令人不适之物,比如着眼于预先提取的治疗效果的目的,我们能够事先偏向有苦味的药物。这是亚里士多德一个在人类学上具有合理性的论题。人类和动物的区别在于,动物是全然占有和把捉当前之物或者说最近的当前之物,并且局限在它的本能动向之中。反之,对于思考而言,采集的动物,如蜜蜂和蚂蚁之属,有着特殊之处,因为它们似乎有类似于人类的先行识见,会为下一个冬天做些安排。但就多大程度来说,这是一种时间感呢?无疑地,这并非时间作为时间而被经验的方式。确实,这并不是人类的预期和先行识见所指向的那个时间,而只是一个作为有一天将存在的未来处境。然而对时间的经验来说,这个未来性有其意义。"直到"目的达成之前的这段时间,不是说简单地等着它过去,好像它就"流逝"了,而是说,这种时间的间距是自身以时间的方式——作为持续——而被经验到

---

① 亚里士多德:《论灵魂》,433b7。

的。持续是预先提取和预先支配的经验样态,作为"为了……的时间"(Zeit für)以及作为"直到……之前的时间"(Zeit bis),时间才是自由的或者空虚的时间。在预先采取那些标准性的目的的当下,对合目的行动的考虑让所有人都紧盯着那些不合乎此标准的东西。把所有那些别的、充满刺激或吸引人的事物都遮蔽的行为,它让时间自身显现为为了合目的的行动而已然被配置的东西。时间为此才是自由的,并且是从它应由之而被充实的东西那里而来,它才被规定为空虚的。

这个亚里士多德的洞见通过现代的一个名叫黑格尔的亚里士多德弟子而更加完整了。黑格尔把人的特征描述为:能够阻断自己的欲望。这被阻断的欲望为了得到未来成就要求一种瞬间断念(Entsaga)。就此而言,被阻断的欲望是人类文化能够存在的基本前提:它使得劳动成为可能。时间在这里是可以被配置的东西,人们可以这样或者那样充实的东西,以及人们为此必须管理的东西。对将要被管理的时间所做的先行企划构成了时间的空虚。

但是现在有这样的问题:通过我们自身把时间筹划(entworfen)为空虚的,这意味着已然向着充实去筹划,这样的经验方式是否就是时间的本源经验?所有时间配置的形式不都是意味着一种非本真的时间性吗?因为这种时间经验都预设某种更本源的时间性,一种行筹划的(entwerfend)此在自身的时间性,它不仅仅是核算它的时间,而是自己就是时间的。海德格尔将此在本质的有限性提高到存在论的议题,有限性作为人类此在本源的时间性,奥古斯丁亦已看见。死亡不只是每个小孩子自从"知道这件事"就会得到的知识,相反的,海德格尔指出,这种知道如何成为我们的时间经验及核算时间的基础。希腊的普罗米修斯神话称,他拯救人类时,就已经正确地认识人类自己的死亡,这里显示了同样的洞见。这种无知地知道自己的有限性,意味着时间配置的失败。因为在有限性这里,时间是被意识为设定真实的终极界线的东西。时间自身被经验为敌对的反抗,它摧毁那种对时间能够无限制地继续配置的幻觉。来不及(太迟),或者已经过去了,这种否定的经验不仅适用于生命的终点,而且也同样适用于生命中每个个别的经验和决断。然而这在总体上也只是证实了:时间在这里是被理解为人们所支配的东西,并且像是在持久的当下可支配的东西。只是在边界的经验中,时间自身具有的否定性才是不可超逾的。

事实上,在这个脉络下,我们总是以某人缺乏时间,或者时间弹指之间而逝的方式,拥有否定性的时间经验,这意味着人们是就某事来说感觉没有时间。"*Hora non ruit*"(时间不流逝)这句话是具有深意的,因为它在来得太迟的(对"已经晚了"这种状态的)经验中,说出时间幽灵般无声无息的消逝。但是,在此处被经验到,并且是作为起限制作用的阻抗力量被经验的时间,就是真的时间吗?还是说它毋宁是在时间中被追求的东西,这种东西作为不可达及者自行抽离着自身。相对于人们对时间以及在时间中所期待的东西,时间自身的实在性是什么?一个人们总是只能说它在消逝,而不说它在生成的存在者,这样的存在者究竟是什么?我们的整个语言都避免使用"时间在生成"这样的用法,可是对于某物的消逝,我们也总是会想到它的生成作为其相应的运动。时间究竟是不是"某物"呢?

时间是某物,这最容易地表现在那种地方,那里"在时间中"什么也碰不到,面对这种无,此在才是未来性的。然后时间作为它所是的过去了的东西,在其空虚中被经验为像是某个当前的东西。比如在德语"消磨时间"的用法中就有这样的经验。在"消磨时间"中,什么是真正要被消磨的?难道不是消逝的时间吗?虽然这里意指的就是时间自身,可是却是意指它空虚的持续,它作为片刻是太久了的片刻,因此是折磨人的无聊片刻(Langeweile)。无疑地,这里不是对时间的支配,而只是因为人们恰好不知道该把时间用向何处。人们感到无聊,因为人们没有"计划做"(vorhat)些什么。在这里仿佛是缺少了时间的配置,缺少了合乎计划的分配和充实。即使取消的东西是那些计划,但是无聊的经验依然关联着计划的再度出现。无聊才真正是一种人们核算时间的经验形式。由于没有任何东西在时间之中,时间仿佛变得极为倔强,因为时间消逝得不够快速。因此无聊和时间太久的经验,两者没有原则上的差异。时间太久的经验也会出现在我们等待某物之时。当我们说"这是要永远地等下去啊!"(es dauert ewig),那么我们只是想说,被等待的东西总是还没有来。与此相反的经验,时间的消逝事实上像是被掠夺的经验,也就是说,人们为了眼下一个美好的时光想要好好度过片刻,这个经验指出了人们为之而去管理、消磨或者把握时间的东西。时间依然不是作为它自身而被意指,而是显现为对一个应该要被充实的空虚而言的虚幻视域:*Non in re, sed in apprehensione*(不在事物之中,而在理解之中)。

　　然而在所有这些经验中,时间的实在性不是一直被共同意指了吗?我们生活于其中的时间视域,或许是我们的筹划,它最终难道不就是意识对于处在生命本身中的时间经验所做的投射吗?当谢林写道:"生命的不安把受造物赶离它的中心。"②他以这句话暗示"受造物"的基本结构——作为"自身"而自行维持。不安在这里不是某种情绪,而是一个行动,它对抗着生命的紧缩和生命的威胁。

如此被经验到的东西才是时间的实在性。时间不是被意识为可以包含所有在时间中遇见的东西的空虚视域,而是作为本源的时间性,它归属于在此被生命的不安所驱赶的存在者自身,而与此相反,"世界时间"则是表明为第二义的时间。当然,时间的"实在性"并非意味着:时间像一个现成在手之物那样在此。自从海德格尔批判了主体性和意识这两个概念所隐含的本体论意义之后,这一点已经被理解了。自从海德格尔从此在的本源时间性以及它本质的烦心结构中,把世界时间推导为陷落于世界的此在烦心的视域之后,时间实在性的问题就明确地不再意味着:它是否以及如何作为意识的对象被构成的问题。

这个转向在《存在与时间》中基本上已经被完成了。此在先验论的分析虽然是在烦心的时间结构的显示中,但仍然揭露了此在所做出的所有时间经验和存在经验的先天条件。但是此在存在论的标记——向着它的存在去"理解",以及构画出所有理解的先天预设——并非全部。《存在与时间》把作为先行的决断性③的"此"的自立性(Selbst-Ständlichkeit)与传统形而上学追问此在自身的问题对立起来,这不是没道理的。这表示,当时"时间的视域"已经

---

② 谢林:《论人类自由的本质》,汉堡,1925 年,第 37 页。
③ 《存在与时间》,第 322 页。

不是从此在的自身，而是试着从作为决断性的存在论结构的"此"来加以思考——后来"此"进一步又被规定为"自成事件"（Ereignis）。虽然此在是向着它的存在来自我理解，本源的时间性最终不是向着其存在来理解的人类此在的未来存在和曾经存在，而是"存在的自成事件"（Ereignis des Seins），在其中未来和过去的视域是如此的贯穿渗透，以至于"此之在"（Da-Sein）发生。向着它的存在去筹划的此在不只是拥有历时的（temporal）结构，并且也是所有烦心关切地理解着自己的并且要去充实的时间视域的筹划之基础。时间即是：存在的自行生发（Sein sich ereignet）。

假如人们已经学到，把时间性从现成在手存在论的先行概念中解放出来，并且也不把它思考为时间意识的纯粹视域现象，这时候时间于其中同样显现为"实在的"其他现象才涌现出来。这些现象不是在亚里士多德的，而是在柏拉图的思想传统中找到连结点，且在现今海德格尔揭开形而上学的存在论概念及这些概念所产生的传统压迫之后，这些现象让自己在其真实的意义中更好地被认识。

我现在开始解释柏拉图后继者普罗提诺所坚决辩护的那个学说：时间只能从永恒性来被理解。假如人们免除神学惯用的那些前提，那么这一学说会在新的光亮中显现自身。正如基督教神学传统所要求的那样，我们称作永恒性的东西是一个具有区别创造者和受造者的存在的背景之概念。在希腊的思考中并没有永恒性这个概念，虽然柏拉图的思想划分了"不可见的"理念存在的世界和可见的作为非存在的生成的世界（die sichtbare Welt des Werdens als des Nichtseins），并且把 ἀίδιον（永久的东西）意义下的非时间存在归给了"不可见的"世界,但是在柏拉图的思考中也没有永恒这个概念。④ 柏拉图借着把时间称作永恒的运行影像,他也就成了第一个定义时间的人。他在这里所使用的字是"Aion"。Aion自身意味着一个时间现象。这个字尤其被用在"生命时间",并且从那里才转成"没有边界的持续"。亚里士多德为了说明神圣推动者的永恒,把 συνεχής καὶ ἀίδιος(无尽延续以至于永恒)⑤附加给 Aion。假如柏拉图在《蒂迈欧篇》中将时间说明为永恒的运行影像(das bewegte Abbild der Eewigkeit)⑥,那么这里所连结的想法是:"世界"是某种基于理智秩序的,并且柏拉图从数学上将之建构为毕达哥拉斯式的宇宙和谐的生命体之有机构造。柏拉图将这个在其运动中自行维持的秩序称为"世界灵魂"。因为"灵魂"是自身运动和自身维持的原则。《蒂迈欧篇》中的神话以虚构的方式呈现出世界如何奠基在灵魂存在中。因此,Aion是大型的世界灵魂的生命时间,是被"灵魂"赋予生命的世界所拥有的占优势的且没有边界的持续。良好配置的东西的持续,是不同于在我们显现的实在性中会更替的消逝性,因而被赋予永恒这个新的重点特征。

下面我试图抓住这点时间是从世界的生命时间而被思考的,并且排除所有那些把永恒认定为不再是时间的意涵。我跟随一个在普罗提诺那里已经产生的主题,并且尤其是被弗朗茨·冯·巴德尔(Franz von Baader)一直到谢林发展成"有机体的时间"学说。

---

④ 人们可以参考《斐多篇》80d6 中,ἀιδὲς 和 ἀίδιον 的文字游戏。
⑤ 《形而上学》,第12卷,第7章,1072b29 以下。
⑥ 《蒂迈欧篇》,37d 以下。

经院学派将天使时间(Engelzeit)从不属于受造物的永恒中凸显了出来,在其"Aevum"(生命时间/永久)的学说中也对"Aevum"坚持了有机体的时间特性,这一点对我们十分重要。假如人们想要超越《存在与时间》中"先验的"自我把握(Selbstauffassung),以及超出其中设定的、自知有限的"此在"的本源的时间经验⑦,那么所有这些问题就会出现。

为了可以看清有机体的时间问题,我从古希腊传统中我所认识到的一句最深刻的话语出发。这是希腊医生阿尔克迈翁(Alkmaion)的一句话,他说:"人们必须死,因为他们没有学会把终点和开端连在一起。"⑧这句深刻且让人感到惊讶的话意味着什么?显然,它隐含了一个循环的结构。生命过程是一个循环,透过其再生的循环可以持续地自我保存,生命和所谓会死的存在者明显是有所区别的,这些是基本的洞见,阿尔克迈翁医生也的确藉此掌握了人作为有机体生物的健康存在。在周而复始的过程中可以经常不断地自行回流,并且持续地重新产生均衡(Gleichgewicht),这构成了生命体的存在。

这里出现的均衡现象指出了最广泛的早期希腊思想的脉络。在宇宙论领域里,均衡出现在一系列的表述中,像 *isorropia*(平均的力矩)或类似的字,并且表述对自然的存在思想:世界不是被制造的,不是被阿特拉斯(Atlas)用双肩顶起来的,而是由其自身自我维持和保存的。这种均衡的概念明显不只是希腊医学,也是每

---

⑦ ［参见我关于海德格尔的论文,现收入我的著作集,第 3 卷。］
⑧ 《前苏格拉底残篇》,24A1,3。

个正确观察有机体生命的目光的基础。阿尔克迈翁好像也坦率地谈论了 Isonomie（平均的分配），而我们对他的对立学说所知的一切，都证实了我们以之为始点的这个晦涩字眼，是以生命周期的基本结构为目标。

但是，人类和诸神是对立的，因为人类缺乏这个恒定的自行重建和再生，而这些构成了奥林匹亚诸神令人惊叹的存在。因为对诸神来说，痛苦只是短暂的，死亡的危险则完全不属于祂们，诗人告诉我们，诸神个体的人格存在就解消在其强大力量的恒定再生之中。因此当然就没有任何像诸神那样真正承载着不死生命的个体。所有亚里士多德对奥林匹亚诸神所做的言辞上的批判：祂们享受着神酒和神膏，正确地揭开了这个矛盾。⑨ 诸神的形态更像是那些不是作为个体的，而是作为在自然生命循环中的物种自行再生的、有生命者的存在状态。但是，当人们试着从生命的再生出发来思考灵魂不死时，就像在柏拉图的《斐多篇》中的那样，人们对自然生命循环（Kyklik）的瞥见也还会引出人类最初的自我理解。这个生命的再生和灵魂不死之间的关联不只是在《会饮篇》中获得新的实在性，而且根本上也是局限在《斐多篇》中那种基于理念学说的灵魂不死之证明。当然，人类仿佛是一个灾难重重的存在者，他对自己生命的确定性就包含了自知其死亡的确定性。阿尔克迈翁显然是从这种生命的确定性来展开设想，就医生观察的眼睛来看，生命的确定性很接近于持续地争取平衡的维持，对抗平衡的危害，并且重新赢得平衡。

---

⑨ 《形而上学》，第 3 卷，第 4 章，1000a9 以下。

生命的确定性具有自己时间性的结构,因而它处在持续的当下在场之中。这是阿尔克迈翁的言外之意,循环运动就是标示着持续的当下在场,而这种持续的当下在场像是耽搁或者失误一样并未能发生在人类的身上。

如果这个失败属于人类本质的存在,那么属于它生命确定性的时间性就有了变化。大自然是在其自身回转而进入永恒回归的,只要不是这样的地方,过去和未来就会区分开来,而生命的"持续"也就在生命年岁的开展中表达自身。时间自己变成是有机体的,并且这样的时间结构就构成有机体的存在结构。从生命的循环分离并且个别化成为一个个体,只有这样的东西才"拥有"时间。当它的生命开始,就意味着"它的"时间也开始了。谢林曾经以种子来解释这一点:种子还不属于未来的植物的时间,因此某个意义下种子是"永恒的"。但当种子萌芽时,因而不再是一颗纯粹的种子,生成的植物才开始了它的时间。这意味着:对生成的植物而言,种子现在是"被设定"为过去的了。某个属于已经和自己的过去区分开来的这种类型的东西,它就不再能够在回归活动中获得些许回馈。在某物中原始地划分出一个拥有过去的存在和一个自身,如此就设定了死亡。生命时间藉由这个划分也就表现成生命历程。当下在场的诸相(die Phasen-Formen von Gegenwart)具有它自己潜在的、作为可能在先的和可能在后的向度,这些当下在场的诸相就在生命片段中自行建构起来,这就是生命时间真正的时间结构。变老不是流动于消逝时间之流的过程,也不是把年纪规定为时间在每个瞬间连续流逝的过程。这种我们把在时间中的东西排入到"时钟"的同质运行的时间中的方式,其实像是我们在测量某物的时间。但变老并不是时间消逝的经验,而是对拥有时间者的特殊规定,不管这个规定现在是被他自身所经验的还是被他者所经验的。因此,这种年纪的经验不是消逝时间的时间意识,不是把两端开放的未来和过去的向度想成是对消逝时间的无限进展所具有的时间意识。黑格尔曾经非常巧妙地做过如下的描述:生命的时间经验在于过量的未来缓慢地融化,但是过去却暴力地成长,这个说法是相当慑人的并且正确的。马克斯·舍勒也在生命的时间经验上做过深刻的表述,他从负担越来越重的过去及期待越来越少的开放未来的图示中,直率地导出死亡的自然性,假如允许我这样表达的话,导出死亡的肯定。在这里发生的时间经验是转变(Anderswerden〔成为他者〕),不是在一持存的基底有某一变化,而是处在已然改变(Andersgewordensein〔成为他者存在〕)的直接性之中。有生命者踏入了某个年纪,并将某个年纪置于身后。它的时间性具有特有的非连续性,当赫拉克利特把旧物的沉没及新物直接的出现——把这种骤然的变化想成是存在的神秘真理时,他明显就已经对非连续性有过深思:"当孩子长大之后,他们丢弃了他们的玩具。"⑩ 我们必须再次确立:这种变化的经验反证明了一种不变化,反证明了一种和"当下在场"未分离的共存,有生命者就在当下在场之中"坚持"自身。这种当下在场的存在状态归给Aion,归给作为Aion的生命时间,尽管在各种变化之中,Aion 勾画了"生命历程"。

---

⑩ 《前苏格拉底残篇》,B70;亚历山大城的克莱门(Clemens von Alexandria):《对希腊异教徒的劝勉》,c10,78,7。卡尔·赖因哈特,《赫尔墨斯》(*Hermes*)第 77 卷(1942 年),第 227 页以下。

在这里回忆一下普罗提诺是有用的,人们大可把他"系统"中的所有宇宙论系谱学置之不顾。普罗提诺说,只要是谁试图去理解时间是什么,那么他将被引回到 Aion。但是 Aion 意味着属于生命本质的存在方式,或者像普罗提诺说的,意味着存在的光照,这种光照是从生命之为生命中闪射出来的。普罗提诺是紧紧跟随柏拉图的,也把智性的存在、理念的领域看成是真实的存在。但是,当柏拉图称时间是永恒的运行影像时,普罗提诺的和柏拉图的时间却有了对立的结构——普罗提诺并不是把时间想为永恒,而是从运行的角度来思考时间。柏拉图自己对时间有这样的说法:时间停留在一个地方($\mu\acute{\epsilon}\nu o \nu\ \acute{\epsilon}\nu\ \acute{\epsilon}\nu\acute{\iota}$)①。普罗提诺就从这里出发来界定 Aion 的存在结构,Aion 既非纯粹的同一性,也非自立性;既非 $\tau\alpha\upsilon\tau\acute{o}\tau\eta\varsigma$,也非 $\alpha\grave{\upsilon}\tau\acute{o}\sigma\tau\alpha\sigma\iota\varsigma$,因此 Aion 对立于智性世界。Aion 是不包含部分的广袤。在它之中所有的东西都是同时的,它是全然的当前性,没有未到的未来或者消逝的过去。它的存在不是无生命的现在,而是无限的可能或者潜能($\H{\alpha}\pi\epsilon\iota\rho o\varsigma\ \delta\acute{\upsilon}\nu\alpha\mu\iota\varsigma$),它某个意义下是多,并且是所有,就像种子或者数学的点以它们的方式所存在的那样。

这样的 Aion 像是时间化之前的时间,先于否定某一和否定另一之前的时间,先于从某一进展到另一之前的时间,并且伴随在生命本身的确定性中而可以被经验到。谢林在这里以未开发的童年为例,进一步思考而描述这个时间性,只有在时间中,过去才被"设定",未来才被开启,但是童年是"在没有任何区分的情况下"在

---

① 《蒂迈欧篇》,37d6。

瞬间中被充实的状态，这意味着，童年还先于时间的开端。

对 Aion 的这种分析明显描述了生命性的时间结构，生命性是在生命诸相的所有变化和表现中保持同一的那个东西。然而伴随着生命性，却不必然有某个同一的我的同一性——贯穿所有的变化而坚持于一，在回忆的意识中，或者更像是一次震惊中偶然地闪现我的同一性——被共同给予。相反的，Aion 是生命同其自身完全的同一性，它通过其可能性持存的潜能而充实于当下。当然回忆和记忆建构着人格的自身意识，但是生命存在的同一性是更加隐晦的，它更像是在中世纪的思辨中和天使等同的存在方式，天使的时间性是没有我的连续性的 Aevum（永恒）。

假如这是正确的，那么我们已经获得某些正确的历史经验的时间特性。因为历史的时间性本源上也不是被测量的时间，即使在历史是被测量的时间之处，历史也不是把发生的事情任意地划归到自然或者天体的时期。因为真正具有决定性的问题是：这样的测量开始于何处，这意味着，这样的时间核算是为了什么。它所处理的现象是时代（Epoche）的现象。原本我们是用时代在天文学中来标记某种特定的，藉由重新回归获得一种转折的，并且由此展开一个星体运动的新循环的星座相位。当历史意识藉由时代的切割来划分历史事件的历程，它也交付自己一个类似的任务：要使发生事件得以综观。这总是唤起一种表象，好像时代的切割是排列、分类和描述历史事实的一种任意方式。但是历史学家中上演的时代划分的争执，证实了历史学家的另一种要求——要求把他的历史描述中的这些断代放到关键处（如果要用柏拉图来表达我的说法）。因此，时代的经验不能从纯粹唯名论的理论来被恰当地描述，因为唯名论所解释的历史科学藉由它自己的行为证实了这一点。

究竟什么是一个时代？它又是如何的呢？如果我们遵从语言的使用，那么我们获得了一点示意。比如我们说一个划时代的事件（epochemachendes Ereigenis）。没错，这种用法常常是很空洞的，很多划时代的事件只是为了在广播中被报道。但是我们用这个字所意指的东西完全和这个语词的适用或误用不相干。划时代的轰动事件设定了一个转折，它设定此前的东西作为旧的，而所有现在来到的东西为新的。新的和旧的概念的辩证性具有深刻的内在不确定性。新的很快就会变旧的，而旧的证实自己是新的。但是在处理时代概念之处，新旧的辩证性仿佛停止了。因为划时代的事件显然使我们在新和旧之间使用了一种不是我们所做的，而是我们必须依循的划分。假如我们逐渐意识到一个新的时代开始，或者假如我们在历史经验的回顾中，对历史事件达到了这种判断，那么这意味着：不是简单地忘掉旧的东西，并欢迎新的东西，直到新的东西再次变旧，以及被遗忘的旧东西再次更新；相反地，在新时代开始之处，我们告别（Abschied nehmen）旧的东西。这不是遗忘，而是一种认识，因为认识总是发生在告别之处。满怀期待的那些时刻把我们投身的、向着未来企划自身的此有贴附在此有身上，在和不特定的期待时刻告别之际，旧物离开了，以至于此有现在才完全开始停留在自身，已经告别的东西才真正获得了新的持续性。我们特别可以在我们因亲人的死亡而分离的时间点上认识告别的经验。当死亡切断了生命的路径，在丧失的痛苦中，死亡并不意味着一种纯粹的抽离，而是一种新的现前：所告别的东西的形象得到了一个持续的存在。在"时代"的经验中，它总是被创造的,也有这种告别的经验,或者更好地说,也有告别的必要性。这不是某种想要和某物分离的经验,像很多我们所做的告别那样,这是时间自身所关涉的东西,它被经验为时代,作为某种均匀流逝的时间流的终止。显然这个经验是某种不连续性的经验,因此被经验为旧物的没落;但同时它又是新开端的经验,所有的关联都以不同的方式排列,以新的形态缔结。旧物作为被告别者而在其自身变得可以综观,相较而言,一个未确定的未来开始,它带着不熟悉的恐惧去充实人类。或许人们预期一个新的、将产生新次序的引力点,但是它还没被认识到。

假如这是正确的话,在这里被创造的时间经验乃是具备了过渡的特性。这里关键又在于:不能对它预先采用古希腊的存在论。过渡不是通过自身不停留而连结在先者和到来者的现在时点。有别于现在时点所具有的过渡特性的"过渡存在",以其特有的方式同时建立了分离和连结:在过渡中,所有的东西是同时的,并且藉此过去和未来是共在的,正因为这样,过渡显现为真实的时间存在。时间均匀的消逝是一种持续的过渡,相较而言,过渡的经验显然不是意味着这种纯粹的时间流逝,而是一种兼具确定的和不确定的存在,它在告别的和开始的经验中中止了时间之流。

过渡所具备的辩证法并不在于:过渡的东西既被算作是过去的东西,又被算作是未来的东西。相反地,关键在于去指出:这个过渡阶段如何和过去物以及未来物建立区分,同时又与两者建立连结,也就是通过告别旧物,而开启新事物。

荷尔德林《论消逝中的生成》的反思在这里能够超出谢林,并且有助于思考"过渡是什么?"的问题。荷尔德林在其论文中,从诗的兴趣出发描述了过渡的本质。这是一篇对恩培多克勒戏剧的评注。那些想要使用通俗罪咎理论来解释荷尔德林悲剧的解释者遭遇很大的困难;因为作为罪咎和犯法的东西是完全不能被掌握的。荷尔德林最初用"说错话的罪咎"(Wortschuld)理论为他的恩培多克勒诗确立了指导理念,这个理论大概可以和著名的坦塔罗斯(Tantalus)动机[*]相比拟,坦塔罗斯吹嘘自己曾在众神的餐桌上用餐,并通过这个说错话的罪咎获致了可怕的族类诅咒,毁灭了阿伽门农(Agamemnon)、伊菲格尼亚(Iphigenie)以及俄瑞斯忒斯(Orestes)。荷尔德林后来消除这个理论,并且在他的剧作中为告别歌诵、为时间的充实作为悲剧和过渡的真正行动者歌诵。在这里过渡——时间的转变——是唯一的主题。在恩培多克勒那里,"成熟时机"的意志彰显在新落成之物的意识中,相较而言,被卷入命运中的人只能经历没落,并且恐惧地期待带有某种"未知的力量"的新事物的开始。

对恩培多克勒形象的诗歌象征加以一瞥,就可以帮助我们,不把所谓的过渡误解为新与旧之间的辩证中介,有如希腊存在论中现在时点的ἐξαίφνης(突然)难题。当然,荷尔德林在概念的表达方式中依然设立了这个误解。因为"不存在与存在之间"的过渡被标记为"观念的实在物与真实的可能物"的场所。听起来好像只是

---

[*] 坦塔罗斯(古希腊语:Τάνταλος,Tántalos;英语:Tantalus),希腊神话中的人物,为宙斯之子。藐视众神的权威。他烹杀了自己的儿子珀罗普斯,然后邀请众神赴宴,以考验他们是否真的通晓一切。宙斯震怒,将他打入冥界。他站在没颈的水池里,当他口渴想喝水时,水就退去;他的头上有果树,但他肚子饿想吃果子时,却得不到果子,永远忍受饥渴的折磨;还说他头上悬着一块巨石,随时可以落下来把他砸死,因此他永远处在恐惧之中。——译者

做了这样的处理:仿佛过渡的双面性让我们对过渡的掌握突然改变方向。假如人们看向消逝的旧物,这个过程就显现为没落;假如人们看向产生的新事物,同一个过程就显现为生成、产生和开始。事实上这不外就是古希腊现在时点的双关特性的理论,它构成了时间的连续。并非这个对解释者具有双面性的"过渡"形成了时间的"成熟",而是发生事件真实的未决断性和开放的无限制性才形成了时间的"成熟"。持存者的消亡在另一个观点下是新事物的开始,然而这并非关键点,关键在于:能够在消亡的回忆中出现的消逝者身上以及在那应该紧接着过去物出现的新事物身上,看出没落是两者真正的存在的必要条件,并在其中经验到时间自身。过渡同时是消逝和生成,这并非过渡的标记,相反地,在旧物的消亡中藉由追忆旧物,而让新事物得以生成,这才是过渡的标记。荷尔德林在其论文中,从"实际的"消亡系统地揭露了这个"观念的"消亡。只有"观念的"消亡,才意味着借着对消亡的回忆,而让未来能够在其自身的、还不确定的限定中敞开出来。荷尔德林就在看向悲剧的目光中论述了能够获得旧物的消亡之观念性。这种观念性意味着:藉由洞察到消亡的必然性,如此被告别的东西——过去的世界,正好在其一去不返中而同时被肯定。他称呼这种观念的消亡为"无惧的",并在悲剧的 Katharsis(净化)中上演。这种观念性的消亡是"通过和谐的、可理解的、和有生命的东西去把握那不可把握的东西,把握冲突和死亡自身"。[12]

对我而言,这种为了"自由的艺术模仿"而要求作为"观念的"

---

[12] StA,4,1 S. 283, 11ff.

消亡的东西事实上是我们最深层的时间经验的一般形式之一：只有能够告别的人，只有能对那身后的东西或让已然离去而不可获致的东西松手的人，只有不紧握过去物并且不把过去物作为不能松手的东西的人，他才可以拥有未来。谢林深入地想透了这一点。我们也从现代深层心理学的神经学说认识到了同样的东西，它教导我们：不能让某物离去的人，也就无法让自己的可能性敞开。个体心理学符应于上面提及的时代经验。能够告别以及对不确定的新事物的敞开，都属于过渡所具有的"一切中的一切"。乌托邦以某种映照的方式，代表着未来那将要被限定的不确定性，这是乌托邦概念中一个合理的动机，正如基督教的预告在这个脉络中也谈论着希望，希望只有在不坚持没落的旧物之情况下才具有意义。

荷尔德林伴随他自己诗歌的经验一同看见了告别和新事物生成的经验，并且把时代的经验和语言的经验交织在一起，这一切都变得极富意义。在恩培多克勒形象中，"成熟的时间"的意志呈现在对新落成东西的意识中，这个新落成的东西在卷入命运的不自由中时，只是被经验为没落的或者被经验为吓人的新事物。荷尔德林的反思试着厘清：没落如何是开端，或者如何能够是开端。在对现存世界的限定性的消亡中，无限性——同时是可能物的无限定性——将会成为新限定性的开端，而成为"时代和世界的开端"。"所有世界的世界，一切在永存的一切之中，这只呈现在所有时间之中，或者在没落之中，或者在一个时刻之中……"这句话意味着：过渡作为"所有关系的可能性"、作为"一切中的一切"，它是时间。

作为时间变化而自行生发的东西同样已经发生在语言变化之

中。划时代的事件,告别旧物,成为新事物的开端,以及诗歌作品的语言事件——它的字词在其所有元素中都是"新的"——都是"对富有生气的和特别的整体的表达、符号和呈现"。荷尔德林的论文真正说来是一个蓄积思想的尝试,很难把它破译为精确的解释。但是其中涉及的东西可以从事物本身来加以掌握。不论是告别,还是观念的消亡,"一切中的一切"的无限可能性,都不只是归给时代转折时的命运人物,而且也归给每个想要参与时代转折的人,尤其是归给诗人。

是什么造就一个诗人?毫无疑问,他以新的语言说出了某些新的东西。诗人只能由此做到这一点,即他不再仅仅是复述,或者更好地说,语言伴随自己的词库和构型,有如呈显给诗人的那样,仿佛不让诗人进行复述。由此,当我们翻译的时候,不是诗人的我们都知道要 econtrario(翻转),因为我们有同样的经验。当我们翻译索福克勒斯时,我们几乎像是在翻译歌德。这是因为我们不是诗人,这就是说,我们只是纯粹地复述准备好的且先行给定的语言。荷尔德林很切中地描述了诗歌精神的"处理方式":诗人的言语必须全然地消解语言先行被给定的形式和构型,那样他的言说才领先于那还未确定的、作为将要被说的而立在他面前的东西,以至于在那个东西中,诗人找到他的语言。诗人不是先行被给定地持有言语,而是必须找到字词,这才使得他诗歌的语句成为可能。藉此,语言是诗歌的,并非藉由日常语言的"诗意化",而是要藉由将语言从不鲜活的约定俗成的逼迫中释放出来。这是释放到语言自己的无限性之中。在诗人的构成物中,"一切中的一切"又会变成固定下来的存在。

然而，我认为，我们所有人在某种意义下都有着同样的语言经验，只是诗人以比较特殊的方式拥有这样的经验。

说话是试图把某个东西带向语言。我想要对别人说的，或者别人要对我说的，这些切中的字词必须要说中尚未意识到的，以及说中那令人相信的东西，以至于言语才不会令人麻木，像我们教训别人时责骂人的破铜锣声那样。当人们不能说动某人，因为那个人闭锁自己而拒绝，我们会说，人们没有为那个人找到语言。谁要是说话，他必须找到那不是已经在此的语言。每个实际的说话都是一种"语言的事件"，或者用荷尔德林的话来说，是一种"无限的新事物"。一个实际的字词，它被判给某人，显然预设了某种准备：把人们基于先行的判断和事先的立场所带有的东西留置，并向某种暗示敞开，而走向未来未定的开放之所，这种暗示乃是藉由在我们身上的每个字词而发生。看起来必须要继续追究：告别和消亡在我们人类的经验中，就像在诗人的语言经验中一样，究竟是如何与开端和"新的创造"连结在一起的呢？

或许有个更普遍的考虑可以包含这个致力于成为思想大师的企图，即我试着要显示：过渡总是带有张力地处在告别与未定的新事物中的敞开之间。假如这是正确的话，那么未定之新事物的可能性是依赖于我们能够用以告别的力量，亦即依赖于我们用以认识的力量。也许可以允许我用一句荷尔德林的话来总结那说出我们对过渡的时间感，以及说出我们对充实的时间的感受的东西，这句话就是："在犹豫的时刻中，有一些东西仍是恒久保持的。"

（金志谦 译，洪汉鼎 校）

9. 老的东西和新的东西

（1981年）

　　凡在时间之谜进入我们意识的地方，我们就陷入疑惑不定和某种终极的不安之中。我们世界定向的那些常数，即数字和观念、语词和理解，对我们已经失灵了。在所有这些好像收缩在自我、现在和这里的不可消除的自我确定性这一最终结晶点上的同一性和可靠性之后，一切都处于犹豫不决之中。这里回忆漫游在过去的黑暗之中，而希望则摸索在一个不确实的未来的朦胧之中，这是一种光亮与阴暗的不断交替、一种不确切的闪烁。这应当是"自我"，这个与我自身同一的太一，这个无与伦比的人格！人格就是说：代表自身（für sich stehen），为自身承担责任（für sich enstehen），为自身担保（für sich einstehen），为自身站立。站立，在一切都流逝的地方，在我们的头发丝都变得不一样的地方（wo nicht ein Haar auf unserem Kopfe dasselbe bleibt）——我所说的意思：在生命的物质交换中，我们自己躯体的材质中没有哪一块会是保持不变的，并且只有在那种存在于我们之中的独特的光斑（Lichtflecken）处，本己的生命历程才达乎光亮之中，就如同一团泡沫浮在不知多深的水面上一般。而最终，这种渺小的个体历史被嵌入，或以不明究底的方式被融入到我们社会性此在及它的历史性的洪流之中。在那里，一种不知疲倦的"自我"意识倾向于总是去促成新的自明性，而从回忆和遗忘之中，从计划、希望与此时此地的必胜信念之中，这种"自我"意识也不断重新建构着那种作为变动中的同一者的自我意识——但这一切能持续多久呢？

早在我们对他人的存在，对我们同胞的存在中，尤其是在社会存在的作用中，我们就已经完全看到我们不是像我们所是的，并且当我们与我们自身照面时——如在可复制声音的时代，我们可以吃惊地在收音机里惊讶地听到我们自己的声音的时候——我们并不会认出我们自己，我们会否认我们自己。可是，即使我们学会承认他人或接受那种反对我们自己一般成见和兴趣的合理的东西，这已经就是一个漫长的教育过程——但我们从未能学会真正认识我们自己。这听起来就像是一个缺陷，但其实预示了一种不可测量的财富。因为这与其说是一种折磨人的自我追求（Ich-Suche）的心灰意懒的确认，毋宁说是我们以未曾意识到自身的方式——作为我们父母的孩子、作为我们文化及其生活形式的成员、作为我们的时代之子而同呼吸共命运。也许在最终的共通性中，每一个人就是有死者中的一个。

可是，正是因为我们不是这个意识其自身的自我，我们自己如此依赖的这个自我，有如我们依赖所有确定性的最终主管机制；正是因为我们推进所有无差别的、常被时间的寂静干扰所切入的东西，所以我们自身就在追求差别。对我们来说，依据于这一个多于依据于另一个，并且我们坚决地抓住它。但这也就是说，作为认出差异底色者（die Unterscheidenden），我们同时又是做差异分隔者（die Scheidenden）。这最深刻地打上了我们自己此在经验乃是我们有限性经验的烙印,即成为选择者(Wählende zu sein)。所以,我们是分离出来的东西:"所以我生存并总是告别",因为选择总是分离。某物的出现有利于另一物的出现。因此在我们自身的内在确定性的基础上有着一种最终令人操心的不确定性,这种不确定性起源于我们自身具有的特殊的时间性。我们能够选择这一标志相应于我们愿望的含糊性和我们偏好与评价的摇摆性。我们必须不断地选择,选择就是说:不留在老的东西那里,而是不确定地选择新的东西。时间对于一切有生命物确实还是某种不同于我们对之测量绵延的那种参数。希腊人关于生命时间有一个自己的词,而且事实上,分配给个别生物的此在的期间(Spanne des Daseins)就具有它自身的关节。因为存在的不只是由生与死、生成与消失所绝对设置的界限。青年和老年以及两者之间的那种季节和昼夜的有节奏的转换,构成了有机体的统一,"自身"(Selbst)的统一,这个自身作为自己本身是在转换中保持自身。

我们可以自问,这样一种属于高等有机物、植物以及像人类这样的动物的关于时间实在性和真实时间的描述,在多大程度上本身只是那种为不休止探究和思维的人类意识所保留的时间经验的外推物。行星的生命,细胞的生命和原子或粒子的生命,在我们听来就像是单纯的比喻。但不管情况怎样,我们自己的生命历史却被我们实际地经验为历史(Geschichte),也许只是在回想着的老人那明朗的表情变化中,才有对青春的自我遗忘,而我们仍旧这般怀想着的老人们,只存在于那些觉得我们已经老去的青年人的反思之中。在每一个阶段伴随我们的乃是那种通过岁月对我们自己时间的意识,它的确不是作为一个要测量其绵延的运动的测量物,它毋宁是作为一种视域经验,在此经验中视域不被觉察地但也是不被停止地向前推移着。所以这种经验可能追随着那种永不会与外在季节和时日相符应的内在的季节性和昼夜性的韵律。在创造性阶段,一个持续的视域似乎在开启,而在另一些阶段,未来运动就像是被阻滞而没有出路。但是那种从纯粹无限制的一开始的期待视域的开启到充满我们回忆视域的东西一再生长的财富的方向却坚持到底。全力支配我们所有秩序(制度)的平衡似乎也还在统治我们的生命意识:凡在未来消融的地方,过去就堆积到一个不可发觉的当时的巨大山崖。但是,正如我们意识的各种视域是不一样的,未来的开启乃是我们此在本身的明亮,回忆的生命也像一个忘却自身的梦幻。对新东西敞开,在期待中生活,乃是我们永久的当下。回忆意指一种暂时获得遗忘的当时。如果青年存在和老年存在都是这种视域经验,那么这同时就是说,青年和老年并不是通过日历而获得其规定的。青年存在就是对其他人、其他物敞开(Offensein)。这意味着年老和年轻都是相对的,而这种相对性绝不是数量的,它不像大-小、长-短、多-少,这些都与可测量的、可数的量相关,并且本身就失去相对性。年老和年轻的相对性具有不可抛弃的性质。

这一点也正确地适合于旧和新的相对性,这种旧和新的相对性并不像年老和年轻的相对性那样,表述了一种先行给定的视域推移,而是标志那种在我们世界经验每一瞬间中所形成的照面(相遇)的性质。新的东西就是在每一瞬间发生并作为"现在刚才"被经验的东西。所有别的东西都不停地沉陷在已经认识或获得的东西的同样有效性中。但正是这使得新东西的经验——正如被它弄得黯然失色（遮蔽）的旧的东西的经验一样——具有非常的歧义，即所有新东西都在不停地变旧。时间之谜就在于它是纯粹消逝并且自身不知道产生。虽然这包含在时间之内总有新东西产生这层意思，但该东西也不停地在逝去。经常的情况是，新的东西不久就成为变旧的东西，而旧的东西又似乎像新的。新的性质并不在于它的新，而是在于它不变旧，不是这样快地变旧，或者根本就没有变旧。即使我们以之生存于未来之中的开放的期待经常也是由新的东西而来，但我们其实意指它为所谓的较好东西。所以旧的东西可以容易被看作较好的东西。

因此，旧和新完全是相对的。存在有 *laudator temporis acti*（赞美往昔的人）。存在有新东西和较新东西的贬值。在古罗马，"*Novarum rerum cupidus*"（对新事物的渴望）乃是由自身坚持的共和主义秩序而来的明确决议。Der homo novus（新人）想唤醒期待，但即使他实现了期待，那也更多只是一种令人失望的、对"新"的误信，这种误信产生自"新"的成功，而等到对"新"进行重新评价时，它被觉察。同样，反抗（Gegenhaltung）也是明确肯定性的，例如否认古代的理想，反对辫子（过时制度）的斗争——在这里谁还听到那把假发带到终结的法国大革命的激情！

对于上述这两者有很好的论证。对旧东西致颂词者可能依赖于这旧东西已经经受了考验（证明），不是陌生的东西、未试验的东西——在那里新东西总是某种冒险的东西。反之，旧东西的坚定不移则时常对任何更新化构成最不理性的对抗，压制它们的自我确证，而这种自我确证也许是在上述更新变化处煌煌可见的。人类的历史生命似乎被嵌入在此极端之间并一再重新地得到它的平衡(补偿)。

"一再更新",这句话透露给我们:不是旧东西和新东西都处于选择中,而是指望某物并因为它指望某物的这一个或那一个处于选择中。那可能也是某种旧的东西。事实上永远不是在旧东西与新东西之间进行选择。作为旧东西,它宁可进入其习惯存在的自明性中。只是在新的可能性光照下,它一般才能作为反面的可能性而处于选择中并来到意识那里。设想选择境遇好像它不再是为了未来东西的可能性,这是一种错误;同样,设想它好像是为了保存那种压制新东西的旧东西,或好像是为了有利于新东西而抛弃旧东西,也是错误。对于我们来说,正是下面这种经验才是时间,即它的两个向度——未来和过去,永不是在场(Gegenwart,当下),这就是说,它们不是像两个同样的可能性一样立于我们之前。一个是可能的东西——过去了的东西乃是完全过去了的东西,甚至上帝也不能使发生的东西不发生。立于我们之前的东西,就是我们可能即将面临的东西。即使即将面临的东西是某种早已认识的东西,但它也不再是习以为常的和熟悉的东西,而是显示在一种新的光芒之中。

这里产生了著名的倒转(回归)辩证法(Dialektik der Rückkehr)。[①] 对于历史本质绝不存在有倒转(返回)。回归(Rückkehr)绝不是单纯返回,同样,重复也绝不是同样东西的再回来。这里的意思是,旧东西和新东西的相对性比起老年和青年的相对性还更彻底。显然,老(旧)的意思是相对于青年或相对于

[①] 参见我的论文:"希尔德·多敏——回归的女诗人"(=我的著作集,第9卷)。

新,这有极大的差别。老年本身是老的,青年本身是年轻的,即使不依赖他们每个是否这样感觉——旧的东西并不是不新的东西,新的东西也根本不是本身新,而是对我们来说是旧或新的。对立于新东西的旧东西意指一种普遍的照面性质(Begegnisc-harakter),也就是这样一种像其阴影褶皱一样跟随新东西的期望性和印象性的照面,而这件事完全不取决于对旧东西和新东西持有何种评价。我们确实看到:公开直率的期望指向新东西,而旧东西却沉浸在习以为常之物的自明性中,即使新东西有时会突然变旧,旧东西证明自己是"持久稳定的"。在此流动中,究竟什么保持下来?究竟什么东西只是因为新东西是新的而不让新东西使自己暗淡,或者反过来说,究竟什么东西只是因为它不是旧东西而不被征服?

我们称为文化的东西就是对此问题想给予实际回答的独立尝试。文化没有这种回答,那么文化就不存在。因为虽然我们生活于其中的似乎持久的秩序形式、国家制度和法律制度、经济体系和我们工作世界的组织,以及祭拜和庆祝、艺术和游戏的自由地带存在于那里,但所有这些东西都不能持久,并且就其本身而言并不意指时间之流中一种确切的停歇。实际上所有东西都在变老(旧),所有东西并不是在任何瞬间都是新的,也不在新东西上证明其持久。复辟和革命这两者都不合理。没有旧的东西是好的,因为它是旧的,但也没有新的东西是好的,因为它不是旧的。更合适的说法:旧东西和新东西这两者不断地朝前挤出并凸显自己,同时又相互改动位置。

情况总是这样。没有更新不被抵抗所渗透。对,最终我们必须说,新东西遭到的抵抗愈是小,新东西渗透得愈是快,那么它自身变老就愈快。

　　新东西似乎正是由旧东西得到其力量，以致它能获得持存。这必须深思考虑。我们生活在一个不断遭遇新事物的技术激增的时代——在此时代旧东西是用那种并不属于它的新价值来装饰，以及生活在一切当下化（Allvergegenwärtigung〔使现前化〕）也是最远东西的当下化时代，最远的东西就像最新的东西面对我们。所有标准尺度都发生改变。工业革命变成世界的命运。传统在消解，而没有确实可信的新东西出现。新东西则成了同一东西的再度返回，即使并且正是当它起源于实验的无拘束自由时。世界到处变成了总是一样的。一切生活形式难道正在形成一种均一化？难道在技术一律化的表面之下，旧东西和新东西之间的新的平衡形成？新的"文化"形成？我们不知道人类如何能把生活建立在此计划上。但是我认为，我们能知道，未来对这问题可能带来的具有创生力的回答乃是依赖于这一事实，即这个未来来自于其自己的过去。所以我们作为我们所是的当下（在场）和作为我们将是的过去，对这个未来做出了贡献。旧东西和新东西的辩证法是不可消解的。

　　是否将存在有艺术？除了那种对单纯消闲时光所进行的随意充实这一面之外，艺术是否将意指某种东西？所以，当艺术还根本不被认为是艺术，而是塑造了我们人类活动于其中的生活形式整体和游戏在这生活形式整体周围时，艺术曾怎样意指某物？在回顾我们的教育文化（Bildungskultur）中，我们看到了所有作为艺术的东西，并且就这种创造性形式能这样被经验并让旧和新东西被经验而言，我们还正确地看到了这一切。我们正是在我们这一世纪才在艺术上经验到，一个自身变化着的世界如何也能向着新的可能形态而解放自身,以及在那些新的、具有创生力的可能性表达当中,尤其是所有相距遥远者的一般性意义上的切近化活动是如何给出自身的。例如人们想到了我们这一世纪的塑料对非洲大陆要感谢的东西,或者想到由远东或拉丁美洲在最不同地区所重新激发出来对欧洲传统的反感。

像贾科梅蒂(Giacometti)、亨利·摩尔(Henry Moore)或比塞尔(Bissier)这样的艺术家,如果没有这种推动,他们又可以是什么呢?我们的音乐,如果没有异国色彩对我们音乐感觉中韵律的渗透所造成的挑战,我们的音乐又能是什么呢?但是对于下面这一点我们却不能有丝毫疑虑,即在所有地方,在我们世纪所产生的传统决裂挡住了错误的历史主义的逃避(我们的一些大人物所追随的),并同时为完全遥远传统的声音开启你们的耳朵。

我们可能认为,情况总是这样。我们将会想到18世纪的中国主义(Chinaismus)或西方历史上曾经形成的许多文艺复兴运动,也许情况就是这样出现的。谁想知道创造性的冲动在何种道路上推动我们前进?但是在所有情况中有一新的情况。以前,一个唯一的文化遗产,它的宗教的、哲学的和艺术的传统遗产,其中陌生的东西作为新的东西可也作为旧的东西被正式地融合于其中——同样自明的,阿尔特杜夫的《亚历山大战役》在德国文艺复兴时期的习俗中呈现了波斯人和马其顿人。

这样一种融合的力量,这样理所当然地让旧东西屈从于新东西、让新东西屈从于旧东西,现在任何地方都不再有了,在我们小小的欧洲不再有,在今天世界文明的大欧洲也不再有。处于运动中的世界使一切封闭的历史传统受到新的挑战并使其质疑自己的同一性。今天在世界准则里发生了在两个世纪前西方文化传统内发生的东西。当时，在路德维希十四的世纪，在那场著名的古今之争（*Querelle des anciens et des modernes*）中，在文学领域产生一种老东西与新东西、陌生之物与自有之物二分的意识。当时，新时代的精神试图主张艰难而踌躇地反对经典的古典时代的公认的范例。在这场斗争中既没有胜利者，也没有失败者。因为选择是没有的。范例是不可达到的——不，假如它们应是范例的话，那么它们不仅不能，而且它们也根本不可被达到。只有那是新的旧东西才一般持存，并且只有新东西才不是变老的。

人们关于历史（Historie）对生命的利和弊还可以有这样意见不一的思想：有些人可能重新渴望那激荡人心的自我意欲（Sich-selber-wollen）的童真，而这种童真通过古老的符号和形象如此深深攫住我们的心；有些人反过来却可能将昔日的包袱完全抛弃并认为可以重新开始——这根本无济于事。在知道把老东西知觉为老东西和把新东西知觉为新东西的新的意识中，我们处于其内部的正中间。被古老的绘画所围绕，被古老的乐声所充实，被古老的戏剧所抓住，我们领先看到所有一切，迎着新白昼看到所有一切。"人人都可能以自己的方式成为一位希腊人，而他就是一个希腊人！"这就是老东西与新东西之争在18世纪末所找到的经典解答。在我们这个变化莫测的世界的无尺度性里，旧东西与新东西之间的斗争当然要在另一种准则尺度下被解决。但是解答总是同样的："人人都是希腊人！"

（洪汉鼎 译，马小虎 校）

10. 死亡作为问题

(1975年)

死是一个问题吗？我们当中每一个人都将会死，这是一个问题吗？一个不得不对死加以深思的人对死的现象会提出些怎样的问题呢？我试图对这些问题和回答，或者更确切说，对我们传统对死的现象所达到的人类思想沉淀，重新加以思考。在这里，我认为有必要对我的考察加以限制，即专注于希腊-基督教传统，因为其他文化的原始证据，就其语言方面而言，我只能从翻译中得以了解。

所以，西方思想自己的传统，就成为我据以定位的基准了。但是，这种自己传统的优势同样也是一种方法上的负担。因为我们身处其中，就不能自由地超出其界限。正是在这里确实存在着一种诠释学的努力，用语文学家奥古斯特·伯克（August Boeckh）的话来说，就是去认识已经认识的东西（das Erkannte zu erkennen）。正是此点才使我们有可能谈论作为问题的死。然而，"认识已经认识的东西"是伯克首先用以指文本解释的一个表述。它的内容是已经认识了的东西。但如果涉及死，情况又会是怎样呢？这里已经认识的东西究竟是什么呢？我们能把我们在传统中所遇到的东西称之为对一个问题的回答吗？死的将至岂不是正好具有这样的性质，即我们对它的问题无法找到答案？自然的生物学的过程难道不是谜？里尔克曾有次讲到这样一种自然的神圣念头，即自然找到了亲密的死。或者他讲到，死是生的另一面，就如月亮还有一个未照亮的面，这个面属于月亮存在的整体，如死属于生命体的存在。死就是如此自然。如果我们面对死只有沉静的话——其实我们都是以这种沉静来把握生命过程。

死始终是一个问题。因为死的不可把握性在另一个当局面前显露出来。这个当局认为，我们自我意识的确实性与这种自我意识本身的非存在并不处在一种可理解的关系中。再次引用里克尔的话来说："死距离我们的东西，未被显露"。认识应当存在于何处，我们可能使自己理解的答复应在何处呢？念念不忘这个问题，似乎是人类一贯的不懈努力。我们作为生者是不可能避开这一问题的。

如果我们审视我们的传统对 Thanatos 和 Athansia，即对死与不死性、永生性的经验的最古老的回答，那么我们在传统中所遇到的回答则总是纷杂而多样的：对死者的祭祀、坟墓。人类区别于所有自然形成的生物的真正标志就是，他安葬他的死者并将他的感觉、思想和想象转向坟墓。从史前时代的墓葬中发掘出来的祭品宝藏，是一个多么强烈的、一再令我们惊讶不已的事实。我们或许会想到奥斯陆的维京人墓群。整条满载货物的船在那儿被山石和泥土掩埋了，目的是让死者死后能继续享有那曾经属于他的一切。坟墓的景观又是何等多样，在这些多样的形式里又埋葬了多少的答案。这里是许多金字塔的巨大石山，它们是由千万只手为了某种些微的事物所建造起来的；那里是雅典博物馆珍藏的不断增加的出自希腊古典时期的墓雕。谁要是在这些墓雕上亲眼看见那种使人感到窒息的诀别人世的表情,谁就绝不会忘记希腊艺术精神呈现给我们的那种死亡意识。那里是基督徒坟墓上的十字架,后来还有《圣经》格言,两者都指示了神圣的天国,两者都担保说死者生并属于完全不同的另一种生。或者是伊斯兰世界的坟墓,几何图案,这些图案几乎使人难以辨识这一坟墓与那一坟墓的区别。个人、名字或身份、生平或家庭,一概无法辨认。这让人回忆起通过阿拉伯哲学而重新了解的亚里士多德关于个人寓居于其中的普遍精神、普遍灵魂的说明。尽管如此,马拉喀什的妇女们仍将她们的最隐秘的意愿和祈求向这些坟墓倾诉。倘若恰好不涉及到统治者的坟墓,那么伊斯兰国家的坟墓根本未留下死者生前的思想痕迹。所有这些坟墓都告诉了我们什么?是对何为死这个问题的解答吗?或者,对这个问题的解答是想说,死是不存在的或不应存在的?它们都是这种解答吗?它们并不想死是真的?但是,死是真的,死是什么?我们真知道:它何来又何去吗?

什么是关于死的知识?地球上墓地的这种逐渐消失于原始时代黄昏中的痕迹说出了什么?这确实是人类的一个真正的特征。力图知死,恰如人能够思维一样,同样是为人所特有的。虽然人们说,动物在死亡之际知道自行隐蔽,避开所有的注目,而且对死之将至有所预感。但是,我们从中所认识的,真是对人的一个问题的真实知识而非只是反射吗?它难道不更是某种如同警喻(Mahnbild)的东西?我们能在如下问题把握这一警喻:我们真能知道怎样去设想死亡?

让我们问:死的知识是如何产生的?它发生了吗?生的肯定

性难道没有一种占统治地位的特权,而死的肯定性将不总是从外面,仅仅通过直接或间接的经验才昭示给成年人吗?儿童是怎样获得这种知识的?并且它是怎样一种知识,最终使得诗人能够说:*Tu sais*,你知道吗?我不是随便援引戈特弗里德·本(Gottfried Benn)——一位极端怀疑论代表——的一首诗,相反我问道:儿童知道他的知识吗?我们中任何一个人,当他知道他必死无疑时,他究竟知道什么呢?我们对死的提问难道不总是和必然是对人们所知的东西的遮蔽,一种对某种不可思的东西、非存在的东西的遮蔽吗?

如果我们认真严肃地采纳这个观点,地上的坟墓难道就不是这样一种遮蔽吗?由于它宣示了一种感性的在场——有如圣骨,用黑格尔的话来说,正因为它而掀起带有无数祭品的朝向圣墓的远征,十字军的东征。所有这一切难道只是为了逃避对这种非存在的思考吗?伟大的东亚文化的祭祀现象,如果我们在其中看到自己向某种集体存在的回归,它们本身不就是让死不存在(Nicht-Sein-Lassen des Todes)吗?在我们的基督教传统中,重逢(重见),以及那种不可消除的自然显现的期望:母亲与儿童在前世生活中结成的某种关系,即使通过必死的确实性也不能被取消,又能是如何呢?这种使得人们同其属于的人重逢的希望一定不存在吗?

希腊神话中的冥府就有这种重逢的特征。在《自辩篇》的结尾,苏格拉底本人就讲到,他对去到冥府是何等的喜悦,因为在那里有希腊传统中最伟大的英雄将接待他,他将有机会询问他们什么是真正的德行。而且即使他们不知道什么是真正的德行——他们将不知道这点——他们也将不因此而责怪他逃避死亡……基督教关于天堂或天国的想象更是这样,天国就是重逢的天国。所有这些,最终不都是逃避对这种非存在的思考的方式吗?

这就是哲学必须以其方式提出来的问题。因为哲学的任务就是想知道人们明知无法知道的东西。这是对何谓哲学的一个准确的定义,是对柏拉图最先认识的东西的一种很好的描述,即此处涉及的知识——Anamnesis(回忆)乃是一种出自内心的 Heraufholen(取出)和来到意识的 Erheben(提升)。当我们问我们明知无法知道的东西,如我们问死,情况就是这样。我们身处其中的哲学传统对此又说了什么?问题不是指向这种思想试图吗,即它们只是想知的试图,或者它们只是那种不想知道人们所知的方式?

这里是荷马宗教冥府中的灵魂的虚无缥缈——一种让人窒息的悲哀。史诗-神话传统中的另一些灵魂迷狂是怎样显露的以及最终怎样开启了科学和哲学的思想?当首先在毕达哥拉斯那里——在灵魂轮回说的关系里,Anamnesis,即回忆(Sicherinnern)在肉体的返回里出现,这里将准备什么样的思想概念——如果我们能把它们称之为概念的话?这是两个能在此指明道路的希腊词,两个对生命的表述:一个是 Zoe(不确定的普遍的生命),另一个是 Bios(确定的具体的生命物),这两个词在德语都是作为外来词继续保留着。两者的含义经常相同。Zoe 和 Bios 这两个词意指一对相互吸引的概念,它们常常相互缠结,不过在语言使用中已经可以听到不同的意义指向。显然,Zoe 是与无 Zoe 的东西——即无生命的东西相对。它突出的东西是 Psyche,即灵魂。在希腊思想里,"灵魂"的此在意指,这样的存在者是通过生命性来标志的。"生命性"在此有如呼吸,它是在自我运动中证明自己的。在这种生命性的意义上，生命就总是体现在生命的诸新样本物上。所以 Zoe 从一开始就不受我们叫作个性的东西的限制。在 Zoe 的这层意义上，我们称之为生命的东西，我们就不意指确定的个体，而仅指它相对于无生气自然或老朽死尸的突出标记。

与此相反，如果意指以特定方式展现生命性的生物，我们就说到 Bios。这个词适用于所有我们意指生命方式的地方，因而也适用于动物。但在一种卓越的意义上，它也适用于人。人是一种知道自己有生命的生物。因此人同自己的生命性就有了一种全新的关系。这在于他选择，并通过自己的选择——在最一般的意义上是通过他的无意识选择——决定他的生活。所以 Bios 就是人所拥有的生命，通过这种生命，通过某种生命方式，通过某种自己的生命史和生命命运，他同所有同样有生命的其他生物区别开来了。就生命物这个概念里包含某种新的东西、自我认知而言，我们跨进了希腊思想传统的特有地基。这个 Psyche（心灵）概念，自赫拉克利特以来，始终与 Logos（逻各斯）、知识和求知欲、探究欲相联系。这里所作的思想试图是把关于特有的生命和特有的死亡的知识置于普遍的生命性之上，而死亡作为其另一面实际上属于这种普遍的生命性。而这似乎是个问题，即对于这种"有意识的"生命而言，其另一面，即自己的非存在，却是无法理解的。

这部历史可以一直追踪到柏拉图和亚里士多德的哲学概念。它可以表明，对趋向自我认知的生命性的这种解释，最终如何成为理型说、Nous 说，即持续在场（Gegenwärtigung，现前）和使在场（Vergegenwärtigung，使现前）的学说。正如白天的光明使我们可见的世界可能色彩缤纷一样，这种内心的澄明也是如此，通过它，一切存在者都在使现前的思想里、在意识里得到呈现。我们必须讲到古代思想的较后期的形态,譬如斯多葛学派对待死亡的态度,这种态度即使在必死的情况中也会思考同自然的和谐;或者讲到伊壁鸠鲁派的艺术,它把死亡现象降格论证为某种非存在。

可是,所有这些思想试图全体的情况,就好像柏拉图在《斐多篇》中,在做了大量关于灵魂不朽的证明之后对怀疑者所说的话:但那是人类的一个儿童,他在经过所有这些证明引导之后仍感到不安。事实上,如果我们想从我们知道是我们自己生命的东西来思考死亡的话,那么我们从希腊思想找到的不朽性证明,没有一个哪怕是仅从远处能告知我们所想知道的东西。人类的这个儿童是正确的,希腊哲学在何谓死亡这个问题上是失败的。

接下来是基督教来到世界的伟大背景。诺瓦利斯(Novalis)在其《夜之颂》里曾充满诗意地表述了这一新的背景。尽管在那里作为诸神节日和人的节日来标志的并在持久亮丽的生命欢乐的喜悦中加以享受的希腊图像,确实未吸取希腊文化的深层精华,但希腊思想未曾克服死亡,这却被诺瓦利斯正确地看到了——尽管希腊诗人触及了死亡知识的所有深层。基督教的要求就是,对于何谓死亡这个问题,不一定只知道一种答案,但要给予克服死亡的许诺。

但是我们要问:哲学是如何接收这种在基督教福音布道中宣告的克服死亡的许诺,以及如何理解这种由死到生的转化?人们难道肯定不会说:任何一种思考这种由死转生的哲学思想试图,思考的却并非真正的死亡吗?在与新柏拉图主义相契合的神秘主义中,在否定的神学中,在关于虚无和永生的思想中,我们拥有大量的、也是宗教上确认的思想证据,仅通过这些证据就可能达到

unio mystica（神秘的合一），即与神合一，正是在这种合一中，死的转化才被思考到。

所以，在诗歌中我们也发现了这一点：在诺瓦里斯那里，夜获得一种全新的评价，它不再是亮丽的、纵情享乐的白昼的消退，而是更高和更有精灵的神性的根据和原因。我们看到，歌德如何将爱与死、爱者的"自身之外的在"（das Ausser-sich-Sein）与经历死亡的死者的"自身之外的在"相互交融。"而且一旦你没有交融，这种死亡和生成……"但在这种死亡和生成的合一中不是包含了这样一种试图，即不是十分认真地对待死亡，而是回过头去理解为什么事实上我们的生命经验常向我们提供那些充满光泽而又有魅力的隐喻。

经常逼迫思想的，首先是这样两种现象：睡眠和梦幻。从清醒的自我意识的确实性来看，睡眠与死亡一样难以理解。睡眠人外表的整个变化，睡眠人对我们所具有的完全不可企及性（这是我们在醒时在他那里感到的），似乎就像是那最终的不可企及性（死人正是以这种不可企及性使我们恐惧）的一种前期形式。那么梦幻呢？梦幻的比喻不正好是我们生命感受的一种语言表述，以致诗人可以找到"被生命之梦所拥抱"的诗句？这岂不是说，我们的生命是如此强烈地以他的想象和世界来充满虚无的问题，这一超出了自己生命确实性的问题，不再被提问了吗？

无论睡眠和梦幻这两种死亡隐喻能捕捉多少东西，这两者无论如何都有这样一个决定性的共同点，即它们都与清醒相关。本质上说，重新入睡、重新做梦和重新醒来，都属于所有清醒（者）。所以在这种思想里，死亡经验就回想到 Zoe，即生命经验，在持续的再生循环中,面对死亡的生命保持着自身,而单个的生命物不必在其自己有限的存在中认识自身。但这就是死亡的克服吗？整个哲学的思想试图无非只是一种不愿认死(ein Nicht-Wahrhaben-Wollen des Todes)。

所以我们重新问道：当我们思考死亡时,我们知道什么？这里必须提出一种我们根本无须特别强调其严肃性的方法论的考虑。认为我们严肃地去问何谓死亡这一问题,这难道是有意义的吗？人的所有问题都同人的生命确实性相关联,而且死亡思想因为为生命物所忍受而必不能保留一种最终生存论的不严肃性,这对人的所有问题最终都有效,但最终对于何谓死亡这一问题不正是毁灭性(致命性)的吗？一个继续让我活下去的死亡思想,似乎并不是区别于或从根本上不同于别的我们梦到的生命空间,而且只要我们活着,我们就跳不出这种空间。这里似乎存在有一种排斥一切的拒绝,拒绝把死亡和思想区分开来。死亡思想似乎已经把它自己变成了某种它所不是的东西。但也许这仅仅是一种方法上的疑难而事实上却是一种解答。也许,何谓死亡这一问题不只是可疑的,而且在某种意义上同时也是对此一问题本身的解答,因为它自己使自己成为可疑的。

我们以一个伟大的意义深远的神话,即埃斯库罗斯的戏剧所描述的普罗米修斯神话为例。这个故事是众所周知的：普罗米修斯在高加索被铁链锁住,兀鹰啄食他的肝脏——在我那一代的父母的房间里还可以看到有关它的精致雕塑品——埃斯库罗斯现在把普罗米修斯如何受人怜悯搬上了舞台。所以可能的同情者轮流出场,向他发出善意的劝告,他应当最终抛弃他对强大的宙斯的反抗,以免除自己的痛苦。在这种境况中,作为自己的代言人,普罗米修斯对这个如此忘恩负义的宙斯加诸己身的巨大的不公正发出抱怨。的确,普罗米修斯从天堂盗取了火种并将它送到了人间。虽然故事并非完全如此,但是每一个人都知道它,而且无论如何,是他将火的使用教给了人类——火的使用无疑是人类超越所有别的生物的最明显的标志之一。但是,埃斯库罗斯让普罗米修斯在怎样的境况下说这一点呢?普罗米修斯开始说,他对人类做了无限贡献。因为他造成了人类不知道自己会死。这意思是显而易见的,即他们不知道何时他们必然死去。普罗米修斯继续说:由于我指点他们观察星象,由于我教会他们计数、手工制作和技术,以及诸如此类,简言之,由于我对人类所能做的一切都起了决定性的作用,我因此已经改变了他们的整个生活;于是,我已经为人类做了贡献。

尽管人们像代数那样将神话人物夸大,但神话人物始终还是我们无法解释清楚的事物——明显的问题是:死亡知识的隐匿和新的技术能力是如何联系起来的?我们几乎无法避免将这两者联在一起思考。普罗米修斯是如何对人类隐匿死亡的确实性和死亡的时刻的,埃斯库罗斯对此缄默无言。但这不恰好是由此产生的吗?即通过帮助人类创造有计划的永久劳动产品,普罗米修斯使人类的思维转向远方?这也许是知与无知、死亡思想与进步思想之间的一种联系,当然,埃斯库罗斯没有解释这种联系,而只是以不同方式加以提示。确实,当埃斯库罗斯将普罗米修斯的整个激昂的言辞同普罗米修斯出于对这些可怜的造物即人类的爱而自觉承担起来的痛苦相联系时,埃斯库罗斯就提供了一种完全不同的意义。这种动机是如此精心制作，以致拜占庭的基督教能够运用唯有埃斯库罗斯才能给予的诗句在基督教戏剧《受苦的基督》中去改写埃斯库罗斯的戏剧。

但是，埃斯库罗斯的普罗米修斯所展现的人类自救的象征形象，在整个埃斯库罗斯的三部曲中无疑都可以找到其局限性以及它与最高的上帝统治的和解。所以我们有理由问：在这种通过对未来的信仰来克服死亡确实性的相当奇妙的神话方式之背后，究竟存在着什么呢？我想用生命超越性（Transzendenz des Lebens）这一概念来表达我寻找答案的方向。这是格奥尔格·齐美尔（Georg Simmel）的一个用语。"生命超越性"是说，人的生命是依照自己的本质超越自身的，所以，使我们陷于疑难的那个尺度是有问题的：因为死亡思想还是一种可以忍受的思想，所以死亡思想难道就不是一种通过对我们生命确实性的确信而来的一种对死亡的隐匿吗？这不正好标志着人类生命的特征，即它不断地超越自己的生命性及其生命性的本能获得——即进入无尺度，有如进入无自我吗？自杀思想——这是许多人生活过于紧张而造成的——的紊乱本身就间接地证明了这一点。陷入自我而未能超越自我，结果就扼杀了生命本身。

人的生命，就该词的最真实的意义而言，岂不就是一种连续不断的丰富，以致生命源泉——这对于每一个人都是独特的——不断在流溢？我们或许想到了歌德同法尔克（Falk）的那场著名的谈话，它是在他的诗友维兰德的葬礼过后进行的。歌德在那儿争辩说，他为何不能设想生命随着死亡而完全来到终点。他引证说，他总是将他自己的生命意识——假如我现在用一个名称简单表述的话——作为一种剩余现象来体验。而且只要生命具有这种剩余现象的特征——此时歌德的表述很像个枢密顾问——自然就有义务保证为我们的这种剩余存在提供新的可能。在歌德的这个谈话中,究竟有多少严肃、多少戏谑,我不敢断定。

还存在别的机制,可以证明生命的超越性并反驳这样的思想,即如果生命置自身于不顾,它将势必与它自己的生命确实性相脱离。我可能想到了殉道思想,特别是宗教献身——殉道者。但是,作为人,我们真能这样并能以此为根据吗？我们不能掩饰这一点,即如此证明的东西,也还是有可能成为生命剩余的一种方式,并因而有可能在野性的热情中,或者在这种实际上是一种逃避的牺牲中,仍有可能实现成为殉道者。在这种要求——这类殉道现象显示了对基督的真正追随——中始终有一种内在的含糊性。没有人会说,宗教献身不是为了追随基督,自己生命的献身不会是真正的献身,但是人们必须反过来承认,我们是无权超出我们自己生命确实性的这种含糊性。

现代诗人保罗·策兰有一首诗,标题是《黑夜》(*Tenebrae*)。这一标题清楚地表示:当基督被钉上十字架并说其最终遗言"我的上帝,我的上帝,你为何离弃我"时,黑暗立即笼罩整个世界。这位现代诗人敢于这样重新解释这个《圣经》记载的故事:

> 我们在靠近,主啊,
> 靠近而且可抓住。
>
> 已经抓住,主啊,

合为一体,我们
众生之身,
你的身,主啊。

祈祷,主啊,
为我们祈祷,
我们在靠近。

我们曲折向前行,
向前行,躬着身,
朝向盆地和火山坑。

我们到过饮泉边,主啊。

饮泉是血,
血来自你身,主啊。

光芒四射,
你的形象入我眼,主啊,
眼瞪
嘴张开,主啊。

我们已畅饮,主啊,
血,还有

血中你的影,主啊。

祈祷,主啊,
我们在靠近。

这首诗的思想之卓绝处在于:诗人无疑想说,耶稣临死时呼唤上帝,之所以徒劳无助,是因为上帝并不了解我们众生都知道的死亡。这听起来好像是对基督受难史的一种渎神的解释——或者我们是否在一种最深刻的意义上反过来说,这种解释完全接近于那种是在人之子的十字架受难中向所有人预告的特殊的基督教福音?无论如何,一位现代诗人在这里敢于写出的诗歌用语,反映出死亡由之出发而得到理解和可以忍受的知识,绝不可被强调。这恰好就是指"我们";死的痛苦已注入每个人心中。在这里,人类脆弱和死亡经验之间的一种内在关系被建立起来了;十字架上的耶稣感到自己被抛弃,这可以说是所有人类被抛弃的一种预演或示范。所以,生的恐惧和死的恐惧是彼此交织的,这种自我恐惧——它常是由面对任何恐惧而出现的,以致人们都想远远躲避自己所恐惧的东西——是在耶稣的十字架受难经验中以一种象征性的表情所概括的。虽然在奥尔贝格(Ölberg)的祈祷中,耶稣已经将圣父的意志置于自己的意志、造物的意志之上,并且接受了死,但耶稣仍在死的痛苦中提出这一问题——《以赛亚》箴言。献身精神仍还是自己生命确实性的一种可能性。

在我们的考虑中,我们已经建立了死亡对于人类自我意识的意义的丰碑,对死者祭祀表明了这种意义,而且,那种欲同时与死亡经验一起接纳的思想试图,在一定限度内也显示了这种意义。所以,最后提出了这个命题:属于死亡思想经验的是:经常地躲避死亡,只有在对死亡的躲避中,在对自己生命确实性的坚持中,才可以说把握到死的踪迹。看来,思考死亡的一种恰当的思维方式,无非只是思考恐惧本身,或者更确切些说,将恐惧本身作为思想来认识。

何谓恐惧?何谓处在恐怖中的这种此在的繁忙和外自身的存在?这种此在对什么感到恐惧?海德格尔曾以非常令人印象深刻的方式描述了这种恐惧:面对虚无。正是这种可怕,面对虚无的恐惧,才是真正的恐惧。恐惧,就像一种"跳出自身的思维"(Sich-heraus-Denken)一样,从所有的存在者,从所有人们可以支撑自己的东西进入虚无。所以,在生的和死的恐惧中,而不是在对可怕东西的过度思考和回避思考中,死亡经验与人、思维者的本真规定是结合在一起的。究竟何谓思维呢?思维就是拉开距离(Abstandnahme),是从自然生命的本能特征的解脱(Herausgelöstsein)。就此而言,思维是一种自由——但不是我们享有的能任意改变我们行为的自由,而是一种我们即使想逃避也逃避不了的自由。

现在我们得提出这一命题:思维的自由,是死亡具有一种必然不可理解性的真正根据。正是自由,我才能并必须作超越的思考(hinausdenken);正是自由,我才能并必须回避对自身思考(von mir wegdenken);正是自由,我才必须把我的思维着的存在的内在现实性外推出来。在这里,没有人能对这一问题给出一个解答:我应当如何理解这一点,即我,现在在此一瞬间我有一种思维着的运动,我有次不是这样吗?所以,思维着的存在(das Denkend-Sein)似乎成为死亡之不可理解性的根据,并同时包含了对这种不可理解性的知识。

　　瓜尔蒂尼(Guardini)有次曾说过,死亡是人类的本体论尊严。事实上,尊严首先在于人注意自身——尊严不是人们可以抛弃的某种特征。这一点是真的,即对人类来说,死亡就是一种人们不可放弃的特征,没有这种特征,人们就不能生活。显然,这就是说,与所有其他生命物不同,我们具有这样的一种特征,即死亡对我们来说是某种东西。人类的本体论尊严,人类无条件保持的、在某种意义上使他免遭丧失自身及其特有的自由存在能力的危险的东西,即在于他未曾遮蔽死亡的不可理解性。

　　童话,也许是儿童最早接触到的,并在那里首次预感到死亡的东西。那是一个关于燃烧着所有生命蜡烛的房子的童话。这房子的拜访者担惊受怕地环顾四周,最后也探问起他自己的生命蜡烛——并受到惊吓。无论一个儿童从这个童话中究竟知道了什么,生命蜡烛的燃烧绝对是人类生命及其期限的一种可敬而卓绝的象征,因为我们此在的有限性和短暂性象征性地呈现在它上面。在观看自己生命蜡烛时产生的惊恐,就好像是与生命确实性一起给予的最内在的恐惧的闪动。

　　但是,生命蜡烛展现给我们的,还有某种别的东西——这就是蜡烛本身的闪动。当一只宁静燃烧的蜡烛,被时间之风吹得来回摇摆,在光线的忽暗忽明中起伏波动时,这支将会熄灭的蜡烛的闪光,比那支宁静燃烧的蜡烛所放出的光明,似乎偶尔还略多一些:死亡的不可理解性乃是生命的最高胜利凯旋。

(舒远招 译,洪汉鼎 校)

Ⅲ

伦理学诸问题

II

地下古墳壁畵

11. 论一种哲学伦理学的可能性

(1963年)

　　说一种"哲学的"伦理学,即一种道德哲学,与一种"实践的"伦理学是不一样的,后者乃是建立一种行为者可以看到的价值表并且是那种提醒行为者在行动中关注此价值表的应用性知识,此种看法绝非不证自明的。反之,在古典传统中,这倒是不证自明的,即自亚里士多德以来被称之为《伦理学》的哲学实践学(Pragmatie),其自身就是一种"实践的"知识。亚里士多德早已指出,那在苏格拉底-柏拉图关于德行知识学说中已经作为其基础的东西是,我们不仅想知道德行是什么,而且我们更想知道如何才能成为好人。这对亚里士多德来说,虽然也是伦理实践的特殊点,但那也是属于古代的一般知识概念,即此向实践的过渡,乃立于其自身之中:科学并非诸真理的一种无名的总概念,而是一种人性的态度(ἕξις ιοῦ ἀληθεύειν)。"理论"(Theoria)也并非总是与实践相对立,而是其自身就是一种最高的实践、一种人类最高的存在方式。正如亚里士多德所承认的那样,即使介于科学的知识(ἐπιστήμη, τέχνη)和经验的知识之间真有一种张力,以至于一位有经验的实行者有时会胜过一个"知识丰富"的专家,但对于最高的知识、起源者的知识、哲学的知识来说,上述观点仍是正确的。

但是，这也完全适用于那没有这种理论与实践的张力的伦理学领域，因为那里并没有为了它的应用而产生的专业知识。

相反，近代的理性的"理论"概念，从根本上是由其与实践上的应用的关联所决定的，而这意指：由其与实践上的应用相对立所决定。学院和生活的对立，总是被给予了某些形式。但直到近代的开端，尤其是人文主义的时代，当古希腊的智慧（sapientia）理想又重生，并将其自身与对于经院哲学和教条的批判连结起来时，此一对立才完全进入意识之中。库萨的尼古拉之所以能够将其深刻的学说由"无知者"（idiota）口中说出，是因为他看起来比那些他与之对话的"演说家"（orator）和"哲学家"（philosophus）更深刻。随着近代自然科学的诞生，此一对立完全赢得了其确定性，并且理论概念也同时赢得一新的面貌。理论现在称为对于诸现象之多样性的那种解释，允许对它们在实践上加以掌握。理论——当它被理解为工具时——不再是一种自身的人性的态度——总而言之，它所要求的东西更甚于一种相对的真理。

这样一种对我们所有人而言基本上已成为不证自明的理论概念，如今在应用于道德现象上时，却导致了一个很难解决的纠葛。看起来不可避免的是：它由此与进步的乐观主义相连结，因为在科学研究的进程中，总是有新的更适合的理论知识被作为目标。但在运用于道德世界时，这却导致一种荒谬的道德进步信念。在此卢梭对启蒙运动讲到了一个不容忽视的否定（ein unüberhörbares Veto）。康德本身已承认："卢梭曾正确指导了我"。在《道德形而上学奠基》一书中康德曾毫无怀疑地指出，道德哲学，"共同的道德理性知识"，也就是人们的义务意识，绝不比他那单纯的心灵和他的直观感受能更好地告诉他什么是正确的。因此，按照康德的看法，道德哲学的思考也不能仅仅作为一种单纯的理论而出现。康德在此教导的其实是——正因此他对启蒙运动的知性高傲给予一种道德上的否定——向道德哲学过渡的必要性，并且事情基本上总是这样，即道德哲学从不能完全拒绝自身具有道德重要性的要求。当实质的价值伦理学（die material Wertethik）的创建者马克斯·舍勒有一天被他的一位学生因此而提问——因为他虽然对价值的秩序及其规范的力量有如此深具启发的描述，但他在他自己的生活实践中却很少符合这些标准——时，他是这样回答的："难道指路者也要走向他所指引的方向吗？"这个回答当然是不能令人满意的。曾经系统构造舍勒伦理观的尼古拉·哈特曼并不能以发人省思的方式放弃赋予价值哲学以道德意义。它对于伦理的价值意识有一种 maieutische（助产术）的功能，也就是说，它以发现那些被遗忘或被误认的价值来促进价值意识的不断丰富的发展。这一切就是哲学家所面对的从古老的期望中所遗留下来的东西，他不仅要在道德的迷惘或公共意识的混淆中跟随其理论的热情，而且也要重新建立伦理学，也就是建立新的有约束力的价值图表。但海德格尔也可能是对的，当他针对"你何时开始写伦理学"这个问题而在他的《关于人道主义的书信》中以这句话为开始："我们对于行为本质的思考尚未充分地被决定"。

事实上，在道德哲学的观念本身中，似乎潜藏着一个最初是由克尔凯郭尔对黑格尔及其对教会基督教的批判中才被意识到的无法解决的难题。克尔凯郭尔已指出，关于人类道德与宗教的基本状态的一切"不切实际的知识"（Wissen auf Abstand）是不够的。

正如基督教的福音预告的意义是"同时"(gleichzeitig)被经验的和被感受的那般,伦理的选择也不是什么理论知识的事情,而是良心的光明、尖锐和强制。所有有距离的知识都以遮蔽或减弱的方式威胁着那在道德的选择状态中的要求。很明显,在我们这个世纪,由于克尔凯郭尔的影响,从神学和哲学方面所进行的对新康德主义唯心论的批判,正是因为遵循这一动机,才使伦理学的可疑性得到了根本的承认。只要伦理学被理解为普遍的知识,那么它就与那和普遍规律的概念相连结的道德的可疑性纠结在一起。对此我们可以首先回想《罗马书》。人们并不在以下意义上理解那些书中所说的通过法律所产生的罪行,即被禁止之事激起了这些罪行,且在此意义上,罪行也不断增加;而是理解为:正是法律的内容导致真正的罪行。这些罪行不仅仅是一种偶然的所为,法律毋宁也导致了如下那种自大——由于此自大,顺从法律的人却被排除在爱的信条之外。并非神职人员和祭司,而是那好撒玛利亚人是被排除的人,这个好撒玛利亚人*接受并奉行爱的要求,而这些要求是从具体处境中而来的。从情况的概念来看,伦理学观念就哲学方面已达到了其可疑性的最高点。例如戈加滕(Gogarten)的哲学朋友爱伯哈德·格里泽巴赫(Eberhard Grisebach)。

事实上,在这种情况下,哲学伦理学看起来似乎陷入一种无解

---

* "好撒玛利亚人"源自于《新约·圣经·路加福音》中耶稣基督讲的寓言:一个犹太人被强盗打劫,受了重伤,躺在路边。有祭司和利未人路过但不闻不问。唯有一个撒玛利亚人路过,不顾教派隔阂善意照应他,还自己出钱把犹太人送进旅店。在耶稣时代,犹太人蔑视撒玛利亚人。耶稣用这个寓言说明,鉴别人的标准是人心而不是人的身份。犹太人自己的祭司和利未人虽然是神职人员但见死不救,仇敌却成了救命恩人。——译者

的两难之中。哲学伦理学作为哲学必然运作于其中的反思普遍性，使这种伦理学卷入了所有法律伦理的可疑性中。它该如何适应那种良心、公正的感受和爱的宽恕可以就此与之回应的具体情况？

我认为只有两条路才能引导哲学伦理学走出此一两难境地：一个是康德所走过的伦理学的形式主义，另一个则是亚里士多德的路。这两条路并非为其自身，但却是有可能部分适用于一种伦理学。

康德追问的是那种单以其无条件的普遍性就使伦理性概念得以满足的责任(Verbindlichkeit)。他在义务的无条件性——这种义务无条件性既反对功利，又反对对现有可供选择物的偏好——中看到了伦理学唯一能建立于其上的伦理责任模式。他的无上命令(Kategorische Imperativ)之所以被理解成每一种道德的原则，正是因为他所做的无非只是阐明那种应然责任形式，也就是伦理法则的无条件性。如果真的有道德上的善良意志，那么它就必须满足此一形式。由道德的普遍"形式"的这种知识当然不能证明：真的能存在有这样一种无条件的善良意志，以及能够使得无上命令成为我们意志的一种实际规定。对此，最初是由形而上学家康德通过《纯粹理性批判》给予一个预备性答案。虽然每一个实际的意志规定，只要它是属于现象界的话，就是从属于经验的诸基本规律，而一种必然的善行却确实从不能遵循这些规律。但纯粹理性的自我限制已指出，在那里除有因果关系的现象秩序之外，还存在有另一种理智的秩序，我们从属于这种秩序，并非我们作为感性的存在，而是作为理性的存在，并且只有在此秩序内，自由的立场、理性的自我立法，才能正确地被思考。这是实践理性的一种无条件的确实性,而理论理性与它也不矛盾。自由在理论上决非不可能,而且实践上也是必然的。

在此基础上,对康德来说就产生了一个对如下问题的回答,即为何需要一种道德哲学的思索,却无须因此使道德哲学摆脱那种单纯的义务意识的正直的纯朴性。康德说:"清白无辜本是一件美好的事情,只不过又非常糟糕的是,它不会很好地保护自己,并且容易受到诱惑。"① 能够正确无误地认识其义务的单纯心灵的无辜,并非只是因为经由战胜欲望才没有偏离正道。对此,心灵的无辜其实在于,它之所以没有偏离正道,就像如果只依赖于"神圣的意志"的话,它根本就不会出现,乃是因为它正确无误地认清了不正道——它所反抗的绝不可能只是强大的欲望,而是经由理性自身而导致的错误。实践理性其实是在情感的怂恿下而发展出一种特别的辩证法,通过此辩证法它知道去削弱禁令的义务的力量。它所使用的是我想称之为"例外辩证法"(Dialektik der Ausnahme)的东西。它不质疑道德律的有效性,但它寻求承认行为者自己所身处的状态之例外的特点,其意义是,在一些特别的情况下,虽然法律是有效的,但是一种例外却是合理的。道德哲学的反思应当帮助的,正是面临这种诱惑威胁的道德理性。道德理性是如此地需要这种帮助,以致道德哲学的反思自身在其"共同的"形式中间接地助长了此一诱惑。当康德的《道德形而上学奠基》一书将道德义务的本质想成是绝无例外时——这也是无上命令的意义——它也建立了道德的理性决定的纯粹性。

---

① 《道德形而上学奠基》,PhB22;《康德全集》,科学院版,第4卷,第404页以下。

因此,康德的形式主义的意义在于,捍卫这种道德的理性决定之纯粹性以反对一切——在天真的以及哲学的意识中——通过欲望和功利观点而来的混淆。因此康德派的严肃主义——该主义只承认这样一种纯粹来自义务和反对一切欲望而产生的意志架构(Willensbildung)对于道德才是有价值的——就具有了一种清楚的方法上的意义。用黑格尔的话来说,此处所说的就是检验法律的理性的形式。[②]

此处确有一个问题,即鉴于人类理性的经验依附性,如何获得诸如此类的法律检验,并弄明白它那根深蒂固的"恶之倾向"。正如格哈德·克吕格尔[③]最先所正确地强调的,康德的道德哲学的反思,就已经是以承认道德律为前提。作为类型而被交付给判断力的诸形式,如自然法的或目的自身的形式,是如此地不真实,以致它们自身就缺少说服力。我们只要回想例如康德关于自杀所说过的话:只要他还有理性,能够根据此一形式的模式去检视他要自杀的决定的话,他就会得出他的决定是不可行的结论。但很明显,这里不过是一种构想。为自杀的念头所纠缠的人,根本没有这么多的理性。若是自杀在道德上的不允许能以此方式被察觉的话,则为了让这种洞见至少能够成立,那为了思考的准备,甚至良心检验的动机,其实早就被当作前提了。它应当怎么办?康德的公式对于反思而言,看来只有方法上的重要性,因为它所教导的是,要切断所有通过"偏爱"所产生的污染(Verunklärung)。

---

② 黑格尔:《精神现象学》,霍夫迈斯特版,第 301 页以下。
③ 格哈德·克吕格:《康德批判中的哲学与道德》,蒂宾根,1931 年(第 2 次增补,1967 年)。

显然,康德的严肃主义,除了义务和欲望在方法上的对立的意义之外,还有另外一种道德上的意义。康德眼中所看到的是:当一个人在极端状况中思考用他的纯粹义务去对抗所有欲望时,这些极端状况会使得他的道德理性的力量进入他的内在,并因此造就他的性格的坚固的基础。他自己会意识到那些指引他的生命的基本律则。当他在例外状况中似乎通过了当下的考验时,那种例外状况也印记在他心中(可参阅《实践理性批判》中的纯粹实践理性的方法论)。

然而,人们仍应当自问,那使得义务与欲望的这种对立竟然成为决定的关键之例外状况,所决定的东西是什么。当然,不是任何随便的状况,人们都能够将之提升为是保卫其真正的道德决断并能从中得到一种良心考验。黑格尔对于应当(Sollen)的非道德性的著名批判——因为应当就已经是与愿意(Wollen)矛盾,因而也就是以恶意为前提——在这里是成立的。当他认为道德性的本质不在于一种命令式的伦理学的自我需要,而是在于道德之中时,也就是在那种体现于家庭、社会和国家的伟大客观性中的道德秩序的实体性之中,他难道不是正确的吗?道德意识的真理当然绝不在那种愿意持续并痛苦地意识到其动机与欲望的不纯正的审慎态度中。当然会有一些这种道德的自我考验会介入其中的冲突状态。但良心却并非是一种持久的面貌(Habitus〔显现、呈现〕),而是那种可用来敲醒某人,让某人被唤醒的东西。④ 然而,这是如何

---

④ 托马斯·阿奎那强调"良心"意指一种行动,而且只有在一种广泛的意义下,才是一种作为奠基的态度(《神学大全》,Ⅰ79,13;第6卷),如《瓦尔伯格研究丛书》的编者对此所作的注释。

能够呢？难道不是有一种"宽阔的"良心吗？人们无法否认，良心的戒备是依附于人们已经总是身处其中的诸秩序的实体。道德理性的自主性的确有着一种理智的自我决定的特征。但这并不排除所有人类的行为和决定的经验上的条件性（局限性）。人们至少无法在他人的评判中——这也属于道德的领域——切断其对于此条件性的关注。人们能够要求于他人的东西（不只是法律上，也包括道德上的），同可以要求于自己的东西，是不一样的。的确，承认人的条件性（就宽容的判断而言）与道德律崇高的无条件性是非常相容的。我认为，康德的反思主题的一项特点是：他对于良心对自己的判断和对他人的道德判断之间的区别，不感兴趣。因此在我看来，康德对于我们关于道德哲学的道德意义的问题的回答出路（Ausweg），最终是不能令人满意的。就算人们同意他，但没有人能幸免于道德冲突的情况，以及在例外的情况下被引诱，也就是人之常情。但是由此而来的难道不正就是，向道德形而上学的过渡对每一个人都是必须的吗？事实上，康德也得出这一结论。他对道德的奠基只想获得一种对每个人来说都能变得相对比较清晰的、隐秘的形而上学，但其结果是，他也把自己放到了相对较强的道德顽固性的地位上去了。不过，这样一种结果是可忍受的吗？康德难道不是因此而又拒绝了卢梭吗？

因此，我认为，另一种检验之路是值得的：一种道德哲学的思考，并非选择倾向于冲突的特例，而是遵循道德的常态。人们将会想起那由于反对道德意识的反思形式以及纯粹"应当"的伦理学倾向，特别是在我们这个世纪由马克斯·舍勒和尼古拉·哈特曼所发展出来的实质的价值伦理学，它是有意识地与康德的形式主义相对立。而且就算这种伦理学在舍勒那里随意而不公正地完全误解了康德的义务形式主义的道德的理性特征,它仍然有不容置疑的积极贡献,它将道德性的实质内容而非只是应当(Sollen)与意愿(Wollen)之间的冲突形式,提升为道德哲学分析的对象。此处上升到系统意义的价值概念应该打破那种单纯只是追求目的与应当规范的义务概念的狭隘性。当然也有一些在道德上非常有价值的东西却不是,也不能是追求的对象。例如,爱就不是一种意义。康德将基督教爱的信条致命地解释为一种实践善行的义务,在此方面表现得非常清楚。当然,从道德来看,爱也比因义务而行善更高贵。舍勒根据现象学关于所有本质规则性和先天性(Apriori)的直接明证性的理论而在一种先天性的价值意识的直接性上建立了一种先天性的价值体系。这不仅包含了道德意愿真正的追求目标,并且向下进入生命领域与利益价值领域,向上则直达神圣境界。这样一种伦理学真的也包含了道德性的实质内容,而非只是那种能够验证道德律的理性的反思现象而已。

然而,即使这样一种价值伦理学明确地将伦理(Ethos)概念及伦理形式(Ethosgestalt)的变化吸收进其思考之中,它也仍然无法逃避其方法要求的固有的结果,也就是去关注那先天性的价值秩序。这点在尼古拉·哈特曼那里表现得最明显。哈特曼并不将价值的先天性等级视为其顶端为一神圣价值的封闭体系,而是视为诸价值的一个开放的领域、一个人类经验难以估计的对象,同时也是一个难以估计的研究领域。研究的进步总是发现那些更精密的价值结构和价值关系。但其最终的结果必须说明,作为价值研究的伦理学应该带来一种对于道德的价值意识本身的促进和精致化。虽然道德哲学不能用威权去学习,也就是建立新的价值,但是它可以这样地去发展价值意识,以致能在其自身中发现这些价值。因此,有如尼古拉·哈特曼所言,道德哲学有一种助产的功能。

但是,这样的一种理论却失败于这样一种必然性上(有如舍勒所正确地认识的),即每一种道德都是一个具体的伦理形式。即使它所展现的是质料的价值伦理学的道德哲学的纲领,一种价值意识的无尽的精致化的观念也必须完全不可避免地暗示和论证一种自身的伦理,而且是这样一种与其他伦理形式相对立的伦理。人们或许会想到哈特曼所特别强调的那种因"错过"(Vorbeigehen)(尼采语)而损伤的丰富的价值。价值伦理学必须在自身中塑造一种必需且不可逾越的栅栏,即伦理本身,但这却与这种先天性的价值研究在方法上的要求相矛盾。没有一种人类的,也就是最终历史有效的道德体系能当真满足这种方法要求。一种先天性的价值系统的基本理念,在根本上是与一种无限的主体相关联的。因此,虽然实质的价值伦理学与康德的形式主义相区别,它包含了伦理性的实质内容,但它仍然并非我们所要寻找的出路。道德意识的直接性与道德哲学彼此仍是分裂的。

因此,我们最好转向亚里士多德。⑤ 在他那里根本没有价值概念,而只有各种"德行"(Tugenden)与各种"善"(Guter),并由于他修正了苏格拉底-柏拉图式的"理智主义"的片面性而没有放弃

---

⑤ [这里主要是我于1930年写的论文"实践知识",现在首次发表于我的著作集,第5卷,第230页以下。]

其主要的洞识,他也因此而成为哲学伦理学的奠基者。亚里士多德所论证的伦理(Ethos)概念所表达的正是,"德行"并不只在知识中产生,知识的可能性其实更是依附于一个人怎样存在,而每个人的这种存在又是通过教育和生活方式去经验以前的印记。也许亚里士多德所关注的更多是我们的伦理存在的条件性,以及个别决定对其特定的现实和社会的决定因素的依附性,而较少是那种促成道德现象的无条件性。正是在这一点上,康德成功地塑造了其纯粹性,此一纯粹性在那为柏拉图理想国奠定基础的"正义本身"的提问中具有其伟大的古代配对物。不过,亚里士多德成功地澄清了道德知识的这种本质,正如他将那种判断冲突状况的道德意识的主体性是掩盖在"选择有利者"(Vorzugswahl)的概念中那样,他也将那种决定其道德知识和个别选择的法律和道德的基础实体也包含在这种"选择有利者"概念之中。亚里士多德关于实践智慧(Phronesis)的分析在道德知识中认识了一种伦理存在本身的方式,此一方式相应地不会消解于那个他称之为伦理(Ethos)的整个具体化之中。道德知识认识那种要求情况的作为(Tunliche),而它之所以认识这种作为,则是基于一种将具体情况与人们一般认为是合法且正确的东西相关联的考虑。此一考虑有着一种推论的逻辑结构,它以那在伦理德行概念中被思考的关于正确性的普遍知识为其前提。当然,这也并非只是一种概括,一种单纯的判断力的功能。因为这与人的存在有关,他是否能无误地执行此种思考。这种思考正与那种被情感冲昏头脑的人有关,也就是,他不再倾向于其道德考虑的基础。这些基础看起来就像被蒙蔽那样。⑥ 亚里士多德以喝醉者为例进行解释：一个喝醉者虽然无负责行为能力，却不表示在道德上就无须负责。因为他喝酒本来就该有节制。

因此，亚里士多德的哲学伦理学的重点就在于 Logos（理性）与 Ethos（伦理）之间，以及知识的主体性与存在的实体性之间的中介（综合）。道德知识的实现并不在那些例如勇敢、正义等的普遍概念中，而是在那藉由这种知识的启发而规定此时此地的作为的具体应用中。人们已经正确地指出，亚里士多德关于什么是对的这一问题的最终陈述是来自一处不确定的公式"理应如此"（ὡς δεῖ）。亚里士多德伦理学的真正内容并不是一种英雄模范伦理学的伟大纲领及其"价值表"，而是具体道德意识的非虚假性和非欺骗性（ὡς ὁ λόγος ὁ ὀρθὸς λέγει），这种意识在如下这些什么都没说但又包含了一切的概念里找到其表达："理应如此者""合于礼节者""善良而正直者"。如果人们将亚里士多德的这种对普遍的具体化公式的强调视为一种伪对象化，甚至认为其中描述一种特殊的"情况价值"（尼古拉·哈特曼），那真是一种误解。其实，这就是亚里士多德所发展的"中道"（Mitte）学说的意义，即流传下来的诸德行概念的所有观念规定，都只有一种来自 legomena（言说）的格式-类型的正确性。但因此哲学伦理学也就处于一种每个人都立足于其中的境地。那些被认为是正当的东西，以及我们在对于自己或他人的判断中所赞成或反对的东西，都遵循我们关于什么是善和正当的普遍概念，但这只有在具体情况的实在中才能赢得其

---

⑥ 《尼各马可伦理学》，第 6 卷，第 5 章，1140b17：εὐθὺς οὐ φαίνεται ἡ ἀρχή。

真正的规定,而对此具体情况却无一普遍法则可应用。恰恰相反地,诸德行的典型形式以及亚里士多德在其中所论证的"中道"结构,对此情况的本真也只能提供一个大致的格式。因此,其实是那个我们藉以掌握中道并引领具体化的德行,才是那将行为证实为 πρακτὸν αγαθόν(可行)的东西,而 Phronesis(实践智慧)绝不是一个能作哲学思考的人的特别标识。相反地,那在一般意义上反思善和正当的人,也自认应当注意这种实践的逻各斯(理性),正如其他每一个人也应将其关于什么是善和正当的观念付诸实现一样。亚里士多德明确地认识到,如果人们置身于理论化的事物,并对之作哲学思考,但却不去做正当之事的话,那是一种错误。⑦

因此完全可以确定,情况并不像有时在亚里士多德那里所表现的假象那样,好像实践智慧只与达到预定目标的正确方法相关。实践智慧只有通过伦理思考的具体化才在其具体化中,即作为"可行者"(作为 πρακτὸν αγαθόν〔可实践的善〕)而规定"目的"。

的确,当康德认为,在幸福理想中更多的是想象力的理想而不是理性的理想时,他是正确的,并且就我们的意志规定来说并不存在一种可能是普遍有效而且能够被我们的理性作为道德律主张的所谓内容,当然也是完全正确的。但是人们还是应该自问,那保护我们的义务的无条件性以反对我们欲望的异议的实践理性的自主性,是否只是对我们的意愿提供了一个限制的条件,却并未规定我们的伦理存在的整体,而此一整体为理所当然的正当所引导,并在各种实际情况中选择行为(Tunliche〔可行者〕)。(拥有 Hexis 并

---

⑦ 《尼各马可伦理学》,第2卷,第3章,1105b12 以下:ἐπὶ τὸν λόγον καταψεύγοντες。

非意指对这个或那个的一种可能性,如能够和知道那样,而是一种像自然那样"是这样而非那样"的本质观。)

可行者——现在这并不只是那正当者,而且也是有益的、值得追求的,因而也是"正确的"东西。显然,这两种"正确性"在人们的实际关系中的实现,在亚里士多德看来,是人性善良的实现。当然,人们在道德的正确关系中的作为,与工匠熟悉他的技艺(τέχνη)是不同的——道德行为并非因其结果而正确,其正确性其实是,而且主要是在我们自身之中,在于我们的行为如何——也就是那个"正直的"人如何做(σπουδαῖος ἀνήρ)。反之亦然,道德行为更多地是取决于我们的存在,而非取决于我们表现出的意识(εἰδώς),道德行为是恒常地将我们自身如我们所是地(而不是如我们对自身所知地那样)表现出来。但是,正因为我们存在的整体是取决于那种并非简单地现成在手的诸能力、可能性和情况,因此那作为我们行为目标的 *Eupraxia*(善行)以及作为我们安身立命所追求的 *Eudaimonia*(善意,幸福)所包含的要比我们自己更多。我们的行为立足于城邦的视域之中,并藉此延伸我们所选择的行为至我们外在的社会存在整体。

伦理学证明自己是政治学的一部分。因为我们自身的具体化——其轮廓体现于诸道德形式及其向最高且最值得追求的生命形式的安顿(Hinorderung)中——扩大到那种所有人所共同拥有的东西,希腊人称之为城邦,而我们对其正确的形式也始终负有责任。只有这点才阐明了亚里士多德的实践的一个核心对象是友谊(Freundschaft),但不是作为"友爱"(Freundschaftsliebe),而是作为那介于德行与善之间的中间者(Mittlere)。它只是一种

met'aretes（中道），拥有（虽然始终是不确定的）此中道对于美满人生是不可或缺的。⑧

因此，亚里士多德对于道德决定并不像柏拉图和康德所要求的那样，强调那种崇高的无条件性。虽然亚里士多德也知道，道德行为并非单纯地有目的地遵循任意所选定的目标，而是因为其自身，因为它是"美"的才被选上。但对它而言，则始终有一个与它同在的多方设限且制约的而且是它必须去认识和掌握的存在整体。即使是亚里士多德伦理学的整个架构所始终追求的人类存在的至高理想——纯粹的沉思，如柏拉图那样⑨，也总是与它自身所依附的行为的生命及其正确的掌握有关。

但正是在这一点上，那种成就了亚里士多德思想深度的多重制约的真正意义才彰显出它在道德哲学中的重要性，即在此——也只有在此——才会对那令我们不安的问题给出答案。这问题就是，哲学伦理学，即一种关于人性的人性学说，如何才可能不至于沦为一种非人性的自我膨胀。

属于伦理学哲学实践的道德哲学的思考并非一种必须被导向实践应用的理论。它根本不是那种一般的知识，那种只能掩蔽具体情况要求的不切实际的知识，正如在好撒玛利亚人的比喻中，牧师和祭司忠于律令的那种意识那样，那种只有在被交付给哲学研究的概念普遍性中才能被阐明的普遍者、典型者，其实与那种任何

---

⑧ 对此参见我的论文"友谊与自我认识"，载《U. 霍尔舍纪念文集：维尔茨堡古典学论文集》，NF 1(1985)，第 25—33 页[现收入我的著作集，第 7 卷]。

⑨ 参见我对于高蒂尔和约利夫版（撰写导言、翻译与评注）的《尼各马可伦理学》一书所写的书评，载《哲学评论》，第 10 卷(1962 年)，第 293 页以下[我的著作集，第 6 卷，第 302—306 页]。

实践道德考虑中由普遍的规范意识所引导的东西,在本质上并无差别。它之所以能与之无差别,是因为它包含了在特定情况中同样的应用任务,而此一任务适应于所有的道德知识,包括个人的以及政治家对于所有作为的知识。不仅是那引导具体行为的、作为实践智慧本身的道德知识具有一种伦理存在、一种 Arete(德行)[那是 έξις(拥有)——当然是一种 έξις τοῦ ἀληθεύειν(拥有真理)],而且伦理学的哲学实践也具有道德的重要性,这不是一种为"生命"所否定的"学派"的含混的要求,而是那种制约此一哲学实践的诸情况所导致的必然结果。这种实践并非每一个人都该去做,也非每一个人都能拥有,能拥有它的,只有那种让其自身的本质通过教育而在社会和国家中被引导到如此成熟的人,以致他能够在具体的遭遇中重新认识普遍的学说,并使其在实践中发挥作用。亚里士多德伦理学讲演的听众必须让自己远离那种为了逃避具体情况要求而只对理论有兴趣的危险。持续地关注此一危险,在我看来,正是使亚里士多德的学说不会过时的要点。正如康德以其"形式主义"所想要做的那样,他也将所有错误的要求从哲学伦理学的观念中排除掉。当康德将实践理性的无条件性从人类本性中的所有条件性中分离出来,并只展现其超越的纯粹性时,他伤害了启蒙运动的道德哲学的理性判断及其盲目的理性傲慢。与此相反,亚里士多德却将人类生存状况的条件性置于中间,并将普遍者的具体化以及对各个状况的应用标志为哲学伦理学的核心任务,也就是道德行为的任务。康德的无止境的贡献在于,他发现了道德理性判断的那种危险的不纯粹性,道德动机和实用动机的那种"令人厌恶的混淆"。在启蒙运动的时代,他让"实践的世界智慧"成为道德性自身的一种更高的形式。我们是因为康德才免于这种妄想。但是我们要承认,所有人类本质的及其理性使用的条件性,仍需另一个面向,那主要是教育的面向。人的这种本质的有限性在这面向上看得最清楚。对此康德也知道,其真理的界限将显现于其中,如他所知的那样。康德以使人印象非常深刻的方式指出,伦理理性、义务或正义自身的观念所能影响儿童心灵的力量有多大,而在教育中总是使用赏与罚方式是不对的,因为这加强和证实了自我动机。当然,在其中也有些是对的——的确,奖赏与惩罚、赞扬与责备、模范与仿效,以及团结、同情与爱,它们的影响所立足的原因,这些甚至在理性的所有可说出(Ansprechbarkeit)之前就已经形成了人们的"伦理"(Ethos),而也正是通过理性,它们才使得可说出成为可能。这就是亚里士多德伦理学的核心。这对康德来说,并不正确,我们所认为的道德正当有一种必然的限制,而此一限制却不必然导致康德所提出的那种动机的不当混合。特别是古代的幸福论(Endämonisnus)——与启蒙运动时代的世界智慧不同——不该被认为是对于道德的超越纯粹性的一种混淆,不该被认为是一种他律性(Heteronomie)。这主要为柏拉图的《理想国》(第 2 卷)中的乌托邦的严格主义所证实——但亚里士多德也从未误认,人们有权为其自身而做事,而且没有任何有关于享乐、功利或幸福的顾虑可以去损害更真实的决定中的伦理无条件性。而正是这种我们对于一般性处境所持的见解的有条件性——在不是相关于言辞之卓越意义上的决定,而是相关于更好的(*prohairesis*)选择的地方,都可以看到此种有条件性——这并非缺点,也非限制:它将个人的社会-政治的立场吸收为其积极的内容。但此一立场却不只是一种对于社会与历史生活中的那些变化的条件的依附性。的确,每个人都是依附于他的时代和世界的观念,但是由此既不能推出道德怀疑论的合法性,也不能证明在政治权力运作观点下的操纵意见形成的控制手段的合法性。那些对于一个时代的道德和思考模式的改变,特别是那些给予旧时代人们以一种道德全然瓦解的恐怖印象的改变,是在一种安静的基础上实现其自身的。家庭、社会、国家决定了人们的本质结构,其中他们的伦理充满着变动不断的内容。虽然没有人能说得出,从人们及其共同生活的形式中能够产生些什么——但这并不是说,一切都是可能的,一切都可以依照喜好和任性被建立和确立,如当权者所想要的那样。有一种天生的正当。[⑩]亚里士多德通过道德与政治的存在而在那与柏拉图共享的信念中发现了克服一切道德知识的有条件性之道。存在的秩序有足够能力给一切人性混乱设立界限。在所有的扭曲中,这一观念总是不会毁灭的:"在其自身本性的基础上,城邦是何等强大。"[⑪]

所以,亚里士多德可以在其伦理学内容中承认一切人类本质的有条件性,但他并不否认此一学说自身的有条件性。这样一种不仅知道其自身的可疑性,甚至因此而将此一可疑性作为其重要内容的哲学伦理学,在我看来,只有它才满足了伦理的无条件性。

(刘 康 译,洪汉鼎 校)

[⑩] 《真理与方法》,第302页以下、第490页以下,对此有详尽的说明[我的著作集,第1卷,第324页以下;第2卷,第401页以下]。

[⑪] 柏拉图:《政治家篇》,302a。

12. 价值的本体论问题

(1971年)

德国哲学的民族传统促使我们首先要探讨所谓价值哲学,因为价值哲学直到今天都未失去对于拉丁语世界的影响力,因而我们要对其概念基础,即价值概念,进行一种概念史研究。这不仅会增加我们的历史知识,而且也会使我们意识到在使用价值概念的过程中所蕴涵的实际意义。这里所涉及的不仅是那个著名的事实与价值的区分,这一区分特别统治着西南新康德主义及其对社会科学(马克斯·韦伯)的影响。当前的讨论表明,在今天所达到的反思水平上,特别是在"事实"概念被知识论、诠释学和意识形态批判除去了独断论之后,这一区分逐渐地站不住脚了。反之,始于布伦塔诺经过胡塞尔、舍勒、尼古拉·哈特曼的德国价值现象学却表现出一个契机,它能使天主教的德行学说和善行学说以及永恒哲学(philosophia perennis)重新得到解释,它还越来越有一种实际上的现实性,使"价值"的本体论问题成为值得讨论的。

我认为,这里在方法上与语言分析路向的讨论的界限是明显可见的。这不仅关涉到规范表达和价值判断与理论表达相比怎样能被证明为逻辑上合法的问题,而且还涉及对所与"价值"的这种规范要求是否合法的问题,也就是说,一种不依赖于评价者的东西是否"存在"着价值。价值问题的本体论方面意味着这样一个关口,如果你不探寻"价值"之存在所要求的整个道路,就别想通过它。事实上,价值概念是一个我们不得不历史地自我思考的真正的哲学困境的表达。最终,每个人都必须承认,这个哲学困境的背景是由我们文化的共同因素——即现代经验科学在现代人类的生活和意识中所起的作用——所形成的。运用方法论的、建构的和证实的原则使对象世界通过人的计划和劳动展示其可生产性和可变性,这对于规范的观点来说,显得完全难以理解和接近。引导和支配我们的认识和能力的诸主导性价值和目的,本身就不是由这种现代科学所能传递和证明的。在其最终的普遍性上,它们是一切同时代的哲学构思的共同基础。

在价值问题的历史中,如其在 19 世纪和 20 世纪所表现出来的,也显露出我们哲学意识的这种基本张力。价值问题尽管在 19 世纪为胜利推进的科学思想所指引,随后在文德尔班和李凯尔特的新康德主义中被确定,但它最终还是必须返回到康德那里被确定。康德关于感性世界和理智世界的区分,特别是他在这种区分基础上对自由问题的处理,精确地标画出一个新的任务,这一任务是在抛弃了以基督教为基础的世界目的论和创世目的论之后而向思想提出来的。《纯粹理性批判》令人信服的结论就是,人的经验必须置于先天的条件之下,这些先天的条件解释了置于规律之下的质料是什么,以及什么构成了自然概念。但是,在自然规律性的统治之内应如何解释自由?对此,理论理性却未能找到任何答案——可是,自由仍是一种理性事实,正如康德故意以相互矛盾的概念构成所称呼的,因为他把事实的经验概念要求为"理念的能力"(Vermögen der Ideen),即理性(Vernunft)。按照那种批判,即理性理论的使用是在"可能的经验"之外,甚至在置于目的概念之下的目的论思想之外被思考,并被归于人的所确认的世界,因而,实践理性的自我确定性则表现出一种新的坚固的基础。义务履行义务,这种义务只能在自由的前提下才被思考,这在自身之中就具有一种本已的确实性。从这种确实性出发,理性追求统一性的要求就必然去思考一种经验的无限推进决不能达到的整体。康德称这个整体为"目的王国"并说这是一个异常丰富的概念——明显的,无须丝毫更新独断的目的论。毋宁说,这个概念直接地来源于自由的理性事实,因为在此理性事实之内——而且也只有在此理性事实之内——经验的相对性才被超越。但这个被超越的经验特别指人在与人的交往中所产生的那种经验。目的王国所表示的,就是超越一切经验的评估和评价的智性世界的状况。德性,或者如康德所说的,善良意志,同所有其他被评价的东西的区别是如此之大,以至于它拥有一种绝对的价值而没有任何价格。康德建立了一种绝对的或内在的价值概念,这一概念构成了人的尊严并赋予人以一种自身目的(Zweck an sich)的特征,它与源于18世纪英国经济学的价值概念用法完全相反。一切依赖于功利概念的道德哲学(哪怕其中共有一种社会功利主义),甚至还包括"道德感情"(moral sense)的社会实在,都被康德那种奠基于自由概念之上的道德法则所超越。这种超越的矛盾表达就是"目的自身"概念,它包括在众所周知的绝对命令的表述之中,按照这一命令,人决不能把他人仅仅作为手段对待,而要把他们视为目的自身而加以尊重。

12. 价值的本体论问题 265

到此为止，是一个与一般"价值"表述相联系的概念，此概念完全是通过与作为功利主义-幸福论的道德哲学基础的价值评估的相对性相对立而被规定。康德可能是通过休谟对英国道德情感哲学的细腻概括而认识到这种道德哲学的。另一方面，传统的善行学说及其创世秩序的基础，不会因其本身而被康德的基础所修正，而是被置于一个完全不同的新的基础之上，并从这里得到其"实践的"——和非理论的——的合法性。若要从表现道德法则无条件性的唯一证据出发，看出康德道德哲学的其余的如下观念：存在有一个目的王国，因为诸目的自身彼此相互共存，以致每个人的任意应当通过对他人的承认才得以限制，并且在目的王国里必定存在一个首领——这可能将使我们追溯得太远。这就是康德借助于至善学说所做出的道德论上的上帝证明。无论如何，道德形而上学的这一基础意味着传统的基础关系的一种转变。道德法则不再回溯到上帝，而是从道德法则——在康德所谓的公设的形而上学中——推导出上帝的存在。基础关系的这种转变意味着人的道德性自律，道德性独立于宇宙智慧和对上帝的敬畏，并包含着自然世界与道德的理智世界之间的严格区分，一个是由必然性所统治，另一个则由自由所统治。康德提升了这一要求，即把他的道德意识的独立基础同整个传统对立起来，并使伦理的本质首次以完全的纯粹性表现出来——即作为实践理性的一种事务。因此，康德在义务的杂多性中——如传统所教导的那样——以及在一般义务的可能的冲突中，并未看出任何真正的难题：何为义务？这就是实践理性道德自查的结果，作为这样的东西它总是同一的。它是在意志"形式"上的考量，也就是在道德法则的特殊普遍性上的考量。

192

因此,这种"审查法则的理性"——用黑格尔的术语——和一般应然以及实然之间的对立被置于实践哲学的中心,而道德的现实性、人在社会和国家中的事实关系则成为次要的疑难。但道德的自我确信通过实践理性的公设和其"道德世界观"的造就所经历的提高,并不能真正地把道德实在性的扩展建立在人类社会的生活中。它本来就有一种不可克服的暧昧性。它是行为者对于世界的不完善性进行自我安慰的单纯假象? 抑或甚至是一种伪装,在其之后根本就没有对于"道德世界"的真实信仰? 黑格尔从早期开始就接受了这种暧昧性,特别是他在爱的本质和与此相联系的"客观"精神那里认识到康德法则观点的局限。在他的《精神现象学》中,黑格尔把道德世界观以及良知的自我确信作为在宗教和哲学中自我完成的精神的自我认识之途中的单独一站。① 因此,在黑格尔的思想中,康德纯粹公设的形而上学就转变成绝对精神的实在形而上学。它能够把道德世界建立在它的实在性完成之中——但当然也把康德的"神圣意志"和"目的王国的首领"纳入到精神的百川归一之中。

事实上,这是对精神的泛神论的一种神学反动,这种反动是由于谢林的影响在黑格尔学派自身内部产生的。它明显地退回到康德。但是,在黑格尔证明了康德的义务伦理的局限性并使之上升到哲学意识之后,再单纯地退回到康德的义务伦理就不再可能了。这一点无论是对于克里斯蒂安·魏塞(Christian Weisse)还是对于赫尔曼·洛采(Hermann Lotze),都是明显的。在这两人那

---

① 黑格尔:《精神现象学》,霍夫迈斯特版,第423页以下(第6章,"精神")。

里——正如在他们之前的赫尔巴特(Herbart)一样——美学都获得了一种新的系统意义。其中,动机背景(Motivationshintergrund)具有了价值概念在19世纪就开始起的那种新的作用。在这个概念里以某种方式重复着那种与道德哲学传统的责任概念相联系的困境,这困境康德曾通过实践理性的自律概念以他的方式加以解决过的。在价值思想的统一性和价值的多样性之间的关系中,义务问题又再次出现在它同许多不同义务的关系中,并且作为在起作用的社会规范与个人在其良知中所做出的真正道德决断之间的张力而表现出来。但这种张力在此不再像在康德那里那样通过实践理性及其道德法则的无上(绝对)普遍化而得到解决,而是依赖于"可变的感情判断力"。② 因此赫尔曼·洛采代表了一种奠基于美的概念之上的"扩大了的伦理观"。

在一篇写于1945年的论文"论美的概念"中,这个主题再次被详尽讨论,洛采有意使它在这方面扩展。洛采联系到康德的《判断力批判》,联系到那样一种"愉悦",这种愉悦不仅鉴于美的无利害的愉悦而起源于认识能力之游戏,而且同时还满足于借助所谓目的论判断力(这种判断力允许把自然秩序作为一种整体的统一性来思考)而产生统一性的理性要求。在洛采那里,除了单个的美之外,在自然和艺术中还出现了为理性的整体的美,康德在目的论判断力批判中至少已经把这种为理性的整体的美同审美判断力一起综和在反思的共同体中。洛采通过把两者都看作是反思愉悦而将之纳入"美"之中。这个宽泛的美的概念现在就容许洛采把美置于

---

② 赫尔曼·洛采:《短篇著作集》,第3卷,第305页。

善那一边。在一切道德责任都立足其上的无条件的善的概念之旁出现了作为另一种无条件的自明性即对美的敬重。这种对美的敬重超越了单纯的令人愉快之物。因此,无条件的善的概念通过"自在自为富有价值的关系"——这种关系在美的经验中反衬出"严格的伦理"——而扩大了自己。

无疑,这首先是一种把美与伦理的责任力量相互并列的理论。甚至在洛采的眼里,美的永福(Seligkeit)同神明(Heiligen)的亲缘关系更甚于同善的关系。在美中出现了实存者(Seiendem)和应存者(Sollendem)的和解,它拯救了应该(Sollen)与目的(Zwecke)的痛苦。这赋予美以其重要标志,即使一般会认为,凡使艺术对我们产生意义,这乃是对道德价值的责难。一种无条件的价值的特征倒是与美相称的。当然,伦理性的无条件者的这种向艺术王国和美的王国的扩张显然只具有有限的意义。因为对美的正确评价以及情绪和想象力为此而必须的运动性,正如洛采所正确强调的,都不能使每一个人像要求他正确评判什么是他的责任那样。洛采更为深刻地看到这一点。他认识到,把伦理的思考提升到无条件性,这是原本的伦理主题。"不仅行动构成了人的天职"——一种"赋予伦理价值的侧光"也普照在我们世界知识的整体之上。

"因为我们这样认为,凡达不到精神生活的较高意义,而只能满足于伦理性的无对象性的普遍要求的东西,本身就无法将其许多个别的特征统一到情绪的共同一致中;相反,我们倒是需要面对一种较高严肃的伦理性,同时也看重那生活、纠缠于诸事件及存在者之中并随同后来的目的而相对成熟起来的东西。"

不难看出,这是与康德的公设的形而上学相适应的。在洛采那里,正是伦理性作为"赋予道德价值"要求整体,即感性世界与伦理世界、德与福的和谐——用洛采的话说,就是"整个宇宙的意义"。这里我们立足于哲学价值概念的本源。一个语义学的事实是意味深长的:只要价值是在同尊严、赞赏、效用、含义、意义,甚至神圣性的交换中出现的,那么这个思想从根本上说就没有超出康德的那种只有善良意志才拥有的"绝对价值"概念。但现在出现了复数的"诸价值"以及"价值王国"概念,并因此而出现了这些价值的"存在"的问题。如此这般作为诸多价值所表现出来的东西,虽然不再是那种根据康德公设形而上学形成理智世界的"自在目的"王国,但它与那种目的王国是相适合的,因为"目的自身"限制个人的任意性。这同样也适合于价值。"自在自为有价值的东西"和起源于赋予价值的感情或确定价值的理性的东西,都从属于一种不在我们的任意中存在的、而从它自己的角度要求承认的"价值分配"(Wertverteilung)。作为一种真正的疑难而发展出来的"价值哲学"课题,正建立在这一基础之上。

这一疑难显然是双重的。一方面价值并不像事实那样存在于此,而是起源于人的价值给予;另一方面,价值作为我们必须承认的我们感情的所予物立于个人的任意性的对面。这显然在美上是特别可理解的:一方面,如果没有我们的"感觉着的精神",美是不会存在的;另一方面,美又通过其自身优越的此在而使我们流连忘返。对于使价值经验的这两个方面得到某种均衡而言,洛采特别推进了下述这一点,即他通过美而使伦理得以扩充。虽然人们必须给予趣味和偏爱一些随意性和相对性,但另一方面最高的美也拥有无条件性,这使得美与伦理的无条件性地位相当。

这里第一次暴露了后来价值伦理学虽竭尽全力但仍未解决的难题:价值的相对性同其绝对性和无条件性的要求如何达到和解?在把价值哲学建构成实质的价值伦理学的过程中,这个难题采取了这样一种形式:对自在存在的价值关系的见识,即对那种被提升到现象学自明性的价值等级秩序的见识,与那种并非盲然不明而是由实践理性所照亮的活生生的伦理(Ethos)形式之间如何协调一致呢?我们也可以这样来表述这一问题:对价值王国及其他秩序的见识难道不必须提出要作为具体伦理才是唯一合法的这一要求吗?这一点事实上在价值伦理学的历史中已经表现出来了。1864年,年轻的狄尔泰在接受洛采的"日益高升的价值观"时,就已经预测到未来的伦理指向。更具有决定性的是,在我们这个世纪,接受了舍勒实质的价值伦理学的尼古拉·哈特曼,在哲学的价值认识中看出了一种为我们的具体价值意识而存在的预见功能。在这两种情况里都有相同的、与价值研究相关联的具体伦理,虽然它是价值意识的扩展和精致化。"消逝"(Vom Vorbeigehen)原是尼采一篇论文,却被尼古拉·哈特曼作为一个口令加以遵循。事实上,这样一种伦理只能同一切研究本来就有的进步相吻合。可是——科学的进步思想这样传递到价值见识上,应怎样成为可信的呢?在自由主义时代,这原是一种可以设想的幻觉——狄尔泰也陷入这一幻觉中——而在我们这个世纪,这却表现了一种明显的时代错误。

12. 价值的本体论问题

在价值理论形成之初,就像我们在洛采那里所见到的那样,事情完全是另外一个样子。在那里,伦理与价值王国之间的关系还是完全清楚自明的,以致所有价值在一个伦理中都有其本源。因为在洛采看来,正是充满活力的爱的伦理才给予价值王国秩序以统一的概括。"不论是真理的王国还是价值的王国,都不比充满生命活力的爱更早存在。"③ 自在存在的诸价值只对感觉者而存在,但洛采正是在人们为了一个较大的价值而牺牲一种价值,特别是人们总是企望另外的福祉时,看出了充满生命活力的爱。因此之故,在这里洛采也还是遵循着康德的公设学说——甚至直到神学之中也是如此,只不过他对此作了富有特征的改变。"我们关于上帝的概念之所以能培养对美的观察,仅因为我们能从上帝的神圣性中预见到一个尽管伦理的、但非自然的世界"。

从根本上说,这并非是一次对康德的真正偏离。因为在道德的上帝证明的唯一基础上,康德自己也只是从自然秩序的合目的性出发附带地解释了上帝存在的宇宙论证明的许可性。对于洛采来说,这一任务当然困难很多,因为创世秩序的神学基础在自然科学取得显著胜利和以力学作为所有自然研究的楷模的时代里,就不再被看作是有支持力的了。这样,洛采就必须——用他自己的话来说——捍卫那个与手段的世界相对的"目的和形式的世界"。这就是价值世界,即那个扩大到美周围的伦理宇宙被洛采所提出的作用:它必须意指形式世界。④

---

③ 赫尔曼·洛采:《微观宇宙》,第 2 卷,第 416 页。
④ 同上书,第 276 页。

洛采关于在人类生活中起作用的具体伦理与主宰着伦理宇宙的价值王国的朴素综合，其结果在下述两方面彼此分离：一方面是人赋予价值的全权；另一方面则是对于"自在自为有价值物"的价值秩序持存的单纯见识。前者出现了某个具体伦理一直在其中展示出来的价值场的根本相对性。这样一种秩序可以从属于不同的观点，而"一个主导的价值观"却也总是根据一种伦理在其中表现自身的东西而确定。这个问题的最有价值的例子就是马克思的意识形态学说，以及在尼采重估一切价值的口号里所包含的结论。在前者那里，实质的伦理由一种社会的利益状况推导出来——它包括价值体系随利益状况的改变而发生变化；在而在后者那里，重估一切价值乃是对抗基督教的价值世界，这一世界虽然通过"黑格尔和另一个施莱尔马赫"而经历的唯心主义世俗化而得以完成，但在尼采的眼中已不再有任何确信力。这两种批判立场的理论结果最终是一样的：一种相对主义的结果。表现为不同类型伦理形态的价值体系——例如在曾经是洛采的学生的文德尔班——只是构成了文化科学的总体框架，并且这种德国西南学派的价值哲学向社会科学的扩散曾经使伦理与哲学伦理学相互渗透这一哲学任务这样富有意义，而它自身却未提出过这一任务。它试图从尼采的激进主义的遗产中找出科学的支撑点，而且富有特征的是，文德尔班在著名的《哲学史教程》中关于价值问题的描述里还插入了尼采的道德哲学。所以我们在尼采自身那里（8,338）读到了一个最有启发性的注释，在此注释中，他不仅要求道德史的研究要与从另一方面对现存的价值场所作的心理阐释一致，而且从根本上提出了"价值何为？"这一问题，也就是要求一劳永逸地制定出一种真正的价值观。事实上,这在尼采那里当然并不像我们听到的那样是相对主义的。当尼采说哲学的任务是"要解决价值问题和规定价值的等级秩序"时,他所指的决非是把价值王国作为对象去认识的价值研究。无论如何,他的观点不是相对主义的,正相反,他要求制定一种唯一优越的价值观,他自己曾为了反对忌妒道德捍卫过这一优越的价值观:"善与恶的彼岸……这至少不是'好与坏的彼岸'。"因此,价值相对主义虽然"从生命出发"乃是尼采的理论结论,但他自己是想以此使价值的真正等级秩序赫然显目。

在另一方面,为洛采所强调的价值认识的特征,也是承认一种自在有价值物,虽然是以感情的方式。这就与现象学派联系起来了。弗朗茨·布伦塔诺事实上建立了包括意愿和感觉在内的心理现象类的统一,他通过这些心理现象与对象的价值或无价值——并因为他通过与判断中具有的真或假认可的强烈类比——提出了在"爱"与"恨"上那种"价值分类",而这种分类在洛采那里明显地被认为是一种不在我们的偏爱中存在的东西。相对于布伦塔诺,洛采在此是非常现代的,这特别表明了布伦塔诺1874年的《从经验立场看心理学》与洛采所具有的丰富关联。由于布伦塔诺把爱与恨的那些现象作为价值关系加以分析,所以他从在它们之间起支配作用的东西中推导出偏爱法则,从而为现象学的价值伦理学创立了公理基础。

这种价值伦理学的历史,最近通过阿洛伊斯·罗特(Alois Roth)从早期胡塞尔的伦理学讲座出发所给予的解释而得到一种新的阐明。⑤ 胡塞尔对布伦塔诺的公理分析不断进行涉及,就表明在哥廷根期间他是多么投入地探究现象学伦理学这一课题,而这一课题随后通过马克斯·舍勒1913—1916年的大部头著作(这部著作当然在这同一作者的诸多论文中就已经有了先期表现)而产生了公开的突破。这两位作者都不满足于从先验结构中并根据先验结构在各价值之间起支配作用的偏爱法则等去分析价值王国,而是为他们的伦理绝对主义和价值客观主义抽取出形而上学的结论,而这些结论在哲学的目的论和神学中达到顶峰,有如洛采曾经使它们凸现出来那样。在这里,价值伦理学相对于任何一种善行伦理学的优越性,以及首先是康德关于道德哲学与神学,即伦理性与宗教之关系的"倒转"被确定了。胡塞尔似乎从事于一种对形式思辨至善(summum bonum formaliter spectatum)的先天演绎,并最大限度地假定了最高的人格与世界的价值秩序之间的本质相关性。上帝"被设想为最完善的生命理念,最完善的'世界'就建构在这种生命理念之中,这种生命使最完善的精神世界在与最完善的自然的关联中从自身创造性地发展出来"。⑥ 伦理学指向了一种"超实在性"(Über-Realität),这种超实在性以超经验的方式把一切经验的实在产生出来。舍勒一开始还信心十足地假定一种最高人格观念作为最终的世界基础——以便后来在其自然哲学和人类学研究的过程中达到一种"精神"的形而上学,而不抛弃人格概念对于伦理学的中心地位。事实上,这种神学推论的基础显

---

⑤ Alois Roth, Edmund Husserls ethische Unterschungen. Dargestellt anhand seiner Vorlesungsmanuskripte. Den Haag 1960.

⑥ 同上书,第105页。

然是人格概念——不仅在"个人的行动中心"是一切价值效用都得回溯到的关联点这个意义上,而且也在一切与人格有牵连的价值明显地高于所有其他价值向度这个意义上。甚至个人的道德修养本身实际上也不产生于与"价值王国"的直接关联,而是高于个人价值,有如舍勒所清楚认识到的。特有的伦理(Ethos)的形成以及在一套具体伦理形态中的定型,是超越于范例和伦理后果的,只有立足于这样的前提之下才能见到价值的王国。

这里,伦理(Ethos)与"价值王国"的认识之间的关系仍是模糊的。对于这个问题的最一贯的同时也是最片面的态度,明显地出现在尼古拉·哈特曼那里,尼古拉·哈特曼不仅把价值意识的持续扩张看作是价值伦理学的使命,并因此把价值伦理学同具体伦理加以关联——他甚至还在价值思想的观点下反思伦理关联(Ethosbezug)本身。⑦ 如果人们的出发点是,价值是在客观的普遍性中被"看见"或"听见"的,而每一次又总是在人们的具体行为中,或在被纳入实践中的价值感情中实现的,那么我们的问题就可能被归结为判断力的一般问题,这种判断力把实践的具体情况归属在价值的每一普遍性之下。但是,这样一种通过归属所规定的,而非通过反思判断力所确定的图式,对于首先见识的实际情况而言,显然是不合理的。对于价值王国的存在特征的决定性反驳,是认为这种特征的规范力量不是在对价值特征的现象学直观的普遍性中产生的,而是在有关的具体处境中——这种具体处境总是在连续的行为举止中出现——并从这种处境出发而在行为中被规定

---

⑦ 尼古拉·哈特曼:《伦理学》,柏林,1916年,第227页以下。

的。价值盲点恰恰只是价值问题展现过程的一个方面,这一方面明显地是按照知觉和看的模型而被设想出来的。行为的处境规定则表现了另一方面,它并不是那样过多地导致作为看的视区的盲点。马克斯·舍勒像尼古拉·哈特曼一样,对这一方面进行现象学思索,试图把这种规定性本身重又理解为一种价值,理解为处境的价值,这种价值随之便同所有其他价值一起被考虑并置于价值现象学见识的普遍的偏爱法则之下。显然,道德实践的伦理联系因此又再次被置于价值的王国中而显现出来,这个价值王国犹如一片明亮的星空,呈现在道德的观察者前面。

舍勒对于哈特曼伦理学的批判是针对其伦理学忽视主体的道德生命这一问题的:"通常,我不得不拒绝一种完全不依赖于有生命力的精神行为之本质及其可能的实行而应然存在的观念和价值天空(它不仅'不依赖于'人和人的意识,而且'不依赖于'一般有生命力的精神的本质及其实行),这种东西原则上已被拒绝在哲学的门槛之外。"⑧但是,当他本人对有生命力的伦理与关于价值先天秩序的见识之间的关系进行反思时,他有时陷入这样的夸夸其谈:"最终,伦理学是一种'该死的血腥事情',如果它不能为'我'提供诫律,'我'现在如何存在于和'应当'生活于这样的社会历史关系中呢?啊!它究竟是什么?"(在手稿中有这样的话,但在印刷时删掉了)有时,他则明显地期待着哈特曼的星空:"也许随着时间的推移,'那个被彻底打碎了的调色板'(舍勒曾把价值评估的相对性描

---

⑧ 马克斯·舍勒:《质料的价值伦理学》(*Materiale Wertethik*),第 3 版前言,现收入其著作集,第 2 卷,慕尼黑,1966 年,第 21 页。

绘为调色板），若从合理的距离，以合理的理解去看待的话，慢慢地获得了一幅瑰丽油画所具有的意义关系——或者只是这样一幅油画的碎片——人类多姿多彩地被分布在这幅油画之上，在爱、感觉和行动时突然为一个客观的、不依赖于人及其各种形态的诸价值王国以及它们的客观等级秩序所攫住，并把它们带入到他们的存在中去，正如认识史（例如天体认识史）所表现出来的那样。"作为注释，他还补充说："上述所言，在此仅是形象的说法，否则就只是财富，而非价值可以同星星相比较。"因而从根本上说，舍勒是否没有合理地对待哈特曼，尽管这些思想可能是在价值意识的展现和精致化过程中看出了伦理学的一种"预见"功能？我们完全不必考虑这样的说法，即认为舍勒事实上说出了一种具体的伦理，即丰富的伦理。此外，舍勒还卷入了在道德的价值认识和有规范力的伦理之间的不可解决的困境之中。因为同研究的观念一样，无限进步显然也必然地内在于价值见识之中——这是相当糟糕的。

马克斯·舍勒曾经——徒劳地——试图通过下述这一点来帮助自己，即他想把通过那些"处境价值"之必然的相互更替来为在道德的多样性中表现出来的我们的具体的价值见识的相对性建立基础，而哲学伦理学所着力探究的则是普遍有效的价值。这种解答是不充分的。正如舍勒已经指出的，道德怎样能知道与价值的先天等级秩序打交道。在所谓的普遍有效的价值（它们主要不是单纯的处境价值）之间的这种价值关系，构成了道德的多样性。因而舍勒得以毫不含糊地要求（这种要求有着某种荒谬的成分），一种从哲学上修正过的对道德的价值认识一定要导向一种较高的伦理。

但事实上舍勒并未那样竭尽全力地探究一种先验的价值见识,在他那里,这种所谓的先验见识是借助于一种具体的伦理才得以表达的,这在他的一些错误的表述中是可见到的,但他显然因此仔细思量过康德的道德责任。自明的本质见识(直观)是那么丰富,可他却没有用它们去对付他本人的惊人的思想贫乏! 它们都是为伦理服务的价值见识(从文化社会学的角度来看,这是同通过青年运动对资产阶级社会功能的批判联在一起的)。

这样,关于一种先验可见的价值秩序的整个主导思想,同附于其后的形而上学目的论一样,尚处在一种奇特的悬而未决之中。尼古拉·哈特曼只走了这样一步,即把价值秩序看作是范畴王国的继续,而范畴对于现实的规定力由于更高的复杂程度而减弱;价值一般地也被认为不再具有自己的直接的规定力,而是依赖它在人的人格中的行为动机力——这是一个大胆的思想,它把客观主义——诸如那些价值的客观主义——推至顶峰。

与此相对而显得前后一贯的,是对人类理性的事实上的伦理规定性所进行的思索——并且这曾经是存在于"实践哲学"观念中的冷静的智慧。亚里士多德为这种智慧奠定了基础,并且如众所周知的,它被纳入较高的"政治学"整体之中。只要人们规定伦理学的对象是一种为所有的道德形态和善行秩序奠定基础的先天价值秩序,那么哲学与实践的现实性之关系就是一个不可解决的难题。伦理学无非只能是具体规定着的伦理的纯粹自我阐明。在此,亚里士多德之反对苏格拉底,大概就包含着合理的因素。德性(Arete)不是逻各斯(Logos),而是 ματὰ λόγον(元逻各斯)。它不是(普遍有效的)认识,而是规定伦理行为的见识。但见识又不是一种认识的理论能力,它本身只是一种伦理的存在规定性,即一种 *Arete*(德性):合理性(Vernünftigkeit)。它本源地是在对每个决断所要求的处境所作的阐明中实现的。一种处境不是理论规律性的一个实例并被这种规律性所规定,而是某种围绕事物的氛围,某种只在实践的透视中显露自身的东西;它依赖于某种在自身德性品质(*Hexis*〔素养、习惯〕)的特性中做出决断的东西。价值的这种"普遍性"能够直观一种无处境的、独立的"先天知识",但给不出这样的"实践的"见识。

毫无疑义,在亚里士多德的意义上,实践哲学是以一种固定的、包罗万象的伦理形态为前提——正像亚里士多德本人在回顾古希腊城邦政治灭亡时所见到的那种前提,他坚持把它作为社会生活的规范制度。虽然如此,实践"哲学"仍然总是如此这般从我们的存在的实践规定性中被提升出来并反过来又作用于实践。它的要求同样是在它所框定的结构中去把握"正确的"伦理。

反之,通过一种似乎能正确对待价值概念及其本体论绝对性要求的有约束的伦理而真正印刻下来的坐标原点,只是一种理论理性的想象幻觉。虽然有一切"实践哲学"的合法性,但界限仍存在于它里面,即它决不要求自己对照亮一切的价值星空有一种自由的仰望,而是揭穿像伦理的自我欺骗这样东西的所有臆想的研究,伦理的自我欺骗最终并不扩大狭窄的伦理,而是否认和摧毁任何一种伦理。

(邓安庆 译,洪汉鼎 校)

13. 价值伦理学与实践哲学

（1982年）

　　早在半个世纪之前，尼古拉·哈特曼的《伦理学》就出版了，而且比这还更早的是，我本人在青年时代由于尼古拉·哈特曼的个人指引和友好指导所感受到的那些激动和挑战。所以，他的这本书意味着一种新的深化，一种自我审查方式进入一般价值伦理学的问题中。一个富有思想的头脑在衡量着"得与失"。

　　虽说当时我们大家在20世纪20年代与尼古拉·哈特曼之间总是有一种非常紧张的师生关系，但哈特曼自己却非常清楚地意识到，他是"逆潮流"而行——即反对那个由历史意识打下印记的哲学流派，无疑，这个哲学流派正如哈特曼本人一样，也对那种占统治地位的新康德主义学派的方法论主义感到不满，但是这个流派由于追求生命的直接性，在哈特曼看来，就仍停留在自我反思的魔力圈内。当然，"现象学"通过其直观成分对我们这些大学生产生了强烈的吸引力。但无论对于我们还是对于尼古拉·哈特曼，无疑更多地有一种漫无边际的不满足感和着魔的狂热，马克斯·舍勒带着这种狂热追踪他那天才的直觉，我们当时所思的东西，就是对先验论的自我证明（Selbstbegründung）的极大忧虑，而这个先验论的自我证明乃是埃德蒙德·胡塞尔视为其毕生使命的东

13. 价值伦理学与实践哲学 281

西。可是，我们这些年轻学子当时是处于一种特别的批判境况中。自从战争结束以来，在那些岁月里，我们所需要的行为态度及指向都遭受了一个巨大的传统断裂。诱使我们从事于哲学的自我反思的东西，反过来完全回指我们自身。我们对一个新的根据和新的规则的要求确实不是指有耐心的研究工作。

现在应当说，20世纪在其继续发展的过程中完全确立了科学以及在其基础上建立的技术至上（Technokratie）——这是一个对新事物的新名词——的主导地位，尤其在第二次世界大战之后，科学与技术至上的这种统治已扩展到社会的新的应用领域。但是，第一次世界大战的令人震惊的物质战幻象已经给予被称之为威廉或维克多时代的进步乐观主义以首次打击。在哲学领域内，这种打击同样动摇了认识论的主导地位。因此，当时出现的那种"形而上学复兴"吸引了我们。当然，它可能有很多的含义。哈特曼的《认识形而上学》在这个反对马堡学派生产唯心主义（Erzeugungsidealismus）的标题下重新又尊重对象的"自在存在"（Ansichsein），并因此同康德批判事实上也一直相联系的形而上学传统结合起来。"自在之物"找到了它的新的代言人。不管是对于马克斯·舍勒的现象学还是对于哈特曼对舍勒的发展，这种对于唯心主义的背叛都是根本的。因此尼古拉·哈特曼发现了——尽管有胡塞尔的相关性研究口号——行为现象学（Akt-Phänomenologie）和对象现象学（Gegenstands-Phänomenologie）的区分，并为对象现象学进行了辩护。这例如表现在，他对黑格尔的特别兴趣不是在《精神现象学》，而是在他的《逻辑学》。如果我们在他以后关于范畴学说的研究中观察到许多同柯亨的本源逻辑学相对应的东西——这种对应东西证明了从黑格尔的逻辑学经过特伦德伦堡的黑格尔批判直到哈特曼自己的唯心主义范畴学说的发展——那么哈特曼对柯亨的兴趣其实并不在于他在"本源判断"中为逻辑学奠定基础。"范畴"其实都"存在"。我们在哈特曼那里学习范畴和模态的游戏,我们也可以玩好这种游戏。

但是,我们自己的兴趣本来就是实践性的,这就是指伦理学的实践。在此,马克斯·舍勒具有开拓性意义。虽说他对于天主教正统思想的更新曾贡献了他的现象学的直观才能,并因此他的实质的价值伦理学发展了一个价值等级秩序的类型,这种价值等级秩序在上帝的无限人格及神圣的价值中达到其至高点。尼古拉·哈特曼以研究者的激情和一种先锋者的精神抓住了舍勒伦理学的天才激动——这种宗教的特征并非是在尼古拉·哈特曼的意义上的。

我以自己的研究追踪了 19 世纪伦理学中价值概念的兴起[①]并赞赏了赫尔曼·洛采的作用。无论洛采还是文德尔班(此人曾是前者的学生),他们在舍勒和哈特曼那里都没有受到注意。显然,后面两人是从他们那里,当然这不完全是错误地,接过了先验唯心主义的唯名论。此外,在舍勒那里我们还可以确认弗朗茨·布伦塔诺的某种影响——通过年轻的胡塞尔。自从胡塞尔早期关于伦理学的思想被阿洛伊斯·罗特[②]公布以来,一般来说,人们不会再怀疑舍勒在这方面是漫步在胡塞尔的踪迹之上。但是真正令人吃惊的和不可思议的乃是弗里德里希·尼采在舍勒和哈特曼那里所起的作用。令人吃惊,是因为尼采的革命激情虽然把价值概

[①] 《短篇著作集》,第 4 卷,蒂宾根,1977 年,第 205—217 页。[现收入本书第 189 页以下。]

[②] 参见本书上文第 198 页。

念完全移到了中心位置,但同时又把"价值"完全放在"生命"上,也就是说,在强力意志上加以相对化,以致像舍勒和哈特曼所代表的那样一种客观化的先验主义在尼采这里一般不再提供支撑点了。所以尼采被他们两人可以说反向地阅读了,不是被当作旧价值碑的捣毁者和新价值碑的建立者(重估一切价值)、当作那个揭示了善和恶之彼岸的人——而是被当作被忽略的和被压抑了的诸价值得以瞥见的解放者,因此本身就被要求是对价值研究做出贡献的人,而这就完全服务于先验论的道德哲学,亦即"质料的价值伦理学"。

尼采这种运用的不可思议性是显而易见的。在舍勒那里,这种不可思议性还不是完全这样占主导地位,但对于哈特曼来说,这种不可思议性则是明显的,哈特曼曾在"论顺便路过"(Vom Vorbeigehen)这一标题下直接对尼采表示敬意。这种把尼采列入价值研究的行为所起的作用,在今天可能对价值研究有特别的影响。无论对于我们这个世纪的解放口号还是对于这种口号在工业社会生活中的回声,尼采都在事实上对于道德困境的解放起了这样一个解放的作用(这种解放作用今天在美国重复着)。

尼古拉·哈特曼把亚里士多德的伦理学也用于价值研究,这既是不可思议的,也同样是大胆的。哈特曼完全忽视了亚里士多德伦理学的"人类学"基础,尤其是忽略了 *Physis*(自然)和 *Hexis*(心性,一般译为:素养、习惯)——亚里士多德的 *Arete*(德性)概念正是由 *Hexis* 得以规定——的关系。哈特曼在 *Hexis* 里未认识到一种对人的存在结构的表达,这一点已经表现在他用"态度"来翻译这一个希腊词。事实上他不把亚里士多德的德行分析

(Tugendanlysen)理解为"行为"的描述,而是——从价值意识,即价值情感出发——理解为一种"价值"态度。因此哈特曼把价值概念甚至扩展到德行类型的具体化问题(das Problem der Konkretion der Tugend-Typen)上。众所周知,在亚里士多德那里,德行类型具体化是由那种间接知的实践智慧德行来主导的,而且在伦理德行的分析中是通过含糊不定的转用来表现的(ὡς δεῖ, ὡς ὁ ὀρθὸς λόγος, ὡς ἂν ὁ φρόνιμος ὁρίσειε,《尼各马可伦理学》,1106b36 以下)。

  哈特曼把这种转用加以客观化并在其中看到境遇(Situation)的价值!他的指向确定在自在存在的价值王国,自在存在的价值对于他来说就是先天的被给予性,他的这种指向特别表现在,当他发现"价值综合"(Wertsynthesen)这一概念时,他把它作为对一种伟大洞见的获得来突出加以强调。对于哈特曼来说,这是对于价值苍穹中的双星或星象类型的一种真正发现,可以同天文现象相媲美,通过哈特曼的巨大望远镜观察此现象乃是特殊的激情。按此情况,这种价值综合事实上意味着对在人的具体存在中所遇到的那些现象的一种接近。但是哈特曼是从所谓下面达到这些现象的,也就是说,是从价值意识的抽象被给予性那里达到的,而这些抽象的被给予性只有作为一种统一行为的成分才在这种行为中真正出现,并且只作为这种统一才对我们来说是首要的现象。我回忆起,当我以我的不成熟和直率的无偏见对他关于价值综合发现的友好报导反驳道,"但这无非只是亚里士多德的 Arete(德性)及其 Mesotesstruktur(中道结构)的本质",他相当生气。价值概念对于哈特曼来说,(如同范畴概念)乃是一种质朴的被给予性,这种被给予性需要我们从现象学-描述的方式来加以探究。他后来生气也是对的,因为我在一篇对他的学生哈拉尔德·席林(Harald Schilling)的评论中论证了布伦塔诺的价值概念传统的有效性。③ 确实,在布伦塔诺那里,价值的先天被给予性从未以清晰的方式被教导过,而哈特曼正是在这里开始。另一方面,我们也不能否认,从布伦塔诺那里来的传统曾很大地影响了胡塞尔和舍勒。除此之外,舍勒在把价值概念应用于亚里士多德这一点上曾尖锐地驳斥了哈特曼的伦理学。

当时究竟是什么东西使我对哈特曼这本出色的内容丰富的《伦理学》著作感到这样的不满意,以及正如今天对我呈现的,哈特曼作为价值研究的机敏的思想工作究竟致力于什么?从根本上说,这是同一个问题,这一问题自从我从事哲学一开始就一直伴随着我。我是在一种激情中遇到此问题的,克尔凯郭尔的基督教激进主义曾以这种激情攻击所有"有距离的理解"(Verstehen auf Abstand),而不管是思辨哲学还是教会哲学。这正是存在哲学(当时还根本没有这一名称)的动机,此动机在我思想早期是与狄尔泰的历史性遗产联系在一起的。所以在我看来,哲学伦理学的任务必须意识到其模糊性。

哲学根本不具有规范的能力,而且由于过分要求这种能力而使自身陷入一种可笑的角色,这一点几乎是不需要证明的。道德体系的约束性在起作用的伦理习惯中有着其不容置疑的自明性。[207] 违反这种约束性并不真正是对其有效性的解放,因为每一种辩护

---

③ 书评——哈拉尔德·席林《中道的伦理》,载《日晷》,第8卷(1932年),第554—556页。[现收入我的著作集,第5卷,第300页以下]

的目的其实在于否认或削弱或原谅伦理的尊崇性——这就是说,它以承认规范为前提。善与恶、肯定与否定的差别,对于每一种道德有效性的意义都是建设性的。亚里士多德曾正确地说过,一切关于善的思想的开端所要做的原则,就是"这样一件事",即规范的有效性和承认。的确,一种"道德"不可能不把重要的规范包含在我们称之为教育的东西以及通过榜样、指令和传授而产生的行为中。但是"可教的"并不是德性。即使许多被引用的古希腊伦理学的理智主义和苏格拉底-柏拉图的德行知识的矛盾也只表面上坚持善行的可教性。德性知识的矛盾其实是从人的伦理的经验的自明的基础中突显出来的,而这种基础总是一再被共同思考,并且一场解放性的启蒙运动间接地证明了这个基础。每一个希腊人通过忒翁尼斯的著名诗歌而不断地具有这个基础:

> 产生和养育一个有死的生物是非常容易,
> 怎比在此生物中培植高尚的思想那样难;
> 没有人找到这样一种方法,能使一个不受支配的人
> 变成受支配的人,
> 以及让一个坏蛋成为一位高尚之人;
> 如果神把这种思想赋予了阿斯克勒匹亚登,
> 让他去医治男人们的恶习和糟糕的思想,
> 那么他们将为此得到许多巨大的收获。④

---

④ 《忒翁尼斯集》,第 435 页以下。

这首诗是这样结束的:"但是,通过学习你决不能使那个坏人变成一个好人。"这决非没有道理,像柏拉图一样引用过这首诗的亚里士多德,并没有肯定在诗之后存在的高尚道德,而是把 Ethos（伦理）赞誉为伦理学的重要基础,这个基础就是从习惯而产生的应如此存在(So-Sein)。亚里士多德就是这样对于那种理论研究伦理学问题的权利和界限提出问题的,并因此需要一幅关于 skopos（目标）的生动图景,也就是需要关于描靶点的生动图景,这种描靶点易使射手击中要害。J. 里特尔[5]在他为实践哲学的再次复兴所写的富有价值的论文中,曾错误地判断了这个图像,因为他把这个图像同柏拉图打猎的比喻结合起来,而没有足够认识到,与反对智者派的约定俗成主张相反,柏拉图已经为善的问题进行了重新奠基。当亚里士多德要将一种无城邦的城邦伦理学加以界定的时候,他在这里只是随之而为罢了。

根据当时我也属于的年青一代的生活情景的描述,下面这一点是可理解的,即这种完全附带的亚里士多德的自我限制,尤其是因为这种限制与他对于柏拉图善的理念的批判联系在一起,在我看来,乃是迎合（迁就）那种使我们精神振奋的关于"有距离的知识"的批判。对此一个宣誓保证人,我认为是康德,他的《道德的形而上学奠基》包含了从道德意识的自明性向道德哲学的过渡的明确合理性。在此,我认为——今天我仍然认为——真正的合理性不只是为道德哲学,而且一般也是为一切哲学所做出的。这种合理性在于,对于有思想的生物来说,使用

---

[5] J. 里特尔(J. Ritter):《形而上学和政治——亚里士多德和黑格尔研究》,法兰克福,1969年。

理性总是需要批判。它在理论中并不是为了毁坏那种导致形而上学错误的先验假象,在道德中也不允许合理地反对伦理法则的绝对约束性(我曾称为例外辩证法的东西)。⑥ 我认为,康德派伦理学的形式主义正适合于哲学反思的这种否定的间接的功能。格哈德·克吕格尔的佳作《康德批判中的哲学和道德》⑦在此为我提供了帮助。

就是在这种兴趣的背景上,实质的价值伦理学激起我进行批判性的反问,哲学的价值研究如何面对实践理性的规范特征而能进行自我辩护。我的第一个讲座"论希腊伦理学的概念和历史"(1928年于马堡)就是以对价值伦理学的详尽批判而开始的,并向它提出这样一个问题,即对于这样一种哲学任务——研究价值王国——究竟应有哪些规范的伦理呢?

无论是舍勒还是哈特曼,都没有完全解决这一问题。对于舍勒和哈特曼来说,下面这一点是理所当然的,即所有价值意识和所有价值情感都根基于伦理的生命形式和伦理的规范效用。舍勒感兴趣的完全是伦理形式的相对性、它的历史的和它的伦理的多样性。但是,他在这里绝未觉察到价值绝对主义本身的局限性。他大概也提出了这一问题,即什么样的社会历史条件有可能使这种价值绝对主义从新康德派的生产唯心主义和康德的伦理形式主义中解放出来。对此他说道,"只有在善的伦理学和目的伦理学崩溃之后,自我保证的'绝对的'善的世界才能产生实质的价值伦理学。

---

⑥ 参见我的论文"论一种哲学伦理学的可能性",载《短篇著作集》,第1卷,蒂宾根,1967年,第179—191页[参见本书前文第175页以下]。

⑦ 蒂宾根,1936年,1967年第2版。

它是以摧毁康德伦理学的这些形式为前提的"。⑧ 在他于第一次世界大战之后发表的著作中也出现了一种划时代的平衡文化的思想。这些思想显然为那种像世界公民伦理的东西测定方向,当然他不想通过哲学论证为这种伦理奠定基础,他只是想预先说出这种伦理的必然产生。

最后,我们在这个方面还必须提到,在舍勒的思想世界里人格概念占据了如此的中心地位——当时还是在一种有神论形而上学的包罗万象的视野下——这就是他能因此而说道,"伦理学作为哲学学科从未能创造伦理价值:它永不应替代个人的良心"。

但是,如果我们以这种方式来承认个人道德知识的具体性,那么作为哲学学科的伦理学是起着何种作用呢?如果它应当被限制于这些性质和优先条件上,"它们首先和永远都是可认识的",那么还有真正需要哲学作为"如此被认识东西的科学阐明"吗?早先,哲学可能要求:阐明存在有一种完全超过它本身的通过"智慧"的伦理知识。但是,这需要哲学吗?这是为了对何种假定加以改进呢?当然最重要的,是对某种自行创造自身的假定加以改进。

当然,尼古拉·哈特曼在这个问题上的态度虽然比较苛求,但显得比较明朗。自然,他也未完全忽略价值情感存在于所有哲学研究之前。但是,这种研究的激情——这种激情在他那里本身也具有某种领先的思考——是与一种解脱价值情感本身的激情融为一体的。这种价值情感应当通过价值研究而从束缚它的暴虐的限

---

⑧ 马克斯·舍勒:"伦理学中的形式主义和质料的价值伦理学",载其著作集,第 2 卷,伯尔尼,1966 年,第 20 页。

制中解脱出来。哈特曼事实上并不害怕赋予哲学研究以一种培育价值机制的功能。忽视价值欲望，价值盲，肯定可以通过现象学研究工作被克服！哈特曼试图避免在哲学研究的这种要求中存在的困境，因为他并不赋予价值研究以一种教导的描述的功能，而是只赋予一种助产引导的功能。这本来就是一种富有创造性的思想，让我们想想（而且应当想到）助产术这个比喻的首创者——柏拉图笔下的苏格拉底吧！苏格拉底的助产术是对一种错觉——即人们总以为已经知道一切正确的"德性"——的澄清，而且事实上，苏格拉底的辩证法具有积极的功能，它导致对真正共同东西的重新认识。为了引用柏拉图最有名的 Anamnesis（回忆学说）例子：真正的勇敢不在于大胆地顶住面前公开的危险，而是在于警惕由于觉察不到而更危险的东西——那种由于舒适特别是由于奉承而来的诱惑（《理想国》，第 4 卷）。⑨ 伦理认识的获得具有重新认识的结构，并被柏拉图笔下的苏格拉底重新定为一种神秘的遗产，这一点证明了苏格拉底那种常是强制的反驳格式的合理性。他试图使那种我们根本认为明白易懂的东西，那种拒绝一切迷惑和混乱而肯定自身的东西为正确的东西。由此出发，不论是柏拉图与毕达哥拉斯灵魂宗教的联系，还是他关于理型的假定，都将是可以理解的。因此，哈特曼对苏格拉底助产术的引用显得具有很好的根据。

---

⑨ 不仅早期苏格拉底对话的自我考问的过程（Elenxis），甚至后期助产术性质的辩证法都基于回忆学说，这一点未足够加以注意。我认为，最近的是《智者派》的解释。[参见我在华盛顿哲学俱乐部的讲演，1981年秋＝我的著作集，第 7 卷，以及第 3 卷第 27 篇（第 404 页以下）和第 3 卷第 16 篇（第 246 页以下）]

但是在柏拉图的对话中,总是出现自知无知的知,有如人们总是可以把这种苏格拉底反讽理解为对他人传达他无知任何东西,把探问逻各斯的不可迷惑(动摇)性从提问者转到回答者。这不是一个想做出普遍有效的科学陈述的研究者的态度,而是一个道德自我研究和自我认识的榜样,无论在哪里,它都是某种只通过对话来建构和起作用的东西。柏拉图显然自己已经意识到这一点,即这里不能再涉及施教(Lehre)(《第七封信》,341c:ῥητὸν γὰρ οὐδαμῶς ἐστιν ὡς ἄλλα μαθήματα)。

《第七封信》只是抽象地讲到苏格拉底对话具体引出的东西。所以我又回到我原先的怀疑,并重新提出疑问,一个哲学的价值伦理学的任务如何与一种有生命的伦理的无上封闭性(命令)达成一致。"价值"概念所意指的东西能够避免这种二难困境,或者相对于占统治地位的伦理,或者从另一方面提出一种绝对要求,这种要求只能在研究者的距离中,在"有距离的认识"中才可得以实现?这就是我要自问的(今天我还在问自己)。⑩

现在我当然意识到,舍勒和哈特曼所维护的价值先天论

---

⑩ 我恰好刚刚研究了恩斯特·图根德哈特 1980 年 2 月 10 在海德堡以"古代和现代伦理学"为题的演讲所表述的试图。这篇文章现载于《海德堡科学院会议论文》,1981 年第 1 集(此文并不涉及"质料的价值伦理学")。图根德哈特的试图与我自己在我的论文"论一种哲学伦理学的可能性"[参见上文第 175 页以下]中的意图相近,不过图根德哈特是批判性地对待此可能性。如果我在他自己的试图中发觉他未注意在实践哲学范围内称之为而且唯一能称之为"根据"的东西,如果我们并不想让自己参与到一个哲学专家或道德权威的错误作用之中的话,那么我同他在维护康德形式主义方面非常一致——多于他所认为的。"一种非常强烈的根据要求"——这种要求没有把我在这里提出的问题放在眼里——在我看来似乎是不可接受的。[参见我的著作集,第 3 卷,第 24 篇和第 25 篇]

(Wertapriorismus),以及他们关于价值的"直观"、价值之间的优先规则及价值综合等的讲话,在此期间遭受了一种彻底的批判,这种批判致力于反对现象学的直观概念,并想让语言用法作为真正指示的唯一基础起作用。这是无须争议的,即"分析哲学"的这种态度以彻底的决定结束了实践道德知识与理论研究之间模糊的混合(当然这有利于理论研究)。我回想起,我自己首先是在第二次世界大战后不久才从批判的叙述——这种叙述是柯林伍德在其自传中关于"分析"伦理学所给出的——知道这一点的。在此期间,在部分维特根斯坦的后继者中,存在有一种要解释规范命题之逻辑的占主导地位的潮流。这当然同价值先验主义完全对立。正如在理论哲学中传统的形而上学问题应当通过语言揭掉自己的神秘面纱一样,价值伦理学及其要求,即在一切现实的实践的洞识和决断面前具有自己的先天认识领域,也一起摧毁了。所有让研究的东西,只是语词的使用方式——当然,在此是那些表现了规范意义的语词。我们可以承认,这种元伦理学的"反思性"使伦理实在的一个方面成为对象。这就是一个我自己尚不能做出判断的新的发展。只有一件事要说:在我看来,必须要问,语词的使用和这种使用所遇到的命题的结构是否能合理地说明规范经验的本源性。因为这种经验经常包含一种对于规范的约束性及其语言框架的批判元素。道德意识并不满足于规则的单纯运用。在这里舍勒完全正确,当他像上面引用的,把哲学伦理学的要求加以限制。但正是在这里,存在着我们不满意的根源,这种不满意是鉴于伦理有效性的"理论的"根据以及面对语言分析而产生的。

因此我们不应否认,对他人行为的评判,有如在明敏的良知活动中达到顶峰的自我审查一样,同样属于规范的经验。这两者也不是外在分离的。它们都参与了个人和社会规范的培养。英国道德哲学向来就具有的一个特征,就是它接受了古老的亚里士多德的传统,并且注意到如在承认、赞赏、荣誉、夸奖、赞同等以及与之相应的否定观点中显示的各种不同形式的态度。现象学的价值研究(迪特里希·冯·希尔德布兰德)曾经注意到"价值答案"的证明,哈特曼很感激地接受了他的成果。[11] 的确,所有那些在古希腊伦理学作为意见(δοκοῦντα)和效用主张(λεγόμενα)而出现的东西,都属于规范的被给予性。但是,在"这里"(Daß)规范价值的这一个出发点(ἀρχὴ γὰρ τὸ ὅτι——以此意指 λεγόμενα)——它赋予亚里士多德实践哲学的根据以它的封闭性和它的无疑的普遍性——可能只在"实践哲学"的前提下合理地证明,它在典型的普遍性上的界限也一起包含了返回规范经验的具体性——这在亚里士多德是通过援引自身所属的东西(ὡς δεῖ)而清楚地暴露出来的。当亚里士多德以自己的意义通过 Prohairesis (实践选择),即通过"生活"的选择和一个人比另一个人的生活所具有的优越来刻画那些在所有人那里他所看到的自由公民的特征时,他是完全正确的。这种绝不损害德性(Arete)的"绝对"效用和生命(bioi)的等级秩序的东西,在此秩序内总是进行具体的"优化选择"。普遍化根本不是作为理论中的这种距离化,而是本质上从属于伦理经验自身的合理性。但是,这是一个决定性的东西,即这种普遍性是以一种主导的伦理的规范有效性并在这种主导的伦理统一形成为前提,

---

[11] 《伦理学》,柏林/莱比锡,1962年,第286页。

而且不是在理论上被意识到的,而是深入到伦理思考和选择的具体逻各斯之中。如果合理性、实践理性这些德行的作用被归结为实际的聪明、prudentia(智慧)、生活的明智这类功能,那么就错误了这种自明当然性。这就是我今天在 K. O. 阿佩尔那里再次发现的错误。⑫ 康德用不着为这种错误承担责任,正如他关于技术的命令与实践的命令的区分以及突出强调那种指明了被启蒙了的人性的本质内容之有效的"纯粹"实践理性所证明的。但是,实践理性的本质正是在随后的时代里一而再地被归属于单纯的目的理性——这种错误统治了从黑格尔直到西美尔及舍勒对康德道德哲学的总体批判,只有尼古拉·哈特曼作为康德的辩护者至少在原则上抵制了这种错误。格哈德·克吕格尔⑬曾经指出,整个康德批判怎样误解了伦理判断力"类型"的功能——且不说舍勒完全对康德责任概念的意识形态错误认识。责任完全不是盲目的服从本身,而是表现了实践理性的具体性。

现在,一种有生命力的伦理——这种伦理赋予实践理性以其内容——的统一性,肯定在伦理的、民族的和历史的多元主义的时代中不能被给予,所以出现了这一问题,即坚持伦理规范意义的这些道德陈述的普遍有效性,在多大程度上一般应是可能的。这正好暗示了,现象学的-先天的价值研究就如同道德语言分析的研究纲领一样,在那种归属于这种实践理性的特殊合理性中,都不是可

---

⑫ 参见《哲学的转变》,两卷本,法兰克福,1973年。
⑬ 《康德批判中的哲学和道德》,蒂宾根,1931年,1967年第2版。

整合的。康德对于道德法则的绝对有效性所作的有力证明,相对于一切聪明规则的条件性,虽然被坚持下来,但这正好就是伦理学中的"形式主义"意义。众所周知,按照康德的看法,伦理法则(道德规律)对一般理性生物都适用,而不只是适用于人类,而且伦理性的绝对约束力事实上也不是固定在其内容。我们还是可能追问,对于我们多元的世界来说,是否就不能从那些只对于人人之间那种团结有效的一致普遍性——我们称之为人性的东西,康德在其《道德形而上学奠基》中还允许其呈现差异的责任学说——中推出?这样一种未来的世界文化是否会成功,它引导人类的伦理概念和伦理秩序越过一切差异和相对性——如在此道路上存在那种威胁整个人类未来的经济危机和原子战争危险——而走到一种共同的伦理?但是很显然,只有对于实践哲学来说,才有可能对规范意识及其在每一个人意识中的具体化传达他们见识的普遍有效性。只有这样,实践哲学才能恢复其往日的尊严,不仅认识善,而且共同还传输着善。

  这绝不意味着希腊伦理学找到了一种内容上的复兴——但实践哲学的方法论观念却确实重新产生了。方法论观念将再度重视"伦理学",即一种不是为一个价值意识的内容,而是为公正和伦理,即为在 Ethos(伦理)中生存的社会现实进行的普遍辩护。尤其是因此希腊伦理学的一个重要特征获得了意义,即友谊(die Philia)在这种伦理学中起的主导作用。友谊问题在亚里士多德伦理学中占了四分之一的重要篇幅,而且从目录看,以后的每一位希腊道德哲学家几乎都留下了关于友谊的广博的著作。当 1929

年我开始从事大学教学活动时[14]，我所讲解的就是"友谊在古希腊伦理学中的作用"并指明它与现代的区别。《尼各马可伦理学》内容极为丰富的两卷就涉及到这一论题——但在康德的道德哲学中友谊这一论题只占用了一页篇幅！从现代的概念出发，友谊的位置事实上是很难确定的。在某种方式里，这也适用于希腊人的概念自我理解。它不是德性（Arete），不是修养（Hexis〔素养、习惯〕），也就是说，不是一个人的存在品质。它无疑是一种善，或者说人类生活中最高的善行之一。但是友谊这种善在另一方面又广泛地突出在自己的道德责任性之范围之上——有如一切"善者"。友谊是一种人可分享的善，而不只是一种被人意识到的"价值"。友谊也不是个人的品质。虽然一个人必须具有友谊的能力（同样一个人也必须具有其他种种品质，如体谅力、自我批判和交际能力），但同样属于友谊的还有友谊缔结那段时间的善和利益，一般来说——就是幸福。友谊也很少能像爱那样被表现出来。

为此理由，友谊还远远超出了那种使个人——如果此人在 Eros（爱）和 Philia（友谊）中倾心于另一个人——摆脱其自我担忧狭隘氛围的幸福经验。友谊进入到了一般社会生活所依赖的最宽广的共同性领域，没有此共同性也就没有共同生活的宪法秩序。不是法治状况，也不是法律秩序，更不是行政管理，能实现它的功能。希腊友谊伦理学的一句格言"朋友之间一切都是共同的"，道出了这里所说的一切。这句格言最终所意指的，不只是财富、财产

---

[14] 我在马堡的就职演讲现在以一种修改的形式"友谊与自我认识"发表在纪念尤利乌斯·霍尔舍（U. Hölscher）文集上，参见《维尔茨堡古典学年鉴》，1985 年第 1 分册，第 25—34 页［我的著作集，第 7 卷］。

和享乐的世界,也不仅是同情和倾向的相互性,而是包含了团结,这种团结在各个不同方面,如行为和交往、政治生活和劳动生活,有如在家庭和邻居的亲密融洽关系中那样,起了一种超出所有被意识和被愿想东西的统治作用。它超出了希腊人称为"实践"的东西的整个范围,正是它赋予了实践哲学观念以其本质的特征。它不仅仅是作为"理论"的一种实践方式,有如亚里士多德所很好知道的那样。凡在"实践"成为"理论"对象的地方,这乃是"实践哲学"的特例,概念分析的"方法"就建立在那种把所有人都联结在一起的共同性之上——这种共同性表现了那种我们要为之进行辩护的东西的真正对象,这就是我们大家作为人彼此之间以及我们自身都要对之负有责任的——我们自己的实践合理性。

(洪汉鼎 译,余玥 校)

14. 何谓实践？社会理性的诸条件

(1974年)

　　实践在今天是通过一种与理论的对立关系来规定的。在实践一词里具有一种反教条的意味，一种对未经验东西的单纯理论认识的怀疑——这是一种经常显示出的连古代人也认识到的对立。但是它的对立概念，即理论概念，今天已成了某种不同的东西，并失去了它的尊严。在这个概念中我们不再听到理论作为那种对可见的天体世界秩序结构、世界秩序和人类社会进行观看的东西的声音。理论现在已成为一种新知识的真理研究和统一构造之内的工具性概念。正是基于这种情况，"何谓实践"这一问题才对我们有意义；在我们谈论实践的时候，由于我们总是从现代的科学概念出发并完全是在科学的应用这一方向上，因而我们不再知道它是什么。
　　如果实践对一般意识来说是这样一种科学应用的东西，那么什么是科学呢？近代的现代的科学究竟发生了哪一种新的转向，使得实践转变成一种匿名的和几乎不负责任的、至少对科学不负责任的科学应用呢？科学不再是知识和值得认识东西的总概念，而是一条道路，一条进展和深入到未研究的因而还未被掌握的领域的道路。如果没有根本的抛弃，这种推进和进展是不能取得的。近代科学的第一位创造者伽利略——古典力学的创造者——能够说明这一点。当还没有人通过经验观看过自由落体时,伽利略发现自由落体的定律,这需要何等的勇气,因为那种真空器只有在后伽利略时代才第一次通过实验被制造出来。由学校课堂所做的那种令人瞠目结舌的试验,即鹅毛和铅弹在真空器里以同样的速度下落,它所证明的东西,是伽利略在一种成就卓然的精神预期中早已经先做出的东西。所以伽利略自己曾把它描述为 *mente concipio*,即我在精神中领悟了自由落体的观念,他不被任何中介所干扰,而是让他关于距离和时间关系的纯粹数学规则性的观念表现出来。

这样,科学成为一种崭新的态度。由于忽视首先可经验并成为可信任的我们整个世界,科学发展成为一种对通过孤立研究就可支配的关系的认识。由此,科学与实践应用的关系必须理解为处于其近代的本质中。如果初始的条件和最终的结果之间的抽象关系能够这样被把握和计算,以致设定新的初始条件,就会有某种预见的结果,那么这样理解的科学事实上就能招致技术时代的到来。艺术的和手工的作品与自然提供的范例之间旧的关系,因此被转变成一种构造的理想,一种按观念而人为创造的自然的理想。

这就是我们生活于其中的现代文明结构最终所导致的东西。立于机械论科学概念中的构造理想,已在巨大的要求中成为我们的机构化本质的支柱,这支柱使得我们对自然的改造以及在世界范围内的开发成为可能。

这种方法论的构造和技术的制造的关系的内在结果已产生两种作用:首先,技术,有如旧时代的手工技艺一样,与一种事先构想的筹划相关联。中世纪世界或人类其他高级文化的土生土长的经济生活总是使技术的努力服从于使用者的意图。最终对于所要制造东西起决定作用的人是使用者。这显然对于古代的工作方式是具有决定性的。反之，我们用自己的眼睛却看到，在我们技术上日益发展的文明中愈来愈多的人工的制品怎样作为新的供应物、作为唤醒消费和刺激需要的工业制品在我们周围建立起来。其次，这种人为生成的世界必然给出的结果，就是我们在与世界的交往中那种灵活性的丧失。谁使用技术——我们中谁又不使用技术呢？——谁就把自己交付给技术的作用，并通过放弃其在自己手工能力关系上的根本自由才享用了现代技术带给我们的这个令人惊异的舒适性和富有性。由此有两件事情变得模糊不清了：这里是为谁而工作？以及技术的成就在多大程度上为生活服务？从那里开始，每一个文明时代所提出的问题又以某种方式被提出来了，这就是社会理性问题。自然和自然环境的技术化与其全部深远的影响都打出了合理化、去魅化和去神话以及破除轻率的拟人相应的口号。最后，经济的可行性，一种不可消除的转变的新的平衡，在我们的时代——这标志我们文明的成熟，或有人想说的，标志我们文明的危机——变成了一种越来越强大的社会力量。因为20世纪是由技术以一种决定的方式所重新规定的，技术能力逐渐从自然力的统治转到社会生活。这一过程曾被延缓或推迟了。在18世纪虽然有新的社会未来的先知，但欧洲-西方文化的伟大推动力量，基督教、人本主义、古代的遗产以及古老的政治组织形式，仍起着决定性的作用。随着法国大革命的兴起，一个新兴的低级阶层，即第三等级，决定性地进入社会生活，由于这个阶层还常生活在宗教的传统中，技术能力在社会生活上的无阻碍的和果断的应用又一次被推迟了。

但是，我们现在已经走了这么远了。这倒不是说，我们的社会已完全确切地被社会的技术工程师所决定，而是说一种新的期望充斥了我们的意识，一个更合目的性的组织，简言之，即由理性、更合理的社会关系所左右的社会统治，是否不能由有意的计划来实现。这就是专家社会的理想，在此社会中，人们求助于专家，并指望在他们那里解除他们自己要承担的在实践、政治、经济方面做出决定的负担。现在，专家在技术起支配作用的过程中成了一个真正不可少的人物。他们已代替了旧时代的手工艺者。但是这种专家还应当取代实际的社会经验。这就是社会赋予他们身上的期望，但根据清醒的方法论的自我评价和正直的思考，他们是不可能实现这种期望的。

但是还更加危险的是，对我们社会进行的这种技术塑造影响到了公众意见形成的技术化。这在今天或许是社会力量游戏中最强的新因素。现代的信息技术造成了各种的可能性，这些可能性以一种想象不到的规模使得信息选择成为必要的事情。但是，任何选择都意味着受管束（Bevormundung）。它不可能是别的。谁选择，谁就被管束（vorenthalten）。如果他不选择，那么事情会更坏，然后人们会由于淹没他们的那种不停止的信息潮流而被带到最后剩余的知性。

同样不可避免的，现代交往技术也导致对我们精神的强有力的控制。人们可以有计划地把公众舆论引向某个方向并为某种决定施加影响。掌握消息传播媒体也是一个具有决定性的事——这就是为什么在任何一个民主政体中，都做出那种或多或少无能的试图，想在管理和形成公众媒体中带来平衡和控制。但这在这个程度上尚未实现，即消息消费者可能对其信息需要感到真正满足，这一点可以从民众社会对公共事务的日益冷漠态度上得以表明。

信息化程度的上升并不必然意味着社会理性的加强。相反，我认为这里就存在有真正的问题，即今天的人们可怕地丧失了认同感。如果社会里的个人对他们以技术为媒介的生活形式感到依赖和无能为力，那么他们就无能力形成认同感。不过，这已产生深远的社会影响。在我看来，这里存在着我们的文明所面临的最大危险，即对适应性品质的特别强调。

在一个技术的文明中，下面这一点归根结底是不可避免的，即与其说是个人的创造能力，不如说是个人的适应能力，才更受到奖赏。用时髦话来说，专家社会同时也是一个职员社会（Gesellschaft der Funktionäre）。因为正是如下这一点构成职员这一概念的本质，即他们全心全意贯注于发挥他们的作用。在科学的、技术的、经济的、财政的过程中，特别是在管理、政治和类似的形式中，他们必须保证自己是自己所是的东西，即一个为了这个机器平稳运行而被安插在某个位置的东西。他们就是根据这一点而被人需要，这里有他们升迁的机会。即使当每一个人都已经觉察到这种进展的辩证法，就是说，认识到越来越少的人在做决定，越来越多的人只服务于机器——现代工业社会还是处于内在固有的客观压力之下。但是，这种情况会导致实践堕落为技术，以及——这不是由于专家的过错——堕落为社会非理性。

在这种情况下，对实践的真实意义进行哲学反思，其重要性是什么呢？我要从一个也许未被人想到的观点讲起，这一观点在每件事上都考虑过后,似乎是最深刻的观点,因为它为所有不管是过去的还是现在的人和社会的变化呈现了不可改变的人类学基础。当一个生物脱离了与所有有生命物在其本能系统方面的联系,脱离了与物种保存的关系,而在自然或创世的形成链中产生出来,自然中究竟发生了什么呢?

人类是这样一种生物,其生命本能是这样地被扭曲,以致相对于我们从动物那里认识的一切东西,人类具有这样一种不容置疑的特性,而这特性丝毫没有因为他们对动物社会和动物交往形式如团结形式和侵略形式的研究而有所减弱。这就是人类能超出他们自己在世界上的生命范围之外去思考,如思考死亡。这里对死者的安葬或许就是人类成长(Menschwerdung)的基本现象。安葬并不是指迅速藏匿死者,不是指迅速消除对一个突然长眠的僵体的可怕的印象。正相反,人们花费大量的人力和祭品以求得死者的逗留,甚至一直与活着的人在一起。站在从每一个古代文化墓葬中不断新发掘出的随葬品财富面前,我们都会赞叹不已。随葬品或献祭物确保了此在。它们不让人承认被葬者已死。我们必须在它的基本意义中去理解这种行为。这里并不涉及宗教,也不涉及宗教向尘世风俗、习惯诸如此类东西的转移,而是涉及人类的基本结构,而人类实践的特殊意义就是由这种基本结构而来。人类的基本结构在于,它在这里涉及到的是那种由自然的秩序而产生的生命态度。我们在动物那里,比如在鸟类那里,所能观察到的生命本能,比如它们避开自己的同类死者或全然不顾它们,将会感到怎样的吃惊。这种对照指出了人类已经开始颠倒生命和继续生存的自然本能。

从这一点出发，我们可以认识到特殊人类实践的本质特征。这里首先就是劳动。黑格尔曾非常正确地指出，在劳动中有着怎样一种强有力的保持距离的作用（Verzichtleistung）。它是一种受阻碍的欲望。谁劳动，谁就不追求直接的满足需要。所以劳动产品决不只属于个人，尤其是当劳动世界是按劳动分工来组织，劳动产品要属于社会。在这个原初的社会里作为第一个形成的东西，只是语言。什么是语言？语言在哪些方面超过了——比如我们在蚂蚁或蜜蜂群那里看到的——那种默契的相互理解呢？亚里士多德看到了决定性的东西：具有语言的生物是以与暂时当下的东西保持距离为其特征的，因为语言使一切事物成为当下的。在远离当下的目的里，在选择符合已有目的的手段意义上选择活动——除此以外，固定有约束力的规范，根据这些规范人类活动被构想成社会的活动。

221　　这里就包含向我们称之为实践的东西迈进的第一步。在这类其需要非常复杂而且充满矛盾的生物里，根本的是有见识的选择、正确的执行和正确地服从公共的目的。我们想到了早期历史上的狩猎社会以及人们当时所取得的令人惊讶的社会成就。其中最大的成就就是对活动何谓正确何谓不正确的规范进行确立。这产生于这样一个根据，即人的本质基本上，尤其是在自然领域内是不确定的。这种不确定本质最可怕的表现就是战争现象，这种现象特别激起了人们对民族学和史前史的兴趣。战争就好像是人们称为人的这种扭曲生物的最本真的发明。这本身似乎就像是自然中的一种矛盾，它们曾产生出一种这样能反过来对付自身的生物，其能有计划、有组织地攻击、毁灭或摧残自己本种的同类。

我们必须全面看待人性的整个领域——从死者崇拜、司法到战争，以便把握人类实践的真实意义。这不是以一种集体-机能上适应最自然的生活条件而穷尽其意义，正如我们在那些形成组织的动物那里所看到的。人类社会是为了一种共同生活秩序而组织起来的，所以每一个个体都知道并承认这种生活秩序是共同的（即使在此人破坏、犯罪时）——正是这种超出生命保存所必需的多余，才标志他的行为是人的行为。

虽然我们对自然的其他产物，如植物和动物，已经开始逐渐认识到，经济型自然的理性目的论图式——它不做无用之事——过于狭隘，但凡在行为认识到已意识到合目的性的地方，人们理解了人性-合理性，因为人们洞察到了任何达到共同意愿目的的手段的合目的性，所有超越有用性、效用性和合目的性的东西的领域就获得一种自己特有的特征。我们在与希腊人说 *kalon* 一词的同样意义上把这类东西称为"美的"。这不仅指那种超出必需物之外的艺术和仪式（Kult）的创造，而且也包括所有那些人们毫无疑问得以理解的东西，因为那是可愿望的，即它们无须也不能在他们合目的性的观点下来为他们的可愿意性作辩护。希腊人把这称之为 *Theoria*（理论）：对这样东西的给出存在（Weggegeben-Sein），这种东西在其统驭性的在场中，对所有东西显露为共同的，并具有如下特征，即在与一切其他物品的对立中，它不会因分有（Teilung）而减少，因此它不像所有物品那样，是被争夺的对象，而实际上是通过参与（Teilhabe）而有所得。这最终就是理性概念（Vernunftbegriff）的诞生。合意的东西以一种令一切人都信服的方式对一切人展现得愈多，他们在这种共同性中重新发现自己愈多，那么人们在肯定的意义上具有自由就更多,即与共同体的真正同一性就愈多。

但是,这对于旧时代的历史是怎样的呢?我们今天所处的现实看上去又是怎样的呢?在我们社会的生活形式的共同性中,在何处我们才有这种容光焕发?一般有这种情况吗?如果我们想到奴隶制的可怕场景,当时又是怎样的情况呢?对这种共同性的不可避免的限制,难道不是由劳动分工和需要与其满足的必然区别中产生出来吗?有如它不在统治与服从的"自然而然的"关系中所表现的。事物的本性不是在促使这种关系转变成统治和奴隶的关系吗?

这在今天被我们社会批判家中最有反思的人表述为意识形态怀疑(Ideologieverdacht)。难道不存在有那种靠公开的暴力设立并又以自由的名义和作为自由宪法被宣传的所谓公认的统治利益的共同性吗?新马克思主义把这称之为扭曲的交往。即使是呈现了真正的共同性和交往性的语言,也被统治利益所曲解。这被解释为解放的反思,即全面的启蒙的目的,即在作为通过语言被交往的共同世界里,抛弃非认同这种非自我理解,并重新达到认同。解放的反思应这样来进行,它产生意识并通过它产生意识来消除那种作为分裂的阻碍的东西去阻挡社会为了共同的东西而进行的真正的交往潮流的东西。这就是意识形态批判的要求。

对于一个这种反思允许要做的东西,这方面的提议者总是一再指出精神分析作为模式,即指出以精神分析来克服这种认同的丧失。

意识形态批判的要求是,人们可以在国家和社会内进行这种做法。通过反思,通过全面启蒙,以一种无压力的对话去消除压制和社会变形——带着这样一种交往能力的目的,如哈贝马斯所表述的,人们可以超出任何区别进行交往,相互交谈并通过投入(Einsatz)达到一致意见。

当然,精神分析的模式其范围并不像意识形态批判要求那样严。精神分析的模式旨在使被扭曲的个人重新进入现已存在的在交往中相互联系的社会。很显然,精神分析是以病人知道生病为前提的。如果某人带着抵触情绪和不情愿,或者没有真正知道自己无能为力而走此路,那么精神分析的治疗就决不会成功。这个模式也只在人们涉及重新产生被扭曲的交往的共同体条件时,才是可行的。

在我看来,这有一个积极的方面和一个消极的方面。首先,我只想说,意识形态批判的工作具有辩证法的结构。它与某些它对之起校正和拆除作用的社会条件有关。它本身属于它所批判的社会过程。这就是它的那种任何科学都不能替代的不可避免的先决条件。对精神分析来说,情况最终也是这样。在精神分析治疗中总是可能有一种技术-科学的能力在起作用,也总是有一种真实的实践要素。这里某物不是"被制造的",或通过构建而产生的,病人的生命史也是这样。治疗的建构性的供应必须通过病人个人的反思被采纳。这远远超出了任何技术程序,因为技术程序以一种病人治疗自由的突发的方式把病人放到他们整个社会和精神的结构中。

乌托邦也包括一种与真正的实践概念的间接关系。这里非常清楚:乌托邦是一个辩证法概念。乌托邦不是行为目的的筹划。正相反,乌托邦最有特色的特征是,它并不是引导在一个"这里和现在"的行为环节"结束行动"。完全不是。一个乌托邦是这样来定义的，即它（像我曾有次称呼它的）是一种从远方而来的讽刺形式（eine Form der Anzüglichkeit）。它根本不是行动的筹划（Handungsentwurf），而是现实批判（Gegenwartskritik）。这一点我们可以在希腊人那里学到。他们预先就做出了这点。柏拉图在他的《国家篇》中大致呈现的东西，他在其《法律篇》中所展开的东西，以及在希腊人那里，从另外的痕迹线索出发，我们将之作为是一种整全的乌托邦文学类型来看待的东西或从中所得知的东西，是通过下述事情被规定的，即它把一种对近乎荒谬的歪曲形象的看法带入了当下，带入了当下的孱弱形态之中。人们大概可以想想看女性和儿童共同体在柏拉图《国家篇》中所扮演的角色，这种角色是一项具有挑衅性的发明，在那里，在一个很明确的地方，柏拉图显然注意到了家族统治在希腊城邦的公共生活中所起的阻碍作用。当人们说，柏拉图构画的有些东西至少是可能实现的，试图以此来尽可能削弱柏拉图著作中的乌托邦性质，在我看来，这有些太天真。即使所有东西都应当被实现，但唯柏拉图所预先描述的强力制度却不可实现。

应当实现的乃是真正的团结，真正的共同体。柏拉图认识的精髓是，只有与自己的友谊才能产生与他人的友谊。这是一个漫长的故事，正如柏拉图在其于西西里岛不幸冒险中作为顾问的实践的政治生活所指明的，我们通过他的书信，特别是《第七封信》得到这些报道。引证柏拉图乌托邦在这里应只是掌握一种概念性区别，即愿望和选择之间的区别。愿望的定义是，它总是欠缺与行动的人中介。实际上这就是愿望。除此之外再没有什么针对愿望可说。我甚至提出，当加塞特（Ortega y Gasset）说技术会因为缺乏想象力、缺乏愿望力量而失败时，他可能被认为是正确的。

人类的创造性能力就是构造愿望，然后试图找到满足愿望的道路。但是，这决不改变愿望不是意想、不是实践的事实。属于实践的是选择决定做某事或不做某事，其中有一种实践反思起作用，而这种反思本身在最高程度上是辩证性的。当我想做某事时，然后一种反思就介入了，通过这种反思，我用一种分析的过程把可达到性带到眼前。如果我想这个东西，那么我就必须有这个东西，如果我想有这个东西，那么我就必须……有这个东西，所以我最终总是回到我自己的东西、我自己能说明的东西上。用亚里士多德的话来讲，实践推演（三段论）或实践考虑的结论是决心。但这个决心和从所想东西到要做那事这一整个反思道路，同时又是所想东西本身的具体化。因为实践理性不只是在于对人们认为好的目的从可达到性进行反思，然后做出可做的事情。亚里士多德非常明确地认清了这样一种单纯的机敏性，它以超自然的灵活性为某种特定目的找到正确的方法，这就是说，使用了到处说谎、到处欺骗、到处胡扯。这种高水准欺骗的机智绝不是真正的"实践理性"。对于实践理性来说，关键的是它与所有技术的合理性划清界限，也就是说，目的本身，即"普遍性"是通过个别获得其规定性。我们可以在我们许多社会经验领域认识到这一点。例如我们从各时代的法理认识到这一点。法律所规定的，某一特定法的案例所是的东西只是在有生命经验的形式主义者的眼中才被明确规定的。发现法（Rechtsfindung）就是同时思考安全和法，以致本来的法或法律被修改。因此，判例，即已经生效的判决，在法律体系内，要比判决所依据的普遍法则更重要;任何法律条文、规范的意义只有在具体化并通过具体化才能证明和规定,这是完全正确的。只有这样,乌托邦的实践意义才能实现。乌托邦不是行为的指导,而是反思的指导。

这都是富有特征的"实践"的形式。我们"行动"不是由于我们按照自己自由任意的计划进行,而是必须彼此共同地来做,并通过合作一起来决定共同的事务。

实践确实不只是依赖于一种抽象的规范意识。它总是已经受具体事务所驱使,虽然有先入之见,但也召唤对先入之见的批判。我们总是被各种惯例所支配。在任何文化中,都有一系列完全自己意识不到的司空见惯的东西,甚至在传统形式、习俗和习惯最大程度的解体中,习以为常的东西在怎样的程度上决定所有的人,这总是被掩盖了的。这在黑格尔规定即否定的学说中基本上可认识到,但在我看来,这是一个在我们时代被历史主义和所有可能的相对主义理论所掩盖的更重要的见解。我们也许可以问,这种也许现存的共同体残存物——国家和社会一般只能存在于它之上——是足够有效的吗?例如,某个证人因为注重法律制度而在法庭面前讲真话,即使没有宗教认可的宣誓约束他?如果这就是一个人通过对"实践"的思考应当又被意识的全部情况,那么这不是也太少了吗?

但这也许是一个太消极的方面。实践的制约性以及社会理性"在实践中"的功效,也许要比理论所认为的要宽广得多?首先,看起来好像我们在我们经济和社会系统中受制于那种遵从内在客观强制性的所有生命关系的合理化,以致我们总是一而再发明,一而再提高我们的技术活动性,而没有看到从这种可怕的循环中可以怎样产生出来。富有远见的人们已把这种发展视为人类面对的死亡线路。但是,在这个受到追求利益冲击的社会里还有另一些共同的经验,根据这些经验,每个人可能意识到制造能力的界限。例如我记得这样一个事情,当 CIBA(瑞士汽巴精化公司)讨论遗传学领域的繁殖可能性的研讨会进入公众领域时,那是怎样的一个遗传学的恐怖事件,一场席卷全世界的惊愕波。这是一种道德的意识,抑或只是一种对如下观点的惊愕,即以遗传的方法繁殖超人,社会为了雄蜂利益应转化为工蜂? 或者我们看看另一些现象,即洗脑现象。我依然记得 20 世纪 30 年代初期,斯大林的洗脑审判过程如何在远方可怕地对公众揭露出来。为了解释这种意识的转变是如何得以实现的,人们想到了毒品或其他形式的操纵。

今天我们完全惊愕地预感到,在我们世界和每一人类社会中可见到的那种普遍的随大流服从倾向,也许正是这样一种自然而隐蔽的原因,它造成了长期深入人心的习俗的可能改变。我们也并非毫无惊惧地在这种诸如"劳动能力"面前后退。或许我们可以看看第三个例子:民主政体。一种依赖于总统候选人是否上像的民主是怎样的一种民主呢? 即使人们承认,没有人仅仅因为上像才成为总统——假如这能够是一个条件,没有它就不行,那么我们怎么能不扪心自问,这是否是民主的实践-政治的意义的真正实现? 或者我们还可以举出我们技术世界最后的而且可怕的问题:死亡推迟问题。这成了今天对我们医生的一个过分要求,即与他的希波克拉底的誓言相反,他"让人"去死。医生可以使一个机体的无意义的、由机器维持的植物性功能无限期继续下去。但是,正如我从与许多有责任心的医生——这些医生承担令他痛苦的责任——的谈话中所能说的,医生任何时候都必须鼓足勇气,说:现在就结束!

但是,在所有这样例子之后存在有一个普遍的经验,这种经验整体来说需要我们的实践理性,因为实践理性使我们意识到我们技术合理性的界限:生态危机。这种危机在于,我们的经济和技术在我们现在所走的道路上潜在的发展,将在一个可预见的时间内导致这个星球上生命的毁灭。

正如所有认识这些情况的人对人们所说的,这确实很像与某个伟大天体的预见的相撞,这种相撞将导致这个星球在宇宙内的结束。我们要把这个非常重要的洞见归功于科学,并且我们还要深深感谢它。我们最终不再生活在有着其巨大影响力的机器时代,而是生活在规则系统、控制论和自我控制系统的时代。我们通过我们时代的科学启蒙开始认识到,存在有需要我们维持的各种平衡条件和平衡状态。这种认识虽然暂时还局限于我们此在非常有限的部分,还没有上升到我们世界经验的主导模式,但在这里所预告的东西,无论如何总比技术问题更多。

地球范围的封闭性工场最终是所有人的命运。也许这种意识慢慢向前推进到政治道路上来。我们根本不需要事先做什么:尼克松确实有政策性的理由,在某个特定瞬间把生态危机作为政治冲突手段来看待,不是没有这种目的去做的。这没关系,理性的狡黠走着曲折的弯路。至少事物由此深入到工业化民族的社会意识之中。

我很好地认识到:一个工业化民族,尤其是属于某个经济体的工业化民族,如果没有与其他工业化民族合作,能做什么好事呢?我曾在许多场合体验到,即使你向不发达国家讲清楚某种过分发达的技术带来的噩梦,那也无济于事。

我们大家还远远没有共同意识到,这关系到我们这个地球上所有人的命运,如果人性在一种或许多种危机中以及在体验到许多痛苦的历史中没有重新发现新的团结——出于逼迫——那么就没有人能活下来,甚至比无情的原子弹等毁灭性武器的进攻还厉害。没有人知道我们还有多少时间。但也许这一原则是对的:对理性来说时间永不会太晚。即使这样,人们还不能相信有关灾难预见的时间计算。这种计算依赖于许多未知的东西,以致我们不能指望可靠的报导,当有人偶然被过于悲观的信息所压抑时,人们可以通过回忆铁路发明的时代来安慰自己。当时心理学家、医生等一致预测,这种新的交通工具的杀人的声音会损害人的心灵健康。如果这真是过去的情况,那么我们很久之前就已疯了。也许我们现在还有时间。

也许人们会认为这是一种过于悲哀的安慰。但我并不认为,这就是一切。它是一个开端,即一种对团结的最先意识。无疑,它仅仅出于逼迫。但这是一种反驳吗?莫非这不是在赞成某种事实上有根据的现成状态(das Vorhandensein eines *fundamentum in re*)?一种基于困境产生的团结又会揭示另一种团结。

所以,正如我们在我们的技术文明过分刺激的进步过程中对于我们社会共同的稳定不变的要素是盲目的,所以我们可能需要关于人性的一种重新产生的团结意识,这种人性逐渐开始认识到自己是人性,这就是说,认识到,不管在任何情况下,人都是属于一个整体,并且必须解决他们在这个地球上生活的问题。这里我当然相信人会重新发现那种能进入人类未来社会的团结。我在拉丁语世界看到某些品质,这些品质以一种惊人的抵抗力反对工业的利益之争,以维护一种自然生活的欣喜,我们在南部国家可以见到这种欣喜,就像是对人类的幸福和享受能力的稳定中心的证明石。我自问,在那些高度文明的陌生国家——这些国家现正在技术上被纳入欧美文明,如中国、日本,特别是印度,由它们数十世纪的文化、宗教和社会传统中出来的许多东西,是否在欧洲装备和美国成果的压力下已不复存在,这种东西也许出于逼迫重新意识到实践理性所讲的新的联结和共同的团结。

　　最后,我相信,即使资产阶级社会也还必须做出贡献。我不是在某一社会阶级及其状态理想的统治的意义上这样讲。通过作为西方文化遗产的资产阶级社会进入未来世界文明的东西,今天还可能在于或多或少资产阶级的和小资产阶级的享受形式和高压现实的补偿形式。但是,理性却走着曲折的道路。情况可能是,作为人文主义典范的出自遥远古代和基督教历史的东西,可能还要继续存在并返回到自我意识,有如我们今天所见的。所以,作为对何谓实践这一问题的一种回答,我想概括为:实践是在团结中的自我行为和活动。因此,团结是所有社会理性的决定性条件和基础。赫拉克利特这位"爱哭泣的"哲学家有一句话:逻各斯对于所有的人都是共同的,但人们的行为却好像每一个人有其私自的理性。这难道还必须继续下去吗?

(洪汉鼎 译,余玥 校)

14a. 与存在照面（赫尔穆特·库恩）

（1954年）

赫尔穆特·库恩主要是通过其1935年出色的《苏格拉底》一书而为德语读者所熟知，他也正好在其于1950年以德文形式出版的《与虚无照面》一书之后，跟着出版了他的第二本书《与存在照面》。因此，现在是一个好的时机，从作者积极的努力出发，并与之一起去评价他对(针对萨特的)存在主义所呈现的批判。①

库恩和被最广义理解的存在主义哲学共同的地方在于危机（Krise）的含义。在较早出版的书(《与虚无照面》)中，这一点已经是他和萨特唯一连结在一起的共同之处："人们必定会伴随着最终的失败而换取到救赎"。这条"危机的法则"同样是一条古老的基督教真理，就像在萨特那里，自我肯定的起源源自于与虚无的照面。基督教把危机解释为我们自身在其背离上帝之中而变成无意义的经验，这种对危机的解释将能够把存在主义哲学对虚无的证明——在所有存在和要求有效的东西的背后——认识为真理的

---

① 现在可以——作为一个卷帙浩繁全集的代表——被引为参考的是其系统的晚年作品《存在与善》(慕尼黑，1968年)和《从意识到存在》(斯图加特，1954年)，以及 D. 亨利希为此全集所作的卓绝的评价"智慧的率真"，参见《哲学年鉴》，第92卷(1985年)。

颠倒。

为了要相反地去揭示存在主义的颠倒性,库恩现在不是从这样的基督教的绝望简单地出发。在较早的、意图上是更多批判描述的书*中,我们已经听到那种反对现代的虚无主义行为的哲学反题,库恩将这个反题称之为"存在论的肯定"。这种肯定就是哲学的信仰:存在不是无,而是以不可摧毁的方式背负着所有存在者的秩序。这警示着一种形而上学的复辟,并且从这个对立的立场出发,人们理解到:在库恩对存在主义的呈现中没有想要真正弄明白的东西,即克尔凯郭尔、尼采、雅斯贝斯、海德格尔、卡尔·巴特,以及法国的存在主义者之间个别的差异,他们真正的意图也都没有真正地被注意到。

由于库恩系统地发展了他自己哲学的驱动机制,这本新书超出了这种对存在主义所谓的批判的描述的行动。他是这么做的,按他的说法,存在论肯定从人的生存的理解(Existenzverständnis)来对所有形而上学的基础做了奠基工作。虽然最初这只是一个假设:我们的思考持续地与存在者的存在照面,而不是与虚无照面。但是库恩尝试着去展示:这个假设是人类生存一般的基础,并且是在一个道德的本源现象即良知(Gewissen)中来闪现。

借助于他的博学多闻和极有把握的综览,库恩描绘了良知概念的历史,并且分析了良知拥有作为道德判准的功能。他基于良知经验的过程而抛出的图景是相当戏剧化的。第一阶段是受难阶段,良知的指控、良知的谴责,即透过良知而感到不安。紧接而来

---

* 指《与虚无照面》。——译者

的是第二阶段,后悔的、人格自我毁灭的行动阶段。在完成之后,紧接着是恩典般的人格的重新建立的第三阶段。

显然,良知过程的这个戏剧化过程应该表明,什么是被存在主义所伪装起来的危机的真正本质。在后悔中发生的全部的自我毁灭,伴随对所有存在意义的绝望以及伴随着"与虚无的照面",同毫无意义(Nichtigkeit)的经验有共通之处。但是对比而言,存在主义是从绝望的存在无化(Seinsvernichtung)导出了一个自己的存在的上升,即从存在论的否定那里,在自动的自我投射中赢获了一个完全的自我肯定,好像这个真正的毫无意义的经验是某种背负着和包含着自身与所有存在的实在性的领悟。并且,据称只要良知有意识地对存在秩序的干扰活动否定了那起着干扰作用的"自我",且良知正是由此重建了存在秩序,那么就是上述经验出现在了良知之中。因此去承认良知的声音好像远多于一个道德行动。相反地,在这个承认中,不可避免的、不可剥夺的实在性就好像与它先行给予我们的秩序被承认了。因此这个肯定看起来就是一个存在论的肯定,它不是确保这个或那个存在者,而是确保整体存在(das Sein im ganzen)及其秩序(Ordnung)。

什么是这个令人惊讶的良知现象的评价的基础呢?最初显示出了库恩和其所反对的"存在主义"的亲近性。当海德格尔在良知中显示了生存*的极端的个体化,并且把"想要-拥有-良知"(Gewissen-haben-wollen)作为生存本真性的基本特征时,他就反

---

* 我们只把关于海德格尔专用的"Existenz"翻译成生存,其余思想家所用的"Existenz"翻译成存在。——译者

过来把握了克尔凯郭尔的动机。但是,这个生存的"富有良知"(Gewissenhaktigkeit)反过来与"形而上学"发生关系这件事,却让库恩完全走向另一条道路,这条道路源于对反思的绝望,此源头随处都可以被察觉到。显然,只有在绝对自由的幻象以及所有存在的唯我论的主体化被思考的地方,良知声音的雷鸣之力才能够消解这样的存在论肯定。存在论的肯定只是现代虚无主义——主体主义的极端——所呈现的存在论否定的否认。库恩并不关闭这个脉络整体,但是他于其中并没有看见任何反驳,去反对奠基他所有形而上学的含义。这个虚无的经验只是一个动机,去把所有形而上学未思的预设明确地表述出来。当然人们不能够再回到早先形而上学的天真去了,但是恰恰透过揭示其隐藏的基础这件事,让形而上学的事业可以继续下去。

人们将会自问:形而上学是否真的基于这个基础,并且能够从这个基础而被更新。库恩自己如同他在其《苏格拉底》一书中,藉由苏格拉底(式)的提问和其柏拉图(式)的展开已然证实的那样,想起了形而上学的起源。但是这个引用有些令人惊讶的地方。因为良知的现象在古希腊的思考中从未得到充分的承认,而且自我毁灭的危机和苏格拉底(式)的"对存在的信赖"离得非常遥远。苏格拉底所从事的辩证性检验事业所促成的那种转向,并非是一种幡然悔悟,并且最终援引惊奇(Verwunderung)这个哲学的原初动机也不可能正当地使人相信"形而上学诞生于良知"。就变化的原因,就变化的第一个"从何而来"(Von-wo-aus)是归因的唯一尺度而言,恰恰在希腊对基底或者亏欠(aitia)的掌握上,我们感觉到它和道德的现象有很大的距离。连无生命的事物也能够有所亏欠,甚至被判决有罪,例如一块铁饼在一场运动中不幸砸死了人。无知的困境真的和良知的争斗不是同一件事,而洞见也不总是后悔。

如此一来,良知现象似乎不总是提供出那种库恩赋予它的普遍的存在论的含义。无疑,苏格拉底式地追问善,以及说明理由的要求预设了一种危机。但是这种危机明显地也已经预设了库恩以前称之为"对存在的信任",而今天在一种与否定的反思关系中被设定为"存在论的肯定"的东西。在苏格拉底(式)的提问中自行呈现的目的论的存在秩序,无论如何不是起源于自行判断的良知困境。苏格拉底自身更多地把他前辈的和同代人的哲思的失败,经验为他自己良知的对善的追问,但是同样地,他也是在普遍的"遁入逻各斯"(Flucht in die Logoi)的光照中来看待这个对善的追问,并且他关于善的知识的良知——不是其反驳——对他而言是目的论的存在秩序的保证。

所以人们更喜欢把哲学良知的起源这一普遍命题这样来理解:存在论的肯定只是对位于形而上学基底的正面的存在信念的一个后来附加的表述。但这不会是库恩意义上的。他的论题是明显的:对于人类而言,面对占有优势的存在实在性,就是需要他[*]自身的否定。唯有如此,他才能够提供对所有形而上学都已经预设的存在论的肯定。按照库恩的说法,在自身否定之中的对所有形而上学起源的否认都会导向反思哲学,反思哲学从未能从它自己的魔域中走出来,并从未抵达完满的生活(vita agenda),而只是达到进展中的生活(vita acta)。

---

[*] 指人类。——译者

现在库恩在《与存在照面》中补充他对良知的分析,仿佛是在第二条路径之上,藉由它把良知置入共同世界的社会的生命脉络全体,并且标举出转向"你"(Du),标举出爱(Liebe)作为所有存在肯定的基础。在这里人们特别乐于跟随他的思路,因为这些思路批判了观念论的反思哲学。他很确定下述命题是对的:关于外部世界认识的认识论问题(如果人们一般性地这么来提出它),是不能找到其内在的理论解决的。抵抗的经验也不能真正地打通反思的内在循环,即使这种抵抗的经验是就某一"你"而言被造成的,那也不能打通此循环。这件事具备某个被照亮的维度,即只有在爱的奉献活动中,"你"的"效用生发"才就此事而言存在,也就是说,此事就是一种自我交付,此一交付把他者的人格特质以及连同他的实在性带来照面。库恩由此也将自我献身的存在论和认识论重要性全面地引向了"你",并且尤其把全部现代思想家,甚至康德,但首先是胡赛尔、雅斯贝斯和海德格尔视为"独语者"(Egologien)。

良知的自我经验是否不只是对立于笛卡尔的自我意识的道德对立面,这一点在我看来还必须继续思考。无论如何对我而言,在他书的末尾,伟大哲学家们这些内行的专家所讨论的,特别是被黑格尔所施加于良知的批判,从未完全穷尽。这确实是可能的,即从否定的自我确定性的焦点来思考形而上学的权利以及主体主义的非权力。但是在这样的自我界定中,人们依然停留在主体的东西的魔域之中。库恩所追踪而指明的宗教的良知经验同样在这个自我界定中有其基础。库恩把整个现代思想恰恰还原到这个点上。人们为此感到惊讶:着眼于此点,他不再能够从雅斯贝斯的哲学获得如下结论,并且他也不再承认:海德格尔引入了对这个主体主义彻底得多的批判，以至于海德格尔的思想转向（Kehre）在哲学上不允许被理解为一种"伪说"。

如此一来，他的学说就有了悖论。他对良知经验的标举是在明确偏爱形而上学古代的典范之下被给出而用在其更新之中。可是，良知概念的来源以及良知所赢获的普遍角色却取决于这个形而上学以及其命运。如此一来，人们就会犹豫在良知之中去寻求形而上学的诞生。但是或许人们将会承认，良知的诞生是在后期古代的形而上学，以及在奥古斯丁那儿也会承认，借此康德的形而上学批判及其道德的新基础踏入了一片新的光亮之中。库恩将会告诉我们说：康德"假定的"形而上学不能令人感到满足。人们能够并且必须在全部领域内提出基于良知来为形而上学奠基的任务，而在其中，奥古斯丁也曾全方位地接纳了古代形而上学。库恩的《与存在照面》包含了与奥古斯丁的照面。我们有一天将会从他那里得到一本关于奥古斯丁的书吗？

（金志谦 译，洪汉鼎 校）

14b. 我与你（卡尔·洛维特）

（1929年）

这本书①的探究十分细致，而且在所有概念抽象上都仍保有极高的直观性，它们把自身主题标示为"对伦理学问题的人类学基础的贡献"。它们或多或少呈现了对彼此共在（Miteinandersein，即共在世界的此在〔das mitweltiche Dasein〕）这一基本现象详细进行的现象学分析，对于该基本现象的多面向内容，出色的梳理和详尽的目录提供了一个好的概观。就这些分析不是在伦理学主要概念的传统的线索中，而是从日常人类生命的事实的可问性来发展诸多问题而言，这些分析是"现象学的"。这些分析的主要关注点与其说（如副标题让人猜测的）是为"伦理学问题"的哲学处理给出一个预先工作，毋宁说是在其多义性中去发展人类的人格（Person）、个体的概念。对于人类的个体概念来说，显然"你"是具有构成性的意涵。人格的存在在其存在方式中根本是由他和其他人的关系所规定的。人类的共在世界不是作为自为存在的"个体"的一个未结构化的杂多来照面的，而是作为每每对于彼此拥有"作

---

① 卡尔·洛维特：《在共在之人角色中的个体》，慕尼黑，1928年。[参见《洛维特全集》，第1卷，斯图加特，1981年]

用(角色)"的"诸人格"的关系来与我们相遇。一个人,例如是儿子(其双亲)、丈夫(其太太)、父亲(属于孩子的)、教师(属于学生的),以及反之亦然;但这也就是说,他生存"根本是出于他自身是通过相应的他者来规定这一根据"。只有从这个总是位于基础的一个人所处的关系的"制约性"(Verbindlichkeit),才会产生和自我规定伦理学意义上的"责任感"(Verantworklichkeit)。然而他依然为其自身在出色的方式中是一个"他自身"。构成了这个最自己的自身意义的东西,就是洛维特在分析我对于他者是什么的道路上所试图要接近的那个问题。由于人在其多样的生存角色中被探询,追问人类的纯粹人性,追问在这个于关联上规定他的共在世界中他的无关联的唯一性(unverhältnismößig Einzigkeit)的问题被提出了。

伴随着他提问的这个方向,洛维特试图相对于传统的主体和我的概念,为哲学的生命问题寻求一个新基础。他紧接着费尔巴哈哲学对德国唯心论基础所持的批判的对立立场并藉此开始他的探究。与费尔巴哈一样,洛维特不是像黑格尔在自我意识之中,而是在我这一概念事实上是通过"你"的构成性中,去寻求这一问题的出发点。超出费尔巴哈论战的抽象性,他试图具体-现象学地澄清我和你的这种基本关系。致力于这一任务的关于脉络整体(Zusammenhang)、关系(Relation)、相互关系(Korrelation)和关联(Verhältnis)等概念的分析[2],给出一个出色的引导,导出一个我与你之间关系所具有的特殊的本质方式。它的结果是:本真的

---

[2] 第59页。[《洛维特全集》,第1卷,第75页]

关系只有在通过"某人"对"他者"有交互的行动而彼此关联（Sichzueinanderverhalten）时才自行构成。反之，"某物"不能因此处在本真的关系之中，因为一个纯粹的"某物"一般而言不能"发生关联"，(sich verhalten)。相应地，"照面"（Begegnung）和"应答"（Entsprechung）的本源意义只有在某人对他者的关联之中才能被承认，相较而言，人们只是非本真地和"某物""照面"，因为某物不能从其自身迎面而来。

洛维特从这个现象学的论断抽丝剥茧，得出他关于所有合乎事实的理解的意义和可能性的结论："某物"一般只有通过某个他者才能在其客观的自立性中通过某个他者才得以向某人开启。某物自身不外总是已然在〔人〕*自己的追问的意义中被回答，也就是"主观的"，在其通过某人自身和这个〔某人〕自己的掌握倾向而构成的条件性之中被回答。所以，洛维特从未对某个事物，而只有对某个他者，把自由地说出话来（das freie Zur-Sprache-Kommen）固定为"应答"（Entsprechung）的本真意义。"事物自身不能说出其概念，它对此需要一个为它而说的代言（Fürsprache）。"③由此，只要事情没能通过回应和他人可能的反对意见来照面，那么每一系统性的思想也就始终保持在对某一思路所进行的书面加工之中，即保持为封闭在自身之中的且绝对前后一贯的，其代价是通过某他者的反对意见对此思考的可能修正。对此，洛维特有意识地以他眼下的文章为例子来说明。但困难的是，洛维特归纳了此种思

---

* 本篇文章中的六角中括号内文字均为译者所加。——译者
③ 第66页。[《洛维特全集》，第1卷，第82页]

维具有如下特征,即系统性的思想具有单纯地要以推论性的方式思想到底。所有系统性的思想不仅正是以可能的他者的反对意见为导向,并且预先地考虑到它,因而系统性的思想引导的意图似乎总还是被纯粹自为开端的自我确定性的动机所规定的,如此一来,似乎只存在着一种推论性的反思形式而已了——除此以外,系统性思想还存在于实事性地把握活动所要求的本真性意义之中,就像黑格尔曾说过的:"以否定性地反对自身的方式存在,在现成存在者前保持克制并消极行事,其目的是为了让此现成存在者不被主体所规定,而是能如其在自身之所是那样的展现自身"。④ 掌握的实行方式通过那个可能性来自行构成:重复自己的追问,并且每每重新地怀疑自己从事物汲取而来的回答。我们只能承认这么多,即:他者实际上的反对意见对产生这种可能性是非常有用的。但是它从来不是对他者的赞成之辞,仿佛是这种赞成之辞让事物吐露了其概念一样,而恰恰是要去忽略,是否有人或者谁如此赞成此事,这种忽略的行为在实事性的把握活动中有其意义。此外,内在于人们对其他人说某物的领域之中,也就是在真正人类的关系之中,同样的问题会自行重复,只要属己的自我思考至少属于"让自身说出某物"的活动,而其所说出的东西正如在纯粹实事性把握活动领域中的东西一样。在书中后面的篇章之中,洛维特恰恰已然展示出:一个人从其自身会如何地向他者自行开显,这会有哪些原则上的歧义性。

洛维特对体系性和概念性思维的关注显然是看到了把握活动

---

④ 黑格尔:《逻辑学》,第3卷,第278页。

的那种实事性意向,这一意向出现在其"世界共在性"的交结状态这一视角之下,且洛维特的关注也把与事物的关系看成是一种最终非人的抽象,这种抽象是从处于原初的"世界共在性"的诸关系之中的人性中抽出来的。就像洛维特说的那样,真正的彼此共在在一个纯粹人类的意义中事实上就是"无目的的为了彼此之在"(zweckfreies Füreinanderdasein)——区别于所有实事导向的需要彼此(Einandergebrauchen)。在彼此共在中,他寻求个体在它作为共同人类(Mitmensch)的角色中所遇到的真正问题。这同一个问题形式上是在唯我主义(Egoismus)和利他主义(Altruismus)的概念消解中在一个统一的意义脉络中而发展出来的。人类的天然的唯我主义恰恰优先地在利他主义的形式中而得到了充分发挥,〔虽然是〕作为与他者的自身关系,但是却回顾到他自己。自利的最极端的形式事实上恰恰就是以监护人的方式为他人操心。这种看向(Hinsicht)他者和回顾(Rücksicht)自身的双重运动现在构成了所有处于与某一他者关系之中的属己行为的最为原则性层面的歧义性。"从最日常的以及最不负义务责任的关联开始,直到或多或少唯一的关联的最纯化的辩证法的奇怪的悲剧,这个歧义性都支配了彼此共在(Miteinandersein),并且突然提升到我的和你的无法解脱的混淆和交换。"因为在这个看向和回顾的对立性之中,必然有这样的倾向即从他者的有预见的应答中去预先地共同规定自己的行为,并且在自己对他者的关联之中,已经抢先了他者的回答。藉此,自己的行为的歧义性就以这样的方式来进行反思:一个人在他对他者的行为中,事实上已经自行关联(sich verhalten)到这种关联(Verhältnis)本身。这样的反思必然地导致一个人绝

14b. 我与你(卡尔·洛维特)

对对立地纠缠在他者之中,并且是这样展开的:两者当中的任一个,都不能原初地从自己作为起始来加以自行关联,而是从预先看向(Vorblick)他者,仿佛是"以他的名义"〔来自行关联〕。这种在关联中的沉沦本身就是所有带有目的的-实事的和他者的行为关联的极端反面,这个关联在其人性的自我权之中一般不顾虑(berücksichtigen)他者。关联就是在这个陷落性中自行自立起来的。洛维特详细地把这样自立起来的关联的结构呈现在路伊吉·皮兰德娄*的戏剧中:"它的存在如它所认为(meinen)的那样"(§23)——在那里,在某种对诗意现实之充盈起妨碍作用的尖刻描述中,一个女人的形态被这样描绘,她对于她的男人以及对于她的母亲而言向来是个不同的人,并且在其中见到她的任务,即为了这两个他者,她要完全消融在这两个角色之中,她为其自身想要成为的存在不外是这些他者在她之中认为(meinen)要看见的东西。

恰恰是这种绝对关联规定性的例子——这种绝对关联性让每个人只能这样存在,即此人只存在于他的为着他者的角色之中——才让这个问题变成是活泼的:此人和他者为其自身是什么?的确,这个关联自身促成一种倾向,去赢获或者获致对立的自立性。因为"你自身"(Du selbst)被承认为一个自立的共同人类,并且藉此去赢获"我自身"(Ich selbst)的相应的自立性,寻求在彼此的陷落之前以及在这个关联的缠绕之前被保存。

在对这个问题更进一步地考察之前,作者在下一章⑤阐明所

---

* 路伊吉·皮兰德娄(Luigi Pirandello,1867—1936),意大利剧作家、小说家,1934年诺贝尔文学奖得者。——译者

⑤ 第103页。[《洛维特全集》,第1卷,第118页]

有彼此共在的关联规定性,以及其陷落在彼此共同对谈(Miteinandersprechen)的突出现象之中的倾向。洛维特尝试在这里卓有成效地把洪堡(Humboldt)的语言哲学观念拿来分析共同世界的关联。在这里对中介(Mitteilung)这一现象的分析,从其最简单的"应答"形式追踪到反思的陷落形式。还有,书面"通信"关系,以及非常吸引人的作者和读者的关系,在此也以其特有方式被考虑了。

彼此共在(Miteinander)纯粹的人类关联这个原初的制约性(Verbindlichkeit)的出发点在这里导致了特别的结论:作为这样的被中介物(即被书写物以及被阅读物的实事内容)的自立性的要求,被视为人类关联真正对立性的沉沦倾向。如此一来,在这里比起在对"关联"的意义的普遍分析——即朝向无目的的人类关联的人性会导向了其反思的空洞化——就更为明确地显示出:所有对话的"所谈之事"(正如所有共同存在的"所为之事")都显示为某种对他者的"错误利用",只要人们将自身作为如下的东西来给予自身,基于它,所谈之事对人来说成为可通达者;而人们如此这般地将自身给予自身,这对于所有对话的"意义"以及所有"共同存在"的内在意向来说,是具有本质性的。某人和他者"本真的"关联——此对洛维特而言呈现了基本的导向——是通过反思从这个带有实事的所为之事和所谈之事而来,向着"你"(Du)及他对我的关联才自行建构起来。然而——洛维特非常出色地证明了以下这一点——正是在这一反思中,在其自身的他者很可能全然不会现身,除非是在一种对反思的再一次翻转之中,即通过"承认的运动",通过对其他"自我"的尊重,他者才会现身。反思的动向因此

14b. 我与你（卡尔·洛维特） 329

恰恰就是被本源的你的照面所掐断，因为它恰恰是朝向了实事（Sache），在其中我之所是和他者之所是能够未反思地向我"传授"（beigebracht）。

事实上，洛维特没有这样来展开如下问题，就好像此问题是基于反思的自我考量而自行呈报出来的一样，这一问题是，"'我自身'(ich selbst)和'你自身'(du selbst)如何内在于关联之中而仍然保持其自立性"，而洛维特没有这样做，这远非只是在外在塑形所要研究之事的意义上的偶然所为而已，⑥因为最初承认你和我的自立性是作为一种针对在关联的绝对化倾向中我和你纠缠的对立运动而有其动机。随着探究的前进，在本源地规定"敬畏"（Achtung）这一现象的历史动机的压迫下，追问"敬畏"的动机史就越来越退缩了。

"敬畏"的意义被洛维特按照舍勒、埃布纳（Ebner）以及戈加滕等人的现代理论对狄尔泰所做的批判考察发展起来，并且从那里合理地回溯到康德，并且详尽地关注康德。按照洛维特的看法，在狄尔泰那里，对敬畏所采取的本源的、仿佛是禁止的和负面的意义（作为彼此陷落的禁止）仅仅是以并非没有扭曲的偶然的和历史的方式被指明出来而已。尤其洛维特的提问不能精确地在康德的意义中去支撑康德，并且不知不觉地就推往另外的方向了。因为在康德意义下的敬畏是对普遍法则的敬畏，但这意味着敬畏的现象在其自身包含人类的普遍化，而不包含这个倾向：在其特殊方式上并且为了这个特殊方式对你加以承认。如此一来，康德关于"友

---

⑥ 第127页。[《洛维特全集》，第1卷，第143页以下]

谊"的学说不像洛维特认为的那样,可以去阐明特有的"本真的"(eigentlich)关联的意义和其反思的问题。

洛维特的研究始终与反思之疑难性绑定在一起,这件事具有如下特色,即他追问"我自身"的非关联性的独一性,而对这一问题的在原则上最有意义的反思,却只能以正相反的方式被刻画。⑦正是那种自身关联的最外在的可能性,即自为存在的最外在的可能性,也就是自杀,在仔细的考察中被证明是对于自我关系来说的、作为一种个体的关系规定性的私人形式。最通常的情况是,自杀的动机是共同世界的关联关系的挫败。并且这个从未到达人类连结责任的、绝对没有救赎的个体的那种没有任何激情的终点,就像是陀思妥耶夫斯基的《群魔》中斯塔夫罗金侯爵的角色那样,由于人类关联的连结力量的这种拒斥而被激发促成了。

对洛维特而言,聚焦在限定我的关联的方向呈现了一种原则的和哲学的广度的动机,这一点一开始就已经被强调过了。但他所做的详尽分析,却没有显露出探究中积极的和哲学的意图,这些分析更多地在其概念的精确性中梳理了共同世界的关联中的反思问题,而这样的反思问题直到目前只有在19世纪伟大的小说家的诗意的心理学中才成为分析的对象。

(金志谦 译,余玥 校)

---

⑦ 第169页。[《洛维特全集》,第1卷,第185页以下]

IV

人类学问题

九

人类学史

15. 理论、技术、实践

（1972年）

"我们一切的认识都从经验开始，这是没有任何怀疑的。"①康德《纯粹理性批判》这一著名的开场白也毫无疑问地完全适用于我们对人所拥有的知识。这一方面指的是那种自然科学研究（我们称为"科学"）不断进步而取得的愈来愈多的成果整体；另一方面指的是所谓实践的经验知识，比如每一个生活着的人持续积累的东西，如医生、牧师、教育者、法官、士兵、政治家、商人、工人、雇员、官员，并且不只是在这些所有人的职业领域中，而且同样也在每个私人的和个人的生存领域中，人与自身和其同类的经验在持续地增长。另外，整个不可思议的关于人的知识财富又从流传下来的人类文化，从诗作、从诸多艺术、从哲学、历史书写以及其他的历史科学而流向每一个人。毫无疑问，这样的知识是"主观的"，这意味着它是深深不可控制的，并且是不稳定的。然而它也是一种科学不能拒绝对它的关注的知识，并且自古以来，从亚里士多德"实践哲学"的时代开始，一直到所谓精神科学浪漫主义和后期浪漫主义的时代，对人的丰富知识就一直如此地被流传。与自然科学不同，所

---

① 康德：《纯粹理性批判》，B1。

有这些其他经验的来源都有一个标记它们的共同性。只有当它是在行动者的实践意识中重新整合而成之后，这些（不源自自然科学的）知识才是经验。

在这里，科学的经验占有一个特殊的位置。通过科学的方法论而被准许为确定的经验的东西是带有如下特性的：它原则上独立于每个行动的处境，并且独立于每个在一个行动脉络之中的整合。这个"客观性"同时意味着，它可以服务于每个可能的行动脉络。同样地，这一点在近代科学中以特殊的方式已经找到它的塑形，并且地球的面貌以相当广泛的方式彻底地改变，成了人为的人类周遭世界。在诸科学中所更新的经验现在不只是有如下优点，即它对每个人来说都是可检验的和可证实的——它还从其自身出发提出了如下的要求（此要求奠基于它有条理性的实行方式上），即它是唯一确定的经验和知识，并且每个（其他的）经验都在其中才能找到其合法性。在"科学"之外，在实践的经验和流传所描述的方式中所收集到的人的知识，不仅必须要通过科学而经受检验，而且当它经受过该检验时，它藉此才属于科学的研究领域。原则上没有任何东西不是以这种方式从属在科学权能之下。

科学不只是从经验中才能生长起来，而且还要按照科学自己的方法论才能被称作经验科学（Erfahrungswissenschaft）——这一表述是从17世纪才开始用在科学上的——这在近代哲学中找到了其原则性的表达。在19世纪时有了这样普遍的信念，好像人们进入了"实证"科学的年代并且把形而上学抛在身后了。与此相应的，不仅是那种让自身脱离概念构造和单纯思辨的各个方面的哲学"实证主义"，而且对于那些像是康德的，在所有经验中反思先天要素的哲学理论也都有效。因此,它曾是一个系统的经验理论,新康德主义哲学也自行塑成这一理论。物自身的概念,这个在康德理论中的"实在论的"要素在过去被新康德主义——由于费希特和黑格尔——指责为独断的,或更精确地说,被重新诠释成认识的界限概念。认识的对象提出规定的"无限任务"(P. 纳托普)。被给予性(Gegebenheit)和对象(Gegenstand)在认识论上唯一站得住脚的意义是:无限的任务。这个理论有决定性的贡献,它证实了认识的感觉论奠基暗地里所具有的独断论。这所谓的感觉的被给予性并不是被给定物,而只是为认识提出其任务。唯一配得上"事实"这一名号的是科学的事实。[2]

在此,当然有外于理论的有效领域,比如美学的领域,它们要求被承认,并且以这样的方式在新康德主义的科学理论中提出了关于非理性物的说法(Rede vom Irrationalen)。但是这并不改变如下一点,即所有经验知识都根本上被局限在了科学的经验之上。任何可以被经验的东西,没有一个能够抽离科学的权能。当我们在任何一个地方遇见了不可预见的东西、偶然的东西和违反预期的东西时,科学的普遍要求也还是在其中证实着自身。具有非理性物之外观的东西,真正来说是科学的边缘和边界现象,就像它们特别是在科学于实践上获得其应用的地方自行显示的那样。在实践中,那些作为科学应用上非预期的以及大部分非希望的结果而产生的东西,真正来说是完全不同于"偶然"所具有的不可扬弃的

---

[2] [对此,参见我的论文"科学的事实",载《马堡科学学会会议报告》,第88卷(1967年),第11—20页。]

非理性。按其本质,它不外是研究的进一步的任务。科学的进步依赖的是其持续的自我修正,并且同样也要求一个建立在科学应用上的科学实践:它能够通过持续的自我修正而不断地提高在这种科学实践中被设定的预期之可靠性。

但是这里所说的实践(Praxis)是什么呢?科学的应用本身就已经是实践了吗?所有的实践都是科学的应用吗?即使科学的应用进入到所有的实践,它也还不是与实践等同。因为实践不只是意味着人们所有能做的东西的"做"(Machen),实践经常也是诸可能性之间的选择和决断。它也总是已经和人的"存在"(Sein)有所关联。这可以比如在具有言外之意的(uneigentlich)话语"你究竟做了什么呢?"(Was machst Du denn?)反映出来,它不是问:你在从事什么呢(was man tut)? 而是问:你过得如何(wie es einem geht)? 在这个观点下,科学和实践之间具有的不可扬弃的对立就自行显现出来了。科学本质上不是锁闭的(unabgeschlossen),而实践却要求在瞬间中的决断(Entscheidung)。所有经验科学的非锁闭性意味的不只是:它基于其持续的准备去处理新的经验而提高合法的普遍性要求,而且也意味着它从未能够完全地兑现这个普遍性要求。实践要求知识——但是这其实意味着,它被迫使着将各种可支配的知识(Wissen)作为一个锁闭的东西和确凿无疑的东西来对待。但是科学的知识不是这样一种方式。同样地藉此近代的科学原则上不同于古老的总体知识(Gesamtwissen),这种总体知识在以前,在"近代"开始之前,是在"哲学"这个名称底下对人性的每种知识的总括。"科学"的知识不是锁闭的,因此不能被称作"学说"(doctrina)。它不外是存在于每一个"研究"的阶段。

我们必须弄清楚那些以经验科学以及作为其基础的方法理念而显现出来的东西的整个范围。当人们相对于那种源自古代遗产并且直到中世纪后期都占统治地位的古老的总体知识而凸显出了"科学",就表明理论概念和实践概念两者都彻底地改变了。当然总是有着知识向实践上的应用。如此一来,这简直就是说:"科学与技术"(*Epistemai* 和 *Technai*)。在过往,"科学"一般而言只是那些在实践中起着引导作用的最高层次的知识。但是它把自己理解为纯粹的 *Theoria*(理论),也就是作为为其自身之故(um seiner selbst willen)而不是为实用意义而被寻求的知识。同样在这里,即在希腊对科学的观念里,首先就把和实践的关系尖锐化为一个问题。当埃及几何学的数学知识或者巴比伦的星象学一般而言无非只是一个源自实践并为实践所储存的知识宝藏,希腊人则把这个能力和知识转变成源自理据的知识,并且藉此变成一个可证明的知识,人们知道自己是为其自身之故,即所谓的源自本源的世界好奇者,而为拥有它们感到高兴。所以希腊科学就此诞生了,不只是数学,还有希腊自然哲学的启蒙运动——并且源自同一精神,尽管实质上都是实践的关联——也包括了希腊的医学。藉此,科学和其应用,理论和实践彼此首度区分开来。

然而,与此形成鲜明对照的乃是近代源自17世纪科学理念所产生的近代的理论和实践的关系。因为科学现在不再像希腊哲学那样,是对世界和对人的知识的总概念。希腊哲学,不论是自然哲学,还是实践哲学,都是产生并以沟通的语言形式表述那种知识总概念。现代科学的基础是在一个完全新的意义下的经验。因为伴随着知识的统一方法的理念,比如笛卡尔在他的《方法谈》中所表述的那样,确定性(Gewißheit)的理想变成了所有知识的尺度。只有可控制的东西才能被视为经验。如此一来,在 17 世纪时,经验再度变成是一个检验的法庭裁决者(Prüfungsinstanz),正是基于此,数学先行筹划出来的合法则的有效性得以被证实或者被反驳。比如,伽利略并非从经验中获得自由落体的律则,而是如同他自己说的:"mente concipio",即我在我的精神中筹划。伽利略这样筹划的东西,比如自由落体的观念事实上不是经验的对象。真空不存在于自然中。但是他透过抽象所认识到的东西恰恰是那些在具体经验中不可消解且互相交缠的因果关系网络中的合法则性。由于精神孤立了个别的关系,并且进而以测量的方式确定了其精确的份额,精神开启了一个可能性:引入因果种类的意志因素。所以,这样说并非没有意义,即现代自然科学——无损于它灵魂中激活的纯粹理性的兴趣——意指的与其说是知识,毋宁说是能力,也就是实践。克罗齐*在他的《逻辑学》和《实践活动的哲学》中也是抱持这一看法。当然对我来说,我们可以更正确地这样说:科学使得一门朝向"做"的能力(Machenkönnen)的知识,一种以知识的方式对自然的统治,也就是技术(Technik)成为可能,并且这恰恰不是实践(Praxis)。因为这不是源自生命处境的实践和行为状态(Handu-ngsumständen)作为自行增长的经验所获得的知识。这是一种就其而言使得某一特殊新类型的实践关联,也即建构性应用的实践关联成为可能的知识。在所有的领域上去实现那孤立个别因果关系的抽象,这一点属于它的进程的方法论。藉此,它必须

---

* 克罗齐(Benedetto Croce,1866—1952),意大利哲学家和历史学家。——译者

承受它不可避免的权能的个别性。但是藉此获得生命力的是一门自身带来理论和实践的新概念的"科学"。在人类历史中,这是一个真实的事件,它赋予科学以一个新的社会的和政治的强调。

因此,人们不是徒然地称我们当今的时代为科学的时代。这种说法的根据主要基于如下两个理由。一个理由是,对自然的科学-技术统治现在才达到和以前的世纪性质上不同的规模。这不只是说,今日的科学变成了人类经济主要的生产因素。毋宁说,其实践的应用也已经根本上创造了一个新的处境。科学不再像从前 *Techne*(技术)意义下的东西,只局限在去填充那对大自然进一步塑造而悬置未决的可能性(亚里士多德)。它已经提升到人为的对立现实性(Gegenwirklichkeit)。从前,我们周遭世界的变化或多或少可以回溯到自然的原因,例如气候变化(冰河时代)、天气作用(冲蚀、沉积等等)、干旱时期、潮湿以及类似的东西,并且只有偶然的情况才涉及人类的干预。在过去,这些干预比如森林的砍伐造成不毛之地的后果;因为狩猎造成物种的灭绝;因为耕种造成土地的耗尽;在富饶的开采后造成地层的枯竭。在过去,这些已经或多或少是不可逆的改变了。可是人类在这样的情况中通过回避,进而移入到新的场域中已经拯救自身,或者已经学习到及时去预防这些后果。此外,人类劳动的贡献,采集的、狩猎的或者耕种的贡献并没有实际地扰乱了自然的平衡。

相反地,在今日科技对自然宝藏的剥削以及对我们周遭世界的人为改造已经变得如此的计划周密和广泛无边,以至于它的后果危害了事物的自然循环,并且大大地变成不可逆的发展。周遭世界的保护问题是这个科技文明总体化的一个看得见的表述。显然,更高意义的任务被归给了科学,并且在公众的意识之前,科学必须代表这一任务。因为我们科技文明的影响开始触及普遍的意识。一方面,这导致了情绪上的低落,公众带着这个情绪在文化批判的意义上对这些现象有所反应。由此而来的偶像风暴必须及时地避免。另一方面,在于对科学的迷信,它强化了不经思考的科技专家治国主义,毫无阻碍地伴随着技术能力而扩大自身。在这两个方面,科学必须发动对它自身的一种去神话化(Entmythologisierung),并且严格来说用它最特有的方法——批判的信息和方法的纪律。因此像城市、周遭世界、人口增长、世界粮食、老龄问题等等的论题合理地在我们对人的知识的科学论题化中占据了优先的位置。原子弹愈来愈多地证实自己是人在世界范围内,以及在这个行星中人类生命的自我危害的一个纯粹特殊的情况,科学导致了这个危害,并且科学必须自己做点什么,去避免这件事情。

但是,在科学之内,也有一种类似自我摧毁的危险在威胁着,它是直接源自于现代研究活动的完善而产生出来。研究的专门化早就远离了那种在18世纪使百科全书式的知识成为可能的所有导向性(Allorientiertheit)。但是在我们的世纪之初,还有对方法进行了充分且良好组织的信息,它让外行人有可能参与科学的知识,也让研究者有可能广泛地参与其他的科学。在此期间,研究在世界范围内的延展和越来越高的专门化导致了信息泛滥,它回过头来反抗它自己。今日,图书馆专家仔细地思考,他还应该如何把大量的、令人担心年年膨胀的信息加以储存和管理,并且管理在这里是意味着传递。一旦专业研究者看向他工作区域最狭窄的领域之外时,他就处在一个类似方向上的困境,就像外行人总体上所具有的困境一样。但是恰好这一点对研究者常常是必需的,因为他之前使用的旧的方法不再能够合理地用在新提出的问题之上;并且最后,这对于外行人也是必需的,因为对他们的政治行为来说,他们不仅跟随被操纵的信息,而且还要获得对这些信息的判断。如此一来,在这个信息的洪流中,对外行人的导向就是需要借助中介且有所依赖的。

借此我们来到了第二个领域,在这里今日的科学已经成为人类生活中新兴的因素,也就是它对我们社会生活的应用。在概念上,今日的"社会科学"指的是去根本性地改变由传统和惯例所塑造了的人类共同生活的实践。科学提出了这一要求,并且是基于今日科技的文明状况而这样做的,即把社会生活置于理性的基础之上,并且去除了因袭所具有的不容置疑的权威。显然,如果这种批判试图通过解放的反思去改造社会的意识,那它就处于意识形态批判方面,因为它在经济和社会的主导关系中看见压制人的逼迫在起着作用。鉴于这样的批判是传给每一个人,所以那种无声的形式——在此形式中,人类生活愈来愈多的领域被屈从于科技的统治以及理性的自动化替代了个人和群体的决断人格——就愈加实际发生效应。

这是我们生活的一种根本的改变。这种改变之所以得到如此广泛注意,与其说它关涉到这种科学-技术的进展,毋宁说涉及到科学应用的坚决的合理性,这种合理性以一种崭新的无拘无束克服了习俗的惯性力以及"世界观"的所有障碍。以前,科学进步的新可能性把我们放置到某一阶段的种种效果,都是一步一步地限制在规范之中,这些规范在我们文化和宗教的传统中具有毫无疑问和理所当然的效力。比如人们可以想到，以前藉由关于达尔文主义的争执而被消解了的那些情绪。从前，一个不带激情的客观讨论在这里是可能的，十几年来一直持续着，并直至今日，达尔文主义还在影响着我们的神经和情绪。虽然达尔文的自然科学知识在今天是没有争议的，但是它的应用，比如用在社会生活上，仍然遭遇到多重的异议。针对这一点，人们虽然无须对这个实事问题采取立场，但是人们根本上可以断定：科学知识在某些特定领域——在此领域中，人们今日称作"人的自我理解"的东西处于危险之中——的应用，不只是常常会导致冲突，而且根本上也带出了一些科学之外的因素，这些因素捍卫着自身的权利。

今日，人们就这样看着科学自身和我们人类的价值意识陷入冲突。比如我想到了基于现代的遗传学以改变遗传和有目的性的培育为指向所发展出来的可怕观点。虽然这并没有达尔文主义以前所拥有的戏剧冲击力，这也没有像是在广岛市投下摧毁人类生命的原子弹那样残暴的直观，但是从那时起，在研究者的意识中就一直有这样的劝告：他对人类的未来具有更高的责任感。

如果我们自问，我们意识的这个普遍的处境如何反映在今日的研究者于遗传领域所占据的人类学-哲学的前沿立场之中，那么答案是相当不统一的。在这里某种差不多显而易见的观点就是去批判认为人类在宇宙中占有特殊地位的传统主张，这种传统主张面对自然科学的进步越来越显示为是神学的残余偏见。凡涉及人类相对于动物所具有的相对特色（更高优越）的任何地方，这种批判都映照在我们关于人类知识的论题中。准确地说，这就是今日行为研究会对公众具有非同寻常的反响感到开心的理由，在过往已经有于克斯屈尔(Uexküll),在今日则是洛伦茨(Lorenz)和他的学生。

今日,没有人可以想象,我们能够实际上实现我们关于人的知识所要求的那种整合。我们知识的进步受制于日益增多的专门化的法则,这意味着,也会受制于要想对专门化知识进行概括所面临的日益增多的困难。人类的行为,也就是人类为了获得健康、社会均衡、特别是和睦,在知识和能力上所给出的有意识的投入,明显地缺乏一个统一的科学基础。不可避免地,我们又总是试图通过各自世界观的设想进行这样的投入。在回顾时我们轻易地认识到,究竟是什么在当下以未被认识的方式确定地发生着,也就是那些特定的吸引人的认识究竟如何被提升为普遍的见解图示。一个这样的例子是力学科学的架构和其在其他领域的转用,以及在这里特别通过控制论(Kybernetik)被带出来的修正。但是意识和意志概念的有效性也类似地具有独断论的特质。在通过哲学观念论所引入的形式中,意识、自我意识和意志的概念不仅主导了19世纪的认识论,同时也主导了认识论的心理学。这对于理论的概念在人类学的使用中能够具有的意义,是一个极好的例子。

这里并不是分析独断论的场合。在意识概念和灵魂概念中,独断论一方面出现在表象概念或者意识内容概念这一边,另一方面出现在灵魂能力的概念这一边。我们必须弄清楚,自我意识的原则在康德的先验统觉的综合的概念中,它是观念论立场的基础,而回溯到笛卡尔以及向前发展到胡塞尔,事情也是如此,但是自我意识的原则却遭到了由尼采开启的现代哲学的批判,此批判在我们的世纪,例如通过弗洛伊德和海德格尔,以各种方式走向了成功。

此外,在我们的脉络下,这些批判还意味着,社会的角色站到了人的自我理解的前面了。这自行坚持的自我的同一性意味着什么呢?真有那种像在自我意识中证实自身的自我吗?自我同一性的连续性是从何处生长出来的?这里是"承认的斗争"(Kampf um Anerkennung),如同黑格尔把它描述为自我意识的辩证法那样。或者——在反题中——基督教的内在性,如同克尔凯郭尔在"抉择"的意义下,通过伦理学的连续性概念来论证它的那样。或者,这个自我完全只是在交互角色扮演中第二义的统一建构,比如像是布莱希特(Brecht,1898—1956)在其剧作《四川好人》(Der gute Mensch von Sezuan)以及在其史诗剧场的理论中对古老戏剧学的角色统一概念之合法性所进行的驳斥?行为主义的研究方向也对摆在这里的自我意识的去独断化提供了一个例子。放弃了对作者而言是基础的"灵魂的内在性"(Binnenhaftigkeit des Seelischen)[③],这积极地意味着:在这里行为的样板被研习,它们对动物和人类来说是共同的,它们完全不能从像是"自我理解"这样的概念来通达。

然而,在灵魂的神学和自我意识的神话学遭到批判之后,哲学人类学在对人的新科学的贡献上仍然是可观的。从研究处境的伟大来看,相对于控制论和物理学必须提供的科学模型而言,哲学人类学的贡献总是有显得更大启发性的成果。虽然新近的关于意识和肉体关系,或者灵魂和身体(Körper)关系的理论研究和心理学

[③] 菲利普·莱尔施(Philipp Lersch),1941年。

研究,显示出了令人印象深刻的方法论上的严谨和创造力。同样地,从生物学和行为研究中可以使我们了解从动物行为过渡到人类行为是怎样连续的,以及纯粹从行为来看,人类不能轻易地从将人类与其他动物区别开来的某种特殊性中,来解释向人类的"跳跃"——这些也都是令人印象深刻的。研究的进步表明,那在达尔文主义的争执中自行卸除的反演化的冲动在今日已经不再起任何作用。但是,正是当人们把人类如此近地移向动物之时,就像诸现象允许并且要求的那样——这一点在行为方式上是特别令人震惊的——人类的特殊地位才令人出奇地特别自行彰显出来。恰好在其全然的天性中,人类才显得非比寻常,并且这一显而易见的事实——即没有任何其他的生物会像人类一样,把它自己的周遭世界这样改造成文化世界,人类藉此成为"造物主"——在其自身拥有一个新的非圣经的启示力量。这个启示力量不再教导:灵魂具有彼岸的规定,而是相反地教导:自然不是过去数世纪的自然研究要我们必须把自然作为"法则下的物质"(康德)加以思考的那个意义下的自然。"自然的简朴"(Sparsamkeit der Natur)——这在力学的时代是一个饶有成果的目的论主导概念,并且今日也可以找到多重证实的概念——不再是去思考自然的唯一观点。生命的演化同样是一个可怕的浪费过程。

　　自我保存的观点,但也是适应的观点,在生物研究中丧失了关键的功能。体制的哲学——盖伦(Gehlen)曾把它指明为对"不确定的动物"(按照尼采这就是人)的生物"缺乏性配置"的补偿——就涉及这一点。生物学家、民族学家、历史学家和哲学家所做出的研究贡献都一致同意:人之为人,不是因为他支配某种附加的将他关联到彼岸秩序（舍勒的"精神"概念）的配置，但是他们另外也都同意：从生物"缺乏性本质"的观点不足以澄清人之为人的特色。相反地，他的能力和配置上的丰富度显现在知觉和运动上，其不可比拟性是人的特性。H. 普莱斯纳④把这点称为人的"离心性"（Exzentrizität）。它把人的特性标画为：人自行关联到他的身体，并且还能在愿望和行动上越出生命性的自然构造，例如在与同类的关系上，尤其是透过战争的"发明"。在这个点上，现代心理学也重新地获得一个有意义的立场，正是因为它把自然科学和社会科学的研究方法与诠释学的科学结合起来，并且在同一个对象上试验最不同的方法。

然后，从人的生命性的离心构成中我们得到许多不同的方式，在这些方式中人制定他的离心性，并且我们称这些方式为人的文化。经济、法律、语言和宗教，科学和哲学的伟大论题不只是作为人留下的对象性的痕迹，对人做出证明。相反地，这些他从其自身获得的和在其自身传达的消息被摆到论题的一边。普莱斯纳以这样一句话来概括所有这一切：人"自行体现"（sich verkörpert）。在这里产生并且涌现出人性知识的另一个泉源，它已经先于自然科学而存在，并且把关于人类的知识的多重贡献作为论题赠与自然研究者，并进而塑造了他们。藉由人关于自己的知识，"科学"——它想要认识一切它通过其方法论手段可以通达的东西——便以一种特别的方式和"人"这个论题遭遇上了。认识人的任务作为一个

---

④ H. 普莱斯纳（H. Plessner）：《哲学人类学》，由 G. 杜克斯（G. Dux）编辑并撰写后记，法兰克福，1970 年，第 47 页以下。

无限且未封闭的任务持续地提交到人的面前。

什么是人对自己的知识呢？用科学的手段可以让我们理解什么是"自我意识"吗？这种知识是否就是对自身进行一种理论性的对象化呢？这种对象化，就如同它占有一个人们能够按照一个事先的建造计划而筹划出来的成品或者工具那样——显然不是。虽然，人的意识还是可以以复杂的方式成为自然科学研究的对象，信息理论和机械科技通过其模型也可以去解释人的意识的功能方式，从而对人的研究也能够取得丰富的成果。但是，这样的模型构造并不要求从科学上去统治人的有机的和有意识的生命，它只满足于用模拟的方法去指明高度复杂的机械论，该机械论让人的生命反应尤其是人的意识可以运作。现在，人们可以自问，是否这不只是表达这样的事实：控制论整个还只是在开端，并且还不能胜任它真正的任务，胜任对如此高度复杂的系统的自然科学的认识。如果可以想象一个完备的控制论，它可以让机械和人的差异真正地失效——这对我而言是意义重大的。假如能够做出一个这样的机器人（Menschenmaschinen），我们对人的知识必定就完备了。对此我们要牢记施泰因布赫（Steinbuch）的警告：原则上"没有任何自动装置的理论或者语言理论能够给出关于"人能做什么"与"自动装置不能做什么"之间的区分。

但是，这里并不关乎机器的能力以及那些使用机器的人的能力。这里关乎的是，人连同其能力想要什么？一台机器也"能够"想要吗？但这也意味着，它不想要它所"能"的东西。换句话说，这完备的自动装置是一个有用之人的理想吗？的确，事实上已经多方讨论了，它在劳动的过程中是人类劳动力的理想替代品，并且这可以变成是未来最大问题当中的一个——就像当初引入机械的织布机之后——与这些机器打交道就被嵌入到经济和社会的生活之中了。

就此而言，自动化触及到社会实践——不过是所谓的外在的触及。它并没有减少人和机器的距离，而是使人看见了他对机器的不可扬弃性。再者，最可资使用之人其实是共在之人（Mitmensch），并且他具有关于他自己的知识，这种知识不仅是对他能力的自身意识，就像一个能够自我控制的理想机器所具有的自身意识一样，而且也是一个社会性意识，它规定需要它的人，就像规定它自身一样。换句话说，这个社会性意识规定了在社会的劳动过程中有其地位的所有人。纯粹的受惠者也有这样的地位，即使是间接的。

藉此，从完备的技术的终点出发，"实践"在其开端之处曾真正具有的人性意义就得到了澄清。它的卓越之处是通过人类行为的"理论性"的可能性而体现出来的。这个可能性属于人类"实践"的基本结构。它历来就表现为：人类的能力和知识不只是通过学习和经验而获得的——人类学习能力具有的潜能以及他的能力对上几代人的继承，这都意味着：（学习的）手段独立为工具。这其中隐含有对原因性关联的一种求知的掌握，这种掌握能够有计划地引导自己的行为。然而，有意识地归入到目的系统之中却是必要的。同样地，人们也在新近研究的其他说法中找到了与下述希腊思想最古老的洞见的一致性：人类的语言相对于动物沟通的符号系统是相当出色的，因为人类的语言能够使事态和实事关联对象化——而这同时也意味着，人类的语言能够使它们对于任意不同的行为而言先行地成为可见的。不管是对不同目的采取的手段，还是对相同目的采取不同的手段,抑或目的的优先次序,全都取决于此。

能够采取理论的态度本身就属于人的实践。显而易见的是:这在过去就是人的"理论"天分,它使得人能够与其愿望的直接目标保持距离,也就像黑格尔所称谓的那样,能够阻断他的欲望,同时藉此还可以建立一个"对象化的行为",它不只在工具的制作中,而且也在人类的语言中形塑自己。在人身上,还产生着一种进一步采取距离的可能性,把他的行为和吁请(Lassen,让)作为一种社会性的行为和吁请,归入到社会的目标之中。

显然在知识和行为的最简单的关系中已经有整合问题(problem der Integration)。至少自从有分工以来,人类知识就具有专业化的根本性质,这种专业化的知识只有通过特意的学习才能掌握。藉此实践就成为问题了:一个能独立于行动处境并因此能从实践的行动关联中脱离出来的知识,应该在人的行动的各自不同且时常更新的处境中得到应用。现在,普遍的人类经验知识——它决定性地参与到了人类的实践决断——根本就不可能与以专门化的知识为中介而获取的认识区分开来。的确如此,尤有甚者,在道德的意义上义务必须完全地、在所有可预期的规模中被知道,并且这在今日也就意味着,这种"知道"是通过"科学"被传达的。马克思·韦伯有对沉思伦理学(Gesinnungsethik)和责任伦理学(Verantwortungsethik)的著名区分,在他做出此区分的时候,其实是为了责任伦理学而提出的。如此一来,现代科学从其个别领域的角度出发所教导的关于人的全部信息,从来都没有被排除出人的实践的关切领域。然而,问题恰恰就在这里。虽然人类所有实践的决断都依赖于其普遍性的知识,可是在这种知识的具体应用时却有一个特殊的困难。人们在某个给定的处境中要认识到普遍规则的应用状况,这是判断力的任务(而且不再是教和学的任务)。凡在普遍知识应该加以应用之处,到处都存在这个任务,并且其自身无法被取消。但是在有一些实践行为的领域,这个困难并没有在其中冲突性地尖锐化。这一点也适合于整个技术经验的领域,也就是说适合于"能够做"(Machenkönnen)的领域。在该领域中,实践的经验知识是逐步在经验中照面到的东西的类型学之上建立起来。那种赢得了科学普遍的知识由于掌握了事情进程的根据,赢下了"科学"的美名,从而能够径直通往这一领域并且作为校准而服务于它,但这不是可有可无的。

但是在指向制作的知识——这种知识在其概念中拥有知识和能力的两个面向——的这种最简单的情况中,可能会出现张力,并且"理论性的知识"与实践行动的这种简单关系在现代科学企业条件下越来越相互延伸、拉扯从而断裂。在此"科学企业"(Wissenschaftsbetrieb)这个字就已经摆出了关键词,它指向了一个质上的区分,此区分就在于以上谈到的被扯断了的知识和行动之间的关系。

科学机构化成为企业,这属于工业化时代经济和社会生活的更大关联。不只是科学是一个企业,而且所有现代生活的劳动运作都是以企业的方式被组织起来。个人是以特定的绩效被装配到一个较大的企业整体,就企业来说,它的整体在高度专业化的现代劳动组织中拥有一个可精确预见,但同时也是一个缺乏对整体的自身导向的运作功能。虽然,这种合理性的组织形式会相应地培育出适应它以及契合它的德性,但是,根据自己的判断去构成判断力和行动的独立性却被荒废了。这些都奠基在现代文明的进程之中,我们可以以一个普遍规则来表达:生活的组织形式越是合理性地(rational)被构型,个人的理性(Vernünftig)判断就越少地得到练习和训练。为了说明这一点,可以举一个例子,比如现代的交通心理学认识到在交通规则的自动化之下所存在的危险,因为汽车驾驶员总是愈来愈少有机会去独立地自由决断自己的行为,如果持续荒废下去,那他就不再能理性地决断。

理论知识和实践应用之间的张力,乃是事情的本质,只要科学同样也要在各自的实事领域中研究应用的问题,并从而培育一门应用科学的话,那这个张力总是会不断地被调和。我们称之为"技术"的总体就有成为应用科学(angewandte Wissenschaft)的特质。但是这个张力绝不因此而消失,反倒是加大了,就像上面提到的情况已经说出了这一点。我们现在也可以这样来表达这个张力:应用领域越是强烈地被合理化(rationalisiert),判断力真正的运用以及藉此真正意义上的实践经验就越多地丧失。

这是一个双向的进程,因为它也涉及到生产者和消费者的关系。实际上,使用技术者的自发性恰恰也因为技术而越来越被浇灭了。他必须适应技术自身的实事法则性,并就此而言而放弃了"自由"。他将依赖于技术的正确的功能运作。

这种依赖性还包含另外一种完全不同的"非自由"(Unfreiheit)。有一种人为的对需求的制造,其中尤以现代广告为甚。根本上来说,事情关乎的乃是对信息手段的依赖性。这种状态的结果是:既有获取新信息的专家,也有收到信息然后再传播信息的出版人,都变成了各自的社会因子。出版人知道消息,并且决定其他人多大程度上应该被告知讯息。专家完全呈现为一个不可指责的裁决者。当没有其他有别于专家的人可以去评判专家,并且出现一个失败或者错误只能够被专业人士评判时——人们可以想到医生或者建筑师的"技术错误"(Kunstfehler),如此一来,一个这样的领域在某种意义上就已然变成自律的(autonom)。对科学的援引是无可反驳的。

这将导致的不可避免的结果在于:我们对科学的要求远远地超出了它自身真正内行的范围。科学自身应用的理所当然的领域也归属于此。美国社会学家弗莱德森(Freidson)的功绩就在于深入探讨了"自律化"(Autonomisierung),该自律化在实际就业,特别是医师职业中通过援引科学而自行拓展开来。他正确地指出,特别是在"专业知识的界限"一章中,单纯的医疗科学本身对其知识的实践应用是不内行的,因为在此完全有其他的东西,如价值观念、习惯、偏爱,甚至是自己的兴趣在起作用。从作者所采取的"批判的理性"这个全然的严肃主义的科学立场来看,仅仅援引"智慧"(Weisheit)从来不是有效的。弗莱德森在其中所看见的,不外是那些专家们故作权威的装腔作势,他们避开了外行人的反对意见。这当然是相当片面的观点,它将客观科学的标准抬高到了一个极端。但是它对专家们的社会政治的要求所做出的批判,针对这种援引"智慧"的情况却是健全的。它为自由社会的理想做辩护。在自由的社会中,公民事实上有这样的要求,即不被专家的权威剥夺行为能力。这所有的东西在医疗科学(Wissenschaft)和医疗技艺(Kunst)中都有其特殊的当下性。在那里人们本来就对科学和技艺这对表述之间的严格分界显得摇摆不定,并且医学史所保存下来的对这种张力关系的洞察是令人印象格外深刻的。这和医术(Heilkunst)的特殊方式有关,相比人造物的制作这些真正的技术,医术的任务更强调对自然之物的重新制作。恰恰因为它在这里只是在有限的范围内关涉到技术,即关涉到人造物的制造(比如自有牙齿的医疗以来,以及很早也已经在外科中令人惊奇地出现的那样),所以医生所从事的一个特别宽广的领域在今日也成为了医生判断力的任务。所有我们称之为"诊断"的东西虽然形式上看来是将某个特定的病情归因到一个普遍的疾病名义之下,但真正的技艺(Kunst)也存在于诊断的真实意义,即"辨认"(Auseinanderkennen)之中。的确,一般性的和特殊的医疗知识也从属于此。但这一点并不充分。错误诊断、错误的归病显然一般并不成为科学的负担,而是成为"技艺"的负担,并最终成为医生判断力的负担。

  现在,医生的手艺是特别突出的,因为它不只是必须维持或恢复自然的平衡,就像农艺或者动物养殖的情况一样,而且它还涉及到应该被"医治"的人。这一点再一次地限制了医生的科学权能领域。在这里,医生的知识根本上有别于手艺人的知识。手工技艺可以轻易地在外行人的异议面前为他的专业辩护。这种知识和能力在其行为的成功中证实自身。此外,手艺人是经他人委托进行操作,并且他的行为尺度是由习俗在最终的裁决机制中为其设定的。既然委托总是很清楚的,手艺人就具有无限制的和无争议的权能。当然在建筑师或者裁缝师的例子中很少是这种情况,因为委托人很少真正地知道他想要什么。但是原则上委托的授予和接受是一个缔结,它把两个订约者及他们的义务连结在一起,并且以被制作出来的作品的明确性来证实自身。

反之,对医生来说,没有这种可预先指明的作品。病人的健康不能被视为这样的东西。虽然健康自然是医生活动的目标,但是它不是真正地由医生所"做成的"(gemacht)。不过除此之外,还有作为目标的健康,也不是一个由医生的技艺可清楚定义的状态。因为疾病是一个社会事实,它也是一个心理-道德的事实,远比一个从自然科学出发可定义的事实要更多。从前使得家庭医生成为家庭朋友的所有东西,指示了医疗实效的要素,而这种实效成为今日的我们苦于缺乏的东西。但是今日,医生的说服力以及病人的信任与合作还是呈现了一个关键的治疗因子,此因子完全不同于药物对有机体的物理-化学作用或者"侵入手术"(Eingriff)[5]的因子,它们属于不同的维度。

但是,医生的例子特别清楚地显示出:理论和实践的关系如何在现代科学的条件下变得尖锐化。诊断就是这样,它今天需要一个如此专门的技术,以至于医生在大多数时候就是让病人接受医疗仪器的匿名性检查,除此别无其他。并且医治手段也常常是类似的情况。这将会在方方面面带来它的后果。相比于老一代的家庭医生,医院医生的实践经验不可避免地是抽象的,他一般只在医院治疗阶段中看见他的病人。但这一点反过来也适合于今天实际从业的医生,如之前所说,即使他还有居家访查的照护,就他的角度而言,他也只能够获得减弱了的经验广度。这个例子告诉我们,实践技术的训练虽然表面看来缩短了科学普遍知识和当下正

---

[5] 参见下文第267页以下。

确决断之间的距离,然而实践知识与科学知识在质上的差异却反而更加扩大了。正是因为技术的被应用是不可避免的,所以判断和经验的领域就缩小了,而实践决断恰恰就是从判断和经验领域出发才做出的。现代医学无所不能,它的能耐是压倒性的。不过,尽管自然科学在关于我们疾病和健康的知识上带来了诸多进步,尽管认识和行动(它们在此领域自行展开)的合理化的技术花费巨额开销,但是其实未被合理化的领域在此却十分高端。这一点表现在:就像在古代,一个好的或者甚至是天才的医生的概念总还是拥有我们认为是一个艺术家的特质那样的价值,这种价值远比通常一位科学家的价值要高得多。没有其他任何地方,能够比在此更要求人们不得不承认实践经验的不可取代性和不可欺骗性。成为"智慧的"(weise)医生——在提出这一要求的地方,诉诸"智慧"(wisdom)就总有可能成为一个不正当的逼迫手段。只要有人还在诉诸他自己的"权威",这一点就最终在任何情况下都有效。但是,如果把权威本身视为某种非法的、人们最好通过"合理性的"决断形式去取而代之的东西,这就显示出了一个高阶的蒙蔽状态——仿佛人们可以切断人类共同生活中任意一个组织形式中的权威分量似的,那么正是在医生中,但也不只是在医生中,那种使"经验"成为智慧的成分就既是不可证明的,又同样是令人信服的。

一个人越是"掌握"(beherrschen)他的能力(Können),他也就对这份能力有更多的自由,这一事实在所有实践规则应用的领域中都会被找着,并且也属于所有的"实践"(Praxis)。谁要是"掌握"他的技艺(Kunst),他就既不需要对自己也不需要对别人证实他的高超。这是一个古老的柏拉图智慧,即真正的能力恰好使得与能力的距离成为可能,以致跑步大师可以最"缓慢地"来跑步,知者也可以最确实地来说谎等等。柏拉图藉此未明说出来的正是:对自己能力的这份自由才释放出真正的关于"实践"(Praxis)的观点,它越出了能力的权能之外——这就是柏拉图"至善"所意味的含义,它限定着我们实践的-政治的决断。

但正是在医生技艺的关联中,人们也还在以另一种方式谈论着"掌握"(beherrschen)。医生不只是掌握它的技艺(就像每个能者那样)。对于医药科学,人们还说道,它"掌握"或者学着掌握某一些疾病。这里道出了医生能力的特殊性:它不"做出"(machen)或者"制造"(herstellen),而是与病患一起重新塑造(Wiederherstellung)。因此"掌握"一种疾病,也就意味着,能够认识并掌控它的发作情况——但并不是如此宽泛地成为它的"天性"(Natur,自然)的主人,以至于人们可以简单地将疾病消除。人们当然也如此地说道,医学和技术性的技艺最接近的地方是在外科手术。但是外科医生自己知道,"手术仍是手术",所以在有"迹象"(Indikation)之处,他总是必定要越出他医生的权能所掌握的东西之外去看,并且他越是确定地"掌握"他的技艺,他对该技艺也就越自由,这还不仅仅是在他医生的"实践"领域之中。[⑥]

对个别研究者所处的交叉学科的方法论背景进行澄清,这对医生来说只是在例外的情况下才是有成果的。在此人们并不否

[⑥] 我已经在之后的工作中深入了这里的问题。尤其参见《身体经验和可客观性》(1987年),以及在埃格纳(Egner)基金会的演讲(苏黎世,1986年11月20日),第33—43页。

认，这是现代研究组织不可避免的后果，专家的视域要局限于其专业在方法和精神上的情况。针对外行人的期待和思辨——外行人也是邻近领域的研究者——可以把审慎的和暂时的研究以其真实的本质使它生效。这是一个特殊方式的正确，一种对历程性（Prozessualität）的意识，即意识到科学所知东西的暂时性和各时的局限性。藉此，科学可以与以下一种迷信对抗，后者认为仿佛科学能够取消个人对自身实践决断的责任性。

人们将会问道：现代科学难道不是正在这样做吗？它研究越来越多的领域，并且让它们变得可以科学性地掌握。确实如此，在科学知道某物的地方，外行人的知识丧失其实践的合法性。但是有一点却是真的，即任何一个实践行为都总是会不断地超出这个科学的领域。如同我们看到的，如果专家基于他的权能要在实践上采取行动，那这一点也对专家有效。他的知识所具备的实践后果同样不再隶属于他的科学权能。但这一点对于人类在家庭、社会和国家空间要做出决断的重大领域来说是相当正确的，因为对此种重大决断，专家一般不能提供充分的、对实践至关重要的知识，并且每一个人都要"按照最好的知识和良知"来进行抉择。

所以我们再次追问：对"人对自身的知识"来说，占有"关于人类的知识"究竟起什么作用呢？什么能够使这种知识在实践上发挥效用？今日针对这个问题受喜爱的回答讲到了"意识变化"（Bewußtseinsänderung）。事实上人们能够在医生、教师以及或许其他每一个专家那儿设想这种意识变化，也就是说，专家提醒着其专业知识的界线，并且乐意承认那些对研究者自身关切不适宜的经验，比如那些社会和政治责任的经验，它们出现在每一种如下的职业中,在其中,他人依赖于每一个人。自从核战争的威胁进入到普遍意识中以来,科学责任的口号就广泛流行开来。专家不只是专家,而是一个有社会和政治责任的行动者,这一事实原则上并不是什么新的东西。柏拉图的苏格拉底就是死于揭发了专家不能胜任其责任这一事。因此古希腊罗马的道德哲学的反思就已经提出这一问题:鉴于我们无法预测人们对手工艺产品是正常使用还是误用,那样的责任究竟有多大范围呢?它试图在"实践哲学"的领域中找到答案,借由它把所有的"技艺"都归入到了"政治"。今日在世界准则里,我们也需要这一点,因为所有科学的能力在持续的经济秩序的支配下,不可阻挡地通通转变为技术,以及应允着获利的东西。

人们也可以如此地来描述这种转变,即在我们的文明里,并没有与科学的启蒙和技术的进步一道相应的社会的和政治的意识教育。科学为社会的形成和成就所提供的应用可能性得到了极大提升,但这其实才处于一个初始阶段。因此我们必须说,技术的进步触及到一个尚未准备好的人性。这种人性在如下两个极端之间摇摆:一个是带有冲动地去抵制理性的(vernünftig)新意,另一个则带有同样冲动的欲求,要将所有生命形式和生命领域"合理化"(rationalisieren),这是一种发展,它越来越接受了逃避自由的恐慌形式。如此一来,科学自身对于其应用的后果在多大程度上必须把共同责任担在自己身上呢?这个问题就显得尖锐了。在这种情况下,以下事实依然成立:研究具有的内在的逻辑正确性还是有独具的必然性特质。这里有对研究自由的要求——此乃不容商讨的权利。研究明显只能在风险中迎来繁荣兴盛,此风险在于它也会召唤出魔法学徒的灾难性经验。知识的每一点增长在其意义和后果上都是不可预见的。

如此一来，人们就不能郑重其事地说，科学本身要去负担其进步后果的责任。若要它负此责任，那从其自身就整个会有令人最不愿看见的效果：羞于负责、对研究的"确定"道路的偏爱、官僚化、外在标签以及最终空洞的运转。然而，确实来说，科学对我们生活所施加的影响正日益增强，因此研究的结果对人类的意义也总是日益扩大。比如我们想想化学肥料和化学防腐剂的发展，想想垃圾问题（不只是在原子能的制造上，同样还有塑料材质的消耗上），或者想想空气和水的污染。对此，科学究竟必须承担多大范围的责任呢？

显然科学在此所能对之负有责任的，不外就是那自古以来它就对之负有责任的东西：在所有这些事情方面，认识和着手处理研究的任务，并且服务于对问题的科学性和实践性的掌握，正是这些问题创造了科学以及科学的应用。因此我们可以自问：难道不应该有许多元科学（Metawissenschaften）、未来学（Futurologie）、规划科学（Planungswissenschaft）等等，并由它们来特意接管这个任务吗？但是无论如何，这也只是将最后决断的位置藉此再一次地向后推延。换句话说，掌控好对我们科学上可能的能力的应用——这不是科学的任务，而一直是政治的任务。反之，掌控科学自身的需求、时间和金钱上的投资等等，反倒不是政治的任务，而是科学的任务。这是科学批判之功能的最终目的。

从这个侧面出发，理论和实践的关系在今日当然也极度地缠绕在一起。理论的旨趣（以及"悠闲"的生活基础）已经不能满足科学企业自身所呈现出的分工和耗费的那个整体了。研究在某种更高的意义上需要政治。相反地,政治家——以及每一个通过行动或者不行动参与到政治决断的人,都越来越多地依赖科学的信息。在这里,鉴于研究结果可能拥有的更高的意义,研究者负有更高的责任。他必须要能够令人信服地展示研究结果的必然性。为此他必须转而求助普遍的判断力。但他也必须要自身就拥有这样一种判断力,以便能自行控制自己的专业自我主义(Fachegoismus)。这里,研究者回顾自己的毕生事业、反思此事业的人类学意义,他们的呼声可以以这种"更高的关切"为前提,此更高的关切出现在那些其社会和政治的意识需要通过科学而获得信息的人群中。一个普遍的问题是:在今日,人们能够从科学的立场出发对于人类实践的问题说些什么呢?这又和另外一个问题连结在一起:那些领导性的研究者又将从他们科学的认识之中得出哪些实践的-政治的结论呢?对于后一个问题人们必须弄清楚,专业能力优秀的研究者的观点虽然是通过信息水平而被标举出来,但是作为实践的和政治的观点水平却不能要求同样归给信息的专业权能。信息只是对实践的考量和决断有所贡献,就像每个人在自己的责任中会遇到的那样。

借此,我们不能轻信地谈论信息(Information)与受实践-政治影响的观点之间的划分。相反,控制论发展出来的信息概念,一旦它牵涉到人类的实践知识,就会导入到一个特殊的难题。眼下所存在的是一个人类学的问题。我们把"得到正确的信息"看成实践的任务。当然,每一台储存信息的机器都进行着某种选择,它精确地对应于计算机编程。因此计算机编程也可以随时把在其中滚动的信息再次剪切(ausschneiden)。但是它并不遗忘任何东西。人们或许会认为这是一个非比寻常的优点，因为人们经常有理由去抱怨人类记性的界限。但是这不遗忘任何东西的机器也不能记起任何东西。忘记也同样不是剪切，它也不是单单地储存。它是一种坚持着它自己在场的潜伏。所有的东西都取决于这个在场的特性。因为被储存了的、人们从机器中能够召唤出来的信息也确凿地具有一种处在潜伏中的在场。但正是在这里有一种区别。虽然这台机器能够良好地呈现神经生理的事实，也就是人们称作"记忆"(Mneme)的东西，它(或许有一天)也能够模拟"回忆"(Erinnerung)(查找和发现)的神经生理过程，以及通过"突然侵袭的念头"(Einfall)而"被动"地回忆的过程。就此而言，它"澄清"(erklärt)了遗忘和回忆。但是它不"能"(kann)遗忘和回忆，正因为遗忘不是一种"能力"(Können)。

这其中关涉到的事情，对外行人可以用一个字词索引(Wortindex)的例子变得明确。一个机器索引的骄傲之处在于它的完备性。在机器身上可以确保没有任何东西被遗忘或是被省略。当然人们已经很快地认识到，这样的完备性也有它实践上的缺点。一个常用的字频繁地出现在索引很多的页面，并且以这种方式导致了一种被寻之物特有的不可发现的隐藏形式。现在人们告诉自己，一个被寻找的字词只有通过上下文语境(Kontext)才能被辨认出来。所以语境索引(Kontextindex)成了一台机器索引在走向实践的可用性上迈出的下一步。但是"语境"这个观念反过来同样只能在一个抽象孤立的形式中才可执行。具体用户在查找时真正所处的那个"精神的"语境(der geistige Kontext)，在机器那里是无法被标出的。我们承认,一个这样的(语境)索引是客观的,它达至了所予文本的全然客观性。我们承认,每个挑选索引(Auswahlindex)意味着一个主观的文本解释。我们承认,这是被每一个个体用户作为缺失而抱怨的。个体用户因此根本找不到"完备的"索引,而只能找到"有用的"、符合用户自己主观观点的索引,并且此索引是由用户自己安置的。因为只有这样的索引如此地被挑选,以至于用户在其所有数据中潜在地"回忆着"。但是事情是这样的:他"回忆着"的东西,是通过机器的语境索引所不能在场化的,因为用户在自身中所再度揭示的不是个体的回忆踪迹,毋宁说,他必然地提供他所"知道"的一切。在新的观察被赠与用户的情况下,这一点是否会对用户有所帮助呢?这将成为一个问题。会有这样的情形出现的。但也会相反的情形存在:当人们应该阅读*的时候,他在查阅**。

这个例子是普遍问题的特殊情况。一位研究者通过将信息挑选、剪切、遗忘、打磨自己的洞见并使其成熟,他所理解的,其在研究的实践中要去做的那些事情,在人类实践的整个范围内都有着全然的对应。信息必须被挑选性、解释性和评估性地加以处理。但是在信息抵达人类的实践意识之处,信息就总是已经预先地被处理过了。信息理论所使用的信息概念并不适合于同时去描述这种挑选流程,一个信息正是通过这样的挑选流程而变得意味深长。这样一类信息,专业人士将他的能力建立于其上的信息,是通过研

---

* 指增加新的观察。——译者
** 指搜寻已知的东西。——译者

究的逻辑"诠释地"获得的,这意味着,它们已经局限在它们应该被回答的点之上了,因为这些信息就是向那个点去追问的。这是所有研究的诠释学的结构要素。然而它们不是在其自身就是"实践的"知识。现在,鉴于人类的实践知识自身变成了科学的对象,所有这一切都在变化。人类的实践知识于是就不再是如下一种科学了:它将人自身挑选为自己研究的对象——毋宁说,它是如下一种科学:它将人关于自身的知识,那通过历史和文化传承物被传达的人关于自身的知识作为自己的对象。在德国,人们在浪漫主义传统下把它称为"精神科学"(die Geisteswissenschaften)。其他语言的表达,像是"*humanities*"(人学)或者"*letters*"(人文学)就更明确了,因为这里或那里所存在的经验在所与方式上的区别被表达在了字词之上。虽然在这些科学中,科学研究的方法论根本上是同一的,就像在每个其他的科学之中那样,但是它们的对象是不同的:一方面是人性的东西,在人类的文化创造物中作为经济、法律、语言、艺术以及宗教"客观地"被制造出来的东西;另一方面,是与前者一致的那些在文本和语言产物中被写下的关于人类的明确知识。

如此传递的知识确切来说不属于自然科学的种类和层级,并且也绝不是一个超出了自然科学知识界线的单纯延续。所以那些寻思着科学精确性的自然研究者或许会不合理地把"*humanities*"(人学)设想为"不精准的知识"。它有的只是模糊的预期的真理,人们藉由"内省"将之称为"理解"。真正来说,它涉及的是一个完全不同种类的教导,这是我们通过精神科学所获得的关于人性的东西。这里以一种令人惊异的广度表现了"人是什么"这一问题所具有的非凡多样性。古老的精神科学关于说明（Erklären）和理解（Verstehen）的区分，或者对于指称命名或者图像表达的方法的区分，对于衡量人类学的方法论基础已经不够用了。因为在具体的细节中所流露的东西，并且就其属于历史性的知识而言，它并不是作为单个物，而是作为"人性的"而产生吸引力——即使它也总是只能在个别性的发生中被看见。所有人性的东西，不只是意指着在人的种类的特殊性意义下相对于其他生物物种，尤其是相对于动物的那种普遍的人性的东西，而且也包括了对于人性本质的多样性的那种宽广的环顾。

毫无疑问，在其中一直存在着一个未被承认的"规范"概念，从它出发，我们对人类的期待、所珍视的人类价值才展现出大量值得注意的变化和偏离。所有规定人类行动的实践的或者政治的决断都是规范性地被限定着，并且也施展着规范性的限定作用。历史的变迁就是如此在持续地进行。知识——它归功于我们研究的成果，在其中理所当然地扮演一个强大的角色。但这并非单向的关系。以科学的方式通过人类学研究所获取的"人性的东西"与这种自身具有争议和相对性的价值图景（Wertbild），这两者之间的交互作用是非常多的。我所意指的不只是如下事实，像研究者总是不能够排除他的价值预期，或者研究者常常是在不适当的偏见之压力下诠释他的发现——我再度想起了关于达尔文主义在社会研究中的争斗，这些是在研究的进步中必须随时要克服的缺失。类似地还有，研究者难免会享受一种让已有的设想崩溃而带来的反向的满足，这也会使他变得片面。但是这些同样也可能起着正面积极的作用。存在着对知识的一种直觉的预感，比如对宗教的人

(Homo religiosus)的治疗知识,它常常会对医生有所启发;或者比如诗人的"知识",它可以超前于心理学家、社会学家、历史学家和哲学家的知识。简要地说,规范性的人类图景,虽然还是如此地不完备和模糊,却是所有人类社会关系的基础,它不仅从未在研究中被完全地排除,它也绝不应该被完全地排除。正是它才使得科学成为了对于人类的"经验"。科学沉思总是试图对我们关于人类的知识进行整合,而这种科学沉思能够实现的所有成就就是:它必须去统合这两种知识流派,并对这两种知识流派各自承载的偏见保持清醒意识。一个"正确的"人类图景,它首先得是一个借助自然科学、行为研究、人种学,以及历史经验的多样性而去除了教条的人类图景。尽管现在还尚欠缺着科学在实践上的应用(比方说在"社会工程"〔社会新秩序〕意义上的应用)所要依赖的一个清晰的规范的剖面图。但是,这个人类图景是一个批判的尺度,它让人类的行动免于过快地升值或贬值,并且帮助人类的文明道路不会迷失自己的目标。如果这条文明道路放任自身的话,就越来越不会逼迫自己成为一条提升人性的道路。这样,而且只有这样,关于人的科学才服务于人类对于自身的知识及其实践。

(金志谦 译,贺念、洪汉鼎 校)

16. 为医术申辩

（1965年）

我们拥有一篇来自古希腊智者派时代为医学艺术（医术）作辩护而反对攻击者的论文。[1] 与此类似的论辩的踪迹可以追溯到更远的时期。当然这并非偶然。在医学中所被应用的，是一门特别的技艺（Kunst），它并不与希腊人称为"技术"（Techne）而我们或者称为"手工艺"（Handwerkskunst），或者称为"科学"（Wissenschaft）的东西完全吻合。技术概念是希腊精神、历史精神的一种独特的创造，这种独特的创造来自于自由地思考、对事物的钻研以及对于一切人们认为真的事物从根据出发进行说理的逻各斯。由此概念以及它在医学上的运用开启了标志西方文明独特特征的第一个决定步伐。医生不再是像在其他的文化中的医者那般，是一种为神奇力量的秘密所笼罩的角色。他是一个科学人。亚里士多德直接将医学看成是从"单纯合乎经验的能力与知识的聚集"向"科学"转变的标准范例。就算在某些个案中医生的表现可能不如有经验的治疗师或聪明的女人——但他的知识根本上属于不同的类型：他知

---

[1] "为医术辩护"，由西奥多·贡珀茨（Theodor Gomperz）整理、翻译、解释并给出导言（维也纳皇家科学院），维也纳，1890年。

道普遍性。他认识为何某种特定的治疗方式会成功的理由。他了解其产生的效果,因为他真正去追踪原因与结果的关联。这听起来非常现代,但这里要讨论的并非以我们今天的眼光来看待自然科学知识在治疗的实用目标上的应用。纯粹科学与其实践上的应用的对立,正如我们所看见的,是由近代科学的特别方法所塑造的,因为它将数学应用于自然科学的认识。反之,希腊的"技术"概念却并不意指一种理论知识的实际应用,而是实践知识的一种特有的形式。"技术"是那样的一种知识,它形成一种特定的并通过与"制造"(Herstellen)相联系而确保其自身的能力。从一开始它就是与能够制造(Herstellenkönnen)有关,而且是因这种关联而成长。但它是一种杰出的制造能力,一种知道而且是从原因开始就知道的能力。这种知道的能力从一开始就具有这种性质,即一种 *Ergon*,也就是一种作品,由此产生出来,而同时也是由于制造活动而被释放出来。因为制造是由此而实现其自身,即某个东西被制造,也就是说,它成为可以被他人所使用和支配的东西。

在这样一种"技术"概念内——即这种概念处于我们称之为"科学"的门坎之前——医术很明显地拥有一种特别且成问题的地位。在这里,没有任何作品是经由技术被制造而且是人造的。在这里,我们不能说,最后,在自然中存在着一种预先被给出的物质,且从其中可产生一些以一种充满艺术的虚构形式被制造的新事物。属于医术本质的其实是:它的制造能力(Herstellenkönnen)是一种恢复能力(Wiederherstellenkönnen)。因此,在医生的知识和作为中,有一种只有他才拥有的,对我们称为"技艺"之含义的独特的修正。人们虽然可以说：医生以其技术为工具制造了健康，但这是一种不精确的说法。因为如此所被制造的，并非是一个作品、一种 *Ergon*、一种新进入存在并证明了能力的事物。它其实是病人的复原，这种复原是否就是医生的知识和能力的成果，人们在复原这件事上是看不出来的。健康者并不是那个被做成健康的人（der Gesundgemachte）。因此，这个问题无可避免地导致争议：康复在多大的程度上是医生的治疗行为的结果，以及在多大的程度上是自然自救的成果。

这就是为何自古以来，医生的技艺及其声望就有一种特殊性质的原因。医生的技艺之于生命的重要性赋予了医生以及医生对知识与能力的要求以一种特殊的荣誉，特别是当生命垂危时。但是，与此声望相对应的另一方面则是：特别是当不再有生命危险时，对于医术的存在和效果之怀疑。幸运（*Tyche*）与技术（*Techne*）在此处于一种特殊的敌对紧张关系中。对于成功治疗的积极案例的有效疗法，可能就会导致失败的消极案例。究竟是什么导致医生能力的失灵，以及这是否就是一种巨大的命运导致了不幸的结局呢？谁，以及至少是作为无知者，会想来决定这一失误？然而，对于医术的申辩不仅是面对其他人、不信者和怀疑者而保卫一种职业状况和一种技艺，而且最主要的是，医生面对自己和反对自己时的一种自我测试和自我防卫，而这种自我测试和自我防卫与医生能力的特点是不可分离地联结在一起的。医生难以向他自己证明其技艺，如同他难以向别人证明那般。

医术在技术范围内所拥有的能力的特点，与所有的"技术"在自然范围内所拥有的能力是一样的。所有的古代思想都是将技艺上可行的范围置于自然之中来思考。如果人们将"技术"(Techne)理解为模仿自然的话,则人们主要是意指:人的技术能力等同于充分利用(ausnützen)和填补(ausfüllen)自然在其自身的形成过程中所留下的"回旋余地"(Spielraum)。就此意义而言,医学当然不是模仿自然。当然,从医术中产生的,不应是人工的构成物,而是健康,也就是自然物本身。这赋予了这种医术整体以一种标志。此技艺不是某种新事物的发明和规划——这些新事物是指过去没有而且人们能够有目的地制造,毋宁说,此技艺从一开始就是一种制造和产生的方式,这种制造并非制造其自身,也非由其自身而制造。它的知识和能力完全属于自然的运行,因为它试图于此运行被阻碍之处恢复它,而且是以这样的一种方式,即它自身同时在健康的自然均衡之中消失掉。医生无法像其他一切艺术家从其作品中脱离那样,从他的作品中退出,医生也不像每一个工匠或师傅那样可以在某种程度上保留其作品。虽然对于每一种"技术"而言,产品是被留给他人使用的,但那的确是自己的作品。反之,医生的作品,正因为它是被恢复的健康,却完全不属于他的。其实,也从未曾属于他。做与被做物、制造与被制造者、努力与成果之间的关系在此基本上是属于另一种更神秘且更值得怀疑的方式。

此外,这在古代医学中还表现在,医术明显地克服了那种人们为了证明其自身的能力而只愿着手于看得到成果之处的古老诱惑。即使是被认为难以医治的病人,在他身上看不到任何明显的疗效,至少在成熟的医生的职业意识中,仍然是医学照顾的对象,因为这种成熟是伴随着对于逻各斯的本质的哲学洞见而发生的。很明显,在这里所关涉到的"技术",它在这个更深刻的意义中是以如下的方式被安排到自然的运行之中，即它在自然运行的整体及其所有的阶段中都能做出其贡献。

我们也能够在现代医学中重新认识所有这些内涵。当然，也有某些基础性的东西改变了。因为，自然作为现代自然科学的对象，并不是人们的医学能力和所有的技术能力都适应于其广大范围的那个自然。现代自然科学的特点的确在于，它将其知识本身理解为一种制造能力（ein Machenkönnen）。对于自然事件的规律性所进行的数学－量化的理解乃是指向一种对于原因和结果的关联的隔离，这些因果关联为人的行动干涉的可能性确保了可验证的精确性。与近代科学思想联结的"技术"（Technik）概念就是如此地在医疗过程和医术的领域中具有了特别高的可能性。同时，制造能力也使其自身成为好像是独立自足的。它允许对部分过程进行支配，而且是一种理论知识的应用。但是，这样的"制造能力"并非一种治疗，而是一种产生（Bewirken），即制作（Machen）；它在生命攸关的领域中，将那个处于所有人类－社会的工作方式之中的专门分工推向极致。被分离的知识与能力之所以会在一种处理和治疗的实践统一之中结合，并非是因为知识与能力具有相同的力量——这一点在现代科学中作为方法而被培养。虽然那早就是一种古老的智慧，最初是在神话人物普罗米修斯之中，后来在对于整个欧洲－西方都成为象征性的耶稣受难之中的那个悖论式的呼唤"医生啊，帮助你自己吧"中。但是，技术分工过程的最大悖论最初却是在现代科学之中才赢得其完全的表达力量。"使自己成为其自身的对象"的内在不可能性，最初是借助于现代科学之中"对象化的方法论"才完全出现的。

对于此处出现的关系,我想用平衡(Gleichgewicht)概念以及通过平衡的经验来加以解释。这是一个在希波克拉底(Hippokrates)著作里已起了很大作用的概念。事实上,这不仅与人们的健康密切相关,因为它将健康视为自然的平衡状态。平衡概念的确为理解自然提供了一种特殊的标准。希腊自然思想的发现确实产生于这样一种认识,即整体乃是一种秩序。此秩序让自然之中的一切进程在固定的周期中重复发生并且开始运转。因此自然是这样的一种在其轨道上保持自身等同并由其自身来保持的东西。这是伊奥尼亚学派宇宙论的基本思想。在此思想中,所有宇宙生成的观念都找到其实现,以致交替产生的伟大的平衡秩序就像一种自然正义那般,决定了一切。②

如果我们以这种自然思想为前提,那么医生治疗行为就会被定义为:对于被阻碍的平衡进行恢复的一种尝试。医生医术的真正的"作品"就于此诞生。因此,我们可以自问,重建平衡是如何与其他所有的制作相区别的。无疑,这是一种我们大家都认识的非常特殊的经验。对于平衡的恢复如同对于它的缺失那样,都遇到了一种转变(Umschlag)的方式。其实并不存在一种从一个到另一个可感觉到的持续的过渡,而是存在一种与我们所熟知的制造过程——在此过程中,计划好了的改变就像一块块石头堆上去那般,乃是一步一步地被实现——完全不一样的突然转变。平衡的体验就是,"当纯粹的太少不可捉摸地转化时,……它其实是跳转

---

② [关于宇宙正义人们可以比较阿那克希曼德的唯一保存下来的命题"(《前苏格拉底残篇》,12A9),以及我的论文"柏拉图与前苏格拉底学派",载我的著作集,第 6 卷,第 58—70 页,特别是第 62 页以下。]

到那空无的太多"。里尔克如此地表述艺术家的平衡经验。他所描述的是：对于制造和维持平衡最艰苦的努力表现在这样的一个时刻，即当平衡产生时，它突然之间成为自己的相反物。这并非是力量的"少"（缺失）或者力量的投入，毋宁说，这是一个剩余，它使得力量错过了。这样一个翻转使得一切都像是自发的那般，轻松而自在。

事实上，这适用于任何一种平衡的产生，即每种平衡都有此经验。致力于制造平衡者同时会遇到自我保持者和自我满足者的反击。我们认识到，在医学治疗中，其成就的真正方式就是自我扬弃（取消）并且成为可缺少的。在恢复平衡中，医学治疗真正的完成在于它的自我扬弃，这早就呈现在我们考察的视野之中了。就如同在平衡的体验中，努力是以一种吊诡的方式呈现。它要松懈自己，以便产生平衡那样。因此医生的努力就与自然的顺畅涉入有着内在的联系。平衡状态的摆荡如何在质上与彻底地失去平衡——其中一切都瓦解、乱套了——相区别，这就取决于一切医学治疗的视域。

但是，这会导致：事实上那并非是建立一种平衡，即从基础开始建立一种新的平衡状态，而却总是对于摆荡的平衡的一种捕捉。对于平衡的一切阻碍，即一切疾病，都共同分担了"仍然保持其自身平衡"的不容忽视的诸因素。这就是为什么医生的治疗并不被理解为是对某物的制作或产生，而主要被理解为是对形成平衡的诸因素的增强的原因。医生的治疗总是有一种双重的面向，它要么是通过置入一种干扰因素而建立其治疗，要么是在建立平衡的诸因素之运作中置入一种特别的治疗效果。在我看来，这对医术的本质而言是决定性的,即它必须通过那种转变预先将太多算入太少,或者说得更好些,将太少算入太多,并且同时预期有这样的一种转变。

在一篇古代论医术的文章中,有一个关于锯子锯树活动的漂亮示例。就像一个人拉了锯子,另一个人跟着拉,锯树的完整动作形成了一个形状圈(gestaltkreis)(魏茨泽克*),在其中两个伐木者的运动融合成一种统一的有韵律感的流畅运动。在这篇文章中有一段名句,暗示了这种平衡经验的奇妙之处:若他们使用蛮力,则他们就会完全搞砸了。当然,这绝非仅限于医术。所有高超的制造工艺对此都有某种程度的认识。师傅轻柔的手使得他的动作看起来毫不费力,而这也正是初学者会使用蛮力之处。一切高超的技巧都有一些平衡的经验。但是就医术而言,还有其特别之处,在此它并不是涉及对那种直接由成功作品来证明的技能的完美掌握。医生在此特别的谨慎之处就在于,他要注意一个在所有阻碍中仍然持续存在的平衡,并且他必须像那手持锯子的人一样,跃入自然的平衡之中。

如果我们将此基本经验与现代科学及科学的医学的处境相联系,那么我们就可以清楚地看见问题在此有多么严重。[3] 因为现代自然科学根本不是一种把自然视为"一个能够自我平衡的整体"的科学。作为其基础的,不是生活的经验,而是制作的经验;不是

---

* 魏茨泽克(C. F. von Weizäcker,1912—2007)是德国著名的哲学家、物理学家,他是海森堡和玻尔的学生。伽达默尔在此并未说明是引魏茨泽克的哪本著作,但经译者查证,这应是引用他的名著《自然的历史》(1948 年)第 6 章。——译者

[3] 对此也可参见前文第 243 页以下。

平衡的经验,而是根据计划的构造经验。它早已超越特殊科学的有效范围,它的本质是机械构造(Mechanik),而机械乃是人工导入的,就是说并非从其自身流淌入的结果。从根源上来讲,机械构造是指一种令所有人都惊讶的发明中的巧思(das Sinnreiche)。使得技术运用成为可能的现代科学并非将自己理解为是对自然缺陷的弥补(Ausfüllung),或是对于自然事件的嵌合(Einfügung)。毋宁说,它将自己理解为一种引导自然改造以让其适应人类世界的知识。是的,正是借助于一种由合理性所支配的建构,它慢慢地清除掉了自然性的东西。作为科学,它使得自然过程变成是可计算和可控制的,以至于最终它甚至认为自然物可以用人工物来取代。这就存在于现代科学自身的本质之中。只有如此,数学和量化方法在自然科学中的应用才成为可能,因为它们的知识就是建构(Konstruktion)。现在,我们的考量教会我们,医术的处境是以一种不可取消的方式与古代的自然概念的预设前提紧密结合在一起。在诸自然科学之中,医学是属于那种从未完全被理解为技术(Technik)的科学,因为它只能将其自身的能力,作为对自然性的东西的恢复(Wiederherstellen)来经验。因此,在现代自然科学中,医学所呈现的乃是理论认识和实践知识的一种真正的统一,这种统一是绝对不能被理解为:科学对于实践的应用。它所呈现的乃是实践科学的一种特殊方式,对于这种方式现代思想已完全没有概念了。

基于这种考量,柏拉图的《斐多篇》④中一个优美且经常被讨

---

④ 《斐多篇》,270b 以下。

论的段落受到了特别注意,因为它彰显了拥有这种"科学"的医生的处境。柏拉图在那里谈论的是真正的演讲术,并将它与医术相提并论。如果人们不想只依据例行公事和经验,而是依据实际的知识而行动的话,那么,这两者都是理解自然,其中一个是理解灵魂的自然,另一个则是理解身体的自然。正如人们必须知道要给身体什么样的药物和营养,它们才能产生健康和活力那样,人们也必须知道,应该要给予灵魂什么样的演说和律法上的措施,它们才能带来正确的信念和正直的存在(Arete〔德性〕)。

然后,苏格拉底问他那位被修辞学所启发的年轻朋友:"你认为呢,如果人们不理解整体的自然的话,能够理解灵魂的自然吗?"⑤

他对此的回答是:"如果人们可以相信希波克拉底、医神阿斯克勒庇俄斯(Astelepiaden)的话,那么如果没有这种过程,人们将不可能对身体有什么了解。"⑥"整体的自然"和"这种过程"(即对于自然的划分)这两种规定很明显属于一个整体。苏格拉底在此所要求的真正符合艺术的修辞学,与真正的医术在以下这一点上是相似的,即它必须认清灵魂——它应当在其中植入诸多信念——的多样的本质;并且,它同样也要认清演说的多样性。这样演说才能适应于灵魂各自的情态。这是从医学的行为与能力的视角而发展出来的类比。所以,包含着真正知识与能力的真医学也要求去区分有机体各自的情态如何,以及什么能适应此

---

⑤ 《斐多篇》,270c。
⑥ 同上。

情态。

维尔纳·耶格尔在解释这一段落时正确地指出了长久以来流行的意见的错误,仿佛这里所要求的是一种自然哲学的、充斥着宇宙论的整体观念的医学。情况正好相反。这里所涉及的流程是一种划分的方法,一种进行区分的观察方法。此方法将每次的疾病现象概括于一种特别的疾病图像的统一之中,并且由此使得一种统一的处理成为可能。众所周知,我们通过柏拉图的理念论所认识的 Eidos 这一概念,最初就是被应用于医学科学。修昔底德将此概念应用在一种疾病描述中,所描述的正是那个在伯罗奔尼撒战争开始时肆虐雅典并最终也导致伯里克利死亡的著名的病毒。时至今日,医学科学的研究还是为同样的要求所决定。此处所谈的划分方法决非是一种经院哲学的概念切割。划分不是从一个整体中去除其一部分。苏格拉底在此禁止对于症状的任何孤立的观察,并借此要求真正的科学。他在此甚至走得更远,超出了现代医学科学所承认为其方法基础的东西。此处所谈的整体的自然,并非只是有机体的统一的整体。我们确实从希腊医学非常丰富的观察资料中得知,天气与季节、温度、水和养分,一言以蔽之,所有可能的天气与环境因素是如何一起塑造了有机体的具体存在情态。对医学来说,事情的根本也就在于:对有机体的统一整体进行恢复。但是,在此讨论的语境关联中,还可以推出另外一个结论:整体的自然包围着病人甚至医生的整体生活处境。医学被拿来与真正的修辞学相比较,而修辞学应该让正确的言谈以正确的方式影响灵魂。一种非常嘲讽的讲述方式。柏拉图肯定并不认为,应该要有这样一种能将某种演说赋予某种目的并善用之的指引灵魂的修辞艺术。很明显，他的意见是，必须要有一种正确的演说，而且只有那已经认识真理的人才能认识正确的演说。只有真正的辩证法家和哲学家才会是真正的演说家。但这给予了与之相比较的医术以一种极为有趣的启发。正如修辞学鲜明的特殊任务已升华至整个哲学人生观那样，医学为了恢复（重建）人体的健康所施加给它的那些药物和治疗也是如此。对于演讲术和医术的等量齐观在这一点上也是一致的，即将身体的情态提升至整体的人类情态。它在存在的整体中的位置并非只有健康的意义，而是在一种更广泛的意义上是一种被平衡的健康。疾病，失去平衡，所意指的，并非仅仅是一种医学–生物学的实情，而且也是一种生命历史的和社会的过程。病人不再是老人。他失灵了。他脱离了原有的生命状况。但是作为有所欠缺者，他还是有可能恢复原状的。如果能成功恢复自然平衡的话，那么复原的美好过程也会给予那恢复健康者以生命的平衡，而只有他才能享受这一点。因此，毫不奇怪，当失去一个平衡时，同时总是会危及另一个平衡。的确，从根本上说，只有唯一一个大的平衡是人的生命所依附的，它在游移中追寻它，它构成人的生命的处境(Befinden)。

正如柏拉图所暗示的，在此意义上，医生就如同真正的演说家那样，必须看见自然的整体。就像演说家必须出于真正的洞察去发现正确的语言以便规定其他事物那样，医生如果想成为一位真正的医生的话，他也必须高瞻远瞩，看透其知识与能力的真正对象是什么。因此，他的处境是介于与人性无关的职业存在和人性的责任之间的一种难以遵循的夹缝(Zwischen)。他需要信任，但同时也必须限制其医生的权力——正是这造成他作为医生的处境。

他必须越过他所处理的"现状"而看透那在其生命处境整体中的人。是的，他甚至应该一起反思他自己的行为和他对病人的影响。他必须知道自制。因为他既不能依靠他自己，也不能在没有必要条件时规定病人的饮食，因为它们会妨碍病人重获其生命的平衡。

精神病患者与其医生有什么样的关系，早已为世人所知；已获承认的精神科医师的任务究竟应是什么，事实上也同样为世人所知。医疗技艺的完成在于它抽离其自身并释放他者，医术在人类技艺整体中的特殊地位也正在于此。为一种技艺所制造的东西，将其自身从其产生过程中分离出来并托付给一种自由的使用，这对于每一个运用技艺和能力的人都提出了一种限制。但对于医生，这却是一种真正的自我设限。因为这并非只是他所做出的一件作品，而是托付于他并且在他的照料之下又复原的生命。病人的特殊处境也与之相符。获得重生的复原者又会开始忘记生病，但是他与医生（多半是无名的）仍有某种形式的关联。

（刘康 译，洪汉鼎、贺念 校）

17. 智力问题的哲学评注

(1964年)

科学的许多问题在一种特别相反的意图方向上引起了哲学家的兴趣。这对智力(Intelligenz)问题同样有效。当医生或心理学家使用智力概念时,被描述的现象会给予智力概念的使用以一个明确的意义,而哲学家所面对的问题则是,一般的智力概念已经形成一种怎样的印记,在一般的智力概念的建构中隐藏了什么样的对世界经验的先行表达。智力概念是一种功能概念(Leistungsbegriff),它表述的是一种能力,一种不能通过人们在此时此地所会的特定之事而定义的能力,也就是说,它不能通过与思想的特定内容之关系来定义——这应该符合科学的以及日常生活中对"智力"这个语词的使用。在活生生的语言使用中,没有任何不通过与其他语词的近邻关系,能被确定和共同决定其意义的独立语词。若我们回顾,在我们的语言使用中,智力概念有哪些同义词时,则这些同义词——我举例,如敏锐(Scharfsinn)、反应敏捷(schnelle Auffassungsgabe)、聪明(Klugheit)、判断能力(Urteilsfähigkeit)——与智力概念有着相同的形式上的结构意义。但其实它们与它并非同义。所以,哲学家所提出的第一个问题是:难道这样一种形式的智力概念的印记,其自身不正是一种先行决定(Vorentscheidung)吗? 如果不想直说它包含着一种先入之见的话。

一种历史的思考可以使此问题的合法性更清楚。为我们所熟悉的"智力"这个词的意义，看来似乎是相当晚近才出现的。这个古典拉丁文字在哲学和由哲学规定的心理学的语言中，在起源上有着完全不同的位置。理智（*Intelligentia*）是洞见（Einsicht）的最高形式，还超越了理性（*ratio*），也就是超越了对我们的概念和思考工具的可理解的使用。"*Intelligentia*"是希腊文概念 Nous 的拉丁文哲学对应词，我们通常将之转译成"理性"（Vernunft）或"精神"（Geist），而且主要意指认识最高原则的能力。然而，今日流行的语言用法是因为一个重大的转折而与 *Intelligentia* 这个词的哲学前史所分离。要想准确地规定位于此处的这一"切割"，并非易事。我们今日的智力概念在 18 世纪的哲学心理学中还不存在。不过，语言使用在某种范围内已先于这个新的智力概念之印记，特别是法文形容词 intelligent（自从 15 世纪以来）的使用。但是概念的新印记有巨大的影响并显示出，在这些概念中有着什么样的先行决定。当理智（intelligence）于 17 世纪不再是认识原则的能力，不再是认识事物、事情、关系等等的普遍能力时，这意指，基本上人与有智力的动物们同属一类。① 很明显，充满实用理想的启蒙运动接受了向着实用方向发展的语言用法，并力图避免笛卡尔主义——将人视为有自我意识的，而动物却只是机器——的极端后果，它消解了智力（Intelligenz）概念与"原则"（Prinzipien）之间

---

① 参见莫内特（Mouet）："人与动物的理解和判断能力"（Faculté à compredre et à juger chez l'homme et les animaux）。

的所有关系而纯粹工具化地使用它。我们看到,今日的智力概念是从一种特定的提问立场(Fragestellung)出发而接受其形式上的特征,而这一立场并不准确地符合拉丁文 *intelligentia* 的原始意义。

如果我们回溯到希腊哲学中的概念构成并追问,在那里,究竟是什么符合我们的"智力"(Intelligenz)概念,那么以上所述情节就更加清楚了。或许人们可以说,那里并没有与此概念为真正同义词的哲学概念。当然,在古典时代,甚至早在荷马时代的希腊文中就有将人描述为 intelligent(有智力的、聪明的)的同义词,例如,富于想象力、创造力的奥德赛(Odysseus),或者表示理解力的其他语词(如 *Synesis*〔洞识力〕)。但希腊哲学家们没有发展出一种正式的智力概念。这难道不该被注意吗?当他们将动物为本能所驱使却仍然是 intelligent(有智力的、聪明的)行为这个令我们不安的问题与人的有智力的(理智的)行为相比较时,在我看来下述这一点就是特色鲜明的:有一个与此比较有关的概念,即 *Phronesis*(实践智慧)的概念,在内容上有一种完全不同的特定意义,即在人的道德哲学领域内的意义。所以,例如亚里士多德就主张,有些动物明显地看似也有这种 *Phronesis*(实践智慧)——他想到的主要是蜜蜂、蚂蚁和那些为了过冬而采集食物的动物们。其方式,从人的角度看,乃是一种预见,而这也意指:他们有时间感。时间感——这是极不寻常的。这不仅意味着一种知识上的进阶、预见,而且根本上是另外一种境界:为了追求一个更长远的确定的目标而放弃追求眼前的目标。

但是,根据人们的类比(Analogie)而被使用到动物行为之上的这个 *Phronesis*(实践智慧)概念,正是通过亚里士多德而在人类学的和道德的领域中得到一种值得反思的明确规定。只要亚里士多德不将"实践智慧"仅仅理解成聪明伶俐地找出完成某些特定任务的手段,它不只是表示实践上对任意目标的达成,而且也表示设立此目标本身并为此目标负责,那么,亚里士多德的确完全可以追随对这个语词的如上用法,此种语言用法中隐藏着沉淀的理性。"实践智慧"这一概念由此——此处所论之事也正在于此——才赢得一种内容上的规定性。构成这一概念的,并不是一种单纯的形式上的能力,而是与此能力一道出现的"对这个能力的规定",也就是它所经历过的应用。亚里士多德对此概念曾经表述过他自己的看法:他将"实践智慧"对照于 *deinotes*(精明),即把作为一种自然的对立形式的"实践智慧的模范行为"对照于"胜任于每一种可能情况的极度精明"——后者绝非总是积极的。拥有"精明"这种特质的人,如我们所说,有能力并且能够在遇到混乱且无须负责的情况下,从中找出可行的面向,并逃脱这种困境(在政治中可能是无原则的机会主义者,在经济生活中是不值得信任的金钱投机者,在社会领域内是伪君子,等等)。智力(Intelligenz)概念在此看来则似乎仍与人类存在的整体,与其人性(*humanitas*)相结合。与我们所熟知的"健全的人类理智"概念完全类似,它在近代思想中失去了一个重要的面向。通常我们并不会认为,健全的人类理智和一种单纯的形式能力(具有一种能力的普通配置)会有什么不同,而对这个概念进一步的研究却会指出它的另一个完全不同的印记。符合它的有法文中的 *bon sens*(聪明)概念,最终还有 *sensus communis*(共通感)的概念,这是一种普遍感觉(Allgemeinsinn)。我们可以证明:共通感,这种普遍的感觉,事实上不仅意指对我们精神天赋的无碍使用,而且也总是同时包含了一种内容上的规定。② 共通感之所以是共同感(Gemeinsinn),不仅是作为处理诸个别感受的证据的决断能力(*facultas dijudicativa*),而且首先标识着社会感、公民感,它包含了确定的、大家共有的、内容上无争论的诸先决条件,而绝非仅仅是理性运用的形式能力。

在我看来,这对于我们关于智力概念的考量及其与 *Intelligentia*(理智)概念的原始关联是有重要意义的。将那些具有特定内容的人类所承担的任务从智力概念中清除掉,这在科学上是合法的,但这并非理所当然或没问题的。如果我们自问,这种清除究竟有何意义时,则基本上应该最先想到:这种方式的每一个概念都包含一种特定的社会习俗特征,包含一种特定的、已确立了的社会规范意义。当社会使用某些明确的、为我们所熟悉的表述,例如智力这一表述时,它是在其语言使用的生动性中理解并谈论其自身。这一表述凭借什么理解其自身,它又意指些什么呢?我们所熟知的智力概念是在这么近的时间点上才出现,这或许不仅只是一种外在的语言现象而已。

我不想藉此重复对于所谓的能力心理学(Vermögenspsychologie)的著名批评。的确,18 世纪的古典心理学曾以能力(Vermögen)概念澄清了对于人类及其能力的一种特定的基础理解。同样确实的还有,将这个能力工具从灵魂所拥有的诸能力中解析出来,是属于对人类存在认识的无可争议的进步。在今日语言使用中所熟知的"智力"(Intelligenz),当然不是这种古典心理学意义上的一种能力。这就是说,智力在我们今日的语言使用中,并

---

② 参见《真理与方法》,第 16—27 页。[我的著作集,第 1 卷,第 24—35 页]

不被认为是人类心灵的诸功能或行为方式之一,似乎和其他的功能一样——例如诸感官的诸功能——作为一种特有的精神功能而能够被运作或不被运作。相反地,智力是存在于一切人类的行为之中,或者换句话说:在每一种有智力的行为之中,都有那整个人在其中。那是一种他将他自己置于其中的生命的可能性,而这种可能性又是如此这般地塑造他的人性存在,以至于当他要去使用或不去使用它时,又或者是要去运作或不去运作它时,他与他的智力之间都是毫无距离的。

然而,就算事实是如此,在今日意义上的智力概念的印记,还是可能有某些地方与能力心理学过去已被克服的阶段相联结。我的主张如下:正如我们今日通常所见,智力乃是一种形式上的功能概念(Leistungsbegriff),这使得它在某种意义上成为一种工具。因为工具的本质所描述的正是,它决非是为它自己,而是为其他多种用途,并且它也是相应如此地被使用的。我们可以把智力,把我们的理智的能力,或者我们想怎样称呼它都行,描述为一种特殊的工具。其特殊之处在于,它始终是一种普遍通用的工具,而不像其他工具那般,仅限于和只适合于某种特别用途。但是,以下问题在我看来就是显而易见的:难道应用的工具或器具的概念——这种概念必然在我们今日已熟知的智力的形式概念(Formalbegriff)那里出现——不正就是一种值得怀疑的人类观点和一种值得怀疑的智力概念吗?[3]

---

③ [在此期间,人工智力(artificial intelligence)的发展的进步完全证实了眼下研究的意图。参见前文第253页以下。]

"本能"概念或"合目的的机器"概念以前是从人的自我意识（Selbstbewusstsein）出发而被视为理所当然，与这种天真的理所当然相比，我们今天对于人与动物以及人与机器的所有反思，都有一个共同点，即自尼采以来就不容再被忽视的对于自我意识主张的怀疑。如果笛卡尔将自我意识视为所有确定性的不可动摇的基础，那么尼采所给出的口号则是："这种观点必须更根本地被怀疑。"④事实上，无意识（Unbewusst）的概念开启了一个自我意识在其中只有很少合法性的全新领域。但是近代哲学在很大的程度上还是以自我意识的无可怀疑的确实性为基础。特别是在我们规定精神的所有现象时不可或缺的反思（Reflexion）概念，正是以此为基础。反思是指自由地照看自己，它是以自由所能具有的最高形式而出现的。在此，只要精神只关注于其自身的内容，它就是与自己合一的。不可否认的是，这种对自己的自由，这种原始距离（Urdistanz），标识了人的一种本质。的确，与自身在某种程度上保持距离，这件事所呈现的，是语言性的世界定位（Weltorientierung）的基本前提，而自由事实上也正是在此意义下存在于所有的反思之中。

然而，着眼于对自我意识的批判——这标识着现代性——去谈论向精神维度的提升，看起来也并非毫无疑问，仿佛我们能通过我们的自由决断将我们提升至此维度并在其中自由地运动似的。或许反思有非常多不同的形式。无论如何，反思就已经隐藏在所有的能力中。它构成了能力的概念，使得能力并非仅仅只是实行

---

④ KGW VII/3, 40[25]；也见 40[10], [20]。

(Vollzug),而是意指相对于可能的实行,它已拥有这种可能性。因此,能力同时也是主导能力应用的主人——这归属于对所有真正能力的意识。柏拉图就已经在其能力(Techne)的概念中指向了这种内在的反思性(Reflexivität),因为他强调,每一种能力同时既是其自身的能力,又是其对立面的能力。⑤ 一个真正会跑的能者,他既能快跑,又能慢跑。一个真正会说谎的能者,他既知道伪,又知道真。因此当他想说谎时,他会很小心,别因为疏忽竟说了实话。这种能力概念隐含了一种相对于实行的距离,并且根本上乃是由我们称之为"反思性"的结构所规定的。但是这种隐藏于技艺的"自由能力"(freien Können)之中的反思,对于人类的本质的反思性而言,真的是一种正确的模式吗?真正的问题是开放的,即对于一般人类而言,是否真的有一种自由的向着"与自身保持距离"的提升,以及向着精神维度、自我意识的提升,是否确实地使人类从其必然的有限的时间性之中挣脱了出来?

在楚特(Zutt)⑥向我们提出的关于"痴呆症"概念如此有吸引力又敏锐的解释之中,当他用"缺乏对疾病的洞识"来描述痴呆症的诸极端形式时,以上的问题就显得很急迫了。他当然有权如此描述,但这的确导致了一个基本问题:什么是对疾病的洞识(Krankheitseinsicht)?如果人们只用医生和医学的眼光看待疾病概念,并且这也意指医生的知识和病人的自我理解一致的话,这当然就是一种划地自限了。但是作为生命现象的疾病洞识很显然

---

⑤ [《卡尔米德篇》,166e 以下。也见我的论文"反思的原型",载我的著作集,第 6 卷,第 116 页以下。]

⑥ 《神经科医生》(Der Nervenarzt),第 35 卷,第 7 期(1964 年)。

并非仅仅只是对于一种真实事态的"认识"意义上的洞见,而是像所有洞见那样,是一种难以获取之物,并且它勇于与其鲜活的反对方进行对抗。疾病洞识的遮蔽在人类某些疾病之中扮演何种角色,以及首要的问题——疾病洞识的遮蔽在人们活生生的存在中有什么基本功能——这已然是很明白的了。

病人是通过经验到"他缺乏某种东西"而经验到疾病。"他缺乏某种东西"究竟会对"到底什么东西缺乏"带来哪种启发呢?痴呆症的诸多严重症状与疾病洞识无法统一,尤其是一些初期症状就已经是难以控制的——我们必须反思这些事实。人们从"正常-健康"的概念出发,将所处的某种状态标识为"疾病"。在疾病状态之中,人们失去与自身保持距离的能力,并且无法洞识到他病了。甚至也无法洞识到,某种特定的疾病可能恰恰在失去与自身的距离过程中产生——这确实是一种无恶意的科学立场。然而,确立此极端状态却并不能排除如下问题,即难道不正是这种反思能力,也就是与其自身保持距离的可能性,呈现了一种对所有精神疾病来说的必要条件吗?难道这一点不正是包含着如下内容吗?即对于病人自身而言,具有或不具有疾病洞识,并非单纯意指能够洞识到"(现在)存在着的东西"。

事实上,借助于自我意识的诸多具体型式——自我批评、文化批评以及疾病洞识都归属于它们——已经证实了我们有必要像尼采那样去质疑意识所主张的思想内容。[7] 人们不能把对"(现在)

---

[7] [关于尼采,参考"文本和解释"=我的著作集,第 2 卷,第 24 篇,第 330 页以下,以及本书第 30—32 篇,第 448 页以下。]

存在着的东西"的洞识作为"人的自由的可能性"——人真正的本质就存在于此可能性中,并且他也能够随时在距离中将自己向此可能性提升——视为前提条件,否则就会陷入一种天真的教条主义之中。毋宁说,这样的洞识与距离可能性,其实就以一种难以描述的方式,与一个人格在其整体生命状态下保持着紧密关联。的确,人之所以优越——相对于蜜蜂、海狸、蚂蚁与蜘蛛所显示的那些令人惊讶的技艺与技巧而言——在于他总是意识到他的能力,并因而拥有惊人的技巧,可以在某些情况下"故意"不去运用他学来的能力。也就是说,他即使拥有技艺,也保留着运用与否的自由。然而,这样的自由,主要是指对自身保持反思的距离(reflexive Distanz)之自由,是颇成问题的。跟随这种自由,本身就并不再是一种自由的行动,毋宁说,它是被驱动的,它有着许多条件与运动根据,这些条件和运动根据自身却并非可以被"自由的能力"所管制。所以,这种能力与人们可以随意取得与丢弃的工具之间,只有一种表面的相似性。每一种能力都是存在。

这也是为何反思的结构并非总是与对象化(Vergegenständlichung)概念联结的原因。人们在反思中所意识到的真正自我,其作为对象的意义,并非如我们通常所谓的认识指向某个对象的客体化的行为,因为当这样的对象作为被认识者仿佛失去了其抵抗力,它就被击败了,成为了可被支配之物。自然所孕育者,就是被击败者(*Natura parendo vincitur*)。反思性(Reflexivität),作为与其自身保持距离的可能性,并非意味着与一个对象的对立(ein Gegenüber)。毋宁说,反思性运作的真正模式在于:它与被经历的实行(gelebten Vollzuge)一道同行(Mitgehen)。我们真正的自由乃是：在与生命实行的一道同行之中，选择与决断成为可能；并且并不存在另外一种对我们自身的自由——我们可以通过自由决断而向着它提升自我的自由。用反思伴随实行，而非对象化地走向对立，才是属于我们称之为"智力"（intelligent）的行为。

这一点是确凿的。而且它之所以是反思的要素就在于：迈向某物的直接性被打破了。用黑格尔的话来说就是，欲望被阻绝并因而意识到目标本身，即将其确定为"无法抵达者"，作为目的而被"设置"（gesetzt）。意识因而在此意义上就是一种阻碍（Störung）的意识。克勒（Köhler）关于猴子实验的描述为此提供了一个很好的说明。对于香蕉的欲望被阻绝从而导向"反思"（Nachdenken），即在确定欲望目标的同时，回转式地向另一事物返回，因为此另一事物本身并非目标，所以这种返回乃是走向"中间选项"（Mittelwahl）。但这样的一个"中间物"却不是此转向（Zuwendung）的真正对象，就如同自己的手，就算它在追求的单纯延伸中无法抵达目标，它也不是"对象"那般。毋宁说，这种转向以及这种瞄准了目标的同时又从目标偏离的反思，其实是从其自身出发而迈向行动的，这一行动达到了目标并随后抛弃了"上手的"（作为手段的）中间物。排除阻碍相应于阻碍，也就是说，收回相应于朝向自身的转向。

在我看来，所有的自我反思，尤其是在其自身的疾病洞识中所从事的自我反思，必然是按照这样的模式进行。这一模式并不关涉于"我的自身"的对象化——通过疾病，此对象化被"确定"了下来；毋宁说，因为他缺少某样东西，所以它关涉的是"向自身回抛"。也就是说，它关涉的乃是"已经指向了排除阻碍"的阻碍，即便这是因为他屈从于医生对疾病的洞识与介入治疗。疾病原初并不是医学宣称的对疾病的确定诊断,毋宁说,它是一种受苦者的经验,他想要终结它,如同他想终结其他任何一种阻碍那般。

一般而言,病人将疾病作为"一种他自己无法再忽略的阻碍"而经验。一个人缺少某个东西——这归属于平衡的关联,尤其是归属于从处境(Befinden)的所有波动中恢复平衡的关联,而此恢复正是构成了人的处境性(Befindlichkeit)。在此关联之内,此恢复所呈现的是对从自身制造的平衡转向失衡这一情况的反转。凡是在疾病洞识的角色成为问题之处,这一点都必须被密切关注。人们力求忘却或者麻痹阻碍(健康)者,这都是属于生命的平衡技艺;而诸如以自我欺骗、强烈的讳疾忌医等形式表现出来的"智力上的行为",就正属于这种平衡技艺的手段。因为,疾病作为失去健康、失去不受阻碍的"自由",始终意谓着一种从"生命"中出局的方式。所以疾病洞识所呈现的,是一种所有人都会遇到的人生问题,而绝非智力如下的自由运用,即它与其自身保持距离,并在转向自身的同时也将所经历的阻碍对象化。医生所认知的那些"麻烦的"病人,他们用所有抵抗反对医生,反对承认自己的无力与需求,这些也都全部属于这种人生问题。这正好是对某种程度的智力的证明;对某些人而言,屈从于医生的权威是很困难的。不论是作为洞识还是作为被蒙蔽的浅见,无论如何,反思在此并非一种自由地向其自身的转向,毋宁说,它处于受苦的、生存意志的压力,以及对于工作、职业、名誉或与此相关事物的坚持的压力之下。

医生的介入在此情况下并不能带来根本上的改变。他进入那种疾病洞识所必需的生命状态。他应当帮助病人恢复失去了的平衡,并且正如今日通晓医术者所知,这不仅意味着排除身体的故障,而且还要将已失衡的生命状态复归均衡。医生的介入因而始终是有风险的,不仅可能因为一种"危险的"介入阻碍其他的平衡关系,而且主要可能因为患者被放置于一种无法被忽略的心理与社会的整个紧张关系之中,从而有可能在帮忙中重新阻碍了平衡。

人们若是由此出发去追问何谓精神疾病,以及智力在其中扮演何种角色的话,则以下这点是明确的:精神疾病——不论是何种的——都是平衡的丧失。人们当然也会问,这种平衡的丧失是否以及如何包含了具备洞察能力的智力行为?智力概念的通常用法在此很容易误导我们,以至于我们误以为,一个生了病的"精神"(Geist)完全不会患"智力衰退"(Intelligenzschwund)。因此,朗格尔(Langer)关于精神官能症患者平均而言有着特别高的智力的报导,是深具启发的。若是人们将生病定义为失衡的话,就很容易明了,人们称之为形式能力的智力,就可能与病人的"精神状态"无关。因为,我们所理解的精神状态无论如何不是一种形式能力的状态,而是包括了某人在脑中所具有的一切,他的想法为何?引导他的价值秩序为何?是哪些目标驱动他并支撑或摧毁其生命的平衡?的确有一些疾病图景,在其中,"智力"作为一种"保持反思距离的能力"始终是处于被消解的状态——然而,这或许并不意味着事情的核心是失去一种形式上的能力,毋宁说,事情的核心乃是一个作为人类的人的丧失。我们称为精神健康的平衡是一种全人(Gesamtperson)的状态,符合整体的世界关系,而非仅仅是一堆功能的集合。

当然,有人可以反驳说,我们并非平白无故谈论"精神的"疾病。"精神"在此是什么？它难道不包含那始终与其自身保持距离的自由的自我关联性（Selbstbezüglichkeit）、一种属于精神面向的能力吗？如果人们从动物的智力行为出发，试图去规定人的特殊智力的话，这问题就提出了新的急迫感。人类是一个拥有语言的存在。因为，我们的世界关联的语言性（Sprachlichkeit unseres Weltverhaltens）毫无疑问与其精神性密切相关。如果人们从生命状况及其掌控出发的话，精神维度看起来的确像是另一种维度。精神或许就算不是生命的一种对立物，但是也肯定是对生命与其自身分裂的表达。生命不再是无异义地运行于其通常轨道，毋宁说，生命现在从其自身出发"设想"一个代表自己看法的世界，一种为语言所诠释的世界。在其中充满着可以从中选择的各种可能性。我们可以将这种"能够选择"（Wählenkönnen）解释成达至一个优先目的的手段。对此优先目的来说，自我保存与人类福祉是适宜且必需的。而语言的自然性似乎也同样证明了这一点：它是所有理解手段中最具精神性的。如此看来，智力也可以是这样一种帮助人们维持生活的"手段"（Mittel）。它的患病一如其他的病那般，也是一种损失（Ausfall），并且随着损失程度的不同，从损失轻微到连疾病洞识也不再可能。

但事情远不只如此。人的基本情态的特征其实是：它的本性虽然也像其他生物那般追求其本性的充实，但对他而言，他的本性的充实并非毫无疑问地就已确定。毋宁说，他只是将它设立为自己的目标。人是依据"可能性的多样性"来理解自身，并且也在这多重可能性之中进行选择。可能性的多样性是诸种自身解释，借助于语言，它们就对应于世界的可被诠释性（Ausgelegtheit der

Welt)。如我所见,当亚里士多德将人定义为有理性的生物——这与其动物本能的直接性相对——时,他已判定正确,他让益处与害处的意义立即转成为一种"正义"(das Rechte)的意义。⑧ 那可以言说这两者的语言,并非仅仅只是针对任意目的的一种理解手段,并非只是为了趋吉避凶——它最先确立了诸共同目的并对之负责,在其中人们才得以实现从其本性出发的社会此在形式。

在其中肯定有"距离"。但这种诸可能性的遥远,对人们而言,却是最邻近的。因为,他就生活于其中。这些可能性并非是具有客观可确定性的一种对象领域。毋宁说,其人性的诸可能性倒同世界自身一样,归属于那个全体。人们安居于其中,在其中安身立命——这就意味着:生活。人们的这种生活为疾病,即失衡,所威胁。而既然这就是人们的生活,失衡就始终与全体有关,也总是与灵魂的平衡有关。当医生谈到"精神上"患病时,那当然就是一种失衡:人们不再能掌控这种被诸可能性所围绕的状况(Umgebensein von Möglichkeiten)——这是精神自我平衡的一种失能(Versagen)。这种失能绝非与环绕着我们的诸可能性之视域无关,不论诸可能性是共同建构了我们身处其中的平衡状态也好,抑或是它们将之摧毁于个别物身上鲜明的遗失性与固有性之中也罢。我们在动物的生活世界的本能特征中,找不到诸如此类的危害。在那里,智力指的是听从本能的诸智力形式,即与达成确定目标有关的智力形式。反之,人的智力是与目标设定(Zielsetzung)本身有关,与选择

---

⑧ 参见亚里士多德:《政治学》,第 1 卷,第 2 章,1253a13 以下经常被引用的地方。同时也参见我的论文:"人和语言"[我的著作集,第 2 卷,第 11 篇文章,第 147 页以下]。

正确的生活方式（bios）有关。它并非仅仅是在完成预先给定任务所需的适应力、机灵与精神上的灵活——这可是连一个精神病患都可能赢过一个"正常人"的。此处存在着一个对于所有智力测验来说的特别的方法性难题：智力测验对考生所提出的任务——就算是在如此精心策划的掩饰之下——并非考生自身所选择或所能知道的。因此，在我看来，如果人们尝试通过与动物的智力进行类比来确定人的智力概念的话，那么，在这种概念建构中就有一种根本上的缺失。

因此，人们将会从那种属于动物此在形式的本能驱使的角度来思考作为人类的人。"智力"在动物那儿所显示的，当然和在人类这里不一样，因为人类根深蒂固的本能是被一种文化上的生活编排的强大制度化力量所塑形而成。对人而言，智力当然另有深意。形式的智力概念不经意地使作为人类的人成为工具，成为可被操控的缆线，作为工具，它的最大才能对于设定的目标来说乃是智力的社会性规范概念。"某人服从高智商阶级"因此意味着，在计划与指导的官僚眼中，他在社会政治上是合格的，以及对于国家目标来说，他是可被利用的。由此产生了令人惊讶的结果：关于动物智力的讨论并非一种可疑的人类形态学（Anthropomorphismus）。毋宁说，人们对人类智力习以为常的讨论——即它可以通过一个智力商数的理想标准而被测量——所呈现出来的，其实是一种隐秘的、难以透视的动物形态学（Theriomorphismus）。

在我看来，精神病学的含义可以通过如下方式加以理解：从精神疾病的经验出发，它是与之相矛盾的。那构成了人类生活的习以为常的双重方向，即在世界与在自身之中，在精神患病的情况下是无法被控制的了。在其中所丧失的,无非就是如下特定的能力,即无法胜任一个被持续地赋予了我们所有人的任务——在我们的动物本性与我们视之为"人的使命"之间,保持平衡。在精神疾病中,我们的状态并非简单地堕落成肉食或草食者。毋宁说,平衡的扭曲本身,也仍然是精神性的。正如比尔茨(Bilz)⑨已然明确展示的那般,这种扭曲其实显现为一种结构上的增生,它归属于人的诸本质可能性(Wesensmöglichkeiten)。全然丧失与自身之距离,如某些痴呆症所特有的那般,如我所见,也必须被看成是一种人性的失衡。正如所有失衡一样,"精神的"失衡也是辩证的——如果重新赢回平衡始终不成功的话,那么,就算它原先有复原的能力,也会全面失控而导向最终的毁灭。因此,精神疾病在它可怕的灾难之中,也仍然保持为如下事实之印记:人并非是一种有智力的动物,而是人。

(刘康 译,贺念 校)

---

⑨ 《神经科医生》,第35卷(1964年)。

18. 死亡的经验

（1983年）

我们的沉思所关涉的并不仅仅局限于死亡图景（Todesbild）的纯粹更替，就像它通过数千年人类在诸多宗教的解释或者人类生命秩序中对死亡图景的记忆向我们所显现的那样。它关涉到的是更加彻底得多的，并且在今天是很特殊的过程，即关涉到死亡图景在现代社会中的消失。这一过程显然就是要求我们沉思的东西。这关涉到人们想要再次称它为新的启蒙的东西，这种新的启蒙现在波及到了所有民众的阶层，并且对于这个新启蒙而言，借助于耀眼的现代自然科学和现代通讯业成就，对现实的科技统治建造出了承载一切的基础。这个新启蒙已经导致了死亡的去神话化（Entmythologisierung des Todes）。

如果人们想要精确一点，那么更好的说法是生命的去神话化（Entmythologisierung des Lebens），并且与此一道才说到死亡的去神话化。因为这才是新启蒙通过科学自行展现的逻辑次序。这里有一些令人惊叹的事情：现代科学不再把宇宙中生命的形成视作神迹的事实，或者视作不可计算的偶然游戏，而是能够把它称为决定性的自然科学的因果性，这些因果性在一种大致已经可理解的演化过程中推导出了我们这个行星上生命的形成，以及随之生命所有的进一步发展。另一方面,人们也不能忽视,工业革命及其技术的后果事实上在人的生命中改变了死亡的经验。不只是葬礼的游行仪式从城市的图景中消失了——在其送葬队伍中,每一个人在死亡(Tode)的庄严面前都要脱帽致敬。更进一步来看,在现代的诊所中,事实上死亡(Sterben)*已经匿名化了。随着一个事件的公开呈现开始消失,死者和其家属也附带地从家庭的和家族的周遭世界中被消除了。周遭世界把死亡事件镶嵌到了工业生产的技术企业。假如人们看向这些变化,那么死亡已经成为现代经济生活无数制造的过程之一,即使是一个负面的种类。

可是或许在人类的生命中没有任何经验是如此明确地标记那些界线,即那些为了限制现代借助于科学和技术对自然的统治所设立的界线。恰恰那些巨大的、常常是在人为地维持生命中所达到的技术进步,表现出了我们能力的绝对界限。生命的延长最终变成是死亡的延长,变成是自我-经验(Ich-Erfahrung)本身的逐渐消失。它的高峰就在于死亡经验的消失。现代化学的麻醉手段使受苦的人们不再是自己。人为地去维持有机体的植物功能使得人类成为机械过程的一个环节。死亡本身就像是一个法庭的判决依赖于主治医生的决断。所有这些同时把幸存者排除在参与和分享这个不可逆反的发生事件之外。由教堂所提供的灵魂关照常常找不到通路了;到不了死者那里,到不了参与者那里。

然而,死亡的经验在人类的历史中占据了一个完全核心的地

---

* 在这篇文章中,伽达默尔对于 Tode 和 Sterben 的使用在意义上并没有特别的区分,故译者将两词皆译作死亡。——译者

位。人们或许甚至可以这样说道：死亡引领着他的成人过程（Menschwerdung）。就我们人类的记忆所及，我们视为人类这一生物无可辩驳的特征的是：人类埋葬其死者。在相当早的时期里，人类已经用无限的花费举办仪式、装饰和艺术，来表示他们对死者的尊敬。所有在我们所惊叹的，事实上是神圣奉献的造型艺术的辉煌中的东西，对于外行人来说，总是新的惊奇。通过这一点，人们在所有的生物中就唯一地站立于此，如此唯一的，就像是通过语言的持有，或许还有更本源的东西。无论如何，早期历史中死者崇拜的记录源远流长地传承了下来，直至很久之后开始在人类语言中流传。

要重构曾作为古老死者风俗基础的那个表象世界，这确实是不可能的。然而，不管对生命和死亡的宗教表象——它们在我们早期历史的不同阶段中承载了死者崇拜——总可能曾经是什么，它们还是让自己可以说出某种共同的东西：它们对所有人告知，人类既不能也不想真实拥有（wahrhaben）死者的不此在（Nicht-dasein），其已死存在（Abgeschiedensein），其最终的不再属于此（Nicht-mehr-dazugehören）。在此有一种不可忽视的提示指向我们意识到的以及自我意识到的那种"此在感受"（Daseingefühl）与"死亡的不可把捉性"之间的关联。这个思入未来之中的人类意识有一天会消亡，在这一事实中有着某些对活着的人来说不可把捉的东西。相应地，在依存于这个事实的那些人眼里，这个消失到来是某种怪异的东西。汉斯·卡罗萨（Hans Carossa）的一个美好的诗句能够从人类此在和此在感受的自明性，以及从此在终结的自明性来表达某物。诗句这么说道："上帝的智者在哼唱时，我们不听,只有当他沉默的时候,我们才听。"

鉴于我们文化世界已经得到启蒙,去论述一种在体系上对死亡的排斥因而是很有意义的。人们只需要想到,早先的仪式和崇拜规矩如何在社会生活中把一个庄重的位置分配给死亡,以及死者家属如何通过其典礼习俗而融入到共同的生活和继续的生活之中。其中有一些东西在今日还残存着,比如旧文化中的那些被雇用的哭灵妇人,她们把所有人的悲伤都表现得过于戏剧化,对于今日的文明人类来说,确实是不可思议的和不再可忍受的了。

另外,人们必定要把对死亡的排斥理解为人类的某种原始人性的行动,他为了他自己的生命而采用的原始行动。的确,人类藉此只是顺服于此点:整个自然的智慧集中在这一任务中,即当受造物被死亡所威胁时,要以各种方式去强化受造物的生存意志。重病者或将死者以之坚持着其生命意志的幻觉力量,说出了某种并非误解的语言。人们必须自问,一般而言,知道死亡意味着什么?在知道死亡,知道自己的有限性,即确知人有一天必定死,与另一方面简直是激烈而压倒性的对这种已知的不想知道之间,有着某种深刻的关联。

在最古老的流传神话的深义转换中,希腊悲剧家埃斯库罗斯(Aischylos)在其普罗米修斯戏剧中,指明了死亡的问题和其对人类生命的意义。人类的朋友普罗米修斯是在这个点上著名的:他为人类所获得的功绩并非主要在于火的给予(Gabe),以及那与控制火连结在一起的所有种类的制作技艺,而是在于他拿走了人类对自己死亡时刻的知识。在普罗米修斯给予人类这种隐藏自己死亡之前,人类是可怜和无所事事地生活在地狱里,没有制造出任何有持续性的、人类凸显于所有其他生物的文化产物。

　　这段历史的深意在于：诗人在流传的关于火的给予以及制作技艺的唤醒的传说背后持续进行追问，并仿佛把它最终的和最深层的动机转义成为真正的给予。藉此他胜过了古代启蒙的文化骄傲，胜过了柏拉图借普罗泰戈拉口中所说出的名言"技艺化的智慧加上火"(ἔντεχνος σοφία σὺν πυρί)(《普罗泰戈拉篇》, 321d)。这是一个通过与死亡的关联而给予埃斯库罗斯戏剧深度的动机。这个给予在于，人对未来的预见给予他的这个未来以一种如此可把握的当下特征：他不能够掌握终结(Ende)的思想。一个人拥有未来，乃是就他不知道他没有未来而言。对死亡的排斥是生命的意志。就此而言，知道自己的死就处在某些值得注意的条件之下了。比如人们可以自问，孩子何时学会掌握死亡。我不能确定，在现代心理学中是否对此有了一个大致确定的、至少对我们文化圈中的启蒙社会是有效的答案。也只有在知道自身必然死亡的知识逐渐固化为成长中的人类之最深层的内在知识的情况下，这种知道自身必然死亡的知识才保持为隐蔽着的知识；这一点大概还是属于被描述过的、生命与对死亡的排斥之间的内在关系。甚至即便在最清楚和最明智地知道即将到来的死亡的知识显露自身并且不再隐藏自身的情况下，在一些人那里，如人所知的那样，生命的意志和未来意志是如此的强大，以至于他们从不愿意去落实最后之意志的合理形式。其他人却几乎像是在看待一种对自己的生命和仍然存在于此(Noch-Dasein)的确认那样，来看待那种他们在最后意志中所确定的、对他们自身的支配。

　　现在人们可以确切地说，现代的文明世界在某种程度上试图以极其热心并且过度热心的方式在制度上来完善根植于生命自身的（对死亡的）排斥倾向，并且因此把死亡的经验全然推移到公共生活的边缘。一个令人惊讶的现象是，针对这个文明倾向形成了一种顽强的反抗。在葬礼和死者崇拜的形式中一直存在着的宗教联系，往往在一个死亡的事态中再度复苏。不只这样，在其他的、现代启蒙力量慢慢才在其中获得承认的文化中，这一点更是这样，尤其是宗教的习俗在这里已经形成更加丰富的形式。但是甚至在正在广泛扩大的大众无神论（Massenatheismus）的时代中，这样的崇拜形式也被无信仰的人、并且事实上是完全世俗化的人认为是合理的。假如它关涉生命的节庆，关涉基督教的洗礼以及基督教的婚礼，并且最后，假如它关涉死亡的节庆，关涉基督教的葬礼和追思会，它就是如此的。甚至在无神论的国家里，基督教的或者其他宗教的风俗也是被允许，并且并列于有时候是政治以及世俗所建立的对亡者的尊崇。即使这一点只应该被想成是对时代的妥协，那么其中还是说出了很多东西。这一点对于所谓自由世界的世俗化社会也才会是正确的。在活着的人的生命意识中，面对死亡之神秘的害羞仿佛是作为死亡之路的催逼的另外一面，这样的害羞，在死亡的神圣性之前的发抖，这怪异的东西，这支配沉默的东西，和刚刚还活着的人的终极别离，这些到处存在着。在这里，家庭谱系的统一性似乎特别地在捍卫一种深深扎根的宗教的生命力量。在一些文化里，比如日本或者古罗马，祖先崇拜具有一种简直是带着限定作用的宗教功能。但是在西方基督教的空间里，死者崇拜也保持着它固定的位置。最终，它涵盖了在记忆中并且在崇拜中被把握的死者的整个一代又一代的序列，并且在其基督教的或者其他宗教的形态中对生命自己的次序建立了一个对照物。今天在我们西方的世界中，这可以被转型，直到成为理性的社会组织的此岸形式，比方在我们的墓园上，掘墓者让墓园持续地敞开的这种反差经验，还有在这样官僚的事务中，谈论着某些关于死者崇拜的特殊知识。这可以以一个例子来显示。这是一个古老的经验，直到今天在所有宗教超越思想的彼岸都证实了该经验的生命力：死亡对死者家属所要求的终极道别，同时也在幸存者的意识和记忆中建立了对于死者形象的转变。人们对于死不应该说成好事，这件事情是一个人们几乎不用如此去说的先行规定。不只是要在记忆中去确立死者在道别时所改变的形象，而且要在其生产的、正面的，仿佛变成理想的，并且作为理想而变成不可变的形态中来加以塑造，这简直是人类心灵不知足的需求。伴随着终极的道别，一种别离者被改变的当前成为了经验，这一点几乎不能去说它会是什么。

人们还从这样世俗的追思形式来理解那深层的、位于宗教彼岸表象背后的动力，尤其来理解那种相信灵魂不死，以及在彼岸中再度相见的需求。在很多异教崇拜中具有相似对应物的这种基督教表象，意味深长地表达了人类的本质如何在某种程度上要求对死亡的克服。活在信仰者的心灵里作为不可动摇的确信，活在其他的心灵里或许更多地像是一个忧郁的思乡病的东西——它在任何地方都无法被看作是轻轻一拨就可推开的虚无。看起来像是这样，死亡的排斥如同它属于生命自身一样，仿佛必须被幸存者以一个对他们而言自明的方式再度地被更正。宗教的信仰以及纯粹的世俗性在崇敬死亡的尊严上是一致的。科学启蒙提供出来的东西为生命和死亡的神秘找到了一个不可超越的边界。并且更多的是,在这条边界上,藉由人类都捍卫这个秘密本身,一个所有人类彼此真正的一体性(Solidarität)被表达出来。谁活着,谁就不能接受死亡。谁活着,谁就必定接受死亡。我们是介于此岸和彼岸之间的边界行者。

人们将必定会预想到,只有宗教的福音才允许实现对这样一种边界经验的跨越和向前观看的超越,它给予哲学思想的思维问题、思维根据和思维步骤极少的空间。然而首先会预想到的是,哲学如果没有一直考虑到宗教的彼岸(无论是比如在死亡审判时对幸福的应许,还是对惩罚到来的安排),就不能够着眼于一般的死亡去思考人类。但是对于人们在我们之中称之为哲学的东西而言,这一点却意味着,哲学的问题一般而言只能是在希腊异教和犹太-基督-穆罕默德的一神主义的视野中被提出。

所以希腊的思想必须自行发问道:生命和死亡既具有不可分离的共属性,又具有尖锐的相互排他性,假如它们将事实的全部重量都只是放在各自片面的一边,那么人们应该如何来思考神圣的东西呢(das Göttliche)?作为不死者,作为诸多的不死者,诸神的确同时应该是最高的东西、在最高意义下的有生命者。这一点引导思想在有生命者之中去区分,在不死的东西与经验死亡的东西之间做出区分:灵魂被视为不死者(unsterblich),以这种标志借由同一个词 *athanatos*,分享了诸神、诸多不死者的本质。在一些谜样的言说中,不只是冷静地说出了对生命和死亡,而且也说出了对不死者和会死者的内在共属性,这第一个希腊的思想家或许就是赫拉克利特。其中的一句就是这样说的:"不死的是有死的,有死的是不死的——那个死活着,那个生已死。"(《赫拉克利特著作残篇》,残篇62)人们如何能够一直思考这一谜团的解答,如果不去思考精神(Psyche),不去思考互斥的东西互相交织于其中的灵魂,是不可能成功地得到解答的。

这一结论就是柏拉图的《斐多篇》,即被判处死刑的苏格拉底在那天——在那天晚上他曾经喝下毒酒——与他的朋友们的对话所表现的。宗教上的泰然处之,苏格拉底以之检验了所有关于灵魂不死的论证,这是在我们之中无法通过论证完全被安慰的孩子在古希腊的世界中所找到的最强的安慰。正在经历死亡的苏格拉底就这样成了所有后来者的模范。我想起了斯多葛学派的智者以及他对死亡的屹立不摇,在其中他仿佛证实自己成为了自由人。还有对他并不是禁止的自杀这件事情,要求持续地接受自由的决断的考验,藉由通过继续地被死亡攫住而通向死亡,或者通过在完全的意识中忍受且缓慢的流血而宗教地通向死亡。伊壁鸠鲁的模范也是著名的,他以论证对抗死亡的恐惧,并且同时以此把生活的技巧提升到了最高的完成。古人把死亡想成并且形塑成是睡眠的兄弟,而不是作为基督教中世纪可怕的骷髅人,这一点莱辛(Lessing)在一篇著名的论文中已经强调过了,他是一位人道主义者,就好像是现代启蒙的孩子一样。

但这恰恰就是现代启蒙的条件,今天我们通通活在这条件之下。嵌入到美化的安慰世界之中,如同莱辛所描写的那样,最终依然是被我们拒绝了。科学自身是从异教的古希腊罗马时期的基督教印记中获得其开展,而嵌入到美化的安慰世界归功于科学,这一点构成了现代启蒙的刚硬和严格。上帝的彼岸性对人类的认识施加了它自己的自身确定性,并且最终藉此改变了认识的任务自身。一个新的合理性沉思(参见本书第 27 页以下),一个新的理性建构理想(参见"对理论的颂歌",本书第 37 页以下)奠基了一个新的帝国。它是被统治的知识的理想所管辖,这一理想作为研究持续广泛地推移着可统治物的界线。但是这一科学的启蒙,如同古希腊世界的启蒙一样,也在死亡的不可把捉性中找到了其界限——假如这一点是真的,那么思想在其中能够面对死亡的谜团而运动的那些问题视域,必须被这样的救赎教义,也就是对我们而言被基督教在所有它的教会和教派的变化的救赎教义中来加以改写,这一点也依然是真的。对死亡真正的克服不外是位于死者的复活之中,这一点对于沉思的思想而言必定意味着某种不可把捉的东西,也意味着某种清楚明白的东西——对信仰者而言是最伟大的确定性,对其他人而言却是不可把捉的东西,但是比起死亡自身,它就并不是更不可把捉的了。

(金志谦 译,谢晓川、贺念 校)

V

人物评论

V

19. 库萨的尼古拉与当代

（1964年）

库萨的尼古拉是我们的历史意识的一个晚期的发现。这种有意识的随着德国浪漫派而兴起的对传统的回归运动在那些极为精彩的有关哲学史的讲演——这些精彩的哲学史讲演录我们要归功于黑格尔——中,将直至今日都未能企及的对我们的哲学传统进行哲学表述和整理的典范赠予了我们。但是,黑格尔对这位库萨人却一无所知,同样地,施莱尔马赫对此也是知之甚少。在他们之后不久,随着施莱尔马赫的学生海因里希·里特尔(Heinrich Ritter)作为首位参与其中的学者,这种对历史意识的传播才慢慢开始起来,其中包括尼古拉。但是,这些昔日的历史声音只有当今日的问题是针对它们而提出来的时候才会真正地被听到。[①] 19世纪的历史兴趣在尼古拉身上所感受到的,绝非是如下事实,即尼古拉借此在我们的世纪激发起人们的一种别开生面的思辨兴趣。19世纪对所有的思辨哲学怀有敌意,而唯独向在自然和历史中成功地得到传播的经验科学伸出双手。由此,这个世纪的任务也就被

[①] 那让库萨备感兴趣的现代精神的首次阵痛并不能表达出库萨思想的原本核心,这一点是不容置疑的。

置于哲学思想面前。这项任务只能在欢庆的对所有的思辨性的概念艺术的弃绝中被感受到,在果断的"回到康德"的口号中被感受到,有如奥托·利布曼(Otto Liebmann)在20世纪60年代所提出的,尤其如马堡学派的创建者赫尔曼·柯亨(Hermann Cohen)所重新拾起并对其进行阐明的那样。这就是新康德主义,它是首个怀揣着一个真正哲学的和问题史的兴趣而走向这位库萨的哲学学派。但是,这兴趣却是指向现代自然科学的兴起和其哲学基础的。新康德主义认为,它的原则和榜样在于思维中的运动的产生,就如同微积分的方法将这种思维运动推向完满的极致那样。[②] 早在1883年,柯亨就认识到这里存在的使命,他这样写到:"为了促进比如库萨的尼古拉和乔达诺·布鲁诺之间有关微积分的讨论,以下会是对一个重要且具有吸引力的研究的责难:去证明对于无限的神学兴趣与科学复兴的这种基本概念是如何能够相互联系在一起的。"

柯亨独具慧眼,看到了这乃是另外一种"神学"旨趣,这种神学旨趣恰恰迎合了他自己的兴趣,即"科学复兴"的兴趣。但是,这并没有改变如下事实:他所提出来的任务从一开始就处于这样的先兆之下,即察觉到在神学旨趣关联中的对现代(Moderne)的准备与无意识的预期,从而将新康德主义的前史,尽管不用追溯到柏拉图,但是要延长至中世纪盛期。这项任务已经由恩斯特·卡西尔用其超凡脱俗的敏锐和令人赞叹不已的渊博学识而大功告成了。尽管如此,今日存在的一些其他哲学兴趣使库萨的新康德主义的

[②] 马堡学派的建立者们清楚地意识到这种具有危险的且潜伏在这个方面伺机而动的时代倒置的错误。

形象显得很是片面。③

尽管库萨的尼古拉与那些现代科学所奠基的伟大发现与决定之间，以及与哥白尼的天文学、列奥纳多和伽利略的机械论之间的联系得到了很好的阐释，尼古拉如何取消了地球在宇宙中的中心地位的观念，尤其是他关于地球与所有其他天体的同类性学说，实际上仍是新兴天文学与物理学的精神性准备。但是，这些是神学的形而上学原理，这些原理以一种令人惊奇的方式迎合了一种彻底改变了的、让形而上学安稳不动的科学设想。并不是为了求得关于自然的知识的缘故，而是为了求问关于上帝的知识之缘故，尼古拉才苦苦思索认识（Erkennen），以及认识的条件和界限。当他解释说，所有的知识都是建立在度量上，而所有的度量都是一种在尺度与所度量者之间的对比，如此，他想借此强调无限者即神性的绝对的非可比性（Unvergleichlichkeit），以及所有在有限的、通过对比和度量而产生的知识领域中的规定性都是建立在对立命题（Gegensätze）上，并且这些对立命题在对立的统一原则（coincidentia oppositorum）中得以扬弃（aufheben）。这是一种否定神学的古老原则，它作为柏拉图的影响经阿雷奥帕吉特派（Areopagiten）而贯穿于经院派科学所编织的架构中，它在这里逐渐被提升到一种新的辩证法的高峰。

但对现代科学精神来说，这似乎显得异常陌生。现代科学在

---

③ 有关于此，《在认识论问题史上的库萨的尼古拉——库萨协会的同学与研究论文集》（美因茨，1975年）这本书可以作为参照，尤其是我在该书中所写的"跋"，第275—280页。

所有情况下最大限度地赞同的东西是斯宾诺莎的"神或自然"（*Deus sive natura*），但是，这个原则的基础是，自然的自然性建立在它严格的因果关联与理性的被规定性上。反之，尼古拉的无限者神学的清晰结论则是，尽管自然是无限的上帝的造化，但自然永远只能被不精确地，即"*impraecise*"认识，这不仅仅是因为人类精神是有限的，以至于他的知识不会足够远地得到扩展，而且也是因为感性的可见的事物自身之本质是不确切的，即变化莫测的、永远可以成为别样的。这个柏拉图式的信念构成了我们所阅读到的尼古拉的那些所有令人激动不已的精彩名句的背景，比如：*manifestum est terram moveri*（明显地，地球被推动），或者 *terra est non sphaerica, licet tendat ad sphaereicitatem*（地球不是球，而只是接近球），还有 *est igitur terra stella nobilis*（地球是一颗尊贵的星体）。这些名句表达了哥白尼或者乔尔丹诺·布鲁诺的学说合法性。如果可见之物的本性是不精确的，那么，人类经验只能是一种对客观实在的趋近，这容许一种无限的前进，而人类经验越是承认对那精确者本身具有一种原则性的无知，那么它就会做出更大的前进。事实上，这就是那些新事物得以酝酿而成的关键点。这位库萨的哲学家教导说，那代表着事物之真理的 *quidditas*（本质）在其纯粹性上是人所不能企及的。这句名言在现代的科学理念的光亮之下获得其基础性的含义。尤其古典的认识论基础由此被人抛弃。认识的过程不能再是人的灵魂对种（*species*）的接受，因为这种所有感性存在都具有的摹本特征（Abbildcharakter）从此以后都包含着一种彻底的非相似性。知识也许能够实现一种对事物本质的上升式趋近——但是，这种存在于精确者与非精确者之间的本体论意义上的裂缝是知识永远都无法弥合的。这是一种在原始意义上的柏拉图心中的意图,这在柏拉图的《巴门尼德篇》中已经被提升为一种难以走出的困境(Aporie)来对待,根据这篇对话,应该存在着一种属于神灵的科学和一种属人的科学。这位库萨的哲学家是如此坚决地强调这种柏拉图的哲学动机,以至于他在一种不知情的情况下成为"现代的"。就他摇动了亚里士多德主义的教条式的物理学来说,他不仅创造了一种具有限制性的前提条件,在此条件上现代科学的大厦得以拔地而起,也同时摧毁了种种来自教条式的本体论(Ontologie)的羁绊,并为扬弃这种教条式的本体论而铺平了道路,基于这种扬弃,对于自然的新胜利才得以崭露头角。伽利略也意识到这一点,他对于事物的"实体"(Substanz)一无所知,而应该仅仅满足于 *affezzioni*(状态,偶性)。当库萨的哲学家这样讲授,我们所有的认识只不过是一种猜度(*coniecturari*),因此,一种经验之路、讲述之路、度量和称重之路也便开启了,这样一来,这种对认识的理解也就迎合了新康德主义关于现代科学之奠基的兴趣。

事实上,正如尼古拉所教导的,柏拉图在生成和变易世界与真实的存在世界之间所做的区分是柏拉图哲学的高峰行动。这种区分行动同时显示出一种与现代科学之间的整个距离。这在尼古拉的数学中特别明显地表现出来。他的数学在柏拉图的哲学精神看来就浑然是一种通向那无限者的攀升工具。尼古拉用来表述对立命题的统一(*coincidentia oppositorum*)所使用的不同的表达形式具有神学旨趣,比如,他将那无限者引入到数学的对象世界中。自从奥古斯丁的《论三位一体》以来,通过有限的类比来转述(umspielen)启示真理就成为基督教哲学的思想工具。数学类比的适用性已经早就被人熟识。然而,正是尼古拉赋予使用这种古老工具以一次新的转折。尤其是后来,当他在《论博学的无知》第1卷中继续推进符号性的数学研究时,他同时在进行着数学内部的完美化。他无处不在地使用这种作为数学思维的真正完整性的转换(过渡)沉思(Übergangsbetrachtung),并在这条路上使对恒定性、相继性的精神直观成为可能的——先于所有计算掌控的理念。这种精神直观作为真理立于所有的区分和判断之后(Distinktionen und Diskretionen),凭借这些区分和判断,这些摇摆于对立命题之间的感官世界得以清晰地表述自己,而且这种精神直观表现了一种本体论的保证,即经验的进步是无止境的。

库萨的尼古拉处处都在遵循《论博学的无知》中的这个极富启发性的思路,但是,这仍然离大胆的抽象成果很遥远,借着抽象成果,伽利略将数学的合法则性视为原本的现实性,而且他深谙将那在《纯粹事例》的非现实性的面前作为非纯粹的现实物而显现的东西在关系的法则性之无限的架构中根本性地带入到法则的"纯粹事例"中。由此,如若没有纯粹者与非纯粹者的、一元和多元的、相同性与相异性的内在互属性,库萨的尼古拉是不会沉思任何事物的。即相似性就是非相似性,摹本(Abbild)就是相异性(Andersheit)。所有的有限者都是非精确性的、有多有少的,都是相对的。但是,那种出自真实而永恒的上帝之无限性而被置入到非精确性之中的无限宇宙之涌现过程(Hervorgang),我们称之为创造,此涌现过程不仅是人无法理解的奥秘,这奥秘的根源就在上帝的明智谋划中,而且对于我们人的理性来说,这奥秘又显得好像是存在者的偶性(Kontingenz)一样。这种出自无限者的有限者之涌现过程在人的精神中有它的对应，在数学（它起源于人的精神）中有它的保证。超出设立界限的、沉思对立的我们知性的合理性而向着对于所有对立在没有进行区分的一体性中的相合（Zusammenfall）的理智直观的攀升超越了所有对存在者的不同形式所进行的单纯模仿和思考。并不存在什么天生的理念（notiones）。但是，存在着一个具体的判断（iudicium concreatum）。那在杂多事物中所展现出来的东西单纯地存在于在进行判断的精神的一体性中。人的精神是"创造性的"。这对于人的精神能力尤其有效，因为它能建构数学对象的理性世界、数字的世界、几何图形等，而且凭借思维思接千载。这对于所有艺术和人的技艺或技艺性的东西的创造也是这样。艺术不再模仿自然，它按照自己的筹划建构着某些新的东西，发挥着那存在于人的精神内的和对人的双手可能的潜能。古人说得好，自然事物本身是按照一个无限的神圣理性的理念被建构的，因此对于人的精神来说只是接受，并在估量的路上进行量度。

但是，机械的技艺性总是越过自然的东西而扩展其范围，并且用这样的方式来理解我们能够制作的一切——这当然是为了在生活的理念中发现一个界限，康德的知识批判通过认为"草叶中的牛顿"（Newton des Grashalms）是不可能而停留在这种界限中，难道这一点不清晰可见？在19世纪下半叶，对库萨的尼古拉的思想再做审视的时候，康德被重新发现，这种对康德的重新发现强调了或过于强调了那可能作为一个神学期望（theologische Antizipation）和在康德意义上的对科学哲学之理念的准备而显现出来的东西。

当第一次世界大战之后，以这种方式进行的库萨的尼古拉研究重新启动，恩斯特·卡西尔、约阿西姆·里特尔以及其他一些名家的有关尼古拉的新作,包括比如范斯廷贝格(Van Steenbergen)的宏大篇幅的历史研究先后涌现出来,如此,新康德主义不再对后来与之附和的哲学圈(philosophische Resonanz)具有毫无疑问的主导性作用。这种内在的必然性曾引领了从康德到费希特、谢林,再经施莱尔马赫一直到黑格尔的哲学思路。同样地,它在我们的世纪再现,就如当时克尔凯郭尔和卡尔·马克思发展出来的批判唯心主义的反命题那样。在20世纪20年代末,在海德堡,有人倡议出版篇幅宏大的带有文本批判的版本,恩斯特·霍夫曼(Ernst Hoffmann)在他的学生雷蒙德·科里邦斯基(Raymund Klibansky)的倡导下,开始着手海德堡科学院所采纳的版本中最初几卷的编辑批判工作,伟大思想家的镜像必须通过不同的方面而获得补充,它将会向我们显示并详述。这是他在形而上学史上的立场,如今,很多人对他产生了新的兴趣并对其进行新的阐释。霍夫曼在1940年不再将他描述为一位康德的先驱,而是一位通过莱布尼茨和斯宾诺莎对德意志的观念论(Idealismus,或译"唯心主义")以及歌德那与泛神论为邻的世界观产生了巨大影响的人物。

如果我没有看错的话,库萨的尼古拉致力于寻求的首先是对以下三种形而上学问题的回答,这些问题在今日也与我们相关:泛神论问题、精神的上帝肖似性以及存在(Sein)作为言语(Wort,话语)。

恩斯特·霍夫曼已经完成了对第一个问题的勾勒,而最新的研究——我首先是指约瑟夫·科赫(Josef Koch)与赫伯特·瓦克扎普(Herbert Wackerzapp)——为这个问题的最新阐释做出了决定性的贡献,尤其是在与埃克哈特大师的泛神论问题的相互关联之下。在今日看来,库萨的尼古拉似乎肩负了这样的使命,即以无可指责的方式确立埃克哈特神学的基督教正确性。他为"*omnia in omnibus*"(一切在一切之中)和"*deum omnia esse*"(上帝乃大全存在)进行辩护,将其视为创造的本真含义,但是,同时毫无歧义地强调创造者和受造者之间的差异。这恰恰是教会最关心的问题。但是,在斯宾诺莎主义的术语名词下也隐含着一种巨大的猜疑和活生生的张力,这张力自费希特以来,就使德意志观念论(Idealismus)面临着它从其所出的基督宗教传统的挑战。在对泛神论的自由频频示好,以及新康德主义的观念论开始挑战新的批判之后,恩斯特·霍夫曼更加强调在尼古拉思想中的柏拉图哲学的分有(*methexis*)学说,即分有(*Participatio*〔参与〕)的理念,以这种方式赋予个体性(Individualität)这个概念鲜明的表达,就像无限者在有限者那里象征性的再现。事实上,这与莱布尼茨的单子论很是相近,单子论是在整体发展的原则上从形而上学的角度和观点建构了思辨观念论的基础,这种观念论在精神的自发性里看到存在(Sein)的本质。对泛神论的担忧导致恩斯特·霍夫曼鲜明地认为,观念论的发展高峰不是在黑格尔那里,而是在谢林和施莱尔马赫那里达到。

在这个问题上同时关联着第二个问题:人的精神与上帝的肖似性(Gottebenbildlichkeit)。在这里,我们确实站在全部现代本质之开端。我们只需要想象一下这个中心透视法(Zentralperspektive)——这个时代的伟大发现,它对西方绘画艺术的影响一直延续到我们这个世纪的门槛。中心透视法不仅仅是一个绘画艺术的发现,它也见证了一种思维方法。有关方位的思想,即有限的、变化不定的和可被替换的方位的思想给个体的或个别的思想带来一种全新的意义。个体的概念成为对于普遍概念的一个补充概念。事物所提供的不同视角、图像尽管总是仅仅取决于不同的位置，就这点来说，它不是那整全者和真实者本身，但是，所有的位置同时表述着全部观看视角（Ansichten），如此，就是这样的一个宇宙，它的真实存在不仅在全部视角中呈现自身，而且就存在于这些不同的视角之中。库萨的尼古拉凭借罗吉尔·凡·德尔·维登（Rogier van der Weyden）的一幅被人遗忘的图像以一种十分微妙的方式向人阐明了这样一个道理：这个图像是这样被规定的，从任何一个可能的视角出发，被描绘的画中人物的视线总是显得停在某个人或物（auf einem）上面，就像神的无限的统一性在与神性者相关的无限的多元性中作为那同一者而呈现出来那样。就那从某个位置而来的可见事物的与神的相关性属于方位的本质来说，图像（Bild）（而非仅仅是摹本〔Abbild〕）就作为存在的规定而产生了。但是，这也说明，观看者在观看中与自身相遇。每个观看以及每个图像的真正本质也是精神的自我相遇。这一切并不是现代的主体主义和角度的相对性的预先提出，如果是这样，这将会在西方神学形而上学传统的最末阶段激起世界观的权力斗争；毋宁说，这里正是主体我被嵌入到相对物的关系架构中，主体对于彼此相对的事物的超越，以及那允诺主体从其精神的根基来建构世界图像的创造力量（vis creativa），使他并没有成为上帝，而是导引他在道成肉身的耶稣基督那里来理解自身。尼古拉的人类学就是基督论。

库萨的尼古拉是一位基督教思想家，他生活在一种安全的意识内，即尽管他利用希腊哲学的思想宝库，但希腊哲学在关于无限的上帝和他的启示真理方面具有一个无法消除的局限。在我看来，这是第三个难点，当今哲学对尼古拉的诠释工作的兴趣就是在这个难点上提出了尚未完全解决的任务。对圣言的聆听，而不只是对可见的或者精神的形象的观看，在今日赋予着哲学思想以视域。在对圣言的聆听视域下，不只是《旧约》研究，也包括一些学者如费迪南德·埃布纳(Ferdinand Ebner)、弗里德里希·戈加滕和马丁·布伯，以及诠释学的问题和圣言神学，抑或是海德格尔所提出的关于存在(Sein)的意义的根本问题，提出了他们的标记，这个问题域就处于这些标记之中。尼古拉属于这个领域之内。众所周知，相对于经院哲学的核心问题，或者相对于在柏拉图主义者和亚里士多德主义者，以及在亚里士多德主义内部中有关共相的存在方式的争论来说，他择取了一个彻底而批判的立场。他说，古代哲学家总体来说没有正确地理解动词(*verbum*)或者话语的本质，所以也就没有正确地理解创造的本质。因为动词(*verbum*)是具有创造力的言词(*verbum creans*)，并不仅仅是所有存在形式(Seinsformen)和诸种可能性的相连，如同古代哲学中的"世界灵魂"那样，而是源自意志的具有创造力的话语。古代哲学家只能将世界的生成最终理解为一种必然性的发展——这就是他们所不能超越的局限，哪怕自从阿那克萨戈拉以来，他们是那么强调世界根基的"精神性"。

令人疑惑不解的是，库萨的尼古拉是否真的借着他的阐明(*explicatio*)和不明(*complicatio*)的这一对概念而与古希腊哲学的逻各斯(*Logos*)概念所开辟的宇宙论的进路决裂。哪怕他曾赋予精神归一以及精神趋向杂多的展开以一种建构的创造意义，哪怕罗马拉丁概念"意愿"(*voluntas*)对于《旧约》的创造者上帝以及上帝的位格的一体性允许一种比精神的选择能力、决断(*Prohairesis*)等希腊哲学概念更为适宜的规定——难道库萨的尼古拉不能通过逃逸到上帝的意志和上帝的行动的不可知性(Unbegreiflichkeit,不可把握性)中从而避免古希腊形而上学之不适宜性(Unangemessenheit)的僵局吗？

毋庸置疑，库萨的尼古拉所使用的概念都是对希腊哲学的经院哲学改造。但是，那受到了亚里士多德主义影响的经院哲学之大成并没有穷尽它的概念的可能性。他深谙如何使柏拉图主义或新柏拉图主义哲学传统在其原生思想活力的方式下为他关于基督教真理之言的思想所用。我们认识的新柏拉图主义哲学是一种流溢说的体系。如果这种流溢说体系就如普罗提诺所描绘的那样可以被看作是一种新奇的宇宙论意义上的灵魂戏剧，那么，流溢的思想隐含着一种使普罗提诺与其他古典哲学区别开来的本体论观点，这种本体论观点很适合如下主张，即它能够打破希腊思想的宇宙论轨道。尼古拉对这一点心知肚明。根据新柏拉图主义学说，存在的涌现过程是从一而出，经过努斯(*Nous*)和灵魂而向下流溢到自然，为的是之后在能够回忆起自己从上而出的根源的灵魂那里经验到他的折返(Umlenkung)。这种学说并不在一种古典的、巴门尼德斯-柏拉图式的关于当下的思想的意义上来理解存在(Sein)。这个涌现过程并不是一个运行过程、一个行走者离开某物的运动过程，仿佛在此过程之中，涌现者在其他某处造成了一个裂隙、一个存在削减(Seinsminderung)。毋宁说，流溢更多地意味着，那生成着或分发着存在的东西，自身并不会因此而减少。这根源或者源泉（ἀρχὴ καὶ πηγή）是纯粹的流溢，纯粹地成为更多的生成。因此，当我们将创造理解为出于虚无的生成的话，这便是一种从希腊的否定精神的角度来理解的对创造之生成的形式描述。

创造（creare）的本体论结构，或那具有创造力的事物的本体论结构却是另外一种。它的本体论结构呈现为言（话语）的本质。因为这是言的奇迹，即在并不需要任何存在者的情况下能够重塑存在者，将其浇铸成一个新的形式，使其成为在场的，得以存在。而且这个"创造的"（schöpferisch）语词具有这种意义，即并不只是表示在创造着的（schaffend）或者能够进行创造的（zum Schaffen fähig），而是表示一种存在情态（Seinsverfassung），这种存在情态既不是"已经是"（Schonsein），也不是一种存在者的储存，而是一种"能"（Können），即它是一种尚未是的存在（Sein），但并不是虚无的。无论如何，这里所要强调的是，阐明（explicatio）和不明（complicatio）这两个概念只是不完整地表述了这个事实，而尼古拉非常清楚地意识到这一点。他并不喜欢传统的"纯粹现实"（actus purus）的表述方式，在这个概念中，所有能力或潜能在纯粹的在场中消逝得无影无踪；相反，他在存在本身里面寻求潜能或能力（das posse）。因此，他勇敢地使用一个大胆自创的词语"他能"（possest），这表示着能力与存在的彻底的合一。对于他来说，在沉思的顶峰，或者作为沉思的顶峰的能力自身（posse ipsum）呈现为一切存在的无限的和无限制的条件。在所有的存在中将这种能力内在化，这是人的精神的最大可能性。这就是理智（intelligentia）。对它自身的内在阅读（intus legere）可以被理解为能在（Seinkönnen），但是，与此同时，它能够在所有的存在者（Seienden）中发觉到这同样的进入存在中的持存（Sich-ins-Sein-halten），这就是能（das Können）。

这里正是踏进近代的门槛，出自一种对崭新的生命感受的激情，一个本体论真理如置日中，豁然明朗起来，这真理甚至超越了现代的最为极致的表达，因为本体论真理最终将所有的存在的变易局限在可行的（Machbar）范围之内。因为能力的所有根源就是那能在的存在（Könnend-Sein），它在所有的所是的事物中、在上帝以及他的受造物那里，抑或是在人的创造性的自由那里都是同一的。

这就是面向的变换，这变换向我们提供了一个回视的视角，我们仿佛看到伟大的库萨的尼古拉的思想通过上一世纪的提问方式而得到阐释。新的面向相继出现。尽管我们与他有五个世纪之隔，但我们与他的对话已经开始。所有这些诠释的多样性都存在于此对话中。他当之无愧地属于西方思想的经典大家之列，是他们在时代的变迁中为我们守护着这"一"与"真"。

（田书峰 译，贺念 校）

20. 作为哲学家的厄廷格尔

(1964年)

弗里德里希-克里斯托夫·厄廷格尔（Friedrich-Christoph Oetinger,1702—1782）在虔信派（Pietismus）的历史上有其独特的地位。这位施瓦本的牧师不仅在其教会管理以及与他的教会团体关系上比较紧张，而且在哲学上还代表着一个极具原创性的立场，而这一立场与当时颇为盛行的克里斯蒂安·沃尔夫的理性主义（Rationalismus）形成一个极为强烈的对立。但是，他作为一位施瓦本的虔信派的神学家有着很大的影响，就像19世纪早期（由E. 埃曼〔E. Ehmann〕在1827—1852年间编辑）的全集所证明的那样。事实上，他在哲学史上也有一席之地，他曾孜孜不倦地尝试各种思想，这些思想后来在德意志观念论中造就了划时代的意义（参见 R. Schneider, *Schellings und Hegels schwäbische Geistesahnen*, 1938; E. Benz, *Christliche Kabbala*, 1958）。

论共通感（Gemeinsinn〔常识〕）的论文是在1753年写成，[①]同年，另外一篇与此相关的用德文写成的论文也广为流传。厄廷

[①] 《共通感与理智研究》（*Inquisitio in sensum communem et rationem*），1753年，1964年由弗里德里希·弗罗曼出版社再版（斯图加特-巴德·康士塔特）。

格尔当时风华正茂,这实在令人惊奇不已,他是如何居于世界的孤陋一隅便能遍览他所处的那个世纪的哲学,不仅是德意志哲学,还包括英国和法国的哲学,并且他能够将所读之书化为己用,并能将在他关于上帝富有生气的话语的宗教性沉思中唤起人们共鸣的东西进行转化。这位神学家所面对的来自智者名士的深思熟虑后的反驳在今日并不比昔日更少,这也许是有道理的,即基于他的科学性的混合主义(Synkretismus)和他的任性独断的释经法并不能建立一种坚固的教义学。但是他有关"共通感"(sensus communis)的论文的哲学意义是不容置疑的。这篇论文的哲学意义随着那反对"著名的共通感"的神学与哲学的学派争论而终究不会消逝。由于自己援引"共通感",厄廷格尔与其说代表一种认识论立场,毋宁说其观点充满各种真理内容。这篇论文对教义和释经的应用在神学上来看也许并不能站住脚。他对于现代自然科学的引入和对于启蒙时期的教条主义的批判与康德的批判相比或许会黯然失色,因为康德的批判在之后不久的几十年便为新兴的自然科学提供了持久的哲学辩护——不过,厄廷格尔尝试从神学和通过现代自然科学的知识来支持他自己对于生命的设想(Vorstellung),他的这种设想在现代思想史上应该具有一席之地。就如同莱布尼茨的理论那样,厄廷格尔的学说也是一种在现代的自然科学与传统的古老真理之间建立联系的尝试。

确切地说,驱动厄廷格尔对共通感和理性进行研究的是一种神学兴趣。论文的标题和内容都是谈及哲学家的理论,以及牛顿体系相对于莱布尼兹体系的优越性,当文中谈到《圣经》经文的时候,并不是为了释经的缘故,而是为了评价哲学家的学说。在作为序言的信中,厄廷格尔谈到了他真正关心的神学问题,且因此原因,他才写了这本著作。他想要辩护的是,在《圣经》中,尤其是在所罗门的《智慧书》中,可以找到所有真正知识的基础,也包含物理学和形而上学领域内的知识基础。他的反对者,尤其是耶稣会的作家,比如J. 皮内达(J. Pineda),坚持一种完全不同的立场,他在序言中与这些反对者们进行了争论。他们认为,"所罗门的智慧"只能够与他的时代的知识相对比,归根结底,所罗门的《智慧书》并不包含任何形而上学或者物理学的知识。所罗门向上帝祈求的是一颗受教的心,为的是能够审断人民,在善与恶之间进行区分。因此,它并不是一门普遍科学,而是一个实践智慧(*sapientia practica*,或者政治学〔*politica*〕)。那些在所罗门的作品中有关自然和世界的知识仅仅是作为言说的隐喻性的装饰。

上述命题对处于这个历史意识时代的我们来说,显得理所当然,但是,厄廷格尔向这些命题的辩护者们提出来一连串的问题。鉴于现代科学的重大发现,比如血液循环的发现、神经系统的发现等,他即使并不能怀疑他的反对者们所提出来的构想具有某种正确性,但是,他依然坚持所罗门的知识的普遍性(Universalität)。尽管所罗门并不具有现代科学中的特殊技艺,比如微分学(Differentialrechnung),但是,他已经真正地理解并指出了生命的观念,而这生命的观念彻底地浸透着身体的每个部分——厄廷格尔就是在生命的观念上建立了自己的神学。

在厄廷格尔的作品中,并不缺少现代科学的批判精神所标示的那些深奥难解的理论,但是,在厄廷格尔视之为出发点的原理中存在着一个内在的必然性,尽管对这一原理的应用并不具有批判性。现代科学以及其丰富而多元的经验材料和其数学演绎的理论建构并不是知识的唯一方式。这就是现今时代的边界,在今日,这宝贵的经验之所以受到重视,乃是因为普遍的东西受到忽视。

厄廷格尔意识到,他并不是孤身一人在努力对现代的理性科学之诉求进行限制。比如他以帕斯卡(Pascal)在几何精神(*esprit géométrique*)与人文精神(*esprit de finesse*)之间所做的区分为基础;他又怀着热忱以培根为依傍,培根将经院哲学的表面知识还原到那单纯和有用的东西上;他依据于丰特奈尔(Fontenelle)以及当时通过克里斯蒂安·沃尔夫和他的同乡比尔芬格(Bulfinger)而了解到的中国人的生活智慧为依托等。所以厄廷格尔并非独身一人。当时的整个时代肩负着这样的使命,将新兴数学的自然科学的方法论法则与自然的自明性联系起来,这种自然的自明性在传统的有关种(*speicies*)与本质形式(*forma substantialis*)的学说中有其哲学的表达。

如果我们一般将笛卡尔视作现代哲学之父,因为他的我思(*cogito*)原则赋予数学的自然科学以认识论的合法性,那么,这可被视作非常具有现代性了。但是,我们不应忘记,这种我思的原则是一种形而上学的原则,它意味着一种对双重实体的承认。当除了在科学中被认识的广延实体的世界(*res extensa*)之外,还存在着一个思维实体的世界(*res cogitans*),这是一个完全不同的"事物"——那么,什么才是真正的"存在"呢? 这是必不可少的形而上学的反思。我们对于事物的"主体的"观念的存在诉求中的形而上学合法性对于笛卡尔来说源自上帝意识与自我意识的同等原初性(Gleichursprünglichkeit)。当我们一旦离开了"自然的"认识论的根基，即离开了我们对于存在于我们的知识和外在事物之间的描述性的相似性的确信时，找到这样一种合法性是绝对必要的；但是，要离开这种确信，则绝对需要新科学。这种新科学将自然的感性质量分解到了可以测度的广延、运动和数字的大小之中，并且使存在于可测度的东西与主体对其所测度之物的直观之间、在主体所感知到的颜色质量与光波之间、在主体听到的声音与声波之间的相似性荡然无存。

那些所有以"共通感"的自然的自明性（Evidenz）为基础的人都必然地会想到这种哲学背景。因为只有这样，他才会懂得，这样的依据与其说是对自然知性反对哲学的理论架势的一种反叛，毋宁说它更是一种哲学的回答，这回答是针对受到批判的哲学问题。如此，厄廷格尔的真正反对者并不是合理性（rational）的自然科学本身，相反，他彻底地以自然科学的结果为依据，甚至反对莱布尼茨而站到牛顿这一边。当我们想到，莱布尼茨有关原初的和活生生的一元单子论并不只是提供了一种在本质形式的传统理论和新兴的机械物理学之间的巧妙中介，而且甚至广泛地依据于施瓦姆默丹（Swammerdam）、布尔哈夫（Boerhave）的相同经验，而厄廷格尔本人深知这一点时，这是非常令人吃惊的。既然他抱怨我们的这个"观念化（理性化）了的"（idealistisches）世纪，"几乎没有人知道何谓生活了"（第5页），难道他不应该在莱布尼茨身上看到一位得力的盟友么？难道在莱布尼茨对于笛卡尔的运动理论的批判中以及在具有速度的夸克中的力量的演绎中，他没有正确地看到莱布尼茨的巨大贡献吗？如此，运动的真正本质才被认识到，这本质就是那个引起变化的力量的时刻（Moment）（第102页）。当厄廷格尔认为,物体的本质并不在于单纯的直观,而是在于单纯的力量的无限聚集,难道这不证明厄廷格尔与莱布尼茨是一致的么?

事实上,我们并不能将厄廷格尔对共通感的依凭理解为一种对现代科学以及被现代科学所发现的知识的扬弃,同样我们也不能将其视作是对中介任务的错误判断。对于这种中介任务,莱布尼茨的解决方式可谓匠心独具。但是,恰恰是这种解决方案的独到匠心,这种大胆,甚至是莱布尼茨体系的狂妄(audax, temperarius)才是招致以共通感的真理为向导的厄廷格尔的反感。"莱布尼茨怪异的思想虽然企图与真理和可接受性保持和谐,但他却想要用一种极不充分的方式来做到这一点,完全将《圣经》弃之不顾"。厄廷格尔认为,在这里,上帝太依赖于这种整体的协调以及事物之间的联结。确实,莱布尼茨对自己大加赞誉,认为在他的全部单子的前定和谐的体系中找到了一种崭新的有关上帝存在的证明。这是必然的结果,因为一个单子对另外一个单子的影响是不可思议的事。我们感到诧异的是,这位具有批判精神的基督教的思想家厄廷格尔对此这样写道:有问题的东西总是被视为开端,以及他宁可从《圣经》的启示来证明上帝的认识,而这种启示与共通感可能一致。所以他拒绝莱布尼茨:"从整个宇宙的偶然性中获得的证明对于证明上帝的存在是无益的。"

这当然不是厄廷格尔的初衷,即建立一个与莱布尼茨的解决方案相反的原创的对立构思,它既能继续阐明共通感,又能达到莱布尼茨体系的逻辑结果。他对于牛顿的选择并不能助他一臂之力。因为他关于牛顿一直强调的恰恰是他对所有形而上学的小心翼翼的放弃,以及承认他的知识的界限的态度,由此为从其他宗教源泉中汲取了灵感的对上帝的确信(Gottesgewißheit)和自然知识留出空间。

厄廷格尔意识到自己这部篇幅较小的作品在体系上的弱点,并且为这部作品中的非方法学的特色这样辩护:共通感并非一个从理性引申出来的原则,而是所有人都具有的某种天生的东西,它只有在对于它的使用中是其所是:它的巨大能力非规则所能束缚(第55页)。他的《共通感研究》(*Inquisitio in sensusm communem*)并不是任何证明(第19页),而且它根本就不是一个方法学的论文,而是由具有学术性的文集和言辞华丽的经文注释组成的一种混合。厄廷格尔并没有为自己的联想的随意性和推论说理的偶然性加以掩饰。而且上面所描述的对于莱布尼茨的批判也并没有系统性地被表达出来。明显地,厄廷格尔在这里还依赖于别人,比如费内隆(Fénelon),尤其是莫佩图斯(Maupertuis),他将这两位的著作翻译成拉丁文,并将其穿插在自己的作品中。

但是,他对共通感的辩护以及通过《圣经》注释来寻求支持并不单纯是一种通俗哲学的混合主义,后者只用来服务于启示和普遍的救恩事实——毋宁说,这是建基于共通感观念之上的一种彻头彻尾的哲学,我们可以从作者的慷慨陈词中听出此言外之意。这种护教性的动机是为共通感反对理性(ratio)的必要性进行辩护,并支配着对主题的全部介绍,这样做的后果就是,厄廷格尔所遵循的原初的思想路线在那使"理所当然"的思维对自己行之有效的普遍性中逐渐衰弱。如此,这些论证都是非常有道理的。这是无可置疑的,即共通感对于发明的技艺(*ars inveniendi*)来说是不可或缺的,而计算的单纯精确性、推理上的逻辑结论的正确性,也绝对不会保证知识的真理。无人可以对这样的论证视而不见,规则的运用本身并不能保证对于某个事物的理解完全具有把握,相反地,它甚至会导致一种精确性的假象,而这假象会轻而易举地赢取胜利和遮盖真相,或者,所有对规则的运用重新要求另外一种如触感(*tactus*)或味感(*gustus*),而不是得到规则保护下的能力。厄廷格尔在这里经常援引培根以及他对经院哲学的批判。我们会跟随他,如果他在例如"寓言故事"中窥探到"古典时期的全部共通感"(*sensus communis totius antiquitatis*)。这会让我们想到这奇闻轶事所具有的历史启示价值,哪怕它的真实性受到怀疑。在这里,一种对于新兴的方法论思想和其确定性之激情(Gewißheitspathos)的限制显露无遗。我们必须承认,重新再去发现所有的真理,这根本不符合人类的处境:"如果那些人必须发现那些是生命引导精神的真理,那么对人类来说是可耻的(*misere ageretur cum genere humano, si illis inveniendae essent demum illae veritates*)(第31页)。共通感代表着一种真正的认识。对于实践的生活智慧来说,它与其说需要返回原则,毋宁说需要一种对于整体关联的直观把握。这样的一种直观把握如何可能?"明显地,这活生生的具有穿透力的知觉,它的对象对于整个人性来说是明白易懂的,它来自对这些对象的直接接触和直观,而这些对象是最简单的、最有用的和最为必要的"。这一定义听起来虽然好像是一个非常良性的对于人类普遍能力的描述。但是,实际上这里面隐含着"生命"哲学的全部,这也被厄廷格尔视作自己的神学基础。

问题就是这种直观认识的真理的依据。确实,厄廷格尔对于这种真理源于神性这一神学答案谙熟于心。但是,这种确定性在他的眼里看来并不表示,一切都明朗无疑了。共通感给我们揭示的东西的自明性是主体的确信性,知识源自中点、源自人心(*ex centro vel corde*),正是在数学方法无能为力的地方,才发挥作用——这一切提出一个问题,将莱布尼茨的体系与牛顿的体系进行对比的目的就在于分析此问题:这样一种对于真理的穿透性的观看是如何可能的?

我们可以以这样的事实为出发点来回答这个问题,厄廷格尔之所以优先选择牛顿是因为他依据万有引力(*vis attractionis*),即这种奇妙的"遥远力量"(Fernkraft)而超越了单纯的机械关联性的领域。这是一种"超机械性的力量"(*supermechanica vis*),恰恰在牛顿拒绝其他种种解释的地方,这位具有深邃沉思能力的施瓦本人开始自己的探求之旅,即在生命感受的天然自明性中探求关于引力的原因的启发之处。首先,他认为引力的超机械性的东西在于引力充满着躯体的所有毛孔。这是非物质性的力量,在这里与物质性的东西联系在一起——但是,这对于生命的基本情态同样有效。牛顿的这种力量的概念赋予生命观念以概念上的可思维性(Denkbarkeit)。

厄廷格尔将其称为一种对古老的认识的重新获得,"我们的时代"成功地做到了这一点,灵魂形成身体(第114页)。这也许是他拒绝莱布尼茨的关键理由,灵魂对于身体具有影响的天然自明性——对于他来说通过莱布尼茨的单子论被取消掉了。从正面来说:自由的运用存在于个体的事物自身之内(*ipsa individuatione rei*)(第130页)。厄廷格尔在此以《创世记》有关黑暗的描述为基础，这黑暗在起初遮盖着一切，并通过上帝那光照一切的圣言而被召唤走向创造。不同于莱布尼茨单子论的"观念论"，他建构的是一个精神与物质的合一性（第232页）。如果我们想理解厄廷格尔对牛顿的引力做出的阐释，那么我们就必须从生命感受（Lebensemp-findung）出发来理解。

相对于莱布尼茨赋予单子以表象力（*vis repraesentativa*），沙夫茨伯里（Shaftesbury）认为灵魂的感动发自万物的同情心与和谐，厄廷格尔则认为：人并不能确切地感觉到自己，哪怕是通过对别的事物的表象，或者通过与别的事物的关联，而是，人在自身内感觉到力量，通过这力量我们对外物产生影响。这活生生的具有意识的存在并不像在某种声音序列中的一个单一的声音，而是如同一个整架楔槌古钢琴（Clavicord）（第269页），一个万物由其而出的中心。牛顿的中心力的概念为他提供了一个宇宙的存在模式。充盈一切（Alldurchdringung）、无处不在（All-Präsenz）使空间成为神性无处不在的表达，同样也使中心力这个概念优越于莱布尼茨的充足理由律的原则——物质引力发生在躯体的所有关系，也即压力与推力（Druck und Stoß）的关系之前。因为，压力与推力的关系并不足以解释天体的秩序，甚至连磁场现象都不能足以解释，更不要说解释那些我们只有通过内在感才能认识的生命原本过程，这引发我们对一个假设的思考，即根据那无处不在的并充盈一切之内的万有引力的模式来理解所有存在者。如此，厄廷格尔有意识地比牛顿走得更远，并发展了一个关于万有引力原因的假设，它能够解释非物质力如何与物质力在一个生命圈中聚集。正如天体的圆周运动是从两种力的对立中，即从向心力和离心力的对立中产生的,有如磁铁中所发生的情况那样,哪怕我们将它分为不同的部分,它依然会形成引力的一个磁极,所以,中心与其辐射的圆周之间的关系,以及在不同方式中表达出来的一才是基础,在此基础上,所有的一元与多元的更高形式,以及所有的中心与边缘的不同形式才可能被思考。植物就是这样——它们具有外在器官和一个统一性的向心性的存在,它们是一个植物系统。而动物则更是趋向于中心,并且向周遭世界开放等。

规定一切存在的超机械力得以思考的基本概念是单纯化(*simplificatio*),即简单化和一体化(Vereinfachung und Vereinheitlichung)。这种力首先表现在生命体上:它显得如同一种集中力(Konzentration),通过它某物好像被一种统一性的精神赋予了灵魂一样。无可置疑,单纯(simplex)概念——它并不是在物质的意义上,而是在观念的意义上被理解(因为这涉及的是由元素如原子构成的结合物)——是厄廷格尔对于存在的思辨阐释的枢纽概念。这个概念不只是在论文的开端出现(第七节),即它属于共通感的定义,且是作为充盈于物质的物体世界的中心力的实体(本质)而出现,它在具有器官组织的生命体的序列王国中(Stufenreich)、在递增的差异与不断增长的向心力中,从植物、经过动物世界,一直到人,对于厄廷格尔来说,一直到天使,都有它的作用。植物与动物尚未足够地"被简单化",还不足以从混沌的深渊中被提升出来,以便能够显示出完满的、神性的生命观念。这首先是在人那里才发生,人是生命的真正卓越体(*excellentia vitae*,第 206 页),受造物都以此为旨趣。由于神性的呼吸充盈着并浸透着受造物,所以它使生命的引导精神(*spiritus rectores vitae*)成为现实,并因而也使在一个中心内的合一成为现实,通过这种合一,生命的理智功能,即某种确定的意识程度才成为可能的。

这种通过神性的嘘气而产生的生命同时也是对于神性的鲜活经验,这种被上帝所赋予和倾入的单纯性就在这种意识的单一性和无遮蔽性中显示自己,这意识在自己内统一一切,并在所有的行为方式和表达中将自己统一地区分开来——它具有一个有关某种更高的并超越于我的存在的概念。不是理性,而是这种在所有理性之前就已存在的对超越者的意识——良知的确定性将我们真正地与动物区别开来。

我们看到,这是厄廷格尔发展出来的一种逻辑上前后一致的思想进路。动物在自己的固有本能中肯定具有某些类比意义上的理性,但是,我们在人心的纯粹性里感受到"本能、命令、规则",它们既不是来自我们的经验,也不是来自我们的血液特性,它们也不存在于我们的任意之中——比如,我们不可能去赞美恶行,也不可能嘲笑作为美德的美德(第22页、第172页)。这就是共通感,一种自我意识、内在(Innesein)和内在化(Innerlichsein),它使所有人的行为可以被称为是人性的。这个概念符合所罗门意义上的智慧。这不是一种自我与自我进行关联的自由能力——这能力决定着我思或笛卡尔的自我意识的本质,而是一种最高级的接受性(Rezeptivität),是对较高者的接受能力(Aufnehmenkönnen),这更为高级者就是逻各斯、精神和上帝——这样,共通感的言说超越了那些普遍信守的道德现象——这普遍信守将所有区域和所有民族的人们结合在一起,因而具有一种人类学和本体论的含义。这种共通感如果在单纯化(*simplificatio*)这一本体论的标准上来衡量，它根本不是一个相对于理智而言（ratio）较低的东西。

这在厄廷格尔的学说中是这样被表述出来的，即内在感觉——而不是理智（ratio）——才是与天使比邻的受造物的最高存在方式。天使是受造物中最高的存在，因为天使是在最大的单纯性中的最大程度的组合，他们的精神力量是如此地单纯化（simplificatae），以至于那与灵魂联系在一起的身体仅仅是工具而已（vere sint instrumenta）——明显地，天使并不认识什么是二分、那纷扰不去的身体欲求，以及源自身体的那些情感——这是一种《圣经》的天使理论与古希腊哲学的天体的灵魂学说和天文学的异样组合。因为人的本性不像神明那样单纯或单一，诸神对真理的纯粹直观就是其存在的恒久形式，我们可以从古希腊人的形而上学的人类学那里认识到这些。同样地，对亚里士多德来说，天体的纯粹精神的本性在如下事实中得到印证，即天体只进行纯粹的、单纯的、完美的圆周运动，经院哲学就跟从亚里士多德的这个观点。按照厄廷格尔的看法，人的灵魂是三重的：它是由三种精神或力量组成：理智、德性和感性（ratio, virtus, sensus）。这三种通过逻各斯（Logos）而形成一个整体，且与身体联系在一起，身体尽管黑暗且具有惰性，但仍然能够运用自由（第237页）。

在这里，感性（sensus）作为转化能力（transformatio）反而相对于理智（ratio）与德性（virtus）来说具有优越性，在感性中，灵魂与肉体成为一体。因为感性的转化能力（facultas transformationis）是这样凸显自己的，即它完全地转化外在的事物，在所有它所接受的事物中仍能保持自己是一个整体，反之，理智和德性则暗示了精神性与身体性的对立（第237页、第244页）。理智主要是针对低层自然的单纯构成要素，相反，感性的独特标记就是身体与灵魂的完全的一体性，它渴望更高之境，且认识这种更高之境，因为内在感（sensus interior）所展现的正是这种联合的纽带（vinculum，第244页）。它构成灵魂的感性一体性，它将自己所感受到的多元性在一中单纯化（simplificat in unum）。在不同形式的标记中，灵魂依然是同一的这一个。灵魂在自身的一体性与本质架构中具有这种转换不定的面部表情，比如灵魂在快乐与痛苦、爱与恨、兴致勃勃与黯然神伤时所表达的——确切地说，灵魂既没有固定的形式，也没有什么形式是她不具有的（第163页）。

相反地，我思（cogito）或反思能力并不是灵魂的原初本质。这可以在共通感起作用的方式中看出来。共通感在理智考虑之前就具有它的自明性的不可抗拒性，这就是它的真理本能的保证。共通感如同某个本能那样起作用，这一点对于共通感相较于理智的优越性来说是至关重要的。本能并不只是发生在灵魂上的倏忽而逝的情感（我们可以控制的情感），而是并不依赖于情感的原初倾向（radicatae tendentiae，第246页）。这些原初倾向出自灵魂的深处，仿佛就是神性的印记。恰恰是这些原初倾向的专制性的不可抗拒的力量显示出它们的神性。这样，在感性和理智之间存在着一个本质上的区别。这种区别与自然和艺术的区别相应。上帝通过自然所创造的，以同样的程度向四处生长蔓延，但是，那艺术性构成的东西则只是在一个预先筹划好的大纲上开始于一个确定的部分：sensus naturam imitatur, ratio artem（感性模仿自然，理智模仿艺术）（第248页）。我们看到厄廷格尔不只是在教授一种从生活观念中演绎出来的神学——他也具有一种哲学，一种从生命的观念出发来沉思整个形而上学。相对于在笛卡尔主义中的主体性的反思规定性（Reflexionsbestimmtheit），他提出了一种圣灵论的（pneumatische）、唯灵主义的本体论。新柏拉图主义——神秘的以及神性智慧（theosophische）的影响在这里可见一斑，但是这丝毫不影响厄廷格尔的生命概念为思辨观念论的唯灵主义形而上学，尤其为黑格尔对反思哲学的批判以及为他关于自然和精神的理论唱响了序曲。因为共通感并不只是所有从原子式的混沌中脱颖而出的自然生命体联系在一起的纽带。物质在一定的方式上——即抽象的方式——也具有多元中的一体性。但是，共通感在另外一方面也包含了所有那些规定着社会和政治生活的通常和自然的真理。共通感将权利和优先权交给那烙印在语言中的自然知识，而不是数学的理性建构。厄廷格尔在人与动物区分开来的那些特性中，比如内在意识、对于更高存在的感知、对于永恒的倾向，以及通过语言来表达他的感受的本能，他将其称为第四种特性，而这种特性与前面三种特性，他认为，尤其是与内在意识非常紧密地联系在一起——但是，这并不排除，在自然的感性（共通感）和语言之间存在着一种张力，而这种张力赋予共通感一种特有的功能。

厄廷格尔并没有对语言现象进行过专门的探究，但是，莫佩图斯的一篇论文——厄廷格尔将此文的拉丁文翻译（虽然散见于不同的地方）采纳到自己的研究中——对他持肯定态度（第9—17页以及第165—166页）。这是一种共通感与其语言表达之间的特殊关联，莫佩图斯有关语言起源的论文就是研究这种特殊关联的。但是，对于一位属于某个语言共同体的人来说，他已经不能觉知到这种关联了:"我们的语言作为对原初意义的表达要远远不及它作为对富有成见的发明的表达。"(第10页)为了感受到我们的精神史,早期居民的语言反而更为奏效——因为我们对于自己童年的记忆已经远去,越是在精神尚未被各种概念所充满的地方,精神就越是适宜去认识那些单纯的真理。莫佩图斯进行了一个思想试验,从起初的感性印象以及它们的指称(Bezeichnungen)中逐步地发展出语言的结构。他显示出语言符号与其原初感觉(ursprüngliche Sensation)的逐步递增的远离、关于普遍概念的语言符号的形成,甚或是有关实体和样态的形而上学概念以及逻辑关联的整个领域、一种具有实用的合目的性的图式化(Schematisierung),但是,这图式化会反过来影响我们的知识,并且导致错误与偏见。"我们称之为科学的东西,就像它依赖于指示各种感觉的方式,如果首要感觉的其他表达被建立起来的话,那么我相信在不久的将来就会产生其他的问题和命题。"

今日的处境之所以对我们来说可谓得天独厚,更有能力去实现上述命题的正确性,恰恰是因为我们不再支持这样一种悄然无声的前提:一种保存了我们所有的有关原初的单纯感受以及其指称的理想记忆(ideales Gedächtnis)会将人的知识排除在一切错误之外。我们如此强烈地意识到这种前表述性经验的表述性结构,即意识到我们经验中的逻辑-语言的形成对我们的所有感知的不可取消的回返作用,以至于"原初感觉"(*primae sensationes*)、"原初知觉"(感觉)的概念丢失了它的知识理论的特权。只要我们想到在新实证主义中的记录性语句和基础性语句中的批判,也包括现代感觉心理学的结果(Goldstein)。当莫佩图斯谈到我们所习以为常的母语对我们整个知识的持久影响时，他就在慢慢接近上述观点了。如果他转向语言在"单纯感觉"中的自然起源而反对哲学家们带有先入为主的偏见，那么这完完全全是对新实证主义进行形而上学批判的前奏。

但是，厄廷格尔从莫佩图斯的分析中达到一种实证的语言批判的结论，而这结论才将共通感的整个创造性的意义揭示出来——这与他通过上帝的启示进行确证和阐明是一致的。他认为，昔日那些最为单纯的、原初的语词对于今日的我们来说已经遗失了，因为我们对自然正确性的感官通过扭曲的和颠倒的语词被引入歧途。尽管共通感在我们这里表现为灵魂的和精神性的双重生命，但是，我们通过它的模棱两可的语词变得软弱了，因此藏身于淤泥中，不过，如果我们没有开始利用语词的革新而改革精神，我们就不能仅凭一己之力克服万难走出这淤泥（第 24 页）；而这位神学家则胸有成竹，在革新伊始，《圣经》是不二法门。《圣经》的有力语词给我们的语词套上缰绳。但是，这仍然不是一个已经结束了的争战，因为，直至今日，那些外来的、由哲学家或 Plebeji（低等人）所发明的表达方式使我们变得无能为力，因此，我们常常找不到语词来形容我们当下的感受。厄廷格尔在这里援引苏格拉底，尤其是梅兰希顿（Melanchthon）的榜样——他们二人将辩证法理解为对神性踪迹的锲而不舍的追随——他极力推荐本格尔（Bengel），认为他能够帮助我们重新找回古老的重力（*gravitas*）。在所有的事物中，那出自神性根源的共通感才让人们意识到那些在最大程度上与其相联系的东西（第 25 页）。所以，共通感在所有思维和所有对思想的判断方面维持着自己的最为重要的统领地位。它就是一种被《圣经》经文所照亮的感官。并不存在什么有关理解和思想判断的规则在没有共通感的情况下能够起到作用的。但是,谁若对共通感推心置腹,并且顺服于上帝的话语,谁就会正确地使用《圣经》的帮助,这并不像一个人在几何学的意义上正确地使用一条直线那样,而是使用一条与上帝的当前临在连在一起的生活的直线。如此,他将会从神圣的作品和经卷中获得所有这些重要的思想。作为灵魂的牧者,厄廷格尔是基于他的经验才如是说的(我们每个人都知道),我们会觉察到,一个人是否只是空谈,或者出于真正的洞见才这样说:"既然存在着感性,单独的词语也如此被表达出来,某人流利地说出来,而我立即聆听,那么,他就属于那个从经院中脱身而出的人。"如此,共通感不仅是纠正哲学家的空洞而普遍性的语言批判,而且同时也是所有理解和阐释的最高原理。在这一点上,这位虔信派的神学家要比耶稣会的释经学家更胜一筹,就像一种与传承有关的指向事物自身的联系要远远优越于单纯的历史知识的学习。如果厄廷格尔针对他的神学反对者而提出来的那些基本原理,在适当的变通下(mutatis mutandis),同样对于我们也是有效的;如果诠释者并不承认,他所要注释的语句是从最高的洞见和知识中流淌出来的,那么,他所追寻的东西难道还能配得上自己苦心孤诣的探究吗?

(田书峰 译,洪汉鼎 校)

21. 赫尔德及历史世界

(1967年)

我们生活在一个这样的时代，工业-技术发展的世界的新的合理性秩序形式把古老的充满传统和历史意识的欧洲消融到一个调和的文化(Ausgleichskultur)之中。即使这个时代可能不会否认其欧洲的起源，然而它不外是从其合理性的和经济的效应来接受其合法性。鉴于这个自我扩展的世界文化，我们虽然可以谈论殖民主义的终结，但是历史的辩证法却在于，它刚好就是被殖民主义发展出来的文明形式。该文明形式在今日就像是科技-经济-管理的全套装备的表层，延伸在多样的基础性的生活形式之上。在这里对行星统治行促逼作用的东西似乎既是发展又是摧毁，并且这一点不仅仅适用于所谓的发展中国家，而且也恰恰适用于这种世界文明的真正母土，即欧洲，因为在欧洲这里，历史的生成物越来越被排挤，而那种拒绝任何历史遗产的科技-实用的意识却不断高涨。

在这样的时刻里，人们阅读赫尔德于1774年所撰写的历史主义的早期宣言，就不再是带着这种意识：要从其开端中去深入研究已经凯旋得胜的事物。人们宁可带着下面这个可疑的问题去接近文本，即这种历史主义的开端是否已经透露了今日才开始变得明显起来的东西的边界。这个"历史主义"究竟是什么？如果我们追随历史学家弗里德里希·迈内克,那么正是"发展"和"个体性"这两个基本思想,才以反对一成不变的人类自性(Menschennatur)这一自然法预设的历史主义标志而发挥作用。① 但是这个改写确实没有包括赫尔德眼中所见东西的全部意义。无论如何,这一改写对兰克(Ranke)是切中的,兰克的路德式的历史神学在所有时代对上帝的直接性中有其真正的核心地位。假如迈内克在兰克那里看到了历史主义的完成——因为在那里"对传承物作批判的警醒"被达到了——那么比起他在真正的基础上去掌握兰克的历史主义而言,他当然是更多地碰触到了真正历史的科学沉思所具有的普遍环节。兰克的那些真正的基础也是在历史神学中的,就像它近日再度重新地被强调一样。② 这一点对赫尔德还要更有效得多。当迈内克在赫尔德那里注意到了"还有太多的超越"时,因为赫尔德总是再度按照神意(Vorsehung)的"计划"来眺望,迈内克显然就提供了一个不适当的尺度。

因此我们将把学院派的历史主义问题的范畴摆到一边,而更喜欢从小文章自身连同其表现的力量和动力所想要的东西来出发。从那里说出了某种意志的张力,并且在那里有着某种把赫尔德的话语从浪漫-历史主义的19世纪远远挪开的论战深度在起着支配作用。我们可以从18世纪的诸多可能性去理解它。文章的

---

① 弗里德里希·迈内克(Friedrich Meinecke):《历史主义的起源》,慕尼黑和柏林,1936年。

② 卡尔·欣里希斯(Karl Hinrichs):《兰克与歌德时代的历史神学》,哥廷根/法兰克福/柏林,1954年。

标题是"也算一种通向人类教化的历史的哲学"（Auch eine Philosophie der Geschichte zur Bildung der Menschheit），它确实有些讽刺的语调。赫尔德藉此挑衅地与这种历史哲学划清界限，它在骄傲而凯旋胜利的启蒙的进步意识中，把所有的过去都关联到自己当下的完满性。但是他还是称呼它（此小文章）是对世纪的诸多贡献中的一份。尽管它可能是非常不同种类的贡献，而尚有如此众多具有挖苦味道的文章反对着启蒙的理性骄傲，这篇文章也应该是对人类的教化的一个贡献。人类的教化所意味着的乃是，当下的自我意识同时是当前在场的。人类如何自行教化，这同时意味着：人类是什么。就此而言，这篇文章的沉思绝对不是浪漫的回头指向美化的（verklärt）过去的沉思，也不是一个对启蒙一般的诸理念的批判，而是通向未来的贡献："并且一旦当所有人都长成为我们世纪中较高贵的部分人士也宁静而沉默地对其有所贡献的芽苞时，我的视野就在这样至福的时光中就自行消失了！"

在这个意义上，赫尔德后来在他的《观念》的导论中把这个小作品和它的标题解释为一个平淡而谦逊的表达。当然这一说法确实不是完全合理的。因为这关涉到一个挑战性的论争文章，这篇文章与讽刺和挖苦分不开，并且它自行提出一个公开宣称的任务：不同于同时代的很多人所做的那样，它要在另一个意义上去推动历史哲学。这些人包括：伊泽林[③]，他相当程度上把启蒙的进步当成尺度，以至于古老的时代只能显现为可笑迷信的时代和玩世不

---

③ 伊萨克·伊泽林(Isaak Iselin)：《关于人类历史所做的哲学臆测》。1764年。

恭的祭司的欺骗时代;伏尔泰④,他采取机智的怀疑态度来反对人类事务的整体。与他们相比,赫尔德自己的贡献只是在这个意义上是谦逊的:他避免了两个极端,一方面避免自负,感觉自己是在诸时代的高峰,以及另一方面避免恶意地消解所有连结在人类历史进程上的期待。他的贡献是谦逊的,如同在所有过去的世代和同样在自己的当下中所必须计算的那样,去合理地衡量收入和损失。

在某种意义上,历史的正义曾经是接在时代上的。它曾是那场著名的古今之争——这场斗争发生于18世纪初——的持续的作用力。假如在这个能到达或者不能到达古代的古典主义者的争端中也涉及到一个美学的争议问题的话,那么对它的裁决就还深刻地影响到现代的历史自我意识的奠基和界定。⑤ 当然赫尔德的文章对此并没有显示出明确的痕迹。对他来说,过去能够有这样一个争论,或者在历史的怀疑主义中对此争论能够有一个解决,比起这些东西,基督教的自我意识是太深地奠基在他之中了。把古典的希腊提高到所有真、善和美的标准,这一试探从未能够侵袭到他。但是,他对不同时代、民族和文化充满感情的洞察也同样不能促使他倾向相对的历史主义,因而他对启蒙的进步框架的批判也可以是如此的伟大和具颠覆性。假如人们从某个已完成的历史主

---

④ 伏尔泰:《路易十四时代》,参见 Essai sur les moeurs et l'esprit des nations et sur les principaux faits de l'histoire depuis Charlemagne jusqu'à Louis XIII. Siècle de Louis XV, CEuvres, Basel 1784, Bd. 16—22。

⑤ 夏尔·佩罗(Charles Perrault):《古代人和现代人的对比》(*Parallèle des Anciens et des Modernes*),H. R. 尧斯(H. R. Jauß)作序,慕尼黑-阿拉赫,1965年。

义的问题兴趣(Probleminteresse)出发来评价他的著作,那么人们对他的著作就是不公平的。由此会产生这样的假象,好像该著作后来在《观念》里的阐述以及《关于人道主义的书信》的要旨里乃落回到了启蒙的思想进路。

可以轻易地看见,这是多么错误。因为今天我们是站立在某个发展的终点,该发展受到赫尔德思想的影响,而且导致了现代民族国家的兴起。并且我们站立在中欧那个特殊发展的终点,这个特殊发展是藉由德国的浪漫主义以及文明和文化之间是对立的这个教条所限定的,而这个教条又可以引证到赫尔德对法国理智的和审美的文化的批判。在时代意识变得越来越明确的方式上,我们自己的时代和18世纪的时代更紧密地联合在一起。赫尔德对18世纪理念的连结,同样地他对浪漫主义的动机的开启和预先提出都在某个新的光照中显现出来。我们必须将自身提交到这个问题之前——在他那里,已完成的历史主义的时代所保存的"不可克服的超越残存物"(die unüberwundenen Reste von Transzendenz),是否反过来对于背负着他概念整体的对自然与历史的综览来说,也是本质性的?

我们拥有两个确立的点,从它们出发可以让1774年这个宣言的主导思想更切近地被规定,这宣言与其说是一个安排好的论文,不如说是一次爆发的放电。其中一个点是《人类灵魂的历史》这个青年时期的草案,它是在1769年自传性的《旅行日记》中被发现的;另一个点是此一青年时期的计划在魏玛时代的成熟期所做的阐述——1784年所出版的《人类历史哲学的观念》第1卷。假如人们从这两个边界点去规定我们文章的位置,该文章就会抹去在1900年对历史主义的预期的那种误导人的面孔。它会从由新康德主义的历史哲学建构出来的问题史的路线中抽身出来。它更多地可以被视为达到最广远的、超出自然和历史之对立而进行眺望的精神文件。

我们从《旅行日记》(1769年)开始。在这里关于人类灵魂的理念是如何萌发的呢？它的第一朵花是我们的小论文，并且它的成熟果实是《观念》。一个从所有强加在天才少年较早的生命成就上的关系和特征中脱颖而出，并达致最深刻的灵魂，会自行承认它的生命的界限和狭隘。着眼于海洋，这元素的无限宽广和狂野所映照于他的这面可怕的镜子，赫尔德把自己呼求到一个"对行为和实在性的觉察"的新开端。被强加到他之中的所有东西、对往前驮负人的族类并形塑成现在形态的各民族的涌流的眼光、起形成作用的和靠近想象的航行的力量、在道别时渐渐隐去并且在某个重新启航的朝霞时暗示他要回来的东方之故乡、于此"偏远之地"中成为第一位"认识人类者"的愿望，所有这一切都让他梦想着某所人性的学校和某本关于人类的和基督的教育书籍，并且把自己按照彼得大帝(Peter von Großen)的原型梦想为利沃尼亚的改革家。一颗极富感受力的灵魂，一个言谈的原初天才，一个向前推进的、基督教教义对其担保着人性理想和精神文化的意志，这些热情熊熊地燃烧在所有的东西之中，一个令人震惊的人，一个令人震惊的生命计划。人们可以设想，他的出现，这与众不同的年轻的现象，这存在于基督教的世俗人和世俗的基督徒之间，在布道家和学者之间所持有的不可限定的中介现象，在小小的比克堡(Bückeburg)必定会产生多么大的挑战和异动。

藉由草拟伟大的世界教育的普遍史观念——一个一般"在诸时代和民族中"的人类灵魂的历史的观念,他大声喊出了:"哪一个牛顿属于这部作品!"这句话是一句口号。他借此召唤的伟大典范不是一个瞬间,也不是在最近的、他创造性的直观中已经几乎是异化的著作,而是对历史世界做自然主义的强迫表述。对他而言,牛顿更多地是对实在性的经验和真正"觉察"的典范,而不是"抽象的阴影之像"。并非牛顿科学的数学方法激励了他,触及他的乃是自然的伟大统一,这是牛顿通过地球物理和太空物理的联合已经看见的东西。

今天我们不容易使我们自己再有那样一种狂热概念,在亚里士多德-经院哲学的地球中心论垮台之后,牛顿的工作正是以那种狂热被庆祝为新宇宙的建立,这种狂热唤起了怎样一种共鸣。在赫尔德的描述中回响着这一点。它是对于所有事物有序均衡的一种新感受,此一感受预告了人类灵魂一个新的自我理解。人类灵魂在全体之中的位置虽然不再是万有的中心,但是它自身现在是在这个位子:整体的伟大均衡在其中可以被感受到,所有限定自然的和人类命运的运行的力量的交互作用在其中可以被感受到。这是一种生命感,它从它自己的中心出发而经历了整体,一股远和近的力量,就像它从牛顿的远距离作用力(Fernkraft)和当时生物学伟大的发现所得到的证实一样,一个同时代人和新物理的见证者,施瓦本的虔诚派信徒厄廷格尔已经把这样的力量继续形塑为生命和精神的理念卓有成效的融合。

赫尔德无限的感觉能力在没有达到概念的清晰性下,就已经深刻地掌握到了牛顿的意涵。如同牛顿所教导的那样,要把最多样的现象呈现为同一个引力的诸多作用,并且如同牛顿避免把每个如此描述的经验作假设性的澄清,赫尔德想学着把人类生命的真正实在性经验为事实。他把自己看作是被书本知识淹没的书呆子(Büchermenschen),他想要的是"满有实事(sachenvoll),而不是辞章华丽(wortgelehrt)"。他对自己说:"我是某种被真理拐骗得太远的东西……我存在于假设、抽象和幻梦之国。"他想要学着"在没有书籍和工具的情况下源自自然而去哲思"。他也想要把某一位牛顿的书像是在船上来阅读,坐在桅杆底下却在宽阔的海洋之上——这想要说的是:处在对他整体的存在有着活泼而令人吃惊的直观之中,"并且把电光的火花从波动的撞击变成雷电暴雨,并且把水的压力提升成风和气的压力,并且追踪水所包围的船的运动,直到星星的形态和运动,无所停滞,直到我自身知道万有,因为直至目前我自身不知任何东西"。这个新式"想要知道",他称之为"自身知道"(mir selbst wissen),意指一种新的对于力量和活泼的实效性经验的内在亲近性(Innigkeit)。它包含对他直到目前自认为的知识的彻底否定。把海滩留在自身之后,伴随总是自行展开的无限视域而驶进敞开之洋,对他而言就是从令人感动的经验而来的新式思考方式的突破。

他认识到,思想在灵活的诸多视域中才首度开启实在性。在一份草稿中,他这样说:"哲学家,你只是看见你的抽象的基础低音,你看见了世界了吗?看见整体的和谐了吗?你站立在正确的地方了吗?"并且他这样自问:"何时我将如此的广阔,去销毁在我心中我所学的所有东西,并且自身去创造(erfinden)我所思、所学和所信的东西?"德行的概念自身对于布道家和教育家赫尔德而言也是可疑的,只作为一个抽象的名称,语言"使我们消解"它。"德行不外是人类的生命和幸福;每个事实(Datum)都是行动,所有其他的是阴影,是推理。"从一开始,文学评论家赫尔德就已经是一位令人惊叹的、具有丰富感情的观察家,一位能够移情历史的行家。比如对比于莱辛,他想要在荷马身上感受到全部力量。现在他这个天才的能力赢得了一种作为普遍任务的、新的思维方式的自我意识。赫尔德突破到实在性的新思维方式就是他踏入了历史世界。他在某种从历史的自我沉思,从自己的生命和他最本己的经验中提升出来的新力量的揭示中,在其自身中实现自身。"倘若没有任何步伐,历史和经验会是徒劳的,那么我在我的权能(Gewalt)中就拥有万有,没有任何东西会熄灭,没有任何东西是毫无成果的;所有东西都将是杠杆,推动我继续前进。"

如此一来,赫尔德就从生命史的经验向前推进到"在民族和时代中"想要被经验到的世界史(Weltgeschichte)的经验。他的力量是发展某一种新的感官,"模拟地去揭示"(analogisch zu entdecken),这就是说,在模拟中去思考。他在他的航海经验中启航,就像每个历史发生的世代具有它自己的其他视域,并且在这个活泼的经验中,它认识到历史性的时代的权利,该权利直到目前都被他的教育的先行判断所遮蔽。如此一来,他就好像在伟大航行的某一艘船的命运共同性中,掌握到了所有先前时代的独裁主义的必然性,以及在航海民族的虚构故事的乐趣和信仰能力中,掌握并理解了古代的神话学。自从赫尔德学着模拟地去观看以来,启蒙时代那天真的骄傲教育就被消灭了。甚至连鱼类自己的海洋世界都促使他去思考鱼类自己的要素,并且藉此去关注他生活于其中的当下要素的界限和条件。但是这个思维的第一个果实是:"人类在所有他的时代中,只是每每以不同的方式拥有总体的幸福。"藉由确立这一点,赫尔德不只是克服了启蒙,而且也同样克服了他的反面——卢梭主义;不只是克服了冒充进步的"抽象阴影"的理性主义,而且也同样克服了多愁善感的动乱:他将成为历史感的揭示者。但是历史感是力量感(Sinn für Kraft)。赫尔德通过时代的先行判断而看向那在所有发生之中都一样的人类心灵力量。"人性始终是人性。"这里想要说的是,这些今日精致化的和启蒙的人类所具有的德行和幸福的表象、自由和上帝的表象,都不是可以用来理解历史的尺度。"我们寻求和衡量诸多力量,而不是它们抽象的和结果的阴影,后者或许会随着每次太阳的照射而自行变化。"

如此一来,赫尔德就认识到了特殊的、主导人类早期,也就是家长制时期的生命形式。当然,如果用18世纪纤细而虚弱的多愁善感的尺度加以测度的话,这一时期会显得像是专制主义和迷信时代,但是事实上它是"充满了所有童年的健康精神"。并且,这样赫尔德就为理解历史产生很大的成果,历史作为普遍生命法则而生效,从而生命全体在青年、成年和老年都以同样的方式和都以同样必然的形式得以显现。按照生命的年岁来生长的法则,比如会教导说:家长制时代包含于"典范的永恒而宁静的力量"之下。通过权威去学习,这一点的确对人性的童年同样是适切的,就像它儿童般的宗教感。"在那时我们的自然神论就好比三岁的白发老人。"

比起为了产生历史理解的图像来说,赫尔德在生命年岁的图示中看得更多。他认识到,人们必须为时代辩护,反对用其他时代的尺度来测度,不论这其他时代是否是自己的当下。如此他就揭示了发生历史首先的基本特性:每个它的时代和民族的生命岁月,就像人的生命岁月一样"在其自身拥有它幸福的中心"。他洞察到,想要在其幸福中去比较各个时代和民族,这是悖反的(而这在当时却是一个受人喜欢的模式)。他认识到自己当下的,处于其中所具有的错误高傲。把自己的当下"提取为所有时代和民族的精髓",这是一个错误的、非历史发生的(并且非实际的)抽象。"他不只想要是新近时代的启蒙人类,不只想要是所有的听众;相反地,他想要自身是所有声音最后的合音,是所有过去的镜子,是在所有场景中,作品目的的代表!这早熟的孩子妄加贬损。"看到他那个世纪的愚蠢,赫尔德揭示了发生历史的本质。他看见,发生历史不是观念的纯粹脉络。"观念真正来说只是给出观念。"在其中或者可以出现一个进步的欢快,但是赫尔德想寻求的所有发生历史的汁液和核心,在其世纪的理性理念中并没有出现在其中。"内心、温暖、血液、人性、生命"——这是那个世纪之所缺,却恰恰是发生历史的核心。"穿透所有而做主的整个灵魂的自然,它按其自身来变化所有其他的倾向和灵魂力量,按其自身也为最无关紧要的行动来加添颜色——为了去对行动有所共感;整个灵魂自然不是从话语中去回话,而是走入时代之中,走入天堂地带,走入整个发生历史,把你移情入(hineinfühlen)所有的东西之中。"因此,时时刻刻都取决于时代和民族所生活于其中的整个要素。但这是一个事关重大的洞见:发生历史只是"散开"在国家-个人的东西之中,是在时代和民族之中。这给予发生历史问题以其哲学上的重量:在它那里没有直线进步的人的完美化进程(如同赫尔德限制的补充说明那样,至少在"有限的学习意义之中"是没有的)。只有当历史的意义不是包含在当下的,或者可预见的未来的理解的终点,它自身作为命运伟大而继续前行的锁链在每个环节中才有它自己的意义。

第二,属于历史本质的是:它是结果。这意味,每个"最大值"在它之中都是失效的,不能有持续,不能有"自然的永恒"。要求这一点不外意味着,"去消灭时间的本质和去摧毁整个有限性的自然"。但伴随这个洞见,受喜爱的民族的理念也变得失效了,并且赫尔德藉此变成古典主义的希腊图像的批判者。与温克尔曼(Winckelmann)相反,赫尔德视埃及文化拥有自己的权利。与温克尔曼相反,赫尔德在所有的爱之中认识到了希腊文化的限制。这个人类最美好的青年时代也隶属于历史的法则。每一个进步同时是一个损失。"人类不曾有过完美的能力,藉由继续前行,他总是在离开。"这正是赫尔德自行提出的任务,即不只是不偏颇地关注这个前行,关注这个满是命运的、通过民族和时代的历史的前进,而且在其中也知觉到上帝的道路,但这也就是把它感受为力量和实效。如此一来,赫尔德就看见了(并且先于其中采用了一个洞见,这个洞见是从尼采关于"历史学对于生活的利与弊"的第二个不合时宜的考察中流行于我们):每个生命有一个封闭的视域,以便在人类视野的中庸里(对于过去的异样和陌生有着无感、冷漠和盲目的结果)、在中心点上给我以承载我的满足。在一个以其无偏见为荣的世纪中,赫尔德认识到了偏见对于造成幸福的力量,藉由偏见把各个民族聚集到它们的中心点。这种情况下,赫尔德并没有陷落到后来历史主义的自我满足中,以至于他虽然认识到了宽广环视的优点,这一环视是自己当下的立场,仿佛以人类这棵大树最细的和最高的枝条的位置随其自身所带有着的,但是在这样细致中所具有的弱点也是不能隐藏的。作为历史学家的任务,他看见了,要在这个促进生命的时代的偏见上去赢得考察历史的诸多尺度。

第三,找到时代自己的标准并不排除去追问历史的总体意义。赫尔德对这个历史哲学的形而上学基本问题的表达历经了某种看似强烈的变化。在比克堡的文章中,世界史的意义只是被处理成像是某种充满预期的确定性,它唯独在上帝彼岸的计划中有其担保。想要认识上帝,超出了我们人类片断式的此在。我们自己生命的断简通过时代不能和上帝路程的伟大相匹敌。但是"我的触地点的有限性、我的目光的眩光,我的目标的失败,我的倾向和欲望的谜团,我的力量的溃散只能正好基于某一个日子、某一年、某一个国家、某一个世纪的路程的总体之上——我是无物,但是所有东西是总体,这一点对我正是担保"。如此一来,赫尔德恰恰从历史路程的不透明性出发,推断出它在总体中的秩序。对我们呈现为"混乱的迷宫"的东西事实上是"上帝的宫殿"。人们不准只是通过寻求历史中的特殊目标,或者通过追问个人幸福在历史进程中的促进,而错置了这一事实,即在总体中有一个上帝的更大的计划在起作用。历史的意义对个别的、自利的游戏者是完全隐蔽的(因为他的激情束缚了他),然而在"向前推进"中却透露自身;并且我们不能是观众,"平静地去等待整体结果",来完全认识上帝的计划。历史哲学只能促成持续确然地停留在走入这个伟大的进程之中。在我们洞见的这种局限性之中,历史保留"某些协调的东西"。

后来,在《观念》那里就有点不一样了。但只是重音被另外设置了。现在,赫尔德想要借助自然的模拟,冒险进入人类历史的迷宫之中。假如人们去阅读《观念》的第15卷,所有人如何在世界历史中追求一种人性、理性与合理的——尽管充满迂回与反复的发展过程,假如人们接受,就像赫尔德用人性的这个尺度开始在历史的呈现中去定向自身,并且最终试着去迫使世界历史的伟大正义进入他的观点中,人们可能就会认为,他是落回到了启蒙式的天意信仰(Vorsehungsglauben),这是他自身并且直到最后明确对抗的东西。而现在这也还是他的口号——没有特定的终极目标,因此没有上帝和历史这些师表!现在,他也还想要把历史看作是自然力量的作用领域。世界史不是"仙女史"。

赫尔德热心传达的人性信仰似乎违背了这一点。可是在赫尔德那里,人性,也即世界史的所谓的目标唯独有一个意义,它并不违背他对历史本质的洞见,并且紧贴着上帝历史计划的彼岸学说。我们只需要去追问:假如不是看见前进至伟大,前进至在它身上的整体,什么是历史的可认识的意义呢?历史的实在性是作为什么而被经验的?显然是作为力(Kraft),作为诸力的连接体。现在已经显现出来了,即使赫尔德的人性概念也不是抽象的理想概念,而是一个力概念。赫尔德在哲学史中的位置就这样规定了,他就是那位把力的概念或者有机的诸力的概念应用到历史世界的人。

力的概念不是偶然地被赫尔德用到历史和其存在论等级的规定。相反地,只要回顾一下力概念的历史就可以知道:该概念藉此被回想到了它自己的起源。借助斯多葛学派和新柏拉图的自然学说，Dynamis（力，能）的概念是近代力概念的基础，它本质上是人类学式地被思的。不只是这个词本源地属于这个领域，也就是说，被使用在属于生命物的能力，尤其是属人的能力上。更多地是，它属于力之所是的经验方式，即人们知道它——在阻力之中，要外显自身的力会经验到阻力，并且作为阻力。这是力的本质限定，即它只有在诸力的游戏中有其外显。然而力要被经验到，只有作为被积聚（Stauung）的以及不是全然透过外显的力才行。因此可能性的察觉，有意识的投射出未来空间以及投射出作用与外化的变化宽度的虚拟性（Virtualität），都属于力的经验，都属于内存在（Innesein）。黑格尔已经梳理出了力在概念上的辩证法，包括固化（Sollizitierung）、外化和积聚、在其自身的反思，以及最终诸力的游戏中，它们贯穿地测量了纯粹人类学的起源维度。尤其"诸力的游戏"这一概念本源上是一个被感知的活泼性的经验，当然其方式是如此的：自由游戏的活动——例如感官，例如肢体——自身都只是那一游戏的一个面向，其中灵魂的整体是消失的微量的共同游戏者。固化和被固化的概念、在其自身的持守以及自行外化的概念，渐渐自行过渡到存在的普遍结构。

　　力的被感知的起源不只是扩充到自然秩序的领域，而且也扩充到超越个体意识并且卷入自然秩序的游戏中的历史的领域。在赫尔德这个自然和历史的共观背后有个存有论的问题，它想要对 res extensa（广延之物）和 res cogitans（思维之物）这一笛卡尔式的对立追根究底。赫尔德以此就站在伟大的莱布尼茨的追随者之中，莱布尼茨曾把力概念引入到笛卡尔式的运动学说，并且把它作为其形而上学筹划的基础。赫尔德在这个追随中并且在这个意图中已经发展出来的力的泛神论——它对于斯宾诺莎那儿获得了最富有成果的再解释——可能落后于莱布尼茨观念的深度。但他所证明的对于历史的力的具体意义给了他概念上不充分的历史哲学的尝试以某种新的世界史真理的关键力量。

历史的真理是诸力的实效性。当赫尔德说，世界史是上帝在诸民族中的路径（der Gang Gottes unter den Völkern）时，乃是意味着：上帝或者全能之力在国家-个人的力量效用中开显自身，而不是在一个透视的、通向永恒的或者时间的至福的终点的计划中，该计划在各民族和时代中只是作为神的救赎目的的手段。没有一个时代会只是一个手段，每个时代都是目的。"感觉、运动、行动，尽管是在一个没有目的的序列中（在人类的舞台上，什么有永恒的目的呢？）"——这就是历史的实在性。"何种力量啊！何种效用啊！心而不是头脑趋近着。"在比克堡的文章中，力的概念已经响彻关于人类的自然（*Humanitas*）的决定性陈述的脉络中。关联着幸福，赫尔德在那里说道："人类的自然不是某一绝对幸福的容器；但是它如它所能的那样，到处吸引很多的幸福。"因此在作为力的这种人性的能够以及作为力的享受的幸福之间有一个比例。每个个别的人是"伴随着诸力流淌而成为整体，并且每每只是带着幸福感，也按照诸力的尺度。"历史的实在性就自现于其中，而不是在关联着一个外在的救赎目标。赫尔德把这个历史的力概念用来对抗启蒙对于美德和幸福的进步的追问。

这里就和魏玛时期的《观念》里的想法连接了。这一想法紧跟在自然的模拟的线索之后，并且在他那里通向人性概念的开端。在人性成为了像是所有时代的尺度的地方，人性仍然还是历史的自然创造力的表达。"历史是在此之物的科学,而不是比如按命运的秘密意图而可能存在之物的科学。"并且在赫尔德已经研究了好几千年的世界史之后,他问道:"在所有伟大的历史现象中我们注意过的主要法则是什么?这个事实就是:我们的地球上到处都在生成着那些能够在其上被生成的东西。"这条法则包含地球历史和人类历史。这不是一条可以用数学方式表述的"自然法则",他是一条自然性(Natürlichkeit)的法则,也就是自然的有机的形塑力的法则。所以赫尔德可以说:"整个人类历史是人类诸力、诸行动和诸动力按照时间和位置的纯粹自然历史。"人性(Humanität)不是一个抽象的理想,(虽然它自行阐述为理性和合理的理想,)而是人类自然的总概念(Inbegriff),也就是作用在自己身上的一种力。人性不是人类本性的、外于自身而有的目的,而是它自身就是这个目的。人类的自然本性正是如此:"自我形塑为一种人性。""对自身产生实效的本性,伴随着环绕自身而自由行动的范围"而去存在,这就是人类的本质。就像每个在自然中的存在者(Wesen)有他自己生命的要素,所以人类有一个无限的要素,在其中他积极行动地扩充自身——这就是世界史的要素。

人性被赫尔德标示为人类史的均衡状态(Beharrungszustand)。藉此,它关涉到18世纪人们在机械自然的领域中去证明的经济-目的原则的方式。赫尔德自己一度这样写道:"我们时代的莱布尼茨、兰贝特(Lambert)提出以均衡状态为最高原则的学说,作为一条数学-物理-形而上学的公式。"因此,赫尔德用"均衡状态"这个词,把从机械的自然规则那里熟知的东西,吸收到了人类历史之中。人性变成一条"人类的本质基于其上"的自然法则。

它不是理念形塑的结果，既非"通过统治者的任意"，也非"通过传统说服人的力量"，相反地，它是人类历史此在的持续所需的自然条件。人性是"理性（Vernunft）和合理性（Billigkeit）"。但是这两者奠基在同一条自然法则上，从其中产生了我们存在的持存的结果（比如睡眠和清醒的交替），也即基于诸力和周期性的平静和秩序的一个关系。这两者把事物持续的匀称看在眼里。诸力的这种匀称是此在完满享受的所在。

生动活泼的人类的诸力，以及其通向幸福的比例的出发经验就是这样自行开展的，这个诸力通向幸福的比例也引导了比克堡的论文，成为作为生动活泼诸力的一个自然系统的人性概念。赫尔德以他的方式忠实地保持在援引牛顿时所选用的口号。它的这一法则"仿佛天体中的木卫十五（Adrastea），按着尺度、空间和时间来分配物体的重量和运动"，符合于在世界史整体中统治的秩序。

现在，在历史的意义问题上，赫尔德可以给出另一个回答，它不同于只是指出上帝计划的彼岸。它在历史中看见人性的扩展和提升。但是人性恰好就是在历史之中。然而追求统一性还是处于各民族的整个多样性中，处于其对感觉、思想和努力的无限差异中。"它意味着（我总是想要再强调一次）人的知性、合理性、善和人性的感觉。"并且在《旅行日记》中，在一个标举末世论的和有机的历史意识之间的含义悬宕中，过去这曾意味着："伟大的议题——人类将不会消逝，直到它把一切都发生过。"因为理性和合理性一般是人类秩序的均衡状态，它们必须自行证明为是那个在提高的尺度上历史中的持存者。或许所有人类的发现和文明成就的进步都可以是成疑的,因为伴随着它,误用和荒废也同样可能在进步,赫尔德并没有去遮盖历史的这个艰难的实在性——可是比起他不信任"在事物的无限性中"理性所具备的促进性,他更相信理性的善,就像这个善在某一问题的所有解决中个别地看都是如此地多样。他并非相信人类那种出于德性的道德进步。对于这一点,他把自然的作用力从属于德性的抽象,赫尔德对自己以及对卢梭依然是保持忠实的。但是这一点从自然本身来看就是成立的,当自然不阻止"任何力量,即便是超出常规的力量时,所有的事物原则上都是受限的,以至于对立的作用扬弃其他的作用,而最后只会剩下有益的作用才持续地留存"。

这种对历史的信任并不是建立在对神的历史计划的明智领会上,相反地,它是一个在历史之中相信上帝的信仰,因为它在自然中发现上帝的智慧是经得住考验的。历史哲学为人效劳,不是把上帝的计划与人解密,而是在面向所有伟大和美好历史事物的变化和暂时性时,通过洞见到人类历史和自然的统一性,而去面对怀疑。不是一个在历史中已被认识到的理性,而是对合理性物的持久性的信仰,才是赫尔德的历史信仰。他的要求不是黑格尔那种要去掌握历史的要求,即要在历史顺序的必然性中去洞见历史,把历史视为"在其自身"已然安放的某物的发展。相反地,赫尔德的信仰在于,把在整体中我们所未认识的东西,即历史的无限物,接受为计划周密而已经生效的神圣之物,在其中每一个事物都必须生活在它的位置上。对他而言,历史哲学不是像黑格尔那样,把历史信仰提升到科学,而是纯然地清除历史的怀疑,并且通过科学支持历史的信仰,特别是通过把人类史安插到更大的、在其秩序上更令人信服的地球史的整体之中。尽管那种提供了满是崩坏而倒退的人性史的令人误导而使人混乱的图像,赫尔德并未驳斥。可是后来黑格尔于历史的进程上在方法上所扩建的对抗（Antagonismus）原则却是很接近他的。在黑格尔那里这个原则给予历史以必然性的路径,相比言,在赫尔德的历史图像中更多的是一个消息:在事实被拒绝的地方,仍然允许去假定有某个进步的"充满盼望的真理"。

赫尔德自己用希腊的概念去表述他的历史信仰:作为Nemesis（涅墨西斯,意为复仇）＝Adrastea（木卫十五）的统治,她是"所有人类命运最公正审视的,并且以迅速的速度突然降临的领导者"。对他而言,希罗多德因此就是真正历史书写家以及真实的历史哲学家的原型,因为他在测量人类的平衡和补偿中,也就是在"测量女神"的统治中尊崇了历史的法则。

现在人们也可以把这一点视为启蒙的优点:合理的东西随着时间的绵延而取胜。尤其相信人性的进步和人类历史的和平,"这个对人类友善的梦想",就像赫尔德的出版者约翰·穆勒（Johannes von Müller）所称呼的那样,这一梦想在赫尔德死后,已经直接被伟大的拿破仑时代"可怕地被摧毁了"。穆勒还补充道:"但是戏剧的最后结果并没有在我们眼前。"事实上相信理性和合理性的胜利可以不只是寓居于人性的引导部分,就像一个安慰一样。历史的"英雄"对于他们的计划和艰难的决断也将会在这个信仰中寻求它的合法性。无论如何,赫尔德的历史思维在这一点上是划时代的:他的信仰不信赖上帝彼岸的救赎意志,也不把所有的事情都听任不可查明的上帝的决定,而是让其自行奠基在内在的必然性——

人类和历史的"本性"——它们活泼力量的自然系统之上。藉此,当他的神学-形而上学的基本信念的整体已然褪色时,他的历史哲学的遗愿依然保持着活泼生动。当他对于语言的产生驳回了每个超自然的理论之时,赫尔德也就成为真正语言科学的开创者,如此一来,他也就通过历史哲学,为他的普遍史,尤其是文化史搭建了道路。但与此同时,当他在彼得大帝(1672—1725)改革的强有力的回响底下自视为一个政治的改革者时,他也为未来时代的政治想望和思考给出了富有影响的推动,当然不是在一条年轻海员梦想的那条直接的航路上。

作为一个国家思想家,赫尔德当然没有说过新的词语,也没有说过最属己的特征。在其中,他只不过是其时代的学生,其时代的伟大和令人惊奇的典范——孟德斯鸠的学生。因此,在政治史以及在国家学说史之中,他原则上是较少有地位的。对他而言,国家是一台机器,就机器一词对于17世纪和18世纪所标定的意义,与之相连接的是一个令人窒息的无灵魂状态以及令人惊叹的人为性。而且该词更多地是充满了国家机器对普遍生命性和至福的危害,而不是具有对它们保存和给出秩序的意义。国家是人为的,并且是生命错误的假象,是特洛伊的木马,彼此担保着不朽(所指的是通过国家统驭术的产品:契约和同盟),可是"没有国家的特性,也就没有在其中的生命",并且国家统驭术"与民族和人类交往,犹如玩弄无生命的物体"。"国家能够给我们的东西是技术作品,但是可惜的是,它能够剥夺某些更本质的东西,也就是剥夺我们自身。"

尽管赫尔德像孟德斯鸠一样,是带着惊奇来看待由活泼的共同精神赋予灵魂的希腊城邦的:"希腊城邦的时代在过去是人类精

333 神在人们如何被人们统治这一重大的事件上达到成年的第一步。"并相反地,他与孟德斯鸠都在后来罗马的历史中看见粗糙的专制主义在起着作用。对罗马有着灾难性的评估,这重重地压在上两个世纪的德国史之中。但一般来说,他不是对国家友善的朋友。因此不只是没有把被国家机器威胁的个人自由的幸福放在首要地位的眼光,他也没有像孟德斯鸠那样有一个政治的国家理想,一个藏匿在宪法的形式学说中的冷静科学性的东西。他在历史地观看。他和孟德斯鸠都看见这个危险:幸存的统治形式直到可怕的革命灾难为止都巩固下来了。尤其是,他和孟德斯鸠都把整个"民族起源的精神和特性"看成是其历史的成果,可是也看成几乎是不可摧毁的、自然持存的东西。因此,同样地他也是着眼于法律那死寂字母的宪法学说的反对者,反对通过一个理想的立法去建造国家的疯狂想法。他历史地看待此事:"对所有时代和民族的这样一种理想法律,恰好不是为了要将这本律法书作为其服饰而接受的民族而设的。"任务只是"为了他民族的血脉和渴慕去准备营养,以至于它强化了民族的心脏,以及恢复了骨髓和肌肉!"

但是在这个任务的认识中有着这样的洞见:它远远超出了赫尔德对国家本质直接的陈述。在南特时期《旅行日记》的手稿里,我们有对孟德斯鸠阅读的许多纪录,它们显示出他承认从他至目前为止作为读者和文学批评家的生命解脱出来,而通向的这个新的思维方式,如何在一个新的光照中看见国家的本质和任务。孟德斯鸠对于"法的精神"的尝试虽然按照意图来说,是"一个哲学的尝试,去关注所有统治的方式",并且以如此的方式"来到了整个统治方式的本质"。但是他缺乏真正"关注"的普遍性,缺乏了对诸民族的习惯和生活习俗的研究,取代了他们被写下的法律。"他是太少人性、太少自然的哲学家。""一本建造民族的书是以生动活泼的例子和习惯以及教育开始的,并且是在干枯的法律的阴影中中止!"

一部民族教化之书——赫尔德在其生命道路的果敢开端上到处看到的都是教化和形塑的诸多任务和可能性,也包括在国家的领域。"我想要把"自然的法则"拿来帮助我用在我迷宫的晦涩之中,如国家的法律如何被创造,以至于它们对国家生效,变得有实效,促成幸福,从而达到国家的目标"。因此法律,它不同于欧洲当下的法律,因为"我们国家的法律只是虚弱地发出命令,并且并非幸福地在运作:它对并非不幸地运作感到满意"。用这个自然的线索,赫尔德对他时代的政治和国家学说提出一个新的尺度:"法律,它如此自然地属于它的本质,它同样本源地建造着国家,像是(人类自然的)法则建造身体一样,它已经获得,这是真正的立法。"

如此一来,从赫尔德新的历史实在性的经验而来,就兴起了一个活泼的源自民族(Nation)精神的国家宪法的主导观念。这也就是赫尔德于其上也在国家生命和国家学说领域上达到了进一步扩展作用的点。他盲目地反对他那个时代的专制主义国家还充斥着的秩序和形塑的任务,这使他在国家领域有着一种新的基本力量的空想。这个空想就是民族(Volk)。他首先是在歌曲中,在民族的声音中接收这个实在性。他认识到母语具备承载和怀抱的力量,他在所有东西之中感受到历史铸印的力量,它是和血液、气候和地貌等自然条件融合在一起。他对在民族生命中的生长物和生长的感觉,继续地作用在历史法学学派的尝试当中,完全从来源和习惯去掌握法律的本质。赫尔德自己就从浪漫主义对历史生长物的高估中解脱出来,并且并没有错认了恰恰也是历史行动的铸印力量。年轻的赫尔德这样写道:"那些人说着这样的异议,所有的东西是从其自身自行塑造的,这样子来反驳吧:是的,但是也是返回。这里必须有一位帝王在引导脚步。"这个任务渴望一位帝王,在这里他是创造者,他的民族像上帝一样认识世界;他的民族在建造:法律是它的天性,并且它的天性产生法律。

把赫尔德看成萨维尼法律学说的先驱,这肯定是错的。然而没有赫尔德,德国浪漫主义是不可设想的。只是他的作用是更隐密地沉到了深处。因此,他同时也是历史法律学派、黑格尔的相反极点的先驱者。赫尔德也是持续生活在黑格尔民族精神的概念里。并且,假如最终人们想到赫尔德在欧洲的东部和东南部所拥有的影响——他为诸多小民族的自我意识的唤醒提供了服务,我想到的是在《观念》里著名的奴隶篇章——那么现在就很明确了,赫尔德以此就已经认识到了现代政治生活的要素,并且已经唤起了自我意识。在集权主义的时代里,他似乎还想要通过"国家技术",去为粗暴地扭曲生命去辩护。我们所生活的、市民的和社会主义的革命时代已经改变了前线的位置,尤其19世纪浪漫主义-民族国家的原则越来越丧失它的分量。但是"历史主义"的宣言不只是如同赫尔德所描述的那样是充满了未来——它在我们一切都改变了的并且进行比较的当下中也还是保有它的真理,因为他并未遗忘地在教导着不可变的东西、已然生成的东西,即人性的"教化"。

(金志谦 译,洪汉鼎 校)

22. 康德《纯粹理性批判》之后 200 年
——"世界历史的一个新纪元从此时此地开始"

(1981 年)

  很少有书会庆祝其诞生日。第一次出现的东西往往罕有记载,如苏格拉底之死、耶稣的诞生、伊斯兰教的纪元(Hredscha*),或法国大革命的开始等。人们能够以那样的标准来看待哲学思想上的一次如此意义重大的转折吗?特别是,与同时代的法国大革命事件相比,康德的《纯粹理性批判》可以望其项背吗?无论如何,这两个事件并非没有任何关联。对于法国大革命,康德曾经说"那样的一个事件难以忘怀"并将不可动摇地被牢牢记住。在他的第三批判中,他就已经对其做了一个注释(1790 年),表达出他的关注和他争取自由的渴望。而正如他本人将其纯粹理性批判理解为一次思维方式的革命,并将之比作哥白尼革命一样,实际上后来的人们——席勒和歌德,黑格尔和马克思,甚至历史学派,都从中看到了一个划时代事件,他们把此事件与第三等级的解放相提并论。

---

  * Hredscha 指穆罕默德从麦加逃亡到麦地那这一事件,被认为是伊斯兰教的纪元开端。——译者

所以,通过一句话来描述《纯粹理性批判》出版日的意义,这绝不是人为的突发奇想,那句话是歌德在瓦尔米战役之际所深刻说出的,它表明法国革命军是不可战胜的:"世界历史的一个新纪元从此时此地开始"。

一个新纪元就是一次断裂,从此断裂出发人们估算着之前和之后——谁从后面观看,谁就这样估算。歌德的话听起来就像是对于惊异的一种事后表达,歌德作为瓦尔米的战地记者就是被其震惊的见证人。同样,《纯粹理性批判》也是一种惊异,同时代的人绝不会心甘情愿地注意到它。然而,在法国革命爆发十年之后,欧洲在拿破仑军队的铁蹄下颤抖,而在《纯粹理性批判》出版10年之后,康德的批判哲学在德国这样得到承认,以至于全部哲学的讨论本质上都围绕着这样的问题打转,即某个人或谁,在何种程度上,是康德所奠基的先验哲学之真正的继承者或完成者。

这样的新时代造就了什么呢?当时人们绝没有对这位具有风趣、雅致和值得尊敬的哥尼斯堡哲学家、《一个通灵者的梦幻》的作者那里期待过什么划时代的著作,这是非常清楚的。正如我们所确信的那样,他被高高在上的哥廷根人当作一个业余爱好者,而实际上《纯粹理性批判》最初也没有任何真正的反响。而主要由加尔弗撰写的《哥廷根书评》——康德在《未来形而上学导论》中对其给予了尖锐的答复——则彻头彻尾地误解了书中的意图。当然,如果康德将这个批评看作一个心怀叵测的或基于草率肤浅的浏览而做出的拙劣之作,那他就误会了。以加尔弗那样的方式——即使做了不公正的稀释——去承认原作者,这实际上本身就表明,《纯粹理性批判》已经对同时代的人有了多么苛刻的要求。

无疑,先验辩证论及其二律背反学说是这样明显地打击了占统治地位的沃尔夫派经院形而上学的影响,以至于门德尔松直接称康德为"摧毁一切者"。但这样的说法根本没有理解康德原则上超出了休谟的怀疑论,并重新提出作为科学——作为以实证-批判而不是怀疑为目的的更为首要的科学——的形而上学之可能性问题。康德本人知道,他的思想导向要求过多,而且他写一部摘要和介绍性质的《导论》,与其说是为初学者,毋宁说是为哲学教师。这就意味着,他试图引入一门新型的先验哲学的科学,其方法是从休谟的怀疑论出发来理解这门科学,但同时对人的形而上学的自然倾向之实现重新做出辩护。很明显,《导论》——同样还有康德在《纯粹理性批判》第2版中所做的补充——都应该给读者提供一种更加准确的定位,也就是说,新的先验哲学一方面明确地与英国启蒙运动、与洛克和休谟,另一方面与在德国占统治地位的经院形而上学联系起来。同样,正如他在《纯粹理性批判》第2版新的序言中所提出的,其思维方式的革命与哥白尼转向非常恰当的比较,也服务于这个目的。

康德在各门经验科学中,揭示出本身是先天的前提预设,这种前提不可以由经验来奠基,但却奠定了一切经验之可能性的基础,这对于《纯粹理性批判》思想的胜利爆发,对于《纯粹理性批判》的持续性后果来说,无疑是一个根本的原因。由数学的自然科学的兴起而给哲学的全部科学提出的异乎寻常的任务,在这里找到了解决办法,它被分为两个部分,对于经验科学的研究旨趣而言,一切独断的断定都必须从自身中驱除掉;而对于形而上学的遗产,从希腊人开始,西方的精神之历史就与永恒的真理之要求相伴相随。于是，在《纯粹理性批判》出版之后第一个百年间，时代的期待在方方面面都得到了实现。对独断论形而上学的批判，没错。而在同样的划界活动中所发现的不仅是数学的自然科学，这种无可争议的事实，理所当然的哲学肯定，而且同样发现了自由的理性事实，它的宣布奏响了法国革命的理想之序曲。

或许可以这样理解，当我们从今天回头去看康德的《纯粹理性批判》对于我们所有人的历史地位时，我们就会理解，为什么康德在各种不同的情况中都会得到尊重，在大洋的这边或那边，在"海峡"的这边或那边，直至今日都或多或少有所体现。但真正令人惊异的是这样的事实，即，《纯粹理性批判》的出版开启了一个新纪元，它一直延续到今天。尽管有黑格尔、尼采、海德格尔或维特根斯坦，但从那以后或许就再没有人意识到去提议一种深层的、塑造新时代的断裂。康德在"导论"一开始就声明："我的意图是，让所有那些认为它有价值并忙于研究形而上学的人相信，把他手头的工作放一放，把迄今为止发生的所有事情都当作没有发生……是绝对必要的"，在某种意义上，康德似乎仅因此就有资格被铭记。

或许有些人会感到对形而上学所表达的这种限制有些偏狭，可能会想到马克思或尼采而误认为与自己无关。但最终，人对于形而上学的自然倾向终将赶上或已经胜过了那样一种错误想法，至少当作了问题的问题——按照康德——之前还根本没有提出来，"像形而上学这样的东西究竟是不是可能的"，从那以后就被所有人提了出来，尽管他们可能对于答案具有非常多的五花八门的期待。这就实际上达到了由康德《纯粹理性批判》所提出的任务，以及由此开启的直至我们今天的新纪元，其中不仅关系到阶级的解放,而且关系到在一种趋向行星之统一中共同生长着的世界文明中的人性本身的状况。

然而,那些和我一样在第一次世界大战期间开始大学学习的人,发现自身周围所面对的乃是一个完全不同的康德,他根本不是顶着"形而上学"的头衔,而是在知识论的名下,尽管也对之表露出不乏郑重的情致。请让我利用作为一个当时的年轻人能够做见证的机会,在《纯粹理性批判》的效果历史的光照下,去权衡这场伟大思想活动得以运行的那些维度。效果历史显然向来都不会造就一个封闭的整体,这恰恰凸显出思想着的精神的历史生命,就是说,它不断地深入到自身之中,不断地返回到自身,并且不断地以不同方式重新认识自己。康德究竟是怎样的一个人,根本不能仅仅通过向后看,而只能通过向前看,在思想的进步中,在对问题和答案的公开对话中被决定,在其中,每一个人与其说是一个提问者,毋宁说是一个被康德质问的提问者。

事情是如何发展到新康德主义的学院化统治的呢?这种统治在我年轻的时候曾决定一切。同时代的人以及康德的追随者们以他为根据并主张去实现其真正的思想,这本身绝非奇怪之事。我们称之为德国观念论的那种思辨筹划的最直接结果,就是更加毅然决然地以康德、哥白尼转向为出发点。从赖因霍尔德和费希特开始,当他们从自我意识的原理出发,通过理性的设定推论出知识之整体时,他们全都认为是将康德彻底地思考到底。在康德《纯粹理性批判》中,先验统觉之统一的自我意识所起的作用对于其证明的主要部分,即深奥而模糊的先验演绎,无疑具有核心的意义。当然,只有通过理性之综合的统一,在直观的形式中被给予的对象,才能与发挥客观作用的知性的基本概念联系在一起。所以,自我意识的原理,毫无疑问地就在康德的问题中表现为决定性的证明手段。但原理决不表明,通过它,整个科学的体系就能从中被推导出来。众所周知,对于他自己的批判事务,康德从来没有使用过"体系"这种术语,尽管他对理性之系统的统一非常重视。康德已经授予实践理性的自发设定或自我立法,通过费希特才上升到一个普遍原理的高度——而康德本人并没有在其中辨认出来。

这清楚地表明,对于同时代的人来说,康德那里真正的新东西曾是什么。康德关于物自体和由物自体引起的感官刺激的学说,在他们看来几乎全都是过时的形而上学的一种教条的残余,人们已经完全消除了它们。费希特以其无礼的粗野走得如此之远,如果康德完全或根本不赞同他从自我意识的原理出发建构知识学,他简直就得给四分之三的头脑做解释。

这当然并不是说,德国观念论想要重新恢复康德已经有力批驳过的形而上学的观念论。毋宁说,这是一种新的奠基要求,并因此是一种新的体系思想(体系化观念),它迫使思辨的观念论产生出它的结果。这并不涉及去怀疑外部世界的实在性,或去质疑我们的感性之接受性——它所涉及的是,去领会出于理性之自发性的人的本质本身的有限性和局限性。认识它自己的理性,恰恰同样承认那作为其自身而限制着它的东西。当理性在后天的经验中所认识到的无非就是思想之阻碍时,它就仿佛要为经验主义的合理性做辩护。以这种方式,德国观念论将自己理解为康德之真正继承者,它使先验哲学真正达于其完善。

众所周知的是,每个人都晓得,具有这种特性的先验观念论与科学的经验过程处于怎样无法解决的冲突之中。谢林和黑格尔的自然哲学,同样还有黑格尔的世界历史的建构,特别是他通过思想的辩证综合对宗教之"实证性"的扬弃,都表达出对于时代的经验热情无比巨大的挑战。康德所建议的那种科学知识的经验立场与理性的需求之间的那种谨慎的综合,在德国观念论的同一哲学中被抛弃了。

我们准备反思康德,就此而言,实际上回溯到了新康德主义的开端直到黑格尔本人的时代。首先就是那种普遍主义的要求,黑格尔先验逻辑思想的卓越实施所提出的这种要求,在各个领域都势必陷入与研究的无穷进展的冲突之中。基督教教会的顽固势力参与其中,针对黑格尔辩证宗教哲学中救世事件的思辨解决进行自卫。人们如今称之为"后观念论"的东西,发源于这种针对黑格尔"神秘灵智"(Gnosis)有神论的反作用,在德国观念论的学派统治氛围下,当时可能几乎一直没有被注意到。我们今天知道,这些批判黑格尔的倡导人——费希特的儿子和伊曼努尔·赫尔曼·魏塞可算入其中——就早为真正回到康德作了准备,尽管这种返回是在数十年之后才取得胜利。在这里,他们追随谢林对黑格尔"泛逻辑主义"的批判,继承了谢林关于上帝之内原因与实存的深刻区分。①

只是到了19世纪60年代,"返回到康德"的呼声才成为普遍的口号。年轻的奥托·利布曼的一本出版于1865年的书,虽说更

---

① 人们由此可以比较"实际性"这个词的兴起,这个词通过20世纪克尔凯郭尔的复兴[海德格尔、萨特]重添了生存概念的色彩。

多带有某种纲领性论著的特征,但恰恰因此得到了巨大的关注。实际上,人们此前就已经,特别是从自然科学出发,开始承认康德那温和的先验论。因为情况很清楚,批判性地将知性的先天概念限制在现象界,恰恰就是时代的实证科学观念所要面对的。"物自体"对于经验科学工作者而言,无论如何都必须显现为一种不可理解的形而上学残余,它与康德批判的结论不相符合。通过本应"刺激"感官的"物自体"引发诸现象的这个断言,按照康德本来的规定,不可被当作"知识",实际上的确如此。因果性范畴只可适用于先天直观形式中被给予的对象。而富有特色的正是这一点,即人们对于康德论证中的逻辑要求——在任何一种现象中都必然有某种要成为现象的东西——并没有更多的理解。

这是一个孔德并没有错误地预言的时代,即"实证的时代"。费希纳曾讲述了一个美妙的故事:"一个自以为了不起的波兰人或俄国人,在柏林参观一个由一台蒸汽机来推动的大型工厂。他随意地在整个机构中随处走动,非常仔细地察看所有机构的所有部分,密切追踪着机器每一部分的交错连接,询问着所有可能的问题,非常明智地谈论着机构与到处走动的工头们的各种关系,很快,他似乎对于机构的进程或运转已经有了充分的了解;最后,当一切都进行完了,他对着惊讶无比的工头说,您难道不愿意给我指示下面藏着马的地方吗?"费希纳用一句对"物自体"判了死刑的话结束了故事的讲述:"下面根本就没有马"。

我们由此就来到了这个时刻,第一次为1919年还响彻讲坛的"知识论"咒语呐喊助威。爱德华·策勒(Eduard Zeller)1862年在海德堡就职演说中,将这个已经频繁被使用的咒语提到了前台。

他的演讲显而易见的意图,就是要去遏制在黑格尔学派中被进一步修饰了的先验逻辑观念,以有利于康德在经验主义和理性主义、后天和先天之间所尝试进行的谨慎调和。就此,策勒可以援引一个伟大的自然研究者——施拉格·黑尔姆霍尔茨,作为康德的辩护人出场。但富有特色的是,策勒说:"我们同样不能忘记,在经验本身中已经包含着先天的成分,通过将它们排除,我们才能纯粹地接受到客观的被给予对象。"在承认一切知识本身中的先天要素时,用的却是实证主义的表述。在这里,策勒完全遵循黑尔姆霍尔茨的看法,因为他将确定真实事件过程的观察的概念,与推论区分开来,而推论——在经验的基础上——查明在观察中"被给予的对象"的原因。这完全符合黑尔姆霍尔茨的关于无意识推论的学说,自然研究者仅仅通过这一学说才能够表象(设想)康德意义上先天的东西。

所以,"知识论"的产生,曾经是一种对抗黑格尔学派泛逻辑主义的举动,只是在此之后,它才看上去像是一种返回康德的举动。当它将观察——除了思维的范畴形式之外——认定为"被给予性"时,当然是作为一种首要的基础来讨论,思维作为第二步,更确切地说,作为对原因的研究而紧随其后,这样做时,它相信是在恢复康德的知识论。如果人们回想康德引导性的课题,正如 1772 年在给马尔库斯·赫茨的信中所表达的那样,事情就清楚了,这种知识论与康德毫无关系。那里是这样说的:"如果表象只包含主体如何被对象刺激的方式,那么就很容易看出,它[对象]如何对于这个[主体]是作为一个依照其原因而产生的结果。"也就是说,作为一种"我们内心的规定"。人们在这里可以回想一下康德明确的说明,那就是,这仅仅取决于对知性概念之使用的阐明,而这对于科学知识本身,并不比对于我们的思想部分非法的、部分不可避免的向经验之彼岸扩展来得更重要。无论如何,这是转而对先验的课题做了一种发生学-心理学的解释,而不是对它的恢复,这种最先的推进,并不是在为知识论开辟道路。他们可能会因为弗里斯及其学生的观点而援引康德。一直到尼尔松,后者以人类学的方式理解康德的先验思维方式,而这就意味着,编排一些经验的-发生学的课题。

康德课题之真正的重新发现,与那些将康德的概念应用到"意识的事实"上的做法根本不是一回事。新康德主义的核心思想在于,对抗以被给予之物为准的想法,其最纯粹的表达在于,先验地理解对象乃是通过思想的"塑造"。对象不是被给予的东西,而是"无穷的任务"——如纳托普所表达的那样。人们不应该因为新康德主义在我们的世纪初所享有的那种一统天下而被迷惑。起初关涉的是最初的发端,因为返回康德的原始文本而引发一部完整的康德-解释的历史,《纯粹理性批判》中的知识论问题,特别是关于"物自体"的学说和关于刺激的学说成为被关注的中心:库诺·费舍在1860年,奥托·利布曼在1865年,F. A. 朗格、赫尔曼·柯亨在1871年,A. 黑尔在1875年,还有贝诺·埃德曼,等等。在新康德主义真正得到承认并在整个文化圈广为传播之前,在英美世界,正如在拉丁或东亚世界中那样,被公众所关注的既不是西南学派,也不是马堡学派。波兰哲学家 W. 塔塔基维奇对此进行过非常精彩的描述,他曾是多么意外地陷入马堡学派,这种康德主义对于他——尽管赞叹如潮——显得多么的教条,看来只有柏拉图、伽利略、笛卡尔,充其量还有莱布尼茨被看作其祖先,被视为康德为数学的自然科学做辩护的前辈。就此而言,这位波兰的思想家讲述了一个时代——在我们的世纪之始——将柯亨描画为其"纯粹知识"自身的体系,将纳托普描画为他的柏拉图,而《精确科学的逻辑基础》很明显被描画为批判哲学的教科书。通过返回到康德而发生的先验思想的复苏,绝没有被时代精神所蕴含,它推动的毋宁说是心理学,而不是批判的知识论。同情先验哲学的既不是费希纳也不是冯特,更不是狄尔泰或西格瓦特,而这些同样被看作当时盛极一时的哲学史研究。借用胡塞尔和新康德主义的概念来说,所有这些都是心理主义或历史主义。

在这种情形下,人们一定可以理解,康德真正的愿望,即将形而上学奠定在一种新的、唯一可靠的基础之上,就是说,建立在实践理性和自由的理性事实之上,这个愿望在重新发现康德时变得无足轻重了。科学具有先天的前提预设,经验的可能性条件要在科学的事实上得到证明,这无疑也符合康德的学说。但康德提出了 *quaestio juris*(权利问题),出于形而上学的关切,我们有何种权利可以将知性的先天概念看作客观有效的?而众所周知的是,康德对这个问题的回答既不遵循心理学-发生学的路径,同样也不限于为科学做辩护。

自从康德的追随者们由此出发制造了某种体系及其基于自我意识的最高原则进行论证的理念之后,这种论证本质上就发生了改变。如果思想本就始于其自身的话,那么在直观中被给予的东西在自身之外就绝不可能得到承认。那么,返回康德到底意味着什么呢?不同于"智性(理智)直观"的浪漫主义泛滥,还可能会有

344 什么另外的担保呢？答案曾经是，与数学化的自然科学之"纯粹性"相结合。柯亨式的表达是"意识的统一性"。通过思想"制造""个体"，是无限小方法的成就。通过对界限的考察，通过无限小的概念，所有直观和广延得到探究，从而达到实在性的真正原因。所谓科学，就是制造知识之对象，它出现在直观和直观中被给予的东西上。这不仅被视为科学知识的纯粹性，而且同样被看作纯粹的意志和纯粹的情感。所以，柯亨将法学作为科学来赞颂，它服务于纯粹意志成为范型的自我塑造。

这听起来可能是多么的狭隘和粗暴——针对占统治地位的心理主义，由此就可以成功地重新恢复先天事物的先验概念。最终，甚至连心理学也反而坚持一种批判的、合法化的意义，这仿佛标志着康德的课题重新获得了胜利。纳托普的《普通心理学》发展了一种作为对意识状态本身研究的先验心理学观念，在此观念内有关对象意识的各种不同方式找到了它们的统一。胡塞尔变化多端的关联性研究应该与此相关。

《认识的对象》，这是新康德主义曾经获得其胜利的一本最有影响力的书，海因里希·李凯尔特，文德尔班的学生，就是它的作者。那样一种惯用语，与马堡学派瞄向科学事实的态度完全符合，但不再仅仅是指数学的自然科学。在效用或"价值"的概念下，H. 洛采业已将理论的和实践的哲学结合到一起，而继文德尔班之后，李凯尔特探究了《自然科学概念形成的界限》。在19世纪广为流行的为精神科学奠基的方法之争，此时从新康德主义对方法的思考的观点出发，找到了其解决办法，这就是说，通过为各门科学进行知识论的奠基。于是，这就成为西南德学派的特点，即，他们将关于历史世界的建构问题——曾经是狄尔泰的问题,改造成了关于历史科学的对象的问题。正是价值关系,才使得某个发生着的事件成为历史的事实。

价值的理论,在康德思想中并没有真正对应的部分,却成为了新康德主义最具影响力的学说。它在客观可确定的事实判断和依主观根据的价值判断之间做出区分,而借助于马克斯·韦伯,新康德主义同样由于为社会科学奠基而成为决定性的。虽然后来,在马克斯·舍勒和尼古拉·哈特曼那里,背离新康德主义而趋向于一种价值的现象学,他们同样将各种价值判归于某种理想的自在存在。不过,向价值现象学的转向,与先验观念论并非互不相容。这直接教导了胡塞尔,在他的研究计划中,价值现象学很早就占有一席之地,而且自始至终都保持着其地位。当然,那曾是胡塞尔的现象学所追随的一个非常宽泛的关于先验论辩的概念。在这一点上,与新康德学派定位于科学事实的一隅之见毫无关系。胡塞尔在笛卡尔激进的怀疑式考察中,比在康德的先验转向中更多地看到他的典范,因为他与新康德派一道,将后者理解为一种单纯的科学的知识理论,而他的研究则意指着全部生活世界的先天的东西。所以,对于文德尔班和李凯尔特来说显而易见的,最终也同样适用于他。在现象学的工作计划之完成过程中可能出现的,或许宁可是一个黑格尔,而不是一个康德。

同样的话也适用于马堡学派的新康德主义最卓越的继承者。恩斯特·卡西尔完全有意识地将关于科学之对象领域的先验问题,扩展到了文化之客观化的整体。在他的《符号形式的哲学》中,他试图从先验主体性的成就出发,彻底照亮那个庞大的领域,即黑格尔在"客观精神"的名义下逻辑学或逻各斯所展开的领域。

因此,对于这跨越百年多时空的"返回到康德",即人们所称的新康德主义来说,值得注意的结果则是,它乃是一种以康德的名义所实施的返回到了费希特和黑格尔的运动。同样值得注意的是,第一次世界大战期间开始出现的对新康德主义的批判,以及借助对黑格尔主义的老式批判,特别是借助克尔凯郭尔的生存辩证法而进行的批判,都被工具化了,简直可以说是作为康德原创地位的某种恢复而出现的。然而,它们都在尝试某种形而上学的复兴,这首先曾经是18世纪的形而上学的传统,康德思想就根植于其中。随着新康德主义的自我消解,投向这一形而上学传统的目光才变得自由,在纳托普那里指向晚期的费希特,在海德堡人而最终甚至在胡塞尔那里——他本人并没有意识到——则指向了黑格尔。克里斯蒂安·沃尔夫,在正统新康德主义中遭到令人同情的蔑视的人,发现了新的兴趣,比如在比希勒、尼古拉·哈特曼、彼得·伍斯特、海因茨·海姆塞特等人那里,导向提升理性形而上学的价值,正如他们如今还在从事的康德研究。就此而言富有特色的是,尼古拉·哈特曼抛弃他的观念论的马堡学派传统,并不是从实践哲学生发的结果,而是以一种"知识的形而上学"的形式。康德早已不再是知识论者了——他重又被看作了形而上学家,但只是作为知识的形而上学家而不是立于实践哲学的基础,而他本人正是在此基础上重新建立了形而上学。

令人惊奇的是,同样是两位原创性的思想家,对于我们是长者又是同时代的人,在第一次世界大战之后致使对观念论的批判取得了胜利,同样将康德当作形而上学的标志,他们是:雅斯贝斯和海德格尔。两个人都要复兴形而上学,二者都为此而涉及到康德,当然,是在最为不同的意义上。雅斯贝斯的生存哲学,重复了康德以实践理性为基础建立形而上学的方式,海德格尔则根本没有关注实践哲学,他就在《纯粹理性批判》本身中看到了形而上学真正的重新发现。当雅斯贝斯抛弃新康德主义的形式主义论证的束缚,并将其"哲学"描画为完整的人格的成就时,这与康德思想的根本动机惊人地接近。这并不是说直接就关涉到康德——至少与柏拉图、普罗提诺或谢林没什么不同——或许连雅斯贝斯本人也根本没有意识到这一点,他关于哲学伟大传统中的人格之获取,多大程度上仍保留在康德思想的体系框架之内。不仅是其为《纯粹理性批判》之科学的世界定位设定的界限,也不仅是界限之逾越——界限处境或人的生存被迫进行这种逾越,符合实践理性的优先地位。同样,雅斯贝斯称作"形而上学"的东西,在超越中的逾越,或者说其密码的阅读,也是一种康德式的动机。雅斯贝斯由此重申,在生存哲学的词汇表中,实践理性的悬设准则,康德已经作为人的形而上学的自然倾向之论辩和实现而规划过了。这是一个吊诡的事实,即,雅斯贝斯对新康德主义的清算,实际上已经将他引向了康德的本来面目,比新康德主义本身曾达到的更近。我认为这表明,我们文化界的思想始终或尤其是被这样的问题所引导:如何调解人的形而上学之自然倾向与科学的道德和激情?其无名的威力支配着我们的文明。

非常吊诡的是,海德格尔虽然早期曾仿照胡塞尔反对新康德主义,但他却想到了康德,正如他本人后来所说的那样,将其作为

480　Ⅴ　人物评论

347 "庇护所",以便保障他自己的道路。当然,他同样一以贯之地反对先验自我的终极论证的理念,恢复了康德关于(知识的)两个源头的学说并提出了接受性的根本意义。吊诡的是,就是他这位试图返回到现象学的观念论背后并瞄向存在的时间性,瞄向"存在与时间"的人,却将康德本人在实践理性的基础上建立形而上学的路数弃之一旁。同样一以贯之的是,先验想象力(费希特就这样看)在他看来,预示着认识的两个源头之后的隐秘的统一,尽管如此,他却不可能把这种深藏着的根据——在此种根据中他看到了时间性——固化为所有论证的一条终极原理。当卡西尔在达沃斯,就海德格尔参照作为形而上学家的康德而对康德建立形而上学的伦理学基本态度提出异议时,这种对自由的放逐立刻就被海德格尔转化为"人之自由的自我解放"。这完全符合海德格尔后来的名言,即真理之本质就是自由。这句话终究意味着,自由之本质就是真理,揭蔽和遮蔽同样在其中发生。在《关于人道主义的书信》中声明的存在问题较伦理学的优先性,正适合于此。同样,当海德格尔后来在他1929年的康德书中看到了他自己道路的某种困难,康德在他看来根本也不是作为实践理性的形而上学家,而是作为少数思想家的其中之一——这些思想家没有对存在的问题视而不见,也没有处于形而上学的存在之遗忘状态中。

这期间又过去了半个世纪。见证人的戒律,就是不要超出人本身所看到的东西。当新的问题出现或新的视域敞开的时候,一些老去的见证人对于含义复杂的返回康德的报道就中断了。通过永不会中断的与康德进行的思想争辩,见证人就变成了合伙人。它们指出了多种方向。我想突出其中的两个,在这两个方向中,康德再一次不是作为认识理论家,而是作为形而上学家,成为了与我对话的伙伴。这曾经是核心之地,它将话语、符号理论和语言学的问题,都收入当前的思想活动之中。与康德的"物自体"概念相联系的神秘莫测的多义性,难道最终也必然由此出发而显现出新的光辉?新的课题和旧的概念陷入到多义的冲突之中,《纯粹理论批判》恰恰教给了我们这一点。赫尔德在他对康德的概念建筑术模糊不清的批判中所看到的东西,在具有新的分析或逻辑洞察力的时代,或许能够成为一种新的确定性。语词和概念的内在关系,语言的生命和通过概念的标称的内在关系,指示着理性的某种普遍性,在这种普遍性中科学的独创性与社会政治的机智性之间的对立最终得到调解——这是我们当今世界最迫切的任务。

由此就联系到了《纯粹理论批判》中没有明确说出来的某种别的东西。我指的是意义,即实践哲学对于知识和形而上学的理论问题所具有的意义。在《道德形而上学奠基》中,康德就坚定无比地指出,实践理性通过其思想式的论辩,内在地无法解决。这难道不能同样明显地被看作是人的形而上学的自然倾向吗?就是说,这种倾向敦促每个人内心去实施,当然也要求批判,然而作为批判的,它超越一切隔离者而将我们联结起来。康德在判断力中看到了人的理性的联结点。他的第一代追随者,特别是通过《判断力批判》的启示,就已经看到,康德通过这部著作完成了其批判的事务。在我今天看来,这部著作因为其涉及面异常广泛,如今似乎对我们的思想构成一种持续不断的挑战。两百年的人类生活经验以及分散到多种文化-历史领域中的旧知识遗产被带入到诠释学的对话之中,而这种对话始于康德1781年的《纯粹理性批判》。

"世界历史的一个新纪元从此时此地开始。"歌德的原文继续说:"而你可以说,你曾经就在那里。"对于"批判"事件,我们也可以这样说吗?说我们曾在那里?说我们就在那里?

(赵卫国 译,洪汉鼎 校)

23. 康德和上帝问题

(1941年)

当今研究哲学的人，如果遇到让他描述关于上帝问题的无理要求时，他一定会感到非常惊愕。哲学难道非要追问上帝吗？"上帝存在"这个命题，对于哲学家们来说，难道只是具有一个问题的意义吗？对于我们来说，哲学活动难道不意味着一项本身被交付给人之存在的事业，而它意识到自身与宗教的稳妥状况是相对立的？就哲学作为反对上帝的一种表决而言，海德格尔非常坚定地将哲学从根本上称为无神论，并正确地强调说，哲学对"罪孽"一无所知，甚至或特别是当它在人之此在的历史性动荡中认识到罪责生成的本质特点时。哲学的那种"无神论的"自我理解，显然与基督教的生存领会处于内在的敌对关系中——就罪孽与赦免的基本关系而言，基督教的生存领会不是被置于自身中的此在之理解，而是处于上帝的呼唤中，并在其赦免活动本身中被体验。这种区别的意义是一种排他性的意义。它同样也排除争辩本身，因为这不仅涉及到此在之不同理解——从上帝或从人出发——而且也因此涉及到此在之理解本身的各种不同意义。信仰的前提——或许同样也还保留了如此多的冒险之特性——不可能掺杂哲学活动冒险或假定的无前提性。所以可以断言说：根本就没有什么基督教哲学。这种断言一方面可以是基督教所意指的,路德就是这样说的,路德教的正统观念经常反复提及这种主张。但这种断言同样可以从现代宗教批判的基础出发来表达,于是就与启蒙运动的人性的自我意识相符合。

然而,实际上正是那一种完全确定的神学的或哲学的自我理解,才导致了那种无法调解的对立的极端后果。特别是基督教神学自身绝不会如此普遍地确信这一点。它会将问题认作是与理性神学相对立的自然神学问题或上帝的知识的问题,虽说这种自然的上帝知识不足以延伸到基督教神秘主义的深处。基督教当然是启示宗教,它从属于一种启示之本质,也就是说,一种启示着的上帝之本质及其活动,以至于其真理实质上也不可能以其他的、自然的-理性的方式被认识。人子的救赎行为,正如圣灵之降临一样,绝非单靠自然的理性之努力就可以接受。尽管如此,也还是有一系列的基督教真理(虽然不限于基督教教义),涉及到神圣本质的实存及各种特性,这些真理不通过启示也可以被洞见,因此或许也可以被其他宗教的直觉所应验。这种"理性的"神学在基督教的年代里曾经是本质性的——最高的——哲学的形而上学的一部分,一直到近代关于自然的经验科学所培育的知识规范下,哲学或知识的哲学概念登场为止。由此,所有思辨神学之批判的时钟敲响了,康德完成了这一批判。他针对传统形而上学的批判性转向造就了新纪元。从那以后,一个学理部分被从哲学中赶了出去,就在18世纪,那些最优秀的头脑还在为之殚尽力竭——上帝的证明。

尽管有康德之后涌现出来的大批观念论思想家所做的一切尝试,但如今再没有人会期待或指望哲学来提供关于上帝的证明了。

就这一点而言,康德仍然是获胜者。只要普遍意识并非经过现代启蒙就会直接导致宗教批判的结果,那它就仍然会这样来限制哲学的权限,即没有人苛求它背负上帝证明的重任。上帝证明现在是或仍然是一切理性的神的知识之前提——至少,一直到无神论怀疑的觉醒。实际上似乎就是这样,好像现代意识处于启示的信仰事实之外,好像哲学——在哲学里这种现代意识已经达到了其自身有意识的发生——已经完全或根本失去了上帝问题。

然而,如果人们认为哲学因这个问题的消失而变得确实可靠,那人们就弄错了。在不可动摇地坚持信念方面,哲学并不比神学有更多确实性。神学很难拒绝信仰要与理性相一致的要求。神学也一直有责任要回答自然的-理性的神的知识问题。而对于哲学,就人之此在所经验的界限,即罪责和死亡的极限处境而言,在我们面对命运的强力而软弱无力的本真经验之中,不设定上帝问题也很困难。柏拉图曾做过深刻的评注(在《法律篇》888c,通过一个年迈的无神论者之口,他本身是一个老人),他还从未遇到过任何一个人,关于诸神的看法是,根本就没有那些玩意,并且一直到晚年都保持着这种看法。在年轻人无拘无束的自由意识中,那些后来通过时间的力量重新得到承认的东西可能会被掩盖——就像被一种传染病所感染。而真理重新获得承认——至少通过承认诸神之存在,则被描写为精神之适度的、健康的状况,即使正当估价诸神的存在对于人的生活的意义已经不是必需的了。在柏拉图那里多处都表明,诸神并不关照我们,或者说,他们通过行贿很容易被收买。

由于这些说明,其实已经为我们重新思考康德所确立的并且今天还盛行的那种区分作了准备：无神论者压根儿就否认某种元生物（Urwesen）的存在，而自然神论者却肯定这一点，但不是作为一种有自由智慧的类人的生物，而是作为一种单纯的世界之原因；无神论者按照与自然的类比把这种世界之根据规定为世界之原创者。所以，在这种问题区分的范围内，柏拉图没有明言的见解是，生活经验必然引导着人。因此如我们所指出的那样，上帝问题一直是哲学的一个对象。

在这种情形下，去思考上帝证明的老问题同样是不可缺少的。虽说这对于我们的哲学活动的意义本质上不同于对于中世纪哲学，正是中世纪哲学最初搞出了这种证明。所以，我们不是在基督教教派内——这意味着以启示为基础——追问自然的-理性的神的知识之可能性，而是追问存在和人之此在这一哲学的问题。但是，作为历史性的认知者，我们本已的哲学活动，将我们再次引到上帝问题的基督教传统面前，我们曾经只能在基督教化的西方传统关系中来认识哲学。甚至当它有意识地从神学的基督教前提中分离出来的时候，甚至当它就方法而言被把握为无神论的时候，哲学的基本经验，正像借助语言或概念这些手段得以解释一样，仍然要通过西方基督教的精神历史得到规定。这是其一。哲学本身并非具有任何时候都同等的独立追问和反思的可能性，而是一而再再而三地在自己历史之进程中展示为那样一种可能。如果人们不（按照黑格尔）把哲学本身理解为这种历史的"结果"，而是简单地接受的话，那么，情况就应该这样。其次，我们可以推论说，在远古的、而现今变得不可信的上帝证明的外表中，各种方向都被指明了，在这些方向中，上帝问题如今同样还包含着各种活生生的哲学难题。因此,我们必将进一步考察曾在中世纪哲学中出现过的上帝证明,当然对于我们来说,关键的问题并不是上帝证明的历史,不是其在希腊哲学中的先行准备,不是其通过经院哲学逐步发展的逻辑形成过程。只是通过这些证明的历史,我们应牢记这一点,即对上帝之存在证明的关切与规定上帝之本质特性的知识,本身就表现出此消彼长的结合。最初是在安瑟伦那里,在11世纪,第一个纯正的上帝存在证明被构造出来了,就是康德所谓的"本体论的"上帝证明,因为围绕这个论证之意义的争执,于是又有了另一个,将老的论证做了逻辑上令人信服的扩展。历史地看,安瑟伦的本体论证明,也使得一种方式占据了重要的位置。

现在,我们想要探究康德那里的这些上帝证明问题,这不仅是因为他对这些上帝证明的批判曾具有我们一开始就提到的决定性的影响,而且首先是因为,康德将这些证明系统地还原到它们本质性的基本形式上,并且在对这些"证明"之证明力量的批判之中,使得奠基性的理性需求显露出来。众所周知,康德区分了四种证明方式:本体论的证明,宇宙学的、自然神学的和道德神学的证明,他把前两种证明归为先验神学,后两种归为自然神学。在前两种证明中,做出元生物推论的不是任何特定的经验,而只是一般经验,或者说,单纯的概念。反之,在后两种证明中,这个世界之自然的,或伦理的秩序的经验则被返回到其原则或世界之原创者上。所以,前两个证明仅仅相关地指明了某个终极的世界根据之存在(自然神论),后两个则导向有神论,这就意味着导向了一个具有自由智慧(Intelligenz)的世界之原创者的假设。因此,康德致力于这些证明的批判性探究的意图就是要指明"先验的"证明,即本体论或宇宙论的证明，其逻辑上的合理性完全或根本是依仗着一种辩证的幻象。由此可以推论说，任何思辨的（理论性的）上帝的知识根本都是不可能的。而自然神论的证明，尽管其本身可能有价值，但只是在与道德证明的关联中以及只在假设上才有效。

在我们检验这个批判之前，我们必须深入研究论证的内涵。首先是本体论要素，康德之所以用那样的名称，是因为它出自纯粹的概念、先天的概念，无须凭借任何经验。这就说明：*Ens realissimum*（最实在的存在者），这意味着集一切事实内容之全体于其中的那存在物，必然是实存着的（existierend），否则的话，对于一切其余的完满性而言，它就缺失实存之完满性。或者如康德所表述的：抛弃这些其概念包含实存的事物，将与其概念是自相矛盾的。所以康德指出，这个论证自身中包含了一个充满矛盾的前提。某个事物的概念就是构成其可能性的诸多规定，作为我自己所思考的，就是它的"谓词"。而"存在"（Sein）显然就不是那样一种实在的、构成"什么-内容"（某种"事实"）的谓词。它表达出这个概念之对象的单纯被给予性，而并没有因此就给概念本身添加什么东西。同样如康德所言，它涉及事物对于我的思想之整体状态的关系，就是说，那个客体的知识也可能是后天的，也就是说，它可能被包含在全部经验的关联中。用一句变得有名的话来说，康德举例指出了这里现有的"什么-存在"（Was-Sein）和实存（Dasein）的关系：真实的一百塔拉不会比可能的一百塔拉多一分一毫。那从最高存在物的概念推论出其实存的人，也很少产生真实的洞见，就像一个商人，如果为了改善他的状况，他确实可以在其存折上加几个零。人们必须放弃思辨理性的那种自欺欺人的妄想。从观念中从来"挑不出"某种实存——所有这一切无非只是矫揉造作的经院哲学。

这就是康德对本体论证明的批判。康德并不是第一个反驳安瑟伦证明的人。同样的批判最初通常只会产生有限的后果。例如托马斯就同样反驳过这个证明。但康德的批判比以往所有批驳都更具深刻影响,因为在其余的思辨的上帝证明那里,康德同样将论证的辩证幻象认作它们真正的核心,因而所有其他证明都因这一点而垮台。在我们对隐藏在这里的问题进行说明之前,应尽快结束康德的批判性表述。

如果本体论论证是从最高"实在性"(＝事实内容)推出其实存的必然性(表露出实存的必然性),那么宇宙论证明就是从一个存在物先行给出的无条件的必然性推出其无限的实在性。这个证明由此而吸引人,即它从经验——或更准确地说:从所有可能经验之对象,从现实的世界出发。如果某事物存在,那么某个绝对必然的存在物就必然存在(因为上述一切偶然的东西都有其原因,而诸原因之系列必然始于一个绝对必然的东西)。于是康德指出,从必然存在物的实存推出最实在的存在物,从根本上来说,乃是已经以相反的本体论推论作为前提。[从逻辑上讲:这是一个 *conversio per accidens*(偶然的转换),由 *conversio simplex*(简单的转换)所导致。]按照康德的意思,仅这一点就已经足够提揭示这个论证对证明力的要求,根本用不着考虑那些针对将原因概念运用到那些处于经验彼岸的必然存在物的所有批判性驳斥。这种运用导致了这些论证的辩证幻象进一步加强,并给它造成了一种特有的、独立的论证的错误假象。一个 *per se*(本身就)必然的存在物已经包含着本体论论证之荒谬，其概念中本就应该包含着其实存。所以，在绝对必然存在物的先验观念中，康德看不到一个理性关涉诸物本身的客观原理，而只是看到一种理性的主观原理，一种起调节作用的理念。只是为了给我们的知识带来系统的统一——我们理性的一种确切的合理要求，人们必须假定一个最初的必然根据。所以，这仅仅是一个"似乎"，如果此词被"实在地"理解，则更加剧了本体论论证的假象。

最后是自然神学的论证。它从世界之特定状态，其秩序性、合目的性和完美性推论，推出一个集一切可能完善性于其中的最初的或本源的原因——这样一个推论直到今天还保持着很高的声望，并在康德那里也同样得到相应的褒奖。实际上，这个论证的出发点自然而然且无可厚非。按照自然的合目的性——这是一个作为研究之有益引线并且总是一再经受住考验的假定——我们可以从一个较大力量和完美性中推出一个相应原因。但是，如果人们更精细地考察，就会发现，沿着这条经验性的道路，始终只能推论出不确定的-相对的大原因，而从不可能推论出绝对的整体性。固然，它一定是一个比任何人都更伟大的理智，但绝不是人们称之为智慧的最大可能的理智。基于这一点去推论，在我们内心已经先行设定了（自然目的）的全知性。在这里——康德指出——本身必然的存在物仍然不是从偶然性推知的。而这就意味着，这种臆想的经验性的上帝证明，就其还没有展示出其真正的对象，而是停留在经验性效果的范围内而言，其实仅仅是经验性的。但如果这种证明不是单纯地扩展出人的理智之外，而是意指着某种神的理智，那么，它就以被批判过的宇宙论-本体论的证明方式成为先验的证明。因此后者，即本体论的证明，乃是唯一可能的、思辨的上帝的证明——而它恰恰被表明是辩证的。

因此，全部先验的神学都仅仅是消极的使用，而不是教义性的使用，这就是说，只有在以下前提下才是有用的，即最高存在物在另外的、或许实践的关系中才会被确认。于是，其作用就在于正确地去规定上帝概念，并反对教义式的规劝。这实际上就是康德的意思。只有一种上帝的道德证明，这一证明建基于实践理性对于责任与幸福的配当的无法拒绝的要求之上。这个推论同样只具有假设的特性，但它不是像迄今为止为了更好的存在知识所必需的那样，而是直接从伦理的范畴特性中导出，并因此是指向实践的。只有在这种基于终极目的的伦理-神学证明的前提下，思辨的证明，特别是自然神论的证明，才得以某种补充性的资格出场。

毫无疑问，对于康德来说，这种实践意图的上帝证明，曾是其批判的哲学活动之真正的和最深层的动力。他本人是这样说的，他破坏了知识的权利，以便为信仰留出地盘。同样毫无疑问的是，康德绝没有完全无视理性的自然需求，甚至那作为理论性的上帝去认识的需求。但引导着他的确凿的信念之尺度，本身范导性地充盈于义务和自由的实践确定性中，则战胜了一种批判的思辨理性。这个批判否认了关于上帝实存的理论性知识，因为它将一般理论理性的认识限制在可能的经验之领域中。批判的这种消极的，而不是实践的-积极的方面，只在一般意识中——主要是由于新康德主义将哲学定位于科学——才会得到承认。所以康德的义务观念发挥并保持着它的影响。而以之为基础的思辨性神学，则正如被康德所批判的传统的上帝证明一样，被人们遗忘了。

如果我们现在转向那些体系哲学的问题——这些问题今天仍然活生生地保留在这个历史上过时了的康德论辩中，那么，黑格尔为了重新提出这个证明之重要性而关于其意义所说过的话，可能为我们做了事先准备："似乎本质上或仅仅通过其知识和对它们确信，就可以导致对于上帝之实存的信仰或确信，这当然是不合适的。"黑格尔将这种主张类比于这样的想法，即似乎不按照化学、植物学或动物学的食物研究，我们就不可能真正地吃饭。哲学毋宁说本就是对各种宗教观念的反思，思想本身就是活动在这些观念之中。所以，诸上帝证明就是思维超越感性而通往上帝的方式，因为它们就是对虔诚之超越（提升）的反思。而这就意味着，上帝之实存的证明，无非就是思维性地通过其必然性、智慧等诸多方式认识上帝。关于上帝之实存的问题恰恰不可以被贬低为那样一种生存证明，那种生存证明追问一个本身不可知的、具有经验对象的存在方式的存在者。毋宁说，它必须追问作为上帝本应所是的东西。

让我们以这种提问方式检验康德的证明及康德对它们所做的批判！什么是那到处都承载着的本体论论证的哲学之核心呢？我们可以借用舍勒的话说：当如下情况发生的时候，即在一系列的观念中，一切都活动自如，都可以无限制地混杂，将来和过去可以以同样的方式结合起来，由此对思想来说，一切现实的东西也同样变成其随心所欲的漂浮无据的可能性，它将其自身思考为一切现实的主人。而这就意味着，在自我意识中，思想者从中制造出他所思考的一切，他追问一切，甚至虚无之可能性。与此同时，哲学却应该揭示"什么"（Was-Sein）与"如此这般"（dass-Sein）的区别，被思考的可能性与现实存在之间裂开的深渊,展示康德的伟大主题,基于经验的认知理性之依赖性,同时还包括现实存在的不可捉摸性。究竟为什么有一个世界,"我"究竟为什么,或怎么就存在着？为什么虚无不存在？正是虚无的这种深渊,存在之偶然的令人毛骨悚然的经验,才将理性导向基于本身必然的东西,即上帝;或者,如舍勒那样,他将从世界偶然出发的这种宇宙论证明看作是合情合理的,他说,与自我意识或世界意识同样原始的恰恰就是这种上帝意识。使上帝得以证明的既非出于世界,也非出于"我在",因为世界意识、自我意识以及上帝意识(当然,只有上帝概念作为世界之必然根据)形成了一种不可分裂的统一。

现在,让我们来思考康德对这种宇宙论证明的批判。康德发现了一个无条件必然性概念中的内在困难;作为本体论论证的弱点,作为绝对必然的东西,理性所认识到的只是那出于其概念而必然的东西。"无条件的必然性,作为我们所要求的一切事物之并非可有可无的最终承载者,对于人的理性来说是真正的深渊。即使永恒性,哈勒将之描画的如何崇高伟大,远都不能给内心造成眩晕的印象;因为永恒性只是衡量万物之持续,但不能承担它们。我们既不能抗拒这种思想,但同样也不能忍受这种思想,即一个我们想象为一切可能的存在物中最高的存在物,仿佛在对自己说:我是从永恒到永恒,在我之外一无所有,除了那些仅凭我的意志而存在的东西;但我究竟从何而来？在这里,一切都在我们脚下坍塌了,最大的完美性和最小的完美性一样,都毫无支撑地仅仅漂浮在思辨理性面前,不费吹灰之力地使这个和那个同样都消失殆尽,对它来说不算什么。"(B 641)

我们看到，康德是激进的。本身必然的东西是一种不可理喻的东西，所有我们通过理解所设定的东西，也可能不存在。从概念中绝推不出存在。这道鸿沟无法跨越。

但对本体论论证的这种反驳，对于我们来说比对于康德来说，具有某种严肃得多的面貌，因为自然的经验知识有如实践理性对上帝的信仰一样，恰恰通过康德的批判发生了影响。对于我们而言，思辨理性的虚无主义自尼采以来已经演变成全面的虚无主义。不仅是上帝已死，自我或世界也都不再"存在"，而且，仍还存在着的，唯一或唯独就是求强力的意志，对于它来说，真理就是一种服务于保持强力的价值。世界向来都是推动着生命的某种解释。"我"同样也不是直接被给予的东西，而是强力意志塑造的视角性幻相。如果我们注意到活生生的或现实的上帝问题的话，我们就必然将这种激进的虚无主义思考为德国观念论发端的致命后果。

我们回忆一下第一位预期了这种观念论的基本开端直到其最终的形而上学结果的人：莱布尼茨。作为激进化的笛卡尔主义者，他将 res cogitans（思想物）的存在方式奠定为真正的形而上学世界观的基础。单子是"思维着的"统一。在其前定和谐系统的天才假定中，单子的多元论联结成一体，其中每一个单子都具有其各自的世界，诸单子就是存在之诸视角——无视角的存在对于我们来说根本不可思议。正如身体和心灵的前定平行论那样，我和你在我们的世界感知中，正如在我们的互为存在中一样，也遵循着预先形成的严格对应，以至于在每一个单子之最完整的、没有窗户的个别化中，世界之协同性或具有共同性的整体世界成为可能。上帝如此精确地调整着所有的钟表，以至于它们全都敲响同样的存在之钟点。在莱布尼茨看来,情况就是这样。然而,对于求强力的意志的现代多元论而言,如果根本就无一物存在,仅有的只是意志之力量斗争中的各种解释,那么用什么来担保世界之统一,担保协同性或共同性呢?我们通过天真的世界信仰而拥有的或认之为真的共同的世界,本来只是一种求强力的意志之形式。它是真或假,没有什么区别——正如它是好或坏,同样也没有区别。问题是:在这里仍然活生生地留有上帝的问题吗?它难道被笼罩在关于真实的存在问题之中了吗?对于某个真实的、认识着的认知活动而言,存在问题不仅仅设计了生命的视角,显然正如单子之"多"对于其和谐的神圣发起者那样。尼采并不否认这摆在思想面前的问题。他的疯狂的狄奥尼索斯神就是这样被思考的。他本就给"生成"本身打上了"存在"的印记。

我们将尼采的虚无主义理解为近代主体主义之登峰造极,哲学通过自我意识之主体性的奠基,终结于本身首先包含着或形成着意识的生命冲动之原动力。观念论终结于求强力的意志。

因此,在我看来,实际上这里存在着一个普遍的哲学问题,而上帝问题作为意味深长的问题蕴含着:一个超个体存在的问题。自从中世纪唯名论的亚里士多德解释以来,真正的存在者就是个别的个体。所有普遍性,类或形式,概念、观念或法则,都只是次等的,是理性从多到一进行综合的产物。这一基本前提同样奠定了康德批判本体论论证的基础。从完美存在物的观念中,和从任何一个观念中一样,从来都不能推出该物的存在,这种存在始终只能出自其经验关联中所遭遇到的对象。但一个"观念"从不可能在经验关联中,就像"最大"这个观念从不实在地(*realitas*)被遭遇到。

而问题是,康德批判的唯名论前提是否符合实情。

康德对本体论论证的批判,以及对所有思辨的上帝证明的否定,无论对安瑟伦本人,还是他中世纪的对手们,都是不公正的,这件事不容怀疑。安瑟伦自己早就针对高尼罗对其证明的批判直接强调了这一点,即论证中并不涉及某种从概念到现实的任意推论,而是说,在这个论证中,这个结论只适合于就伟大而言不可能再思考比之更伟大这种无与伦比的情况——之所以如此,显然是因为这样被思考的东西,已经在信仰中通过所有和其他可思想的事物或存在者进行比较而突显出来了。只有这样才能理解,这种最大-观念(思想)的力量通过自身导致存在。与此相反,康德将上帝的观念和那些在表象中被思考的一般事物相提并论——因此他以一百塔拉做例子。但这种等同乃是基于把存在概念等同于实存(如此这般),等同于与之相应的"经验",而这些经验又是关于那些以纯粹的直观形式被个别化的或通过"科学"及其测量术可以被确定的东西。相反,中世纪的这种上帝证明的使用,始终奠基于一种"实在论的"存在之理解,这种理解因存在本身而区分不同的等级和层次,某种创造的秩序同时包含着基于某个最高存在方式的存在者之内在秩序。

我们这里不能再继续讨论了。然而,问题本身还是提了出来,如果我们以观察的可证实性来评判真正的存在之本质,并由此将自然科学看作真正的或唯一的经验形式或科学的知识的话,那么我们是否能胜任我们的经验和哲学对我们提出的任务。有机体的存在多于单纯的个别物理-化学过程的总和,这一点可以通过科学的经验观察来得知。我们考察植物的方式一定不同于考察动物的方式,因为它们两者本来根本就是不同的。所以,除了广义的物理学之外,还有其他形态或行为之原始的科学经验,所有这些都将我们导向中世纪"实在论"的真理,正如同所谓的"客观精神"、语言、风俗、城邦、艺术等诸多现象。在17世纪和18世纪现代科学的唯名论前提下,理解这些客观精神的形成困难重重。它们只存在于此时此地的个别个体(其"承载者")之中,而不是说,个别的个体仅仅存在于此时此地。只要城邦、风俗或语言存在着,而形成这些事物的力量在他们身上表现出来,或者说,城邦之普遍性只有出于个体之自由的权利——通过平和的交感——才能发挥其作用,那么这就绝不是对现实的存在秩序缺乏解释。(因为针对存在的眼光被遮蔽着)现代人面对存在的行为方式是致命的。以唯名论为基础的科学之普遍扩张,无疑是基于对通过它所获得的知识的不可怀疑性。但以这种方式可知的东西,并不能穷尽真实的值得认知的领域,这是一种同样有说服力的经验,就像那臆想的自由之界限的经验,因为科学所确保的能力在于对自然和内心的支配。所以,恰恰就是自由之界限——能力或知识之界限——的经验,我们的所有被超个体力量所规定的存在,基于其上的现代的先行预设,成为值得追问的,个体并且首先是个体的人,扮演了存在者中 *ens realissimum*(最实在的存在者)。历史、命运、死亡、本身无限认知着的精神的有限性经验——这些界限经验,就是与康德批判的基本经验相符合的现代相应物。① 康德超出其对思辨形而上学的批

---

① [埃里克·弗朗克强调说,卡尔·雅斯贝斯是新康德主义者中真正的康德信徒,对于其进一步的思考(参见《哲学的知识和宗教的真理》)我已经在《神学展望》(*Theologischer Rundschau*)N. F. 18(1950)第260—266页中讨论过了。]

判而得以建构了一种道德形而上学。最近，雅斯贝斯还曾以类似的方式，以那种人的"生存"之基本经验为基础建立形而上学。现代主体主义是极端的，也就是说，同样是道德虚无主义的，而人对其自由必然要看作是无限制的，在这种情况下，如果他体验自己的界限，他就会被其先行预设之整体（不仅在思辨的方面）所震惊。因而他将重新亲近"实在论的"存在之理解。这就是在古代完全或根本不证自明的"实在论"在我们的境况中的意义，即它并不是首先必须为一种被唯名论化了的经验之傲慢赢获超个体的存在之现实性经验，而是说，希腊人在普遍、共同或联合的存在中，看到了存在之更高的现实性，就像欧里庇德斯可以简单地说："拥抱朋友——这就是神。"

这种对神圣性事物的"人文主义"经验，或许只有在荷尔德林的诗中才可以得到最令人信服的表达。它们不足以胜任基督教的上帝概念的要求，这样说并没有错。但只要当今的哲学活动敢于沿着古老的思想道路开始，那么，思想者或许就要再次学着从上帝概念中去发掘古老的内容。

（赵卫国 译，洪汉鼎 校）

24. 施莱尔马赫的语言问题

(1968年)

在我的哲学诠释学①尝试的系统关联中，由于我把心理学解释方式的意义强调为施莱尔马赫本己的东西，从而我就把施莱尔马赫的(以及狄尔泰的)功绩本质上拉进了批判的揭示之中。事实上，在后观念论的世纪，心理学有着明显的推进，比方在施泰因塔尔(Steinthal)那里。面对他，我提出了语言性对所有的理解所扮演的普遍角色，以及它让所有说话者的个体性，包含其自我理解和其"意图"在内，退位的普遍角色。②

由施莱尔马赫手稿③的新出版所引发的讨论，现在已经促成了这样的成效，即语言问题对施莱尔马赫而言，已经完完全全是核心的问题了。虽然出版者基默勒(Kimmerle)认为，在施莱尔马赫的思想中，语言的中心地位并没有足够被确立，而且还沉入到了心

---

① H.-G.伽达默尔:《真理与方法》,(1960年)1965年,第172页以下、第205页以下。[参见我的著作集,第1卷,第188页以下、第222页以下]
② 同上书,第449页以下。[我的著作集,第1卷,第478页以下]
③ Fr. D. E.施莱尔马赫:《诠释学》,按基默勒新编辑并导言的手稿(海德堡科学院版,1959年)。[也见新近 M.弗兰克(M. Frank)编:《Fr. D. E.施莱尔马赫——诠释学和批判》,附有施莱尔马赫语言哲学文本的附录和一篇导言,法兰克福,1977年]

理学的东西之中。但是雷德克(Redeker)这位狄尔泰《施莱尔马赫传》④第2卷的出版者,新近却相反地强调说,施莱尔马赫是更强烈地归属于"客观的"观念论,而摆脱了错误的心理主义。如此一来,就显得必须要真正地去探究语言在施莱尔马赫诠释学思想中的地位了。⑤

假如人们在早期诠释学的格言中发现了这个命题:"诠释学中所有作为前提的东西只有语言,并且所有要寻找的其他客观的和主观的前提所属的东西,都必须从语言之中被寻找"⑥,那么这个命题就显得是一个具有最重大原则影响的命题。现在这个命题是作为对埃内斯蒂(Ernesti,1707—1781)诠释学的一个注释被记录下来,并且是从这个处境中被理解的,正如施莱尔马赫在他自己的草案中已经看到的。因此这个命题首先是论战地反对着灵感神学,并且反映出施莱尔马赫与"文法学派"紧密的连结。当然在其中有着一个普遍的问题。语言在此究竟以何种方式使得:理解的诸多前提唯独从语言之中被赢获?

为了处理这个问题,我们落入一个麻烦的处境中。施莱尔马赫虽然在他的讲课中重复地讲演他的诠释学,但却没有将它们作为《1829年的两次学院讲话》⑦加以出版。而吕克(Fr. Lücke)编

---

④ W. 狄尔泰:《施莱尔马赫生平·第2卷:施莱尔马赫作为哲学和神学的系统》,M. 雷德克(M. Redeker)编,1966年。

⑤ 参考这个期间由基默勒在他的《后续报导》(1968年)所给出的文献综览。

⑥ 《诠释学》,第38页。

⑦ 同上书,第121页以下。[也见 M. 弗兰克,前引书,第309页以下。并且在我和 G. 伯姆(G. Boehm)编:《哲学诠释学选集》,法兰克福,1976年,第131页以下。]

著⑧的诠释学讲课版本既使用了施莱尔马赫的手稿,也使用了不同时期的遗稿。目前,施莱尔马赫的诠释学手稿是被基默勒重新加以出版。⑨ 但这是相当粗略的。施莱尔马赫自己在他的第一次学院讲话开始的边注中自己承认道,他的讲课"因为我自己的部分不幸和部分厄运,以至于既不能在之前,也不能在之后撰写成文,也不能发展成为纲要"。他的学院讲课只是想确立一些在他的讲课中处理事情所依据的观点。"对于这些事情一些关于主要观点的考察在引用的两篇文章(阿斯特和沃尔夫)中变得相当方便。"⑩

现在施莱尔马赫在其辩证法的框架中以及在其伦理学的框架中偶然地处理了语言。很幸运,刚好那时一部巨著《诠释学研究》被出版了,这是威廉·狄尔泰还是年轻的学者时所撰写的,并且在其中他指明了施莱尔马赫诠释学思想得以产生的历史背景。⑪ 狄尔泰也把辩证法和伦理学拉入其中。虽然语言问题既没有在思想的学说中,也没有在伦理学中扮演核心角色。但是,有一些东西可以补充从这些讲课中关于诠释学所说的东西。

《伦理学》⑫中这样说道:"从语言的方面来看,诠释学这门技艺性学科源自于:每个言说只有作为客观的呈现才会有效,就它从语言中被提取和必须从语言被把握而言;但是另一方面,言说只能

---

⑧ 《施莱尔马赫全集》,Ⅰ/7,1838年。
⑨ 参见前注③。
⑩ 《诠释学》,第123页注4。
⑪ 《施莱尔马赫生平·第2卷》(参见前注④),第595—787页。
⑫ 指《一个伦理学说系统的草案》,A. 施魏策尔(A. Schweitzer)编《施莱尔马赫全集》,Ⅲ/5),1835年,第306页,注4。

作为某个个体的行动才会产生,并且尽管它按其内容也是分析的,可是作为这样个体的行动从其少数本质的要素而来,在其自身仍然包含着自由的综合。这两个要素的平衡就使理解和解释成为艺术。"这立刻使我们能够首度地确立这一点:诠释学之所以被定义为技艺,乃因为它呈现为两种观点的平衡,在这两种观点下人们可以观察到要被解释的言说是作为客观的呈现和作为个体的自由作为。在这里呈现的技艺(Kunst)概念显然是辩证地被思考,它作为双方的平衡。如此一来,首先我们要提问无技艺性(Kunstlosen)这个对立概念。什么叫作"无技艺性的言说"(kunstlose Rede)?并且相应地,什么叫作"无技艺性的理解"(kunstloses Vestehen)?

施莱尔马赫对此的说法并不十分清楚。一方面听起来好像如此,没有技艺的言说一般而言只存在于思想以一种内在言说的方式完成的地方。这是传统的 *verbum interius*(内在话语),也即思想——种(*species*)本身就是自行建构在思想之中——的完成。因为在这里完全不存在要去适应他者,也就是说没有传达的意图,是的,还没有要为其自身进行固定,以便人们能够向其自身回归,所以在这里一般而言并不需要努力求取理解的出发点。按照奥古斯丁的传统,这个 *verbum interius*(内在话语)相应于现实人类语言的差异性也是无差异的。诠释学在这里是多余的。但是就像施莱尔马赫所强调的,假如每个话语都是一个生动活泼的重构的话,那么诠释学也是多余的。所以就不需要有任何诠释学,而只需要技术的批判。[13] 这显然就应该意味着,假如人们设想,话语是这样的

---

[13] 《诠释学》,第 37 页。

生动活泼,它完全只是从个体性的中心点产生出来,并且因为没有任何语言习惯对立于言说的自由形塑,所以就没有经到"实证的东西"(在黑格尔以及同时代的语言用法的意义中)的任何限制。那么这就意味着,话语在某种近似的说法中,就像是自由创作的(dichterisch)话语,在其中语言的技艺家在其使用语言的方式中同时道出了他的个体性。假如语言完全像是如此,它只是某个个体性生动活泼的表达,那么诠释学事实上可以被技艺的批判所取代,也即被这个生产行动的再次实行(Nachvollzug)所取代。

这意指的事实在另一个谈论着和自然很近的人类的地方[14]被证实了,在那些近乎自然的人那里,整个思想都被消融在语言之中。这里显然是意指学习语言的模仿行为,没有任何语言学的反思,没有为了实行语言运动的规则、文法和语法该具备的知识。在这里也没有为了诠释学的开端。这两种描述的情形是直接性的极端,它们间接规定了诠释学真实的位置。诠释学总是和个体-差异的生产与同一的习俗之间的张力有关。语言技艺家的例子,它作为创造者(Dichter)个体地处理语言,并且把某个新的个体化带入到语言之中,这例子的确不会想要说道;这个语言技艺家真的没有被介于主导语言使用的同一物和普遍物与自己的个体性之间的张力所主宰。这一点也在施莱尔马赫关于不同文学类别的陈述中被证实了。那里有着像是抒情诗以及书信这样的类别,它们特别允许一个高度的个别化,以与比如是历史的散文或者戏剧相对立。绝对地看,这样相对细致的差异证实了:个体的东西和同一的东西

---

[14] 《诠释学》,第62页。

的对立主导了每一个语言处境。因此,在这些对立之间找到平衡,就是诠释学的任务。

施莱尔马赫曾在一个例子上描绘过诠释学的主动性,这个例子特别具有启发性,这就是在儿童语言学习上的例子。"每个儿童只能通过诠释学走向字词的含义。"⑮施莱尔马赫如此刻划在语言学习的创造性年龄的儿童。有时候大人会在那里嘲笑,儿童用以尝试那些不会变成规矩(Konvention)或者不再是规矩的语言可能性的结果。但是对儿童来说,语言学习也已经不是简单的某种自由的生产(Produktion),而总是企图适应习以为常的东西,也就是适应同一的东西。就此而言,某种巨大的任务必须在这里真正被完成,也即把某种对于本源的生动活泼性来说是一种抵抗的陌生物、普遍物和同一物要进行内化,使之成为自己的。因此这就是诠释学做出的东西。现在我们在儿童的小学阶段的年纪中看见语言方面稳固的进步。这种进步意味着原始的生动活泼性的限缩,但同时总是有可能对此有更多的反思,即对正确物的意识、对语言使用的规则的意识,并且最终把自己提升到诠释学反思的理想,在这种理想中个人的生产性和普遍理性的思想就像是在一个重新造出的直接性之中能够统一起来。⑯ 这仿佛就是诠释学的理想。然后诠释学藉此仿佛也就到了终点。但是这只是一个理想,因为"不理解从未想要全然地自行消解。"⑰

---

⑮ 《诠释学》,第40页。
⑯ 同上书,第141页"……源自这样的方式,就像思想的连结和分享所运作的那样,也像在理解时必须被运作的那样,在其中一个完备的脉络能够被呈现。"
⑰ 同上书,第141页。

在这里我们触及到施莱尔马赫对理解和诠释学居于中介的进程的考察方式的根源。这根源在个体性的概念里具有一个形而上学根据。个体性按其本质在共同物的普遍性中从来不可能完全消解。因此,在人与人的互相理解中,对于最善感的灵魂而言陌生性也是不可消解的,"因为每个人就其个别的存在而言就是他者的非在"。⑱ 如此一来,同一性和个体性之间的伦理的-形而上学的张力,作为语言使用和自由的思想生产的对立,就成为诠释学问题的基础。

然而,儿童语言学习这一面向恰好教会我们,个体性和同一性的二元性自身已经归属到话语。施莱尔马赫区分两种解释的基本方向,即文法的以及心理学-技术的方向⑲,二者对应于这种二元性,但恰恰因为二元性自身归属于话语,因此二者恰恰原则上彼此不能分开。它们二者属于理解的语言性。话语既要回归到普遍的语言使用,又要回归到说话者的特殊性,这把话语之为话语的过程阐释出来(auslegen)。因此它们不可分离地共属一起。现在施莱尔马赫强调道,两种诠释学的考察方式中的每一个都追随理想的目标,即要全然地穷尽它自己的可能性,以至于它要使对方变得多余,更精确地说,让它的结果在其自身共同显现。作为个人自由行动的话语就好像是在一个生动活泼的再次建构中(Nachkonstruktion)被理解。在这里引导理解的规范概念(Normbegriff)是原初之物(das Originelle),而解释的方式是心理学的,它澄清如何把原初的话语

---

⑱ 《诠释学》,第141页。

⑲ 同上书,第80页以下。

从个体性的生命整体来自行推导出来。另一方面则是古典的话语。它是"最富有生产性的并且是最少被重复的",藉此它显然就有典范的有效性,也就是"对于后续的生产带有限定作用"。[20] 它就是文法理解的最大值。这里话语的完成就在于创造一门"新语言"的语言印记,并且同样地理解的理想相应于此。两种考察方式都朝向话语的极端可能性,并且将在实践中每每按照话语的特征不同地证明自己。但是显然两种考察方式同时发生是其理想。施莱尔马赫称此为"天才的"[21]。对立于天才的,作为最小值,作为零值的是在纯粹重复的连续性中的语言,天气报导这种类型的话语,它对于心理学的以及对文法的解释来说都没有变成真正的兴趣。但是当然这也只是涉及诠释学的最小值,而不是涉及绝对的无。

现在对于我们真正去追问语言之为语言对理解所扮演的角色,这种对诠释学任务辩证的改写恰恰不是有益的。显然这意味着搞错事情了,假如人们一方面就个别的话语和个别的说话者显现为语言的工具(Organ)而言,在语言中看见解释的Skopus,并且另一方面言说作为在思想进行中的事实,也就是完全不是作为语言而被思。两个极端让这个至关重要的事情变得不清楚,即个体性和同一性在语言中在多大程度上彼此互相穿透,以至于语言虽然一方面在本质上是共通的,但另一方面在本质上又是不同的,也就是不同于所有其他的语言,或者不同于其他时代的语言,并且它作为如此被限定的东西恰恰同时意味着个别的逼迫和自由。因此

---

[20] 《诠释学》,第83页。
[21] 同上。

我们被指回到这个问题:语言究竟是如何在此的?

施莱尔马赫在这里联系到他在康德和费希特身上找到的图式论(Schematismus)学说。他把字词的起源解释为源自图式论的过程,图式论是在归纳的操作过程中进行的,有如孩子所采取的。由于它在自行重复的东西上标举共通的东西,图式构画出自身,这意味着一个按它自己本质可挪动或者可移动的图像,在个体中显现为一个更普遍者的图像构画出自身。然后这种对于更普遍的图像的直观形成字词的固定。其他更多是演绎方式的操作,被意识到的规则正义,一致的平衡等等也参与进来,它们最终终结在概念的系统和术语里。施莱尔马赫藉由常用的植物名的大众语言和对同一名称的科学标定的差异作为例子,他相当直观地指出,这个最终的状态是某种完全新的和人为的东西。

我们当然必须去追问,对归纳的图式化过程与演绎的理性过程的相互把握是否可以对语言问题在诠释学方面给予一个充分的基础。"大众语言"是否只是还没有进步到"科学的"语言的道路上?对于施莱尔马赫在反对所有指向灵感理论的语言使用的语文学反思中试图去掌握的语言意义的那个普遍学说,他的企图是具有伟大价值的。他藉此为埃内斯蒂的语文学经验获得了一个理论的基础。因为图式的学说有可能使含义问题远离所有理性主义的歪曲。字词的含义自身拥有图式的特征。这一点想要说的是,含义不是单一地向着某个特定的使用领域,或者向着某个对象范围被确立。可挪移性恰好属于图示的本质。所以,源自古代修辞学和源自文法的关于本真含义和非本真含义的著名区分,更多地是表达僵化的流派约定,而不是表达言说事实上的生动活泼性,后者由于含义图示的力量不能确立这样的区分。虽然语言之为语言的现象总是拥有朝着同一者的方向。因为知觉的直观的图式论在字词中被固定，字词已经涌向理性的共通性。但是含义自身保持着图式的特征。这一点埃内斯蒂已经认识到了，特别是他在语言使用的探究中关键地注意到了历史的维度。

现在，施莱尔马赫显然引用了这一点，即语言使用总是让说话者变成语言的纯粹工具，并且在一门语言的使用中，文法的意识实际上越强的话，对图示的东西的演绎过程的力量也就变得越强。虽然这个过程可能凝固在个别特殊的概念系统中，比如成为术语的单义性，但是语言之为语言从不会让含义的可挪移性完全终结，这一点显然属于语言的存在方式。我们这个世纪一门单义的技术语言的理想的讨论已经教会这一点，并且也揭示了每一门语言，在母语和元语言（Meta-Sprache）的交缠中具有本质上的普遍性要求。语言的实际生命是这样来自我实现的，即每一个重复都不只是保存，而且还是变化，以至于本源的含义通过新的含义的确立从语言中下沉（施莱尔马赫称此为"词源的异化生成"），然而还是处于语言之中。对于个人而言，这当然意味着，他听命于语言的使用，并且就此而言，在参与到一个语言共同体之中，它涉及到一个道德实践的特殊要求：应该要听从同一性，并且要听命于理性。但是人们一定会自问：语言之为语言是否寄居在一个同样的目的论，以至于它会在严格的单义性中终结自己？整个字词的智性化（Intellektuieren）就是所有语言必然的命运吗？就像按照维柯所言，真正诗性的时代是处于我们之后？或者只要语言就是语言，语言就必然地会一起参与到反个体化的运动之中吗？

在施莱尔马赫那里,始终只是在这个脉络下谈论着语言技艺家,谈论着诗人。但每个说话者却共同实施着个体化的反对同一性的反运动,这一点却也是在事情的结果之中。这一反运动显然不是局限在含义的生动活泼化,这意味着不是局限在图像的可挪移性,并且也不单单局限在其语言的结合中。不只是语言的表达,而且恰恰该表达所意指的东西可以是原初的。不只是语言的世界,而且常规观点的世界也被每一个人持续地加以个体化。人们可以在一个全然非个人的语言之中去说非常个人的和原初的东西,并且可惜的是,反之亦然。言说是一场球赛,比生动活泼的沟通更多,这个极端情况相反地把言说的实际生动活泼性显现为正常的情况,并且它自问:这种生动活泼性处于何处?它一直仅仅是自由个体的行动吗?并且它一定要回头关联到个体的生命全体吗?但什么是个体的使用呢?个人的原初的观点或者个人的原初的字词的使用,也就是风格吗?两者都是生动活泼的言说和理解的任务,但只有后者在语言之为语言中才是在此的。然后可以问:是否言说的个体化只能从个体来被理解?言说不是被起主导作用的语言使用丢弃在自由的场域中了吗?这个如其自身的自由场域从如其自身的语言使用而来,被不属于个别性的个别表达的特殊性和任意性充实了。假如这是正确的,对于诠释学而言就会产生把施莱尔马赫对现象的辩证处理加以捣毁的结果。

现在人们很确定可以把所有限定语言共同体本质的社会现象也解释为一个由纯粹的个体的个别行动组合起来的集体过程的结果,在这个过程中一个群体的语言的特殊性形塑出来。所以施莱尔马赫和威廉·洪堡都非常相似地认识到民族(Nation)的语言统一性和世界观。在这里施莱尔马赫把个体的"语言圈"的言说转嫁到民族,并且认识到,民族语言圈的差异性总是非常近似地在纯粹思想(作为"争执")的辩证实施中调节着[22]。但是很显然,这并非事实上正确的出路。无论如何,理解者在对言说的理解中不是回头指涉到自己语言圈的普遍化的那个过程。当然这听起来就是如此,当施莱尔马赫说道:"每个人自行建造的语言路径显然是他个人的表达,也就是他作为思想者的特殊方式的表达。现在他越是把所有东西努力地拉近这个语言路径中,他就越是把他特有的东西考察为思想一般的秩序和尺度……,并且这是一个对于偏离的和对他而言越陌生的思想来说更受限的意义的标记。"[23]当个体说话的时候,他事实上难道不是既是语言的工具,又是社会的,更精确地说,理性的工具吗?个体性必定不只是向着个体的语言圈而被理解,而且恰恰也是向着思想于其中先行被图式化的民族的语言圈而被理解。按此,语言自身就是个体性。但是它指向着理性的同一性去被理解,就像理性在辩证法里应该被获致的那样。这就是施莱尔马赫在其辩证法系统化的脉络中把语言现象整个关联到纯粹思想的理想的后果。然后这整个指向不同的诗人的说话固然只是一个自立的说话内容,但是个体性,并且如此一来语言的个体性事实上只能在自我克服的目的论之中有利于普遍的同一者而成立吗?自我保持灵活性属于语言自身的本质,即使语言的约定

---

[22] 参考《辩证法》,L. 约纳斯(L. Jonas)编(《施莱尔马赫全集》,Ⅲ/4,2),1839年,第581—584页;《心理学》,L. 格奥尔格(L. George)编(《施莱尔马赫全集》,Ⅲ/6),1862年,第170—182页。

[23] 同上书,第584页。

俗成限制了个人,就像社会对人自身能够假定为一个逼迫的特征,这一点恰恰属于在社会中的人的自由。例如,当他经验到时尚的多变性和时尚的专制统治时,可以肯定地说,这不能从某个个体的生命整体被解释了。这并非是个体的行动,而是一个对他施加于他之上的压力,并且不是同一性的压力,而恰恰是多变性的压力。多变性带来限制的这个经验必然也就属于自由的领域。

这曾造成他的诠释学后果,因为后来语言就不仅仅被理性的同一性和共同性所规定,而是在其自身有一个自己的个体化,这个体化正好是施莱尔马赫意义下的文法解释的任务,无论如何决不能理解为作者或者理解者在心理学解释中的个体化。这里书写性得到一个真正诠释学的证据价值。㉔ 它作为话语的记录原则上是关涉到话语的再制作。但是这样的再制作不意味是用说话声音、说话语调、说话节奏、呼吸导引、强调等等的不可重复的限定性对个体说话的再建构。这一点对于施莱尔马赫而言是清楚的,他总是考虑到一个朗读者的朗读得以是使用书籍的常见形式的社会。但这一点对于安静的阅读的习惯来说才是真正有效的。这不是对原本的说话语调的再制作,尽管这种再制作是以这种语调产生的。相反地,它是在文本本身当中,在书写宁静手段当中,被固定下来的,就像文本被阅读的那样。在此有一个"正确的"重音,对此我们

㉔ [针对这个问题参见我新近的许多作品,它们预先被安排在我的著作集第 8 卷之中("听、见、读",载 H.-J. 齐默尔曼(H.-J. Zimmermann)编:《古代传统和新的语文学——R. Sühnel 纪念文集》,海德堡,1984 年,第 9—18 页,以及"迈向书写之途",载 A. 阿斯曼和 J. 阿斯曼(A. Assmann/J. Assmann)编:《口语性和书写性》,慕尼黑,1983 年,第 10—19 页)。参见"文本和解释",载我的著作集,第 2 卷,第 330—360 页。]

也可以说道,只有那个对于其朗读或者阅读的东西同时理解的人才能够碰见这个"正确的"重音。因此它就是在诠释学上,而不是通过对作者个体的本源的重音所进行的再制作-模仿而被先行规定的。施莱尔马赫已经相当清楚地看见这一点,就像它的确也不能被忽视的那样。但是他贬低文字的见证,因为他把文字理解性地进行传达的可能性仅仅视作为书写者的成就,而书写者正好必须顾及到,生动活泼的声音在这里并不会使理解轻易一些[25]。施莱尔马赫从中并不得出以下的结果:话语和文字所共同的那个意义内容背负着理解。他把理解视为在它们的产品中展开的技艺的再度实施。

　　这一点在语言的艺术作品上是全然的清楚。在这里有一门很难属于一种由意义勾连去限定的方式的语言形态,这一事实并不意味着,有一个相应作品的背诵或者朗读的单义的模仿理想,并且更没有说,这个理想是比如在诗人自身朗读其作品的方式中所呈现的那样(此外,作品还让一个大的自由的和变化的领域对诗人敞开)。在这里,这种个体化完全属于语言自身之中,然而人们并不能说道,诗人是把语言作为纯粹的工具来加以关联,这意味着完全被语言使用的普遍物和共有物所限定。但是人们更不能说道,这是个体的行动,个体的思想制作,如同思想从他的生命瞬间中萌发出来的那样,人们应当从他的生命瞬间中理解这种唯一的语言的和意义的图形。这一点在以下事实中明确地以诠释学的方式被表达出来,施莱尔马赫为所有诠释学提出的要求,即比作者理解自己

---

[25] 《诠释学》,第86页。

还更好地去理解作者[26]，这一要求针对诗人享受着普遍的认可，相较而言，语文学家的反思通常来说则是羞于面对这个认可的要求。在文学创作里，施莱尔马赫通过天才概念和无意识创造的学说来找到他的合法性。在其中同样包含着，诗人自己偶然想到的某物不需要构成语言图像的意义，并且相反地，诗人没有想到的某物却一起构成了意义的图形。这种把语言图像个体化的发生安顿在作者的个体化的生命中，这显然是不充分的。

施莱尔马赫自身有这样的意识：我们能有这样的情况，其中心理学的解释完全被拒绝，也就是说在那里完全没有现成的个体的作者。所以他自身把神话标定为用心理学的（技术的）解释方法是无法开启的："但是对于神话来说根本没有技术的解释，因为它不能起源于某个个人，并且介于本真的和非本真的意义之间的共同理解的摆荡在这里造成了最表面的双重性。"[27]施莱尔马赫在这里，就像脉络中所显示的那样，出于对灵感理论的不安而逃进了心理学之物，并藉此放手不管诠释学的可能性。《新约》作者个体化具优势的辩证的辩护——施莱尔马赫对比圣灵释经所给出的辩护——并不能隐藏我们对这些文本理解的效果史规定也一同包括了更高的意义统一性，就像包括了通过原始教会所表现的信仰统一性，但是也包括了导致教规教化的教会史的那些信仰统一性。

---

[26] 参见《真理与方法》，第180页以下［我的著作集，第1卷，第195页以下］。H. 帕奇（H. Patsch）：《弗里德里希·施莱格尔的语言学哲学》以及施莱尔马赫的《诠释学的早期草案》(ZThK 63,1966, S. 434—472)，第436页、第452页以下、第456—462页。

[27] 《诠释学》，第85页。

显然,施莱尔马赫自身已经发展了对于这里包含在其理论中的限制的某种意识。他的诠释学讲课中的最后阶段,如同吕克在他的版本中所报导的[28],并且如同1829年的学院讲话中也证实的那样,已经把所谓的心理学解释划分成纯粹心理学的解释和技术的解释。在那之后,只有对思想的自由生产被导回到"生命要素的整体性"之中,反之,心理学解释的第二种形式更多地意指回到"序列(Reihen)从其中发展出来的特定思想和想要呈现"。[29] 心理学解释和灵光一闪,也和附带的思想等等有关,直到对他呈现为梦境的理解的零的边界;技术的解释是通过应该被呈现的东西而共同限定的:"一旦有人用自由的决断和自由的行动想要把某物带进意识中……那么他就会立刻需要去遵循一个方法。"[30]施莱尔马赫在这个方法里区分了"沉思与写作"[31],每每按照"决断"是多么广泛地被持续的重复所坚持,或者通过预见的计划被带进一个被限定的秩序之中。但是那开端的决断会一直存在,整个序列作为那个产生的要素的发展会和它连结。

紧接着这种新引入的技术的解释,重要的是,施莱尔马赫在个体化的心理学处境本身中承认了一种文法的解释的类似物,它指向的是同一性而不是个体性。就像那里言说者是语言的工具一样,所以在这里它被称为形式的工具。因为就像说话者必须从属于语言的使用,所以也要从属于"思考中的普遍的秩序法则"。但

---

[28] 《施莱尔马赫全集》,I/7,1838年,第143页,注2。
[29] 同上书,第152页。
[30] 同上书,第153页。
[31] 同上书,第158页。

是原则上,这意味着,在技术的解释那里是"不直接地谈论语言的"[32]。在后期的学院演说中,这种形式法则和限制诗性言说的自由的文献类别法则被连结在一起。

然而在这种技术解释的两种理解方式中,出发点仍然是伴随其开端的决断的个体性,它唯独被法则性的意识所限制。反之,诠释学的现象事实上指明了,正是普遍的和共同的东西,才是应该被理解的东西,并且不被话语的个体意义形态所限制,而更多地在其意义的规定性上被赢获。因此,文法的解释更接近诠释学的中心。

但文法的解释在施莱尔马赫那里并未被足够地分析。因为它没有正确地区分语言使用(一种规范的力量从其中产生)和事物直观(它在一个言说中被发展并且提出普遍的有效性的要求)。假如一个谓语通过一位作者而和某个主词连结了,这主词是过去从未被连结过的[33],这一点对施莱尔马赫而言是语言的进一步塑造。对我来说,这里施莱尔马赫似乎错误地认为,语言之为语言是有能力对所有的思想给予一个适当的表达,语言不需要通过其所表达的观点的原初性去改变自身。这个说法,即作者"在语言中一同工作"[34]虽然是正确的,但是它没有通过每个尚未被促成的主词和谓词的连结而被证实。普遍地说,作者是处在语言的潜能底下,这几乎是少有的,当施莱尔马赫在谓词和某个主词有新的连结的情况中谈论"个体在语言中施加的暴力",他可以按其逻辑的面向对语

---

[32] 《施莱尔马赫全集》,I/7,1838年,第201页。
[33] 参见《诠释学》,第107页。
[34] 同上。

言的要素做出扩充和收缩。㉟语言的使用和特定内容的陈述并不同一，而是独立于它。人们不能够把同一性和个体性的对立归入到"语言"和"思想制造"的对立中，所以诠释学的任务在施莱尔马赫那里是介于文法和心理学之间的，这最终恰恰是失败的。总是越来越强势显现的心理学的解释，伴随着它对原始的决断的言说，使得理解屈服在某种起源的建构和重构的理想之中。

这个片面性可以通过施莱尔马赫经常地想到《新约》的应用而相当广泛地被解释。通过个体化的心理学的解释，他试图排斥那种破坏所有语文学和历史学标准的并诉诸圣灵的灵感诠释学。但是没有相当地去缩减语言性以及历史性在理解中所起的作用，他就不能成功。

（金志谦 译，洪汉鼎 校）

㉟ 《施莱尔马赫全集》，Ⅰ/7，第201页。

25. 作为柏拉图主义者的施莱尔马赫
（1969年）

如果人们想要正确地评估施莱尔马赫的柏拉图研究对于他自己的思想所具有的意义的话，那么，人们必须首先厘清此一研究的宏大规模。众所周知，正是因为弗里德里希·施莱格尔的鼓励——施莱格尔想与施莱尔马赫共同致力于柏拉图著作的翻译——才使得施莱尔马赫沉浸于此一研究。但那个时代对于柏拉图的兴趣并不浓厚。人们只需回想赫姆斯特惠斯（Hemsterhuis）[*]对于施莱尔马赫与其同代人的影响即可。而最具意义的则是，施莱尔马赫因着自身高度的音乐禀赋，而对于哲学沉思中的艺术环节以及对于柏拉图的诸对话的诗性结构易受到感染。这其实最初是因为对于柏拉图著作的研究才得以形成的。虽然一直到18世纪末都有将柏拉图诸对话译为现代语言的零星尝试，但是，知识界对于柏拉图思想的真正兴趣则在于，它是一个经由新柏拉图主义而被引介的独断论的理论。施莱尔马赫的历史创举则在于，他的柏拉图形象完全是由诸对话塑造，并将那些不能直接为对话作品

---

[*] 伽达默尔此处所指的应该是18世纪荷兰美学家François Hemsterhuis（1721—1790）。——译者

所证实的柏拉图主义的独断论思想人物以及间接传承物*排除。

我们拥有施莱尔马赫伟大的翻译作品及其通论性质的导论,以及对于各个单一对话的特别导论,这是一份值得惊叹的语言与语文学上的贡献。这些导论所传递给我们的东西,虽然是为了一个更广大的读者圈所设想的,但却也是很典型的施莱尔马赫自己进入柏拉图的通道。这一点首先是由威廉·狄尔泰所做出的。他将施莱尔马赫的贡献置于其时代之中,并在他的施莱尔马赫传记中,尤其是1898年关于施莱尔马赫的柏拉图翻译的学院论文中,解释了施莱尔马赫与柏拉图的关系。但是,比那些在翻译作品中所表达的更为集中且精彩的,则是施莱尔马赫为哲学史讲演录所留下的卓绝笔记。那是由海因里希·里特尔所编辑,如果我正确理解他的话,是来自1812年。他在这些草稿中关于柏拉图的讨论,比起之前为翻译所写的诸导论,显示了对于柏拉图哲学一种更深刻的洞见。很明显的,他自己的哲学立场是在翻译工作时,在与柏拉图持续的交往之中建立起来的。当数十年来的柏拉图研究相对于狄尔泰的诸观点在多方面改变了我们对于柏拉图对话作品的看法之后,是时候重新研究施莱尔马赫的柏拉图主义了,以便呈现施莱尔马赫所理解的柏拉图的新面向。

---

* 间接传承物(indirekte Überlieferung)指的正是"未成文学说"(die ung-eschriebene Lehre)。此一学说本为历代学者所公认,不过自施莱尔马赫全面否定其真实性,并认为只有对话才是柏拉图的真正思想后,此学说才被学界质疑。一直到20世纪中的蒂宾根学派的学者克雷默(Hams Joachim Krämer)等人重新提出系统论证后才得以复兴。关于"未成文学说"最详尽的介绍参见 G. Rede, *Zu einer neuen Interpretation platons:Eine Auslegung der Motophysik der großen Dialoge im Licht der"ungeschriebenen Lohren"*, Paderborn 1993。——译者

25. 作为柏拉图主义者的施莱尔马赫

施莱尔马赫的确是第一个在如此意义上使用《第七封信》材料的人，他将其视为柏拉图所设定的政治目标。事实上，《第七封信》[①]所提供的说法，施莱尔马赫是以这个句子为例证，"对于其政治目标，他时而接近，时而远离，直至他最终放弃希望，并以书写留下了国家的图像"。施莱尔马赫虽然没有持续追踪此一观点，但这一观点却在最近德国的柏拉图研究中被继续发展，以致人们试图直接从柏拉图的政治意图和倾向去解释柏拉图诸对话中的某一部分，而这不见得是正确的。

此一关联中所浮现的第一个问题就是诸对话的顺序。[*] 对此，施莱尔马赫是从这样一个确定的基本立场出发，即他在神话中看到了一种相对于 Logos 的临时的功能（eine Art provisorischer Funktion）。弗里德里希·施莱格尔与施莱尔马赫之间的通信——此一通信所显示的施莱尔马赫则是一位值得信任的、坚韧的工作者——透露了施莱尔马赫关于诸对话的顺序是如何形成的有趣的讯息。因为翻译者施莱尔马赫不懈的努力，对话作品逐渐显示其自身，而最终被选定的次序，也绝非为一种系统观念所制约。有一种误解应该先被更正，那是在柏拉图研究的历史中形成的。此一误解认为，施莱尔马赫预设了诸对话中有一个系统的和教育性的基本观念，并将此一基本观念选定为他排定柏拉图诸对话秩序的基础。反之，古典语文学家 K. F. 赫尔曼（Herrmann）则是在与施莱尔马赫的争论中建立了生成论式的次序。这当然是一

[①] 325c 以下。

[*] 关于柏拉图对话录的顺序的讨论，最著名的著作当然是 H. Raeder, *Platons philosophische Entnicklung*, Leipzig 1905。——译者

种误解，因为，即使施莱尔马赫在这方面一直受到弗里德里希·施莱格尔的影响，他的意图只在于发现诸对话中的自然的次序，但此一自然的次序在他眼中也理所当然是一种生成论式的。唯一正确的是，根据施莱尔马赫的看法，对于柏拉图在哲学的和方法上的诸建构意图的一种客观评估，才能导致此一生成论式的次序，因此，神话总是比Logos先行。但是，其中并无对于赫尔曼的反对。赫尔曼提出一种建构思想为基础，即诸辩证的对话作为"否定的"是比那些肯定的，如《斐多篇》和《理想国》先行——就算他也曾经在他的排序中强烈地依靠诸外在情况证据，像他之前的滕纳曼(Tennemann)那般。

弗里德里希·施莱格尔的确引导了其友人，将某些对话列为早期作品的此一后果严重的决定。让我们今天觉得惊讶的倒不是《斐德罗篇》被视为是首部对话，而是《巴门尼德篇》和《普罗塔哥拉斯篇》应该属于开端这件事。这两部对话在朋友眼中展示了哲学的理论和实践部分的导论，其中一个显示了关于诸理型（相）的知识的难题；* 另一个显示了德行的可传授性。** 同样令今日读者感到惊奇的是，大约也是被柏拉图研究史所遗忘的是，在施莱尔马赫看来，《理想国》及其续篇《蒂迈欧篇》，不只是对早年谜题的一种解答，也构成了整个写作计划与作品的最终部分。当然，这没有算进《法律篇》，当时人们就认为，它是柏拉图未完成而遗留下来的作品，如古代的证据向我们所确证的那般。因此，说施莱尔马赫也未

---

* 指《巴门尼德篇》。——译者
** 指《普罗泰戈拉篇》。——译者

曾将《蒂迈欧篇》翻译出来,乃是一种纯外在的解释;不过,这对于《法律篇》倒是对的。在施莱尔马赫看来,《国家篇》与《蒂迈欧篇》是柏拉图对话整体架构上的皇冠。

如果只是对于施莱尔马赫宣称其对话的排序是如何的明确且无可争议时所具有的惊人自信感到可笑的话,那未免把事情看得太简单了。有时候他毫无必要地自找麻烦,拆散明显的诸关联,辛苦地致力于合理化某些主张,例如将《美诺篇》放在《泰阿泰德篇》与《智者篇》之间。在接下来的诸范例中,我们将致力于考察那些在客观上会引起兴趣的施莱尔马赫的主张。

早在古代就有这样一种观点,《斐德罗篇》是第一部柏拉图对话,而施莱尔马赫也曾同意此说。原因有可能是,将那些跃升至思想世界的诵歌式的叙述视为年轻时的作品,同时是作为学院式的哲学思索的首发仪式。但施莱尔马赫自己关于《斐德罗篇》早期定位的理由,则明显薄弱。一项值得注意的事实是,他有认识到此一作品的对立内容中的统一性,即他称为动机与方法的统一与深刻关联。相对于新柏拉图学派将此对话神秘化的流行意见,此种见解则显示了对于柏拉图辩证法的一种深刻理解。但是,他所提出的关于此一对话是早期作品的所有推论,却不具说服力。众所周知,将《斐德罗篇》视为早期作品的想法,一直影响到我们这个世纪,例如在保罗·纳托普的柏拉图解释中。[*] 但今天可以确定的是,《斐德罗篇》的确开启了柏拉图对话作品的晚期。

---

[*] 伽达默尔在此并未说明他所指的是纳托普(1854—1924)的哪一本著作。这里实际上是指他1921年的经典名作《柏拉图理型论》(*Platons Ideenlehre*)。——译者

正如弗里德里希·施莱格尔与施莱尔马赫共同建议,将对话《巴门尼德篇》视为早期作品,则是完全不同的例子。完全没有人遵循他们的意见。人们的确发觉,这是一部谜样的对话。人们也的确可以将其视为伪作,如于贝韦格(Überweg)所主张的那般。当然,就事论事,这种主张也是够大胆的了。但是,若它真是柏拉图的著作,则它毫无疑问的是属于柏拉图创作的晚期。*

我们要追问的是,将之视为早期的依据为何。我们不愿纠缠那由施莱格尔和施莱尔马赫这两位断简残篇的浪漫友人对于《巴门尼德篇》所提出的可理解的假设,即它是未完成著作。人们必须承认,对话的结局非常突然。现代研究在这样的一个事实面前的确显得无助,即除了其真实性极可疑的《克里托芬篇》(*Kleitophon*)作为唯一的例外,也只有《巴门尼德篇》是没有一个可自圆其说的结局而被突然打断的。人们当然也可以提出其他理由来解释此作品并非断简残篇(例如在铺陈诸假设的过程中,增加的简略性)。但是,不论是完成或未完成,人们是如何陷入将其视为早期作品的问题呢?

澄清其原因应该是值得的。很明显是在于,苏格拉底在此完全是作为一个受教于年长的巴门尼德的青年而出场的。主要原因则在于,苏格拉底在此所提出的理型论主张,被巴门尼德这位真正对话的引导者引导到一系列的难题中。如果人们起初觉得这些论证很天真的话,那么接下来就会发觉它们是很严肃的。就其思想

---

* "未成文学说"之所以重要,就是因为它提供了解答《巴门尼德篇》这部谜样的对话的线索。中文学界对于此问题讨论最全面的是先刚:《柏拉图的本原学说》,三联书店 2014 年版。——译者

内容来看，此一对话以令人惊讶的方式，与在柏拉图其他诸对话中所出现的理型论保持距离。人们绝不能主张，施莱尔马赫从此一现状所提出的结论，是绝无可能性的，就算他们提出的结论不是在字面意义上有效。他所主张的也就是，关于理型的主张其实并非源自柏拉图，而是为了一个柏拉图从苏格拉底那儿先找到的课题，柏拉图也正是经由关于理型的问题，而被引导到他自己的辩证法。

今天，当然是另一种解释占优势。人们在此对话中看到了对于理型论危机的描述。经由消解道德哲学上的关联，而这也正是理型论最初被构思的原因，并将其转而运用于普遍者，这在《巴门尼德篇》的开始时反映得非常明确，使得柏拉图陷入质疑他自己的主张的境地。有些人直截了当地认为，他已放弃了理型论——只要想到在晚期的辩证法对话之外，还是有那种重复着理型论的古老风味的《蒂迈欧篇》，就知道这错的多离谱了。在这些情形下，的确很有理由将是否接受理型论——尤其是诸个别的理型——视为根本不是柏拉图哲学的重点，而是在诸理型中所形成的，一与多的辩证关系（才是重点）。施莱尔马赫至少在这点上是对的，在柏拉图诸对话中作为此一辩证法问题而出现的一与多的问题，绝非被局限于那单一的理型与许多分有它的事物之间的关系，而且从一开始就不是；而是从一开始所意指的就是，诸理型这一事实的自身就是多这个问题。因为，早在《普罗泰戈拉篇》篇中，已被施莱格尔与施莱尔马赫视为早期作品，且在今日也是如此认定，它所讨论的是诸道德的统一与多元——提出此一问题的事实暗示了诸理型内部一与多的关系。

当人们检视施莱尔马赫所构思的哲学史中的柏拉图篇章时会

发现,他对于哲学所作的学术区分是从辩证法、物理学与伦理学出发的。就算此一区分是来自学园(Akademie)②,它也很明显是非柏拉图的。柏拉图在其被亚里士多德称为物理学的《蒂迈欧篇》对话中,是用了何等技艺将其编排进关于正确国家的伟大讨论之中啊！施莱尔马赫很明显是追随那可以回溯至亚里士多德的同时代哲学的体系,根据其主张,自然与道德是以建立在两种完全不同原则之上的哲学科学为对象所构成的,并且在它们之前还有一种形式的逻辑-辩证法的规律。无论如何施莱尔马赫早在其《以往道德论批判》(*Kritik der bisherigen Sittenlehre*)就将此一区分作为对于一种批评的讨论的基础,在其中他将柏拉图与斯宾诺莎等量齐观地描述为是那位完成了在康德与费希特那儿未能实现之愿望者,即将自然与道德的双重性从一个共同的基础、一种无限的本质之中导引出来③。

现在值得注意的是,施莱尔马赫是如何将柏拉图关于一与多的两种原则的间接传承物完全置之不理,并将柏拉图辩证法的基础单纯地从对话及其关于辩证法本质的陈述中去寻找。这显示了一种个人哲学事物上的兴趣的崛起,而且事实上施莱尔马赫所赋予柏拉图哲学的是一种最高度的思辨解读,所呈现的是一种明显客观的核心动机的坚定倾向。

他的出发点明显是所有人类知识的一种系统的联结的思想。人们早在施莱尔马赫的第一部哲学作品,即 1803 年的《以往道德

---

② 《色诺克拉底残篇》,Ⅰ(海因茨)。
③ 《以往道德论批判》,第 35 页。

论批判》中就发现到它了。但那并不是如同在费希特的知识学与在黑格尔建立在逻辑学上的哲学科学之中的共同提出的那种要求,即科学的此一全面相互关联之系统的演绎,而是相反的是与此洞识联结,即人的思想必然隐蔽于此一要求之后,而对此一理想也只能逐步接近。这个事实的意义很明显的是,施莱尔马赫明确地接受了柏拉图辩证法的观念。他之后在其辩证法中主张,思想与存在的统一赋予了知识的可能性,但思想只能在对话中、在超越怀疑与争吵中,迈向知识。辩证法却并非像亚里士多德及后世人们所理解的那般,只是一种单纯形式的逻辑学科,而是涉及了"在纯粹思想领域中有技巧的对话引导之基本定律"。④ 在约纳斯所告知的1818年讲课笔记中,施莱尔马赫明白指出:"我回归到那个超越了(逻辑与形而上学)分离的年代。那里的整个哲学追求有着另一种风格。那里也有科学,但这不是成为哲学的科学,而是自然、人、物理与伦理的科学。而哲学在此却不仅只是在这些领域中导引出一种真正知识的艺术,这也正是柏拉图学派及一些不追随亚里士多德的后亚里士多德学派所称的辩证法。"⑤

施莱尔马赫明确地赞成柏拉图的辩证法,而他所用的方式透露了他对于柏拉图哲学的流传形式,即对话形式,必然会有何种实际的兴趣。正是那表明还有续篇的未完成的对话关系赋予了思想的产生以直接的表达,而这与施莱尔马赫的信念相反,即所有人类知识的系统性结合所能够显示者,只是一种理想。他在其"哲学

---

④ 《辩证法》,第568页。
⑤ 同上书,第8页。

史"的构想中关于柏拉图的讨论所显示者,主要是他如何建立与限制他的立场(也正好与费希特的主张相反)。人们可能会猜想《美诺篇》对他有特殊意义。当他说到教学(Lehren)"并非带来(Hervorbringen),而是对于一个原本就已具有者的一种呼唤(Hervorrufen)"时,他是在影射此篇。关于预先存在与回忆的神话般的学说,在他眼中所显示的就是,对于知识的普遍有效性这一(现代)问题的古典答案。而他据以建立的所有知识[6]的系统性联结之基础,看起来像一段《美诺篇》的引文:"既然整个自然的确是同源的。"[7]两次使用了"唤醒"与被唤起[8]也与《美诺篇》86c一致,即主张,观点若是由问题所唤醒(ἐρωτήσεσιν ἐγερθεῖσαι)的话,就会成为知识。毫无疑问,这一对于认识的描述,符合施莱尔马赫自己的立场。施莱尔马赫对于柏拉图的神话成分之理解的根源在此:"为了取代那种认为没全面的完美就不可能有绝对统一的教条主张",这是必须的。[9] 此外,施莱尔马赫总是将辩证法与智者术(Sophistik)*对立起来——这当然是柏拉图式的了。

柏拉图的辩证法与智者术的对反逻辑(Antilogien)之区别,主要就在于否定句被认为是相对的。这很明显是意指《智者篇》中对于巴门尼德的批评,即,不在(Nichtsein)被认为是"特定的否定",

---

[6] 《哲学史》,第102页。
[7] 《美诺篇》,81cd。
[8] 《哲学史》,第103页。
[9] 同上书,第98页。
* Sophistik一般译为诡辩术、强词夺理。但译者认为这种翻译有扣帽子之嫌,毕竟智者学派是希腊一个重要哲学流派,其影响广大也绝非都是负面。苏格拉底也被同时代人认为是Sophist。因此这里照字面直译为智者术。——译者

μὴ ὄν(不在)被认为是 τὸ ἕτερον(相异)。⑩ 施莱尔马赫是对的:这事实上是对于一与多的对反逻辑的最终的反驳,因为它是从相对性,例如感觉质量的相对性之中产生的。当施莱尔马赫使用亚里士多德的术语来描述柏拉图时,他在此所使用的是对于我们那受过历史训练的耳朵而言是很特别的一种表达。他所谈论的正是那可能为柏拉图所发明的,在 καθ' αὐτὸ(在自身)与 πρός τι (在某物)之中所作的区分。将在自身(Ansich)从相对(Relativen)之中区分出来,事实上是对于智者的言说除魅(Entzauberung)的条件,而这正是柏拉图所完成并由亚里士多德应用到概念上的。在这样一种"于相对的多样性之中建立起本质的统一"的区分(Einteilung)之中,其实还有些别的东西,而施莱尔马赫正是在对于柏拉图辩证法所提出的符合事实的解释之中,显示其真正的天才。当他认识了 Logos 的相对结构之后,他最终又提出了 καθ' αὐτὸ(在自身)与 πρός τι (在某物)的对立。他们主张的正是,此一区分"同时提出了一种任务将每一个 καθ' αὐτὸ 通过 πρός τι ——此必须形成一个完整的体系——进行导引,使得本质的每一个本质的统一又成为诸内涵(Bestimmmugen)与诸相对者的一个整体,当它(指 καθ' αὐτὸ)也能够以 ταυτότης(同构性)与 ἑτερότης(异质性)被观察时,它作为统一与整体也就能再次成为整体的一个图像"。⑪

我认为对于引起许多争议的《智者篇》253d 的解释,这是唯一有启发性的基础(施莱尔马赫在其翻译中所作的详细批注中,尚

---

⑩ 《智者篇》,第 258e6 以下。
⑪ 《哲学史》,第 102 页。

未能确立如此的清晰性)。只有这样才能解释,迄今为止尚无人能完美解释的是什么,即辩证法家在此所作的是,主张一种明确的翻转(Umkehrung)。每一个理型(μία ἰδέα)之自身(καθ' αὐτὸ)被确定于所有关系之中(πάντη διατεταμένην...διαισθάνεται, d6),也因此成为其诸关系的整体。相反的(αὖ, d8),对它自身的每一个关系考虑能够被确定。因此,就它那方面而言,它就是它的所有关系之自身(καθ' αὐτὸ)。将同一与差异的辩证同构型用来描述辩证法家,是一种有启发性的运用,而这很明确的是来自《智者篇》之中的巴门尼德批评。

并非完全令人信服的则是,柏拉图认为这"毫无疑问是对于个体的承认"。这更像是莱布尼茨,而非柏拉图(虽然就施莱尔马赫的历史自我意识而言,人们必须提到的应该是斯宾诺莎,而非莱布尼茨)。不过这倒是在施莱尔马赫自己的思想之中还有论证,如其显示那般:施莱尔马赫在迄今为止的所有道德学说之批判的导言中对柏拉图的赞誉,是因为他(和斯宾诺莎一起)是唯一追问那单一原因,结合物理学与伦理学,并且在导引绝对统一及神性的观念时,承认其优先性的人,这赋予了将柏拉图辩证法重新解释为一种个体形而上学(Individualmetaphysik),同样的情形也发生在他对于《实践理性批判》之中的假设学说的批评上。施莱尔马赫把世界想成一种神性的艺术品,而他认为这是在柏拉图那里发现的,他对此的立论主要是依据《国家篇》与《蒂迈欧篇》内在的客观联系。但他藉此明确地将诸理型解释为神性的思想。这当然不是在柏拉图那儿读得出来的,而且根本要到百年以后才有可能,如我们今天所已然明白的那般。⑫但此一新解释最初是如何使得施莱尔马赫能够在创造,并因而在每一个个体性之中去思考神性的展示则是很清楚的。如此,他以承认个体为基础的对于柏拉图辩证法的新解释,就不是种偶然的时代错乱。

再继续追踪《哲学史》中柏拉图章节的分析,应该是值得的。因为在施莱尔马赫讨论的其他诸定律中,他坚持着相同的推论意义,这使得他虽然使用了亚里士多德的概念,但却能掌握柏拉图的思想。这主要是表现在两个概念的有效性上。第一个是物质的概念,他将其使用在《蒂迈欧篇》的解释中,而对此他正确地说道:"物质所表达者,正就是原型与摹本之间的差异,所以,它作为原料,虽然可在消失之中(im Verschwinden)被思考,但作为摹本的载体它却是在场的。"⑬这是非常杰出的解释,并且对于亚里士多德的物质观达到一种去教条化的理解。第二个例子则是他对于灵魂概念的讨论,尤其是世界魂(Weltseele)的概念。他对于灵魂概念的解读令人惊奇之处,依然在于方法上与柏拉图的类似。他给自己提出的任务,很明显的是从《蒂迈欧篇》去解释《斐多篇》,而所获致的结果,我不敢像狄尔泰*那样将之描述为非历史的,他写道:"正如

---

⑫ 参见 die Arbeiten von P. Merlan, *From Platonism to Neoplatonism*, Berlin 1966; W. Theiler, *Forschungen zum Neuplatonismus*, Berlin 1966; H. J. Krämer, *Der Ursprung der Geistmetaphysik. Untersuchungen zur Geschichte des Platonismus zwischen platon und plotin*, Amsterdam 1964.

⑬ 《哲学史》,第105页。[参见我的著作集,第6卷,第201页以下]

* 伽达默尔在此会提到狄尔泰,当然不是偶然。狄尔泰写的两卷本《施莱尔马赫传》是名著,也是研究施莱尔马赫必读的重要作品(现在收入《狄尔泰全集》,第13卷和第14卷,哥廷根,1991年/2006年)。所以,他会提到并评论狄尔泰的看法,就不足为奇了。——译者

同对柏拉图而言,这样子的身体与灵魂不是真正的实体,而是灵魂与身体分离,但作为一种与世界魂同类型的存在者,它又必须保持与身体结合,反之,身体作为一个个体从世界体(Weltkörper)的生成中,回归到普遍者之中:如是,会死的灵魂也不是真正的实体,而只是那藉由与身体同在而被放置在灵魂中者。"

这听起来非常像阿威洛依(Averros)的风格,但那个从基督教的灵魂思想与创世思想来观察时是异端者,如我们今日所见,却是比早期那种到处寻找基督教教义的诸想象(Antizipationen)之倾向,更为接近希腊人的哲学的神学。

如狄尔泰在他自己的世界观的类型学中的体系制约(Systemzwang)之中所做的那样,将施莱尔马赫的立场算作"客观观念论",却也并非公正。因为,施莱尔马赫所尝试的,不仅是要避免"主观"观念论的偏颇性,而且自己致力于在柏拉图解读中,将"观念论"(Idealismus)限制在仅是柏拉图哲学整体中的一个部分。他对于柏拉图辩证法的喜好正是建立在此之上。辩证法对他的贡献则是,将存有的知性(Idealen〔理想的〕)世界的答案,再度从生成的"现实"世界中之中排除:"正像在原型之中,存在与认识只是同一的,而此种同一性正是其本质那般;所以,摹本的基础观(Grundanschauung)也正是在那生命形式中精神与物质的统一。"⑭施莱尔马赫就是这样从他观念论的同一(idealistische Identität)之中,导引出实在的有机统一。只有当人们洞见此点时,人们才能理解眼前这个研究所献给的是何种特殊性:柏拉图对

---

⑭ 《哲学史》,第105页。

话形式的发现者,将柏拉图哲学的系统架构提到突出的地位,并且正如《蒂迈欧篇》向他所呈现的那般,对于柏拉图的物理学他做出了尽可能多的扬弃(Aufhebn)。他接受了后世为了柏拉图将哲学区分为辩证法、物理学与伦理学的做法。他视之为理所当然。

(刘康 译,洪汉鼎 校)

26. 黑格尔与历史精神

(1939年)

当我发现有个问题置于我面前,即我该选用哪个题目来对我这个莱比锡大学的哲学老师做一个自我介绍:是用我的特殊研究领域——古希腊哲学这一题目,从中可以展开整个哲学及其历史,还是用一个更接近普遍意识的题目? 我自然而然地想到了谈论黑格尔与历史精神这一课题。因为在今天没有比这个课题所表达和所隐含的问题更接近哲学的普遍意识与普遍知识。而且一个世纪以来,哲学研究转向考察哲学的过去形态,尤其是对希腊哲学进行解释,就再没有什么比这一课题更接近这一时期哲学研究的意识。黑格尔与历史精神并不是一个随意的、孤立的哲学历史研究对象,也不是哲学史中一个对现代哲学而言特别活跃的篇章。这是一个询问哲学本身存在与可能性的问题,这一问题从这个题目出发鲜活地展现给我们。自从哲学意识同时成为历史意识以来,这个问题对哲学意识来说就具有当前意义(gegenwärtig)。确切地说,从黑格尔开始:精神知晓自身,精神是历史的,也就是说,它局限于它的时代并容易失效,如同每一个当前在将来面前那样,这就是一种威胁着精神的自由的知识。如果哲学意指能够认识到永恒,能认识到永恒的面貌,那么即便这是一种真理的探究,也会在历史意识的重负下衰退下来。

人们可以试图把这种哲学意识自我毁灭的转向归结于思想过于成熟而造成的力量枯竭,并想要经受住那种在遗忘中重新获得的无辜。可是这种反对自身的哲学的转折却证明了那种能够得以实施的事实的尖锐性。这可以通过两方面来证明。一方面是"历史主义"在哲学自身内获得胜利。真理的概念变得可疑的,并陷入了一种相对化。相应地,哲学史研究在哲学范围内获得优先性。是的,它常常威胁着要把哲学消融在普遍历史科学的学科中。但是,哲学的废黜首先教导说,哲学自那时开始不再是科学与生活领域内那个如君王般的领袖。哲学自身受到的威胁也显示出遗忘意愿的无力,哲学开始在历史现实的总体中引导一个被遗忘的此在。就如同鲁道夫·海姆(Rudolf Haym)早在1857年所断定的那样:黑格尔的哲学"已经创造了终极的、伴随着普遍承认的庞大体系"。从此,哲学再也不是具有世界史范围或具有世界史影响的真理学说,它抑或是再次出现的精神大师们的学术影子世界(比如那些后来被叫作康德主义、黑格尔主义的等等),或者是像后来克尔凯郭尔和尼采那些从新的意义上来影响世界的例外存在。

因此,哲学研究再不能避开历史性的问题,只有在它意识到它自身受到威胁的地方,它才会努力赋予哲学历史以当前意义。不论对科学还是人类生活来说,哲学只有针对自身问题的真理,而没有其他别的真理。但是,正是可以教导我们的黑格尔认为,哲学唯一和最终的真理就是总体的真理,或者更确切地说:可以成为总体真理和所有真理。从这个意义上,我们在如下意识里提出了询问黑格尔和历史精神(只要这些在将近一小时内可以实现)的问题,即我们以此对自己工作在哲学史领域的哲学意义提出询问。

黑格尔致力于为哲学奠定一个历史的基础——这不仅构成了他本质的特点,也给予他在我们问题的领域里一个决定性的重要地位——但并不是以黑格尔时代以来通常所用的方式,也就是亚里士多德惯用的方式,即通过对其以前的思想进行批判性地描述而历史性导入自己的哲学。黑格尔为哲学奠定历史基础的方式是对哲学的历史和系统进行完全渗透。他把这样的任务直接标记为新科学的观念。"精神的现象学"就是这种新的科学,即"知识生成的科学"。在黑格尔这部思想最深邃的著作中,关于哲学知识及其历史的那种内在意义总体找到了其科学表达。"真实的就是总体,而总体只是那种经由其自身发展而完成的存在(本质)。"这表明,具有历史对于哲学知识以及一般对于精神的真理来说并非一种单纯的外在性。并不是,哲学完成了或者遗忘了就有效了——精神一般只是它所成为了的东西,它工作挣得的东西。的确,当前的意识总是认为能知晓真实的东西。但它总是又必须体验到,它的这种真理变得陈旧了。精神的这种自身体验的过程没有被理解为所有有限之物的不幸命运,而是被视为走向自身完成之路,走向自身之路,只有在此路上它才根本是它所是的东西,这就是《精神现象学》那种"精神体验的系统"的功绩。我们看到,精神的历史性就是黑格尔的基本洞见。他已经认识到,精神的历史属于其现象的本质,并且只存在精神的历史现象。

我们很容易发现,从这个洞见出发,黑格尔就成为了哲学史研究的创立者,而且,如果可以这么说,他是直到今天唯一的哲学的哲学史的创造者。他把哲学史理解为一个整体,一条精神通向自身的道路。他直接地把哲学史称为世界史的最内在的东西。"精神在它的历史中就有这样的意向",这种"明确的理解"就是哲学的历史。黑格尔把这一目的改编为一条著名的维吉尔诗句：*fantae molis erat se ipsam cognoscere mentem*（为了认清自我，精神做出了巨大的努力），并以此传播了奥古斯丁罗马时期的神话的历史意识对于精神的历史自我意识的那种巨大的、冷静的自豪。

如果当代的哲学意识想要在黑格尔这种最重要的诉求中重新认识自身，那么经历了一个世纪之久的黑格尔批判的反抗就要面对承认黑格尔这种历史地建立哲学的功绩。难道不是这种哲学的历史渗透导致了对历史的一种哲学-思辨的歪曲（但对自然科学真理的歪曲却完全沉默）？难道那种被黑格尔表述为辩证法的东西就是精神历史性的真理吗？黑格尔辩证法不过是理解的普遍样式，它未让任何精神的形态——不管是自然的形态还是历史的形态——放弃其个体性的权利，而是从一开始就通过其矛盾来限制每一个体。黑格尔公正地对待历史的本质了吗？难道他（黑格尔）不是出于对自身历史性的承认而被证明为历史的理解者与完成者？

事实上，认为黑格尔通过其思辨来对历史的经验施加暴力，这还是最轻的指责。我们必须承认，黑格尔那种想思维着把握世界史的尝试已经证明了，对于经验的历史研究是富有成效的。在一个世纪的时间里很少能显现出黑格尔与历史学派之间那种古老的敌对，历史学派甚至在黑格尔的时代就没有接受他进入柏林科学院；在黑格尔那里能发现如此之多的历史直觉，黑格尔思想里有那么多神秘的形而上学（我想到了世界历史观念学说，想到了民族精神观念），这些都对历史学派的重要研究者们产生了决定性的影响。

但是，自从谢林把黑格尔的功绩批判性地限制在"消极哲学"范围内之后，黑格尔的那种概念的历史到底算不算是真正意义上的历史？这个问题一再被提出，并且也不是毫无根据的。众所周知，按照黑格尔的观点，世界历史的内容就是"在自由意识中的进步"，或者更普遍地说，"世界精神的理性的与必然的过程"。但是，精神的"自身"是自由的，世界历史的过程正在于，它通过努力也认识到自身是自由的，不仅是在"自在"的意义上，而且是在"自为"的意义是自由的。在黑格尔看来，精神通过从东方世界到希腊-罗马世界再到基督教-日耳曼世界的三个发展阶段完成世界历史的过程。在东方只有一人自由（暴君），在希腊和罗马有一些人（以牺牲他人比如奴隶为代价），在日耳曼时代人作为人是自由的，在"有教养存在的（Wesen der Geistigkeit）自我意识与自我感觉"中——一种真正地印象深刻的历史力量的模式。但如果我们把以这种模式为依据的发展概念结合黑格尔从头至尾仔细思考一遍，并对这一思考的结果做进一步发展，那么我们就会发现，实际上，黑格尔的这种模式能否被称为"历史"是十分可疑的。从自身来说，"发展"是有机生物生活的一个概念。那些自我发展的，早在萌芽状态就已经确定了。黑格尔自己也说，"发展的原则包含着更多，即一种以现有前提条件为基础的内在规定使之成为存在"。"于是，有机生物的个体生产其自身：它使自己成为自在的自身，而精神也是这样，它会改造自身，成为本来的自己。"在这里黑格尔也许明白了有机生物发展和精神历史发展的区别。他一再强调，这种发展是如何"在有机生物中表现为一种安静的显现,但在精神中却和自身经历一种残酷的、无休止的斗争"。

黑格尔如此喜欢与有机生物的发展进行类比,也许这并不是一个偶然。黑格尔赋予这样的发展以必然性,并且要求理解这种必然性,对于有机生物的生命来说,这种必然性当然是适宜的,但它却不适合历史,在其行为中或创造的自由中会不断地获得无法理解的新东西。这种针对黑格尔的反抗,凡在黑格尔标明了在世界史中的行动者和伟大个体的作用的地方,都转入了普遍意识。对于黑格尔来说,这些行动者和伟大个体都是世界精神的"代理人"。他们通过追随他们的意愿和行动渴求,来完成那个利用他们的狡黠理性的目标。当然,创造新事物的人的创造性自由据此不过是一种幻觉。这也确实是一个包含有真实内核的主张。在世界历史的舞台面前,对行动着的当代的那种历史的自我阐释不断地自我纠正。在历史面前,没有人的阐释正好与他自己所想的一致。但是,在黑格尔描述事物所基于的世界历史天命的立场上,黑格尔自己就必须成为那个他认为能够知道的人。他自己本身实际上就是精神的一个非历史的可能性,站立在历史的终端。因此,对黑格尔的批判不止针对人具有创造性自由这一点,还有反驳黑格尔仿古式的历史阐释(即把对历史的理解置于有机生命的范畴之下)来为上帝的那种历史-创造的自由辩护。

当然这里还有一个众所周知的、使对黑格尔的这种批判在哲学上达到极端的问题,这就是历史终端的问题。人们一次又一次地指责黑格尔,说他在一种幻想的傲慢中认为精神已经完成了世界历史的回归。在此之后就没有历史的真正意义,或者更确切地说，在历史中就不再保留真正的意义。人们也常常反对这种所谓的非分要求来为黑格尔辩护，并通过黑格尔自己的观点来引证，因为他强烈地讽刺每一种认为需要超越其时代视野的哲学。然而这样的讨论具有自在和自为的特点。黑格尔所做的理解历史的尝试会导致历史的停止。至少这些理解历史的知识摆脱了那种好像仅仅是从那种历史可能性的世界来解释行为。这是一种被认为与其将来联系在一起的历史。

在这里不可能把反对黑格尔历史观的观点（这所有的也是我们的反对观点）与其他批评黑格尔的哲学观点联系起来。黑格尔必然引起所有的反抗，这种批判在谢林那里我们看到了自由行为世界的逻辑化，在克尔凯郭尔那里看到了生存论思想家思辨的发挥，在政治自由主义者那里看到了对既存权力的认可，在新教正统教那里看到了一种泛神论-基督教的灵知。但是对于我们来说，只要我们放弃了哲学的历史性，这种思辨的历史辩证法就是一种失望。

389　　不过，这种对黑格尔进行批判的状况在此期间渐渐得以改善，而且正是在这个关键点上，我们对黑格尔的希望又重新复苏了。三十年以来我们对黑格尔的认知朝着一个重要的方向拓展了。威廉·狄尔泰1905年在柏林科学院发表了《青年黑格尔史》，1907年他的学生诺尔编辑了所谓的黑格尔早期神学著作，之后还接着出版了大量耶拿时期的手稿。此后，在哲学研究的意识中渐渐出现了一个新的黑格尔形象。人们甚至试图用青年黑格尔来代替成熟了的黑格尔。当然，在我看来，由此会误解了黑格尔所关心的一件重要之事的统一性与同一性，即黑格尔担忧一种对生活内在统一性不可靠的低估,而这种生活被称为一种献身科学的生活。①相对于民族的年轻政治家和教育家来说,神学家的黑格尔是黑格尔研究的一种不寻常(的对象)。尽管如此,还是需要这种文献的青春语言,这样我们就更能学会看到一个年轻的、充满活力的黑格尔。首先,《精神现象学》以一种更富有成效的方式变得更具有可读性,即不再从逻辑学、百科全书和柏林演讲的那种有序的、辩证的系统性出发,而是那种不受约束的尝试,即越过康德-费希特的主体性哲学而到达青年黑格尔描述的那种历史精神的新天地。同样,在黑格尔的读者那里得到证实的是,如他自己所教授的那样,即那种真实的东西和整体,就是通过其自身发展而得以完成的本质。假如想要把黑格尔理解为有益的,那就要认真对待黑格尔那些独特的观点。如果科学是在一种绝对的立场上来展开,那么精神历史的哲学基础既没有发生,也没有消逝。《精神现象学》本身就是绝对知识所生成的科学。它本身就是科学,绝对知识只是它现在所是的,因为它现在就是它之前所是和所生成的。没有《精神现象学》就没有《逻辑学》。

重要的并不是哲学史对于把握精神的世界历史——至少是最核心的历史——是可以通达的还是封闭的,而是去把握精神是什么以及它如何从其动态的发展中形成。这正是在我们学会理解《精神现象学》之后,该书所能教导给我们的东西。精神的经历,也

---

① 这里最重要的研究任务就是要调查辩证的方法如何形成,如何把他的关切转到古典的概念语言中,更为关键是"逻辑"对黑格尔哲学来说意味着什么?由于这些黑格尔自身相一致的重要观点的研究,上述任务不该被掩盖。我希望能先完成几篇针对该任务的文章。[参见我的著作集,第3卷,第3页、第65页以下]

就是它的外在化与异化之路,根本给予它的只是一种内涵,以及在它的这种内涵中保持不变,首要的就是精神。它根本不像它在形式的反思中那样,能够超越每一种意识的对立,因为它能够想到每一种矛盾。虽然这些都在黑格尔那里有表述,但只有当我们知道对黑格尔来说什么是精神以及精神的思想是什么,这才是正确的。并非在关于其优势,即和解的无尽能力的已知知识中,精神才是精神——这是对自由主义时代的黑格尔主义无尽的误解。通过自己体验对立,精神总是重新获得其力量的无尽性。但这种体验并不是在理论理性的界限内完成。只有在行动中——黑格尔的精神现象学这样教导的——存在才得以展示,只有在存在与行动的这样得到的统一中黑格尔才认识到——在作为民族精神的伦理形态中——精神的直接性,这种精神之后上升为伦理的、宗教的以及最终哲学的意识。

把握这种通向自我的精神的运动,并因此在其具体的实现中把握精神的历史性,这是黑格尔青年时期的作品可能教导我们的,这些作品以一种通向自我的鲁莽在爱的精神中(im Geist der Liebe)把其最终真理的总体置于我们面前。

在青年黑格尔那里,爱近似于理性。"如同在每个有理智的生物中,理性被视为一个可理解世界里的同乡人"(当时黑格尔还喜欢和康德谈论),所以爱也能在另一个人那里找到。爱着的人忘记自己,超越自己的存在,仿佛生活在他者中。借助他这种早期的表述,黑格尔第一次道出他最独特的主题。因为在理性和爱的这种类比中,既存在着统一,也存在着偏离。爱的普遍性并不是理性的普遍性。黑格尔不是康德。在爱中,有一个"我"和一个"你",即便两者相互依偎。爱就是"你""我"之间陌生性的克服,这种陌生性常常有,而且必须有,这样爱才能具有生命力。而与此相反,在理性中"我"和"你"是可交换和可替代的。更进一步:正因为如此,爱不是一种抽象的普遍——是一种具体的普遍。不是所有人(作为理性的生物)都是的那种,而是"我"和"你"是的那种,尽管既不是"我"也不是"你"的那种——而是显现着的上帝,这就是:比"我"的知识和"你"的知识更多的共同的精神。

这里,整个黑格尔基本上都在此,尽管还没有进一步发展,没有一种哲学方法的证明。即使在黑格尔较晚的青年作品中,他也只是在个别的特殊问题上加以展开。这样,黑格尔通过宽恕原罪的主题,通过在约翰注释中的儿子耶稣、作为上帝孩子的所有基督徒的精神的概念来进一步阐释爱的本质。然而,他的全部努力都被一种与他所谓"实证性"(Positivität)的东西明确对立所支配:这种实证性东西,即规章,它作为一种死气沉沉的、呆板的、敌对的所与而与富有生机之物相对立。这里,我不能把黑格尔之后称之为"精神"那种最初的发展进行详尽地描述。我只想强调一点,通过这点能够使下述任务变得清晰:即要知道黑格尔精神概念中究竟有什么内容。

认为生命能够与命运调和,这是把生命作为精神历史实践的一个基本规定。生命的所有伤害——黑格尔在对犯罪和惩罚的深刻分析中清楚地解释了这一点——都能够治愈,就如同有生命的有机体能够被治愈那样。返回到生命,返回到爱——黑格尔有次曾说:"要达到普遍的生命欢乐"——就不能限制在宽恕原罪的教义问题中。这毕竟是人类生命绝对普遍的基本状态,或者,如同我们和后期的黑格尔谈论那样:是历史精神的绝对普遍的基本状态。因为历史精神只存在于对自身的回归中。在这种关联中,黑格尔明确地批评了关于受难的无罪的控诉(即控诉其遭受有罪)。他敢于说出这样挑战性的话:"无罪从来未有受难,每一种受难都是有罪。"黑格尔认为:受难从来不是对一种陌生不公的消极承受。通过接受的方式或者对陌生行为的反应,不论是自我辩护还是忍受,所有的都会成为其罪过,成为其宿命。这种深刻的想法,黑格尔从未放弃。只是他的阐释者在他晚期的形态中没有重视他。在《精神现象学》中有一句著名的话:"精神的创伤可以修复,不留一点痕迹。"这并不是黑格尔用来装饰自己想法的比喻,而是从这些话语中讲出黑格尔在精神的概念中所意指的内涵。如果精神作为联结与调和所有矛盾的全能之力而显现,如果通往其自由的道路乃是坚定地去除所有陌生物的道路,直到精神完全与自己和解,直到所有实在都要在理性中被发现,那么这绝不可能是对那种随意把握命运的思辨蒸发,也不是那种被政治自由主义所禁止的对于现存之物的无力-精神的肯定。自我和解更是那种精神的生命力,它使精神完全自由,脱离目前的要求,脱离未来对现在的强迫。在这里黑格尔看得很深刻。正是自由将某种有复仇欲的无能与自身联系起来,自由才获得了一种不可克服的伤害。谁把自己的命运(Geschick)作为其宿命(Schicksal)来接受,谁就能从所有之中重新赢回自己。因此,无止境地自我促成就在事实上构成了精神那种生命力的特征。而那种无调解的静止,无法摆脱事物,无法克制某事则构成了陌生之物的那种对等的实证性(Positivität),黑格尔在对基督教及犹太教的正统进行批判时便已涉及到这样的实证性——它是精神的死亡。正是这样一种伟大的视角,黑格尔在这里得以把爱看作持续不断地克服"你"(Du)中的陌生的行为以及在一个人那里克服宿命的精神的力量。

爱与精神结合成的东西不仅是对陌生的克服。爱也是对所有分离的这样一种扬弃,在这种扬弃中,被分离之物不断地变得"更丰富"。黑格尔曾引用莎士比亚《罗密欧与朱丽叶》中的一句话:"我给予的越多,拥有的就越多。"这是对历史精神的一种决定性的规定,即不断地自我增长,自我理解,并不断地上升到其本身的更高形态。黑格尔明确地相对于自然的存在把精神的存在突出为自我的增长,这种增长属于同类事物重复的形式。

黑格尔最后通过再次与神学问题的关联,即依靠《约翰福音》的三位一体理论发展了爱之共同体(Liebegemeinschaft)的本质,这种共同体如同存在于父亲与儿子之间,是一种从精神到精神的富有生命力的关系,在此关系之中不再存在客观性的鸿沟,这种爱之共同体也是一个整体,在这个整体中每个部分都能是整体。在这里,首先是在这种爱之神秘的关联中,第一次出现了精神的词语和概念。但也在这里,黑格尔已经在每一种富有生命力的民族实体中看到了同一的精神实在。他关于"客观精神"的学说只是这种超越自我认识之精神的主观性的精神思想的构成。

但由此还要澄清最后一点。这种把一个"我"和一个"你"融合为一个有生命力的整体的爱的现象——这种整体不是那种死去之物,而是为存在者能够自我忍受(比如不是分开的所有物,甚至不是没有羞愧之痛的身体的特殊存在)——的出发点,即这种爱的生命力与所与物的实证性的单纯对立,只要涉及到现实的力量似乎就不是充分的,因为这种力量要求摆脱这种感觉的亲密性和思想的内在性。不过,黑格尔并不像耶稣那样对爱进行布道。在关于基督教精神及其宿命的著名研究中,黑格尔恰巧说出了和耶稣宣称以及他留给他后人一样的观点,把爱紧紧地限制于其自身,逃避所有形式,"即便它们的精神存在于这些形式中"。"远离所有的宿命恰巧是最大的宿命。"在黑格尔看来,耶稣对这个世界的帝国、国家的消极态度意味着"自由的一种损失,生命的一种限制"。反之,他自己看到了——在古典罗马时期的视野下——在爱中存在着为己的使实在富有精神的力量,这种力量,如同黑格尔所说的那样,"夺走了对立物所有的陌生特征"。精神那种在消极中逗留并由此回归到存在的魔力,绝不是在思想中从一种单纯的和解意义上超出实在的提升,也不是"在观念性中对空乏生活的重新塑造"。黑格尔更多地用这句话来解释:"只有那种能承受死亡并在其中包含自身的生命,才是精神的生命。"这并非是比喻,而是《精神现象学》所描述的精神的那种体验的严格意义与内涵。只有在客观精神中,在作为民族精神的伦理的态中,精神才来到了它的存在。获得存在,超越意识的局限而进入真实的存在,黑格尔对于爱的现象恰恰指明了这一点,而不是感觉的封闭的亲密性。爱,成为一种实在并超过了"我"和"你"的爱,教导我们从其效果中衡量精神的概念。

因此,我希望我澄清了这一点,就爱来说,年轻的黑格尔神学的思辨并没有真正教给我们一些新的东西。它只是帮助我们,给予黑格尔精神的概念以它基本上具有的具体的历史的内涵,但这种历史的内涵持续面临失去的威胁,因为这种辩证的重演使得思辨变得容易。没有任何一部别的哲学史像黑格尔的那部那样持续受到实质损耗的威胁。一切哲学研究黑格尔的任务就是要完整性的把握,并从这种完整性中提炼出他的思想的体验。因此,接受黑格尔的任务——尽管不是其解决办法——(我希望我已把其阐释得很形象)对哲学的当前任务而言是有益的。

下面,我概括一下结论:

第一,尽管黑格尔无法回避对该问题的回答,即对哲学历史性的询问,但他也教导我们,精神的历史性与其说对其自由产生威胁,毋宁说对其独特的可能性进行确立。

此外,黑格尔的精神概念必须由其历史的体验来理解。但是精神到底是什么,我们必须从青年黑格尔的爱的概念去理解。

但这意味着,首先,历史精神是由克服陌生性来确定。其工作就是要把陌生转化为自身,把对立调解为统一。

第二,历史精神是由对未来的自由开放所规定。只有与其过去成为统一的精神才能成就未来的自由。

第三,历史精神是由在民族的伦理实体中扎根与填充所规定。在面对民族、国家和共同体的伟大主题时,克服近代思维的主观主义观点的一切试图,都导致接近黑格尔,接近其爱的形而上学观点。

如果我们要从所有之中提取一个贯彻一切的基本原则,那就是获得与自身的连续性。自身与自身结合起来是精神的本质。精神在获得其历史的同时获得了其内涵,正是因为它把历史与其未来联系起来。黑格尔教导我们的有生命的学说不是从绝对概念高度出发的世界历史的演绎或者哲学史的演绎,而是每次在个体及整体的历史生命中重新设立的让自身与其历史连接起来的任务。只有这样与自身结合,个体才能在总体中获得其使命,并在其中充满力量;只有在这种与其自身的关联中,一个历史的民族才有其尊严和面对未来的勇气。但是哲学失去了询问真理的那种自然的问题——更多情况下追随这种问题的答案——而转向了对其历史进行深入研究,因而绝对不会抛弃其重要的任务。哲学最首要的是与其自身的历史存在相联结,并因此不会在未来的建构成为终结者。

(蒋颖 译,洪汉鼎 校)

27. 黑格尔与海德堡浪漫派

(1961年)

黑格尔哲学在德国,尤其是在19世纪后半叶引起了很大的争论。尽管这样,这一哲学在这一整个世纪仍是处于统治地位,这一点适用于整个德国,尤其适用于海德堡。如果我们想到哲学在19世纪海德堡所起的怎样作用,如果我们想到那些与海德堡相联系的伟人名字,想到爱德华·策勒,想到在此工作达五十多年的库诺·费习尔(Kuno Fischer),想到威廉·文德尔班,想到亨利希·李凯尔特以及卡尔·雅斯贝斯:这些伟人给海德堡大学带来了作为哲学研究中心的名望。但尤其重要的是,以威廉·文德尔班1910年的那次著名的科学院讲演为开端,从海德堡开始了在德国复兴黑格尔主义的进程。这里聚集了一大批年轻人,他们的名字在今天大部分都以一种意义重大的方式而为我们所熟悉。我可以举出这些名字中几位最重要的人:埃米尔·拉斯克(Emil Lask)、保尔·亨塞尔(Paul Hensel)、尤利乌斯·艾宾浩斯(Julius Ebbinghaus)、理查德·克罗纳(Richard Kroner)、恩斯特·霍夫曼、恩斯特·布洛赫(Ernst Bloch)、欧根·哈里格(Eugen Herrigel)、富乔多·施特普恩(Fjodor Stepun)以及格奥尔格·冯·卢卡奇(Gerog von Lukács)。所有这些名字最终都指向那唯一的一个人的名字,这个人,正如在1816年海德堡大学当时的校长、神学家道布(Daub)在其就职信中所说的,是在18世纪聘请斯宾诺莎未能成功之后,第一个成为被引进海德堡的重要哲学代表。这个人的名字就是黑格尔。黑格尔在应召去柏林之前,在海德堡从事教学只有两年,但对他来说却是重要的两年。这两年对他来说意味着与他过去的大学教学活动重新联接起来,而告别了纽伦堡的中学校长职务。在这两年中,处于其学术发展中心的这个人又与大学教学工作结合起来,而他在中学教学中所获得的丰富教学经验也同时带来了收获。这一获得的经验和达到的成熟的成果就是所谓海德堡《哲学科学百科全书》,这一工作首次以勾勒轮廓的方式完整地描绘和建构了黑格尔体系的基本纲领,它是那个作为出自他在柏林的哲学劳作并是德国唯心论伟大时代的最后而最辉煌的创作而照亮整个世界的体系的前期形式。但是,黑格尔应聘到海德堡此事远比单纯重新回到大学教学活动还有更多的意义。正如黑格尔自己意识到的,这次应聘意味着投身于一个由博物馆充实的空间。在这里我们身处民歌集《儿童的神奇号角》的诞生地,这里最接近著名的波阿塞黎的藏画地,这是德国第一个最大的收集古老的德国和弗兰米斯大师的绘画的馆所——它是在那些年通过私人的资助而建筑的教会世俗化的成果,在它以后被迁移到慕尼黑的古绘画陈列馆(Alte Pinakothek)之前,他曾长期定居在海德堡。

这是黑格尔在这里进入的一个独特的环境。他的海德堡生涯意味着他再次与浪漫派相遇,他曾经在耶拿拒绝过它的诱惑,而现在他所遇到的则是改变了形式的浪漫派,它被打上了海德堡的浪漫精神和浪漫风光的印记。我们可以想到这种境况的矛盾,想一想黑格尔这样一个老实巴交的木头人——正如一位同时代人绝无恶意地所描绘的——面对这样一个地方和处于这样一个氛围之中,这种氛围是由热情如火的格雷斯(Görres)、阿希姆·冯·阿尔尼姆(Achim von Arnim)和克莱门斯·布伦塔诺(Clemens Brentano)、约瑟夫·冯·艾兴多夫(Josef von Eichendorff)和弗里德里希·克罗伊策(Friedrich Creuzer)真正通过诗的共鸣而造就的。在黑格尔的海德堡活动的这两年中,还有当时正处于凯旋行进之中的让·保尔(Jean Pauls)的著名的造访。整个城市都拜倒在自己的诗的理想的这位道成肉身者的脚下。由于黑格尔的促成,让·保尔当时被海德堡大学哲学系授予了名誉博士头衔。但是,黑格尔很难完全适应这个海德堡,海德堡这个城市本来的使命和成就是发现民族诗篇、童话、民间故事、民间歌谣,以及所有那些在黑格尔眼中必然显得更多是像民族心灵而不是精神语言的这样含含糊糊的东西。我们可以毫无疑虑地相信,黑格尔后来移居柏林之后给人所写的话:海德堡的浪漫风光对于他的哲学与其说适应,毋宁说像是柏林的沙土。

  然而,富有兴趣和值得赞扬的是提出这一问题,即海德堡两年时光在黑格尔的生涯中是否构成一个重要时期。这并不只是指他在这里交到了很多朋友和在学生中得到很大的反响,而且也反过来指,他的学术研究工作长期保持了这短短两年影响的痕迹。首先,他与语文学家弗里德里希·克罗伊策所结成的私人友谊对他美学思想的研究起了很大的促进作用。我们今天通过一封还不太为人知晓的信件可以知道,黑格尔对于克罗伊策及其论古代世界象征思想的代表作对于他自己思想的形成的贡献给予了多么高的评价。我们向来也可以从黑格尔美学讲演录的编写中得知他明确承认参考了弗里德里希·克罗伊策的著作。所以,这是一个很有意义的问题,而对此问题的解答正是本文讨论的主题,即在黑格尔美学观形成的过程中,海德堡时期和海德堡浪漫派的影响是如何反映出来的。这个问题具有特殊的方法论困难。它给我们今天重又开始筹备一个大型的注释版这一特殊的黑格尔研究任务投掷了一线光明。黑格尔著作得以对后世发生影响的有效形态,并不是那些经由他自己出版的著作,这些著作由于极其深奥晦涩的灌木壁垒反而使一般读者的意识望而止步。黑格尔真正的影响是来自于他的那些引人入胜的讲演录,这些著作由他那里的学生们在他死后不久编辑而成并作为全集公开出版。黑格尔的美学就属于这些讲演录的系列,它被黑格尔自己特别经常地并带有偏爱地重复出版。① 可惜的是这个在海德堡构思出来的美学原稿现在已找不到了。如果我们想对这个美学第一次草稿有一个印象,并且因此对于海德堡浪漫主义艺术和自然精神对黑格尔这第一个宏大的重要讲演构思有何贡献这一问题找到一个答案的话,那么我们必须走一条更加复杂而间接的研究道路。

艺术现象已经在黑格尔1807年的《精神现象学》中被刻画为一种重要的精神形式。它在那里被称为艺术宗教,而且在海德堡一次印行的《哲学科学百科全书》中,对于我们的论点具有特别重要性,它起着同样的作用。问题也在于,他对艺术的理解从这个早

---

① 参见我的论文"诗在黑格尔美学中的地位",载《黑格尔研究》附刊,第27卷(1986年),第213—223页。

期形式出发怎样提升到我们后来在被编辑出版的美学讲演录和后来几版的《哲学科学百科全书》的形态中所看到的那种后期形式。换句话说,黑格尔的那种应把美学制造成世界观历史,观看世界和艺术地塑造世界的方式的艺术哲学应当怎样从这种早期形式得以发展。

我们有理由指出,浪漫主义运动是由相当不同的倾向所组成的,尤其是以耶拿和哈勒为一方、以海德堡为另一方这两者之间存在着深刻的精神差异。② 耶拿浪漫派与古典主义的魏玛,与席勒和歌德对德国公众进行的强制的国民审美教育相联系,并且不管对于一切都有怎样的敌意和创新,这个由诺瓦利斯和蒂克(Tieck)、施莱格尔兄弟和他们为数众多的思想同道们组成的浪漫派,最终还是听从那个小小魏玛共和国的审美宇宙。反之,海德堡的浪漫派却具有某种大众-民族的和政治和特征,相反它把人民和民族自身的国民教育寄希望于对自身历史起源的领悟。毫无疑义,海德堡由于在早期浪漫派的审美特征上加上了历史的深层度向,它在 19 世纪头十年就成了孕育那种后来使拿破仑占领遭到内在动摇的精神的摇篮。黑格尔对于耶拿浪漫派及其感伤内在说——这种内在说既不相信概念的努力又不介入坚硬的现实③——的批判,也不能简单地转用到在解放战争中产生了如此有力的历史和政治影响的海德堡浪漫主义精神之上。这甚至可能是一个使黑格尔对海德堡浪漫主义精神开放的有利因素。在他和

---

② 参见 A. 鲍姆勒为巴霍芬著作《东方与西方的神话》所写的导言。
③ 参见 O. 珀格勒(O. Pöggeler):《黑格尔和浪漫派》,波恩,1956 年。

弗里德里希·克罗伊策之间存在着某种特殊的有利于友谊的亲缘关系。克罗伊策,这个由于他和卡罗琳·冯·宫德罗德的悲剧性的爱情故事而闻名世界的人,本身就是一个艺术的感情丰富的灵敏性和学术的严密审慎的混合者。我们几乎难以想象,海德堡这个浪漫派的真正创立者和推动者约瑟夫·格雷斯,如果当时还在海德堡的话,会和黑格尔结成怎样的一种友谊之线。之前,格雷斯在19世纪头十年给海德堡究竟带来了何种影响,我们可以由诗人艾兴多夫的一段著名的多次被引用的描述来加以证明。他在其回忆录中写道:"难以置信的是,这个当时还很年轻也不出名的人,对所有那些与他有过任何精神上的接触的年轻人在一切方面施加了何等强大的影响力。这种神秘的力量只是在于他性格的伟大,在于他对于真理的那种真正燃炽的爱,在于某种不屈不挠的自由情感,他以此而反对那些公开和暗藏的敌人和虚假的朋友,为保卫他一旦认识到的真理而勇往直前地以生死相拼。因为一切半途而废都是他所深恶痛绝的,甚至是不可能的,他要的是整个真理。如果上帝在我们当今时代还将预言的天赋恩赐给某一个人的话,那么格雷斯就是一位预言家,他以形象来思考,到处都站在这个动乱不安的时代的最高峰,预言着、告诫着、责罚着,就连在激起大批群众对他高喊'砸死他'这一点上,他也可以和那些先知们相比。

他的即兴讲演是单调的,几乎如同远处海洋的喧哗,冗长而沉闷;但这种单调的喃喃自语却照亮了他那双奇妙的眼睛,并经常地从这里或那里闪耀出思想的火光;它犹如夜空壮丽的雷电,突然间从这里揭示出隐藏着的深渊,从那里展示出新的意想不到的景色,到处都产生不可抗拒的影响并点燃起整个的生命。"

我们可以想象,黑格尔对于这样一位火山似的迷狂形象永远不会像对于语文学家克罗伊策的方法论精神那样给予同样的赞许。事实上,黑格尔后来在一篇评论(载《科学批评年鉴》,1831年)中相当明确地说出他与格雷斯的距离。所以,黑格尔这样一个迟钝拘谨,与其说才华横溢不如说冷静理智的人——他的哲学天才是厌恶一切心醉神迷(感伤)的情感——却通过克罗伊策的折光而让自己接受了浪漫派以及如格雷斯这样的人的伟大想象,[④]这真是一个幸运的机遇。通过克罗伊策的媒介,由格雷斯所发出的决定性的冲力传递到了黑格尔身上。尤其是格雷斯的《亚洲世界神话史》那一部充满波涛起伏想象力的巨幅画卷,在此画卷中,根本就没有原则和方法,更多的是想象、预感、诗兴和预言,它们是克罗伊策在对古老各民族的象征的潜心研究中激发起来的。

克罗伊策通过他的象征思想对黑格尔产生了决定性的影响。象征(Symbolik)在克罗伊策所使用的而且黑格尔也应首肯的那种语言用法中,就是指那种形象化的智慧和形象化的传统的体系,它构成一切早期宗教文化的基础。

"最纯粹知识的最纯的光线首先只能在某个具体对象中折射自身,因此它只能在反映中、在褪了色的对象中折射自身,即使接受这暗淡光线的是并不暗淡的眼睛。只有这种印象才能从半动物性的睡意蒙眬中唤起。但什么是比形象更使人印象深刻的呢?"[⑤]

克罗伊策自己把找到更高的形象语言法则表述为象征的任

[④] 参见在黑格尔那里与克罗伊策的重复关系。
[⑤] 《围绕克罗伊策象征学的斗争》,E. 霍瓦尔德(E. Howald)编,蒂宾根,1926年,第48页。

务，他论证这一任务说，关键是在于在那样一种地方去找寻，即"在内在世界在人面前出现并深入到要说出这个世界的意义而且同时又怀疑文字和言语的充分性之后，人们试图摆脱概念的摇摆，并在直观的广阔空间中寻求帮助的地方"。所以，克罗伊策对象征的意图并不是盲目地追求形象，而是要在这些使东方相对于希腊古典艺术形式而突现的半是庞大、半是荒诞的形象作品和文化形式中去深入研究那种神秘的体系。

希腊古典世界本身并不是一切事情的开端，相反，希腊人是在东方其他早期民族尽力投出的飞镖所达到的地方拾起了这支飞镖，这是一个自温克尔曼和赫尔德以来就得到承认的真理。表明这一点的，部分是在希腊文献本身中已找到的对埃及古代文明的回顾（Rückdeutungen），部分是我们从宗教诗中尤其是从赫西俄德的诗中读到一个广漠无边而又富有成果的宗教前世界，其中占统治地位的神的力量不是奥林匹亚神祇，而是泰坦诸神（Titanen），它们有的还以动物形象，有的则完全只是作为无形象的宇宙潜能，如白光和黑夜，规定着希腊神的历史的开端。甚至黑格尔在其《精神现象学》中关于宗教意识形态的最初描述中也知道希腊艺术宗教这样一个前史，它原始野蛮的创造力常常有某种崇高的东西，但不是那种形式与意蕴之间协调一致的美，这种美构成希腊古典艺术的不可重复的标志，我们这个世界所见到的雕塑艺术的最高花朵应归功于这一标志。但是，黑格尔如同格雷斯，而且从根本上说，如同一切在他之前从这个方向看问题的人一样，还缺乏一个统一的概念。

人们会问——仅仅只是一个概念？面对这个亚洲宗教世界里的敞开自身的直观的巨大感，那个黑格尔在追随克罗伊策时所最终用来综合古典艺术史前时代的象征型概念（Begriff des Symbolischen）究竟是什么呢？我认为下面这一点决非偶然，即要在黑格尔从克罗伊策那里接受来的这个象征型概念之下进行统一，只有当那个史前时代在格雷斯的巨幅画卷《亚洲世界神话史》里找到其真正的具体内容时，才有可能。据我所见，象征型这一概念在克罗伊策所使用并为黑格尔所接受的那种意义上，是黑格尔以前未曾使用过的，至少没有作为宗教史前世界的特殊本质标志而使用过。因为象征性存在（Symbolischsein）对于同时代人来说就是比喻存在（Allegorischsein）。它的意思是说，在可见的现象中指出另一个不可见的东西和无限的东西。但在黑格尔看来，这只是艺术的一个一般的特征。艺术乃是那种有限性和无限性的矛盾，这种矛盾只有在思辨辩证法的哲学概念和绝对知识中才能经验到它的解决。例如我们一直是这样来读黑格尔早年耶拿时期的手稿，而且也是这样来读他海德堡时期直接以之为出发点的纽伦堡时期的手稿。但是，这就是说，在黑格尔于其美学讲演录传达出来的那种由海德堡构思所产生的艺术哲学史中，一切都获得了历史的色彩。现在，作为东方艺术先行于古典艺术时期的东西被称之为"象征型"，因为它通过显现与意义之间的不协调、通过超出可见东西的意指而具有了某种无形式的崇高的彼岸性，并构成希腊神灵世界的明亮精神性和完善的审美性的伟大背景。黑格尔感谢克罗伊策并因而感谢海德堡浪漫派，因为他们使他能够从统治着当时美学讨论的古典主义与浪漫主义艺术思想的抽象而敌对的对立中——我们可以想到席勒和弗里德里希·施莱格尔——摆脱出来，并能够首次在艺术史领域中提出那个宏伟的三段式，将史前世界、古典世界和浪漫世界综合为西方历史统一进程。

所以,构思美学讲演这一海德堡时期的成果,同时也成了使黑格尔辩证法的系统构造转化为某种历史哲学的决定性步骤,通过这一步骤,使精神在时间中发展的这一历史向度在哲学辩证法的永恒的眼光面前开始展开其系统化的特有权利。格雷斯曾写道:"没有任何其他的神圣原则可以为历史辩护,也没有任何别的原则不顾一切个人的局限性而将更多的鲜血和死亡混合在历史中,除非是那个具有自己特有的永恒发展过程并对无边无际时间不加限制的原则。就连宗教也以其有限性加入这一发展过程,而宗教本身则被限制在灵魂漫游的领域。"

这就是格雷斯历史观的某种伟大之处,它在黑格尔的整理过的精神中找到了接受。

我们对原始资料分析得出的这一结论还可以通过对宗教讲演的查看来证实,这些讲演在黑格尔的著作中和美学讲演一样,都是以后编辑而传世的,但就黑格尔海德堡时期的基本纲要部分还得以保存而言,这些讲演的流传情况可能还更好。

我们看到,在宗教讲演这一早期形式中,像通过象征艺术概念所做出的那种严格的概念划分还无法出现。

但我们还可以指出第二点,以证明海德堡的环境对黑格尔后来的历史构思的巨大成就给予了重要的帮助;而这种帮助在我看来尤其要归功于与弗里德里希·克罗伊策的相遇。这就是加强了他对新柏拉图主义的兴趣。在这方面,克罗伊策在19世纪头十年已经作为一位先锋战士出现了。如果我们翻阅一下自1805年和后来几年在海德堡出版的《道布-克罗伊策研究》头几卷,我们就可以发现,在那里除了克罗伊策为他的《象征与神话学》所写的第一批纲领性的文章以及道布的一些特殊的思辨性的神学论文之外,尤其有一系列关于普罗提诺文献的研究和翻译,它们出自克罗伊策的手笔。当时克罗伊策首先出版了《论美》这一著作,后来他又出了在牛津印刷的标准的大型版。所有这一切都不是偶然的。因为克罗伊策主要是通过援引普罗提诺和其他新柏拉图派作者来为他的象征观念找合法性根据的。当他深入研究柏拉图派的动机过程中,他在他们那里找到了对这一事实的承认:那些最高的真理都是摆脱了文字和言语的,因而只能在间接的形象直观的形式中被知悉。克罗伊策当然知道,在新柏拉图主义作家那里一直被使用以致达到晦涩难懂的那种有意识的比喻方法,并没有实现他所找寻的象征的意义,即没有实现那种"幻觉的泛神论"的神秘语法的意义。但是,因为他不能找到象征的最古老真理的较早期的证据,他就好像要通过这些较晚的见证人去寻找那较早真理的闪光。众所周知,克罗伊策的神话学研究不久后由于对语文学-历史学研究的尖锐批判,特别是由于洛贝克(Lobeck)的批评,而完全并最终名誉扫地。[6] 但是,我们却从黑格尔在其后来的美学讲演里为克罗伊策的神话学所作的辩护中看出,在这种研究的观念中却包藏着19世纪日益清醒的历史批判未能正确认识到的那种真理要素,这种真理要素甚至连克罗伊策本人也不曾像我们今天可以从黑格尔那里证明的那样有意识地得到承认。黑格尔写道:"事实上,古代的人民、诗人和巫师们并不曾先以这种普遍性的形式认识到那

---

[6] 参见《围绕克罗伊策象征学的斗争》,E. 霍瓦尔德编,蒂宾根,1926年。

种作为他们神话想象根源的普遍性的思想,以致他们曾把这种普遍性思想有目的地隐藏在象征的形式里。这一点甚至连克罗伊策自己也未主张过。但是,如果我们现在在其中所看到的东西,古代人也未曾在他们自己的神话中想到过的话,那么我们并不能由此得出结论说,古代人的想象根本不是象征性的,因此就不能从当作象征的东西去了解。因为古人在创造神话的时代,就生活在诗的气氛里,所以他们不用抽象思考的方式而用想象塑形的方式,把他们的最内在最深刻的东西变成认识的对象,他们还没有把抽象的普遍观念和具体的形象分割开来。"⑦这就是我们在此(在美学)必须"本质上要坚持!"的真实情况。我们看到,黑格尔是怎样从克罗伊策出发又怎样超越克罗伊策。克罗伊策本人从未完全克服启蒙运动对宗教所抱有的观念,尤其是关于牧师神职人员的秘传知识的那些观念,即认为这些牧师神秘职人员伪装和隐藏他们的知识。黑格尔在其象征观念中所做出的决定性强调才校正了这一观点。现在很清楚,思维和概念的形式并不是首要的,而是最不重要的,是"幻觉的泛神论"还不可能达到的某种东西。只有黑格尔才把克罗伊策的象征型思想从其理性主义的枷锁中解放出来。直观的形象语言,形象的深刻印象性,并不是某个已知和概念固定的真理的伪装或工具形式。正相反,正是在其形象化想象的形式中,某物模糊地而且没有意识地使自身得以表现,然后它才有必要提升到概念的语言中来。

---

⑦ 黑格尔:《美学》,巴森格(Bassenge)编,法兰克福/慕尼黑,第 1 卷,第 306 页以下。

新柏拉图主义者对于黑格尔和克罗伊策所具有的意义，也显示了富有特色的差异，而这一点我们必须在我们的文章中深入探讨。我们有一份传记材料，是克罗伊策在他的履历中说的一段话，他在其中报道了他与黑格尔多方面联系的共同兴趣，并插入了一个富有教益的注释，说黑格尔特别钟情于普罗克洛，而他自己对此人却很少兴趣。当时计划要出普罗提诺的一个普及版，此一工作后来由克罗伊策独自承担了。克罗伊策的话表明，在同一个对象上，这位在艺术上极富诱惑而又敏感的语文学家克罗伊策和那位受到构思性思想的几乎幽灵般魔力驱使的黑格尔之间存在着微妙的对峙。普罗提诺——在这位思想家对西方的最伟大的发现（这一发现是由佛罗伦萨科学院的马尔西利奥·费奇诺〔Marsilius Ficinus〕所做出的）之后——对于克罗伊策时代同样也是一位在语文学上有突破性发现的作家，他的那种独特非古典的造型无疑地与古典主义和人文主义的风格理想不相符合。我现在所利用的海德堡图书馆的一份资料，有一个出自现代人之手的很典型的边注，在这里，克罗伊策说道，普罗提诺的形式和写作技术仍然"无限落后于"柏拉图的原本。这个边注打了一个疑问号，显然觉得这种说法是令人诧异和不可理解的。所以，这位后古典的作家和思想家在今天赢得了一个真正的古典作家和伟大的文体作家的声誉，克罗伊策可以说在他的发现上还缺乏足够的勇气。不过，它还是一个发现。而普罗克洛则相反——黑格尔选择了他，对他的作品是这样地感兴趣，以致他在他的哲学史中认为，在普罗克洛身上看到了整个希腊哲学的真正完成和综合——在今天仍然而且也是正确地被划入那些新柏拉图主义注释家之列，这些新柏拉图主义注释家曾经以其勤奋和敏锐、但也迂腐与晦涩的构造癖好把古典希腊哲学加以调和系统化和繁琐经院化。这是一个读起来相当令人头痛的作家。当然我并不是说,黑格尔的海德堡逗留和克罗伊策的影响促使黑格尔对普罗克洛进行了研究。也许这种研究在耶拿时期就已经开始了,黑格尔从那里就感受到要为自己的哲学方法寻求特殊形式的最初推动力,这是一切辩证法中最独特的形式,通过这一独特形式,黑格尔自己的思维方式与一切同时代人所玩弄的辩证法方式有了不可忽视的区别。⑧ 但是,正如我们所看到的,黑格尔在海德堡对新柏拉图主义感到鼓舞所带来的影响是,他将这一三段式运用在历史,尤其是艺术史方面。这是多么巨大的背理啊!古典思想的这一教书先生式的晚期代表竟成了西方形而上学最后一个伟大体系家的激励者,成了哲学思维向历史转向的准备者,而黑格尔哲学本身在历史性的世纪即19世纪的精神中最终也将屈从于这一转向。在我看来,由此正说明克罗伊策的影响——这是黑格尔本人所承认的——在他完成他的体系方面是非常明显的。

　　黑格尔要感谢克罗伊策的不只是那个综合性的概念,那个使希腊艺术史前世界隶属于那个美的艺术世界并将其纳入艺术世界史的关系中的概念。毋宁说,这个象征型概念也表达了黑格尔一直关于艺术、宗教和哲学的关系所思考的东西。但是,这个象征型概念现在在其普遍应用中也包含一种历史的色彩。这就是说,黑

---

⑧ [对普罗克洛的哲学解释,我们在此要感谢维尔纳·拜尔瓦尔特的《普罗克洛形而上学概论》(1965年)。新柏拉图主义的影响效果史现在可参见同一作者的《柏拉图主义和唯心主义》(1972年)以及《差异中的同一》(1980年)。]

格尔在象征型概念中一直思考的是现象的有限性和精神的无限性之间的不协调关系。这种不协调关系在无限通过有限而成为直观的地方是必然的,但对黑格尔来说,它同时也意味着真理的这一形态所设立的不可跨越的栅栏。所以黑格尔现在教导说,即使在概念的这种关系中也有真理,只要它是历史的。艺术作为整体属于过去时代,正是因为它作为整体是具有象征性的。在基督教及其被哲学概念思辨地渗透并产生出某种新的更内在的真理形式于世界之后,艺术就不再是表达精神真理的最高方式。艺术的形式停留于外部表象的形式,因此它作为整体即使不在其经常的可能性中继续保持,也已经是过时了的。黑格尔的艺术过去性学说,一般来说,是他的那些使其体系在概念的专制与纯真的直观之间奇怪地摇摆的大胆命题之一,它由于作为使艺术哲学转化成某种真实的艺术史的基础而得到了证明。不只是前希腊的史前时代摆脱了(用克罗伊策的说法)概念并转向了直观。艺术的整个历史都从概念真理分离出来了。它如同精神的一切其他历史形态一样,属于一个唯一的自我意识的精神的前形态,而这一精神在黑格尔看来是在哲学概念中完成的。但在这一切前形态中都有真理,在黑格尔对哲学概念大大提高了的要求中却仍然接受和移植了已取得的历史直观的深厚遗产。由此可见,海德堡的痕迹在这一专制的哲学精神中也没有消失。

(邓晓芒 译,洪汉鼎 校)

28. 狄尔泰的问题
——在浪漫主义和实证主义之间
（1984年）

在黑格尔和谢林死后，威廉·狄尔泰那庞大且片断的全集，比起其他任何一位哲学教授的作品，的确具有超出他所属世纪的更深远的影响。真的，他的工作甚至藉由不间断地伴随现象学研究的进展，在我们的世纪才真正地开创了历史。

这开始于狄尔泰对胡塞尔《逻辑研究》产生的高度惊奇，然后历经了胡塞尔1910年在《逻各斯》期刊上发表的文章《哲学作为严格科学》所导致的严重冲突，这给狄尔泰生命的最后一年蒙上阴影，而在第一次世界大战之后达到了真正的全盛时期。当时格奥尔格·米施（Georg Misch）以及伯恩哈德·格勒图森（Bernhard Groethuysen, 1880—1946）集结出版了狄尔泰分散的论文。[1] 这件事成果丰硕。这正是现象学运动的重大时刻和真正转向，当时海德格尔在《存在与时间》中着重地引用了狄尔泰，并且转向生存的历史性以抵制先验自我。

---

[1] 格勒图森、米施编：《狄尔泰全集》，8卷本，柏林/莱比锡，1923—1931年。[目前正继续出版]

28. 狄尔泰的问题——在浪漫主义和实证主义之间

胡塞尔指引未来的伟大成就当然不会在他自己试图达成的与马堡的新康德主义的联系中耗尽自身。很多现象学家恰恰在这一点上没有跟随他的步伐。但是千真万确的是,在第一次世界大战之后对新康德主义的普遍背离,极富成果地伴随着对狄尔泰的思想财产的全力开展。恰恰在这一年,或许可以援引(西班牙哲学家)奥尔特加·伊·加塞特。②此人作为严格的马堡康德学派的学生,如何在20世纪20年代末才通过亲身见证发现了狄尔泰,并且从其著作中得到了无数的确证,而走向他自己通往生命理性(razon vital)的道路,这相当有效地说明了狄尔泰的影响。在同一时刻,格奥尔格·米施的重要著作《生命哲学与现象学》(Lebensphilosophie und Phänomenologie)发表了,③它在胡塞尔和海德格尔之间的现象学运动内为狄尔泰的观念开启了一个新的作用场域。而这也是对狄尔泰保持开放态度的年轻的现象学学派,像弗里茨·考夫曼④或者路德维希·兰德格雷贝⑤这些年轻人的首批文稿出现的时刻。此外,这也是汉斯·利普斯、奥托·博尔诺,以及我自己的观念开始形成的时刻。

从狄尔泰死后开始的这一重心转移出发,人们明显将狄尔泰的作品完全定位于其最后的创作时期的蕴涵。伴随着著作集前8

---

② 参见本书第29篇文章"狄尔泰与奥尔特加生命哲学",第451—462页。

③ 格奥尔格·米施:《生命哲学与现象学——同海德格和胡塞尔一道解析狄尔泰的方向》,哥廷根,1930年。

④ 弗里茨·考夫曼:"约克伯爵的哲学",载《哲学和现象学研究年鉴》,第9卷(1928年),第1—235页。

⑤ 路德维希·兰德格雷贝:"威廉·狄尔泰精神科学的理论(对其基本概念的分析)",载《哲学和现象学研究年鉴》,第9卷(1928年),第237—366页。

卷的规划，狄尔泰忠实的学生们基本上就已经从事此项工作了，尤其是像格勒图森在第7卷的导言所表明的那样。这就导致了对狄尔泰从心理学到诠释学的转向的直接建构，亦即从早先的新康德主义到后来的黑格尔主义的转向，并且使得胡塞尔现象学的影响对此负有责任。

不可忽视的是，在此期间，这一视角的片面性得到了修正，且狄尔泰终生工作的连续性正在重新得到审视。这样的修正不仅涉及到历史-传记材料，而且也涉及哲学自身，并且可以区分为两个方向。在此，一方面，哲学和诸实证科学（不论是"政治-道德科学"，还是自然科学）的纽带得到了重新连结，这一纽带由于海德格尔的彻底提问几乎已经被撕裂。诚然，哲学与诸科学的接近，只有对于能够为自身重新发现新康德主义及其历史的那一代人，才显现为一种新的洞见。海德格尔的影响以及他转向将自身塑造为对抗认识论提问的诠释学现象学，太彻底地错置了新康德主义。对于曾加入马堡学派的人来说，下面这一点可能并不会感到惊讶，即狄尔泰终生为经验科学奠定认识论基础，尤其和自然科学的研究保持紧密的关联。这一点不仅适合于早期狄尔泰，当时比如 F. A. 朗格（F. A. Lange）和伟大的赫尔曼·黑尔姆霍茨这些人正准备要重返康德。英国经验主义的思想，尤其约翰·斯图尔特·密尔（J. S. Mill）的《归纳逻辑》（*Induktive Logik*，1872年）对他的影响是终生的。在布雷斯劳以及早期柏林时期，当狄尔泰撰写《精神科学导论》（*Einleitung in die Geisteswissenschaften*，1883年）并且计划以之作为历史理性批判之时，这意味着决心要超越康德，并且完全要为经验立场效劳。当然人们会更多地考虑到他是为了经

28. 狄尔泰的问题——在浪漫主义和实证主义之间 565

验的历史性。然而,对精神科学的奠基却从来不是全然地以自我为目的。毋宁说,狄尔泰总是把更为广泛的任务放在眼里,亦即要为这两门科学群组*梳理出共同的逻辑和认识论基础。

[另一方面,]狄尔泰"从心理学转向诠释学"的风格发展也必须出于一个完全不同的理由而重新加以检视,尤其是在《狄尔泰全集》第18卷和第19卷的出版已经让我们可以利用一些重要材料之后。众所皆知,赫尔曼·艾宾浩斯(Hermann Ebbinghaus)在1895年曾对狄尔泰的《观念》**做过尖锐的攻击,这一攻击极其深刻地迷惑了狄尔泰,而且文德尔班和李凯尔特当时以之建立文化科学理论的无历史的价值先天论,也同样使狄尔泰受到极其深刻的迷惑。为延续《精神科学导论》的准备工作陷入了停顿。狄尔泰似乎不再满足于心理学奠基及其向某种"生物学"奠基的扩展。

如此一来,胡塞尔的反心理主义势必对他造成强烈的影响。同时,当他重拾他的"施莱尔马赫"时,他开始研读黑格尔青年时代的手稿,这一研究也可能重新启发了他。⑥ 通常来说,我们不可以忘记狄尔泰身上从一开始就背负着"德意志运动"***所遗留下来的丰富的古典-浪漫主义的遗产,以至于他对观念论系统建筑的"演

---

* 指精神科学与自然科学。——译者

** 此处指狄尔泰1894年出版的《关于描述性或分解性心理学之观念》一书,以下简称《观念》。——译者

⑥ 威廉·狄尔泰:《黑格尔青年时代的历史》(《普鲁士皇家科学院论文集》),柏林,1905年(《狄尔泰全集》,第4卷)。

*** 德意志运动(Deutsche Bewegung),是狄尔泰的学生诺尔在狄尔泰的影响之下所引入的刻画1770年到1830年德意志精神史的全盛时期的名称。——译者

绎的骗人推论术"相当反感,并且彻底地被经验科学的热情所充满。他倾心地致力于施莱尔马赫,当然不只是因为他获准可以接触其往来书信(他是书信的共同编者)⑦及其遗稿。这或许对于他的施莱尔马赫传记⑧的计划起了一定的作用。但其真正的影响路径是不同的。施莱尔马赫关于基督教的自由观点,尤其是施莱尔马赫在先验主义和经验之间试图走出自己道路的那种权衡中介的高超手法很早就已经吸引着他。

所以,他从一开始就是英国经验主义从事其逻辑事业时所具有的无历史性的尖锐的批判家。这完全不会令人惊讶。历史学派也曾如此尖锐地拒绝了那种黑格尔式的先验主义的历史建构,尽管德国思辨的伟大时代曾对该学派有持续的影响。这首先是由罗特哈克(Erich Rothacker)指明的。⑨ 这对狄尔泰,对这位历史学派的思想家来说也一定完全有效,因为在这个观点下,某种施莱尔马赫的图示化的辩证法迎合了他,这种辩证法只是具有启发的和描述的功能,并且因此对于历史学派的研究倾向并不是完全不利的。这一点证实了施莱尔马赫和其众多学生的伟大的历史成就。

所以对刚开始的狄尔泰来说,情况是相当复杂的。一方面,在历史学派中活跃着浪漫主义的思乡病,怀想着与基督教中世纪的同质性,同时也活跃着宗教改革的、要引向某种反教义的泛神主义

---

⑦ 威廉·狄尔泰编:《来自施莱尔马赫生活中的书信》,4卷本,路德维希·约纳斯校,莱比锡,1860—1863年第2版。

⑧ 威廉·狄尔泰:《施莱尔马赫传》,两卷本,莱比锡,1922年(第2版是赫尔曼·穆勒特根据源自遗稿的诸多片段扩充而成的版本)。在此期间,《狄尔泰全集》第13卷和第14卷由马丁·雷德克编辑出版,共4分册,柏林,1970年第3版。

⑨ 埃里希·罗特哈克:《精神科学引论》,蒂宾根,1920年。

28. 狄尔泰的问题——在浪漫主义和实证主义之间 567

的激情;另一方面,与这个宗教的基本情怀相联系的,还有着现代科学和逻辑学的批判性的自我意识。所以狄尔泰和他的同时代人就这样站立在摇摆不定的基础上。德国观念论的企图,即想在笛卡尔和莱布尼茨之后,再次把现代的经验科学与形而上学传统统一到一个"体系"之中,这看起来是傲慢的,并且禁止任何的仿效——经验主义的英国人所持的无历史的实证主义不外是说:"把我能站立其上的地方给我吧!"(dos moi pou stoo)假如既想要避免经验主义式的奠基的贫乏,又想要避免漫无边际的历史性相对主义,那么哲思究竟能够立基在什么之上呢?为了把握狄尔泰在其作品中所表现出的反复无常的变化能力,我们必须以在科学时代中哲学的事实上的无处所状态(tatsächliche Ortlogsigkeit)为出发点。一方面,狄尔泰不能接受将哲学还原成认识论的角色以及把认识概念还原成科学;另一方面他又想把经验的立场完全变成他的立场,并且以此来确保事实优先于所有的建构和假设。这几乎必然导致他对经验概念的扩充。外部的经验必须通过内部的经验加以补充,因而对内部经验事实的确保就成了关键。在相同方向上起作用的有密尔所提出的归纳逻辑,后者就像某种科学性的《圣经》。假如我们想从经验科学的立场出发来对这个特有的历史遗产加以合法化,那么这就涉及了意识事实(Tatsache des Bewußtseins),因此我们就会在心理学中寻求基础。

狄尔泰把意识事实作为唯一被给予的和实证的东西,这并非他特殊的选择。康德早先把他的道德哲学奠基在自由的"理性事实"上,就已经在开创性地扩充"事实"概念的这一方向上跨出了第一步。与莱布尼茨相反,康德借此给予事实以相对于理性真理的优越性,即使它只是奠基在义务和责任的自律意识之中的一种事实。费希特将此理性的"自律"提升到"科学"的原则,并藉此给予"意识事实"以一种崭新的意义,而且还以"本原行动"(Tathandlung)作为其更深的基础。但目前发生影响的乃是从先验哲学到经验主义时代的一般转向。在观念论运动用罄之后,唯一一条留给哲学的科学之路就剩下心理学了。它必须继承先验哲学的遗产,甚至从那里接收"意识事实"这一表达,但是现在却无须保留先验的意义,这种意义是那种产生所有经验性的意识事实的本原行动(Tathandlung)所具有的。

的确,回归康德同样延续了狄尔泰开始的那个时代的经验倾向。但一般来说人们没有充分地弄清楚,第一批新康德主义先驱对康德的承认是如何相当罕见地具有双面性。当爱德华·策勒引入"认识论"这一词,[10]并且赋予康德对其认识论奠基部分的先天论以正当性,这却绝对不是为了重新为某种先天论哲学的合法性作辩护。其意图是相反的,乃是为了事实的后天性。策勒想以这种方式把事实从先天的要素中纯化出来,并确保那些唯一能使科学经验合法化的"纯粹"事实的价值。狄尔泰自己追问着内部经验事实并且引入了"体验"(Erlebnis)概念,这都离策勒的做法不远。

---

[10] 爱德华·策勒:《关于认识论的意义和任务》,1862年。现收录于其《演讲与论文集》(3卷本,柏林,1875—1884年),第2卷,第479—526页。也见克劳斯·克里斯蒂安·克恩克:(Klaus Christian Köhnke):"关于认识论这一字词的起源,以及其误认的同义词",载《概念史档案》,第25卷(1981年),第185—210页,以及我的文稿"爱德华·策勒:一个自由主义者从神学到哲学的道路",载海德堡大学600周年纪念文集《保持开放》(Semper Apertus,6卷本,多尔编,海德堡,1986年),第2卷,第406—412页[我的著作集,第10卷]。

28. 狄尔泰的问题——在浪漫主义和实证主义之间　569

他也想要学着避免比如黑格尔那里已经开始的"演绎的骗人推论术"。⑪

当然,对于意识到自己是具有观念论遗产的继承人狄尔泰来说,像赫尔巴特(Herbart,1776—1841)及其学生那种从事"心灵生活的物理学"(Physik des Seelenlebens)的方式是相当令人不满意的。他对这门心理学如此说道:"它排除了首要地决定着我们此在的意义的那些心理事件的内容。"⑫对于这些"内容"来说,它们是"通过个体进入历史性运动"。最终他"以某种方式"把对这种心理学的研究和"精神现象学的倾向"做了比较。这是一个要求相当高的目标设置,可以说是承认一门关于人类的百科全书式的科学;它将是一门基于经验-历史的基础之上的人类学。狄尔泰充分意识到这个计划的广泛要求,并且直白地宣告:这些事实"包含了观念论哲学向来想要使之有效的一切东西"。这个任务的提出在其自身是具有何等张力!这涉及一段源自1866年的笔记。其中可以发现到一句大胆的话:"完整的历史科学将是对人类文化之关联的呈现和澄清"。一个乌托邦式的目标。狄尔泰自身知道,文化并非像自然那样是一个"同质的整体"(homogenes Ganzes)。因此道德-政治的科学从未能够像在自然科学研究中那样有毫无争议的目标,亦即获得某种统一理论的封闭状态。狄尔泰自己作品所特

---

⑪ 在《生命与认识》的草案中就是如此,收录于《狄尔泰全集》,第19卷,哥廷根,1982年,第341—348页。

⑫ 《狄尔泰全集》,第18卷《关于人类、社会与历史的诸科学:精神科学导论的先行工作(1865—1880年)》,赫尔穆特·约哈赫(Helmut Johach)及弗里乔夫·罗迪(Frithjof Rodi)编,哥廷根,1977年,第5页以下。

有的那种片段的、未完成的柏洛托士*般（proteushaft）的变化能力，仿佛是被实事所先行规定，其基础乃是个体形而上学及其在莱布尼茨那里的起源⑬。可是狄尔泰却一再强调，这些道德-政治的科学应该"按照严格的归纳方法"来运作。

这些科学的基础就是"意识事实"，也就是那些应该和外部经验的事实成分具有同样逻辑价值的内部经验的事实成分（Tatbestand）。当然，在"内部经验"这一表述中就已经表明，这一类的东西是不能通过自然科学的实验手段而达到，它只能通过描述（Beschreibung）。最后狄尔泰将会说道，只有"理解"（Verstehen）才能达到内部经验。但即便如此"心理学"仍然是基础。

在这一视角之下，"理解"概念进入狄尔泰的语言用法值得加以关注。他很难将它与科学理论式的说明（Erklärung）之理想区别开来，并且假如他最终这么做了，他也是用"描述"（Beschreibung）取代了"说明"。假如问题关涉到被体验的诸结构关联（erlebte Strukturzusammenhänge），他就偏爱使用"重新体验"（Nacherleben）。他最初把"理解"概念限制在陌生者、限制在他者，不管是他人，还是必须从之返回到内部的那些语言和文本的感性现象。这是值得注意的。尽管他早期对诠释学具有很充分深入的研读，尽管施莱格尔、施莱尔马赫以及后来的德罗伊森已经从"理解"这一表述中听到某种几乎是宗教的鸣响，尽管他自己的主题是对个体性的理

---

* 柏洛托士（Proteus）是希腊神话中变幻无常的海神，经常见风转舵。——译者

⑬ 参见曼弗雷德·里德尔（Manfred Riedel）关于 *ens positivum*（实证的存在者）出色的文稿：'狄尔泰对奠基性理性的批判"，收录于 E. W. 奥尔特（E. W. Orth）编：《狄尔泰与当代哲学》，弗莱堡，1985年，第185—210页。

解,狄尔泰仍把自己对方法的理解完全地归属在经验主义的科学理论观点之下。即便是他对"理解性"心理学所作的奠基也出现于一篇题为《关于描述性或分解性心理学之观念》的文章中,此文有意地避免使用"理解"一词。显然,事实基础应当毫无歧义地被确保,并且免除理解会遇见的所有难题。就"事实"(Tatsache)这一词在当时所包含的强调语气,对我而言是极具特色的,就像狄尔泰在1875年明显受到弗朗茨·布伦塔诺(Franz Brentano)在1874年出版的《出自经验立场的心理学》及其关于"心灵现象的分类"那一章的影响,也筹划了他自己关于"心灵事实的分类"一章。

他把"内部的"(inner)事实直接地通过内存在(das Innesein)在其自己的存在论位置中标举出来。客观上,这里显然与布伦塔诺相一致。布伦塔诺紧接着亚里士多德并与德国观念论相反,采取了某种和灵魂行为并行的反思,该反思并非藉由这种并行使得与反思相关联的行为成为反思的对象,相反地,该反思本质上属于行为之实行(Aktvollzug)。狄尔泰引入了当时得到采用的"体验"一词,就是为了刻画内部事实构成的这种存在方式,并且通过体验活动(Erleben)与体验(Erlebnis)两者直接的统一性来描绘该存在方式的特征。"内存在"想要表达的是,它不涉及"理解"连同其所具备的一切预期和解释的诠释学蕴涵。

但在另一方面,在狄尔泰的眼里体验必须具有某种特殊的统一性,此统一体自身构成为一种体验关联、结构关联或者目标关联,并且藉此统一性,体验由于它的"含义"(Bedeutung)从生命关联之整体中凸显自身。显然,狄尔泰在这里是在体验活动的时间直接性与回忆行动的回顾之间来描绘"体验"概念,与体验活动的时间直接性一道,我们不仅间接地藉由他人、藉由见证者,或者藉由传承物知道某物,而且还已然体验过某物,并且在另一方面于回忆行动的回顾中,含义则自行显示出来。"体验"概念的这两个面向并非没有任何内在关系。按照实事来看,一种体验的含义显然已经被预设,以便让人们从根本上对直接的已然体验(Erlebthaben)感到兴趣并且针对它加以思考。因此,体验活动包含了某种间接的直接性(vermittelte Unmittelbarkeit)。作为一个历史学家,狄尔泰很难能够忽视以下事实:一位目击者的证词在任何情况都需要批判,并且被证实物的含义并非通过已然体验的直接性而得到规定。狄尔泰最爱举的例子——丧事——恰好也能够教会我们这一点。[14] 对死者最终的道别产生了某种理想化的,并且无论如何也是稳固化的作用。因为不再欠缺什么,所以视线朝向了某个封闭的整体,其含义作为持存的含义消散在某人心里。

我们在此看见了,最终使得狄尔泰从内存在的直接性导向他思想中的诠释学转向的这一难题是如何爆发出来的。它是一个极度历时的、存在论上的难题。一方面,体验应该是绝对的所予性(Gegebenheit),人们绝不应该称它为"所予性",因为显然在其中被给予者和它向之被给予的人是两相分离的。"内存在"这一表述还想超出所有的"所予性"。另一方面,体验统一体恰恰不是通过作为内存在而能适用于某种内部经验的纯粹的同在(Dabeisein)而建构自身的,毋宁说是通过那种此时此刻来到经验之中,并在整

---

[14] 《狄尔泰全集》,第 8 卷《世界观学说——关于哲学的哲学的论文》,格勒图森编,莱比锡/柏林,1931 年,第 45 页。也见《狄尔泰全集》,第 7 卷《精神科学中历史世界的建构》,格勒图森编,莱比锡/柏林,1927 年,第 233 页、第 237 页。

28. 狄尔泰的问题——在浪漫主义和实证主义之间 573

个生命运行中具有其含义的东西的特殊性。这一特殊性显然出现在我们称之为"决断的"体验,以及促成转变、转向、转信或者其他种种的体验之中。

狄尔泰以下列方式来描述这种体验实在(Erlebniswirklichkeit),亦即体验由于其含义(Bedeutung)而从体验活动中凸显出来,并且结束于某种持存的统一性。"含义"对他而言是一个真实的历史范畴或生命范畴。而今狄尔泰的思想一再被具主导地位的存在论的前概念(ontologischen Vorgriff)所笼罩,这一前概念藉由方法和客观性刻画了西方世界向科学进发的特征与现代科学概念的特征。自从海德格尔对诸如"意识"和"主体性"概念进行解构以及对其形而上学来源进行揭示之后,我们就已然知道这一点。反之,形而上学传统的存在论压力常常在狄尔泰的反思上起着迷惑的作用。在狄尔泰看来,好像只有在某种关联终结之处,一般个别物的含义才可以被规定。这似乎对个别的生命是有效的,例如关涉到其幸福的问题,或者对历史的整体及其意义是有效的,乃至是在某个向来体验过的进程之整体的终结之处,即使只是某个音乐作品的进程。从古代到克罗伊斯(Kroisos)*及梭伦(Solon)**的历史,对于幸福的这种论证的意义和荒谬已经自行证实为与上述看法相反。⑮ 亚里士多德对幸福的看法最后是对的,假如他对斯多葛的漠不关心不置一词,并且也不想在多变的幸运女神之中,而

---

* 克罗伊斯(前595—前546),吕底亚王国最后一位君主,公元前561年即位一直到公元前546年被波斯帝国的居鲁士大帝打败为止,在位15年。——译者

** 梭伦(约前638—前559),生于雅典,出身于没落的贵族。古代雅典的政治家,立法者,诗人,古希腊七贤之一。——译者

⑮ 参见亚里士多德:《尼各马可伦理学》,第1卷,第11章,1100a10—15。

是在将个体嵌入到固有的道德-政治秩序之中，亦即显现为德行（Arete）的秩序之中，看到那个规定所有幸福的规定者。

　　世界史的情况也是一样。世界史总是必须重新地被书写，这一点并非是对世界史的反驳，相反地这在某种意义下是它的特征。世界史对每一个时代是有多重含义的。这对狄尔泰来说是完全清楚的，并且迫使他得出这个结论：虽然体验活动的内容遭受持续的变化，但是诸如当前之特性的东西始终持存，并且自行规定为实在性的充实。当这个充实也持续地向前推进，被体验物可以"作为进入当前的力量"而赢得在场（Präsenz）的本己特性。我们必须自问，狄尔泰以此说法是否恰当处理了传统在其中自行塑造并且产生变化的力量游戏（Kräftespiel）；并且他以此说法是否错误地把每一种当前的自身理解绝对化了，而没有把它视作为某种效果历史意识。他曾一度使用过这个公式："与意识一道成为一个有条件者"（Mit Bewußtsein ein Bedingtes zu sein）。很好，但是意识自身是一个有条件者，并且总是必然返回到其条件性的意识之后。

　　他在这里所指称的当前（Gegenwart）使得他用来观看实在（Realität）的那种存在论上的前概念清楚明确了。当然他想要把人类行动始终预先把握到的未来（Zukunft）算做当前的实在规定性。但是，不管是向前把握（Vorgriff）或者向后把握（Rückgriff）或者两者一起，它都是规定体验的含义的东西，有效的总和始终被拉进"现在"。如此一来，他的客观认识的概念就必然导致相对主义（Relativismus）的结果。

　　要避免相对主义，有时候会导致惊人的结论。比如他描述到，对某一大师级的画作进行重复地观看如何以此方式互相连结，以

28. 狄尔泰的问题——在浪漫主义和实证主义之间　575

至于最后的体验就像是对整体的总括。藉此某个无时间的理想的终点又再度凸显出来——好像黑暗和光明事实上并没有掠过某个生命的历程，以致事物是在交替的光线中变换地闪现，并且常常整个沉降到黑暗之中。让所有东西显现真实含义的白日的持续性光明是不在此的。

另一方面，狄尔泰深深地知道，所谓的结构或者结构关联是集中在某个中心点，而且不是按照元素的顺序而形成的。针对此点，他喜爱采用旋律的例子，恰恰不是最后一个响音才使得旋律的理解为可能。尽管如此，在这里有时候也显示为对回顾的过分强调。在我们所有体验到的东西中，音乐特别具有那种由纯粹的时间原料（Zeitstoff）来组成的特色。当我们理解音乐时，我们理解到的就是由自身没有含义的诸多响音组成的构造本身。整体的所有形构元素是"按十二平均律调节的"（temperiert）。时间结构就是音乐整体固定的构造法则。在此突出的是，狄尔泰如何一度按照特殊的建筑结构——这种结构适切于古典时期高峰的绝对音乐——来描述对音乐的理解。他描述反复、对立，并且最后在胜利的终章中描述互相对立中的力量的更高和解，这是一个过程，源自纯粹的时间形构的自行完成。事实上人们几乎不能说得更多。在纯粹器乐音乐中，人们无法遭遇其他类型的含义元素，比如像勾连语言表达的意义的含义元素。因此所有那些宣称这种音乐有明确的表达内容的解释都在某种任意中错失了，就像新近沃尔夫冈·希尔德斯海姆（Wolfgang Hildesheimer）在莫扎特乐曲上所进行过的演示那样。究竟什么叫作"理解"音乐作品？假如它不是作为纯粹的时间形构，它的意义是什么呢？但是狄尔泰所描述的，即音乐对人是在一种总括的回顾中萌发出来，这是正确的吗？也就是说，把历史性认识和交响乐构造中的终章相比较是合理的吗？什么是发生事件得以统一形构的时间？什么是发生事件得以作为已形构东西被把握的时间？是回忆的时间吗？还是某个总和？

另一个令狄尔泰被置于存在论两难的例子，我在当时已经强调过了。⑯ 这个两难就是狄尔泰为了建立历史性关联的统一性而赋予自传以优先性。他认为，就人们回顾地知道体验物已然具有什么含义而言，生命之关联（Zusammenhang des Lebens）就自行在自传中建立起来。但是当某个自身已然体验过某物的人在回顾之时，他就真正地知道其体验物的真实含义了吗？

若是如此，那么这就意味着目击证人胜过了历史学家，以及自传相较于批判性的档案研究结果具有更大的证据价值。

如此一来，我们可以自问，基于这种在自身沉思中被意识到的内在事实之基础，科学究竟是如何可能的？自身体验物的含义应该如何藉由科学才能提升到客观的含义呢？在自然认识的领域中，我们感官-语言方式的世界指向与数学-力学方式的自然过程建构，这两者的并行不悖相对来说显得较无紧张关系。比如我们可以想到牛顿式的颜色理论和歌德式的颜色理论，两者是并行不悖的。同一个东西曾拥有某种争执的特性，最终却只是一个误解，就好像歌德那种感官-道德的现实阐释在德国观念论的哲学家中得到的赞同。就两者各自意指着不同的东西而言，最终是互相和

---

⑯ H.-G.伽达默尔：《真理与方法——哲学诠释学的基本特征》，蒂宾根，1960年，第 205 页以下，尤其是第 211 页。[我的著作集，第 1 卷，第 222 页以下、第 228 页]

28. 狄尔泰的问题——在浪漫主义和实证主义之间　577

解了。当我们看见有颜色之物时,我们仍然能够知道,在物那里有光波真正地在触动我们。相反地,我的本己体验的状态本身似乎完全不能被科学所通达。当我们意识到某种体验的意蕴时,客观的科学很难能够对我们说:本来并不是如此,而是别的。假如人们能够像他人那样客观地知道某一体验,就像他人的体验一样,体验一般而言还能够是其所是吗?在这个点上,舍勒关于此在相对性(Daseinsrelativität)⑰的学说才给出了某种在我看来狄尔泰那里所缺乏的清晰性。清晰性的缺乏也呈现在狄尔泰对"自身沉思"(Selbstbesinnung)这一词的使用上。当然一方面他是对的:在所有精神科学的认识中,某个自身沉思的环节是在起作用的。当人们想要重新体验(nacherleben)被体验物时,知识和科学都可以一道随行,例如历史的、美学的或者宗教的兴趣,但并不是好像体验是作为某个法则或是规律的事例而从属于这个法则或规律,也不是所谓的能够被重构为某个法则或是规律的事例。被体验物或者被重新体验物在生命关联中有其必定可以作为如此这般被体验或者被重新体验的单独的位置,并不能够作为某个单纯的事例被某条法则或规律推导出来。

　　当狄尔泰将目标设定为,想藉由精神科学全体的共同作用厘清有价值的和有意义的关联体,并以之作为体验活动的共存和顺

---

⑰　关于此在相对性的学说请参考舍勒分散的评注。参见《马克斯·舍勒著作集》,第 2 卷《伦理中的形式主义以及质料的价值伦理》,玛丽亚·舍勒编,波恩/慕尼黑,1966 年,第 392 页;第 9 卷《后期文稿》,曼弗雷德·S. 弗林斯(Manfred S. Frings)编,波恩/慕尼黑,1976 年,其中的"存在相对性的问题",第 196—200 页;第 8 卷《知识形式与社会》,玛丽亚·舍勒编,波恩/慕尼黑,1960 年第 2 版,第 202 页、第 271 页。

序的基础时,以及当他说,而后可以从该关联体掌握单一的东西时,这并非意味着,这个单一的东西可以作为源自某一规则的事例由该关联体推导出来。狄尔泰对于深层心理学的初步尝试似乎没有任何的摘记,不过深层心理学自身已经意识到那藉由科学可以达到的启蒙可能性的界线。它知道自己已然指向着病患的自身理解(Selbstverständigung)。但深层心理学认为只有病患自身才能藉由诸如把自身从属到某一规则之下从而重新认识自身。就此而言,狄尔泰把这个针对内在事实唯一适合的方法标定为自身沉思(Selbstbesinnung)就是合理的了。但是科学的客观性有从这个普遍性到更高普遍性的不间断的过渡吗？即使在心理分析的情况中,自身沉思要导回到某种遮蔽的东西、错认的东西、遗忘的东西和或许压抑的东西,而这些东西在沉思中要作为它们自身,并且也就是作为真实的东西而自行解蔽出来,即使这都是正确的,但这并非是藉由科学的自身沉思,或者是将自身沉思提升为科学。

心理分析确实没有出现在那个著名的回忆(Anamnese)中,苏格拉底通过这种回忆揭示了他的伙伴的和他自己的无知,并且因此定义了同时是善存在的善的知识。* 苏格拉底问题是一种持续的回忆提醒,这种提醒贯穿了所有人类的沉思和解释,无论人们将这种解释归咎于自己还是他人。亚里士多德在他的伦理学的基础开端中采纳了这一点,并且把德行(Arete)定义为"带有逻各斯的态度"(Haltung mit Logos, hexis meta logou),也就是包含了苏格拉底式的自身沉思、实践理性、逻各斯的态度。在此,沉思除了

---

* 此处指苏格拉底在《美诺篇》中引入的"回忆说"。——译者

涉及要求做出决断的具体处境之外,同样也涉及某个态度的固定性及其规范有效性。道德秩序的巩固和确保法律秩序的政治宪纲的巩固,按照亚里士多德是属于政治动物(zoon politikon)的自然需求,并且"实践哲学"就是在其上建立的。这是一门相当特殊的"科学",它构成某种职责伦理(verbindendes Ethos)的最特有前提。唯独在这个前提之上,这门"科学"才是对要求每个个人的理性的无间断的普遍化(Generalisierung)。而这绝不排除例如在亚里士多德的情形下其宪纲研究的广泛经验,就像所有其他经验一样。但是"伦理学"和"政治学"绝对是"实践哲学",即它不是一门允许把客观知识任意地运用到实践上这种意义下的理论。相反地,它只有在希腊意义下才是一种"理论"(Theorie),这意味着,它作为某种实践性的自身塑造(Selbstbildung)的环节而起作用。除此之外,这也是为何亚里士多德同样最终能够坚持柏拉图已经使用的理想国乌托邦思想形式的深层理由。每个乌托邦都呼吁自身的思考,因为它拒绝直接地运用到实践,[18]但是它却意指着"实践的"。

这里就是一个关键点,近代的科学概念和其在方法论及客观性上的奠基一定是彻底地违背这一点,并且这一点又使狄尔泰在运用自身沉思这个概念时显得非常歧义。在狄尔泰从传统中提取出来的道德-政治科学的概念与现代科学的概念之间,爆发了一道裂痕。"实践哲学"的传统不是没道理地在科学时代里发现它的终结。其结果是,狄尔泰不再正确地使用对亚里士多德传统的附和。但是他想要如何为精神科学的规范性要求提出辩护呢?藉由历史

---

[18] 对于这些问题,参见本书第3篇文章"对理论的颂歌"。

世界这条路径是否能够取代共同责任(Solidarität)的基础,后者能够独自承载一门规范科学,就像实践哲学想要成为的那门科学？狄尔泰相当清楚地认识到这场风暴,这场风暴已经在那种想把科学奠基在历史经验的企图的上空发出轰轰雷鸣。他曾经把藉由历史世界的这条路径和浸淫在艺术的清醒场域称作是"在高深的海洋上行走"(Gehen auf hoher See)。[19] 并且他知道:"假如一个不受约束的精神想要对所有它在其自身可以重新体验的东西进行连结,假如它好像想为了理解世界的本质而去看世界的面貌,那么那些想要一道行走的思想队伍却不会对精神显示出统一的理解。"[20] 与典范的但又有界限(此由自然研究所查明)的真理相比,历史生成(geschichtlichen Werdens)这一无界限领域不允许统一的理论性总括(Zusammenfassung)。狄尔泰意识到了,精神科学不是在同一种意义下"统治"它的"对象"。但是他不想因此将它简单地视为"不精确的"科学,因为精神科学就像是密尔拿来比较而提到的气象学一样,并且确实比在预测中可能失灵的气象学还有更多东西。显然并不是因为缺乏数据才损害精神科学的客观化和普遍化。假定数据可以到处大量累加,以至于不只是长期的天气预报变得更可靠,而且社会科学关于未来的预测和计划也变得更可靠,那么对于浮现在狄尔泰脑海里作为目标的自身沉思就成功地获得客观化了吗？依附在精神科学建立于其上的心灵生活的内在事实

---

[19] 《狄尔泰全集》,第19卷《对关于人类、社会和历史的科学的奠基——〈精神科学导论〉第2卷的梳理和企划(约1870—1895年)》,赫尔穆特·约哈赫、弗里乔夫·罗迪编,哥廷根,1982年,第42页。

[20] 《狄尔泰全集》,第8卷,第233页。

的东西,它就是狄尔泰严肃地期待精神科学能够作为"一股新的力量进入到欧洲精神生命"㉑的理由吗?狄尔泰把这样的规范性要求奠基于何处呢?奠基于所有东西的重新体验吗?狄尔泰知道,假如所有可重新体验的东西都被重新体验了,并且我们看见到生命那"深不可测的"面貌的话,那么我们会经验到,这对于我们来说不会有任何答案。㉒举例来说,假如这"生成中的历史科学"㉓应该预期地对社会和对未来的状况起到规则作用的影响,它就更靠近了客观科学的理想了吗?最终它真的能够在美妙的自由和对此岸世界感到欢快之中导致这样的标准,以至于超越之谜可以藉由泛神论的尘世虔诚而获得破解吗?

不可否认,狄尔泰真的坚持这样的要求。他想藉由精神科学对实践起到规则作用。但是自古以来科学作为科学不就是不仅知道去应用它的知识,而且还转变它的知识成为善者吗?就像人们能够要求一门"实践哲学"的,从其传统推导出道德的-政治的科学。但是当苏格拉底把他的问题指向所有种类的专门知识时,他已经永远地证实了,事实上科学的客观性将其成果交付给任意的使用,并且并不能够对它成为"善者"本身的使用负有责任。相对于自然朴实的社会的手工知识,现代科学在这个点上并不具备优先性。所有藉由科学采取的实事掌控(Sachbeherrschung)自身都知道对于善者的问题没能提供回答。它或许还是能够达到如此客观的知识,但是基于这种客观性它并不知道,自身的生命引导是否

㉑ 《狄尔泰全集》,第19卷,第275页。
㉒ 《狄尔泰全集》,第18卷,第66页以下。
㉓ 《狄尔泰全集》,第8卷,第232页。

对于个人"是正确的",运用这个已然可能的能力(Können)是否对于一个社会或国家,或者对于人类"是正确的"。对我来说,不可否认的是,尽管如此,狄尔泰直到最后依然坚持他年轻时的信念,即在科学中以及在科学哲学中真正的关键取决于"从现实的实事过渡到应该、目标和理想"。㉔他把此信念分享给现代启蒙的理想。但这是不可能的,是的,过分地期待科学之为科学达成这个过渡是荒谬的。

在这里,近代的彻底启蒙是有其界限的,卢梭已经指明了这一点。康德掌握到这个指示,进而把它转向积极的使用。前者提出警告,要在科学的进步中看到道德和伦理的进步。后者追随前者,指出一条不让自己在技术理性的幸福错觉中、在作为命令的聪明中迷失的道路。这就是康德形式主义的意义,对此形式主义我们更应该称呼它为"实在主义"。无论如何,我们都没能清楚看到,狄尔泰漫长之路是如何通过历史据说能够克服当代"科学"意义下的"规范性科学"所包含的自相矛盾。狄尔泰对于其世界信仰的坦白在今日还是相当少见的。

现在人们当然可以反驳道:在科学的时代里"实践哲学"的更新一般不再进入眼帘。亚里士多德的伦理学和政治学对在那时所采用的伦理和规范的一般化,在当时就几乎已经不再是现实的了。不过,至少它还没有被相对主义的怀疑论弄得病恹恹,并且还能自称为 *philosophia*(哲学)。但是在基督教的胜利之后,亚里士多德

㉔ 《狄尔泰全集》,第5卷《生命哲学导论(上)——关于精神科学奠基的论著》,格奥尔格·米施编,莱比锡/柏林,1924年,第64页。

28. 狄尔泰的问题——在浪漫主义和实证主义之间 583

的学说,例如奴隶社会的自然所与性这样的学说是否可以被辩护呢?在历史意识出现之后,以及在所有思辨的-先天论的历史哲学垮台后,假如某种哲学伦理学只是奠基在某种特定的伦理(Ethos)之上,那么它必定会导致完全的相对主义,这一点难道不格外成立吗?狄尔泰藉由对相对性的普遍扩充能够避免这个结果吗?他能够在救赎史的境况中或人类教育的境况中,或者在通往所有人自由的世界史的进步的境况中,还想要设置"生成的科学"(werdende Wissenschaft)吗?[25] 这门科学还能够误以为超出所有的伦理形态的相对性之上吗?一个人从其自身坦承道:他只能够"生活在思想的全然客观性之中",[26]并且为此偏爱忍受"生硬的实事",而"放弃对事物的终极关联的所有知识",[27]他在此境况中应该如何找到稳固之处呢?

狄尔泰终其一生都在寻求这个问题的答案。答案会如同他所认为的,是在生命多面性的学说中吗?因此,狄尔泰相信自己优于所有的怀疑主义,因为他宣称掌握了哲学概念系统的相对性。由于狄尔泰把哲学导回到少数的世界观类型,而这些类型中的每一个都是从"生命"的基本事实这另一面向出发,并且就此而言不是没有真理的,因此科学承认的不外就是:作为真的而成立,也就是去实现它自己那种认识整体的要求,并且为此在科学客观性的理想面前进行辩护。然后人们就能够实际地"生活在思想的全然客观性之中"了吗?人们不必与约克伯爵(Grafen Yorck)

---

[25] 《狄尔泰全集》,第8卷,第232页。
[26] 同上书,第231页。
[27] 同上书,第225页。

结交,同时还要怀疑他。但是狄尔泰的科学的自我理解却坚持这一点。

狄尔泰当时对胡塞尔评价特别高,并且坚决地支持他,但当胡塞尔在1910年的《逻各斯》期刊中公开地将他列为相对主义者,并且使他对那种致命的怀疑危险——这种危险只有藉由建立在先验自我基础上的"哲学作为严格的科学"才能被袪除——负有连带责任时,在这一切之后人们可以理解到狄尔泰的失望。

人们必须想起狄尔泰如何居有胡塞尔1900年和1901年的《逻辑研究》。他从中感受到一种深具意义的澄清,即使他没有彻底地脱离心理学,在他的眼里心理学始终是在内在事实之基础上的终极奠基。但是,当他认识到胡塞尔关于"表达(Ausdruck)和含义(Bedeutung)"之间的本质关联的相关证明,尤其是关于话语和其观念-统一的含义(ideal-eine Bedeutung)之关联,以及胡塞尔关于纯粹语法学的先天法则的学说时,这对他而言就是一种解放。他所学到的是:一个表达能够有含义,但它不必是某种体验之表达(Erlebnisausdruck)。在此,生命和含义之间的结构性关联被给予了:含义存在于生命之中。含义不只是出现在"悠闲地"回顾着的回忆之中,而是处于表达本身中,处于话语本身中,并且同样也就处于生命本身之中。狄尔泰把胡塞尔的证明所提出的先天主义的要求置之不顾,而把其洞见简单地改放到心理学的领域之中。这基本上没有违背胡塞尔,而且后期胡塞尔完全能够容忍这一点,倘若将其视为结果、而非作为论证的话。比如,狄尔泰如此地完全按他的方式居有了胡塞尔在《逻辑研究》中所说的含义充实,并且把它理解为落在被经验者身上的逐渐地从内在经验自行丰富起来的含义充实。同样地,狄尔泰认为,在胡塞尔《逻辑研究》第四章和第五章关于意识流的分析中,有着他自己对心灵生活之结构关联的学说的证明,而且还认为有更多的正确性。可是他却从未接受布伦塔诺-胡塞尔的意向性这一基本概念。

"意向性"这个表述对他而言确实是不够客观的。尽管如此他为其自身从中吸取了真正的收获。伴随着体验-表达-含义这三重物,他能够放弃我们上面分析过的体验直接性的歧义性。"含义"处于观念-统一的含义(ideal-eine Bedeutung)和自行建构中的意蕴性(sich konstituierende Bedeutsamkeit)之间,他从这个歧义性中赢得了积极的意义,并且藉此使得令哲学反思得以突进的崭新的诠释学视域成为可见的(海德格尔、汉斯·利普斯,等等)。

而狄尔泰又是如何回应1910年胡塞尔的批评呢?那一出版物导致了他们彼此的通信,但并非导致了一个实际的争辩。主要原因或许是在狄尔泰的长信中所给出的非常友好的表述。他正式地促使了对方的同意,而胡塞尔的回答接受了这一点,后者甚至应允了在《逻各斯》期刊上公开地说明,其历史主义批判的对象并非狄尔泰。依然保持争议的是关于形而上学的意义。对于狄尔泰的普遍有效知识理论的目标——这目标"应该为精神科学创造坚实的基础"——而言,"形而上学"是不可能作为那种"企图藉由某种概念关联有效地说出世界关联"的普遍有效的科学。而胡塞尔在其回答中却不把形而上学作为传统的存在论加以辩护,而是更多作为"从现象学上加以扩充的并且奠基过的(普遍的)此在科学"加以辩护,并且从他这方面促使狄尔泰的"精神科学的分析"和他的"现象学"分析"多重地"叠合为一。

在狄尔泰已出版的著作中,我也只知道一个他打算回复的唯一清楚的暗示。核对这个文本是值得的。在1911年狄尔泰的宗教文章的某个段落中我们可以找到这样一个旁注:"参考我和胡塞尔的争论。"㉘在这个文本中,他说道:"这个(对于宗教史问题来说本质的)关联(也就是说它依赖于哲学研究),必须是客观有效的知识,它越出所有不可证实的世界观之上,按此不是旧有意义上所谓的形而上学的;并且它像每个体系性的精神科学奠基一样,需要的也只是去囊括为了那些客观有效的知识所不可缺少的命题。"㉙我们可以猜想,狄尔泰想要回答的是:我已经与胡塞尔就下面这点达成一致,即我完全不去赋予世界观以正确性,而是以我的那种就其自身来说是"严格归纳"而获致的"哲学的哲学"去深究世界观。另一方面,我认为狄尔泰并没有必要在我思(*Ego cogito*)的无可置疑的明证性中去寻求终极奠基。在宗教经验的情况中,也有从意识事实出发导向客观有效的知识的归纳方法,而不需要在先验主体性中的奠基。狄尔泰的争论看来可能就是如此,并且他写给胡塞尔的长信㉚也不与此违背。我们可以问一下,在《逻各斯》期刊的论文中哪一个段落促使狄尔泰变得限缩其经验。无论如何,我们可以看见,就像胡塞尔1913年所做的那样,㉛狄尔泰已经在为

㉘ 《狄尔泰全集》,第6卷《精神世界:生命哲学导论(下)——关于诗学、伦理学和教育学的论文》,莱比锡/柏林,1924年,第321页。

㉙ 同上书,第303页。

㉚ 1911年6月29日写给胡塞尔的信已被印出,收录于弗里乔夫·罗迪和H.-U.莱辛编:《狄尔泰哲学的材料》,法兰克福,1985年,第110页以下。

㉛ 胡塞尔:《纯粹现象学和现象学哲学观念Ⅰ》,载《哲学和现象学研究年鉴》,第1卷(1913年)。也见《胡塞尔全集》,第3卷,冯·瓦尔特·比梅尔(von Walter Biemel)编,海牙,1950年。

28. 狄尔泰的问题——在浪漫主义和实证主义之间　587

了真正的实证主义的争执中贡献一己之力。

这不是没有机会的。尽管事先布满了经验主义的科学理论，狄尔泰依然背负了浪漫主义的遗嘱在身上，并将之带入到他的生命哲学之中，这仍然是令人惊奇的。"含义"对他而言不只是历史性思考的重大范畴[32]，而且也同样是诗艺的重大范畴[33]。他一直到去世都坚持着实证主义——当然不是"扁平的知识"的那种实证主义，但他同样也给予诠释学的反思以最广阔的空间，他向这两个方向敞开自身——直到轮廓显得模糊不清。可是随着这样的洞见，他已经靠近了带有第一次世界大战血腥经验和被自由文化意识所撼动的印记的那代人开始寻找的东西，并且恰恰是通过他的毫无出路的尝试。这是一种我们当时寻求的崭新的直接性，它理应打破19世纪科学文化的僵硬外壳。谜样的字词"生命"和"历史性"在第一次世界大战之后开始使普遍性哲学感到不安。在这种不安中去认识人类此在的本质历史性并将之理解为我们的存在论特性，这首先是当时海德格尔对我们的教导。但是在尼采之旁，狄尔泰仍然是欧洲思想的诸多伟大人物之一，这些伟大人物把背负人性职责的东西带入到我们世纪的彻底追问中。我们尤其要就狄尔泰当时开始拥有话语权这件事情，向格奥尔格·米施致以谢意。这不只是因为《狄尔泰全集》的出版。对我们更重要的是，米施自己在《生命哲学与现象学》中的继续思考，总是从对立方面再次推动所有胡塞尔、海德格尔和狄尔泰的固定立场并且使之相会，藉此

---

[32] 《狄尔泰全集》，第7卷，第202页。
[33] 《狄尔泰全集》，第6卷，第319页。

也关键性地促进了哲学诠释学的奠基。这里针对我们的问题与狄尔泰所展开的讨论,也间接地证实了他作为我们所处的历史传统的普遍代言人的在场。

(金志谦 译,王宏健 校)

28a. 威廉·狄尔泰诞辰 100 周年
（1933 年）

  威廉·狄尔泰出生于一百年前的 11 月 19 日。当我们详尽地缅怀这个人的时候，这倒不是因为他属于我们精神史（geistige Geschichte）中的那些伟大人物。相反地，狄尔泰之所以饶有深义，恰恰是因为他并未超越他的时代命运，而是实现了他的时代命运。狄尔泰主要被视为一个历史学的（historisch）天才。他对德国精神史的研究是有理有据而名显于外，并且超出了特定科学研究的狭隘范围而广为人知和影响深远。他对精神科学进行体系性的哲学奠基的企图仿佛是汲取自对这种伟大的历史学天分的自我省察（Selbstanschauung）。虽然具有极高的敏锐和方法上的干净利落，但是这些企图最终缺乏了概念上的魅力（Bannkraft）。而恰恰在这个点上他独一无二地实现了他那个时代的命运，在他身上亲自上演了哲学提问面对非凡的历史意识力量的一场战斗。

  表面上他的一生都运转在学院传统的轨道上，是一位成果颇丰和极富成就的学者和教师。他的工作被同时代人所尊敬，被为数不少的年轻研究员体会为指引方向的明灯，这也使他死后的名声大噪。他的著作的出版——这是由其学生所促成，在第一次世界大战之前就开始并到最近才完成的——帮助他扩展了极富成果的后续效应，以致今日不仅在整个所谓精神科学的广泛领域，而且也在哲学研究的最狭隘范围内，他的作品对年轻的学生来说已经是一个术语概念（ein Begriff）了。他的工作免除了所有专家性质的狭隘，不仅把具体的历史观照和最广阔的综观统合起来，而且把对历史个体而言最丰富的意义和被强有力揭开的本质的和主导的观点统合起来。他的工作远超出历史学家，是在时代的哲学基础的理解中进行思索，对哲学家而言，他的工作是普遍的和非教条的历史观照的一个不可达成的典范；对读者而言，他的作品虽带有片段式的构造，但却具有开启多面向的优点的价值。他划时代的主要作品《精神科学导论》，第1卷已经在1883年发行，但仍然是未完成的作品，所有他后来的工作都是指向它的，因而紧接着他的《精神科学导论》第1卷，又发行了第2卷和第3卷。这些后来的工作（包括准备工作）共写满了足足七卷本，它们是孜孜不倦的工作结果，为的是实现他那伟大的"历史理性批判"（Kritik der historischen Vernunft）的计划。所有这些为数众多的文章、论文和草案都烙印着未完成的、暂时的、片段式的印记（参考这些标题"对……的基础""关于……的观念"以及"对……的论稿"）。在此，狄尔泰是一位认真琢磨的专家、善于总结润色的专家以及"晶莹剔透的描写"的专家。因此，他从未能完成，这一点并不是因为他缺乏构型能力，也绝非是某种仓促以及年轻时过于自负地设置了任务的结果。当他的《精神科学导论》第1卷发行时，这个40岁的人已经有（在遗稿中现成的）第2卷的誊清稿了。最终这也并非是一个外在的、在早年已然为他的工作设下终点的艰难命运。狄尔泰死时78岁。相反地，狄尔泰作品的命运对于作为所有我们精神气氛的历史意识的厄运具有象征性的意义。此外,狄尔泰作品的这种象征性命运也标记着德国命运的特征。

狄尔泰的开端落在自然科学胜利运转的时代中。曾经构建德国观念论运动的伟大的形而上学系统,当时已经瓦解。曾经消解希腊-基督教形而上学传统的伟大的启蒙的近代精神史的基本动向,当时也重新有了富有成效的开展,并把德国观念论的天才思辨打上了无能于生命和没有未来的插曲印记。浪漫主义精神的骄傲的自我标榜变成了非现实(Unwirklichkeit)的标记。但当欧洲的其他国家完全以自然科学的精神来规定哲学时,德国浪漫主义的遗产却在"历史学派"中依然保有活生生的发展要素。由于狄尔泰在黑尔姆霍尔茨* 这一伟大典范上学到尊敬实证主义的伦理:"人们不想让自己被任何东西欺骗",因而他通过由以下这些伟大的德国历史学家组成的学派得到了其特定的塑造:他们包括尼布尔**、雅各布·格林***、蒙森****、里特尔*****,尤其是在兰克******、特伦德伦堡*******的哲学中。这样,他很早就向自己提出了下述使命:

---

* 黑尔姆霍尔茨(Hermann von Helmholtz,1821—1894),也译赫尔姆霍茨,德国物理学家、生理学家、医生。——译者

** 尼布尔(Barthold Georg Niebuhr,1776—1831),德国历史学家。——译者

*** 格林(Jakob Grimm,1785—1863),德国作家、法学家,以和他的弟弟威廉·格林编撰《格林童话》而知名。——译者

**** 蒙森(Theodor Mommsen,1817—1903),德国历史学家、作家、古典学者。著有《罗马史》,并借此书获1902年诺贝尔文学奖。——译者

***** 这里可能指莫里茨·里特尔(Moriz Ritter,1840—1923),德国历史学家。——译者

****** 兰克(Leopold von Ranke,1795—1886),19世纪德国最重要的历史学家,西方近代史学的重要奠基者之一。——译者

******* 特伦德伦堡(Friedrich Adolf Trendelenburg,1802—1872),德国哲学家、语言学家、教育学家,主攻亚里士多德和康德。——译者

在与占有领导地位的自然科学的对抗中,要继承康德的遗产,为精神面向上的社会、历史世界的经验科学展开哲学上的奠基工作。在康德的已经为自然科学奠基和已然开启一条新的胜利进程的纯粹理性批判之旁,必须出现对已经获致的关于人类历史性的洞见进行考虑的历史理性批判。狄尔泰在他70岁生日的演说中说道,并且用它标记了他整体工作的双重面向的特征:"我曾试图在普遍历史学考察的(也就是说兰克的)这种意义上去描绘文学和哲学运动的历史。我从事探究历史意识的本性和条件——'历史理性的批判'。"狄尔泰是从基督教的-神学的传统长大的,因此这种进入历史世界对他而言就意味着坦承世界的此岸性。想要从生命自身理解生命,这成为他思想中起主导作用的脉动。对他而言,突进到历史世界之中应该是完成了精神的自主(Autonomie)。因为对于浪漫主义的历史感的遗产而言,自主这个启蒙的(aufklärerisch)格言必然会自行转化到去要求对人性进行历史性的自我澄清(Selbstaufklärung)。对狄尔泰而言,哲学史按其意图来说是比审美的戏剧、比一心要去奋斗但却失败地掌握世界的连续剧来得更为丰富才是。毋宁说,对他而言,把对人类的研究和历史关联起来则是一条"也可以掌握世界"的道路。在所有历史性的生命现实中,生命在其"深不可测的幽深"之中自行说出。因此,所有对精神世界的突进是一种现实知识,是生命的哲学。在狄尔泰广泛的历史学研究工作的背后,不只有哲学动机的统一性,而且有这样的认识,即除了这条历史性的自我认识的无限的曲折道路之外,不可能再有真正的哲思。目标在于,在历史自身之中,在那种于本己的、以时间为条件的、有限的此在中无终止地去扩展诸多可能的体验的历史性理解的主权范围中,去"寻求人类此在无界限性、无限可能性的深邃方式"。

然而狄尔泰知道:"每个历史现象的有限性,每种人类对于事物关联的掌握方式的相对性是历史学世界观的最后用语。"狄尔泰对于当前哲学所具有的代表性意义在于彻底地承认这个结果。他的哲思把自己提交给历史意识所具备的这个棘手的真理,这一点使得他超出所有他的那些相信无须解决历史相对主义问题就能够哲思的同时代者。尽管对这个问题,狄尔泰自己的解决,即关于由历史性所规定的人的"理解心理学"的草案,或许还是这么不完备,尽管他对历史性本质的洞见或许还是被浪漫主义和历史学派的审美的历史感阻断而不够彻底,但我们时代的哲学家马丁·海德格尔在狄尔泰的哲学目标中去揭示他自己哲学的方向,这决不是偶然的。

(金志谦 译,王宏健 校)

28b. 未完成任务之人与不可完成之事业——威廉·狄尔泰诞辰150周年

(1983年)

在现在即将进入尾声的这个年度里,有很多追思日被庆祝,这些追思日把许多伟大的人名,尤其是思想家和艺术家的名字召唤到我们的记忆里。在这些伟大的名字中,也包括一位过去在公开的意识中几乎不出现并在同时期的哲学意识中也不出现的人的名字,但是他的名字现在却以惊人的规模在国内和国外被唤醒而有新的当下性。我指的是威廉·狄尔泰,他是与伟大的思想特例弗里德里希·尼采同时代的一位学者。

威廉·狄尔泰生于1833年,和尼采以及很多其他伟大的德国人一样,他生于一个新教的牧师家庭,他死于1911年。他拥有一个惊人早熟的天分——这带给他非凡迅捷的和功绩卓越的学术成就——使其在研究中从神学踏上了哲学之路。在他早先已经任教于巴塞尔大学和布雷斯劳大学的生涯之后,50岁的他作为赫尔曼·洛采的后继者接受了柏林大学重要的教授席位。1883年他已经成为许多伟大人物的同事,像是他自己无限推崇的物理学家黑尔姆霍尔茨,尤其是当时在柏林甚嚣尘上的历史学派的那些领头人物,著名的有尼布尔、奥古斯特·伯克(August Böckh)、利奥波德·冯·兰克、约翰·古斯塔夫·德罗伊森、爱德华·策勒、西奥多·蒙森和其他一些人。

尽管他有伟大的功绩和成就,但是他在当时的学院派哲学中却几乎不是知名的。在当时更多的是主导19世纪末和20世纪初的新康德主义,尤其是新康德主义的马堡学派和所谓的西南学派,后者通过对康德的某种革新伴随着现代经验科学的奋起。狄尔泰自身既不赞同同时期的学院派哲学的形式,同样也对同时期的英国经验主义保持距离。在这两个运动之间他惦念着历史学的(historisch)思考。毫不奇怪,学院派哲学对此的回答是:就让他仅仅被视为是观念的历史学家吧!

因此他自己的影响更多的是间接的效应。在柏林科学院里收藏的论文中,他呈现了他对历史(geschichtlich)世界的建构的研究,这一研究理应让刚开始的20世纪面对历史学相对主义的论题。他自己从历史主义的疑难中走出来的哲学出口,是那个奠定了世界观类型学说的多面向的生命学说。这种类型学(Typologie)的思考工具应该是创造了历史。类型的概念和类型学的发展通过其效应在精神科学中有了广泛的扩散。伟大的社会学家马克斯·韦伯、作为狄尔泰柏林教席后来的继任者恩斯特·特勒尔奇(Ernst Troeltsch),以及海德堡的卡尔·雅斯贝斯——除此之外,还有为数众多的文学史家、艺术史家、心理学家和教育学家,也都进一步发展了他的类型学说的哲学和方法论意义。

从特勒尔奇那里或许产生了对狄尔泰自己哲学追求的最好而简练的描述。我指的是如下表述:"从相对性通向整全性"(Von der Relativität zur Totalität)。威廉·狄尔泰不可胜数的工作在某种意义下就是为这个如此高要求的表述做辩护。然而这个表述所刻画的几乎是一条悲剧的生命路径和思想轨迹。某个个人,某个一般的人能从自己的诸多有限性踏出通向整全性的步伐吗?这难道不是一个不可完成的任务吗?

的确,威廉·狄尔泰的形象就是作为一个未完成者的形象而呈现在我们面前,虽说他在世之时总是精力充沛和丰富多产,但却突然而无征兆地在 78 岁之际辞世。

从早年开始,他就由于巨大的天分和博学多闻而拥有满满的计划,这些计划总是一再超出早先曾使他卓越出众的那些伟大成就。以下是他最初值得大书特书的书籍:《施莱尔马赫传》(1870年)和《精神科学导论》(1883 年),它们各自呈现了某个更大的但从未能完成的整体的第一卷。在他死后(1911 年)很久,在第二次世界大战之后的时期,那些延续了两项研究行动的大量手稿才得以片段的形式发行,这就是由马丁·雷德克以上下两卷可观的方式出版的《施莱尔马赫传》*,其中包含了整个德国浪漫主义的历史,但也包含了长期被期待的诠释学的历史,此外是对《精神科学导论》的延续。《精神科学导论》除了被狄尔泰自己出版的个别片段之外,新近通过弗里乔夫·罗迪及其同事的工作也呈现在《狄尔泰全集》的第 18 卷和第 19 卷之中。

取代去完成这两个伟大的计划,狄尔泰在其柏林工作的 30 年期间出版了大量源自同一领域的较小研究成果,这些研究在标题上已经透露了它们的片段特性,不论它们现在是称作"对……的研

---

* 狄尔泰:《施莱尔马赫传》,马丁·雷德克编,柏林,1966—1970 年。——译者

究""对……的论稿""对……的观念"或者"对……的尝试",或者诸如此类的名称。这并不是一种放弃,而是一种承认,承认他提交给自身的任务的不可完成性。他总是再度地发现自己处在终其一生不可能达成的任务面前,尤其是那些伟大的全集。这些全集,比如作为柏林科学院计划构想的《莱布尼茨全集》,这一工作目前一直处于进行之中;由于他的推动而产生的柏林科学院的《康德全集》,它在此期间总算是完成了。这里还有开始编辑黑格尔手稿(通过其学生赫尔曼·诺尔〔Herman Nohl〕),它的出版在我们的时代中才接近完成——当然还有无数其他的全集。狄尔泰的学生讲过:狄尔泰是如何义无反顾地承担这样的工作。从他的书信里,我们得知他自己是如何孜孜不倦地工作。这就是那些每每被预先送抵他避暑地的满山满谷的书堆。1911年在那最后不再回来的夏日山居,他恰恰还是致力于庞大的工作计划。这一切就仿佛是这位"谜样的老人"(像他学生称呼他的)一针一线地并越来越厚重地埋首于他自己的编织物之中,也就是走上那条从未能够抵达整体的道路。

尽管如此,他也绝非是一位拘谨的作者。相反地,他不只是一个见识广阔的读者,而且也是一个轻盈和优雅的风格学家。所以从第9卷开始,他全集的卷数总是一再扩大,并且收集了他过去部分以匿名方式在公众媒体上发表的小品文章。它们全都有像某种镜子般的忠诚,映照出确然的过往时代,以及像是真正的肖像艺术,把过去之物唤醒到新的生命。所以他不是作为早已完成的人,而是作为迟迟未完成者而呈现在我们面前。

关于他个人的一些见证事迹:《青年狄尔泰》这一卷,在所有私人领域保密到家的情况下，简直可以说是他在神学、教会史和精神史之间学习和研究的巨大无比的文件。从布雷斯劳和年轻的柏林教授开始，他和他的伟大朋友约克·冯·瓦滕堡伯爵（Grafen Yorck von Wartenburg）的通信留下了证据。海因里希·沃尔夫林（Heinrich Wölfflin）描写自己在柏林当学生时狄尔泰给他留下的强烈印象，尽管他并不十分喜欢狄尔泰演讲的激情。一些稍长的、还亲身听过他上课的朋友对我倒是不曾说过此事，相反地，他们更多地说道，他后来更多的是过度冷静。埃里克·弗兰克（Erich Frank），他参加了狄尔泰主持的考试，有一次对我描绘了狄尔泰的考试风格：当时在博士论文答辩的时候，博士候选人允许指定特定的对象领域这一点还不是很常见。*比如狄尔泰问博士候选人，"您对约翰·洛克知道些什么呢？"假如该博士生候选人已经把所知道的都说了，并且沉默了，这时狄尔泰又问"您还知道些什么呢？"并且一次又一次地问道。

当然，狄尔泰自己必定很清楚，假如进入这种考试的确是一个具有真才实学的人，那么他一定就具有百科全书式的知识。但这种不屈不挠地继续追问"您还知道些什么呢？"的风格，毫无疑问展示了博士候选人哲学教育的整体水平。谁要是没有更精确的东西可以再说的话，他就要从另一个方向去寻求协助。他将试图去谈论一些与该论题脉络相关的或者可比较的对象，然后恰恰会完全

---

* 过往德国博士论文答辩，为了证实博士生的"广博"，必须在博士论文的论题之外，另选三位哲学家作为答辩时的主题，而不像现在仅针对博士论文的论题加以申辩。而这里似乎是更早的情况，连预选三位哲学家作为答辩主题都不存在，而是一个全然开放的自由问答。——译者

地并且客观地呈现出,他是否可以在一个适当的水平之上做到此点。狄尔泰的方法事实上完全不同于记忆测验,并且就作为哲学的考试风格应该获得某种重视。或许狄尔泰自己百科全书式的知识的普遍性,让这样的考试方法以完全朴素的方式自然而然地显现出来了。

在柏林大学作为枢密顾问的狄尔泰具有颇大的声望,并且为了给有天分的年轻人铺平道路,他还经常利用他的领导地位。尤其是那件众所周知的事,他曾经赞助过埃德蒙德·胡塞尔的职业道路。当柏林的学院顾问委员会对恩斯特·卡西尔的讲师资格流露出反对声浪时,据说狄尔泰在咨询意见上这么说道:"一个拒绝卡西尔这样的人的学院,我不想要属于它。"卡尔·尤斯蒂(Karl Justi)也曾经讲述过:就像他在罗马和狄尔泰度过一些美好的时光一样,在后期他依然为其访客(狄尔泰)的精神清醒和包罗万象的视域感到惊奇;当然他也附加了一些讽刺性的评注:"然后,在餐后点燃一根雪茄,对话就来到了所有教授群体不可避免的话题,谈到了下一个教席的接任问题。"

这种表现在狄尔泰典型的学院的枢密顾问态度以及其温和的自由和乐观的稳健中的形象,可能与今日人性的生命感有着不可跨越的距离。事实上我们对他精细的和柔顺的风格的感受略显苍白。在他身上缺乏装填和卸除。但是他生命能力的巨大规模真正说来是负担过重的。至少他的其中一本书保有不可低估的当下分量,狄尔泰基于早年对德国精神历史的研读的基础,在晚年的时候重新把该书公之于世,这就是《体验和诗》。对于莱辛、诺瓦利斯、荷尔德林和歌德这些人的研究在书中自成一体的研读,该书问世

（1906年）以来已过去了四分之三世纪。从那时起，没有任何一本文学研究和解释诗人的作品可以设想不以狄尔泰的这部作品来衡量自身，并且在所有有意投身于反对观点的人中，很少人可以经受这个尺度的考验。像是胡果·冯·霍夫曼斯塔尔（Hugo von Hofmannsthal）和斯特凡·格奥尔格（Stefan George）这样的诗人同样也不能拒绝对他的赞赏。

假如我们现在问：狄尔泰的作品如何在今日对我们显现，那么我们必须考虑20世纪哲学的特殊发展。假如狄尔泰的存在在其有生之年对哲学来说是更多隐密的，那么在第一次世界大战之后，他就像是经历了一种死后的重生。在他死前不久，他还陷入了和现象学研究的奠基者埃德蒙德·胡塞尔的一场充满张力的争论。至少作为负有现象学运动使命的要求的对手，他在死后赢获了逐渐增多的对时代的影响，并且最终对胡塞尔自己，对马克斯·舍勒、对马丁·海德格尔以及很多其他的人都产生影响。同样，在他自己的学派内他也有很大的影响。我这里仅仅指出格奥尔格·米施、赫尔曼·诺尔和伯恩哈德·格勒图森的名字。另外，爱德华·施普兰格尔（Eduard Spranger，也译斯普兰格）、特奥多尔·利特（Theodor Litt）、汉斯·弗莱尔（Hans Freyer）和埃里克·罗特哈克也可以称作是他思想世界的代表人物。

切合他后来的影响的乃是他的全集在20世纪20年代由于前八卷的出版暂时告以完结。这个版本主要是按照格奥尔格·米施的观念而形成的。1923年时，威廉·狄尔泰和相当重要的普鲁士大人物约克·瓦滕堡伯爵的往来通信问世了。约克伯爵是一位出身于著名的贵族官宦家庭并具有良好教养的西里西亚(Schlesien)大地主,但又是一位具有深厚新教-路德宗教感情的自立的思想家。在他面前,自由的、启蒙的和敏感的威廉·狄尔泰常常自觉自己像是一个弱势的和不具特色的学者。当时所选的出版文章已经包含了对他的毕生事业的解释。当格奥尔格·米施以重构的方式把狄尔泰的思想与现象学学派(一方面是胡塞尔,另一方面是海德格尔)的发展加以对照时,他在1930年一本极具分量的书中表达了狄尔泰的毕生事业。这当然完全不再是在从相对性通向整体性的口号之下,而是更多地去指明从心理学和观念史到相应于现象学发展的诠释学这一过渡。

这已经是海德格尔的《存在与时间》具有世界成就的时刻,由于此成就,狄尔泰的作品被摆到同时代人思想的最前沿。在书中海德格尔把狄尔泰对于精神科学内诠释学提问的日益增长的兴趣用到了对他自己思想的刻画上。我们要感谢海德格尔,诠释学不只是停留在自施莱尔马赫、伯克(Böckh)和狄尔泰以来所一直是的精神科学的广泛方法,而是深刻地突进到哲学自身的可能性,并且通过彻底地提问克服了具有威胁性的历史相对主义。对文本的,尤其是对所有艺术形式的理解和解释都不可避免地被包含在人类文化传统得以形成和转型的历史变化之中,这一点仿佛被海德格尔深化而成为有限性和历史性的哲学原则。这种哲学指明自身越出了希腊的-基督教的形而上学遗产及其向近代带有革命意识的实证科学之转变。这个和现代科学思想不可分离的客观性概念从上述实证科学中经验到了它的界线。这不只是说,它可以作为西方形上学传统的结果而被"解构"(destruieren)。对于知识和科学在人类的生活宅邸中意味着什么，该概念的有效范围也必须重新被规定。

这里现象学传统帮助海德格尔洞见到了现代科学概念的先行的希腊印记。胡塞尔为了跨越科学事实所设计的生活世界概念，可以很明显地说明，为什么科学的方法论没有办法穷尽人类的生活现实领域。尽管狄尔泰自己批判同时代新康德主义哲学的智性主义，但是他自身却未能克服他自己科学思想的认识论界限，并且因此，尽管他朝向了生命的基本事实，但也没有触动客观性概念。在一段动人的自我辩护词中，这是他在和他已经受致命疾病威胁的朋友约克·冯·瓦滕堡长期对话之后所写下的，他把他自己不可消解的需求直接标定为："没有全然的客观性，我就不能存活。"

在狄尔泰身上以一种相当具象征力量的方式，浪漫主义的遗产就这样和19世纪"实证主义"的激情连结成一个充满张力的生命统一体。一方面是高度的敏感，狄尔泰借之去实践过去的遗产；另一方面是坚决的献身，力求19世纪经验科学的热情。在浪漫主义和实证主义之间，他寻求一条成为伟大学者以及总是重新出发、总是重新迷失在不可完成物之中的思想家的艰辛道路。即使是弗里德里希·尼采的精神形象，他也绝非毫不重视地忽略而过。他绝对没有错认尼采精神上的层级，但是由于自身系缚在其时代的科学信念中，他不能够去掌握弗里德里希·尼采那实验型思想的全然爆破力。

在召开纪念会的今年（1983年），我们也不能忘记柏林哲学教席上这位谜样的老人，并且就像所发生的事情那样，这位老人在德国的两次世界大战期间曾获得的那种在场,现在有了世界范围内的共鸣。诸如完成的东西乃是为了这一未完成事业,而这源自对不可重复事业的完成。

(金志谦 译,洪汉鼎 校)

29. 狄尔泰与奥尔特加生命哲学

(1985年)

1983年在许多周年庆祝会之中有两场是关于哲学的庆祝会，一场是庆祝威廉·狄尔泰(1833—1911)的150周年诞辰，另一场是庆祝奥尔特加·伊·加塞特(Ortega y Gasset, 1883—1955)的100周年诞辰。此外，奥尔特加·伊·加塞特的生辰年正好与狄尔泰代表著作《精神科学导论》的出版年(1883年)巧合。年份数字和周年庆常常只是一个表面的游戏。但在狄尔泰与奥尔特加这里，情况是有所不同的。

的确，这是一个颇长的时段，即半个世纪，这位长期以来已富盛名并极具威望的柏林教授在此期间广泛地施展了其宁静却极富有活力的实际效应，而另一方面，年轻的奥尔特加则是在这个世纪(20世纪)之初来到了德国，并且在那里展开了他的哲学学习，尤其是在马堡。然而，奥尔特加经常被引用的话，即他景仰着狄尔泰这位19世纪下半叶最具重大意义的思想家，却更多地说出了某种超出时代的更深的共通性。按照奥尔特加自己的证实，一直到此世纪的20年代末，他才真正阅读狄尔泰。就此而言，人们能够确定地说：我们不能假定狄尔泰实际地影响到奥尔特加自己思想世界的形成。奥尔特加长久以来是站在自己生命的高度，梳理着他自己世界导向的基本线路。因此,下面的问题就越发值得追问:在1911年过世的柏林声名卓著的枢密顾问狄尔泰和20年代刚刚上升到世界知名的文化哲学家奥尔特加·伊·加塞特之间具有怎样的共通性?并且要去阐明,当时是什么东西促成了奥尔特加对狄尔泰的这种惊人的认可?

现在我们必须弄清楚两件事情:一方面,某种深刻的共通性在于两人都对德国学院派哲学的主流倾向,也就是对新康德主义,保持了距离。的确,狄尔泰让人标举为历史学派的思想家,但是人们不应该被这个荣誉称号弄昏脑袋:在20世纪开始的学院派哲学中,事实上早在那之前,狄尔泰是更多地被认可为精神史研究的天才,而不是作为具自己形象的思想家。甚至狄尔泰最忠诚的学生和追随者们,比如伯恩哈德·格勒图森,当我们所有人都处于海德格尔的作用和作品的印象下,并且从那里把狄尔泰作为历史性生命现实的原初思想家来加以研究时,他们也有时表述过他们的惊讶。甚至一个对狄尔泰如此忠诚的学生自身也不能不对下面这一点感到惊奇,即我们严肃地完全在这种关系中把狄尔泰认作为思想家。

但是更重要的还有狄尔泰他自己从一开始就和新康德主义持有的远离历史的先验主义分道扬镳。狄尔泰自己的那种努力——即不仅力藉单纯地延展到历史生命来扩充新康德主义,而且把经验概念从学院派新康德主义狭隘的科学理论的经验概念中解放出来,并且向着生命经验和历史经验加以展开——意味着某种本质上崭新的事物。在其中人们完全不经意地就认识到真正类似于奥尔特加精神历史的东西。众所周知,奥尔特加忙碌于康德哲学长达十年之久,此外还在最严格的新康德主义学派,即赫尔曼·柯亨和保罗·纳托普(Paul Natorp)为首的马堡学派中,被引导到德国观念论的哲学之中。在那里狄尔泰的作品对他而言肯定是不熟悉的。可是他追随着他自己的使命,从开端开始,即从他自己的创造力的开端开始,追踪着富于历史感的文化生命,并且不满意于像是马堡的新康德主义所主张的科学的事实,不满意于藉由微元法(Infinitesimalmethode)把产生"实在性"(Realität)视为所有真正科学的基础。对他来说,与狄尔泰相联系只能够说是对他自己最本真倾向的某种令人感到意外的确证,这个倾向在与当时较年轻的马堡学人海因茨·海姆塞特交往时也曾经出现过。

因此第一个共通性即在于:对于先验哲学及其"意识本身"(Bewusstsein überhaupt)概念采取了批判的态度。意识本身乃是新康德主义者从康德的《未来形而上学导论》(*Prolegomena*)提取而来,并把它提升为先验意识的一个魔法般的关键词。但是这个共通性对于狄尔泰和奥尔特加来说却不能具有相同的意义,前者是德国浪漫主义文化传统的子嗣,后者则是从自己拉丁语的和西班牙语的历史经验中,力图把西班牙带入欧洲的思想之中。狄尔泰终生的工作,尽管呈现给我们的是那样无限丰富并且在世界范围内延展的精神历史,但是从哲学来看,却停留在德国观念论的思辨遗产和经验主义立场之间最终都未能消解的分裂之中,对他来说,经验主义立场对于19世纪的精神,特别是对于英国的经验主义和把康德改写成认识论者是有约束力的。

如此一来作为肇始者的狄尔泰就已经参与了这个转变,这个转变是从"意识事实"(Tatsache des Bewusstseins)这一概念的观念论的、先验的特色到"意识事实"的经验概念。这让他在心理学之中寻求精神科学的真正基础。的确,这个心理学并非是那种由狄尔泰前辈——我指的是像赫巴持(Herbart)或者费希纳——通过把意识事实从观念论学说进行转变而发展的"心灵生活的物理学"(Physik des Seelenlebens)。我们可以正确地说,当狄尔泰碰到心理学专业同行的反驳时,他的那种描述或分解的心理学尝试是在寻求一个更强大的诠释学现象的方向,对他来说,这个方向最初是在胡塞尔的《逻辑研究》,但是也在新近形成的对黑格尔《精神现象学》的兴趣中有了鲜活的积极性。假如人们试图要进行一种建构,并且在狄尔泰最年长且最忠诚的学生那里追问狄尔泰是否已经从心理学发展了具有现象学印记的诠释学的话,那么当然人们就低估了狄尔泰自己是带着怎样一种坚定性和彻底性,把那种归功于胡塞尔逻辑天才的现象学冲动,置于他的经验立场之下,并因此置于在心理学中为精神科学奠基之下。所以在我自己对狄尔泰立场的分析中,如我所说,可以无可反驳地证实:对他来说,经验科学的热情和科学客观性的理想,直到最后依然与他的生命经验和历史世界经验的出发点固着在一个不可消解的冲突之中。①

即便如此,我们仍不应减缓狄尔泰式的精神效应在我们这个世纪 20 年代所开始的那样一种简直是令人吃惊的复活。这一方面是他的学生的功绩,他们在两次大战之间的空档,从他的出版物

---

① 《真理与方法》,第 205 页以下[我的著作集,第 1 卷,第 222 页以下]。同时参见本书第 28 篇文章"狄尔泰的问题——在浪漫主义和实证主义之间",第 406 页以下。

和手稿中精心挑选出版了八卷作品集，另一方面则是这种充满历史感的工作在现象学学派中，以及在像是马克斯·舍勒、爱德华·施普兰格尔、特奥尔多·利特、卡尔·雅斯贝斯，尤其是马丁·海德格尔这些大人物那里所造成的印象。正是在这期间所产生的认识差距以及在对其思想的科学理论地位产生的新的兴趣下，狄尔泰对经验科学的实证主义的靠拢才成了一个新的价值重心。其实对行家而言，以此为新发现简直就是莫名其妙。

假如现在我们看到年轻50岁的奥尔特加以及他自己在带有马堡特色的康德式哲学中的10年拘禁——对此他依然有意识地保持感谢，作为塑造他精神的特殊前提——的话，那么我们就会接触到那种令人吃惊的引导他接近后期狄尔泰式效应的自我解放的能量。后来的奥尔特加总在关键点上特别批判地谈论他马堡的老师们，但也同样批判地谈论在很多角度上令他惊叹的先驱者狄尔泰。他在他们所有人身上看见一种未被意识到的实证主义。这个词当然指的是那个普遍的科学实证主义，它阻断了他们所有人走上一条从事物本身出发所指示的道路（den von der Sache her gewiesenen Weg），即从生命经验而来的道路，同时也阻断了从这条道路出发去开启真正宽广的历史和文化世界。因此奥尔特加合理地强调说，狄尔泰自己虽然在其精神历史研究中想要把所有丰富的内容都综合成一体，但是他从未质疑意识这一概念和追求方法上的科学性和客观性的努力。另一方面，即便是可以被视为狄尔泰基本方向的核心和关键的生命概念，也在狄尔泰那里获得了界定科学可认识性的主宰功能。狄尔泰自己承认"没有思想的客观性，我不能存活"，但是另一方面他也承认生命的不可穷究性。

在奥尔特加对于历史世界的思想突破处，我们不会发现类似的对立机能，在马堡的新康德主义那边也不会发现。我们绝不能说，奥尔特加自己的思路是通过在诠释学现象学中对狄尔泰的接纳，比如通过海德格尔才本质上获得规定。相反，奥尔特加在写作《存在与时间》的那个海德格尔和同样在该书中所散发出的克尔凯郭尔的风格，以及后来从整个法国产生的存在主义的热情之中，看见了他极力想要从中解脱的观念论意识理论之某种前见的具体化和差异化。这一点在其 1924 年的《康德讲话》(Kant-Rede) 中可以明显地听出，尤其是在他的后记中。毋宁说，他跟随着马堡学派尼古拉·哈特曼、海因茨·海姆塞特和马克斯·冯德 (Max Wundt) 以及其他人的进一步发展，试图为了自己的观念，把当时在康德片面化的认识论中所隐藏的形而上学背景变得富有成果。假如人们允许把他的生命理性 (razon vital) 学说标定为历史理性批判，那么他的这一批判无论如何就相当远离了对精神科学的认识论奠基，而狄尔泰直到最后依然视这一奠基为他的毕生使命。

恰恰当我们看到这一点，我们就会追问一个对于奥尔特加来说在狄尔泰那里实际存在的更为深层的共通性，而要澄清这一点，我们就要自问，狄尔泰哲学对尼采的作品表现出怎样的意向，尼采所具有的真正涵盖世界的作用却罕见地与他作为 19 世纪大学哲学的另辟蹊径者的立场相对立。尽管极具成就的大学学者威廉·狄尔泰具有那种宁静而强大的影响，我们对之丝毫没有任何争议——但尼采是 19 世纪思想中真正的代表人物，所有伟大的规定都必须根据他来确定尺度。正是因为我们无法错认狄尔泰和尼采的共同背景，且奥尔特加长成的年代是尼采开始全然当道的状态，因此,狄尔泰和尼采的关系问题就越是涌现出来。

现在狄尔泰和尼采的著作呈现出两种非常不同的文学类型。狄尔泰的关联人物是施莱尔马赫,而尼采的关联人物则是叔本华,这一点是意味深长的。一方面,因为施莱尔马赫作为博学的神学家、语文学家和哲学史家,集浪漫主义运动的所有脉动于一身,此外他还是一位伟大的演说家,并且是真正社交的天才,但他无疑地不是一位字面意义上伟大的著作家。另一方面,叔本华作为一个忧郁的隐居者,从年轻时代开始就是对歌德怀着热烈情感的赞颂者,但同时又是一位对其时代大学哲学的愤怒的批评者,其愤怒程度直达可笑的自大——想要作为黑格尔的竞争对手在柏林大学胜过他。叔本华完全是一个不同于施莱尔马赫的人物,毫无疑问,他不是一位演说家,但他却是一个闪闪发光的风格学家、道德学家、小品文作家,其后续效应传播在大学之外。人们会联想到他对尼采、对理查德·瓦格纳,或者后来比如对西格蒙德·弗洛伊德或对托马斯·曼的影响。

首先,我们应该讨论狄尔泰对于比他稍微年轻的同时代人尼采的立场。他对尼采非凡的精神等级绝非视若无睹。这一点是有证据证明的。[②] 但是他对尼采揭开伪装面具的心理学具有最深刻的批判拒斥感,尼采的心理学最终的结尾不会比切萨雷·波吉亚(Cesare Borgia,1475—1507)的暴力人性(Gewaltmenschentum)来得更好。从另一方面来看也是相应的,据说尼采事实上通过海

---

② 对此参见奥托·博尔诺:"表达和理解",载弗里乔夫·罗迪/H.-U.莱辛编:《狄尔泰哲学的材料》,第267—274页。

因里希·冯·施泰因(Heinrich von Stein)这位理查德·瓦格纳的崇拜者和威廉·狄尔泰的学生的促发,曾经看完狄尔泰的《精神科学导论》,他对于狄尔泰的天真不无震惊,后者居然在书中把意识事实承认为知识的基础。

  他们双方互相批判的距离并不令人感到惊讶。尼采在大学哲学和其博学程度的意义下事实上是一位业余爱好者,除了古代的著作之外,他的哲学知识一般来说得自于二手的呈现。相反,狄尔泰完全坚持在经验主义科学态度和其客观性的方法理想的热情之中,因此他在哲学上既不赏识尼采深掘的心理学,也完全不认为无意识之物有积极意义,即使他在"生命"不可思议的负面形态中承认它们,在其诗意的呈现中享受它们。

  情况好像在这两个大人物中彼此分离到了极端状态,但这却正是19世纪意志形而上学(Willensmetaphysik)所具有的特征。一方面是狄尔泰无限制的努力,聚集历史世界在其自身的整全性并藉此在思想上让生命的多样性变得合理——这简直就是一个非常怪异的普遍性现象,它既有移情力量的普遍性,同时又有埋头于他自己的深奥的构造物之中的那种普遍性。另一方面是尼采的彻底性,他不仅敢于拒绝所有的形而上学,而且甚至询问科学的真理概念,甚至还更加彻底,质问生命经验的真理概念,以有利于那个真实的绝对者——权力意志(Willen zur Macht)、意志的意志(Wollen des Wollens),这种意志试图通过暴力而使一切相同。可是对于他们两人来说,"生命"都是原始事实,而"认识"只是为生命提供服务。

  这位自认为是丰富拉丁文化传统之继承者的奥尔特加,在狄尔泰的路线上继续思考他在文学上对尼采的亲缘性,并由此坚定地对尼采坦承自己,这并不令人感到惊讶。在这种情况下,他完全不是像狄尔泰那样把自己纠结在所有的可理解物之中,而是有意识地上演一出生命理性对抗意识、自我意识和科学的哲学戏码。他在其中无疑地更近似于尼采。

事情就这样错综复杂互相交错。在对这两位大人物和他们时而跟随时而解消的精神运动的哲学尊崇中,我们还必须继续深入探究。在落入眼帘的共通性和我们才合理掌握的差异的背后,我们要有效地辨认那个他们规定出来并在"生命哲学"的概念中找到其名称的更深刻的问题。生命哲学这个表述标示着19世纪最新的用语,然后挟着它对观念论的批判和对科学的批判而在20世纪发生作用。它听起来几乎像是一个无关痛痒的东西,好像哲学并不总是意指"生命"似的。事实上这个表述指向了哲学自身的论题,这个论题绝非无关痛痒。自古以来思想就从事于对它的研究,最终在德国观念论中它以不可忽略的方式扮演了核心角色。

这涉及意识和生命的关系。这不仅仅意味着那使得狄尔泰有效地反对近代思想中主体概念的无血性的东西,并且针对它他借由历史踏上了一条他从未能抵达终点的漫长之路。这也不仅仅涉及生命活力的具体化(Konkretion der Lebendigkeit)* 返回到意识的界限和意识光明的表面之后多远——这正是尼采在区区的意识理性之外追问伟大的身体理性的问题。生命和意识的关系仍旧是

---

* Lebendigkeit 一般译为生动性,表示生命的生动性,在此,为了显示出该术语与"生命"(Leben)的关联,勉强将其译为"生命活力"。——译者

一个深深的、不让今日同时代的哲学喘息的谜团,尤其是它已经被交付给古代哲学的专家。这个问题在近代看起来究竟是怎样的呢?

奥尔特加正确地说道:当笛卡尔把"思想"——一个还相当广义的知性——标志为一个能思考的事物,也即 res 的本质特征时,他是说了一个错误的命题。相反,生命活力的具体化远远超过于主体性所能够意指的东西。这一点大概是狄尔泰在对笛卡尔、休谟和康德的批判和远离之下所意识到的。同样,在新康德主义中,首先是保罗·纳托普代表了一种先验心理学的观念。这一观念在"意识状态"(Bewusstheit)的具体化中仿佛理应将意识的诸种分殊化的制造能力(Erzeugungsleistungen),亦即意识状态的对象指向性之整体结合成一个统一体。柏格森(1886年,与纳托普同时③)作为浪漫主义真正的后裔,在《物质与记忆》中以类似的方式纲领性地要求克服自然科学的范畴,而进入到精神现实性的领域。

笛卡尔式地把自我意识标定为实体,或者斯宾诺莎式地把自我意识定义为绝对实体的样态(Modus),这对于生命活力(Lebendigkeit)以及与生命和意识之关系的真正难题而言,依然缺少了本质性的东西。即使在费希特和黑格尔通过辩证法对斯宾诺莎主义所做的克服之中,实体思想的瓦解也并没有真正克服那种在笛卡尔式的二元论可以找到其表现的存在论偏见。在从实体

---

③ Vgl. P. Natorp, Einleitung in die Psychologie nach kritischer Methode, Freiburg 1888, die Vorform der "Allgemeinen Psychologie" von 1912, welche für Husserl bedenutsam wurde.

到主体的变化之中,这种偏见不容忽视地继续在诉说。这两个表述意指着同一个希腊字,*Hypokeimenon*,即基底(Substrat),它是可见的变化底下的东西,只是现在被应用在"我思"上,"那必定能够伴随所有我的表象的东西"(康德)。

在这里看一下古代的思想是极有帮助的。在那里并没有任何突出主体性或者自我的标示,可是古代思想却首度揭示了自身关联(Selbstbezüglichkeit),亦即反身性(Reflexivität)的充满秘密的本质。每个关联都是与某物的关联,每个能力都是对某物的能力,每个能够都是某物指向某物而不是指向自身的能够,这些事实都显得具有强迫性。可是也存在与自身的关联。古代的思想也不能够避免这一点。这个洞识的古代来源一直到泄露在"反射"(Reflexion)的名称之中。这个字源自于光学。作为斯多葛的学说流传给我们这样一种说法:光的标记就是把所有东西置于明亮之中,并且藉此也把自身置于明亮之中。④ 这是第一个在外部现象上可解读出的自身关联性的例子。其实,自身关联性在其自身中就抓住了整个古代存在论的伟大论题。对于古代的思想来说,存在者就它是真正的存在者而言,就是一个有生命物(Lebendiges),这一点是纯粹自明的。但是,作为生命(Leben)的有生命物却是通过觉察(Gewahren),亦即所有觉察物与感知的内存在(这种内存在和所有感官经验不可分离)的自身运动和自身关联性这两个谜团而刻画自身特征。这一点作为近代的心-物问题是我们相当熟

---

④ 阿尼姆(Arnim)编:《斯多葛学派残篇集》,第 2 卷,第 24、36 篇及第 36 篇第 9 段。

悉的。通过反照(Widerspiegelung)的隐喻,例如在唯物主义中的说法,或者通过平行主义的理论,或者通过语言学的花招都不能将这个问题清除。甚至对于现代的神经科学,自身运动也显得是一个特别的难题。为什么是眼睛以及眼睛如何把某一个运动过程看作是自身运动,而把其他的运动过程看作是被推动的呢?存在者原初是一个有生命物,这个主导古代思想的存在论的前概念,通过现代自然科学所接受的通向实在性路径的近代转变,无疑地在它的有效性上有了限制。但是,即使康德在其三大批判中最充满迷雾的、对后世影响最强烈的第三批判里也超出了纯粹理性批判的领域,并同时藉此使得数学化的自然科学的界限成为论题。他的后继者,费希特、谢林以及黑格尔恰恰正是在《判断力批判》以及在对目的论思想结构的重新统摄的缓和形式中赢得了他们自己的思想动力。如此一来我们在整个德国观念论中虽然会发现自我意识——"自我作为哲学原则"——的中心地位,但是同时也会发现生命和自我意识的内在交缠,将其作为一个持续的论题。最精确地说,黑格尔已经藉由他的辩证方法,把生命的循环发展过渡到自我意识的循环的自我关联性,并且把自身关联性的结构引向并奠基在一个更深的精神概念。自身关联性也就同样在其自身中统一了意识到它自身的意识,统一了自我意识,就像物种一样,物种作为生命的现象在其自身中统一了物种的具体范例,并在其具体范例中又得以自我保存。

这样一来,我们最终看见了狄尔泰以及奥尔特加的思想都致力于生命活力的问题,这一问题在现代主体主义中的漫长的、继续前行的思想线索中总是一再出现。当后期狄尔泰在现在已经可以获得的文章《生命与认识》中,把他早期为精神科学奠基的工作所持的"心理学立场"发展并深化为"生物学立场"(biologisch),这就意味着后期狄尔泰明确地承认了这一点。⑤

诚然,当狄尔泰谈论他的哲学并脱离康德的无历史的先天主义时,生命概念在1860年代已经出现。但是直到在进行《精神科学导论》的续篇研究时,在生命和认识的关系中所存在的哲学难题才全然地对他萌发,藉此他也才移动到了尼采的近处。

狄尔泰自己把这种在"生命"中为心理学进行奠基的步伐,标定为超越他迄今的为心理学进行奠基的本质步伐。那个基于"内在事实"(innere Tatsachen)的最初的奠基工作,已经在反对近代主体哲学的理智主义的对抗运动中极有成就。但是扩充到生命这一步伐还开启了一个更为宽广的视域。我们现在知道——即使也只是在一个草案的阶段——狄尔泰在"生命与认识"的标题下撰写了一篇可以作为长期以来被熟知的实在性论文*续篇的论文。这篇论文现在作为《狄尔泰全集》第19卷中的文章出版,⑥这个探究现在也以内在经验(innere Erfahrung)为其出发点。但是由于尖锐的批判,内在感知(innere Wahrnehmung)的概念被指派到其理智性(Intellektuailität)之中。这在某种意义下意味着走向诠释学的步伐。因为"内在经验"现在明确地被想成:倘若没有"将内在经

---

⑤ 《狄尔泰全集》,第19卷,第345页。

* 这里指的是狄尔泰的论文"我们对外部世界实在性的信仰的起源与正当性题解之论稿"(1890年),简称"实在性论文",收录于《狄尔泰全集》,第5卷,第90—138页。——译者

⑥ 参见《狄尔泰全集》,第19卷,哥廷根,1982年,第333页。

验"经验"为某物"的思想,那么它就不存在。但是另一方面,在它那里,于"所与物"(Gegebenen)中进行奠基这一目标仍是一样的,就像早先的学说那样。它再度地涉及到,去批判地检验基于所与物之上的理智经验产生作用的方式,去拆除以这种方式侵入的诸多欺骗,并且去实现符合于认识的规范意义的成就。这些成就要求现实之物不能被思想所改变,而是只能被带向清楚的意识。这个目标设定还总是一个认识论的,并且是和爱德华·策勒先前已经引入的认识论具有相同意义,其目标在于把所与物从康德遗产的先天主义的构造因素中纯化出来。这新的用法在于,现在它关系到的是"生命"的结构。不论它现在是行动的自我,还是经验到对抗阻碍并进而理解到现实性的自我,它都处在和实在性相关的功能性的关联整体之中。藉此,就它不再在其自身关系到理智的过程,而是关系到生命统一性及其作为"生命核心"的功能关联体的结构而言,这个通向"生命"的新步伐就意指着视域的扩充。它关系到在"生命诸范畴"中自行展开的生命统一体的勾连。这些范畴不像亚里士多德式的或者康德式的范畴那样是认识对象的固定的构造因素,而是在生命的河流之中自行塑造。作为这样的范畴,它们处在触及生命与认识的关联体的特殊认识问题之下。

在这里狄尔泰的思想就以不可忽视的方式触及了尼采对生命以及生命对一切认识的优先性的彻底强调。狄尔泰也意识到了这里所产生的问题。假如认识只能在生命中出现,并且只服务于生命,那么认识就决不可能探究承载它的东西。藉此,"范畴"的意义就彻底地改变了,生命范畴就得这样定义了:在其中勾连的东西,亦即生命,乃至本源的生命统一性,是不可穷究的。因此,在这里我们就不能期待亚里士多德式的或者康德式的范畴概念意义下的固定的范畴。生命的诸多范畴是流动的,并且交缠在那包含有生命物和世界的生命统一性之中。所以同一性(Selbigkeit)范畴不仅包含了自我意识的自身,而且也包含了那包括某种所谓的本己的内在的东西。这就是在抵抗经验(Widerstandserfahrung)中被经验到的东西。同样的东西也适用于作用(Wirken)和承受(Leiden)。它们是本源的生命形式,因果性范畴是在其受限的抽象中从它们那里被推导出来的。同样的东西也适用于像是本质、目的、价值、意义和含义的概念。狄尔泰关于"生命的核心事实"的思想必定会导致这样的结论,这一点无疑可以在狄尔泰自己的出版物中被看见,并且就此而言已经先行为海德格尔关于"在世存在"的使用及他关于"现成在手状态"衍生模式的学说做出了很好的准备。

现在我们问道:在狄尔泰已经明确地提出生命与认识的难题并把它标定为认识的悲剧之下,这个范畴学说和作为其基础的这个难题彼此如何关联呢?这些范畴显然要考虑到生命的所有深不可测的东西。被狄尔泰如此游移不定地处置的类型(Typus)概念也明确地被他处理为流动的历史物。在生命中出现的认识也遭逢了生命的历史性,但是认识的任务并不因此而自行解消。只有研究者才感觉到自己不可避免地被指引到历史的道路中。"人是什么,只是他的历史告诉他。"⑦因此所有由于这些源自于生命的范畴而获致的生命形态,宗教、哲学,尤其是艺术,都各自在某个程度

---

⑦ 《狄尔泰全集》,第8卷,第226页。

上是对那种鉴于深不可测的生命而强加在认识欲望上的悲剧的克服。然而在这里明显有这个问题：科学认识的客观性与生命活力的所有那些形态——亦即从生命本身提升为生命的客观化物（Objektivationen des Lebens）的形态——如何彼此关联？对于整个历史世界采取孜孜不倦的提问和研究，这样的扩展能否解决这个问题，或者这样的扩展最终只是呈现另一种尼采以生命之名对抗认识幻觉的那种具有摧毁特性的极端主义的悲剧形式？在持续伴随着狄尔泰思想的"深不可测"这个词中所具有的，无疑不只是面对可怕的晦涩所生的寒战，它还包括了一种对于造成无休止的探究欲的边界经验。"生命"与"生命活力"究竟是什么，只能藉由"描述"才能通达。这一点包含了如下的经验，即存在之总体对于科学地追求客观性从未完全地开启。

作为所谓世界观而涉及这个整体的东西，只不过是生命活力的筹划（Projektionen der Lebendigkeit）。因此，它们不可避免地超过了科学客观性所能做出的界限。正如我们所见到的，狄尔泰虽然在他世界观的类型学说中敢于尝试某种诸如"哲学的哲学"这样的东西，他能够将它装扮为科学的，并因此想超越纯粹的相对主义，但是其规范的力量却又在于何处呢？隐藏在狄尔泰不辞辛劳的客观性追求的背后并且推动他不断向前的东西，正是某种深刻的不确定性。它就像是一种最终的不安，鉴于基督教传统中丧失自明的束缚时所具有的战栗。所以，狄尔泰就像是一个学院风格的悲剧反例，对立于尼采为整个现代所显现的悲剧性的范式。

奥尔特加是尼采的精神深度作用已经进入到思想普遍血液的另一代人的儿子。所以生命和生命活力的首要性已被承认，并且不仅对意识和自我意识的错误的优先性,而且也对实证科学性和绝对客观性的理想采取了限制。这必定对时代的思想提出新的任务。奥尔特加是那样一群人当中的一个,他们通过超越狄尔泰去提问,没有囿于狄尔泰式的宽广的历史观点,从而表征出了这一新的任务。这样,奥尔特加就深受狄尔泰毕生工作的思想财富的影响。可是他以惊人的方式接近了那种被第一次世界大战血腥经验和自由文化意识的动摇打上烙印的一代人开始在后期狄尔泰那里发觉到的东西:历史性作为人类的存在论特征——就像是海德格尔所教诲我们的一切。这一点造就了奥尔特加在德国的强烈反响。

所以奥尔特加是欧洲思想中重要的标志性人物之一,这些人物都已经把人性中伟大的关联物带入到了尼采和海德格尔的彻底提问之中。藉由奥尔特加这么教诲:要用理性(Vernünftigkeit)去穿透生命活力,要在生命物本身中去承认理性——他就已经正确地读出20世纪的标记,并且在他文化哲学的作品中将之带向语言。假如今日的欧洲在几个世纪的急遽变化的形态中追问它的任务以及追问它的自我保存的可能性,那么一个我们都属于的历史传统的如此普遍的代言人——像狄尔泰这样的人物,对我们是极有价值的,而且同样的,像奥尔特加这样一位由欧洲的历史思想整体激发出其灵感的欧洲人也一样有价值。

(金志谦 译,洪汉鼎 校)

30. 尼采-对立点
——查拉图斯特拉的戏剧

(1984年)

和歌德与海因里希·海涅一样,尼采也属于最伟大的德国语言风格学家。他们德语使用的特征在于不包含任何的沉重感。这样一来,他们就像某种满足了查拉图斯特拉伟大消息的人一样,满足了他对抗沉重精神的战斗。当然,《查拉图斯特拉如是说》是尼采作品中的特殊案例,而且人们也相当有理由对于此书中个别抒情的部分感到钦佩,可是这些并不是这本使得尼采被算作德国语言伟大风格学家的书中的强大风格。

然而,假如我在这里把这本查拉图斯特拉的书摆到中心点,那么这并不是对当年拜访尼采在那里得以获得永恒轮回学说伟大灵感的席尔瓦普拉纳(Silvaplana)湖泊以及在其后的巨石阵的回忆。众所周知,尼采在《瞧,这个人》中讲到了这种永恒轮回学说。更确切地说,我之所以把此书摆到中心点,乃是因为这本书长久以来对我提出了一个挑战。在钦佩和不适之间我借着这个纪念年的机会尝试作份报告。不过我既不是一个尼采研究的专家,也不是一个像海德格尔建立了他自己的尼采那样有自己地位的深刻思想家。然而我是一个同时代的见证者。但这不是因为我生于尼采去世的那一年(1900年)——这并不是和某人能够拥有熟识感的最佳方式。我所说的完全是另一回事。当我16岁那年,我的父亲开放了他私人小藏书室的使用权给我,他是一位化学家,他的藏书中没有什么特别的书籍——只不过就是那个世纪之初一个有教养的市民阶层的通常的藏书室。他说:"现在你已经够大了。你现在可以阅读这里所摆放的一切书籍了。这里有两本尼采的书(指的是《查拉图斯特拉如是说》和《善恶的彼岸》),当然我并不那么想推荐你看。"当然,这就是我对尼采首先掌握到的第一批书。但这中间却有着一个矛盾的效果,并且或许是我自身——和我大部分的同辈人很不一样——为何从未彻底经历某个"尼采时期"的原因。这一阶段在当时来得太早了,远远超出了我的视域。

我第一次真正和尼采相遇,乃是一种纯学术的照面。那是在马堡,当时尼古拉·哈特曼在马克斯·舍勒强烈的影响下开了一个关于尼采的《权力意志》的讨论班。在班上他把尼采的哲学算作是对价值现象学的贡献:一个苍白无力、被学院驯服的尼采。但是要进入到《查拉图斯特拉如是说》,这对于我这一同辈的人还是相当不容易。因为与理查德·瓦格纳音乐风格上的近似,以及过度模仿《旧约》和《新约》的手法,这都使人在尼采的《查拉图斯特拉如是说》上撞得满头包。我所属的年轻一代的品位,类似于我们今天的品味,是离当时的世纪风格相当遥远的。规定我们价值的青年运动正是这种对城市文化和市民教养的抗议。斜背吉他在森林中、长长的漫步、夜晚的营火,这是我们那一代人的氛围。歌剧在我们眼里不算个东西。理查德·瓦格纳对我们也没什么,当时我们发现的是巴洛克音乐、海因里希·许茨(Heinrich Schütz)和在

30. 尼采-对立点——查拉图斯特拉的戏剧

其后的佛兰德斯语的(flämisch)复调音乐。与此相反,尼采却是一位对瓦格纳感到精彩无比的人。因此这持续了好久,直到我和尼采世俗的形象有了更深的照面。对我意义重大的斯特凡·乔治著名的诗歌对于这个改变扮演了重要的角色,它是一首赞美尼采的颂歌,同时也像是一个警告在鸣响着:

> 他来得太晚,他恳切地向你说道:
> 在那里,越过冷冽的石头之外没有道路
> 只有吓人的大鸟在那里筑巢——而今迫切的是:
> 紧紧围成一圈,并且握住心爱的人……
> 并且当那严厉而折磨人的声音响起时,
> 就像一首颂歌在湛蓝的夜里发出鸣响……

这就是推动我研读尼采的一股分裂的吸引力,并且这恰恰是正当法西斯主义开始推动其对尼采残暴的误用的时刻。现在,即在这个世纪的下半叶正在实行一种尼采的复兴,其动机也并不是可以轻易说清楚的。毫无疑问,尼采对于今日思考的人类仍然是一个持续的挑战。我认为,这种挑战似乎具有三种形式。首先,他是极端的天才,一个彻底的思想实验者。他自身把新的要到来的哲学家形象刻画为"尝试者"的形象,尝试者并非带来真理,而是带来冒险。因此对尼采的概念分析及将其与哲学传统关联体进行整合具有非比寻常的困难。

其次,他不只是一个富有尝试心的思想家,而且也是一个有意识以讽刺方式写作的行家。《查拉图斯特拉如是说》这本书就是一个多重讽刺（Parodien）的连续长篇。我们称讽刺是一种说话方式，它接受先行给定的表述，但是改变其形态，常常以不寻常的方向来行文，从而恰恰是讥讽地曲解它。无论如何，讽刺的说话不是直接地说出，而是使用影射，扭曲先前文本的意义。

最后，尼采是一个天才的心理学家，他穿透表面，看到表面后面的隐蔽之物、秘密、伪装和未说出的东西。他教导我们要把表面、容易看透的东西视为面具。这其中就有一种暴力的、完全吸引人的魅力。就叔本华这位伟大的尼采的先驱对弗洛伊德产生的影响而言，弗洛伊德至少是间接地也从尼采那里学到很多东西。

所以我们必须说：尼采在任何角度上看都不是那种历经千年的哲学与自身对话的纯粹参与者。因此对哲学而言，他意味着一个特殊的挑战。在第一批藉由诗人和文学家的接纳之后，学院派的争论在第一次世界大战之后展开。当时例如卡尔·洛维特具有相当基础性的和高度文化性的尝试，把相同者的永恒轮回作为和权力意志互不兼容的来加以证实，证明它乃是一种"现代性极端"的断裂，它无法返回到希腊人的宇宙论的思维方式，也无法返回到希腊人的伟大世界时代和所有他们宿命论结论的学说。反之，法西斯主义用粗鲁的片面性，把永恒轮回的整个学说作为毫无意义而加以排除，并且把尼采作为权力意志的发现者，作为生命的颂扬者、身体的伟大理性的颂扬者，甚至是种族神话学的颂扬者加以赞扬。所以阿尔弗雷德·鲍姆勒，作为国家社会主义教义意识形态的准备者之一，在1931年写了一本非常浪漫主义的、广为流传的关于尼采的书籍。甚至卡尔·雅斯贝斯也在1936年发表了对尼采思想一个相当稳健的整体表述,他满足于把尼采最矛盾的表达摆在一起,并将之释放到会遭遇所有极端情况的生存论的居有。正如我们所见,事实上尼采是经常地被欲求推入极端情况之中。他视"超乎常人的正直"(ausschweifende Redlichkeit)为精神真正的德行,而反对所有的平庸和适应。

但是尼采思想所提出的真正哲学的任务是相当确定的,就是去解决权力意志和相同者的永恒轮回在外表上的互不相容。在我看来,海德格尔在这方面有自己的功绩,尽管他的解释方法一贯具有暴力性,但在这一情形下,他有着决定性的并立即会启发我的洞见。这两个学说共属一脉,并且是实质相同的两种观点——不想要某物,而只想要自身的权力意志(Wille zur Macht)乃是求意志的意志(Wille zum Willen),并且也是把所有意欲和选择、逃避和想望揭示为一种妄想的轮回的圆环。这两种观点把意义的追问、把对何所为(Wozu)的追问推入了自我解消。在这里海德格尔看见了尼采思想最终的结果,这是一条不可避免的死胡同,整个西方思想传统顽固地坚持于其中,并且其命运般的始点正是希腊追问存在者的存在,正是形而上学的问题。主体性思维及其在权力意志的终结从那个始点起就显现为我们这个被技术所规定的文明化进程中带有灾难的命运(Geschick)。

在此期间,海德格尔的立场尤其在法国遭受了攻击,例如通过德里达和德勒兹(Deleuze)。他们的论证是:就海德格尔出发去追问存在的意义而言,他相信了某个先行给定的意义,并因此而陷入逻各斯(Logos)的优先性之中。就此而言,他就不像尼采那样彻底,尼采总是坚持说道:解释不是对意义的揭示(Entdeckung),而是意义的置入（Einlegung），是权力意志，是创造性的改造（schöpferisches Umschaffen）。因此思想必须从意义的在场图示（Schema der Präsenz des Sinnes），以及从所有逻各斯中心主义中解放出来。

所以，尼采的哲学含义在今日还是具有多重争议。或许很多人可以认为，由科利（Colli）和蒙提纳里（Montinari）所发表的新版本在这里可以促成某个决断。现在的确如此，我们眼下第一次以可靠的和编年的形式认识到了尼采的笔记本，以至于我们不再依赖于尼采的妹妹和所有后来的编辑者对尼采遗稿的笔记进行编辑和选择后的整理。不过自从我们认识真正的尼采以来，如果我们认为我们现在已经脱离所有过往解释者先前的解释领地，那么这是很天真的想法。我可以用一个例子描绘这一点。在德里达的一本新的小书《马刺：尼采的风格》（Les épérons de Nietzsche）①中，*我们发现了整整一章在谈论尼采简短的笔记。这笔记写道："我把我的雨伞给忘了。"德里达对这句话写了一篇优美的论文。或许尼采真的忘记了他的雨伞。但是谁知道，或许有某些极具含义的东西在这句话的背后？这也总是可能的，这个例子指出了：一个这样广泛的版本同时也是一个把本质性的东西隐藏在非本质性的东西的背后的一个绝佳的方法。我们总是需要有人去重新深度挖掘，并进而在新的光照下将事物显示给我们。

作为新版本的实际结果，我们只能确定说，"权力意志"或者任

---

① 巴黎，1982年。

* 伽达默尔在这里引用的书名并不十分完整，译者按正确书名 *Eperons: Les styles de Nietzsche* 重新译出。——译者

何人可以对遗稿加注的标题,都并非简单地作为其真正的形式而存在。②

藉此尼采的《查拉图斯特拉如是说》不可否认地就回到了核心。当然,现在要从这本书中揭示出某种概念内容并非易事。因为它是一本半诗意的、属于模仿和想象类别的书籍。它是文学性的艺术作品。因此简单地把查拉图斯特拉和尼采,以及把查拉图斯特拉的话语和尼采哲学等同起来,③毫无疑问是不正确的。相反地,诠释学第一位的任务乃是,去规定眼前在此的、真正属于每个诗意文本的学说和行动的"中介领域"(das Zwischen)。我们必须充分意识到这个问题,亦即人们应该如何把这样一个思想家——一个处在概念的和诗意的言说之间的思想家——的消息带入概念。

这里首先是言说(Reden)和箴言(Sprüchen),这一方面与叙述类别(erzählende Partien)另一方面与诠释学相差异。它们都是尼采书中的元素。查拉图斯特拉的言说不像佛陀(Gautama Buddhas)的言说那样只是纯粹言说的集结,而是被摆入到某一行动中。这立刻就隐含了两种不同的解释观点:这位发表言论的演说者有其听众在其面前。他对某人说话,而这也意味着他对不同的听众说不同的话。尼采明确地使我们理解了这一点。第二部分"论拯救"*的结尾处:"可是,查拉图斯特拉同他的学生说的话,为

---

② S. M. 蒙提纳里(S. M. Montinori)编:《尼采全集》(批判版),第8卷,第3册,第V页。

③ 对此人们除了一些其他的笔记之外,还可以参考《尼采遗稿Ⅱ》(第5、580页):"一个教育家从未说出他自身之所思。"

* 中译文参见刘小枫:《尼采注疏集——查拉图斯特拉如是说》,第244页。——译者

何又与自己说的话不同呢?"④演说者的这一致词带进了某种辩证视角。我们必须补入被攀谈的人,并且总是问我们自己,为什么一个人恰恰对这群听众如此地说话呢?

与此相反,第二种视角是叙述的视角。对比于被叙述的说话者的意图,叙述要求某种更高的真实性,即使这个叙述只是要求某种诗意的有效性,某种编造。这一点具有非凡的概念结果。第一次阅读时,人们会把这本书读成关于崭新的价值图表的消息,它的提出是反对旧的、基督教的价值。毫无疑问,这样的想法并没有错,但是这依然是表面的东西,假如人们只是旁观书中所叙述的事件的戏剧的话。

这就是我给自己提出的任务,去追问查拉图斯特拉这位教师的悲剧这一事件的意义。尼采是一位过于敏感的道德主义者,这一点没有人能够否认。他对基督教留传下来的习惯的道德价值的批判也就是对以下这种道德学家的批判,其最实际的情感是通过羞耻所获得的羞耻感和受苦感。尼采不能忍受那些他在社会机构和宗教机构中以及在公众意见中发现其有效的傲慢、自身确定性以及权威的装腔作势。所以在尼采的箴言中有一种真正解放的辩证法在起作用。在这个点上比方他会说:"赠与远比接受赠品来得更加困难。"因为这里有这样一个任务:要去克服自己想要免除他者的羞耻的羞耻。这个例子以几乎令人沮丧的方式描绘出要去克

---

④ 尼采为数众多的表述证实了,他在《查拉图斯特拉如是说》一书中明显地看见了这个重要的行动,但是却把这一本书作为"前厅"(Vorhalle)而已。在他重读《快乐的科学》时,在这本书中他把评注看成是位在文本之前的。但是所有后来写下的东西难道不就是评注吗?并且难道从未能够成为文本?

30. 尼采-对立点——查拉图斯特拉的戏剧

服这种过于敏感是多么困难,要去正确地理解这整个系列的箴言和它们在行动中扮演的角色是多么困难。

为了这个目的,我特别想要强调那些人们可以观察到此书整个架构的类似关节的位置。我必须重复说明,此书的风格不适合每个人的品味,无论如何不适合我自己的以及我这一代人的品味。但是,我们今日的德国人或许必须去大概地了解这些困难:人们可以不去保留强烈的内在的条件,而对这些修辞法、这些言说的热情依然感到惊奇。这是某个思想家的一部天才产品,而不是一种滑稽的臆作(Dichtung),因此整部著作的架构或许是其中最具有含义的。这不是某个表面的假象,不是富于教益的讲话的某种框架。正相反,这个叙事的行动自身就是我们想要将其带入真理的东西。

当然,我只能在某几处选文中尝试这么做。我以第一篇讲话来开始。因此我把前言,把查拉图斯特拉第一次出现在城市的市场上,以及与绳索上舞者的冒险搁置一边。这些是众所周知的,并且经常被探讨的东西。假如我是从第一篇讲话出发,那么就有这样的事情发生,因为在其中概念性说话的整个自相矛盾就显现出来。"论三种变形"是关于精神和其显现形式的一段历史。精神显现为骆驼,显现为狮子,显现为孩子。骆驼体现了去承担所有沉重,在自己身上背负所有义务的忍耐。作为骆驼的精神对自己说:"你应该"(Du sollst)。狮子形态的精神保留了拒绝所有义务的自由。它能够说出"神圣的不",因为它告诉自己:"我要"(Ich will)。第三种变形是转变为孩子的精神:这是无咎的精神(Gesit der Unschuld),一个游戏的、完全缺乏时间感的、完全活在当下的、在所有消逝的偶然中迅速获得安慰的精神。按照查拉图斯特拉的看法，这是精神的最高形式，是他消息的真正内容。

这样，问题立刻就清楚了：人们如何能够把孩子的无咎宣传为目标？一个带着超人新学说的信使如何能够唤起人们根本不能想要的东西？这就是在宣传无咎和直接性，以及相同者的永恒轮回——这通贯整本书并作为德国观念论旧有的悲剧性的遗产为我们所熟悉——中的最深的张力：重新制造的直接性的矛盾，间接的直接性的矛盾（Paradox der vermittelten Unmittelbarkeit）。所以，所有查拉图斯特拉的演说也同时是沉默。尼采自己这样说：人们必须为了正确地沉默而学会说话。[5] 一个人藉由说出某物，他同时也总是隐藏了某物。当某人说某物的时候，他说的不是某种另外的东西，某种也许是在同一个瞬间应该被想到的东西，所以我们似乎必须看向所说的东西的背后。然后行动的含义才为了整体的意义揭示自己。在行动中仿佛总是有一个窗户被打开，去看向处于讲话底下的东西，这通向了处于事件自身之中的，即处于查拉图斯特拉的形象和他为我们作为典范的悲剧之中的真理。我们尝试着考察这些指向其悲剧的暗示。

首先，到此是第一卷的结束。我总是特别留意诸卷的结束或者是开端，毫无疑问，这一点从诠释学上看是必须的。尼采当时写了由四卷组成的这部作品，并且前三卷是相对迅速写成的，第四卷本质上是较晚的。第四卷在一开始的时候明显还不是在计划中的。相反地，前三卷是源自一个深思熟虑之后的架构。因此第一扇窗户是在第一卷结束之时为我们开启，当时查拉图斯特拉对他

---

[5] 《尼采遗稿Ⅱ》，第498页。

的门徒做了第一次道别。他的演说使他门庭若市,有了很多顺从的追随者。现在他给他们提出警告:你们必须要离开你们的教师。每一个人都必须要离开权威。但是查拉图斯特拉如何以这种方式来向他的朋友道别呢?人们观察到他这么做:他还没有说完他最后的话语。

然后在这里有其他的预告,例如当他在"论拯救"中要求要废止复仇精神的意志,并且停顿地说:"'谁教导它[权力意志]也要后退呢?'——说到此处,查拉图斯特拉顿住,像一个极度惊骇的人。"*这是表达某种暗示的极为优雅的方式之一。接下去和驼背者的对话还强调这一点。驼背者指责他,说他对他自己和对大众说的话不同于对他的学生说的话,而当查拉图斯特拉为他自己辩护,驼背者告诉他:"查拉图斯特拉对我们所说,为何不同于对他门徒们所说?"**这也就意味着,某些事还被保留着。最终我们在"最寂静的时刻"***这一篇章有最戏剧性的和最令人兴奋的场景。在这里尼采揭露了查拉图斯特拉与其自身和与其内在劝告他应该这么说的轻柔之声的内在对抗。他总是在逃避,并且被如此地告知,所以他对他自己说:"哦,查拉图斯特拉,你的果实业已成熟,然而,要收获你们的果实,你却还不成熟啊!"****这样我们就有所准备地来到了整体的核心部分,而这毫无疑问就是第三卷。他是永恒轮回的教师,这一卷明显是压迫他的重担。他应该不感到羞耻地传

---

* 中译文参见刘小枫:《尼采注疏集——查拉图斯特拉如是说》,第243页。——译者
** 同上书,第244页。——译者
*** 同上书,第249页以下。——译者
**** 同上书,第252页。——译者

达他的学说。

假如人们现在把这一卷这样设想为一个安排在查拉图斯特拉"演说"中的戏剧性行动,那么对这卷圣经的-反圣经的演说的集子不断给出的那系列布道语调就会消失。更有甚者,人们找到一条通道,在其中不需要去接受这些演说中一直以来是"消失的"致词,也不需要认同它。这个19世纪下半叶自吹自擂的、骗人的、新德意志的帝国基督教和虚伪基督教共同规定了这样一种语调类型,而尼采作为理查德·瓦格纳的钦佩者和挑战者正是用它来开始说他的反基督教的反话(Gegenrede)。这些演说的语言姿态是离我们相当遥远的。尼采在他从后期古典主义和后期浪漫主义的韵脚魅力中解放出来,以及在朝向《旧约》和路德的重新定位之中,看见了自己伟大的贡献。这一点在我们这个世纪的后继者中毫无疑问地已经被发现,但却是以如下的方式:有别于尼采不可比拟的、柔软的和有说服力的散文风格,尼采所给定的诗意风格的影响是在词语的最真实意义上"消失"了。他艺术手法的超高意涵,半谐音和头韵法的诗作,以及字词游戏、诸多暗示、自行追逐的隐喻和变化都不再能走入我们之中,其间即使个别的用法总是闪耀着深度和光辉,但是人们想到的是繁荣时代*的历史主义的华丽错误。整体上来说,他是过去式的了。

取代查拉图斯特拉自己叙述的这种半描述性的标牌,假如人们把面对他自己的衰亡和总是被此吓到后退的预告者的悲剧看在

------

* 繁荣时代(Gründerjahre, Gründerzeit),狭义上仅仅指1871—1873年德意志帝国的建立,广义上指19世纪末德国在经济、文化上的爆发和繁荣时代。从文化史来看,指的是从1870—1914年的整个时期。——译者

眼里,那么整体就从直接性、理解、统一性和张力那里得到了某种崭新的在场。所以这些东西在第三卷凝结成形,就像激烈地奔向结尾和衰亡。最终有了第四卷,并且据说还应有后续,这一事实字字句句写在另一张纸页上。当《查拉图斯特拉如是说》这本"给所有人并且不给任何人"的书出现之后,人们把第三卷的结尾,尤其是"另一首舞蹈之歌"* 和"是和阿门之歌"[或译为"七个印章"]** 作为对贯穿整体的期待的充实和解决。尼采自己是如此感受的并且称第三卷为真正的终曲。事实上第三卷具有特别尖锐的戏剧成分:它始于登上最后和最孤独的顶峰***。然后接着是一段关于最孤独之人的面貌****的叙事,他并非真正地从压迫他的沉重的精神中获得自由,而只是在梦境中的耳语对自己说着"永恒的事物",说着"所有事物永恒轮回","声音压得越来越低,因为我害怕自己的思想和隐念"*****。只有像在另一个梦中,他在一个谜中,在一个牧人的图像中经验到自我解放,他把置他于窒息中的蛇的头给咬住,并且在一个解放的大笑中咬断它。但查拉图斯特拉只是欣羡这个大笑,他深渊般的思想想要浮现的那个至福的时刻,在他身上一直还未能找到其真正的时刻。所有这些只是那个要继续耐人寻味的而令人期待的伟大的正午******的第一个场景。所有对新标牌*******

---

* 中译文参见刘小枫:《尼采注疏集——查拉图斯特拉如是说》,第252页。——译者

** 同上书,第376页。——译者

*** 同上书,第257页。——译者

**** 同上书,"论面貌和谜",这里特指第263页以下。——译者

***** 同上书,第267页。——译者

****** 同上书,"论变小的道德",这里特指第287页。——译者

******* 同上书,第327页。——译者

的"演说"只是口授这种期待和窘境。如果只是去听查拉图斯特拉对他的门徒或者对他自己所叙述的演说,虽说这些演说已经使他们追随他,但这是很天真的诠释,仿佛在追随之后没有直接紧跟着最深层的断裂和最缓慢的复原。并且这又是最深渊般的思想,当这个思想被迫说出时,它使得查拉图斯特拉陷入恶心和昏眩。很值得注意的是,这最严重断裂的章节并没有在标题中说出来,而只是间接地证实了它。因为标题只是叫作"初愈者"*(就像在草稿所说的,这里"誓言"的标题丢失了)。查拉图斯特拉在和他的动物的对话中所获得的缓慢的初愈,通过两个事实彰显出来:动物们通过自身的存在预先对他说出和唱出了相同者的永恒轮回的学说;并且动物们阻止他继续言说,而是要求他去歌唱。他们预先持有它,并且所谓地先说出了它,并且在其中他才找到他自己的初愈,就像随后的段落"论伟大的渴望"**所证实的那样。

如此一来,第三部分事实上就以颂歌***结束。在这里首先是另一首舞蹈之歌****,这是一首在诗韵学上无拘束的方式下,对于其中所包含的没有经过精细挑过的韵脚给出一个几乎是街头说唱艺人的重音的舞蹈之歌。它明显是标示为"另一首舞蹈之歌",但藉此却指回到第一首的舞蹈之歌*****(第二部分),这是一首查拉图斯特拉向少女们所唱的关于沉重精神的舞蹈和讽刺之歌。在这

---

* 中译文参见刘小枫:《尼采注疏集——查拉图斯特拉如是说》,第356页。——译者
** 同上书,第365页。——译者
*** 同上书,"是和阿门之歌",第376页。——译者
**** 同上书,第370页。——译者
***** 同上书,第189页。——译者

第一首的舞蹈之歌中,他坦承自己对生命的爱,这份爱是如此地强大,以至于他的智慧也在其中丧失了。"我觉得自己再度沉入深不可测里。"*在那里相当明显地已经呈现了查拉图斯特拉的智慧和"生命"之间同样的张力,这个张力现在在"另一首舞蹈之歌"中显现为一种狩猎和追捕。一种不太明确的追捕。"生命"是一只(忠实追随猎人的)猎犬,或是一只岩羚羊(被追捕的猎物)。这依然是不明确的,假如生命应该按照自己鞭子的节奏来跳舞和呼喊。假如这是一首其智慧应该要自行唱出的舞蹈之歌,那么同时它也是一首充满了他灵魂的"伟大渴望"**的舞蹈之歌,直至追求伟大的拯救者(Löser, Lyaios)、[罗马酒神]巴克斯、[希腊酒神]狄奥尼索斯,"只有未来之歌方能找到他的名字"***。

这首灵魂学着歌唱的曲目始终尚且不是"充实"本身,亦即伟大的正午:它再度地在某种生命与查拉图斯特拉之间所展开的对话中前进。

在主标题"另一首舞蹈之歌 1-3"下,两首接下来标着 2 和 3 的段落出现了,又相当地抢眼,仿佛坦承永恒轮回作为自己的智慧的灵魂还首先必须学着唱自己的歌曲。并且当灵魂在"是和阿门之歌"最终在歌调的语调中自行说出时,它是否已经真正学会了歌唱,而不再落入那个《查拉图斯特拉如是说》所落入的学说了呢?这是真正的充实吗?查拉图斯特拉自己所宣告的他和生命之间的对话,实际上比他的新智慧所传递出的最深刻的观点还要出现得

---

* 中译文参见刘小枫:《尼采注疏集——查拉图斯特拉如是说》,第192页。——译者

** 同上书,第365页。——译者

*** 同上书,第368页。——译者

V 人物评论

更早。舞蹈之歌曾经唱得太过吵闹:"噪音杀害思想啊。"*但是人们自问:是否有那么一首对这些思想不过于吵闹的歌曲呢?查拉图斯特拉一书所提出的哲学问题开始得到轮廓了。

最终,灵魂和自己的对话(Zwiesprache),那个引领查拉图斯特拉灵魂的关于智慧和生命的对话(Zwiesprache)是否隐藏了一个不可解的分裂(Zwiespalt)呢?当我们跟随着这种对话,我们几乎不能避开这个结论。正是因为查拉图斯特拉合理地赋予生命"在善恶的彼岸",所以查拉图斯特拉和"生命"彼此都是善的,这一点并不排除其智慧和生命之间梗着一个紧张的关系,一个忌妒的关系。生命对他的爱是他对生命的爱。爱是不可消解地系缚在他那以生命为价值、以生命的深不可测和舞步轻盈为组成的智慧之上:"倘若你(指查拉图斯特拉)的智慧有朝一日离开你,啊!我(指生命)的爱也就从你那里急急逃开。"**"我的爱也……"表明:智慧和生命两者几乎是同一的。

但就是不完全同一,而这就是那个把尼采和其查拉图斯特拉的问题收拢在一起的关键点。这就像是生命对查拉图斯特拉暗中怀有的指责。生命环顾四周,然后小声道(或是查拉图斯特拉反对着生命呢?):"[喔,查拉图斯特拉],你对我不够忠实!你早就不爱我了,根本不像你所说的那样;我知道,你正在想,你不久之后就要离开我了。"***即使有所迟疑,查拉图斯特拉还是说了"是的"。迟

---

　　* 中译文参见刘小枫:《尼采注疏集——查拉图斯特拉如是说》,第 373 页。——译者
　　** 同上书,第 373 页。——译者
　　*** 同上书,第 373 页。——译者

疑或许是因为像生命一样,他自己知道:没有东西是完全消失的,并且所有东西都会轮回。生命当然知道这一点,因为生命是永恒轮回。但是没有人知道这一点:"别人都不知道呢。"*然后借着他们入夜凝视,他们相拥而泣。"当时生命比我的一切智慧更可爱。"**

一个说不尽其细致和关联的场景。查拉图斯特拉不久之后就要离开生命,这意味着什么呢?他要离开,这意味着什么呢?这难道是由于对生命意义的绝望?当午夜的钟对他敲响了时间消逝的警钟,这种绝望迎面而来。但是,他难道还总是不够成熟吗?他总是像第一首舞蹈之歌那样,自问道:"仍旧活着,这岂不愚蠢?"***此时他正小声地把轮回告诉智慧,这个智慧在何处呢?或者刚好他知道没有人知道的事情,并且这一点他自己还不知道?他不能停止去希望:"痛苦说:走开吧"****,并且着眼于生命的整体也不能停止地去思考"流逝"(Vorbei)?但这并不意味着,他要(will)离开生命,而是指他太有意识地活着了,他必须(muss)离开生命。这是死亡、先行于他的终结,这是专给生命的,生命只能这样自我认识,并认识相同者的永恒轮回,这是一种无信义。

然后人们理解到,为什么他们两者,即生命和查拉图斯特拉,相对而泣,并且理解到,"当时"(damals),即在承认和最终认可生

---

* 中译文参见刘小枫:《尼采注疏集——查拉图斯特拉如是说》,第 374 页。——译者
** 同上书,第 374 页。——译者
*** 同上书,第 192 页。——译者
**** 同上书,第 375 页。——译者

命的那个瞬间，对他而言，生命是比往昔他所有的智慧更加可爱的。* 人们也理解到，为什么这首子夜之歌**是以第 12 个钟响为结束，过后再无后续的话语了。然而"是和阿门之歌"紧接在后，人们就不那么容易理解了。"是和阿门之歌"想成为整个当下，并且要远离那个"当时"。它认识到，作为当下，就没有"当时"。当然人们必须自问：这本书以之为终结的这首对永恒的赞美诗是否还没有在犹疑不定，是否必须要去唱出它关于轮回的智慧。歌者称自己为"卜卦的精神"（Wahrsagerischer Geist）***。整体的终章"七个印章"，它们应该要对他的智慧的真理盖上验证的印章，虽然是通过它的重唱句而宣告成为歌曲，但它同时也是一个卜卦者的歌，一个孕育者的歌，它"孕育着"戒指中之戒指，"孕育着"轮回之戒指——生成的无咎，孩童的无咎，"我存在"(das Ich bin)，说是的和说阿门****，依然是从另一个地方而来的消息。

459　　查拉图斯特拉教导要对所有的东西都说是的，因此也就对于最小者的轮回说出是的，这是他自己承认的终极智慧，是否这个智慧是一个可能真理，一首所有"更高的人"能够统合于其中的轮唱曲呢？

　　对此，后来添加的第四部分在寻求答案。比如在"夜游者之

---

　　*　中译文参见刘小枫：《尼采注疏集——查拉图斯特拉如是说》，第 375 页。尼采原文为："在我，那时生命比我的一切智慧更可爱。"这里伽达默尔用德文第一虚拟式间接引述的用法，改写成第三人称的叙述。——译者

　　**　这里指的就是"另一首舞蹈之歌"。——译者

　　***　尼采原文用的是卜卦者（Wahrsager）。中译文参见刘小枫：《尼采注疏集——查拉图斯特拉如是说》，第 376 页。——译者

　　****　意译为"愿实现"。——译者

歌"*想要"再来一次",并且借此意指着"在所有的永恒之中"**吗？难道查拉图斯特拉最终没有把"更高的人"统合在这首轮唱曲中认作为是一种疯狂,因此他就去与鹰人和狮子为伍了吗？

以下这点或许还是可以指明一些东西:《查拉图斯特拉》第三卷的结尾并没有被尼采保留为结尾。他怀有为数众多的续篇计划,而其中一个也就在第四卷被实现了,除了最小的圈子之外,他没有将第四卷传播出去。所以它毕竟就像是对第三卷结尾的本真的解释这样的东西,第三卷是充满犹疑不定的,尼采(像每一位诗人一样)把犹疑不定黏着在[永恒轮回]这一概念上。因为人们也可以说,这个终结听起来就像是一个真正的终结,像一个毫不犹疑的覆灭。查拉图斯特拉有其最深渊般的对永恒轮回的思想,面对它时,他总是退而不前,终于说出来了,并且在"是和阿门之歌"中盖上七重的验证印章。事实上还存在很多的计划,有些包括查拉图斯特拉之死——但绝非像上演很容易就被想到的死于自杀的想法。相反,这个被实现的第四卷听起来更多地像是要克服最后的、藉由同情"更高的人"所导致的迷惑,并且更多地像是它自身对过去"智慧"的教师身份确然得胜的突破,而走向它的"孩子们"。

但这一点在新近的尼采研究中变成是多余的,因为在尼采后来的、开始于《善恶的彼岸》的创作时期中,可以看见一种对查拉图

---

*　中译文参见刘小枫:《尼采注疏集——查拉图斯特拉如是说》,第 508 页。——译者

**　同上书,第 517 页。——译者

斯特拉之书半诗意的学说风格的背离，没错，一种对其中这条道路失败的承认。就以"权力意志"(Der Wille zur Macht)为标题系统呈现其学说这一伟大计划全然主导着后续尼采的诸多笔记而言，这一点是可以理解的。

另外，今天人们达成了某种一致的看法："权力意志"这两卷在尼采档案馆的庇护下进行组织和编辑的遗稿卷唤起了错误的表象，好像这部主要的哲学著作已经在那里完备地具有其基本的特征了。事实上并非如此，这个事实通过科利和蒙提纳里校勘的新版本已经是毋庸置疑了。被尼采档案馆所制作的《权力意志》的"遗稿"卷，事实上只是一个不具创造性的汇编，它甚至有时候是添加上了更旧的材料。这整个材料是在全然不适当的和一种流俗的观点中被提出来，这一点长久以来我们已经知道，例如刻画出19世纪特征的以下这句经常被引用的话"不是科学得胜了，而是关于科学的方法得胜了"，这句话被归结在"认识论"这个关键词底下。事实上，留给为呈现其学说而计划的这四卷书的，既没有标题，也没有精确的内容。在"权力意志"之侧尚有"重估一切价值"(Die Umwertung aller Werte)的标题。尤其我们并不清楚，这些尼采最终的出版物，特别是《反基督》和《偶像的黄昏》，它们在多大的程度上必须视作为作品的部分实现，或者是属于他计划中要对作品给出的"摘要"(Auszug)。我们有这样的印象，好像尼采新的出版商J.C.瑙曼(J. G. Naumann)已经对此有很好的贡献，尼采在其最后的创作之年是以一系列的文章出现，他们听起来更像是对预示的定音鼓声，而这些鼓声随着尼采精神状态的崩溃逐渐减弱而趋于虚无。

"权力意志"和"永恒轮回"的并列虽然给予解释者一个普遍的窘境,但尤其通过海德格尔深入的释义之后得到了澄清。由于海德格尔把尼采归到西方形而上学的历史中最极端的终点,归到全然的"存在遗忘",并藉此把尼采的思想视为悲剧地卷入到形而上学的"胡作非为"(Unwesen),因此,贬低查拉图斯特拉时期的通常倾向不再可能,并且回归到其对立面:在查拉图斯特拉那种力图获得通向其真理的勇气的被悲剧所笼罩的形象中,自我矛盾找到了其适当表达,现代自我意识反思性的魔力圈就是深陷于这种表达之中。尼采自身并没有掩盖这同一种表达。他伟大的"新的"灵感,相同者的永恒轮回的学说,自身就纠缠在这个自我矛盾之中,而这一点在查拉图斯特拉的第三卷中是一直呈现的。在那个和侏儒在大门通道的夜晚的密谈之中,查拉图斯特拉已经自问:"……暂时把一切未来之物也拉到自己身上?就是说,还有它自己?"* 还有动物们也这么说道,查拉图斯特拉必须知道:"我永远回到与这相同和同一的生活,无论是最伟大之处还是最渺小之处,我将重新教授万物永恒轮回"。** 这不停堆砌的工作笔记,它应当服务于伟大的理论代表作《权力意志》或《重估一切价值》,它们包含很有威力的材料,这些材料让主体概念以及认识概念和真理概念创生为一个真正的存在原则、生成原则和"权力意志",并且恰恰因此隐含了他自己理论事业的自我解消。

在尼采沉入暗夜[指他的精神疾病]之前,他为了"相同者的永

---

* 中译文参见刘小枫:《尼采注疏集——查拉图斯特拉如是说》,"论面貌和谜",第266页。——译者

** 同上书,"初愈者",第364页。——译者

恒轮回"计划在莱比锡进行一项新的自然科学研究,毫无疑问地,他没有意识到这种自我矛盾的悖论。他仍然采取了同一个悖论,这意味着他有意识地让"科学"为生命而服务。他在某个意义下相当严肃地看待应该为其学说提供证明的物理学。但这指明了,在"永恒轮回"这个标题之侧,"教养和培育"在他理论作品的计划中扮演了一定的角色。这完全类似于,在查拉图斯特拉之书中,争取为其学说的勇气还是被冲破所有以前的尺度的章节"论新旧标牌"*所打断。道德学家获得了优势。

没有任何的道路可以越出查拉图斯特拉最后为其"学说"所榨取而来的印章:"你歌唱呀,别再说话了。"**

这一点通过附加上去的第四卷既不能被反驳,也不能被限制。即使人们没有进入到第四卷充满艺术性的个别发明之中,但是我们非常清楚,这里所描绘的进程是被安排到戏剧性的行动之中。查拉图斯特拉在这里通过他和"更高的人类"(höhere Menschen)的经验学到了,他不能让自己被这些人引向迷途。在高山上的捕鱼,和邀请更高的人们进入他的洞穴之中,聚集了纯粹的受难者、认定没有任何东西是值得的预言家、寻求最高的人类的诸位国王、精神的良知者、被查拉图斯特拉看穿其说谎和他也看穿其自己说谎的魔术师、老的主教、可憎的人类、自愿的乞丐、自由的精神以及像影子一样追随查拉图斯特拉的散步者——所有这些人在查拉图斯特拉身上都看见了伟大的希望。作为受难者,他们以希望而活。

---

* 中译文参见刘小枫:《尼采注疏集——查拉图斯特拉如是说》,"论新旧标牌",第327页。——译者

** 同上书,"是和阿门之歌",第382页。——译者

但这意味着,他们不能通达查拉图斯特拉的智慧:对所有的东西肯定地说是(Ja-Sagen)。

这变成了查拉图斯特拉的经验。要真正地变成自由,要没有任何反抗的意愿(Gegen-Wollen)去接受苦难、厄运、痛苦和约束,这并不容易。但这正是查拉图斯特拉的通告:学会去接受——爱命运(amor fati)。最终,查拉图斯特拉理解了,他必须克服那种他对于寻求更高的东西而受苦难者的同情。他们不能够追随他。肯定地说是,这一轮唱曲没有成功。对他而言像是一个征兆,动物们存在,不只是鸽子,还有偎依在他身边并且给予他、他的使命和他的作品以信任的狮子。人们也要注意到,查拉图斯特拉在伟大的正午迈步前行所伴随的期待对他的"孩子们"也有效。"我的孩子们近了。"* 这不意味着"正确的人们",或者也不意味着"更高的人们",而是意味着他的孩子们。无咎的孩子,他的"我是"被召唤而来。这是人们不应该或者不能想要的东西。然而这是悲剧的终结吗?或者,反之才是正确的——原来如此,这才是悲剧的开始?

查拉图斯特拉的戏剧是他要对肯定地说是的一种解放。但是他的戏剧并不是以下这种人的苦难,他们具有自知且对所有东西肯定地说是,但现在他们想要教导他们的智慧,不过却找不到由这种智慧长成的适当的人们。在知道和传达之间没有这样的分野。在第四卷中那个为"更高的人们"受难并同情他们的查拉图斯特拉,还是同一个人。他知道,可是他不是他知道的东西。尼采那种

---

* 中译文参见刘小枫:《尼采注疏集——查拉图斯特拉如是说》,"征兆",第 521 页。——译者

从某种普遍原则出发，亦即从权力意志出发（它在相同者的永恒轮回中达到了顶峰），要把查拉图斯特拉的通告转化为概念证成的理论企图，并没有完成。它真的能够被完成吗？最终形而上学的遗产包含在尼采从生命而引发的对意识和自我意识彻底的批判中，同时形而上学的遗产也包含在对普遍的权力意志学说的筹划之中。而这个学说，如同海德格尔已经正确地看见，导致了对所有存在的控制和导致了技术的主宰。与此相反，查拉图斯特拉的戏剧传达了另一种学说。这位教师和教育家，查拉图斯特拉想要成为的那位所有价值的重估者，他最终对他的灵魂必须这么说："你歌唱呀，别再说话了。"*

这以什么为目标呢？或许是说，不要任何在所有的东西里面看见权力意志起作用的学说（Lehr-Rede），也不要在所有真理之前撕毁面具的学说，一个面具接着另一个面具，每每要达到一个终结——因为所有的达到（Langen）和要求达成（Verlangen）都是受苦，"我要"（Ich will）就像是"你应该"（Du sollst）一样都是受苦。

甚至那些自由的精神、更高的人们，乃是这种不解摒除沉重精神的寻求者和受苦者。孩子的轻率，他轻易的遗忘，他的无时间性，他在瞬间的此之中的消融，他的游戏，正是超越所有他们的东西。这就像是一种歌唱。歌唱是此在——不是一个被意指的东西，而是越出所有对被意指的东西的开放，越出所有的"解蔽"，一种位于被意指东西背后的东西，它可以完全在其自身中自行充实。

---

* 中译文参见刘小枫：《尼采注疏集——查拉图斯特拉如是说》，"是和阿门之歌"，第 382 页。——译者

在此没有对易逝之物的挽留意愿(Festhaltenwollen),没有"复仇的精神",也没有作品和教师。在这个意义下,《查拉图斯特拉如是说》的第四卷再度地成为所有东西经验到其消解的终卷。但是第三卷的结尾把所有的东西都说出来了。查拉图斯特拉当时爱其生命更甚于所有他的智慧的场景是不能被遗忘的。那时是清凉的黄昏的悲伤,但尤其是邻近的道别的感动:"他们相对而泣"*,没有悲怨,轻轻地。

(金志谦 译,王宏健 校)

---

* 中译文参见刘小枫:《尼采注疏集——查拉图斯特拉如是说》,"另一首舞蹈之歌",第374页。——译者

31. 黑格尔的遗产

(1980年)

任何人都不应给自己提出要估量黑格尔思想这一伟大遗产所传承给我们的全部东西这一要求。继承这一遗产并对他从这一遗产所得到的东西做出说明，这对每一个人来说都应该是足够的了。但是，至少还是有一个人，他敢于想去推崇这个伟大遗产，此人自己对哲学思想的贡献已经过去了好几十年，而且那些已接替这一遗产的年轻一代通过对他的功绩做出评价而从他们方面向他证明其研究情况的界限。再说，任何人都不能想象自己能获得整个时代的成果，甚至恐怕连估计这一成果的价值也办不到。即使黑格尔本人也不能这样做——尽管那些过分热心的模仿者想让他承担这样的想法，即认为他思考过并称之为"绝对知识"的思想，包含了历史的实际终点。当黑格尔引用下面这句话"看吧，将要抬你出去的人的脚已经站在门口了！"，[1]他自己是知道得很清楚的——当然这最终也是针对他自己说的。

---

[1] 《新约·使徒行传》，第9章。参见《黑格尔全集》，第13卷，第29页。这段引文仅见于米希勒编辑的版本，在黑格尔自己的手稿中并没有，黑格尔批判地谈到一种"对各种不同哲学的看法"，他对此看法很不满意，但认为"在永恒范型之下"(sub specie aeternitas)。

请允许我在此既不给出一个影响深刻的研究论文,也不做出一个全面的研究报告,而是直截了当地说,在我的看法中,黑格尔的遗产是如何在我自己的思想试图中被改造了的。

我曾经力图给出的——与海德格尔的思想推动力相关——浪漫主义诠释学及其通过历史学派,通过兰克、德罗伊森、狄尔泰及其学生的进一步发展而发生的那种哲学转向,是与黑格尔的包罗万象的综合密不可分的。②这里正是希腊人为把握世界整体而提出的逻各斯概念——而没有为此假定一种神圣史的超理性材料——第一次扩展到了历史世界。认识历史中的理性,正是黑格尔的大胆要求,这一要求最终曾招致像那种从一开始就过时并被谴责为要失败的试图同样的反对,这种试图想把近代自然研究——尽管有其本质的暂时性和不断超越自身——屈服于一种作为真理全体,一种教义学说,即主张自己是绝对的合理性的真理这样一种科学概念之下。"绝对知识"的辩证法最终在历史精神的领域内同样也遭遇历史研究的反对。这是不得不发生的,即它要走上与唯心论自然哲学通过自然研究之胜利所走的非常相似的道路。柏拉图主义者施莱尔马赫的"开放的"辩证法比起黑格尔的世界史构造,一定更适合于作为历史科学方法论的基础,所以施莱尔马赫传记作者狄尔泰和把狄尔泰称作其哲学解释者的历史学派的方法论,都在"诠释学"这一关键词下为精神科学进行认识论奠基词。但是,当时正是黑格尔的概念成就、思辨的辩证方法,在哲学

---

② 曾经指出历史学派对黑格尔的历史债务,这是埃里希·罗特哈克(Erich Rothacker)的《精神科学导论》(第1版,1920年)的贡献。

内部遭到了最为严厉的反对。③ 因为它具有这样性质,即让知性(Verstand)在它面前完全保持沉默并对之完全的惊讶和完全的抗议。这种情况完全出现在当时正产生越来越大影响的新康德主义中,新康德主义的口号"回到康德去"尤其针对绝对唯心论的思辨傲慢态度,另外,新康德主义又从康德的基石出发并依赖洛采,赞成在价值概念上为精神科学进行批判性奠基。④

尽管如此,黑格尔的遗赠,尤其是他的"客观的"精神这一概念最终仍超越狄尔泰,甚至超越新康德主义以及本世纪才出现的现象学重又获得力量;这里指出了一条克服现代主观主义的片面性,尤其是"心理学的"解释的片面性的道路,施莱尔马赫天才的移情说不仅把这种心理学解释加进传统的解释理论的方法中,而且还把它作为卓越的方法加以强调。"客观精神"的理论以后就成了狄尔泰学派(施普兰格尔、利特、弗莱尔、埃里希·罗特哈克)和正在走向解体的新康德主义(埃米尔·拉斯克、恩斯特·卡西尔、尼古拉·哈特曼)的最有活力的遗产。⑤ 因而情况就迫使我在"心理学地重建过去思想"和"把过去思想综合于我们自己思想中"这一选

---

③ 在对黑格尔辩证法的批判中最有影响的是阿道夫·特伦德伦堡(Adolf Trendelenburg)的批判,他显然曾经影响了赫尔曼·柯亨(Hermann Cohen)。"回到康德去"这一运动的最引人注目的宣言是奥托·利布曼的著作《康德与模仿者》,1865年。

④ 参见我的论文"价值的本体论问题"(1971年),载《短篇著作集》,第4卷,第205—217页[参见本书第189页以下]。

⑤ 参见狄尔泰《黑格尔的青年时代》(1904年)和《狄尔泰全集》第7卷、第8卷。[当时限于8卷本的版本,现在又有许多新卷本,尤其是第19卷,提供了精神科学导论的一些进一步资料。参见我关于狄尔泰的论文,本书第28、29篇,第425页以下。]

择中,决定反对施莱尔马赫而赞成黑格尔。⑥ 当然,黑格尔的"世界历史哲学"仍然处于历史的开放性进步与对历史的"意义"的封闭性把握之间的不可消除的矛盾中,如果我们要认真对待历史性,那就不能再重复这一矛盾。

这样,我就成了"恶的无限"的拥护者了,恶的无限意味着终点总未到来——这对黑格尔来说确实并非仅仅是不真实的,而且也是一种真理。尤其是马丁·海德格尔曾针对胡塞尔的先验现象学及其关于新意识科学的纲领,即意向性研究纲领,提出一种实际性诠释学(Hermeneutik der Faktizität)的矛盾说法与之相对抗,他这种哲学活力曾激励了我。⑦ 正是我们的实际性(Faktizität)——海德格尔称之为"被抛性"(Geworfenheit)的东西——的不可被阐明的晦涩性支撑了人类此在的筹划性质(而不只是限制这种性质),这一事实一定赋予此在的历史性和历史对我们此在的意义以一种新的重要性。我们对历史的理解不仅只是一种知识和认识或历史意义发展的问题——它还是构成我们命运的事情。理解与其说是一种意识"行为",不如说是一种遭遇事件(Widerfahrnis),精神的历史丰富性就是建立于这种事件之中。"理解"是而且首先是事件(Geschehen)并且创造历史,主张这一点,相对于胡塞尔把哲学作为严格科学的纲领以及其在自我意识的不容易置疑的确实性基础上的奠基,无疑是一个异端邪说。但事实上,这种对此在历史性的思考,很难像狄尔泰的《精神科学中历史世界的构造》那样,被

---

⑥ 参见我在《真理与方法》一书中的论述,载我的著作集,第1卷,第171页以下。
⑦ 关于实际性这一概念,参见海德格尔:《存在与时间》,第56页、第181页。

胡塞尔当作历史主义和相对主义而一笔勾销。我们可以在海德格尔那里得知这一点。海德格尔转向实际性诠释学就是背离新康德主义对意识-唯心论的强调，而胡塞尔正是出自这种强调。但是这并不是相对主义，而是一种哲学上的反向筹划。它包含一种远远起源于希腊思想开端时期的对客观性和主观性概念的本体论批判。所以，当海德格尔把"本体论的"（ontologische，存在论的）提问向度与一切"存在者状态上的"（ontische）提问加以区分时，这恰好容易使我们想起了黑格尔对"外在的"反思的批判。尤其是当海德格尔在其思想发展进程中弱化了他先前著作中的那种生存论激情，并承认他自己的先验论的自我理解是不合适的时候，愈来愈强烈地表明，黑格尔的"客观精神"的学说还没有穷尽其现实性。今天如果我们认真思考一下恩斯特·卡西尔——他沿着《符号形式哲学》一书的方向进一步发展新康德主义唯心论——于1930年在达沃斯与年轻的马丁·海德格尔进行的那场值得深思的讨论，那么我们就会清楚认识到黑格尔遗产是怎样继续在这两位思想家身上存活着，并且使得那位较年轻的思想家最终感到要迫切地与黑格尔进行终生的对话。

我们可以看出，黑格尔的"自我反思"（Reflexion in sich）表现了一种亚里士多德遗产在其中占支配地位并获得新生的思想形态，而亚里士多德遗产与在批判希腊本体论中发展起来的海德格尔思想的距离并不十分遥远。存在作为"真在"（Wahrsein）、"本质"的自我呈现（这种本质的自我呈现我们称之为"思想"），正是这个中心主题激励了海德格尔早期对亚里士多德的解释（这一解释从未被出版）。⑧ 青年海德格尔在那里强调的重点是，"无蔽"（Aletheia）的本源位置并不在"命题"（Satze），而是在"存在"，这是后期海德格尔背离先验论自我解释的前奏，并为那种在"存在"上的思考作了准备，这种思考作为存在的"开显"（Lichtung des Seins），作为开显的"存在"（Sein der Lichtung），就是"此"（Da），它在自身中开启自身，并先于存在者的任何可能的自我显示而存在。⑨ 海德格尔后来试图借以讲到那种并不是存在者的存在的"存在"的一些大胆的比喻，"差异"（Differenz）、"开显"（Lichtung）、"调解"（Auftrag）、"自成事件"（Ereignis），比起在新康德主义框架中——尤其是在当时的海德堡——发展出来的学院派新黑格尔主义所做的，无论如何还要更接近黑格尔概念的思辨辩证法。

另外，我们也不应忽视，那种逼迫海德格尔走向他所谓"转向"的哲学动机，是与时代的新风格感觉相呼应的，这种感觉被印象主义迷人作品的精巧的感官刺激弄得筋疲力尽，因而要求一种新的建设性的事实性。早在1907年，理查德·哈曼（Richard Hamann）——1918年后我青年时代的老师——就决定以"更黑格尔些"这一要求来清除生活和艺术中的印象主义。我们知道，黑格尔在其他一些国家，比如意大利，曾找到一个永久的家园，而且本世纪现代艺术的建构精神也远远地先行于德国的发展。凡·高、塞尚（Cézanne）以及晚一

---

⑧ 海德格尔在这方面特别强调的重点，今天可以在他的马堡讲演《逻辑——追问真理》（1925/1926年）找到证据，其中第13b、14讲中他详尽讨论了亚里士多德的《形而上学》第9卷第10章。

⑨ 众所周知，海德格尔的新转向最初是在第二次世界大战后通过他的《关于人道主义的通信》（1947年）而公之于众的。但实际上这一转向在他的一些讲演，尤其是关于《艺术作品的起源》的讲演中早就暗示过了。

辈如胡安·格里斯(Juan Gris)和毕加索成了新的一场爆发运动的富有象征的代表人物,这场运动后来就席卷了德国的舞台。同样,文学界也是如此,马拉美(Mailarmé)的《纯粹的诗》代表了诗歌上与黑格尔的绝对知识相匹配的东西——而在德国文学里,后期荷尔德林的发展,以及乔治(George)的严格形式的诗歌艺术和里尔克的事物诗也表明了同一方向。正是这些发展有助于诗的语言以及思想的语言获得一种新的客观的象征力。因此,决非偶然,海德格尔思想的"转向"最早的证据就表现在他于1936年在罗马的荷尔德林的讲演中,而且诗和哲学的古老的浪漫主义的和睦相处也随之复活起来,这种和睦相处很早就给我留下极深的印象。

确实,海德格尔当时已不再相信诠释学概念能使他的思想摆脱先验意识理论的结果——正如他极力想通过一种半诗化的语言来克服形而上学的语言。⑩我认为我们正面临如下任务,即要阐明理解的事件性质,以及通过对已经意识到自身的诠释学经验的分析来克服现代主观主义。所以,早在1934年,我就开始着手对审美意识的批判分析,我力图证明,⑪审美意识并没有公正对待艺术的真理要求,并且随着与希腊古典作家,尤其是柏拉图的不断交往,我力求克服历史主义的那样一种自我异化,由于这种异化,历史实证主义把思想降低为意见(Meinungen),把哲学降低为意见

---

⑩ 关于海德格尔后期对诠释学概念的回避,可参见《在通向语言的途中》,第98页、第120页以下。

⑪ 我在这一领域最早发表的论著是为理查德·哈曼纪念文集(1939年)所写的文章[现收入我的著作集,第8卷]。

集(Daxographie)。⑫ 克尔凯郭尔的"共时性"(Gleichzeitigkeit)理论对我有帮助,克尔凯郭尔曾出于宗教和神学批判的原因而提出这种理论以反对"有距离的理解"(Verstehen auf Abstand)——这一理论在1924年通过迪德里希版的《宗教讲演集》(《生命与爱之作为》)而获得令人信服的影响。但是,我最早的思想经验之一——以一种迂回的方式经过克尔凯郭尔并通过对《非此即彼》中法官威廉的矛盾的激情——却把我引向了黑格尔,而我自己当时并没有完全认识到这一点。

的确,形成我的思想的东西乃是一个个性化的、对话的黑格尔,而在他背后我还保持着每天与柏拉图对话录的富有思想的交流。另外,我从很早就想与那种讲坛哲学(Kathederphilosophie)的枯燥无味的学院观点保持一种批判性的距离,而这种观点是在与我自己的老师们的一系列交往经验中遇到的。生活的经验和对柏拉图的研究使我很早就达到这样一种见解,即一个个别陈述(命题)的"真"不能根据其单纯的符合事实或与事实一致的关系来衡量,也不仅仅依赖于它所处于其中的语境关联,而是最终决定于它所根源的真实性,以及与它由之获得其可能真理性的说话人本人的联系。因为一个陈述(命题)的意义在所说的话里是不能穷尽的。只有当人们追溯产生它的动机史,向前观看它的意义蕴涵时,它才会被揭示清楚。从那时起,上述观点就成了我的主要诠释学

---

⑫ 这一点甚至在我的《真理与方法》发表前就在我于卢万的讲演(Chaire Cardinal Mercier,1957年)中明确了,该讲演已以《历史意识》(*La connaissance historique*)为书名在1963年出版。

见解，在这里狄尔泰的遗产与胡塞尔提出的现象学阐明交叉在一起。为什么在我们看来，尽管苏格拉底用最成问题的逻辑手段常常驳倒他的对话者的最合理的，而且也是最苏格拉底式的回答，可他却还能常常避免嫌疑而不被看作仅仅是那些玩弄他们辩证法的优越性的消极诡辩派中的一员呢？[13] 这全归功于"逻辑"，但是，用以考察柏拉图论证的——根据现代对其逻辑推理性的研究——那种取笑的优越性，尽管被出于善意地改进了，在我看来仍总像是一种几乎喜剧性的 Metabasis eis allo genos（组合各种不同类别东西的元基础），这是一种把科学的证明程序与对话的说服力、逻辑与思维修辞学（这古老的名字叫"辩证法"）加以混合的东西。不过，我还得花更多时间，才能看清对话在诠释学理论中的中心地位并且让我们世界经验的语言性在整个我的思想中得以贯彻。

要达到这一点还需要多方面的帮助。其中之一是在第二次世界大战时期通过柯林伍德的自传而获得的，柯林伍德是克罗齐的学生，也是英国黑格尔主义的最后一个代表人物。[14] 在那里我所发现的，正是我自己的语文学和解释实践中非常熟悉的东西，这种东西在这位罗马-不列颠的边界墙的伟大发现者所获得的研究经验中得到卓越地阐明，并作为"问答逻辑"提升为一种原则。柯林伍德不是靠幸运的考古发现这一偶然事件来解释罗马的边界走

---

[13] 参见我在1931发表的论柏拉图的书《柏拉图的辩证伦理学》（第2版，1966年）[现收入我的著作集，第5卷，第3—163页]，尤其是"柏拉图《吕西斯篇》中的言说与行为"一文[我的著作集，第6卷，第171页以下]。

[14] 柯林伍德的《自传》，在我的鼓励下，由 J. 芬克尔戴（J. Finkeldei）译成德文，并附上我的序言以《思想》为书名出版（1955年）。

向,而是通过预先的提出和回答这样一个问题,即当时必须怎样建立这样一个防卫设施才是合理的。所以,只有当理性在哲学传统中重新认识了自身时,与这种哲学传统的交往才会有意义,这就意味着理性把它自己的问题提给它。只有当我们把一个命题理解为是对一个问题的回答时,我们才能"理解"一个命题,这显然是无可置疑的自明事情,我之所以不能完全赞成柯林伍德所创立的历史认识理论,即重演论(Theorie des re-enactment),是因为他对于实践和行动的混淆——这一点常困扰着现代思想的——由于这种混淆,历史的本质和经验被意志主义地加以理解了。一种计划或行动的理论从不能合理地对待历史的经验,在这种经验中,我们的计划往往会失败,我们的行动和疏忽又往往会导致出乎意料的后果。

但是,我在柯林伍德那里看到的这些简单化的应用根本不能阻碍我。我认识到在其背后还有黑格尔更强有力的立场,当然,那是以一种非教条的-自由的方式表现出来的。个人的意识——不考虑"世界史的个人"这种特殊的例外——是不能与历史中的理性相匹敌的,这一点黑格尔在其关于"理性的狡计"这一著名学说中曾发人深思地指出过。但是,难道这种关于在历史中作为行动者的个人的有限性和条件性的认识,真的不会影响任何从事思考的个人吗?这对于哲学思想那种获得真理的要求来说,又意味着什么呢?黑格尔虽然说过并认识到,旧的命题形式不适宜表达思辨的真理,但这种见解又适合于倒转过来反对他自己以及他所服从的那种方法论的强制力。令我信服柯林伍德"问答逻辑"的东西,并不是它的方法论上的有用性,那最终是不重要的,而是由于它那使问题与回答彼此完全缠绕在一起的超越一切方法运用的普遍有效性。究竟什么是问题呢？当然是某种人们必须理解，并且只有当人们从"某物"出发，也就是从那作为某种回答的某物来理解问题本身时才理解的东西，这样也就限制了任何命题的独断性要求。问答逻辑证明自身是关于问题和回答的辩证法，其中问题和回答不断地交换，并消融在理解的运动中。

这样，对话和辩证法的统一就突然地从所有精神科学方法论和所有认识论背后呈现出来，这种统一以一种令人惊讶的方式把黑格尔和柏拉图相互联系起来，并解放了诠释学的经验：它不再局限于"向文本存在"(Sein zum Texte)，不再局限于方法熟练的解释者对于预先给予的文本的询问和解释这种程序；先于所有知识和解释的那种引发动机的兴趣、问题的奥秘，突然地占据了中心位置。一个问题产生了，迫使人们接受它，它成为无法证明的。我们不难认识到，并没有什么方法能使人学会如何提问，我们可以回忆一下，古老的修辞学格言 de inventione（发明或创造）至少包含了关于问题对于一切认识的意义的一个间接的指示。对话结构应当证明自身乃是对"语言性"在一切认识和理解中所起的作用的关键。

但与此同时，另一位伟大的学术大师也引起了我的注意。我说的是亚里士多德，他首先是由青年海德格尔推荐给我的，我当时还相当年轻。与亚里士多德的"实践智慧"(Phronesis)即实践合理性(praktische Vernünftigkeit)的理论相关，我开始懂得如何逐渐地从概念上阐明在海德格尔那个时代由于接受克尔凯郭尔而带来的存在主义哲学的激情。克尔凯郭尔教导我们的东西，以及我们当时称之为"生存主义"（比在法国表述的"存在主义"要早几十年)的东西,在亚里士多德的伦理(*Ethos*)和逻各斯(*Logos*)的统一中能找到其范型,亚里士多德曾把这种统一作为"实践哲学",尤其作为"实践合理性"的德行加以论述。当然,这种可追溯到亚里士多德的长达两千年的实践哲学传统,最终也沦为现代科学概念的压力之下的牺牲品。从作为"实践哲学"一门学科的"政治学"(Politik)——直到19世纪后期,它仍主要由历史学家耕耘——到"Politologie"或"政治科学"(politische Wissenschaft)的转变,就明确地说明了这一点。但是在政治科学那里也有一个环节表现出与诠释学经验,尤其是那些在科学中起作用的诠释学经验有非常相一致的地方。谁具有了实践合理性的德行,谁就会意识到他所遵循的规范观点,并懂得如何在实践情境所要求的具体决定中使这些观点发生作用。

规范的观点是在人们所处的实践情境中被认识的,但这种认识并不是理论认识意义上的,而是得自于其所具有的约束有效性。实践哲学能够使这种认识成为它的理论的对象,比如亚里士多德就概要地描述了"伦理的德行"。但是,理论家就他自己是在受这些观点的有效性约束下去体验而言,他们只能适当地,即从它们得以实现的具体情况出发去观看这些观点。所以亚里士多德曾限制了理论见解在实践领域中的可能性。现在在我看来,这对于诠释学,并因此对于"精神科学"以及一般地对于所有理解来说,都是同样有效的。⑮ 理解的实践——在生活中与在科学中——都同样是

---

⑮ 参见我最近的论文"作为理论和实践双重任务的诠释学"[我的著作集,第2卷,第301—318页]以及我提交塞萨洛尼会议的关于亚里士多德的实践哲学论文[我的著作集,第7卷]。

理解者对他所理解的东西、他理解之物的隶属关系（Zugehörigkeit）的表达。对理解可能性的理论说明并不是一种能通过科学和方法论掌握"理解"的客观化反思。相反，这种说明而是表明，普遍的东西作为被意识到的东西，是从属于它的合理应用这一不可拒绝的要求之下。

但由此也证明了诠释学问题一般来说乃是哲学的基本问题。与实践哲学一样，哲学诠释学也超越了先验反思和经验-实用认识这种二难选择。最终正是普遍东西的具体化这一伟大主题，我懂得将其思考为诠释学的基本经验——这样我又重新走到了具体的普遍性的伟大老师近处，走到黑格尔的近处。并非只有神学和法学才曾经认识而且现在还熟识诠释学那种自古就有的普遍东西具体化的任务。规则的普遍性需要应用，但规则的应用又无规则可循，如果我们不能通过自己的洞察力而领悟这一点的话，那么我们也可以通过康德的《判断力批判》，而且还可以从康德的后继者，尤其是黑格尔那里学到这一点。

我们非常惊异地面对黑格尔将之作为绝对知识而筹划的基督教和哲学、自然和精神、希腊形而上学和先验哲学的巨大综合。但它对我们已不是完全适合了。把我们与黑格尔隔开的那一个半世纪是不可否认的。虽然我不想在黑格尔那里看到他自己摧毁了"那种使先验规定和经验规定、有效性与起源之先天划界显得确实的先验意识的确实基础"，有如哈贝马斯所曾阐述过的那样，但可以肯定的是，他的那种综合的巨大力量在这方面发生作用，而且我们确实也经验到这种作用贯穿了被称作历史主义世纪的那一整个世纪。马克思、尼采、弗洛伊德都曾经揭示了思考着的思想的自我确实性的局限性。

所以,问题不是要成为黑格尔的门徒,而是要使黑格尔所呈现的挑战深入人心。在这种挑战之下,对于反思的一瞥来说,诠释学基本经验开始展露了其真实的普遍性,因为我们对语言的使用,或者更确切地说,每当我们思考时语言在我们那里所找到的使用,渗透了我们对世界的全部经验。语言不断地实现着普遍东西的具体化。[16] 这样,诠释学就以它在作为精神科学方法论时所曾具有的服务职能,换取了一个决定一切的地位:它成为一种哲学。我通过把语言作为思想的真实具体化来思考而参与了的本世纪的诸种思想倾向,处处与柏拉图-亚里士多德的希腊辩证法遗产相聚合。这正是我独特的研究旨趣。但是,诠释学也在某些方面维护了黑格尔曾冒险从事的理性与历史的巨大综合,即使它自身未意识到这一点。在我们进入世界的语言性中,我们是被植入到标明我们是历史存在物的传统事件中。语言不是供我们使用的一种工具、一种手段,而是我们赖以生存的要素,而且我们也不能使它沦为对象,以致它不再与我们打交道。

无论如何,与我们打交道的要素不是一种我们可以努力从中解放和逃脱的东西。语言要素根本就不是一种在其中能遇到这个或那个事物的单纯空洞的媒介。它是所有那些能与我们照面的东西的总体(Inbegriff)。与我们打交道的东西乃是作为被说出的东西(das Gesprochene),即话语(Reden,*ta legomena*)的语言。生

---

[16] 诠释学的普遍性正是以此为基础,诠释学的普遍性成了苏尔坎普出版社(Suhrkamp)的《诠释学和意识形态批判》(法兰克福,1971年)中讨论的对象。

存在语言中,意味着运动在关于某物的谈话中以及对某人的谈话中。甚至当我们讲某种外语时,那与我们打交道的东西,与其说是语言,不如说是在语言中被说出的东西。但是,既然它是作为被说出的东西与我们打交道,而不是作为那种我们对其只能给出自我肯定、征服或屈服的他者的可怕领域,那么它也就构成我们的自由空间。

尽管黑格尔和他那一代人所发展的自由唯心论对我们来说显得抽象,尽管今天面对所有人日益严重的不自由,那种被黑格尔称作世界历史目的的所有人的自由看来只不过是一种乌托邦空想,以及尽管现实的东西与合理的东西之间的矛盾最终是不可消解的——但是所有这些东西都证实我们的自由。不是自然的必然性,也不是因果关系的强制性,决定着我们的思维和意见——不论我们在意愿和在行动,在害怕或在希望或在绝望。所以,我们都运动在自由的空间中。这种空间并不是某种抽象的建构性欢乐的自由空间,而是通过预先的与现实事物的熟识而充满的空间。

对此,黑格尔有个绝妙的表达:"感到自己在家"(Sich-Einhausen)。在家存在(das Zuhause-Sein)决不包含成为支持传统的党派。它同样是为批判和筹划社会生活和行动新目标而建立自由。正是在这一点上,我们承认自己是黑格尔的继承人,虽然我们并不把黑格尔对绝对的预期设想为我们认为哲学所具有的知识,而且我们更不会期望哲学能服务于现时代的要求并能在任何认为知道当前需要的当局面前证明自己的合法性。我们必须像黑格尔那样把普遍与具体的辩证法承认为是对迄今为止全部形而上学的总和,并一致地认识到这总和也必须不断重新加以总结。虽然我们谈论到形而上学的终结,谈论到我们所处的科学时代,甚至可能谈论到我们现在正进入的技术时代的历史性失落。最终,黑格尔可能被证明是正确的。在谈论整个人类时,我们当然会同意黑格尔关于一个"有教养的民族"所说的话,如果没有形而上学,该民族就"像一座没有祭坛的神庙"。⑰

自然性的常规——这种自然性将我们标明为"思想者"——的超出,总是到处并一再地冲击着我们思想不可抗拒地被驱使要去超越的那个界限。这里是一开端之谜,今天每一个人都被科学巨大的冲击,施与了巨大压力,对此创世神学提供它的回答——或者这不还是一个问题吗?——宇宙之谜,它曾首先在宇宙的逻各斯那里获得概念,并在扩展着的自然宇宙和历史宇宙里得到更深地揭示。人类自由之谜,根据我们的经验我们总是一而再地——有如对人类的理性——必须对之怀疑。而我们作为思想者却又必然一再地要求这种自由,最终这里是有限性思想——我们自身作为思想者的终结思想——一种思想本身不能对之把握的思想。所有这一切都纠缠着我们。古希腊的名言"认识你自己!",对我们来说仍然是有效的。因为它正意味着:"要知道你不是神,而是人。"真正的自我认识根本不是知识的完全透明性,而是洞见到我们必须承认我们有限存在所具有的界限。但是,正如伟大的希腊思想家尚不能遵循这条首先由他们的诗人常常提出的对人类的告诫,而是为了"尽可能地成为不朽"而使自己屈服于问题的压力,⑱所以,

---

⑰ 黑格尔:《逻辑学》,序言。
⑱ 参见亚里士多德:《尼各马可伦理学》,第10卷,第7章,1177b31以下。

黑格尔的遗产也同样不会让我们得到解脱。

这并不是说，形而上学作为科学就对我们来说是可能的，我们西方文明的这一独特形式在黑格尔那里得到了胜利的完成，并走到了它的终点。但是，如果没有这一形而上学遗产，我们甚至会无法理解那深刻规定我们时代的科学究竟是什么，它在我们自己的自我理解中处于什么地位和起着什么作用。完全意识到我们的有限性之后，我们总是被那些超出我们能力的问题所困扰。它们降临于我们，如果不是已在个人的最寂静的时刻降临于他，那么就会从那些我们据以了解我们自己的东西的有利地位降临于我们大家，并在此我们所有人都证明了黑格尔关于绝对精神的学说。与黑格尔一样，我们也知道那些超越一切历史条件的与我们自己照面的多种方式。尽管存在着各种社会功利主义，我们仍在艺术中与自己照面。在科学时代持续的宗教挑战中，我们也与自己照面。同样，我们也在思想中与自己照面。在这里，正是我们称之为哲学性的问题，正是在与我们哲学传承物打交道之中将我们不断地推向前进的问题。事实上，没有任何一个有思想的人能完全避开这些问题。我显然没有必要在此再作进一步论证。这些问题攫住了我们的呼吸。

后记

我为感谢斯图加特市给予我的荣誉而作的这篇黑格尔讲演，试图呈现哲学诠释学的发展与黑格尔的伟大思想构思之间所展示的那种充满张力的接近。即使人们想把思辨唯心论的（这一）最终形式看作哲学的终极的系统的基础,但是经过一个半世纪之久,人们已不可能指望能简单地稳固地藏匿在这座思想大厦之内。在本世纪发展的开端时,贝奈戴托·克罗齐就已经同样意识到有必要去区分黑格尔哲学中的活的东西和死的东西,并因此从发展着的意大利黑格尔主义传统中做出总结。在英国(麦克塔格特〔Mc Taggart〕、布拉德利〔Bradley〕)和荷兰(博兰德〔Bolland〕)也发生了类似的事。大约也是在同一时期,德国也开始背离了当时还支配德国学术舞台但已开始临近其终点的新康德主义而重新接近黑格尔哲学。文德尔班在其1910年于海德堡科学院的演讲中声援了这一转向,并且这一新的运动还得到他的一批学生,埃米尔·拉斯克和理查德·克罗纳,尤利乌斯·艾宾浩斯、格奥尔格·冯·卢卡奇和恩斯特·布洛赫,还有其他许多人的支持。但是,只有当精神科学的浪漫主义的全部遗产进入到新康德主义先验哲学的继续发展中——这又一次重复从康德到黑格尔的老路——时代意识才会被重新作为黑格尔的哲学思想整体加以把握。

这事实上意味着,黑格尔自己已被从对他的那种苍白的学院式的复述中解脱出来,并使他回到了他那些最具有特色的主题上。20世纪初期的时代意识受到了弗里德里希·尼采和生命哲学——这种哲学曾在亨利·柏格森身上找到其在欧洲的代表——越来越大的影响。新奇的是,人们要反过来探究自我意识陈述背后的东西,并以历史意识、意识形态和深层心理学的名义,对建立在先验主观性概念和自我意识不可动摇性基础上的哲学的真理要求提出质疑。在这种情况下,对黑格尔早期政治神学手稿——这些手稿是在狄尔泰的敦促下由赫尔曼·诺尔编辑出版——的新的了解，得到了强烈的反响并开启了新的前景。正是自我意识的唯心论原则在黑格尔那里赢得的这种新的具体化，使得今天对他显而易见了。从生命概念——此概念作为有机体的能力是由谢林推导出来的，并且通过"来自绝对的闪电"（Blitzschlag aus dem Absoluten）击开后，便在它之上建起了自我意识的更高能力——出发，尤其是从使徒约翰的爱的概念——青年黑格尔曾突出地讨论了其在宗教和社会方面的意义——出发，总的视域得到了扩展，而黑格尔的思想也就从中呈现出来了。赫伯特·马尔库塞在海德格尔指导下写出的博士论文正表现了这一点。[19] 在此论文里，问题集中于生命、意识和精神的内在交织上。所以，海德格尔自己在其探究先验哲学的"奇幻地理想化了的主体"中所看到的东西可能导致与黑格尔的某种接近。一个像柯亨那种类型的将纯粹知识建立在"科学事实"之上的新康德主义者和逻辑学家，或者一个像胡塞尔那种类型的先验主观性的现象学家，无论如何都是远离黑格尔的。所以海德格尔从很早起[20]就经验到来自黑格尔方面的吸引力——而正是由于这个原因，他才力求批判地划清他与黑格尔的界限。黑格尔由于对"主观唯心论"的超越而愈加接近海德格尔，

---

[19] 赫伯特·马尔库塞：《黑格尔本体论与历史性理论的基本特征》，第1版，法兰克福，1932年。

[20] 参见海德格尔为取得大学授课资格而写的论文"邓斯·司各脱的范畴理论和意义学说"（1916年）的结束语。在那里他讲到"与一种历史主义世界观的体系根本对抗的重大任务，这种体系在广度和深度上，在体验丰富和概念形成方面，都是最强有力的，它在自身中摒弃了所有先给予的基本哲学问题动机，也就是与黑格尔的对抗"。

也就愈加向海德格尔提出挑战。㉑

对海德格尔和他的学生来说,确定接近还是远离黑格尔乃是一项不断要费心处理的事情。如果我要在公众面前做报告论述黑格尔遗产和我作为诠释学哲学所发展的东西上,那么我必须把握这样的问题,即诠释学如何相信自己能避免黑格尔在他全面分析精神在其所呈现的诸意识形式直到"绝对精神"的必然过程中所得出的结论。海德格尔曾在其《林中路》中如此深地步入《精神现象学》论辩之路,以致他自己思想的对抗几乎听不到。我曾写文章论述过海德格尔对黑格尔态度中的矛盾心理,㉒并且还试图使黑格尔思想的永恒遗产发挥作用,尤其使自我意识辩证法从(马克思、柯耶夫〔Kojève〕和萨特)简单化的应用中摆脱出来。㉓ 但是挑战仍然继续着,海德格尔接过了谢林、克尔凯郭尔和尼采的批判动机,并从此在的诠释学基本结构出发,把绝对知识观念和黑格尔普遍综合冒险做出的基督宗教与绝对精神的相互映照(Ineinanderspiegelung)都囊括在他对形而上学的批判解构之中。

我所发展的诠释学也是建立在此在的"有限性"和历史性基础

㉑ 来自海德格尔1971年12月2日的一封信:"我自己都还不够清楚如何确定我对于黑格尔的'立场'——作为对立立场可能性很少;确定'立场'是与'开端'秘密这一问题相关;这一问题是比较困难,因为比黑格尔在其《逻辑学》运动开始之前对此所给出的说明更简单。我曾再三地反对过谈论黑格尔体系的'崩溃'。崩溃了的,也就是消沉了的东西,乃是继续了的——包括尼采。"

㉒ 《黑格尔辩证法——五篇诠释学研究论文》,1971年[现收人我的著作集,第3卷,第3页以下]。在后记中所引证的海德格尔的信,就是关于这本书的。

㉓ "自我意识的辩证法",载H. F. 富尔达、D. 亨利希编:《关于黑格尔精神现象学的资料》,苏尔坎普手书科学版,第217—242页[现收入我的著作集,第3卷,第47页以下]。

之上,并试图继续发展海德格尔那种对其先验自我观点的背离——当然不是走海德格尔自己受荷尔德林诗的神话所鼓舞的道路,而是要返回到柏拉图的"开放"辩证法,并依赖于像尤利乌斯·斯坦策尔(Julius Stenzel)所说的"减弱主观性"(Abdämpfung der Subjektivität),这种减弱主观性从很早起就把我引向了希腊思想。于是在"诠释学"中,就像在整个我们世纪的思想中,语言问题越来越占据了突出的地位,理解和相互理解中的语言事件就成了有限性的保证,这与知道自己"走在语言之途"的海德格尔思想意图是如此的一致和符合。可是,我把语言的对话特征放在突出地位,确有坚实理由。由此不仅显然超越了把中心设在自我意识的主观性上的做法,而且最重要的,我力图在此道路上来支持海德格尔以一种几乎悲剧性奋斗的方式所领导的反对落入形而上学语言中的斗争。

在提交给洛维特(Löwith)纪念文集的文章(参见我的著作集,第3卷,第229页以下,"形而上学的语言")中,我已经试图通过一种相反的考虑来克服海德格尔这样一个观点,即我们之所以没有摆脱形而上学语言,是因为我们语言的语法把我们的思想束缚在形而上学之上。在近东和远东得到发展的比喻(Gleichnisrede)、寓言(Parabel)和其他间接的讲话方式,都表现出一种叙事的结构,并仍然传达了哲学形而上学洞见。这些文本的语言与判断的谓词结构毫无关系,是独立于任何确定的语法的。即使在翻译中,这些话语和格言也仍然保留一种很深的可理解性。

反之,海德格尔的半诗化的讲话试图,有时更多是他的语言贫乏的表现,而不是对形而上学语言的克服。所以,我就指向了对话的交流之路,指出了语言的对话结构,在这种对话结构中不断表现出一种完全非独断的辩证法,并且我还说明了,在那里一种公共的语言怎样超出个别谈话者的意识而形成,以及"存在"的逐步揭示如何发生。但是这在灵魂与自己的对话中被重复,自柏拉图以来我们就把思想认为是这种对话。确实,这样一种对"存在"的揭示也以一种全然不同的直接的方式发生在完成了的诗作中,因而,如果一首诗缺乏这种东西,我们就说它是"空的"。思想的对话结构永不能达到这种直接性,但是它可以接近它。这就是诠释学经验的维度。甚至在黑格尔思辨的命题(Satz)瓦解中还讲出,概念化的努力试图克服那种植根于判断和命题形式中的思想陷于一种实体形而上学的变形并试图表现思辨的真理。

这样,我所详尽阐述的一切理解和相互理解的"对话"结构,便被证明具有如此普遍的范围,以致我们对于传承物的关系,尤其对于"西方形而上学"思想史的关系,都要有所改变。然而,在海德格尔观点中作为不断增长的存在遗忘(Seinsvergessenheit)而出现的东西,仍然为他在思想与自己的对话中的伙伴关系作辩护。㉔ 那种由尼采以苦恼的激情和由海德格尔以末世论的情绪所提升的极端思想结论,在一种语言解释的生活秩序——这种生活秩序在家庭、社会和国家中不断自我建设和更新——的持续中,遇到了与

㉔ 海德格尔自己在上面提到的那封信中对我在弗赖堡的讲演"黑格尔和海德格尔"作了如下评论:"但我认为,你使意识辩证法和存在辩证法过于接近柏拉图辩证法——从'对话'来看,也许是正确的。"这种认可正是我所关心的,我在我的纪念讲演"存在,精神,上帝"[现收入我的著作集,第3卷,第320页以下]中对此做了进一步的说明。

之抗衡的力量。

要如此强调这一点——正如我在《真理与方法》中所做的——在一个信仰科学和对一切生长事物进行急速技术破坏的时代,这听起来好像是盲目的乐观主义。但事实上,在这种乐观主义背后,有着一种对"知识分子"的作用,尤其是对哲学在人类生活事务中所起作用的深度怀疑。这并不是说我要否认哲学的无所不在。我甚至相信这一事实,即没有人会某时和某处不"思想",这就是说,任何人都对生命和死亡、自由和人类共同生活、善和幸福形成他认为是真的一些"普遍的"观点。这些观点大多是依据于未被洞识的先入之见和简单化的概括,也许人们会说,这些观点在"哲学家们"的思考尝试和概念阐明中找到对它们的批判并在此限度内获得某种合法性——至少对进一步"思考"的人是这样。但我们至多也只能如此期待了。支持和渗透在个人于其私人、社会结构和生活观中的那种生命性的伟大平衡,同样也包括了思考的人。当尼采讲到人类的"渺小的理性"时,他对这一真理的表述也许过于充满挑衅性。而希腊的思想则更冷静些,它认为达到知识的清晰和"理论"的幸福乃是最高的人类生活形式并承认它们是最美好生活的理想,但它也知道,这样的理论是植根于那种有条件制约并曾经历过的生活的实践中并受这种实践所承载。㉕

所以,我在透彻思考诠释学现象的过程中之所以越来越指向

㉕ 有一种流传很广的偏见,以为由于对柏拉图主义的依赖,亚里士多德把理论生活的理想置于首位,而实际上,实践-政治的生活理想已经包含在他的伦理学的结论之中,我在塞萨洛尼基的讲演中,反驳了这种偏见:"我们并没有要做这样的选择:我们是想做神还是人。"

亚里士多德的实践哲学的范例,那是有一个客观原因的。海德格尔在其1929年的康德书中——这确实是他思想中一个过渡阶段——曾提出一种有限形而上学的观念,因为他求助于先验想象力的作用,但又不愿得出费希特及其他"绝对唯心论者"的决定性的结论。㉖ 这一点再次引起了我的兴趣。毫无疑问,这里出现的问题在黑格尔思想的包罗万象的综合中已经有其摹本。绝对知识是不能脱离精神经历它的全部有限性和显现方式的整个过程。思想家黑格尔充分认识到他自己的有条件性和有限性,因而也充分认识到改进他所精心阐述的"哲学科学"的可能性,并且世界历史的目的,所有人的自由,实际上在今天仍悬而未决,也许由于一些可理解的原因,它还处于一种"恶的无限"的远处。同样,作为一种先决条件而支持黑格尔理论研究和历史研究的那种历史和哲学体系的统一,最终也是如此。诠释学哲学的真理要求就是要对此加以回忆和提醒。

所以我们要理解我早先的表述:"辩证法必须返回到诠释学。"㉗这个命题是不可逆的,至少就人们与黑格尔一样,把辩证法

㉖ 参见"康德与诠释学转向"[现在收入我的著作集,第3卷,第213页以下]。

㉗ 在1972年2月29日的信中,海德格尔写道:"就我对你至今关于柏拉图和黑格尔的研究所作的总的了解和思考而言,它们是在并同时论证你用来结束你弗莱堡讲演的那个主张:'辩证法必须返回到诠释学'——由此第一次创造性地开启了一条通向克服辩证法的道路。不过,诠释学更精确的规定却同时迫使我们面临这样的问题,即信息技术特别普遍的要求是否以及以何种方式能够作为诠释学中'相互理解'的一种在最外在尺度上是不充分的方式而在诠释学中恢复。同时承认这两项任务,就必须不仅容忍并承认思想的语言表达贫乏,而且还要以一种先于一切反思并通向现象学的最初'规定'(Be-Stimmung)的方式来思考自己。"海德格尔把信息技术看(接下页注释)

理解为哲学证明的展开形式，而不只是那种"思辨的东西"，它就是这样，当然，这种思辨的东西使得从赫拉克利特时代以来的所有最终的基本哲学命题都具有充满张力的特征。反之，正是柏拉图的对话艺术和苏格拉底对话所表现的那种不倦地自我修正一切抽象片面性的"辩证法"，能提供某些指示，指出如何才能建构一种哲学的思想形态，它能把关于无限和绝对的形而上学问题与提问者的不可消除的有限性重新结合起来。柏拉图自己把 Logoi（逻各斯）的关系网络称为"辩证法"，这是一种把自己展现在思想面前的存在本身的辩证法。我同时还以此表达这样的意思，即存在本身永不会在某种 unus intuitus（单一的直观）或者在莱布尼茨意义上的无限单子的独立呈现中被理解，而是正如所有人类的清晰和明朗一样，乃是被隐晦、消逝和遗忘所遮蔽了的。当第俄提玛（Diotima）把人类的知识与一种只有在繁殖其个体标本的不懈过程中才有其不断进展的存在的物种的生命相比较时，她是知道这一点的。㉘这正是诠释学所试图要确立的观点，因为它把我们所处

（接上页注释）作是给诠释学提出最大难题的极端例子，他无疑是正确的。但是在这里我也要问，思想的语言表达贫乏究竟指什么？在他的信中，海德格尔继续写道："为什么思想必然要居留在语词发现的语言贫乏中呢？也许是因为思想的表达必须说出存在（甚至说出存在与存在者的差别），而任何当时灵活的语言只是以遗忘自身的方式陈述和说出存在者。语词是为表达存在者而规定的。但它还是只能这样说，因为它说出了存在的开显（aus der Lichtung des Seins），甚至还通过讲话而称谓这一活动。可是，这种称谓的名称是多么像谜啊！这样一些名称的诠释学又会是怎样呢？"

我可能猜测，海德格尔在此是因为他关心名称和称谓活动，所以想讲到"谜一般的"隐喻性。但是，不正是由于隐喻像一个名称那样脱离了谈话的内容，隐喻才变得像谜一般的吗？语言贫乏难道就不能从称谓自身的理想而产生，并在思想的对话运动中可以说是自然而然地得到克服吗？

㉘ 参见柏拉图：《会饮篇》，207 以下。

的传统关系描述为一种向无限进展的新获得物。诠释学力图这样来说明这种关系,即每一场与他人的生动而富有创造性的对话是怎样能使他人的视域与自己的视域进行中介的。

所以在我看来,即使是由 W. 潘能伯格(Pannenberg)所发起的关于诠释学和普遍历史的争论——在这场争论中,潘能伯格试图提醒我注意黑格尔历史哲学的结论——最终也没有触及真正的要害。㉙ 下面这一点确实是没有争议的,即基督教的和非基督教的救世史——甚至像尼采思想那样的一种盛行于欧洲的虚无主义的非救世史——都是人类理性意识到其自身的历史性而提出的一种合理的要求。就此而言,普遍历史无可置疑地是关于我们历史性的经验的一个方面。然而,就普遍历史并不作为救世史而具有其绝对材料而言,普遍历史就像所有历史一样,也总是需要重新被撰写,并且每一次普遍历史的筹划所具有的有效性的持续时间,并不比一阵划破未来和消失在昏暗中的过去的黑暗的闪电长多少。这正是我敢于对抗黑格尔而捍卫自己的诠释学哲学的命题。

我确实是那种否认统一所有人类思想试图的原初共同性的最后一人,那种共同性完全是我们西方的传统。所以与海德格尔相对立,我自己力求重新承认柏拉图和柏拉图主义,以及黑格尔(不仅是谢林)的那个被海德格尔形而上学解构所反问的"开端"。我也赞同下述观点,即在狄尔泰尤其是约克伯爵的思想中,"生命哲学"的动机是有作用的,它导致对历史实证主义的超越,不过,狄尔

㉙ 沃尔夫哈特·潘能伯格:"诠释学与普遍历史",载《神学与教会杂志》,第60卷(1963年),第90—121页;也见伽达默尔和伯姆编:《诠释学和科学》,法兰克福,第2版,1985年,第283—319页。

泰在其为精神科学进行认识论奠基中对这种历史实证主义作了太多的让步。㉚狄尔泰从心理学到诠释学的过渡实际上超出了精神科学的方法论,并以内在的一贯性引导他接近黑格尔。他的学派和他的影响在"客观精神"概念下所理解的一切东西都证明了这种遗产。

但我们也必须反过来看到,一位思考者的每个思考开端,即使它们最终都要追问自身,也都必须借助他每次哲学对话的伙伴而显示自己,如果他能够一般表述自己的话。当海德格尔把黑格尔的"本质的逻辑学"的导言"存在的真理是本质"作为 1964 年那个富有思想启发的弗莱堡纪念研讨班的主题时,在我看来,这种引导——他显示自己的有意做法是非常清楚的。但是我相信(现在仍然相信)海德格尔自己本也能够写出这样的话——当然是在他的意义上和用他的语言。他很可能这样说:"存在的开启是作为在场而发生"(Die Offenbarkeit des Seins geschieht als das An-Wesen)。我在一封信中试图把这一点告诉他。然而海德格尔在给我的回信中是如此强烈地标榜自己,以至于他完全曲解了黑格尔的命题,并将其翻译为:Certitudo objectivitatis reflectitur qua relucentia(客观的确实性作为反照而被反思),并且他还这样地解释:"那个研讨班的目的是想表明,对于黑格尔来说,作为'本质'的反思的异化了的规定是怎样达到的。要看到这一点,从一开始就

㉚ 科林伍德在其《历史的理论》一书中特别强调并批评这一点。反之,近来的研究者试图以肯定的方式强调狄尔泰的"实证主义"方面,参见曼弗雷德·里德尔(Manfred Riedel)对此所作的公允的介绍,载《理解或说明?》,1978年,尤其是第 42 页以下。

必须将真理作为确实性,以及将'存在'作为在绝对知识先验性中的对象性来加以思考。"㉛

也许与此相似的例子是:不仅在亚里士多德的作为 *ti en einai*(是其所是)的存在概念中,而且在黑格尔的"曾存在过"(gewesen)的本质概念中,存在的时间视域(Zeithorizont)都已昭然若揭,有如海德格尔自己所指明的。然而,海德格尔在亚里士多德和黑格尔那里同样已经看到作为"被度量的时间"的流俗时间概念的代表,事实上,这种时间概念构成他们对时间问题的主题分析的对象。可是这也是明显的,即他们两人都曾在另一种意义上了

㉛ 这些话原文引自海德格尔 1971 年 12 月 2 日的一封信,其精确的段落如下:

"为了讨论你在信中第 94 页上是否有'某种正确地预感'的问题,我想请你注意一下两张附寄的照片,这是沙德瓦尔特在上个 9 月寄给我的[附注:在'*to ti en einai*'(是其所是)中的'en'(是)下面有三条加重线,这已经就是中介]。

研讨班的目的是要表明,对于 H(黑格尔)来说,作为'本质'的反思的异化了的规定是怎样达到的。

要看到这一点,从一开始就必须想到作为确实性的真理,以及作为在绝对知识先验性中的对象性的'存在'。

'存在的真理是本质'这一命题在拉丁文里必须指 Certitudo objektivitatis reflectitur qua relucentia(客观的确实性作为反照而被反思),但即使这样,这拉丁文在哲学上仍没有黑格尔的意思,有如你正确地认为的。

如果奥斯卡·贝克尔还活着的话——顺便说一下,从沙德瓦尔特那里得到一张出色的照片——他可以证明,我早在 1922 年就讲过此在里的 Reluzenz(反照)。这个词是想表示某种不同于作为意识活动的反思的东西——即在此之上和在此之中的在场物的回光返照。这属于我第一次马堡讲演中所尝试进行的对笛卡尔的批判。

因此,第 67 页上的'注解'就以不同方式来思考。陌生的东西并不在于反思能逗留任何地方,而是在于 Aletheia(无蔽,真理)本身和作为无蔽未被经验和未被证明,它并不是作为'Ereignis'(自成事件)而来到'本质'(参见同一性讲演)。

这种'Aletheia'经验是那种回到'古老中最古老东西'的步伐(参见《出自思想的经验》,第 19 页),是转向'另一个开端',即西方欧洲思想的那同一个唯一的开端,但这一开端是以另一种方式加以思考。虽然我思考并试图维护这一传统已有几十年,但在与我们所谓纪念研讨班同时进行的题为'同一性命题'的讲演中,我却完全迷恋于不适当的'跳跃'(Sprung)讲法;如果你看到我的讲稿,那么你就能明白当印出的文本摆在我面前我所立刻做出的那些修改。这就是对你在书中第 90 页第 2 段下面所提出的关于修辞的问题的扼要答复。"

解时间。这在我看来是个问题，因此我曾经在海德格尔80寿辰之际为他写了一篇文章"论空虚和充实的时间"，其中指出在形而上学历史（在柏拉图主义、谢林和黑格尔那里）中的其他的时间经验。㉜他回答我说，充实的时间的真正对立概念不是空虚的时间，而是被度量的时间。可见他的那种确信自己的标榜自身的意愿是多么强烈。

同样，海德格尔坚持，要把黑格尔的自我反思——这无疑与"外在的反思"有足够明显的区别——理解为是对那种支配着黑格尔的朝向自我意识的倾向的证据，并因而使黑格尔走向"客观精神"的步伐得到强调。

可是，对海德格尔自己的事业，即重新提出存在问题并"克服"形而上学的世俗回答及形而上学的语言来说，新的因素与旧的因素同样也是不可解脱地相互关联的。对于海德格尔自己的思想来说，所谓"克服"就预先假定了形而上学并不是某种立于其身后的东西，而是他由以能显示自己的伙伴。㉝形而上学对于克服形而上学和海德格尔的"返回步伐"来说既是一种先决条件，又是我们时代的技术思想的总体的"存在遗忘"。

我无须再多言，我自己在《真理与方法》一书的探究中也同样以一处自我标榜的（也是片面的）方式处理问题。对于施莱尔马

㉜ ［该文参见本书第137页以下。］

㉝ 海德格尔自己也完全承认这种关系，并在晚年明确地反对滥用他关于"克服形而上学"（Überwindung der Metaphysik）的口号。他提出"超越形而上学"（Verwindung der Metaphysik）作为新的表述，我在我的"黑格尔与海德格尔"一文中对这种新的用词作了解释：人们所要超越的东西，并不只是简单地作为被克服或被抛弃的东西而被抛在身后，而是继续规定着它们。

赫,我过分割开了他的诠释学与他的辩证法;对于狄尔泰,我必须以海德格尔和尼采的结论去看他;当然,对于黑格尔,由于上述理由,我曾对他作了更进一步的研究,只要有可能,我都力图既从否定的方面又从肯定的方面提出对他的挑战。

（洪汉鼎 译,贺念 校）

本书论文版源

1. **20 世纪的哲学基础**

   Die philosophischen Grundlagen des 20. Jahrhunderts.

   1962 年受 Maison de l'Allemagne 邀请在巴黎的讲演,首次发表于 H. 斯特芬(Steffen)编辑的《现代性方方面面》,哥廷根,1965 年,第 77—100 页;也见我的《短篇著作集》,第 1 卷,第 131—148 页。

2. **时代变迁中的合理性**

   Rationalität im Wandel der Zeiten.

   根据 1979 年在 Ottawa/Kanada 关于"合理性"会议上的法语报告整理,至今德文未发表过。

3. **对理论的颂歌**

   Lob der Theorie.

   1979 年功勋勋章(Orden pour le Mérite,也称蓝马克思勋章)科学和文学周年纪念会报告,首次发表于《功勋勋章讲演与纪念词》,第 16 卷(1980 年),第 67—91 页;后收录于伽达默尔:《对理论的颂歌》,法兰克福,1983 年,第 26—50 页。

3a. 近代的合法性(汉斯·布鲁门伯格)

Die Legitimität der Neuzeit(H. Blumenberg).

在《哲学评论》1980年第15卷上对汉斯·布鲁门伯格同名书(1971年)的评论,第201—209页。

3b. 近代和启蒙(J. 米特尔施特拉斯)

Neuzeit und Aufklärung(J. Mittelstrass).

以"科学史与实践哲学"为名对 J. 米特尔施特拉斯同名书以及康斯坦丁大学讲演《科学的实践基础》(1972年)的评论,载《哲学评论》,第20卷(1973年),第80—95页。

4. 哲学与犹太人宗教

Die Philosophie und die Religion des Judentums.

在巴伐尼亚广播电台系列讲座"犹太人与文化"的报告。付印于1961年斯图加特出版的莱昂哈德·赖尼施(Leonhard Reinisch)同名文集,第78—90页;也见我的《短篇著作集》,第1卷,第201—210页。

5. 概念史与哲学语言

Die Begriffsgeschichte und die Sprache der Philosophie.

在北莱茵-威斯特伐伦州研究工作组的报告。付印于《精神科学系列》,第170期,奥普拉登,1971年;也见我的《短篇著作集》,第4卷,第1—16页。

5a. 游戏与世界(欧根·芬克)

Spiel und Welt(E. Fink).

对欧根·芬克《作为世界象征的游戏》(斯图加特,1960年)的评论,发表于《哲学评论》,第9卷(1961年),第1—8页。

5b. 爱——一个概念的历史（赫尔穆特·库恩）

Liebe, Geschichte eines Begriffs (H. Kuhn).

对赫尔穆特·库恩的同名书（慕尼黑，1975 年）的评论，发表于《哲学评论》，第 24 卷（1977 年），第 117—120 页。

6. 历史中的因果性？

Kausalität in der Geschichte?

首次发表于《理念与形式——胡戈·弗里德里希纪念文集》，法兰克福，1964 年，第 93—104 页；也见我的《短篇著作集》，第 1 卷，第 192—200 页。

7. 西方的时间观

Die Zeitanschauung des Abendlandes.

首次发表于《肉体、精神、历史：人类精神病学的焦点——H. 泰伦巴赫纪念文集》，A. 凯萨编，海德堡，1977 年，第 87—103 页；也见我的《短篇著作集》，第 4 卷，第 17—33 页。

8. 论空虚的和充实的时间

Über leere und erfüllte Zeit.

首次发表于《马丁·海德格尔问题——海德格尔 80 寿辰学术讨论会文集》（SB，海德堡科学院论文集，哲学-历史类，第 4 期），H-G. 伽达默尔编，海德堡，1969 年，第 17—35 页；也见我的《短篇著作集》，第 3 卷，第 221—236 页。

9. 老的东西和新的东西

Das Alte und das Neue.

1981 年萨尔茨堡节日会演上的讲演，发表于当年萨尔茨堡官方文件，第 19—28 页；也见《大学》（*Universitas*），第 38 卷

(1983年),第453—460页。

10. 死亡作为问题

Der Tod als Frage.

1972年对海德堡学生的讲演,首次以"La mort comme question"为名发表于《生存的意义:保罗·利科纪念文集》,G.-B.麦迪逊编,巴黎,1975年,第9—22页。德文收录于我的《短篇著作集》,第4卷,第62—73页。

11. 论一种哲学伦理学的可能性

Über die Möglichkeit einer philosophischen Ethik.

1961年在瓦尔伯贝格(Walberberg)的报告,发表于P.恩格尔哈特编:《存在与伦理》,瓦尔伯贝格的阿尔贝图斯·马格努斯研究会,哲学系列1,美因茨,1963年,第11—24页;也见我的《短篇著作集》,第1卷,第179—191页。

12. 价值的本体论问题

Das ontologische Problem des Wertes.

首次发表于《人的科学与价值问题》,阿姆斯特丹国际哲学研究所刊物(8—11,9,1971);海牙,1972年,第17—31页;也见我的《短篇著作集》,第3卷,第205—217页。

13. 价值伦理学与实践哲学

Wertethik und praktische Philosophie.

首次发表于A.J.布赫编:《尼古拉·哈特曼1882—1982年纪念文集》,波恩,1982年,第113—122页。

14. 何谓实践?社会理性的诸条件

Was ist Praxis? Die Bedingungen gesellschaftlicher Vernunft.

首次发表于《大学》,第 29 卷(1974 年),第 1143—1158 页;后收录于《科学时代的理性》,法兰克福,1976 年,第 54—77 页。

14a. 与存在照面(赫尔穆特·库恩)

Begegnung mit dem Sein(H. Kuhn).

对赫尔穆特·库恩同名书的评论,参见 *Merkur*,第 8 卷(1954 年),第 1182—1185 页,题目为"形而上学由良知的重生"。

14b. 我与你(卡尔·洛维特)

Ich und Du(K. Löwith).

对卡尔·洛维特《别人作用中的个体》一书(慕尼黑,1928 年)的评论,载《逻各斯》,第 18 卷(1929 年),第 436—441 页(=《卡尔·洛维特全集》,第 1 卷,斯图加特,1981 年)。

15. 理论、技术、实践

Theorie, Technik, Praxis.

最初是作为文集《新人类学》(7 卷本)的导言,该书由 H-G. 伽达默尔和保罗·福格勒(Paul Vogler)编,参见该文集第 1 卷,斯图加特,1972 年,第 IX — XXXVII 页;也见我的《短篇著作集》,第 4 卷,第 173—195 页。

16. 为医术申辩

Apologie der Heilkunst.

首次发表于《个别案例中的精神治疗》,两卷本,保罗·福格勒纪念文集,D. G. R. 芬德逊(D. G. R. Findeisen)编,莱比锡,1965 年;也见我的《短篇著作集》,第 1 卷,第 211—219 页。

17. 智力问题的哲学评注

Philosophische Bemerkungen zum Problem der Intelligenz.

1963年9月在威斯巴登联邦德国神经病学医生大会上的报告,刊登于《神经病学医生》,第35卷(1964年),第281—286页;也见我的《短篇著作集》,第1卷,第220—230页。

18. 死亡的经验

Die Erfahrung des Todes.

1983年10月在SDR2台的电视报告,至今未发表过。

19. 库萨的尼古拉与当代

Nikolaus Cusanus und die Gegenwart.

1962年于布里克森(Brixon)在库萨会议上的报告。首次以西班牙文"库萨的尼古拉与当代哲学"为名发表于 *Folia humanistic*, *Ciencias*, *Artes*, *Letras*, 1964年,第23期;德文收录于我的《短篇著作集》,第3卷,第80—88页。

20. 作为哲学家的厄廷格尔

Oetinger als Philosoph.

首次作为F. Ch. 厄廷格尔 *Inquisitio in sensum commune et rationem* 一书的导言,蒂宾根,1753年;斯图加特,1964年,第V—XXVIII页;也见我的《短篇著作集》,第3卷,第89—100页。

21. 赫尔德及历史世界

Herder und die geschichtliche Welt.

首次作为J. G. 赫尔德的《人性教化的历史哲学》一书的后记,法兰克福,1967年,第146—177页;也见我的《短篇著作集》,第3卷,第101—117页。

22. **康德《纯粹理性批判》之后 200 年——"世界历史的一个新纪元从此时此地开始"**

Kants *Kritik der reinen Vernunft* nach 200 Jahren.»Von hier und heute geht eine neue Epoche der Weltgeschichte aus«.

1981 年 4 月 4—8 日在美因茨召开的第 5 届国际康德大会上的开幕报告，发表于会议文件，G. 丰克（G. Funke）编，波恩，1983 年，第 2 卷，第 15—28 页；后收录于 1981 年 7 月 3 日的《新苏黎世日报》（*Fernausgabe*）。

23. **康德和上帝问题**

Kant und die Gottesfrage.

1941 年写的一篇未发表的论文，收录于 1943 年卡尔·雅斯贝斯 60 岁寿辰纪念文集（未出版），由奥斯卡·哈梅尔贝克（Oskar Hammelsbeck）编。

24. **施莱尔马赫的语言问题**

Das Problem der Sprache bei Schleiermacher.

根据 1968 年 2 月 29 日在美国田纳西州纳什维尔的 Vanderbilt Divinity 学校所作的英文报告。首次发表于《神学与教会杂志》，第 65 卷（1968 年），第 445—458 页；也见我的《短篇著作集》，第 3 卷，第 129—140 页。

25. **作为柏拉图主义者的施莱尔马赫**

Schleiermacher als Platoniker.

首次以法文发表于《哲学档案》（1969 年），第 28—39 页；德文收录于《短篇著作集》，第 3 卷，第 141—149 页。

26. 黑格尔与历史精神

Hegel und der geschichtliche Geist.

1939 年 7 月 8 日莱比锡大学公开就职演讲。发表于《制度与理论经济学杂志》，第 100 卷(1939 年)，第 25—37 页；也见我的《短篇著作集》，第 3 卷，第 118—128 页。

27. 黑格尔与海德堡浪漫派

Hegel und die Heidelberger Romantik.

1961 在海德堡大学 575 周年庆上的报告。发表于 *Ruperto-Carola*，第 30 卷(1961 年)，第 97—103 页；后收录于《黑格尔辩证法——五篇诠释学研究论文》，蒂宾根，1971 年(第 2 版增订本，1980 年)，第 71—81 页。

28. 狄尔泰问题——在浪漫主义和实证主义之间

Das Problem Diltheys. Zwischen Romantik und Positivismus.

根据 1983 年在罗马国际狄尔泰大会上的意大利文报告以及在特里尔现象学学会上的德语报告。首次发表名为"威廉·狄尔泰诞辰 150 周年(浪漫主义与实证主义之间——一篇讨论论文)"，载 E. W. 奥尔特(E. W. Orth)编：《狄尔泰与当代哲学》，弗莱堡/慕尼黑，1984 年，第 157—182 页。

28a. 威廉·狄尔泰诞辰 100 周年

Wilhelm Dilthey zu seinem 100. Geburtstag.

首次发表于《文学评论》，1933 年 11 月 19 日，西德科学院评论副刊，《年鉴》，第 3 卷，第 20 册。

28b. 未完成任务之人和不可完成之事业——威廉·狄尔泰诞辰 150 周年

Der Unvollendete und das Unvollendbare. Zum 150. Geburtstag von Wilhelm Dilthey.

首次发表于 1983 年 11 月 19/20 日的《新苏黎世日报》,第 271 期。

29. 狄尔泰与奥尔特加生命哲学

Wilhelm Dilthey und Ortega. Philosophie des Lebens.

1983 年在马德里召开的奥尔特加会议上的报告。首次以"Wilhelm Dilthey e Ortega y Gasset: un capitulo de la historia intellectual de Europa"为名,发表于《西方评论》(*Revista de Occidente*),第 48/49 卷(1985 年),第 77—88 页。德文至今未发表。

30. 尼采-对立点——查拉图斯特拉的戏剧

Nietzsche-der Antipode. Das Drama Zarathustras.

英-德文首次发表于 D. Goicochea 编:《查拉图斯特拉的伟大年代》(*The Great Year of Zarathustra*),拉纳姆(Lanham),1984 年,第 339—362 页;德文载《尼采研究》(*Nietzsche-Studien*),第 15 卷(1986 年),第 1—15 页。

31. 黑格尔的遗产

Das Erbe Hegels.

1979 年 6 月 13 日斯图加特市授予黑格尔奖会上的讲演,首次发表于 H-G. 伽达默尔与 J. 哈贝马斯合著的《黑格尔的遗产》,法兰克福,1980 年,第 35—83 页。

概念索引

（索引中所标页码为德文原书页码，即本书边码）

A

Abschied 告别 149f.
Absolutismus theol. 神学的绝对主义 53ff.
Abstraktion 抽象 323
Achtung 敬畏 238
Ahnenkult 祖先崇拜 292
Aion (Lebenszeit) 生命时间 143, 147, 155
Akt-Phänomenologie 行为现象学 204
Allegorisch 比喻 400, 402
Allgemeine, das 普遍的东西 471ff. u.ö.
Alt, Alter 老、老年 156ff.
Analogie 类比 300
analytische Philosophie 分析哲学 121f., 205, 213
Anamnesis 回忆 164
Andere, das 他者 9, 46, 234ff., 300
Angst 恐惧 171
Anpassung 适应 219

Anschauungsform 直观形式 138f.
apophantische Logik 确然性逻辑 92
Apriori；Aposteriori 先天；后天 339f., 342, 344；410
Arbeit 劳动、工作 220
Arzt, Medizin, Heilkunst 医生、医学、医术 257 u.ö., 267—275
Ästhetik Hegels 黑格尔的美学 396ff.
Atheismu 无神论 349ff.
Attraktion 引力 311ff., 322f.
Atomistik 原子论 55
Autklärung 启蒙 36, 42, 45, 60ff., 69, 72ff., 227, 261, 290 u.ö., 306f., 319 u.ö., 403, 419f.
Autobiographie 自传 415
Autonomie 自律 410, 427
Autorität 权威 259

B

Bedeutung 含义、所指 412ff., 421ff.

Begriff 概念 19ff.,89,103,400,
  403,405
Begrifflichkeit 概念性 89
Begriffsgeschichte 概念史、概念历
  史 78—91,103
Begründung 论证 61f.
Bewußtsein, Selbstbewußtsein 意
  识、自我意识、自身意识
  11ff.,31f.,46,79,82f.,129,
  249ff.,289f.,414
-sänderung 意识变化 261
-wirkungsgeschichtliches 效果历
  史意识 414f.
Bild 形象、图像 97,303,402ff.
Bildung 教育、教化、塑造 37,
  39,319,333f.
Bios(Leben) 生命 164f.
Bürgerliche Gesellschaft 资产阶级
  社会 228

C

Causa efficiens 动力因、致动因。
  参见 Kausalität
Christentum 基督教 40f.,68u.ö.,
  103ff.,165ff.,289,294,321ff.,
  405,408,441,443
Coincidentia 统一 298ff.
Curiositas (Neugier) 新奇(好奇)
  41,48,52f.,56f.

D

"Da",das 那、此 126,234ff.
Daseinsrelativität 此在相对性 416

Definition 定义 19
Demenz 痴呆症 281,286
Demokratie 民主 226
Dialektik 辩证法 33,88,91,
  369,379f.,400f.,464ff.
Dialog 对话。参见 Gespräch
  469f.,477,480f.
Ding an sich 物自体 341ff.
Distanz 距离 281
Doxographie 哲人的论述汇编
  87

E

Ehre 荣誉 171
Eigentlichkeit 本真性 18
Einbildungskraft (transz.) 想象
  力(先验的) 347
Einfachheit 单纯。参见 Simplex
Emanation 流溢 300,304
Endlichkeit 有限性 18,473f.
Empfindung 感受。参见 Sensatio
Empirismus 经验主义 408u.ö.,
  429,438
Entwicklung 发展 318,387f.
Episteme 知识。参见 Erkenntnis
Epoche 时代 148ff.,336f.
Epochenschwelle 时代门槛
  53,58f.
Erfahrung,-swissenschaften 经验、
  经验科学 107,243ff.,337u.ö.,
  409ff.
Ergon 作品、产品。参见 Werk
Erkenntnis (Episteme) 知识、认

概念索引　687

识　65,299,308,460
-theorie　认识论、知识论　338ff.,407u.ö.,438,445f.
Erlebnis　体验　403f.,412ff.
Eros　爱欲　104f.
Ethik　伦理学、伦理　175—188,417
Ethos u. Werte　伦理与价值　184ff.,195f.,201f.,208f.,417,421
Ewigkeit　永恒性、永恒　143f.
Experte (Fachmann)　专家（专业人才）　218f.,257
Existentialismus　存在主义　229ff.
Existenz　存在　17f.,33f.
Extreme,-mismus　极端、极端主义　446,449ff.
Exzentrität　离心性　252

F

Fachmann　专业人才。参见 Experte
Faktum d. Vernunft　理性事实　338,410
-d. Wissenschaft　科学事实　244
Faktizität　实际性　341
Formalismus　形式主义　177ff.,213
Fortschritt　进步　43ff.
Frage　问题。参见 Problem　79f.,469ff.
Freiheit　自由　78ff.,108,111,113,178f.,190f.,347,387,472f.
Freundschaft　友谊　104,185,214f.,224
Funktionär　职员　219

G

Ganze, das　全体、整体　273ff.
Geist　精神。参见 Nous　8f.,16,34,359,384,394
-Phänomenologie d. G.　精神现象学　385ff.
Geisteswissenschaft　精神科学　243ff.,265ff.,406—423
-Sozialwissenschaften　社会科学　249u.ö.
Genetik　遗传学　250
Geschichtlichkeit　历史性　385u.ö.
Geschichte　历史　66f.,107ff.,122ff.,318u.ö.,384u.ö.,401
-tiliches Bewußtsein　历史意识　384u.ö.
-d. Philosophie　历史哲学　386f.
-Ende d.　历史终端　388f.
Gesetz　法律　177ff.,333f.
Gespräch　谈话。参见 Dialog　90,478f.
Gewissen　良心　180,230ff.
Gleichgewicht　平衡　145,156,227,270ff.,322,478f.
Glück　幸福　325f.
Gnosis　诺斯替派、神秘灵智　54f.
Gott　上帝、神　26ff.,35,40ff.,50,170,293,298u.ö.
-esbeweis　上帝存在证明　191,309u.ö.,351—360
Grenzsituation　极限处境　17,350f.,359f.

Grundlosigkeit 无基础性 98,108
Gut 善、好 39,48,50,185,221f.,419

H

Handlung 行为、行动 469
Heilkunst 医术。参见 Arzt
Hermeneutik 诠释学 362ff.,407u.ö.,434,438,444,465,467
hermeneutisch 诠释学的 264f.
Historismus 历史主义 79,87,318u.ö.,384f.,425ff.
Höhlengleichnis 洞穴比喻 38
Horizont 视域 155f.,323
Humanität 人性 320u.ö.,327
Hyle (Materie) 质料 86

I

Ich (Individuum) 我(个体) 154f.,234ff.
Idealismus (deutscher) 观念论、唯心主义、唯心论(德国、德意志) 43,82u.ö.
-objektiver 客观唯心主义 382f.
Ideenlehre (Platos) 理念论、理型论(柏拉图的) 377ff.
Ideologiekritik 意识形态批判 222
Identität-Differenz 同一－差异 128f.,233,364u.ö.
Index (Register) 索引 264
Individualität(opp. Universalität) 个体性(反义:普遍性) 302,318,363u.ö.,381f.,411
Induktion 归纳 366f.
Infinitesimal 无限小 297f.
Information 信息 263ff.
Innesein 内存在 413
Instinkt 本能 220,277,280
Inspirationstheorie 灵感理论 362,366,371,373
Intellectus 理智 26f.
Intelligenz 智力、理智 276—287,300f.,305
Intentionalität 意向性 12,421f.
Interpretation 解释 11,361u.ö.
Intersubjektivität 主体间性 46f.,234ff.
Irrational 非理性的 25,30

J

Jetzt, das 现在 127,138,150
Judentum 犹太教 68—76
jung, Jugend 少年的、少年 156
Jurisprudenz 法理学 63

K

Kausalität 原因性。参见 Ursache 107—116
Kanon 经典 371
Keimentschluß 开端的决断 372f.
Kind, das 孩子 453u.ö.
Klugheit (prudentia) 聪明(智慧) 212f.
Konformismus 随大流 226
Können (posse) 能(能力) 305

概念索引　689

Konstruktion　结构　62ff.,217f., 272f.,301
Kraft　力、力量　324ff.,327ff.
Krieg　战争　221
Krise　危机　229
Kultur　文化　158ff.,320f.
-kritik　文化批判　10,44f.,248
Kunst　艺术　159,400ff.
Kybernetik　控制论　251ff.,263ff.

L

Leben, Lebendigkeit　生命、生命性。参见 Bios, Zoe　164ff.,306ff., 322f.,412u.ö.,427u.ö.,441ff., 448ff.
-skerze　生命蜡烛　171f.
-Transzendenz d.　生命超越性　168
-swelt　生活世界　95f.
-szeit　生命时间。参见 Aion
Leiblichkeit　肉体、躯体　29, 46ff.,382
Liebe　爱　74,103—105,166, 177,181,192,195ff.,390ff.
Logik　逻辑、逻辑学　24f.,69, 471f.
Logos　逻各斯　24f.,69,471f.
Logozentrismus　逻各斯中心主义　451

M

Märchen　童话　171
Maschine　机器　259ff.,273

Materie　质料。参见 Hyle,381f.
Mathematik　数学　27f.,300ff.
Mechanik　力学　272f.
Medizin　医学。参见 Arzt
Meinungsbildung　意见的形成　219f.
Matepher　隐喻　83
Metaphysik　形而上学　27,343ff., 477
Meteorologie　气象学　419f.
Methode　方法　46ff.
Musik　音乐　415
Mystik　神秘主义　166
Mythos　神学　97ff.,371,375,399f., 402f.

N

Natur　自然　9,107f.,112,252, 269f.,321u.ö.,329,354f.
-philosophie　自然哲学　340
-wissenschaft　自然科学　359
Nemesis　涅墨西斯、复仇　331
Neugier　好奇。参见 Curiositas
Neukantianismus　新康德主义　10,297ff.,321,342u.ö.,406u.ö., 429,436f.,463
Neuplatonismus　新柏拉图主义　374,382,402ff.
Nichts　虚无、无　356
Nihilismus　虚无主义　357f.
normativ　规范性、规范的　418f.
Nous (νοῦς)　努斯。参见 Geist　25ff.,276

O

Oberflächlichkeit　表面性　68
Objekt, Objektivität　客体、客观性　9,243f.,434,439,446,465u.ö.
-tiver Geist　客观精神　359,464f.,466ff.
-tiver Idealismus　客观观念论、客观唯心主义　382
Ökologie　生态学　227
Operative Begriffe　功能概念　89
Organismus　有机体　359
-organisch　有机的　359
Originelle, das　原初之物　365,368,373
Orthosprache　正统语言　61,67

P

Paideia　教育　37
Pantheismus　泛神论　302f.
Parodie　讽刺　450
Person　人　198f.,204,209,225,234ff.
Pflicht　义务　178ff.
Phänomen　现象　11f.
Phatansie　幻觉　402f.
Philosophie　哲学　120
Physik　物理　63ff.
Physis　自然　85
Pietismus　虔敬主义　106,306ff.
Politik　政治、政治学　37ff.,185,417
Positivismus　实证主义　426,439

Postulatenlehre　公设　192
Praxis, prakt. Philosophie　实践、实践哲学　37u.ö.,60u.ö.,175,215,243u.ö.,307,417ff.,470f.
Problem (Frage)　问题（问题）　56,121,137
Problemgeschichte　问题史、问题历史　78ff.,91f
Prophetentum　先知　71f.
Prudentia　智慧。参见 Klugheit
Psyche　心灵。参见 Seele
Psychologie　心理学　364u.ö.,410u.ö.,438u.ö.

Q

Querelle des anciens et des modernes　古今之争　160,320

R

Rache　仇恨　454
Rasse　种族　77
Ratio, Rationalität　理性、理性　23ff.
-nalismus　理性主义　28,30
-technische　技术理性　61u.ö.
Realismus　实在论　358ff.
Recht　法、权利　225
Rechtfertigung　辩护。参见 Begründung　65f.
Reflexion　反思　7, 16ff.,230ff.,280ff.(=cogitatio),314f.,364f.,412,443f.
Relativismus　相对主义　409u.ö.,

概念索引 691

427,430,434,465
Relativität 相对性 302f.
Revolution,industrielle 工业革命 157
-d. Denkart 思维革命 336ff.
Rhetorik 修辞学 273f.
Romantik 浪漫派、浪漫主义 395—405,426
Römerbrief 罗马书 177
Rückkehr 返回 157f.

S

Säkularisation 世俗化 52ff.
Satz,Setzen 命题、断言 13ff.
Sensus communis 共通感 306ff.
Schein 显像 97,99f.
Schema,Schematismus 图式、图示论 366f.
Schlaf 睡眠 165,330
Schön,Schönheit 美的、美 48, 193ff.,221
Schöpfung 创造 71,300,303f.
Schrift,Schriftlichkeit 文字、书写 370,402
Schuld 罪、责任 109,391
Seele 灵魂。参见 Psyche 382
Sein 存在 25f.,30,88,96,304f., 308,353,358ff.,466,477
Selbstbesinnung 自身沉思 416f.
Selbstbewußtsein 自我意识、自身意识。参见 Bewußtsein 135, 253,280ff.,339f.,356,441,460, 465,475f.

Sensatio（Empfindung） 感觉（感受） 316
Situation 处境 177,184,205
Simplex,Simplicitas（Einfachheit） 单纯 312ff.
Solidartität 团结。参见 Freundshcaft 227f.
Sollen 应然 192
Sozialwissenschaften 社会科学。参见 Geistwiss,精神科学
Spiel 游戏 96ff.
Sprache 语言 19ff.,81ff.,220f., 285,315ff.,332f.,347f.,361ff.
-gebrauch 语言运用 276f.
Staat 国家。参见 Plato 332ff.
Stoa 斯多葛学派 113,293f.
Subjektivität 主体性 139,303,448
Substanz 实体 87,180f.,192f., 299,308,394,442f.
Symbol,Symbolik 象征、象征主义 97,399f.
System 系统、体系 409

T

Tatsache 事实 47,410,412
Techne 技术、技艺 246u.ö.,267ff., 281
Technik 技术 217ff.,254ff.
Teleologie 目的论 56f.,231
Tenebrae（Celan） 黑夜（策兰） 169f.
Terminologie 术语 81f.
Theologie 神学 54,57ff.,298,

306ff., 349ff.

Theorie, theoretisch 理论、理论的 37—51, 60u.ö., 175f., 216, 221, 244u.ö., 419f., 479

Tod 死亡、死 49, 123, 131f., 135f., 161—172, 220f., 288—294

-Verlängerung d. 死亡的延长 300ff., 393, 460

Totenkult 死者崇拜 162f., 289f.

transzendental 先验的、先验论的 89, 340f., 410

Transzendenz d. Lebens 生命的超越性 168

Traum 梦 167

Typenlehre 分类学 430, 444

U

Umbesetzung 转移 54

Unsterblichkeit 不死 292ff.

Ursache 原因。参见 Kausalität 108ff., 115f., 231

Urteilskraft 判断力 254ff., 348

Utopie 乌托邦 65, 109, 150, 233ff., 417f.

V

Verantwortung 责任 109, 115, 260ff.

Verbum 话语 363

Vergangenheitscharakter (d. Kunst) 过去性特征（艺术的） 405

Vergessen 遗忘 262f.

Verhaltensforschung 行为研究 260u.ö.

Verhältnis 关系 234ff.

Vermögenspsychologie 能力心理学 279

-praktische 实用能力心理学 178ff.

-wissenschaft (Metaphysik, Mathematik) 能力心理学科学（形而上学、数学） 28f., 36

Vernunftfaktum 理性事实。参见 Freiheit

Verstehen 理解。参见 Hermeneutik 412

Volk, Volksgeist 民族、民族精神 334

Voraussicht 预见 277f.

Vorurteil 偏见 81, 325

W

Wahl, Wählen 选择、选 155, 157, 220f.

Wahrnehmung 知觉 14

Welt 世界 95ff.

-anschauung 世界观 422f.

-geschichte 世界历史 326f.

Werk (Ergon) 工作 268ff.

-zeug 工具 279f.

Wert 价值。参见 Ethos, Gut 176, 181, 189—202

-Werte, die 价值 193, 344f., 449

-Bewußtsein 价值意识 195ff., 205

-ethik, Geschichte d., 价值伦理学、价值历史 195

-freiheit 价值自由 193,345,449
-gebung（Lotze） 价值给予（洛采） 194f.
-synthese 价值综合 206
Wille 意志 303ff.
Wirkungsgeschichte 效果历史 5,23,42f.,60ff.,110f.,120f., 244ff.,307f.,409
Wort 言、言语、话语。参见 Verbum 69,89f.,303f.

Z

Zahl 数字 126
Zeit 时间 119—136,137—151, 325f.

-bewußtsein 时间意识 129f.,415
-Messung d. 时间测量 125,139
-organisch 有机体时间的 143ff., 155ff.
-Realität d. 时间的实在 124f., 127,131,138
-u. Seele 时间与灵魂 128ff.
-Sinn für 时间的意义 139
-Vergehen d. 时间的流逝 141f.
Zeitalter 时代。参见 Epoche 102
Zentralperspektive 中心透视法 302
Zoe 参见 Leben
Zwecke 目标。参见 Teleologie 190

人名索引

（索引中所标页码为德文原书页码，即本书边码）

A

Abälard 阿伯拉尔 106
Aischylos 埃斯库罗斯 133,167f.,290
Alkmaion 阿尔克迈翁 123ff.,144f.
Altdorfer 阿尔特杜夫 159
Ambrosius 安波罗修 41
Anaximander 阿那克西曼德 96
Anselm 安瑟伦 352,358
Appel,K.O. K.O.阿佩尔 212
Areopagita 阿雷奥帕吉特派 298
Aristoteles 亚里士多德 13f.u.ö.,39ff.,39f.(EN A1,Met. A1),62,71f.,104,124,139f.,177u.ö.,184,205ff.,225,470ff.
Arnim,A.v. 阿希姆·冯·阿尔尼姆 396
Ast,F. F.阿斯特 362
Augustinus 奥古斯丁 41,48,87,105,121,124,137

B

Baader 巴德尔 144
Bacon,F. 弗朗西斯·培根 58,80,308,310
Baeumler,A. 阿尔弗雷德·鲍姆勒 398,450
Barth,K. 卡尔·巴特 75,229
Bernard v. Claivaux 伯尔纳德 106
Benz,E. E.本茨 306
Bergson 柏格森 442,475
Bissier 比塞尔 159
Blumenberg,H. 汉斯·布鲁门伯格 161,249
Boehm,G. G.伯姆 362
Boisserée 波阿塞黎 396
Bonaventura 波拿文都拉 106
Bolland 博兰德 478
Bollnow,O. 奥托·博尔诺 407
Borgia,Cesare 切萨雷·波吉亚 440
Bradley 布拉德雷 474
Bremer,D. D.布雷默 83
Brentano,Cl. 克莱门斯·布伦塔诺 396
Bruno,G. 乔尔丹诺·布鲁诺 53,58f.,298f.

人名索引

Buber, M. 马丁·布伯 70, 77, 303

C

Cassirer, E. 恩斯特·卡西尔 53f., 78, 87, 91, 298, 301, 347, 465f.
Celan, P. 保罗·策兰 169f.
Cézanne, P. P.塞尚 467
Chamberlain, H. St. 张伯伦 3
Classen, C. J. C. J.克拉森 83
Claudel, P. P.克劳岱尔 106
Cohen, H. 赫尔曼·柯亨 297f., 326f., 476
Colingwood 科林伍德 211, 468f., 481
Creuzer, F. F.克罗伊策 396u.ö.
Croce, B. 贝奈戴托·克罗齐 247, 469, 474
Cusanus 库萨的尼古拉 27, 53, 55, 58f., 297—310

D

Darwinismus 达尔文主义 249f., 266
Daub 道布 395, 402
Deleuze 德勒兹 439
Derrida 德里达 439
Descarte, Re 笛卡尔 53u.ö., 61u.ö., 308f., 409, 442
Dilthey, W. 威廉·狄尔泰 78f., 195, 361ff., 374f., 382f., 406—424, 425—428, 429—435, 436—447
Droysen 德罗伊森 9, 412, 429, 463
Duhem, P. P.杜恒 53

E

Ebbinghaus, H. 赫尔曼·艾宾浩斯 408
Ebbinghaus, J. 尤利乌斯·艾宾浩斯 395, 475
Ebner, F. 费迪南德·埃布纳 303
Meister Eckhart 埃克哈特大师 88, 302
Ehmann, E. E.埃曼 306
Eichendorff, J. v. 约瑟夫·冯·艾兴多夫 396, 398
Epikur 伊壁鸠鲁 55, 294
Ernesti 埃内斯蒂 362, 367
Eucken, R. R.奥伊肯 78

F

Falk 法尔克 168
Fechner, Th. Th.费希纳 341, 343, 438
Fichte, J. G. 约·哥·费希特 301f., 339f., 410
Fichte, J. H. 伊·赫·费希特 340, 443
Findlay, J. J.芬德莱 122
Fink, E. 欧根·芬克 89
Fontenelle 丰特奈尔 308
Fraenkel, H. H.弗伦克尔 83
Frank, M. M.弗兰克 361f.
Freidson 弗莱德森 257
Freyer, H. 汉斯·弗莱尔 464
Freud, S. 西格蒙德·弗洛伊德 11, 241, 440, 450, 472

Fries 弗里斯 342
Fritz von, K. 库尔特·冯·弗里茨 83

G

Galilei 伽利略 23,27ff.,41,63u.ö., 246,298f.
Gehlen, A. A.盖伦 252
George, L. L.乔治 369,449
Gilson, E. E.吉尔松 106
Giacometti 贾科梅蒂 159
Goethe von, J. W. 歌德 134ff., 168,336,398,416
Goedekemeyer 格德克迈尔 55
Görres, J. 约瑟夫·格雷斯 396ff.
Gogarten, F. 弗里德里希·戈加滕 177,303
Gogh van, V. 凡·高 467
Grimm, J. 雅各布·格林 426
Gris, J. 胡安·格里斯 467
Griesbach 格里泽巴赫 177
Groethuysen 格勒图森 406ff.,437
Guardini 瓜尔蒂尼 171
Günderode von, C. 卡罗琳·冯·宫德罗德 398

H

Habermas, J. 于尔根·哈贝马斯 471
Hamann, R. 理查德·哈曼 467
Hansel, P. 保尔·亨塞尔 395
Hartmann, N. 尼古拉·哈特曼 78,91,176,184,189,195,198f., 203ff.,213,438,449
Haym, R. 鲁道夫·海姆 385

Hegel 黑格尔 5ff.,43,66,88, 92,131ff.,140f.,179,192,213, 251,297,301,328,331,338ff., 351,355,384—394,406,443, 463—483
-Hs. Jugendschrfiten 黑格尔青年时代的手稿 389,408
-Hs."Phänomenologie" 黑格尔的"现象学" 411,438
Heidegger, M. 马丁·海德格尔 15,18ff.,36,75,78,82,88,96, 131,142f.,176,229,251,346f., 349,407,428,434,439,450, 472ff.
Heimsoeth, H. 海因茨·海姆塞特 78,91,438
Helmholz, H. 赫尔曼·黑尔姆霍尔茨 426,429
Henrich, D. D.亨利希 229
Heraklit 赫拉克利特 25f.,31, 38,96,99,165,293
Herbart 赫尔巴特 438
Herder 赫尔德 42,133,318—335, 400
Herrigel, E. 欧根·哈里格 395
Hermann, K. F. K. F. 赫尔曼 375f.
Hesiod 赫西俄德 132f.,400
Hinrichs 欣里希斯 319
Hippokrates 希波克拉底 273
Hoffmann, E. 恩斯特·霍夫曼 301f.,395
Hölderlin, F. 荷尔德林 148f., 467
Hölscher, U. 尤利乌斯·霍尔舍

83,185
Homer 荷马 70,104
Hönigswald,R. 理查德·赫尼希斯瓦尔德 78,91
Humbold von,W. 威廉·冯·洪堡 368
Hume,D. 大卫·休谟 110,191,337,442
Husserl,E. 埃德蒙德·胡塞尔 12,82,89,95f.,198,204,406u.ö.,421ff.,438,476

I

Iselin,I. I.伊泽林 319

J

Jaeger,W. 维尔纳·耶格尔 71,83
Jaspers,K. 卡尔·雅斯贝斯 4,105,229,346f.,359,430,438,450
Jonas,L. 路德维希·约纳斯 369

K

Kahn,C. C.卡恩 83
Kant,1. 康德 5ff.,42,63,88,110,114,130,176u.ö.,189u.ö.,301,336—348,352ff.
Kaufmann,F. 弗里茨·考夫曼 407
Kerschensteiner,J. J.克森施泰纳 83
Kierkegaard 克尔凯郭尔 17,177,229,251,301,439,467f.,471

Kimmerle,H. H.基默勒 361ff.
Klibansky,R. R.科里邦斯基 361ff.
Koch,J. 约瑟夫·科赫 302
Köhnke,K. Ch. 克劳斯·克里斯蒂安·克恩克 410
Kopernikus 哥白尼 298f.,337
Kroner,R. 理查德·克罗纳 395,475
Krüger,G. 格哈德·克吕格 179
Kuhn,H. 赫尔穆特·库恩 103—106,229ff.

L

Lambert,H. H.兰贝特 329
Landgrebe,L. 路德维希·兰德格雷贝 407
Lange,F. A. F. A.朗格 407
Lask,E. 埃米尔·拉斯克 395,465,475
Leibniz,G. W. F. G. W. F.莱布尼茨 5,31,301ff.,307u.ö.,357f.,381,409ff.
Leonardo 列奥纳多 298
Lersch,Ph. 菲利普·莱尔施 251
Lewis,C. S. C. S.刘易斯 106
Liebmann,O. 奥托·利布曼 297,341
Lipps,H. 汉斯·利普斯 14,407
Litt,Th. 特奥多尔·利特 438,464
Locke,J. 约翰·洛克 82
Lorenz,K. 卡尔·洛伦茨 250

Lorenzen, P. 保尔·洛伦岑 60f.,67
Lotze, H. 赫尔曼·洛采 192ff., 204,429,464
Löwith, K. 卡尔·洛维特 52, 450
Lücke, H. H.吕克 362
Lukács von G. 格奥尔格·冯·卢卡奇 395,475
Lullus, R. R.卢留斯 106
Luther, M. 马丁·路德 349,455

M

Maimonides, M. M.迈蒙尼德 69,71f.
Mallarmé 马拉美 467
Mann, Th. 托马斯·曼 106,440
Marcuse, H. 赫伯特·马尔库塞 475
Marsilius Ficinus 马尔西利奥·费奇诺 403
Marx, K. 卡尔·马克思 9,43, 55,65,301,338,472
Maupertius 莫佩图斯 310, 315ff.
Meinecke, F. F.迈内克 318f.
Mendelssohn, M. 摩尔·门德尔松 69,73f.
Michelet 米希勒 463
Mill, J. St. 约翰·斯图尔特·密尔 408u.ö.,429
Monet 莫内特 277
Montesquieu 孟德斯鸠 323ff.
Montinari 蒙提纳里 452,459

Moore, H. H.摩尔 159
Müller von J. 约翰·冯·穆勒 331f.

N

Natorp, P. 保罗·纳托普 244, 442
Neugebauer 纽格鲍尔 64
Newton, I. 牛顿 42,130,139, 307u.ö.,322ff.
Nicolaus Cusanus 库萨的尼古拉。参见 Cusanus
Niebuhr, G. G.尼布尔 426,429
Nietzsche, F. 弗里德里希·尼采 10f., 45, 55, 106, 195ff., 205, 229, 251, 282, 338, 358, 429, 434,440f.,448—462,472,475
Nixon 尼克松 227
Nohl, H. 赫尔曼·诺尔 475
Novalis 诺瓦利斯 165f.,398

O

Oetinger 厄廷格尔 306—317, 322
Ortega y Gasset 奥尔特加·伊·加塞特 406,430—447

P

Pannenberg, W. W.潘能伯格 480f.
Parmenides 巴门尼德 83
Pascal 帕斯卡 308
Patsch, H. H.帕奇 371
Jean Paul (Friedrich Richter) 让·保尔 396

人名索引 699

Paulus 圣保罗 68
Philo 斐洛 69ff.
Picasso, P. 毕加索 467
Pineda, J. J.皮内达 307
Plato 柏拉图 37u.ö., 49, 62, 65, 72f., 79, 104f., 374—383; 277 (Kleitophon); 380 (Menon); 299, 377f. (Parmenides); 271f., 376f. (Phaidros); 165 (Phaidon); 223f., 260f., 375f. (Politeia); 376ff. (Protagoras); 381 (Sophiestes)
-Anordnung d. Dialoge 对话的顺序 375ff.
-politisch 政治的 375
Plessner, H. H.普莱斯纳 252
Plotin 普罗提诺 129, 143f., 147, 402f.
Popper 波普尔 61, 81
Poseidonios 波塞多尼奥斯 70
Proklos 普罗克洛 88, 403f.

R

Ranke, L. 利奥波德·兰克 108, 426f., 463
Redeker, M. 马丁·雷德克 361, 430
Reinhardt, K. 赖因哈特 70, 83
Rickert, H. 李凯尔特 190, 395, 408
Riezler, K. K.里茨勒 85
Rilke, R. M. 赖内·玛利亚·里尔克 160, 271, 467
Ritter, H. 海因里希·里特尔 297, 375, 426

Ritter, J. 约阿希姆·里特尔 78, 301
Riedel, M. 曼弗雷德·里德尔 481
Rodi, F. 弗里乔夫·罗迪 431
Rosenzweig, F. 弗朗茨·罗森茨威格 69, 75f.
Roth, A. 阿洛伊斯·罗特 198, 204
Rothacker, E. 埃里希·罗特哈克 409, 463
Rousseau, J. J. 让-雅克·卢梭 5, 36, 42, 63, 176, 324ff., 420

S

Salomo 萨洛莫 307
Sarte, J. P. 让-保罗·萨特 229
Saviny 萨维尼 334
Duns Scotus 邓·司各脱 87
Schadewaldt, W. W.沙德瓦尔特 83
Scheler 舍勒 12, 14, 106, 131, 176, 181, 189, 198ff., 203, 356, 417, 438, 449, 475
Schelling 谢林 142, 150f., 301f., 340, 387, 402
Schlegel, F. F.施莱格尔 371, 374ff., 398, 412
Schiller, F. F.席勒 398
Schleiermacher 施莱尔马赫 297, 301f., 361—373, 374—383, 408ff., 412, 440, 464
Schneider, R. R.施奈德 306
Schopenhauer 叔本华 43, 79, 114, 440

Simmel, G.　格奥尔格·齐美尔　168, 213
Snell, B.　布鲁诺·斯内尔　83
Sokrates　苏格拉底　25, 273
Spranger, E.　爱德华·施普兰格尔　438, 464
Spengler　斯宾格勒　45
Spinoza　斯宾诺莎　69, 72f., 298, 301f., 381
Steenbergen van　范斯廷贝格　301
Stein von, H.　海因里希·冯·施泰因　441
Steinbuch, K.　K. 斯泰因布赫　261
Stepun, F.　富乔多·施特普恩　395
Szabo　萨博　62

T

MacTaggart　麦克塔格特　474
Tennemann　滕纳曼　376
Thales　泰勒斯　62
Thomas von Aquin　托马斯·阿奎那　87, 106, 353
Tieck, L.　蒂克　398
Trendelenburg, A.　阿道夫·特伦德伦堡　204
Troeltsch, E.　恩斯特·特勒尔奇　430

U

Uexküll　于克斯屈尔　250

V

Vico　维柯　133, 368
Voltaire　伏尔泰　320

W

Wackerzapp H.　赫伯特·瓦克扎普　302
Waerden van der, B.　B. 范·德·瓦尔登　62
Wagner, R.　理查德·瓦格纳　441, 449
Weber, M.　马克斯·韦伯　109, 189, 255, 430
Weisse, Ch. H.　克里斯蒂安·H. 魏塞　192, 340
Weizsäcker, von C. F.　C. F. 冯·魏茨泽克　272
Winckelmann　温克尔曼　325f., 400
Windelband, W.　威廉·文德尔班　78, 190, 204, 395, 408, 475
Wittgenstein, L.　路德维希·维特根斯坦　20, 36, 81, 338
Wolf, Chr.　克里斯蒂安·沃尔夫　306 u.ö.
Wundt, W.　马克斯·冯德　438

X

Xenokrates　色诺克拉底　378

Y

Yorck von Wartenburg　约克·冯·瓦滕堡　407

Z

Zarathustra　查拉图斯特拉　448—462
Zeller, E　爱德华·策勒　341f., 395, 410, 429, 445
Zutt　楚特　281

译者后记

本卷和第 3 卷系《伽达默尔著作集》第二系列即"新近哲学"部分,本卷共收入伽达默尔哲学论文 39 篇,分五个部分:历史中的概念;时间之谜;伦理学问题;人类学问题以及人物评论。应当说这些论文专业性强,是伽达默尔著作中较难翻译的部分。伽达默尔自己也非常强调他的这些论文本身不同于一般的论述,他说:"一般来说,新康德主义指向的哲学史——或者那种追随休谟并受制于圣托马斯的研究——的众所周知的重点,并不构成我的问题架构。毋宁说这里反映的,一部分是我关于哲学诠释学的思想的形成过程,一部分是这种思想的应用范围。所以以下这一点非常有意义,即构成本卷最后一部分的人物和问题序列,是从库萨人的柏拉图主义直到威廉·狄尔泰和弗里德里希·尼采,而且以这种方式所遇到的既不是笛卡尔或莱布尼茨,也不是休谟或认识理论家康德,而是厄廷格尔、赫尔德和施莱尔马赫,以及形而上学家康德。"

阅读全卷论文,我们可看出,不论是黑格尔思想,还是海德格尔思想,伽达默尔总是把他们与希腊思想联系起来,正如他所说:"今日轻视黑格尔遗产的思想之所以可能,是由于未返回到希腊人。历史中的概念和概念思维的希腊起源不仅是我们今天思考的主题，而且也是黑格尔思想的基本主题——同样也是海德格尔的基本主题。"在伽达默尔看来，今天任何深邃的哲学研究，都无疑需要返回到"这种研究所承载的根据"。

本卷翻译早在2013年，当时我在台湾，鉴于《伽达默尔著作集》10卷太浩繁，我向商务印书馆陈小文同志提出翻译伽达默尔四卷《短篇著作集》，可是商务印书馆与德国出版社联系版权时，对方说该《短篇著作集》已经绝版，只卖给商务20余篇伽达默尔单篇论文，陈小文最后与我商议，先翻译这20余篇论文，以后以《伽达默尔短篇论文集》出版。2015年，正当我把此译稿交给商务印书馆时，我们申请的"伽达默尔著作集汉译与研究"重大课题被国家社科基金办批准下来，因此原先的计划停摆。

这些已经翻译完成的20多篇论文大多属于《伽达默尔著作集》第3卷和第4卷。最先由我和台湾辅仁大学刘康教授负责，刘康教授在德国十余年，德文很好，只是由于台湾用语，需要仔细校对。2015年重大课题"伽达默尔著作集汉译与研究"开题时，在武汉大学工作的台湾学者金志谦先生和我承担第4卷的主要翻译工作，后来赵卫国、田书峰、周爱民和蒋颖也加入翻译团队。此外，本卷有几篇译文是根据邓安庆和舒远招已发表的译文加以修改而成。由于本卷收录论文37篇，翻译者又是多人，导致繁杂的校对工作出现了困境。除我本人参与外，参与校对工作的还有谢晓川、余玥、贺念、王宏健和马小虎诸人。为了保证翻译质量，最后还由谢晓川和我两人统稿，人名和概念索引由谢晓川整理。所有参与译校工作的同志的具体工作，我们都在每篇译文的最后标出。另外,邓安庆、赵卫国、田书峰、高语含和我最后还负责了清样的校对。我作为本卷负责人,在此谨向所有参与本卷译校工作的同志致以深切的谢意!

最后我要感谢商务印书馆责任编辑马冬梅同志,正是她的艰辛劳动,《伽达默尔著作集》第3、4两卷才得以顺利出版。

洪汉鼎

2018年盛夏

于北京怡斋

图书在版编目(CIP)数据

伽达默尔著作集. 第 4 卷,新近哲学. Ⅱ:问题 人物/
(德)汉斯-格奥尔格·伽达默尔著;洪汉鼎等译. —北
京:商务印书馆,2023(2024.9 重印)
ISBN 978 – 7 – 100 – 19084 – 8

Ⅰ. ①伽… Ⅱ. ①汉… ②洪… Ⅲ. ①伽达默尔
(Gadamer,Hans-Georg 1900-2002)—哲学思想—文集
Ⅳ. ①B516.59-53

中国版本图书馆 CIP 数据核字(2020)第 174100 号

权利保留,侵权必究。

洪汉鼎　主编
伽达默尔著作集
第 4 卷

新近哲学 Ⅱ
问题　人物
洪汉鼎　金志谦　刘康　等译

商 务 印 书 馆 出 版
(北京王府井大街 36 号　邮政编码 100710)
商 务 印 书 馆 发 行
北京盛通印刷股份有限公司印刷
ISBN 978 – 7 – 100 – 19084 – 8

2023 年 9 月第 1 版　　　开本 710×1000　1/16
2024 年 9 月北京第 2 次印刷　印张 44½
定价:198.00 元